Marken und Medien

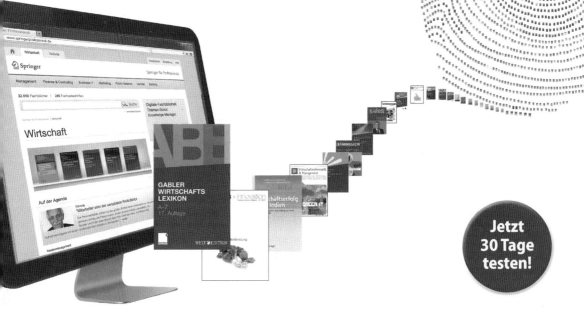 

Stefanie Regier · Holger Schunk ·
Thomas Könecke
Herausgeber

Marken und Medien

Führung von Medienmarken und
Markenführung mit neuen und klassischen
Medien

Springer Gabler

Herausgeber

Prof. Dr. Stefanie Regier
Karlsruhe, Deutschland

Dr. Thomas Könecke
Mainz, Deutschland

Prof. Dr. Holger Schunk
Wiesbaden, Deutschland

ISBN 978-3-658-06933-9
DOI 10.1007/978-3-658-06934-6

ISBN 978-3-658-06934-6 (eBook)

Die Deutsche Nationalbibliothek verzeichnet diese Publikation in der Deutschen Nationalbibliografie; detaillierte bibliografische Daten sind im Internet über http://dnb.d-nb.de abrufbar.

Springer Gabler
© Springer Fachmedien Wiesbaden 2016

Gedruckt auf säurefreiem und chlorfrei gebleichtem Papier.

Springer Fachmedien Wiesbaden GmbH ist Teil der Fachverlagsgruppe Springer Science+Business Media (www.springer.com)

Vorwort

Die Motivation zu diesem Herausgeberband gründet darin, dass die Herausgeber sich wiederholt mit der Frage nach einem Buch konfrontiert sahen, welches die Bedeutung aktueller Entwicklungen und Möglichkeiten im Bereich der Medien für Markenführung bzw. Markenmanagement (die Begriffe werden nachfolgend i. d. R. synonym verwendet) betrachtet. Da diese Frage sowohl in wissenschaftlichen, Lehr- und Weiterbildungskontexten als auch im Austausch mit Praktikern sowie in Praxisprojekten regelmäßig angesprochen wurde, reifte der Entschluss, ein Werk zusammenzustellen, das für eine Vielzahl von Nutzergruppen als Handbuch zu diesem Themenkomplex dienen kann. Das Ziel dieses Herausgeberbandes ist es daher, ein grundlegendes deutschsprachiges Buch zu „Marken und Medien" zusammenzustellen, das sowohl für Forscher und Lehrende an Hochschulen als auch für die Anwendung in der Praxis nutzbar ist und das Themenfeld umfassend behandelt. Das bedeutet, dass diejenigen Aspekte thematisiert werden sollen, die speziell für die Markenführung von Medienmarken sowie allgemein für die Markenführung mit neuen und klassischen Medien von wesentlicher Bedeutung sind.

Bei der Zusammenstellung des Buches wurde großer Wert darauf gelegt, Autoren aus Wissenschaft und Praxis zu finden, deren Erfahrungen mit und Perspektiven auf „Marken und Medien" sich sinnvoll ergänzen. Derart sollte den verschiedenen Lesergruppen ein möglichst umfassender Blick auf diesen sehr komplexen Gegenstand ermöglicht werden. Beim Lesen der Aufsätze und noch einmal bei der finalen Zusammenstellung des Buches konnten wir feststellen, dass dieser Intention aufgrund der sehr lesenswerten und vielschichtigen Beiträge in besonderem Maße entsprochen wurde. Wir gehen daher davon aus, dass vor allem die nachfolgend genannten Zielgruppen in besonderem Maße von diesem Handbuch profitieren werden, wobei selbstverständlich auch andere Lesergruppen sehr herzlich zur Lektüre eingeladen sind:

- Wissenschaftler, Dozenten und Studierende aus den Bereichen Medien- und Markenmanagement, Marketing, Betriebswirtschaft sowie verwandten Disziplinen,
- Manager, Führungskräfte, (Prozess- und Geschäftsmodell-)Innovatoren sowie weitere Praktiker aus dem Marken- und Medienmanagement mit und in „klassischen" und neuen Medien,

- Unternehmer und Unternehmensgründer aus den Bereichen Medien, neue Medien und Medienberatung,
- Journalisten und andere Medienschaffende.

Die einzelnen Beiträge dieses Buches bieten den Lesern die Möglichkeit, sich eine umfassende, wissenschaftlich und/oder praktisch fundierte Basis hinsichtlich zahlreicher Facetten dieses faszinierenden und dynamischen Gebietes zu erschließen. Damit sehr schnell erkannt werden kann, ob ein Beitrag diejenigen Inhalte behandelt, die den Leser (für den Moment) am meisten interessieren, steht am Anfang immer eine kurze Zusammenfassung der folgenden Seiten. Den Abschluss des Beitrags bildet jeweils eine kompakte Vorstellung des Autors bzw. der Autoren. Zahlreiche Hinweise zur akademischen und praktischen Relevanz sowie Fallstudien erleichtern die Anwendung bzw. Übertragung der dargebotenen Erkenntnisse in Wissenschaft und Praxis. Um eine bessere Übersichtlichkeit und einen leichteren Zugang zu gewährleisten, wurde dieses Handbuch in insgesamt sechs thematische Abschnitte gegliedert:

- Teil I: Grundlagen zu Marken und zur Markenführung mit und von Medien
  In diesem Abschnitt werden elementare Aspekte thematisiert, die für das Markenmanagement von und mit Medien von grundlegender Bedeutung sind. Konkret werden medien- und kommunikationstheoretische Aspekte ebenso betrachtet wie Funktionen von Marken und Zusammenhänge der Markenführung. Außerdem wird ethischen Fragestellungen nachgegangen und es werden Fragen der Crossmedialität sowie Aspekte der Nutzenstiftung von Marken für Konsumenten angesprochen.
- Teil II: Ausgewählte Aspekte der Markenführung mit Medien
  Wie im ersten Beitrag von Abschnitt A deutlich wird, handelt es sich bei der Markenführung von Medien um die Markenführung von Unternehmen, deren Kerngeschäft klassischerweise nicht dem Medienbereich zuzuordnen ist. Die Beiträge in Abschnitt B betrachten daher verschiedene Aspekte, die für diese Art des Markenmanagements grundsätzlich von zentraler Bedeutung sind.
- Teil III: Ausgewählte Aspekte der Markenführung von Medienmarken
  Komplementär zu Abschnitt B werden in Abschnitt C Aspekte aufgegriffen, die speziell für die Markenführung solcher Unternehmen von Bedeutung sind, die klassischerweise dem Medienbereich zuzuordnen sind. In den Beiträgen wird daher auf IT-, Print- und andere Medienunternehmen eingegangen.
- Teil IV: Besonderen Herausforderungen, Chancen und Geschäftsmodelle in und mit neuen Medien
  Hier werden sowohl für Großunternehmen und multinationale Organisationen wie auch für kleinere Unternehmen, Agenturen und Unternehmensgründer relevante Aspekte, Entwicklungen, innovative Geschäftsmodelle und Ideen betrachtet, die bei Markenmanagement bzw. Markenführung in und mit neuen Medien von Bedeutung sind. Da es sich hier um einen ganz besonders dynamischen Bereich des Oberthemas „Marken und

Medien" handelt, wurden sehr unterschiedliche Beitragsformate einbezogen. So finden sich neben wissenschaftlichen Erarbeitungen auch essayistische Arbeiten.

- Teil V: Juristische Positionen zu und rechtliche Aspekte von Marken und Medien
  Da auch und ganz besonders in der Markenführung mit Medien rechtliche Hürden und Fallstricke zu überwinden bzw. – z. B. beim Markenschutz – rechtliche Zusammenhänge von elementarer Bedeutung sind, werden in diesem Abschnitt besonders relevante Aspekte von juristischen Experten beleuchtet. Wesentlich ist, dass die Beiträge sich nicht primär an eine einschlägig vorgebildete Leserschaft richten, sondern vor allem für die bereits genannten primären Zielgruppen dieses Handbuches aufbereitet wurden.
- Teil VI: Fallstudien
  Über die vielen Beispiele und praktischen Implikationen hinaus, welche in den Beiträgen in anderen Abschnitte dieses Buches angeführt werden, finden sich in diesem Abschnitt einige ausgewählte Fallstudien, die an praktischen Beispielen die Herausforderungen, Möglichkeiten und besonderen Aspekte der Markenführung von und mit Medien nachvollziehen.

Wesentlich ist, dass die gerade beschriebene Gliederung des Buches lediglich einer thematischen Strukturierung dient und so die Erschließung der einzelnen Themenfelder und Beiträge erleichtern soll. Sie stellt folglich keine chronologische oder sonstige Reihung dar, gibt also z. B. nicht vor, in welcher Reihenfolge die Abschnitte gelesen werden sollten. Gleichermaßen dient die Aufteilung der Beiträge in den einzelnen Abschnitten lediglich einer thematischen Strukturierung, wobei hier versucht wurde, thematisch passende Beiträge neben- bzw. hintereinander zu stellen. Der Grundidee des Buches entsprechend kann jeder Beitrag aus sich selbst heraus verstanden und eigenständig gelesen bzw. verwendet werden. Da sich allerdings i. d. R. viele Schnittstellen zu und Überschneidungen mit anderen Beiträgen ergeben bzw. diese ergänzend herangezogen werden können und sollen, dürfte es grundsätzlich sinnvoll sein, das Buch umfassender zu nutzen.

Abschließend soll betont werden, dass die Erstellung dieses Herausgeberbandes nicht ohne tatkräftige Unterstützung vieler Menschen möglich gewesen wäre. Daher möchten wir an dieser Stelle all denen sehr herzlich danken, die hieran einen Anteil hatten. Ohne, dass die folgende Aufzählung abschließend wäre, möchten wir daher zuerst den Verfassern danken, die bereitwillig ihr Wissen und ihre Zeit in die Beiträge dieses Bandes fließen ließen. Ferner danken wir dem Verlag Gabler Springer Fachmedien, der unser Projekt von Anfang an tatkräftig und produktiv unterstützt hat. Zu guter Letzt möchten wir den vielen Kollegen sowie unseren Familien und Freunden ein Dankeschön aussprechen, die uns in vielfältiger Weise bei der Umsetzung unserer Idee begleitet haben.

Mainz, im März 2015   Stefanie Regier, Holger Schunk, Thomas Könecke

Herausgeber und Beitragsautoren

Vorstellungen der Herausgeber

Prof. Dr. Stefanie Regier lehrt seit 2010 Marketing und Marktforschung an der Hochschule Karlsruhe – Technik und Wirtschaft. Davor war sie mehrere Jahre als Unternehmensberaterin beim Institut für Markenwert sowie bei einer international tätigen Strategie- und Managementberatung beschäftigt. Dort war die studierte Diplom-Kauffrau mit diversen nationalen und internationalen Beratungsprojekten unterschiedlichster Branchen vertraut. Ferner ist Prof. Dr. Regier Herausgeberin der im Josef-EUL Verlag erscheinenden Reihe: Marketing, IT und Social Media. Ihre Forschungsschwerpunkte umfassen vor allem Themen aus den Bereichen Markenmanagement und Markenführung, quantitative Marktforschung, insbesondere Conjoint-Analyse und Hochschuldidaktik.

Prof. Dr. Holger Schunk ist Professor für Medienwirtschaft und Marketing an der Hochschule RheinMain in Wiesbaden. Zuvor war er als Professor für Marketing an der Hochschule Fresenius in Idstein und Professor für Medienmanagement mit dem Lehrgebiet Markenkommunikation und Werbung an der Hochschule Macromedia in Stuttgart tätig. Prof. Dr. Schunk verfügt über mehr als 15 Jahre Erfahrung in der Unternehmensberatung. Im Rahmen seiner Consulting-Tätigkeit berät der studierte Diplomkaufmann sowohl DAX-Unternehmen als auch Mittelständler unterschiedlicher Branchen im In- und Ausland. Er war beteiligt an unterschiedlichen Standardisierungen der Markenbewertung (IDW Institut der Wirtschaftsprüfer in Deutschland e. V., DIN Deutsches Institut für Normung e. V.). Seine Forschungs- und Beratungsinteressen liegen in monetärer Markenbewertung, wertbasierter Markenführung, strategischem Marketing sowie Marktforschung.

Dr. Thomas Könecke ist wissenschaftlicher Mitarbeiter an der Johannes Gutenberg-Universität Mainz, wo er seit Anfang 2015 die Forschungsgruppe „Menschen – Medien – Management" aufbaut. Vorher war er u. a. an verschiedenen andern Hochschulen tätig und hatte z. B. eine Vertretungsprofessur für Medien-, Sport- und Eventmanagement inne. Dr. Könecke promovierte mit einem interdisziplinären und intertheoretischen Thema zur medial vermittelten Kommunikation und Wahrnehmung von Personen. Seine Forschungsinteressen umfassen eine Vielzahl von sozial-, wirtschafts- und sportwissenschaftlichen Themen, welche er oft in fachübergreifenden und multitheoretischen Projekten betrachtet. Neben seinen wissenschaftlichen Tätigkeiten unterstützt Dr. Könecke im Rahmen von Beratungsprojekten Wirtschaftsunternehmen und andere Organisationen.

Vorstellungen der Beitragsautoren

Ariane Bagusat ist seit 2011 Professorin für Allgemeine Betriebswirtschaftslehre, insbesondere Sponsoring und Eventmanagement am Institut für Sportmanagement der Ostfalia, Hochschule für angewandte Wissenschaften. Zu ihren Forschungsschwerpunkten zählen die Gebiete Sponsoring, Eventmarketing, Marketing & Marktforschung sowie Kundenbindungsmanagement. Zudem ist sie als Geschäftsführerin der drbagusatconsult in den Bereichen Marketingberatung, Marktforschung und Kundenbindungsmanagement für verschiedene nationale wie internationale Unternehmen tätig.

Silke Bartsch ist stellvertretende Institutsleiterin des Instituts für Marketing von Univ.-Prof. Dr. Anton Meyer an der Ludwig-Maximilians-Universität (LMU) München. In Ihrer Forschung beschäftigt sie sich u. a. mit Fragestellungen aus den Themenbereichen des Dienstleistungs- und Kundenmanagement. Neben Forschung und Lehre an verschiedenen Universitäten und Bildungseinrichtungen im In- und Ausland schöpft Frau Prof. Dr. Bartsch aus Erfahrung mit namhaften Firmen wie der BMW Group, Siemens AG, McDonald's und Publicis New York (USA).

Christoph Bauer ist Unternehmensberater mit einem Hintergrund im Marketing und der Kommunikationswissenschaft. Seit 2006 beschäftigt er sich mit dem Social Web und der neuen Realität, in der sich Unternehmen zunehmend wiederfinden. Neben seiner Diplomarbeit zum Thema „Unternehmensdialoge im Social Web" konnte er als Community Manager und Social-Media-Stratege den modernen Konsumenten hautnah erleben. Seit 2012 befähigt er als Berater Unternehmen durch interne Veränderungen offener, agiler und menschlicher zu werden.

Steven Birkmeyer hat von 2008 bis 2013 an der Universität Trier Betriebswirtschaftslehre, insbesondere Dienstleistungsmanagement, studiert und ist seit 2013 wissenschaftlicher Mitarbeiter und Doktorand am Lehrstuhl für Informations- und Kommunikationsmanagement von Univ.-Prof. Dr. Bernd W. Wirtz an der Deutschen Universität für Verwaltungswissenschaften Speyer.

Georg Blum ist Geschäftsführer der Unternehmensberatung 1 A Relations GmbH. Seit 2003 ist er Vorsitzender des Councils CRM sowie Vorstandsmitglied im DDV e. V. und Lehrbeauftragter an drei Hochschulen. Er hat über 90 Firmen in mehr als 250 Projekten bei der Strategieentwicklung, Kundengewinnung und Kundenbindung (Cards and Clubs), Social CRM, CRM-Software-Auswahl, Prozesseffizienz und Kundenmanagement-Organisation bzw. kreativen Maßnahmenentwicklung beraten. Von 1990 bis 2002 war Blum in Geschäftsleitungs- bzw. führenden Positionen bei Yves Rocher AG, WEKA Media GmbH und dem Lifestyle-Kaufhaus Breuninger.

André Bühler ist Professor für Marketing an der Hochschule für Wirtschaft und Umwelt Nürtingen-Geislingen. Zuvor war er Professor für Sport- und Eventmanagement an der MHMK in Stuttgart und als Marktforschungsleiter bei einem internationalen Sport-Research-Berater tätig. Seine Lehr-, Forschungs- und Beratungsschwerpunkte sind Sportmanagement und Sportmarketing mit besonderem Fokus auf Sportsponsoring, Marktforschung, Beziehungsmarketing und Neuromarketing im Sport. Er ist Autor zahlreicher wissenschaftlicher Beiträge in internationalen Fachpublikationen. Seit 2012 leitet er zusammen mit Gerd Nufer das Deutsche Institut für Sportmarketing (DISM).

Sven Büteröwe ist Communication Consultant bei der Carat Deutschland GmbH. Carat ist Teil des DentsuAegis Networks und eines der größten internationalen Agenturgruppen für strategische Kommunikationsberatung und Mediaplanung. In den letzten Jahren betreute er namhafte Unternehmen und Marken wie adidas, Diageo, Taylor Made, Sport1 und GoPro. Neben seinem Studium der Sportwissenschaft, das er an der Universität Paderborn als Diplom-Sportwissenschaftler abschloss, studierte er Wirtschaftswissenschaften mit dem Abschluss Bachelor of Science.

Stephan Dittl ist Fachanwalt für Urheber- und Medienrecht und Partner der Sozietät SALGER Rechtsanwälte in Frankfurt/Main. Er berät Unternehmen insbesondere auf den Gebieten des Marken-, Urheber-, Wettbewerbs-, Sport-, Medien- und Vertriebsrechts

Thomas Döbler studierte Soziologie, Psychologie und Volkswirtschaftslehre in München und promovierte an der Universität Hohenheim, wo er auch über 15 Jahre lehrte und forschte. Vor seinem Ruf auf eine Professur für Medienwirtschaft an die Hochschule Macromedia, Campus Stuttgart, war er Leiter der IT- und Medienforschung bei der MFG Stiftung Baden-Württemberg, wo er zahlreiche, auch internationale Groß- und Kooperationsprojekte verantwortete. Seine Arbeitsschwerpunkte liegen in der Nutzung und Akzeptanz neuer Medien sowie deren ökonomischen und soziologischen Konsequenzen.

Karl Dübon ist Professor an der Fakultät für Informatik und Wirtschaftsinformatik an der Hochschule Karlsruhe – Technik und Wirtschaft. Seine Lehrgebiete sind integrierte betriebliche Prozesse, Entrepreneurship & Organizational Development.

Franziska Elsässer ist Absolventin des Masterstudiengangs Medienkultur und Medienwirtschaft und arbeitete als wissenschaftliche Hilfskraft bei der Juniorprofessur für Medienmanagement, insbesondere Sportmedien, an der Universität Bayreuth. Durch die Vertiefung in den Bereichen Medienmanagement und Medienwissenschaft liegt ihr Forschungsschwerpunkt auf der transdisziplinären Erforschung von innovativen Marketinginstrumenten im digitalen Zeitalter. Nach Abschluss ihres Studiums absolviert sie ein Trainee-Programm bei Gruner + Jahr in Hamburg.

Martin Feldkircher ist Head of Analytics der OgilvyOne GmbH in Frankfurt/Main und in dieser Funktion verantwortlich für die Ogilvy-Standorte Frankfurt, Düsseldorf, Berlin und Stuttgart. Er ist ein ausgewiesener Experte in allen Bereichen der Marketing-Datenanalyse und unterstützt mit seinem Team das effiziente Targeting von Zielgruppen. Neben der kontinuierlichen Erfolgskontrolle von Kommunikationsmaßnahmen zur Identifikation von Optimierungspotentialen liegt sein besonderer Schwerpunkt auf der Entwicklung von Strategien zur Erfolgsmessung und Datengewinnung.

Stephan Friedrich ist Creative Planner bei der Ogilvy & Mather Werbeagentur in Frankfurt und berät dort Marken wie Coca-Cola, Radeberger, Nestlé oder L'Oreal unter anderem zu Fragen digitaler Kommunikationsstrategien. Der studierte Medienwissenschaftler beschäftigte sich bereits während seines Studiums intensiv mit den Auswirkungen technischer Innovationen auf unser Leben und das Mediennutzungsverhalten.

Fabian Göbel studierte Betriebswirtschaftslehre an der Ludwig-Maximilians-Universität München. Nach dem Abschluss als Diplomkaufmann war er als wissenschaftlicher Mitarbeiter an der Ludwig-Maximilians-Universität München Teil des Teams des Instituts für Marketing, Lehrstuhl Univ.-Prof. Dr. Anton Meyer. Seit Abschluss seiner Dissertation ist Herr Dr. Göbel als Strategy-Consultant bei einer international tätigen Unternehmensberatung in München beschäftigt. Seine Expertise und Projekterfahrungen liegen in den Bereichen Digital Strategy, Brand Management, sowie Marketing & Sales Transformation für Unternehmen der Telekommunikations-Industrie, im Automotive-Bereich sowie für Finanzdienstleister.

Julia Hamprecht ist Consultant bei der 2hm & Associates GmbH. Nach ihrem Abschluss als Diplomkauffrau an der Universität Mainz mit den Schwerpunkten Marketing und Organisation hat Frau Dr. Hamprecht als Consultant einer inhabergeführten Strategie und Managementberatung in Frankfurt nationale und internationale Beratungsprojekte betreut. Im Anschluss promovierte sie am Lehrstuhl von Prof. Huber im Bereich Markenmanagement. Ihr Forschungs- und Beratungsschwerpunkt liegt in der strategischen Markenführung sowie im Bereich Marktforschung.

Bert Helbig ist seit 2008 Programmchef bei DIE NEUE 107.7. Vorher war er bei antenne 1 in Stuttgart für den Bereich On-Air Promotion verantwortlich, wo er die Markenkommunikation des Senders gestaltete. Er engagiert sich nebenberuflich beratend sowie als Referent zu den Themen Strategie und Kommunikation.

Stefanie Hellmich ist Rechtsanwältin im Bereich IP/IT in Frankfurt und spezialisiert auf Rechtsfragen der IT- und Online-Branche. Ihre Beratungsschwerpunkte umfassen das Urheber-, Marken-, Wettbewerbs- und Datenschutzrecht sowie die IT-Vertragsgestaltung. Sie berät insbesondere Online-Anbieter, Media Agenturen und Service Provider in Bezug auf die Ausgestaltung von Geschäftsmodellen. Stefanie Hellmich hat an den Universitäten Bielefeld und Carlos III (Madrid) studiert und gehört der Luther Rechtsanwaltsgesellschaft bzw. ihren Vorgängergesellschaften seit 1998 an. Sie ist Autorin zahlreicher Publikationen im Bereich IT und Datenschutz.

Tobias Hena leitet die Marketing Abteilung des Senders DIE NEUE 107.7. Der Stuttgarter arbeitet im zehnten Jahr im Unternehmen und koordiniert in seiner Funktion sämtliche Maßnahmen der Marketingkommunikation.

Thomas Heun lehrt als Professor für Konsumentenverhalten und -forschung an der internationalen Hochschule Rhein Waal. Vor dieser Tätigkeit hat er lange Jahre für Unternehmen der Werbe- und Medienindustrie als Marktforscher, Strategischer Planer und Innovationsentwickler gearbeitet. Sein Forschungsschwerpunkt liegt im Bereich der sozialwissenschaftlichen Konsumforschung.

Thomas Hirschmann ist als Account Director in der deutschen Dependance der weltweit größten Social Media Agentur „We Are Social" dafür zuständig, für eine Reihe international bekannter Marken aus unterschiedlichsten Branchen neue Kommunikationsstrategien für die neuen, sozialen Medien zu entwickeln. Gleichzeitig unterrichtet er als Gastdozent an der Technischen Hochschule Chur im Fach Kommunikationspsychologie und verbindet dort seine Leidenschaft für anspruchsvolle Theoriearbeit mit seiner praktischen Erfahrung.

Reimar Hofmann war selbst Gründer eines Start-Ups und wechselte später an die Hochschule Karlsruhe – Technik und Wirtschaft. Dort lehrt er als Professor an der Fakultät für Informatik und Wirtschaftsinformatik unter anderem Entrepreneurship & Organizational Development sowie Innovationsmanagement.

Benedikt Jahn arbeitete in den Jahren 2007 bis 2012 als wissenschaftlicher Mitarbeiter am Institut für Marketing an der Ludwig-Maximilians-Universität München, wo er im Jahr 2013 mit der Arbeit „Kunden-Engagement auf Marken-Fanpages – Chancen, Erfolgsfaktoren und Herausforderungen für das Kundenbeziehungsmanagement" promoviert wurde. Im Anschluss arbeitete Herr Jahn an einer Studie zur Digital Readiness deutscher Unternehmen mit. Nach Abschluss dieses Projekts ist er seit Juli 2013 als Referent Marketing bei einem deutschen Premium-Automobilhersteller tätig.

Elke Kronewald ist Professorin für PR und Kommunikationsmanagement an der Hochschule Macromedia in Stuttgart. Zuvor war sie vier Jahre als PR-Beraterin bei PRIME research international/F.A.Z.-Institut in Mainz für internationale Medienresonanzanalysen sowie Themen- und Issues-Management verantwortlich. Seitdem beschäftigt sie sich insbesondere mit der Analyse und Evaluation von (Online-)Kommunikation.

Reinhard Kunz ist Inhaber der Juniorprofessor für Medienmanagement, insbesondere Sportmedien an der Universität Bayreuth. Er lehrt in den Masterstudiengängen Medienkultur und Medienwirtschaft, Betriebswirtschaftslehre und Sportökonomie im Bereich Medienmanagement und Sportmedienmarketing. In der Forschung widmet sich Reinhard Kunz mittels transdisziplinärer Ansätze den audiovisuellen digitalen Medien und Sportmedien. Dabei stehen unter anderem die Mediennutzung, die marktorientierte Unternehmensführung und das Branding an der Schnittstelle von Sport und Medien im Fokus seiner theoretischen und empirischen Analysen.

Rochus Landgraf ist Head of Social Web der OgilvyOne GmbH in Frankfurt/Main und in dieser Funktion verantwortlich für die Ogilvy-Standorte Frankfurt, Düsseldorf, Berlin und Stuttgart. Seine Schwerpunkte liegen auf Social Media Research, Social Media Strategie und OpenInnovation/Crowdsourcing. Er ist außerdem Lehrbeauftragter an verschiedenen Hochschulen und unterrichtet zu Social Media, Web2.0 in Unternehmen sowie Trendforschung.

Michael Langner, Diplom-Kaufmann, hat in Jena und Tübingen Betriebswirtschaftslehre studiert. Nach Stationen bei der Werbeagentur Interone GmbH und als Referent E-Commerce bei der Aldiana GmbH ist er seit Ende 2011 im Personalmarketing von Bosch für den HR Online Bereich mitverantwortlich. Darunter fällt bis Ende 2014 unter anderem die Steuerung und Koordination des Online Redaktionsteams, die Betreuung der Bosch

HR Social Media Communities wie z. B. Facebook und die Weiterentwicklung der Bosch HR Corporate Website. Ab 2015 verantwortet Michael Langner die Weiterentwicklung und Implementierung der HR Corporate Online Strategie weltweit.

Ingo Markgraf ist Professor für Markenkommunikation/Werbung und Wirtschaftspsychologie an der Hochschule Macromedia, University of Applied Sciences in Köln. Darüber hinaus begleitet er Unternehmen in Veränderungsprozessen, z. B. bei der praktischen Umsetzung psychologischer Methoden in Marketing und Organisation. Zuvor war er Marketingleiter bei der Rewe Touristik.

Tina Müller ist seit August 2013 Mitglied des Vorstands und Chief Marketing Officer bei der Adam Opel AG. Nach dem Abschluss eines Doppelstudiums der Betriebswirtschafts- und Volkswirtschaftslehre in Deutschland und in Frankreich, sammelte sie erste Berufserfahrung in der Markenartikelindustrie bei den Kosmetikfirmen L'Oréal Deutschland sowie der Wella AG. Anschließend arbeitete sie 17 Jahre bei der Henkel KGaA. Sie war dort Marketing Managerin für die Marke Schwarzkopf, Marketing Direktorin für das italienische Henkel Kosmetikgeschäft und Corporate Vice President für das weltweite Henkel Haargeschäft. Als Corporate Senior Vice President war sie zuletzt im Unternehmensbereich Beauty Care für die Region Westeuropa verantwortlich.

Franz Nees wurde am 24.10.1961 in Aschaffenburg geboren. Nach dem Studium der Volkswirtschaftslehre in Marburg arbeitete er von 1987 bis 1990 als Berater bei der Syskoplan AG. Anschließende war er mehrere Jahre im IT-Bereich der DZ-Bank tätig, zuletzt als Prokurist und Abteilungsleiter. 1995 wurde er als Professor an die Fakultät für Informatik und Wirtschaftsinformatik der Hochschule Karlsruhe berufen. Dort lehrt er Informationstechnologie in der Finanzwirtschaft, Volkswirtschaftslehre und International Finance.

Gerd Nufer ist Professor für Betriebswirtschaftslehre mit dem Schwerpunkt Marketing an der ESB Business School der Hochschule Reutlingen und Privatdozent für Sportökonomie und Sportmanagement an der Deutschen Sporthochschule Köln. Er leitet das Institut für Marketing, Marktforschung & Kommunikation in Reutlingen. Seine Lehr-, Forschungs- und Beratungsschwerpunkte sind Sport- und Event-Marketing, Marketing-Kommunikation, Marketing below the line/innovatives Marketing sowie internationale Marktforschung. Er ist Autor zahlreicher wissenschaftlicher Beiträge in internationalen Fachpublikationen.

Sven Pagel ist Professor für Wirtschaftsinformatik und Medienmanagement an der Hochschule Mainz. Als Studiengangleiter verantwortet er den Bachelor „Medien, IT und Management". Sein Forschungsinteresse gilt der digitalen Bewegtbildkommunikation in Internetmedien und der Web-Usability-Forschung. Von 2004 bis 2013 war er wissenschaftlicher Sprecher des „Forschungsschwerpunkts Kommunikationsforschung" der FH Düsseldorf. Zuvor arbeitete er bei Rundfunksendern in den Bereichen IT, Digitalfernsehen und Internetredaktion.

Raphael Pfeffer ist Absolvent des Diplomstudiengangs Wirtschaftsingenieurwesen am Karlsruher Institut für Technologie (KIT). Im Rahmen seiner Diplomarbeit spezialisierte er sich auf das Thema Businesspläne und mitbegründete im Jahr 2012 SccdUp, um Entrepreneuren wie ihm die Barrieren zur Gründung zu nehmen.

Lars Rademacher ist Professor für Public Relations am Fachbereich Media der Hochschule Darmstadt; zuvor leitete er den Studiengang Medienmanagement an der Hochschule Macromedia in München und forscht u. a. zu Integrierter Kommunikation, Compliance-Kommunikation, Corporate Social Responsibility und Strategischer Kommunikation. Vor seiner akademischen Laufbahn war Rademacher sechs Jahre Berater, anschließend leitete er die Kommunikation des Science Centers „phaeno" in Wolfsburg und war Pressesprecher in der Konzernkommunikation der BASF.

Christian Rauda ist Fachanwalt für Urheber- und Medienrecht, Fachanwalt für gewerblichen Rechtsschutz und Justiziar des Deutschen Internet Verbands. Er ist Partner in der Medienrechtssozietät GRAEF Rechtsanwälte (Hamburg/Berlin) und Autor zahlreicher medienrechtlicher Publikationen, u. a. des Buches „Recht der Computerspiele". Dr. Rauda ist Dozent an der Johannes Gutenberg-Universität Mainz, der Bucerius Law School, der Hamburg Media School und der Hochschule für Technik und Wirtschaft Berlin.

Gabriela Rieck lehrt und forscht als Hochschul-Professorin an der MHMK Hamburg im Studiengang Medienmanagement/Studienrichtung Markenkommunikation und Werbung. Darüber hinaus berät sie Unternehmen in der strategischen Markenführung und entwickelt kreative Kommunikations-Konzepte. Ihr Schwerpunkt ist die Entwicklung von Marken in einem Übergang von der klassischen Konsum-Industrie hin zu einer multioptionalen Gesellschaft auf der Suche nach Orientierung in allen Märkten.

Roman Roor studierte an der Hochschule Karlsruhe – Technik und Wirtschaft im Studiengang Wirtschaftsinformatik. Schon vor seinem Studium sammelte er Erfahrungen als Entrepreneur und setzte sich dann auch theoretisch mit der Gründungsthematik im Studium auseinander. Als Mitgründer von SeedUp entwickelte er das Konzept Virtuelle Kollaboration um die Zusammenarbeit von Gründern zu fördern.

David Scheffer ist Professor für Wirtschaftspsychologie und Personalmanagement an der NORDAKADEMIE, Hochschule der Wirtschaft in Hamburg. Darüber hinaus ist er geschäftsführender Gesellschafter der fbtk. Consulting GmbH und beschäftigt sich mit der praktischen Umsetzung psychologischer Erkenntnisse in Marketing und Personalmanagement.

Anne-Christine Schlangenotto studierte nach einer Ausbildung zur Industriekauffrau Sportmanagement und war beim Lehrter Sport-Verein v. 1874 (Bb) e. V. als Assistentin der Geschäftsführung tätig, bevor sie 2012 als Wissenschaftliche Mitarbeiterin an die Fakultät Verkehr – Sport – Tourismus – Medien der Ostfalia Hochschule für angewandte Wissenschaften wechselte. Zu ihren Forschungsinteressen zählen Vereins- und Eventmanagement, Sponsoring sowie Trendsport.

Daniela Schmidt ist Director Creative Content bei der OgilvyOne GmbH in Frankfurt/Main und verantwortlich für Content und langfristigen Kundendialog der betreuten Marken in Social Media. In dieser Funktion hat sie die Auftritte für Marken wie Media Markt, IKEA, NESCAFÉ, mezzo mix und Fanta aufgebaut. Aus ihrem Soziologie-Studium ist ihr besonders die Betrachtung der gesellschaftlichen Aspekte sich verändernder Kommunikationsformen in lebhafter Erinnerung.

Christian Seemann hat einen Master of Science in Business and Economics als Doppelabschluss an den Hochschulen in Mainz und Karlstad (Schweden) erworben. Zuvor hat er seinen Bachelor of Science in Wirtschaftsinformatik ebenfalls in Mainz gemacht. Seit Anfang 2013 ist er im Team von Prof. Pagel tätig.

Arno Selhorst ist Senior Konzepter Digital der Ogilvy & Mather Advertising GmbH in Düsseldorf. Schwerpunkte seiner Arbeit liegen in den Bereichen User Interfaces, Usability und der kreativen Nutzung neuer Technologien on- und offline.

Ariane Sketcher ist Account Executive bei der Ogilvy & Mather Werbeagentur in Frankfurt und betreut Marken wie Arrow, Adler, Siemens und o2. Vor Ogilvy studierte sie in Maastricht und Singapur mit dem Schwerpunkt Kommunikation und Sozialwissenschaften. Auf der University of St. Andrews absolvierte sie ihren Master in „Managing in the Creative Industries" und schrieb bereits hier über die Interaktionen von Retail Marken auf Social Media Plattformen.

Florian Stadel ist Journalistikprofessor an der Macromedia Hochschule für Medien und Kommunikation. Seine Schwerpunkte in der Lehre sind Innovationen im Journalismus, digitale Medien und crossmediales Arbeiten. Vor seiner Berufung war er u. a. als Redakteur für die Nachrichtenagentur Reuters und für das Nachrichtenmagazin Focus tätig, dort zuletzt als stellvertretender Chefredakteur von Focus Online, sowie als Berater für Crossmediathemen bei der „Neuen Zürcher Zeitung".

Carsten Ulbricht ist auf Internet und Social Media spezialisierter Rechtsanwalt bei der Kanzlei Bartsch Rechtsanwälte (Standorte Stuttgart und Karlsruhe) mit den Schwerpunkten IT-Recht, Marken, Urheber- und Wettbewerbsrecht sowie Datenschutz. Im Rahmen seiner anwaltlichen Tätigkeit berät Dr. Ulbricht nationale und internationale Mandanten in allen Rechtsfragen des E- und Mobile Commerce, sowie zu allen Themen im Bereich Social Web. Seine Schwerpunkte liegen dabei auf der rechtlichen Prüfung internetbasierter Geschäftsmodelle und Vermeidung etwaiger Risiken bei Aktivitäten in und über die Sozialen Medien, datenschutzrechtlichen Themen aber auch dem Umgang mit nutzergenerierten Inhalten. Neben seiner Referententätigkeit berichtet er seit dem Jahr 2007 regelmäßig in seinem Weblog zum Thema „Internet, Social Media & Recht" unter www.rechtzweinull.de nicht nur über neueste Entwicklungen in Rechtsprechung, Diskussionen in der Literatur und über eigene Erfahrungen, sondern analysiert auch Internet Geschäftsmodelle und -projekte auf ihre rechtlichen Erfolgs- und Risikofaktoren.

Dirk Ullmann ist Privatradiomacher der ersten Stunde. Nachdem er beim Stadtradio Heilbronn die Stationen als Praktikant, als Volontär, als Jungredakteur und als Redaktionsleiter durchlaufen hatte, war er dann als Programmchef in den vier Stadtradiostationen Stuttgart, Heilbronn, Karlsruhe und Reutlingen/Tübingen tätig. Seit 14 Jahren ist er nun Geschäftsführer und davon seit 12 Jahren bei DIE NEUE 107.7. Von sich selbst sagt er: „Radio ist mein Leben und im Übrigen kann ich auch nichts anderes."

Rob Urquhart ist Director of Commerce für Europa, Afrika und den Mittleren Osten (EAME) bei Ogilvy und in dieser Funktion als Strategie-Berater verantwortlich für Pro-

jekte im eCommerce, der Kundenakquise und im Vertrieb. Rob ist spezialisiert auf die In
tegration digitaler Aspekte zur Verbesserung der Konsumentenerlebnisse für Kunden wie
British Airways, Nestlé und Kimberley-Clark. Gemeinsam mit seinem disziplinenübergreifenden Team aus Strategie, Kreation, User Experience, Design, Analyse und Support,
verantwortet er das Angebot von Ogilvy in EAME.

Marco Velten ist Bachelor-Absolvent der MHMK Hamburg im Studiengang Medienmanagement mit Schwerpunkt Markenkommunikation und Werbung. In selbstständigen
Projekten zwischen Marken- und Innovationsmanagement entwickelt er trendorientierte
Konzepte, um Markenstrategien in dynamischen Business-Umfeldern zielgruppenorientiert weiterzuentwickeln.

Anna-Maria Wahl studierte Medienwirtschaft an der Hochschule der Medien in Stuttgart und ist seit 2009 wissenschaftliche Mitarbeiterin im Bereich Medienmanagement an
der Hochschule Macromedia. Davor arbeitete sie in Online-Agenturen, insbesondere im
Bereich Kampagnenplanung und Corporate Communications für Transport- und Industrieunternehmen.

Bernd W. Wirtz ist seit 2004 Inhaber des Lehrstuhls für Informations- und Kommunikationsmanagement an der Deutschen Universität für Verwaltungswissenschaften Speyer.
Bernd W. Wirtz hat bisher ca. 230 Publikationen veröffentlicht und ist Editorial Board
Member bei Long Range Planning, The International Journal on Media Management,
dem Journal of Media Business Studies und dem International Journal of Business Environment.

Sebastian Wolf studiert Politikwissenschaften und Soziologie an der Goethe-Universität in Frankfurt am Main und ist als Content Creative bei Ogilvy spezialisiert auf das
Verhalten von Usern in Social Media. Sein Hauptgebiet gilt dem strategischen Social Media- und Content Marketing, sowie der Influencer-Analyse für Marken. Zudem widmet
er sich der Kreativ-Konzeption unter Anbetracht der strategischen Markenpositionierung
und dem Userverhalten in der digitalen Welt.

Inhaltsverzeichnis

Teil II   Ausgewählte Aspekte der Markenführung mit Medien

Neurotypus und Mediennutzung 211

Ingo Markgraf und David Scheffer

Teil III   Ausgewählte Aspekte der Markenführung von Medienmarken

Markenführungsstrategien von Medienunternehmen im Internet 225

Bernd W. Wirtz und Steven Birkmeyer

Teil VI Fallstudien

Teil I

Grundlagen zu Marken und zur Markenführung mit und von Medien

Markenführung mit Medien und Markenmanagement von Medien in medial geprägten Gesellschaften

Thomas Könecke und Holger Schunk

Zusammenfassung

Bei der Markenführung kann in „Markenführung von Medien" und „Markenführung mit Medien" unterschieden werden. Erstere bezeichnet die Markenführung von Medienunternehmen. Die Zweitgenannte umfasst die Markenführung sämtlicher anderen Unternehmen und Organisationen, die ihre Marke mittels Medien aufbauen und pflegen. Gemeinsam ist beiden Typen der Markenführung (wobei synonym auch der Begriff „Markenmanagement" verwendet werden kann), dass sie grundlegend von verschiedenen Zusammenhängen beeinflusst werden, die Medienmärkte, moderne medial geprägte Gesellschaften sowie die mediale Auswahl von Nachrichten elementar prägen. Um eine Basis für die Betrachtungen dieses Herausgeberbandes zu legen, werden daher in diesem Kapitel zuerst wesentliche Elemente und Interdependenzen moderner Medienmärkte vorgestellt. Anschließend wird ein Blick auf die Rolle moderner Massenmedien bei Meinungsbildungsprozessen in mediengeprägten Gesellschaften geworfen, bevor Prozesse der Nachrichten- bzw. Inhalteauswahl anhand der Nachrichtenwert-Theorie betrachtet werden. In einem kurzen Fazit wird aufgezeigt, dass das Wissen um sämtliche der vorgestellten Zusammenhänge bei der Markenführung in medial

Da die theoretischen Hintergründe, die dieser Aufsatz zum Inhalt hat, von sehr grundlegender Bedeutung für die medienbezogene Kommunikation von Organisationen sind, sind in diesen Text wesentliche Bestandteile eines anderen Aufsatzes eingeflossen, der unter dem Titel „Die ‚Kommunikationsarena' und mediale Auswahllogiken als wesentliche Einflussfaktoren der NGO-Kommunikation" (Könecke im Druck) erscheint. Anzumerken ist außerdem, dass Abschn. 2, 3 und 4 Textstellen und Aspekte aus der Dissertation von Thomas Könecke enthalten, die unter dem Titel „Stars, Prominente oder Helden? – Entwicklung eines Modells zur Kommunikation und Rezeption sozial exponierter Personen" bei der Johannes Gutenberg-Universität Mainz eingereicht wurde. Aus Gründen der besseren Lesbarkeit wird auf diese im Text nicht im Einzelnen verwiesen.

Dr. Thomas Könecke ✉
Mainz, Deutschland
e-mail: koenecke@uni-mainz.de

Prof. Dr. Holger Schunk
Wiesbaden, Deutschland
e-mail: schunk@my-marketing.org

© Springer Fachmedien Wiesbaden 2016
S. Regier et al. (Hrsg.), *Marken und Medien*, DOI 10.1007/978-3-658-06934-6_1

geprägten Gesellschaften berücksichtigt werden muss. Ferner wird deutlich, dass die
Markenführung in solchen Gesellschaften eine organisationsumfassende Aufgabe ist,
die nicht nur spezialisierten Fachabteilungen obliegen kann und darf.

1 Markenführung bzw. Markenmanagement mit Medien und von Medien

Die Positionierung einer Marke wird von den meisten Unternehmen und Organisationen
zu einem sehr wesentlichen Teil mittels medial transportierter Markenkommunikation
umgesetzt. Das bedeutet, dass Entwicklungen wie Medienkonvergenz, zunehmende Digitalisierung, verändertes Mediennutzungsverhalten etc. sich nicht nur auf Medienmärkte
und die dort agierenden Akteure auswirken (Schneider und Ermes 2013, S. 10 ff.), sondern die Rahmenbedingungen des Markenmanagements für sämtliche Unternehmen und
Organisationen beeinflussen. Mediale Entwicklungen machen sich folglich sowohl bei der
„Markenführung von Medien" als auch bei der „Markenführung mit Medien" bemerkbar.
Wie Abb. 1 zeigt, bezeichnet der erste der eben genannten Begriffe die Markenführung von
Medienunternehmen, wohingegen der zweite die Markenführung sämtlicher anderer Unternehmen beschreibt, die ihre Marke mittels Medien aufbauen und pflegen. Abbildung 1
ist außerdem zu entnehmen, dass die Begriffe Markenführung und Markenmanagement –
wie es heute meist geschieht – im Rahmen der folgenden Ausführungen synonym verwendet werden, wenn nicht eine explizite Unterscheidung vorgenommen wird. Die Markenführung bzw. das Markenmanagement von Medien und mit Medien eint somit, dass sie nur
dann planvoll erfolgen können, wenn elementare Zusammenhänge und Wirkmechanismen
moderner Medien und ihrer Bedeutung für gesellschaftliche Meinungsbildungsprozesse
verstanden und strategisch berücksichtigt werden.

  Vor dem Hintergrund der in Abb. 1 eingeführten Differenzierung ist darauf hinzuweisen, dass in der sozial- und kommunikationswissenschaftlichen Forschung mitunter

Abb. 1 Markenführung bzw.
Markenmanagement mit Medi-
en und von Medien

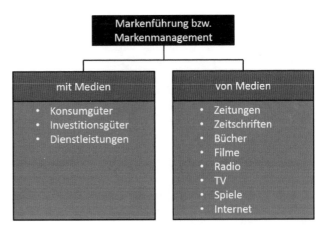

zwischen Medien erster und Medien zweiter Ordnung unterschieden wird. Medien erster Ordnung sind technische Hilfsmittel zur Übermittlung und/oder Speicherung von Informationen. Beispiele hierfür sind Telefon, Fax, technischer Geräte zur Erzeugung von TV- oder Radiosignalen, CDs oder Computer (Burkart 2002, S. 45; Kubicek et al. 1997, S. 32 ff.). Medien zweiter Ordnung widmen sich der „Bündelung eigen- und fremderstellter redaktioneller Inhalte[, der] Transformation dieser Inhalte auf ein speicherfähiges Trägermedium [und/oder deren] direkte[r] oder indirekte[r] Distribution" (Wirtz 2011, S. 12). Medien zweiter Ordnung befassen sich also damit, „durch Techniken der Verbreitung und Vervielfältigung mittels Schrift, Bild und/oder Ton optisch bzw. akustisch Aussagen an eine unbestimmte Vielzahl von Menschen" (Burkart 2002, S. 171) zu vermitteln. Das wesentliche Charakteristikum von Medien zweiter Ordnung ist folglich direkte oder indirekte Kommunikation von Informationen. Medien erster Ordnung stellen die hierfür notwendige technische Infrastruktur dar.

Wie in Abb. 1 deutlich wird, soll der Begriff „Medien" in den nachfolgenden Ausführungen in Bezug auf Medien zweiter Ordnung verwendet werden. Diese betreiben folglich „Markenführung von Medien". Bei der Markenführung genuin medienferner Organisationen und von Unternehmen, die mit der Erstellung bzw. dem Vertrieb von Medien erster Ordnung befasst sind, handelt es sich somit gemäß Abb. 1 um „Markenführung mit Medien". Dieser Logik folgend, befassen sich Hersteller oder Vertreiber von Telefonen oder Computern demnach nicht mit Medien, sondern mit Gebrauchs- bzw. Investitionsgütern.

In Zusammenhang mit der gerade beschriebenen Differenzierung muss allerdings noch einmal vertiefend auf die zunehmende Konvergenz hingewiesen werden, die moderne Medien erster und zweiter Ordnung sowie Medienmärkte immer stärker prägt. Dem Wortsinn gemäß handelt es sich bei „Konvergenz" um ein „Annähern" oder „Zusammenlaufen". „Konvergenz der Medien" kann somit folgendermaßen definiert werden: „Unter Medienkonvergenz versteht man einen [. . .] Prozess oder Zustand, der die Verschmelzung verschiedener Medien bzw. Kommunikationskanäle auf der technischen, der inhaltlichen Ebene und der Nutzungsebene beschreibt" (Koschnick 2010, S. 1).

Für die in Abb. 1 dargestellte Unterscheidung in Markenführung mit Medien und Markenführung von Medien ergibt sich aus dieser Konvergenz häufig, dass Organisationen aufgrund von Diversifizierungsbemühungen oder durch die Verlängerung ihrer Wertschöpfungskette Markenführung von Medien *und* mit Medien betreiben. Die Verlängerung der Wertschöpfungskette kann dabei durch Integrationsbestrebungen in technischer Hinsicht oder bezogen auf Nachrichteninhalte erfolgen. Ersteres ist z. B. der Fall, wenn Inhalteanbieter technische Unternehmensteile akquirieren oder aufbauen. Letzteres erfolgt etwa, wenn Unternehmen mit einem Geschäftszweck im Bereich der Medien erster Ordnung in den Inhaltebereich expandieren.

Für beide Formen der Markenführung gemäß Abb. 1 sind bestimmte Zusammenhänge relevant, welche Medienmärkte, „Mediengesellschaften" und die mediale Auswahl von Nachrichten prägen. Um eine Basis für die Betrachtungen dieses Herausgeberbandes zu legen, werden daher nachfolgend zuerst wesentliche Elemente moderner Medienmärkte vorgestellt (Abschn. 2). Anschließend wird ein Blick auf die Rolle moderner Massenmedien bei Mcinungsbildungsprozessen in mediengeprägten Gesellschaften geworfen (Abschn. 3), bevor Prozesse der Nachrichten- bzw. Inhalteauswahl anhand der Nachrichtenwert-Theorie (Abschn. 4) betrachtet werden. Das Kapitel schließt mit einem kurzen Fazit (Abschn. 5).

2 Medienmärkte

Medienmärkte können grundsätzlich in drei Teilmärkte untergliedert werden. „Diese sind der Rezipientenmarkt und der Werbemarkt, die Medienunternehmen zur Generierung von Erlösen zur Verfügung stehen" (Schunk und Könecke 2014, S. 97), sowie der Inhaltebeschaffungsmarkt (Abb. 2). Diese Teilmärkte sind durch „starke Interdependenzen" (Wirtz 2006, S. 24) miteinander verbunden. So wird in Abb. 2 deutlich, dass eine starke Nachfrage auf dem Rezipientenmarkt für Medienunternehmen i. d. R. aus mehreren Gründen nötig ist. Einerseits können derart direkt Erlöse generiert werden. Zum anderen stellt eine hohe Aufmerksamkeit seitens der Rezipienten eine Voraussetzung für die erfolgreiche Positionierung auf dem Werbemarkt dar. Wenn werbetreibende Unternehmen die für sie relevanten Ziel- oder Rezipientengruppen nämlich nicht in hinreichend großem Ausmaß über ein bestimmtes Medium erreichen können, ist dieses für sie nicht als Werbeplattform interessant (Schunk und Könecke 2014, S. 98).

Auf dem Inhaltebeschaffungsmarkt müssen attraktive Inhalte angekauft oder kostenfrei akquiriert werden. Hierbei ist die Auswahlentscheidung bezüglich potentiell attraktiver

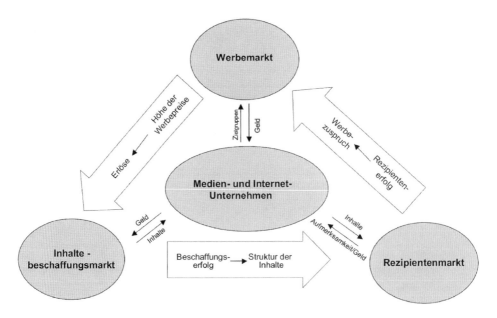

Abb. 2 Interdependenzstruktur der Medienmärkte. (Wirtz 2006, S. 25)

und unattraktiver Inhalte von entscheidender Bedeutung. Diese orientiert sich wesentlich am potentiellen Nachrichtenwert (Abschn. 4) der Inhalte. Ist dieser für die avisierte Zielgruppe zu niedrig, kann voraussichtlich kein zufriedenstellender Erfolg auf dem Rezipientenmarkt erzielt werden, was wiederum Auswirkungen auf den Werbemarkt hat. Da Werbemöglichkeiten i. d. R. vor Ausstrahlung eines Programms bzw. vor Drucklegung oder Erstellung eines Online- oder sonstigen Inhalts gekauft werden müssen, interessieren sich Werbetreibende in erster Linie für Formate, bei denen ein hoher Zuspruch der für sie relevanten Zielgruppe(n) wahrscheinlich ist. Die voraussichtliche Attraktivität eines Inhalts für relevante Rezipientengruppen, welche sich in eine indirekte Attraktivität auf dem Werbemarkt übersetzen lässt (s. o.), schlägt sich daher oftmals in Preisspiralen nieder:

> Vor allem in Bereichen, in denen die Inhalte-Beschaffung mit hohen Investitionen verbunden ist, wie beispielsweise bei Sendelizenzen für Sportübertragungen im TV-Bereich, sind die potentiell erzielbaren Werbeeinnahmen eine wichtige Bestimmungsgröße für die Investitionshöhe in diesem Bereich und damit letztlich auch wieder eine Bestimmungsgröße für die Attraktivität der Inhalte (Wirtz 2006, S. 24).

Diese Preisspiralen sind allerdings nur ein Beispiel für die vielen Interferenzen, die mit den geschilderten Interdependenzen der verschiedenen Teilmärkte von Medienmärkten einhergehen. Nachfolgend soll daher beispielhaft kurz auf weitere für die Markenführung mit und von Medien besonders relevanten Aspekte eingegangen werden:

- Auf Seiten der Medienanbieter besteht offenbar die Gefahr von Loyalitätskonflikten, wenn die Interessen (potentieller) Werbekunden und diejenigen der Rezipienten konkurrieren. So können z. B. Berichte die unvorteilhafte Informationen über den Werbekunden eines Medienunternehmens zum Inhalt haben, dem Informationsinteresse auf Rezipientenseite in hohem Maße entsprechen. Auf dem Werbemarkt könnten allerdings nicht nur der betreffende Kunde, sondern ungünstigerweise darüber hinaus weitere (potentielle) Kunden von einer zukünftigen Zusammenarbeit abgehalten werden, da das Medienunternehmen als illoyaler Partner erlebt wird. Wird auf eine Berichterstattung verzichtet, werden hingegen Marktanteile auf dem Rezipientenmarkt gefährdet, da dem Informationsinteresse nicht entsprochen wird. Mittel- und langfristig ggf. wesentlich bedeutender als ein kurzfristiger Interessensrückgang ist jedoch die Frage nach der Integrität des Medienunternehmens, die auf dem Rezipienten- und durchaus auch auf dem Werbemarkt gestellt werden dürfte, wenn eine Beeinflussung der Objektivität aufgrund wirtschaftlicher Interessen vermutet wird. Dass die genannten Prozesse negative Auswirkungen auf die Markenwahrnehmung sowohl des Medienunternehmens als auch seiner Werbepartner – insbesondere natürlich desjenigen, der in der Berichterstattung „geschont" wurde – haben dürfte, ist relativ offensichtlich.
- Die im letzten Abschnitt betrachteten Zusammenhänge kommen gleichermaßen bei der zu vorteilhaften redaktionellen Berichterstattung über Werbekunden und andere Partnerunternehmen zum Ausdruck. Wird eine solche wahrgenommen oder auch nur

vermutet, kann dics cbcnfalls negative Auswirkungen auf die Marke des Werbepart-
ners, vor allem aber des Medienunternehmens haben, da dessen Glaubwürdigkeit zur
Disposition steht. Die in der Markenführung nicht unübliche Praxis, gegen Entgelt
redaktionelle Inhalte oder Formate in der medialen Berichterstattung werblich auszuge-
stalten, sollte stets vor dem Hintergrund dieser potentiellen Folgewirkungen reflektiert
werden. Von rechtlichen Aspekten abgesehen, die hier nicht gewürdigt werden, sollte hierbei hinterfragt werden, welche Folgewirkungen über die intendierten Effekte
hinaus entstehen könnten. Diese Folgewirkungen sollten z. B. bei der Entscheidung
darüber, ob bzw. wie auf die Zusammenarbeit zwischen Medien- und Partnerunternehm-
men hingewiesen wird, bedacht werden.

Medienunternehmen müssen sich grundsätzlich die Frage stellen, wie sie sich mit
ihren Inhalten auf den unterschiedlichen Märkten positionieren möchten. Das bedeutet,
dass entschieden werden muss, welche Zielgruppen mit welcher Art von Inhalt versorgt
werden sollen. Der durchdachte und zielführende Aufbau einer Medienmarke auf den
verschiedenen Teilmärkten des Medienmarktes muss daher mit dem Wissen um deren
Interdependenzen erfolgen. Hierbei sollte allerdings keinesfalls vergessen werden, dass
Erfolge auf einem der Teilmärkte nicht immer automatisch in Erfolge auf anderen Teilmärkten übersetzbar sind bzw. diese sogar negativ beeinflussen können.

Unternehmen und Organisationen, die Markenführung mit Medien betreiben, sind auf
Medienmärkten häufig auf dem Werbemarkt aktiv. Allerdings ist stets zu beachten, dass
sie – bewusst oder unbewusst – auch als Lieferant auf dem Inhaltebeschaffungsmarkt fungieren können. Dies ist dann der Fall, wenn z. B. aktiv über Pressemitteilungen und Medienarbeit Unternehmensnachrichten lanciert werden. Gleichermaßen greifen Medienorga-
ne allerdings auch negative bzw. unvorteilhafte Nachrichten über Wirtschaftsakteure auf
und kommunizieren diese, worauf in Abschn. 4 eingegangen wird. Eine durchdachte Markenführung mit Medien steuert daher nicht nur die gewünschte Kommunikation positiver
Nachrichten auf dem Werbemarkt. Vielmehr wird auch der Inhaltebeschaffungsmarkt in
die Markenführung einbezogen um derart der in Abschn. 3 betrachteten Bedeutung der
Massenmedien bei der Markenwahrnehmung umfassend gerecht zu werden.

3 Meinungsbildung in mediengeprägten Gesellschaften: das arenatheoretische Modell von Öffentlichkeit

3.1 Vorstellung des arenatheoretischen Modells von Öffentlichkeit

Moderne Öffentlichkeit ist ein relativ frei zugängliches Kommunikationsfeld, in dem „Sprecher" mit bestimmten Thematisierungs- und Überzeugungstechniken versuchen, [...] bei
einem „Publikum" Aufmerksamkeit und Zustimmung für bestimmte Themen und Meinungen zu finden. Politische und ökonomische Interessen der Öffentlichkeitsakteure strukturieren
diese Kommunikation ebenso wie die Unterhaltungs- und Orientierungsbedürfnisse eines

Publikums, das in marktwirtschaftlich verfaßten Demokratien als Elektorat und Kundschaft strategische Bedeutung besitzt (Neidhardt 1994, S. 7).

Neidhardts Beschreibung „moderner Öffentlichkeit" macht deutlich, dass diese dadurch geprägt ist, dass bei einer Vielzahl von Adressaten „Aufmerksamkeit und Zustimmung" erlangt werden sollen. Da diese Öffentlichkeit „aus Gesprächen und kommunikativen Handlungsvollzügen von kollektiven Akteuren und Einzelpersonen einer Kommunikationsgemeinschaft hergestellt" (Tobler 2010, S. 48) wird, die sehr unterschiedliche Breitenwirkung entfalten, unterscheidet Tobler drei Öffentlichkeitsebenen. Zum einen beschreibt er „spontane Auseinandersetzungen" (ebd., S. 49) zwischen Kommunikationspartnern, wie sie etwa an Stammtischen, auf dem Markt oder im Zug beobachtet werden können. Zweitens erfolgt Kommunikation im Rahmen von „organisierten Veranstaltungen" (ebd.). Hier führt er als Beispiele Elternabende, Rockkonzerte oder Konferenzen an. Marketingevents oder auch die häufig als Werbeplattformen genutzten Sportveranstaltungen würden ebenfalls in diese Kategorie fallen. Diese beiden Öffentlichkeitsebenen sind „situationsbezogen und von episodischer Natur" (ebd.), entfalten also keine nachhaltige Wirkung für die gesamte Kommunikationsgemeinschaft, wenn sie nicht von der dritten Ebene, der „massenmedialen Öffentlichkeit" (ebd.), dauerhaft integriert werden. Diese Ebene umfasst diejenigen Medien gemäß Abschn. 1, die vergleichsweise viele Menschen erreichen.

Grundlegend muss folglich unterschieden werden zwischen denjenigen „Kommunikatoren" (Neidhardt 1994, S. 7), denen umfassende Aufmerksamkeit zukommt und die daher eine nachhaltige Breitenwirkung entfalten, und solchen, deren kommunikative Wirkung verhältnismäßig begrenzt ist. Um diesen Unterschied in ein analytisches Bild zu fassen, schreibt Eisenegger von der „Kommunikationsarena Öffentlichkeit" (Eisenegger 2005, S. 56), in der die Akteure von einer „mehr oder weniger große Zahl von Beobachtern" (Neidhardt 1994, S. 7) auf den Zuschauerrängen verfolgt werden. Das zugehörige „arenatheoretische Modell von Öffentlichkeit" bezieht sich wesentlich auf die Ausführungen von Imhof (1996a, 1996b), der die diesem Modell zugrundeliegende Segmentierung öffentlicher Kommunikatoren einführte.

Laut Imhof „generieren und bearbeiten [vor allem Kommunikationszentren] die ‚öffentliche[...] Meinung'" (Imhof 1996a, S. 220). Er unterscheidet dabei in politische, ökonomisch-kommerzielle und mediale Kommunikationszentren (Imhof 1996b, S. 13 f.). Politische Kommunikationszentren sind etwa Regierungsorgane, Parteien, Verbände (Imhof 1996a, S. 220 f., S. 224 ff.), zu denen auch Behörden zu zählen sind (Eisenegger 2005, S. 55). Die ökonomisch-kommerziellen Kommunikationszentren umfassen „public relations-Agenturen, Marketingabteilungen, Presse- oder Medienstäbe" (Imhof 1996a, S. 221); deren Aufgabe letztendlich die „möglichst positive [...] Selbstdarstellung" (Eisenegger 2005, S. 56) eines Unternehmens bzw. seiner Produkte ist (Imhof 1996a, S. 234 ff.). Die kommunikativen Äußerungen dieser Kommunikationszentren dienen in den meisten Fällen der Markenführung. Schließlich werden die medialen Kommunikationszentren

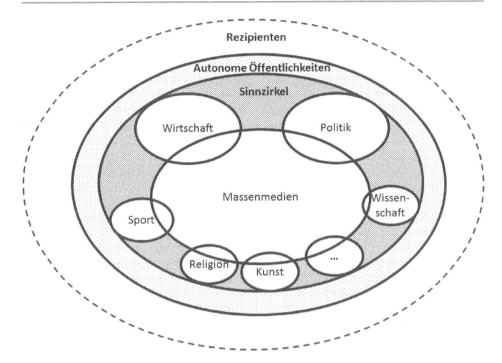

Abb. 3 Arenatheoretisches Modell von Öffentlichkeit. (Könecke 2014, S. 43; Könecke im Druck)

beschrieben, also „öffentlich-rechtliche und private Medienunternehmen" (Imhof 1996a, S. 221, S. 229 ff.).

Dass die unterschiedlichen Kommunikationszentren nicht unabhängig voneinander agieren, wurde bereits in Abschn. 2 deutlich: Einerseits ist zu beobachten, dass deren „Zielpublikum […] konvergiert" (Eisenegger 2005, S. 56), da es aus Menschen besteht, die Bürger, Wähler, Konsumenten, Medienrezipienten usw. sind. Andererseits sind die Kommunikationszentren „funktional und finanziell voneinander abhängig" (Imhof 1996a, S. 221). Dies ist deswegen der Fall, da die politischen und ökonomisch-kommerziellen Kommunikationszentren durch die medialen eine kommunikative Plattformen erhalten. Für diese zahlen sie formal mit Geld. Allerdings liefern sie den Medien auch Inhalte, über die diese berichten können (vgl. hierzu Abschn. 2).

Die genannten Kommunikationszentren prägen fundamental den „Sinnzirkel" (Imhof 1996a, S. 222). Das ist derjenige „definitionsmächtige [Bereich] moderner Gesellschaften" (Eisenegger 2005, S. 56), der festlegt, „welche Normen und Werte in einer Gesellschaft gelten sollen" (Tobler 2010, S. 52). Wie Abb. 3 zeigt, tragen allerdings noch weitere Kommunikatoren zum Sinnzirkel bei. Zuvorderst sind dies „teilautonome Sphären oder Spezialöffentlichkeiten" (Imhof 1996a, S. 222), worunter etwa Wissenschaft, Kunst und Religion fallen (Tobler 2010, S. 222 f., S. 236 ff.), und zu denen in modernen Gesellschaften erweiternd auch der Sport gerechnet werden sollte (Könecke 2014, Könecke im Druck).

Die teilautonomen Sphären verfügen über „je eigenständige Diskursstile mit spezialisierten Institutionen, Medien, Foren und Expertenkulturen" (Eisenegger 2005, S. 57) und betrachten den sie betreffenden Teilbereich gesellschaftlicher Kommunikation. Darin unterscheiden sie sich fundamental von den Kommunikationszentren, die sich sämtlichen Teilbereichen widmen (Imhof 1996a, S. 220 f.). Eisenegger führt im Rahmen seiner Studie „Reputation in der Mediengesellschaft" aus, dass den teil- oder semiautonomen Sphären eine hohe Glaubwürdigkeit zufällt, weswegen sie bedeutenden Einfluss „auf die Zuweisung bzw. den Entzug von Reputation" (Eisenegger 2005, S. 57) haben können. Dies geschieht dadurch, dass „die semi-autonomen Öffentlichkeitsarenen wissenschaftliche Expertisen, moralische Appelle oder expressive Irritationen [zu den] im Sinnzirkel geführten Auseinandersetzungen beisteuern" (Tobler 2010, S. 53). Diese Beiträge müssen jedoch keinesfalls Bedeutung entfalten und können ggf. auch – abhängig von der Reaktion der Kommunikationszentren – in der öffentlichen Meinungsbildung quasi ungehört verhallen.

Schließlich umfasst das arenatheoretische Modell noch die „autonomen Öffentlichkeiten" (Imhof 1996a, S. 222). Bei diesen handelt es sich um

> politisch, kulturell und religiös orientierte soziale Räume, also marginalisierte politische Gruppierungen, klassenorientierte Parteien, Avantgarde- und Intellektuellenzirkel sowie subkulturelle Milieus[, die] vom Sinnzirkel abweichende Weltinterpretationen [stabilisieren] (ebd.).

Da diesen Gruppen sowohl eine historisch gewachsene Reputation als auch eine tiefgreifende Verflechtung mit den wesentlichen Kommunikationszentren fehlen (Eisenegger 2005, S. 57 f.), bleiben sie – wie Abb. 3 zeigt – im Sinnzirkel meist außen vor. Es ist ihnen daher normalerweise nicht möglich, in der Kommunikationsarena umfassend wahrgenommen zu werden. Allerdings kommen den autonomen Öffentlichkeiten durchaus wesentliche Funktionen zu:

> Diese Gegenöffentlichkeiten dienen indirekt dem herrschenden Grundkonsens, denn ein hoher Konformitätsdruck im Sinnzirkel benötigt einen klar definierten Gegenpol, und sie erhalten marginalisierte Deutungskonfigurationen aufrecht, die in Krisenphasen diffundieren können (Imhof 1996a, S. 222).

Zusammenfassend kann in Anlehnung an Abb. 3 somit Folgendes festgehalten werden: Die Kommunikationszentren „generieren und bearbeiten die ‚öffentliche[...] Meinung'" (Imhof 1996a, S. 220), wozu die teilautonomen Sphären ebenfalls regelmäßig aktiv beitragen, wobei deren Beiträge nur bei Aufnahme durch die Kommunikationszentren Breitenwirkung entfalten. Die autonomen Öffentlichkeiten tragen zur Meinungsbildung i. d. R. vor allem dadurch bei, dass sie als Gegenpol fungieren, von dem es sich abzugrenzen gilt. Bedingt durch Krisen können deren alternative Entwürfe jedoch konsensual von den Kommunikationszentren aufgegriffen werden, wodurch – evtl. nur vorübergehend – Breitenwirkung erreicht werden kann. „Der Sinnzirkel regeneriert und stabilisiert somit laufend die Realitätskonstruktion der Gesellschaftsmitglieder und reduziert die Gefahr divergierender Erfahrung und mißlingender Kommunikation" (Imhof 1996a, S. 222). Meinungsverschiedenheiten können im Sinnzirkel allerdings durchaus ausgetragen werden, wobei *stark* abweichende Interpretationen i. d. R. nicht von den relevanten Kommunikateuren aufgegriffen werden.

3.2 Dominanz weniger Leitmedien und Interpretationsmuster

Da Meinungsbildungsprozesse nicht nur auf gesellschaftlicher Ebene stattfinden, kann das arenatheoretische Modell auch auf Teilbereiche einer Gesellschaft übertragen werden. Das bedeutet, dass z. B. sehr viele regionale, soziale oder wirtschaftliche Teilgruppierungen einer Gesellschaft über jeweils eigene „Öffentlichkeitsarenen" verfügen. Diese stellen Teilbereiche der gesamtgesellschaftlichen Öffentlichkeitsarena dar. Wie für die gesamtgesellschaftliche Arena gilt auch für diese Teilarenen, dass die „Definitionsmacht" (Tobler 2010, S. 52) darüber, was „in den [verschiedenen] Öffentlichkeitsarenen" (ebd.) Gehör findet, nur wenigen Meinungsbildnern zufällt. Außerdem gilt, dass die Massenmedien im Meinungsbildungsprozess grundsätzlich eine herausragende Rolle einnehmen.

Wie Abb. 3 entnommen werden kann, liegt das daran, dass Massenmedien als einziges gesellschaftliches Teilsystem umfassend andere Teilsysteme kommunikativ integrieren. Möglich ist dies, da sie „Kommunikationsereignisse produzier[en], die [. . .] auf allen Ebenen von Öffentlichkeit Anschlusskommunikation auszulösen vermögen" (Tobler 2010, S. 48). Anschlusskommunikation erfolgt jedoch nicht nur durch die Rezipienten oder andere Akteure im Sinnzirkel. Einem kommunikativen Zirkel gleich findet diese auch in den Massenmedien selbst statt (Tobler 2010, S. 55). Dies führt oft dazu, dass „die verschiedenen Medien in hinreichendem Ma[ße] zeitgleich gleiche Kommunikationsereignisse produzieren" (Tobler 2010, S. 56). Daher kann die Kommunikationsarena als eine „kommunikative Verdichtungszone" (Tobler 2010) gesehen werden, in der nur ein begrenzter „Bestand gemeinsam geteilter Aufmerksamkeits- und Relevanzstrukturen" (Tobler 2010) dominiert. Folglich sind die Anzahl der ausführlich betrachteten Themen und die dazu angebotenen interpretativen Ansätze überschaubar.

Das heißt allerdings nicht, dass *alle* Medien grundsätzlich in gleicher Form oder über die gleichen Themen berichten würden. „Special-interest-Medien" (Tobler 2010, S. 55) beispielsweise, also diejenigen Medien, die „als systemeigene Medien thematisch spezifizierter Öffentlichkeitsarenen" (Tobler 2010) fungieren, orientieren sich an den Relevanzstrukturen ihrer jeweiligen gesellschaftlichen Teilbereiche. So berichten Sportmedien etwa über für die Kommunikationsarena des Sports und Wissenschaftsmedien über für die Wissenschaftsarena bedeutende Themen. In gleicher Weise berichten Lokal- und Regionalzeitungen vornehmlich über ihre Öffentlichkeitsarenen – also Verbreitungsgebiete – betreffende Sachverhalte.

Im Unterschied dazu fokussieren General-interest-Medien wie Qualitätszeitungen, Forumszeitungen, Fernseh- und Radiovollprogramme, teilweise auch die Boulevardmedien, den gesamten Ausschnitt gesellschaftlicher Wirklichkeit. Indem General-interest-Medien über Politik, Wirtschaft, Sport, Wissenschaft, Kultur etc. berichten, vernetzen sie die sachlich getrennten Arenen, indem sie hier wie dort Anschlusskommunikation auslösen können.

Medien können auch in sozialer Hinsicht als Leitmedien und Folgemedien unterschieden werden. Als Leitmedien einer Medienarena gelten Medien, die von anderen Medien besonders stark beobachtet und zitiert werden und von einem breiten und allgemeinen Publikum wie auch von den unterschiedlichen Eliten der Politik, Wirtschaft, Wissenschaft, Religion etc. benutzt werden (Tobler 2010, S. 55).

Festzuhalten ist, dass eine überschaubare Anzahl von Massenmedien in der gesamtgesellschaftlichen Kommunikationsarena bestimmten Themen und interpretativen Ansätzen dadurch Bedeutung zukommen lassen, dass sie wechselseitig darüber berichten. Für die Kommunikationsarenen gesellschaftlicher Teilbereiche gilt dies auch, wobei diese sich an der jeweiligen Kommunikations- und Handlungslogik des Teilsystems sowie an der gesamtgesellschaftlichen Kommunikationsarena orientieren. Da moderne Massenmedien in sämtlichen Sinnzirkeln meinungsbildend und -integrierenden wirken, kann daher davon ausgegangen werden, dass die anderen bedeutenden Kommunikationszentren Politik und Wirtschaft grundsätzlich geneigt sind, sich massenmedial vermittelten Mustern anzuschließen bzw. an diese anzuknüpfen. In Abschn. 2 wurde dies etwa daran deutlich, dass Wirtschaftsakteure auf dem Werbemarkt dafür zu zahlen bereit sind, in der medialen Kommunikation eigene Botschaften platzieren zu können. Außerdem versuchen sie die mediale Berichterstattung durch Angebote auf dem Inhaltebeschaffungsmarkt zu beeinflussen.

4 Nachrichtenwert-Theorie und Nachrichtenfaktoren

„Unter Nachrichtenwert versteht [man] die Publikationswürdigkeit von Ereignissen, die aus dem Vorhandensein und der Kombination verschiedener Ereignisaspekte resultiert" (Staab 1990, S. 41). Der Nachrichtenwert beeinflusst die Publikationsentscheidung von Journalisten und anderen Medienakteuren. Diese geben i. d. R. einer Meldung mit höherem Nachrichtenwert den Vorzug vor einer mit niedrigerem Nachrichtenwert, da dadurch größeres Interesse seitens der Rezipienten und somit eine breitere Rezeption der Meldung wahrscheinlich werden.

Der deutsche Begriff „Nachrichtenwert" geht auf die Bezeichnung „news value" (Lippmann 1922, S. 220) zurück, die Lippmann in seinem 1922 erschienenen Werk „Public Opinion" erstmals verwendete (Kepplinger 1989, S. 3; Staab 1990, S. 41). Die Nachrichtenwert-Theorie ist somit deutlich älter, als häufig kolportiert wird (Kepplinger 1989, S. 3 f.) und steht seit vielen Jahrzehnten im wissenschaftlichen Fokus. Eine sehr kompakte Vorstellung der Entwicklung der Nachrichtenwert-Theorie und verschiedener Modelle der Nachrichtenauswahlforschung findet sich bei Kepplinger (1989). Die amerikanischen und europäischen Forschungstraditionen stellt z. B. Staab (1990, S. 40 ff.) ausführlich dar. Einen aktuellen Überblick über „Entwicklung und Stand der Nachrichtenwertforschung" bietet das gleichnamige Kapitel bei Uhlemann (2012, S. 29 ff.).

Das verbindende Element der verschiedenen Ansätze ist die Frage nach den Gründen für die Auswahl von Nachrichten. Zur Verdeutlichung sei beispielhaft Merz genannt, der in einer frühen Analyse der Titelgeschichten der New York Times Mitte der 1920er Jahre die Merkmale Konflikthaltigkeit, Personalisierung und Prominenz als bedeutend identifizierte (Kepplinger 1989, S. 3). Derartige Merkmale werden als „Nachrichtenfaktoren" (Tobler 2010, S. 29) bezeichnet. Inzwischen kann als „zusammenfassend relativ gut nachgewiesen [gelten], dass sich die in Tab. 1 aufgeführten Faktoren positiv auf die Auswahlwahrscheinlichkeit eines Ereignisses zur Nachricht bzw. die Intensität der Aufbereitung einer Nachricht auswirken" (Tobler 2010, S. 66).

Bezüglich des Verständnisses der Nachrichtenfaktoren ist zu beachten, dass Medienakteure bei ihrer Auswahlentscheidung i. d. R. die Folgewirkungen dieser Entscheidung im Blick haben (Kepplinger 1989, S. 11). Daher können Nachrichtenfaktoren nicht nur als Ursachen von Publikationsentscheidungen, sondern auch als deren Resultat angesehen werden:

> Journalisten wählen [...] Ereignisse oder Meldungen nicht nur deshalb aus, weil sie bestimmte Eigenschaften (Nachrichtenfaktoren) besitzen, sie sprechen auch Ereignissen oder Meldungen, die sie [...] auswählen, diese Eigenschaften erst zu oder heben sie besonders hervor, um dem jeweiligen Beitrag ein besonderes Gewicht zu geben (Staab 1990, S. 98).

Außerdem ist zu beachten, dass das Bewusstsein für den Wert von Nachrichtenfaktoren nicht nur seitens der Entscheider auf medialer Seite gegeben ist. Vielmehr kann beobachtet werden, dass bestimmte Akteure „Ereignisse eigens zum Zweck der Berichterstattung" (Kepplinger 1989, S. 10) inszenieren. Die erwartete Berichterstattung ist in diesem Falle „Ursache des Ereignisses und der Nachrichtenfaktoren als dessen Eigenschaften" (Uhlemann 2012, S. 41), weshalb „von einer instrumentellen Inszenierung von Ereignissen" (Kepplinger 1989, S. 10) gesprochen werden kann.

Eine derartige Inszenierung dürfte wesentlich durch die Publikationspraxis der Medien beeinflusst werden, deren Aufmerksamkeit geweckt werden soll. Das heißt, dass auch medienferne Akteure in ihrer medienorientierten Kommunikation bzw. Medienarbeit diejenigen Nachrichtenfaktoren betonen dürften, die sie selbst – bewusst oder unbewusst – in der bisherigen Berichterstattung erkannt zu haben glauben.

> Die in den Massenmedien dargestellte Realität ist somit auch eine Folge der Art der erwarteten Berichterstattung, die sich ihrerseits wieder aus der sonst üblichen Berichterstattung ergibt und es schließt sich der Kreis der gegenseitigen Beeinflussung (Uhlemann 2012, S. 41).

Diesen Zusammenhang fasst Kepplinger folgendermaßen zusammen: „Die Realität, über die die Massenmedien berichten, ist zum Teil auch eine Folge der vorangegangenen Berichterstattung" (Kepplinger 1989, S. 13; vgl. z. B. auch Tobler 2010, S. 38).

Tab. 1 Auflistung relevanter Nachrichtenfaktoren. (Leicht modifiziert und ergänzt nach Uhlemann 2012, S. 66)

Nachrichtenfaktor	Beschreibung
Individualisierung – Personalisierung	Das Ausmaß der individuellen bzw. persönlichen Informationen, die über eine Person (oder auch „vermenschlichte" Tiere, Pflanzen oder Gegenstände) bzw. eine vergleichsweise überschaubare Gruppe von Individuen (z. B. eine Familie oder einen Freundeskreis) preisgegeben wird.
Status – Einfluss – Macht	Die Bedeutung des Orts des Geschehnisses und/oder der Einfluss einer mit dem Geschehnis verbundenen Person (aufgrund ihres Amtes oder ihrer Bekanntheit).
Nähe – Ethnozentriertheit	Die politische, räumliche, wirtschaftliche und/oder kulturelle Nähe des Orts und/oder des Gegenstands des Geschehens.
Faktizität	Ein konkreter Gegenstand des Geschehens.
Reichweite	Eine große Anzahl von beteiligten oder direkt betroffenen Personen.
Erfolg – Nutzen	Das Ausmaß des tatsächlichen oder potentiellen Nutzens, zu dem das Ereignis führt.
Konflikt – Kontroverse – Aggression – Schaden	Das Ausmaß, mit dem eine Schädigung/Zerstörung des Gegenstands bei einem Ereignis akzeptiert bzw. angestrebt wird oder wurde.

Es ist relativ offensichtlich, dass die Markenführung von Medien sehr wesentlich von denjenigen Zusammenhängen beeinflusst wird, die in der Nachrichtenwert-Theorie beschrieben werden. So positionieren sich Medienmarken anhand der Art und Weise, wie sie mit den verschiedenen Nachrichtenfaktoren umgehen. Es stellt sich bei der Markenführung eines Medienunternehmens z. B. die Frage, ob der Nachrichtenfaktor „Nähe" nur eine Rolle bei der Auswahl bestimmter Inhalte spielt oder durch die Art der Berichterstattung deutlich verstärkt werden soll. Die Verstärkung von Nähe kann z. B. durch einen hohen Grad an „Personalisierung" der Berichterstattung erreicht werden. Konkret kann dies an folgendem Beispiel nachvollzogen werden: Eine Lokalzeitung wird i. d. R. viel über Menschen berichten, die in ihrem Einzugsgebiet wohnen. Diese Berichterstattung kann wiederum vergleichsweise objektiv erfolgen oder in hohem Maße durch Informationen zum persönlichen Umfeld der Personen, ihre Meinungen, Ängste und Gefühle geprägt sein. Solche Entscheidungen stellen ein wesentliches Element der Markenführung eines Medienunternehmens dar.

Allerdings darf die Relevanz der in diesem Kapitel beschriebenen Erkenntnisse auch für die Markenführung mit Medien nicht unterschätzt werden. So wurde deutlich, dass Nachrichtenfaktoren nicht nur das Kommunikations- und Auswahlverhalten von Medienakteuren prägen. Vielmehr beeinflussen diese – häufig unbewusst – ganz allgemein die Kommunikationsentscheidungen, welche bezogen auf Medien und die mediale Informationsverbreitung getroffen werden. Daraus folgt, dass Unternehmen und Organisationen im Rahmen ihrer Markenführung mit Medien permanent mit den in Tab. 1 aufgeführten Nachrichtenfaktoren arbeiten. Dies zeigt sich z. B. daran, dass Markenkommunikation sehr häufig unter Einbeziehung bekannter oder unbekannter Testimonials erfolgt. Neben weiteren Funktionen erfüllt diese „Personalisierung" der Markenkommunikation den Zweck, die vermittelten Inhalten für die Zielgruppe attraktiver zu machen und somit deren Aufmerksamkeit für die Werbebotschaft zu erlangen bzw. länger zu binden.

5   Fazit

Die Markenführung mit Medien und von Medien wird grundlegend durch die in Abschn. 2 beschriebenen Spezifika von Medienmärkten, die Besonderheiten der Meinungsbildung und -beeinflussung in mediengeprägten Gesellschaften, welche das arenatheoretische Modell von Öffentlichkeit zum Inhalt hat (Abschn. 3), und die in der Nachrichtenwert-Theorie (Abschn. 4) zusammengefassten Besonderheiten medialer Selektionsrationalitäten beeinflusst. Obwohl und gerade weil diese Beeinflussung oftmals nicht bewusst vonstattengeht, sollten die in diesem Kapitel beschriebenen Zusammenhänge elementare Wissensbestände kompetenter Markenführung in modernen Mediengesellschaften darstellen und bei dieser umfassend berücksichtigt werden. Das bedeutet, dass die Aktivitäten, welche Marketingabteilungen und Kommunikationsverantwortliche auf dem Werbe- und dem Inhaltebeschaffungsmarkt (Abschn. 2) entfalten, in diese Erkenntnisse eingebettet werden sollten.

Moderne Gesellschaften werden allerdings durch enorm schnelle Informationsverbreitungsprozesse geprägt, die keinesfalls umfassend gesteuert, sondern höchstens mehr oder minder kompetent im Rahmen gewisser Möglichkeiten beeinflusst werden können. Entsprechend werden markenbezogene Botschaften in medial geprägten Gesellschaften keinesfalls nur und oftmals sogar nicht einmal in erster Linie von Marketing- und Kommunikationsverantwortlichen nach außen getragen. Daher muss moderne Markenkommunikation als gesamtorganisationale Aufgabe verstanden werden, die nicht nur den einschlägigen Fachabteilungen obliegt – wenngleich diesen natürlich eine herausragende Bedeutung hierbei zukommt und ihnen die strategische Planung und Koordination obliegt. Ein Beispiel hierfür wird nachfolgend kurz dargelegt.

Beispiel Hansgrohe SE
Die Hansgrohe SE aus Schiltach im Schwarzwald ist ein Mittelständler, das sich als innovativer Bad- und Sanitärspezialisten (Hansgrohe SE o. J.) versteht. Das Unternehmen kämpft im Rahmen seiner Markenpflege sehr intensive und unter hohem Kapitaleinsatz für den Schutz seiner „über 17.000 [...] Patente" (Jandl 2013, S. 50). Deren Verteidigung gegen Nachahmer dient allerdings nicht nur dazu, den eigenen Absatz zu erhöhen. Vielmehr soll auch vermieden werden, dass minderwertige Nachahmerprodukte, deren Funktionalität nicht mit den Originalen mithalten kann, die eigene Marke durch unerfüllte Kundenerwartungen beschädigen. Dies kann immer dann der Fall sein, wenn dem Kunden nicht bewusst ist, dass er kein Original,

sondern lediglich eine Kopie in Gebrauch hat. Um auf dieses Problem aufmerksam zu machen, ließ das Unternehmen in Zusammenarbeit mit Zollfahndern und Patentanwälten „im Frühjahr [2013] am ersten Tag der Sanitärmesse ISH in Frankfurt am Main öffentlichkeitswirksam Kopien von Hansgrohe Brausen und Armaturen einziehen und beschlagnahmen" (Jandl 2013). Der Leiter der Abteilung Patente und Schutzrechte der Hansgrohe SE, Werner Heinzelmann, wird zu der „öffentlichkeitswirksamen Vernichtungsaktion" (Jandl 2013) folgendermaßen zitiert:

> Dadurch spricht sich unsere Null-Toleranz-Strategie gegen Plagiate herum und schreckt Fälscher ab. Auch Verbraucher lassen sich leichter für das Thema sensibilisieren, wenn beispielsweise 12.000 Duscharmaturen vor den Augen der Öffentlichkeit zerstört werden (Jandl 2013).

Vor dem Hintergrund des Wissens um die Attraktivität der in Abschn. 4 dargelegten Nachrichtenfaktoren, insbesondere desjenigen, der in Tab. 1 mit „Konflikt – Kontroverse – Aggression – Schaden" bezeichnet wurde, hat die Hansgrohe SE offenbar mit einer konzertierten Aktion gegen Produktpiraten den Inhaltebeschaffungsmarkt (Abschn. 2) mit Nachrichten versorgt, die für mediale Akteure eine hohe Nachfrage auf dem Rezipientenmarkt versprachen und derart die gewünschten Effekte im Sinnzirkel (Abschn. 3) hervorrufen können. Auf diese Weise erhoffte sich das Unternehmen kommunikative Effekte auf Seiten der Produktfälscher, aber eben auch und gerade bei Endkunden. Im Falle einer einseitigen Fokussierung auf den rechtlichen Markenschutz wäre evtl. lediglich eine unspektakuläre Beschlagnahmung erfolgt. Der Ansatz eines integrierten Markenmanagements, in der das gesamte Unternehmen als Kommunikationseinheit verstanden wird, legte jedoch offenbar eine Nutzung auch bei der aktiv gestalteten Markenführung mit Medien nahe.

Die Autoren

Dr. Thomas Könecke ist wissenschaftlicher Mitarbeiter an der Johannes Gutenberg-Universität Mainz, wo er seit Anfang 2015 die Forschungsgruppe „Menschen – Medien – Management" aufbaut. Vorher war er u. a. an verschiedenen andern Hochschulen tätig und hatte z. B. eine Vertretungsprofessur für Medien-, Sport- und Eventmanagement inne. Dr. Könecke promovierte mit einem interdisziplinären und intertheoretischen Thema zur medial vermittelten Kommunikation und Wahrnehmung von Personen. Seine Forschungsinteressen umfassen eine Vielzahl von sozial-, wirtschafts- und sportwissenschaftlichen Themen, welche er oft in fachübergreifenden und multitheoretischen Projekten betrachtet. Neben seinen wissenschaftlichen Tätigkeiten unterstützt Dr. Könecke im Rahmen von Beratungsprojekten Wirtschaftsunternehmen und andere Organisationen.

Prof. Dr. Holger Schunk ist Professor für Medienwirtschaft und Marketing an der Hochschule RheinMain in Wiesbaden. Zuvor war er als Professor für Marketing an der Hochschule Fresenius in Idstein und Professor für Medienmanagement mit dem Lehrgebiet Markenkommunikation und Werbung an der Hochschule Macromedia in Stuttgart tätig. Prof. Dr. Schunk verfügt über mehr als 15 Jahre Erfahrung in der Unternehmensberatung. Im Rahmen seiner Consulting-Tätigkeit berät der studierte Diplomkaufmann sowohl DAX-Unternehmen als auch Mittelständler unterschiedlicher Branchen im In- und Ausland. Er war beteiligt an unterschiedlichen Standardisierungen der Markenbewertung (IDW Institut der Wirtschaftsprüfer in Deutschland e. V., DIN Deutsches Institut für Normung e. V.). Seine Forschungs- und Beratungsinteressen liegen in monetärer Markenbewertung, wertbasierter Markenführung, strategischem Marketing sowie Marktforschung.

Literatur

Burkart, R. (2002). *Kommunikationswissenschaft: Grundlagen und Problemfelder. Umrisse einer interdisziplinären Sozialwissenschaft.* UTB, Bd. 2259. Wien: Böhlau.

Eisenegger, M. (2005). *Reputation in der Mediengesellschaft: Konstitution – Issues Monitoring – Issues Management.* Wiesbaden: VS Verlag für Sozialwissenschaften.

Hansgrohe SE. (o. J.). Die Unternehmensgeschichte der Hansgrohe Gruppe. http://www.hansgrohe.com/de/3129.htm. Zugegriffen: 22. Februar 2015

Imhof, K. (1996a). „Öffentlichkeit" als historische Kategorie und als Kategorie der Historie. *Schweizerische Zeitschrift für Geschichte, 46*(1), 3–25.

Imhof, K. (1996b). Intersubjektivität und Moderne. In K. Imhof, & G. Romano (Hrsg.), *Die Diskontinuität der Moderne. Zur Theorie des sozialen Wandels* (S. 200–292). Frankfurt am Main: Campus-Verlag.

Jandl, F. (2013). Produktpiraterie. Hartnäckiger Kampf um Wissensvorsprung und Image. *Unternehmensjurist, 3*(5), 48–51.

Kepplinger, H. M. (1989). Theorien der Nachrichtenauswahl als Theorien der Realität. *Aus Politik und Zeitgeschichte, 39*(15), 3–16. Beilage zur Wochenzeitung Das Parlament.

Könecke, T. (2014). *Stars, Prominente oder Helden? – Entwicklung eines Modells zur Kommunikation und Rezeption sozial exponierter Personen.* Unveröffentlichte Dissertation, eingereicht bei der Johannes Gutenberg-Universität Mainz.

Könecke, T. (im Druck). Die „Kommunikationsarena" und mediale Auswahllogiken als wesentliche Einflussfaktoren der NGO-Kommunikation. In L. Rademacher und N. Remus. *Handbuch NGO-Kommunikation.*

Koschnick, W. J. (2010). *Medienkonvergenz: Zusammenwachsen von Fernsehen, Internet, Telekommunikation.* https://www.bpb.de/system/files/dokument_pdf/GuS_37_Medienkonvergenz.pdf. Zugegriffen: 22. Februar 2015

Kubicek, H., Schmid, U., & Wagner, H. (1997). *Bürgerinformation durch „neue" Medien?: Analysen und Fallstudien zur Etablierung elektronischer Informationssysteme im Alltag.* Opladen: Westdeutscher Verlag.

Lippmann, W. (1922). *Public Opinion.* http://www.gutenberg.org/cache/epub/6456/pg6456.html. Zugegriffen: 10. April 2014

Neidhardt, F. (1994). Öffentlichkeit, öffentliche Meinung, soziale Bewegungen. In F. Neidhardt (Hrsg.), *Öffentlichkeit, öffentliche Meinung, soziale Bewegungen* Kölner Zeitschrift für Soziologie und Sozialpsychologie: Sonderhefte, (Bd. 34, S. 7–41). Opladen: Westdeutscher Verlag.

Schneider, M., & Ermes, C. (2013). Einleitung: Management von Medienunternehmen zwischen Konvergenz und Crossmedia. In M. Schneider (Hrsg.), *Management von Medienunternehmen [Elektronische Ressource]. Digitale Innovationen – crossmediale Strategien* (S. 9–27). Wiesbaden: Springer Gabler.

Schunk, H., & Könecke, T. (2014). Betrachtung ausgewählter Entwicklungen der monetären Markenbewertung sowie Überlegungen zur wertbasierten Markenführung im Sport. In H. Preuß, F. Huber, H. Schunk, & T. Könecke (Hrsg.), *Marken und Sport – Aktuelle Aspekte der Markenführung im Sport und mit Sport* (S. 413–431). Wiesbaden: Springer Gabler.

Staab, J. F. (1990). *Nachrichtenwert-Theorie: Formale Struktur und empirischer Gehalt*. Freiburg: Alber.

Tobler, S. (2010). *Transnationalisierung nationaler Öffentlichkeit [Elektronische Ressource]: Konfliktinduzierte Kommunikationsverdichtungen und kollektive Identitätsbildung in Europa*. Wiesbaden: VS Verlag für Sozialwissenschaften.

Uhlemann, I. A. (2012). *Der Nachrichtenwert im situativen Kontext [Elektronische Ressource]: Eine Studie zur Auswahlwahrscheinlichkeit von Nachrichten*. Wiesbaden: VS Verlag für Sozialwissenschaften.

Wirtz, B. W. (2006). *Medien- und Internetmanagement [Elektronische Ressource]*. Wiesbaden: Gabler.

Wirtz, B. W. (2011). *Medien- und Internetmanagement*. Wiesbaden: Gabler.

Grundlagen zur Marke und einigen relevanten Trends der Markenführung

Holger Schunk, Thomas Könecke und Stefanie Regier

Zusammenfassung

Marken stellen den bedeutendsten immateriellen Vermögensgegenstand von Unternehmen in modernen Volkswirtschaften dar und tragen maßgeblich zum Erfolg von Unternehmen bei. In diesem Punkt besteht weitgehend Einigkeit zwischen Wissenschaftlern und Managern. Der vorliegende Beitrag skizziert den vielseitigen Nutzen, den Marken Unternehmen stiften und zeigt die Grundlagen einer identitätsorientierten Markenführung auf, wobei explizit auf die Markenführung mit Medien, mit anderen Worten die Nutzung von Medien zum Markenaufbau, und Markenführung von Medien, d. h. den Aufbau und die Pflege von Medienmarken, eingegangen wird. Des Weiteren werden aktuelle Trends auf den Gebieten des Markenmanagements und Mediensektors vorgestellt, bevor abschließend ein kurzes Fazit zum Status quo von Marken und Medien gezogen wird.

1 Einleitung

Im vorhergehenden Beitrag wurde von Könecke und Schunk dargelegt, dass im modernen Markenmanagement zwischen der Markenführung bzw. dem Markenmanagement von Medien und der- bzw. demjenigen mit Medien unterschieden werden kann. In dem voranstehenden Beitrag wurden aufbauend auf dieser Differenzierung auf wesentliche kommunikations- bzw. medientheoretische Aspekte eingegangen, die für die Markenführung in modernen Mediengesellschaften von grundlegender Bedeutung sind. Dieser

Prof. Dr. Holger Schunk ✉
Wiesbaden, Deutschland
e-mail: schunk@my-marketing.org

Dr. Thomas Könecke
Mainz, Deutschland
e-mail: koenecke@uni-mainz.de

Prof. Dr. Stefanie Regier
Karlsruhe, Deutschland
e-mail: stefanie.regier@hs-karlsruhe.de

© Springer Fachmedien Wiesbaden 2016
S. Regier et al. (Hrsg.), *Marken und Medien*, DOI 10.1007/978-3-658-06934-6_2

Beitrag greift die Unterscheidung in Markenführung bzw. -management von Medien und mit Medien auf und dient der Darlegung verschiedener bedeutender Aspekte, die hinsichtlich des Markenkonzepts und der Markenführung bzw. des Markenmanagements für den Betrachtungshorizont dieses Buches von Bedeutung sind.

Hierbei wird im nächsten Abschnitt auf die Relevanz von Marken eingegangen (Abschn. 2). Anschließend werden Grundlagen der wertbasierten Markenführung mit und von Medien betrachtet, wobei zuerst Ausführungen zur Markenführung mit Medien (Abschn. 3.1) und dann zu derjenigen von Medien (Abschn. 3.2) folgen. In Abschn. 4 werden aktuelle Trends betrachtet, welche schwerpunktmäßig die Markenführung mit Medien (Abschn. 4.1) und diejenige von Medien (Abschn. 4.2) betreffen. Der Beitrag schließt mit einem sehr kompakten zusammenfassenden Kapitel, das auch einen kurzen Ausblick enthält.

2 Relevanz von Marken

Ganz allgemein ist festzustellen, dass Wissenschaftler und Praktiker sich weitgehend darin einig sind, dass Marken den wertvollsten Vermögensgegenstand von Unternehmen darstellen und maßgeblich für deren Erfolg verantwortlich sind. Folglich kann es nicht überraschen, wenn in einer Studie von PricewaterhouseCoopers 91 % der befragten Manager angeben, dass Marken zu den wichtigsten Einflussfaktoren des Unternehmenswertes gehören (PwC Deutschland 2012). In den letzten Jahren haben es insbesondere innovative Marken wie Apple und Google geschafft, ihren Markenwert in relativ kurzer Zeit derart zu steigern, dass sie zu den wertvollsten Marken der Welt avancieren konnten (Abb. 1).

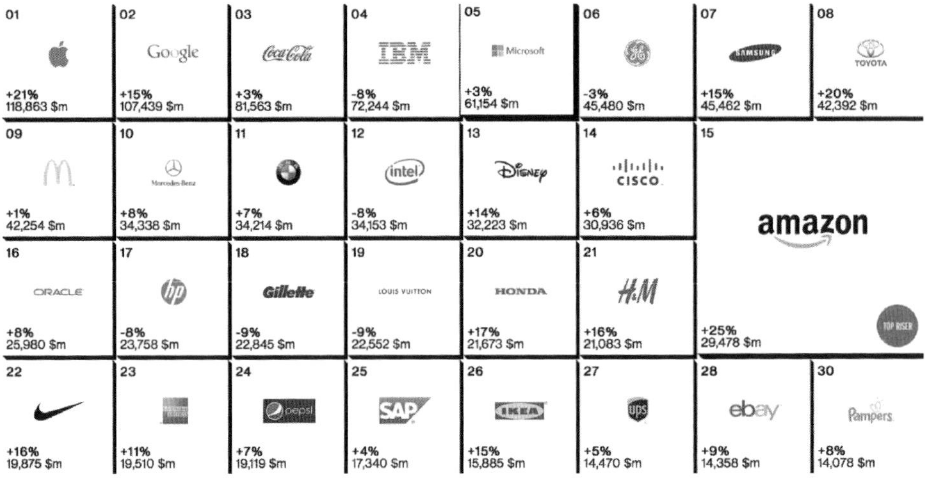

Abb. 1 Markenwertranking 2014. (Interbrand 2014)

Der in Abb. 1 zugrunde gelegte monetäre Markenwert ist das finanzwirtschaftlich ausgedrückte Ergebnis von verhaltenswissenschaftlichen Größen wie der Markenbekanntheit und des Markenimages. Die derart abgebildete Kraft von Marken zeigt eindrucksvoll das Experiment „Blindtest versus offener Test", bei dem die Marken Coca-Cola und Pepsi-Cola einmal blind und einmal mit offener Nennung der Marke beurteilt wurden. Obwohl die technisch-physikalischen Eigenschaften, nämlich der Geschmack, im Blindtest sehr ähnlich beurteilt wurden, bevorzugen im offenen Test 65 % die Marke Coca-Cola und nur 23 % die Marke Pepsi (De Chernatony und McDonald 2003, S. 14 f.). Die Marke hat offensichtlich einen hohen positiven Einfluss auf die Produktbeurteilung. Dies wird als Halo-Effekt bezeichnet (Kröber-Riel et al. 2009).

Nicht nur hierin zeigt sich, dass Marken einen vielseitigen Nutzen bzw. vielseitige Funktionen für ihre Inhaber aufweisen. So sind Kunden gegenüber starken Marken sehr loyal (Aaker 1992, S. 33 ff.), was für Unternehmen vorteilhaft ist, da eine Neukundengewinnung deutlich kostenintensiver ist als die Bindung bereits vorhandener Kunden. In diesem Zusammenhang wird das Customer Relationship Management von Unternehmen immer bedeutsamer (Helmke et al. 2013). Ferner bieten Marken eine Plattform für die Möglichkeiten einer Markenerweiterung (Markentransfer) (Binder 2005, S. 535), d. h. die Ausweitung der Marke auf eine andere Produktgruppe, wie das klassische Beispiel der Marke Nivea eindrucksvoll belegt. Auch in Krisen sind Marken für Unternehmen von Vorteil, da Sie eine gewisse Krisenresistenz aufweisen (Shocker et al. 1994, S. 155). Zudem besitzen starke Marken eine scheinbar unendliche Lebensdauer (Biel 2001, S. 68 f.). Ein Beispiel für eine Marke mit sehr langer Tradition, mit der zudem Millionen von Kunden täglich in persönlichen Kontakt stehen, ist die Marke der Deutschen Post. Vor dem Hintergrund der zunehmenden Konzentration im Handel und der daraus resultierenden steigenden Verbreitung von Handelsmarken ist auch der Schutz, den Marken vor Handelsmarken bieten (Wübbenhorst und Wildner 2002), von großer Relevanz. Des Weiteren existiert ein positiver Zusammenhang zwischen dem Markenbild von Corporate Brands und der Bereitschaft zum Aktienkauf der entsprechenden Marken (Gruner + Jahr 1998). Auch gelingt es Unternehmen mit starken Marken leichter, hoch qualifizierte und motivierte Mitarbeiter zu rekrutieren. Gerade diese Nutzeneigenschaft von Marken wird angesichts des weiter zunehmenden Mangels an Fachkräften zukünftig an Bedeutung gewinnen. Nicht zuletzt sei auf die hohen Preispremien (höhere Zahlungsbereitschaft für eine starke Marke gegenüber einer schwächeren Marke) und Mengenpremien (höhere Abverkaufszahlen für eine starke Marke gegenüber einer schwächeren Marke) als elementaren Nutzen von Marken für Unternehmen verwiesen (Schunk und Könecke 2014).

Bezüglich des Markenwerts kann daher konstatiert werden, dass starke Marken Cash-Flows beschleunigen, Cash-Flows ausweiten und das Risiko des Ausbleibens bzw. der Reduktion zukünftiger Cash-Flows zu reduzieren vermögen (Srivastava et al. 1998, S. 9 ff.).

3 Grundlagen zur wertbasierten Markenführung mit und von Medien

Um den Erfolg von Marken zu messen, existieren in der wissenschaftlichen Diskussion und in der Markenführung von Unternehmen unterschiedliche Erfolgsmessgrößen bzw. „Key Performance Indicators" (Schimansky 2004; Sattler 2005; Donnevert 2009). Diese sind unter anderem:

- Markenrelevanz,
- Markenbekanntheit,
- Markenstärke/-image,
- Markenpersönlichkeit,
- Markenzufriedenheit,
- Markenloyalität.

Die elementare Zielgröße der Markenführung ist jedoch der weiter oben betrachtete Markenwert, wobei es sinnvoll ist, zwischen Markenstärke als verhaltenswissenschaftlichem Konstrukt und dem Markenwert als monetärer Größe (Kapferer 2008, S. 13 ff.) zu differenzieren. Der (monetäre) Markenwert „besteht in den zukünftigen Ein- und Auszahlungen, die spezifisch (d. h. ursächlich) auf die Marke zurückzuführen sind. Die Summe der abgezinsten zukünftigen Überschüsse der markenspezifischen Einzahlungen über die markenspezifischen Auszahlungen definiert den Markenwert in Form eines Kapitalwertes" (Sattler 2001, S. 145). Markenstärke ist hingegen „die Kraft einer Marke, in den Köpfen der Verbraucher positive Assoziationen auszulösen und diese in Verhalten umzuwandeln" (Fischer et al. 2002, S. 9).

Um starke Marken zu kreieren und somit auch einen hohen Markenwert zu erschaffen, stehen dem Markenmanagement grundsätzlich alle Instrumente des Marketing-Mix' zu Verfügung. Allerdings kommt der Kommunikation beim Aufbau von inneren Markenbildern bei den Konsumenten eine besonders zentrale Rolle zu. Wie bereits im vorhergehenden Beitrag des vorliegenden Buches von Könecke und Schunk (Markenführung von Medien und Markenführung mit Medien – Teil 1: Grundlagen zu Medien und Medienmärkten) ausgeführt wurde, können Medien vor diesem Hintergrund einerseits für den Markenaufbau medienferner Marken genutzt werden (Markenführung mit Medien). Andererseits müssen auch Medienmarken aufgebaut und gepflegt werden (Markenführung von Medien). Nachfolgend werden vor dem Hintergrund dieser Systematik einige wesentliche Aspekte der Markenführung mit Medien (Abschn. 3.1) und von Medien (Abschn. 3.2) betrachtet.

3.1 Markenführung mit Medien

Um ein starkes Markenimage zu kreieren, muss zunächst die Markenidentität definiert werden (Esch 2014). Auf der Grundlage der in der Markenidentität definierten Markenkernwerte kann die Marke im Wettbewerbsumfeld positioniert werden. Um die Positionierung so umzusetzen, dass letztendlich ein Markenimage in den Köpfen der Zielgruppen entsteht, welches mit der Markenidentität kongruent ist, müssen zunächst alle Mitarbeiter im Unternehmen mit der Marke und ihrer Positionierung vertraut gemacht werden (Abb. 2). In diesem Zusammenhang wird auch von interner Markenführung oder Behavioral Branding gesprochen werden. Esch schlägt hier einen markenspezifischen Change-Management-Prozess vor, der aus vier Schritten besteht:

- Sensibilisieren (ein Bewusstsein für die Bedeutung der Marke schaffen),
- Involvieren (Relevanz für die Bedeutung der Markenidentität für die einzelnen Unternehmensbereiche schaffen),
- Integrieren (Umsetzungsvorschläge der Markenidentität auf breiter Mitarbeiterbasis entwickeln),
- Realisieren (Implementierung und Kontrolle der Maßnahmen) (Esch 2014).

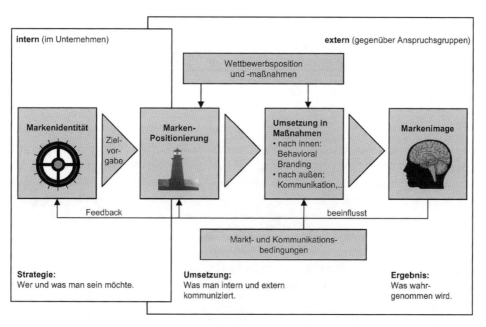

Abb. 2 Zusammenhang zwischen Markenidentität, Markenpositionierung und Markenimage. (Esch 2014, S. 92)

Für die externe Umsetzung der Markenpositionierung können alle Marketing-Mix-Instrumente eingesetzt werden. Besondere Relevanz für den Aufbau eines starken Images besitzt der orchestrierte Einsatz für die Zielgruppe relevanter Kommunikationsinstrumente (Bruhn 2007). Auch wenn den klassischen Instrumenten für den Aufbau eines starken Werbedrucks nach wie vor eine zentrale Rolle zukommt, gewinnt hierbei das Online-Marketing zunehmend an Bedeutung. Ein aktuelles Thema ist in diesem Zusammenhang Social Media(-Marketing), die interaktive Vernetzung von Usern untereinander und/oder mit einem Unternehmen (Bernecker und Beilhartz 2011, S. 19 ff.). Da Social Media allerdings im Grunde kein eigenes Kommunikationsinstrument darstellt, sondern eher eine besondere Art der Kommunikation, wird Social Media wahrscheinlich zukünftig unter Online-Marketing subsummiert werden. Festzuhalten ist, dass das optimale Zusammenspiel zwischen Online- und Offline-Marketing entscheiden für den Erfolg jeglicher Kommunikationspolitik und somit eines wesentlichen Elements der Markenführung ist und bleiben wird.

3.2 Markenführung von Medien

In einigen Medienmärkten gelingt es Marken nur wenig, sich vom Wettbewerb zu differenzieren (Icon Added Value 2007). Daher müssen Medienunternehmen die eigenen Marken zunehmend wettbewerbsdifferenzierend am Markt positionieren (Esch und Isenberg 2013; Schunk 2013). Hierbei kommt der Produktpolitik respektive der Medienformate eine wichtige Bedeutung zu, da diese die Wahrnehmung beispielsweise eines Fernsehsenders maßgeblich beeinflussen. Generell stellt sich auch die Frage nach der Markenrelevanz beim Kauf von Medienprodukten.

Der identitätsorientierten Markenführung folgend, bedarf es beim zielgerichteten Aufbau und der Führung von Medienmarken zunächst der Festlegung der die Marke prägenden Merkmale (Markenidentität) (Burmann et al. 2005). Eine Möglichkeit der Konzeptionalisierung der Markenidentität ist das Markensteuerrad von Esch (Esch 2014). Es besagt, dass die Markenattribute (Über welche Eigenschaften verfügt die Marke?) den Markennutzen (Was bietet die Marke an?) stützen. Die Markentonalität (Wie bin ich?) wird wiederum erlebbar durch das Markenbild (Wie trete ich auf?). Fiktiv könnte dieses Konzept z. B. bezogen auf die Fernsehmarke Pro7 bedeuten, dass die Markenattribute die Eigenschaften des Angebotes – beispielsweise herausragende Blockbuster – wären, die wiederum den Nutzen eines leidenschaftlichen Entertainments für die Zuschauer stiften (Esch und Isenberg 2013). Die Markentonalität könnte dann etwa als modern, charismatisch und temperamentvoll, bezeichnet werden. Das Markenbild drückt sich durch das On- und Off-Air-Design aus. Alles zusammen kondensiert letztendlich in der Markenkompetenz „We love to entertain you". Die Umsetzung der Markenidentität erfolgt schließlich u. a. mittels der Kommunikationspolitik, wobei Medienmarken ihre Werbemittel in eigenen oder fremden Medien platzieren. Mittels einer crossmedialen und integrierten Kommunikation werden Medienmarken zum einen bekannt gemacht und zum anderen wird deren Image positiv und nachhaltig aufgeladen.

Hinsichtlich des Preismanagements von Medienmarken gibt es verschiedene Besonderheiten. Zum einem kann zwischen Medien, für deren Nutzung nicht gezahlt werden muss (beispielsweise Free-TV), und Medien, für deren Nutzen Leser oder Zuschauer zahlen müssen (beispielsweise Pay-TV), unterschieden werden (Wirtz 2013). Medienunternehmen, die ihr Angebot unentgeltlich zur Verfügung stellen, müssen sich ausschließlich über den Werbemarkt finanzieren. Bei diesen Unternehmen existiert faktisch keine Preisgestaltung für den Rezipientenmarkt. Der Fokus liegt hier auf der Gestaltung der Preise für verschiedene Werbeformate, die ihrerseits wiederum abhängig von der Anzahl der Rezipienten sind (Wirtz 2013). Hinsichtlich der Bezahl-Medien kann wiederum unterschieden werden in Medien, über deren Kauf oder Nicht-Kauf der Kunde frei entscheidet, und über Medien, für die eine Zwangsabgabe zu entrichten ist (ARD, ZDF und Deutschlandradio). Im ersten Fall geht es bei einer kundenorientierten Preissetzung für Medienunternehmen darum, die Preise zu ermitteln, für die Kunden bereit sind, die Medienprodukte zu kaufen (Wirtz 2013). Im zweiten Fall geht es darum, die Kosten für ein adäquates Medienangebot zu ermitteln und diese entsprechend eines Verteilungsschlüssels auf die Zuschauer bzw. Hörer zu verteilen. Des Weiteren existieren noch verschiedene Mischformen. Ein Beispiel hierfür ist eine Mischung aus kostenfreien und somit ausschließlich über Werbeeinnahmen finanzierten Angeboten und einer Bezahlpflicht für bestimmte andere Inhalte, wie es beim sogenannten „Freemium-Modell" von Bild-Online der Fall ist.

4 Aktuelle Trends in der Markenführung mit und von Medien

Nicht nur die Medienwelt, sondern das Marketing insgesamt sieht sich mit rasch veränderten Rahmenbedingungen konfrontiert (Homburg 2015; Meffert et al. 2015; Esch 2014). Allgemeine Rahmenbedingungen des Marketings sind unter anderem die Globalisierung und Liberalisierung von Märkten, zunehmende Wettbewerbsintensität, zunehmende Handelsmacht, die Veränderungen des Mediennutzungsverhaltens, die Informationsüberlastung, die Medienkonvergenz, die zunehmende Bedeutung von Social Media bzw. Online-Marketing, Big Data, E-Commerce, hoher Innovationsdruck, sozio-kulturelle Faktoren, sich verändernde politisch-rechtliche Rahmenbedingungen, gesellschaftlich Faktoren wie der demographischer Wandel, ökonomische Entwicklungen wie Kaufkraftverteilung und Kaufkraftentwicklung und neben der Digitalisierung der Gesellschaft insbesondere der Wertewandel hin zur ökologischen, sozialen und ökonomischen Nachhaltigkeit.

Im Folgenden werden einige aktuelle Trends, die teilweise bereits zu großen Veränderungen im Markenmanagement geführt haben und/oder zu relevanten Veränderungen führen werden, vorgestellt. Auch, wenn eine scharfe Trennung zwischen Trends in der Medienbranche (Markenführung mit Medien) und allgemeinen Trends der Markenführung (Markenführung mit Medien) nicht vorgenommen werden kann, da letztendlich alle Trends der Markenführung auch für die Medienbranche relevant sind und umgekehrt, werden nachfolgend der Übersichtlichkeit halber die verschiedenen Trends den unterschiedlichen Bereichen zugeordnet. Derart soll verdeutlicht werden, welche Trends allgemein die Markenführung mit Medien (Abschn. 4.1) bzw. speziell die Markenführung von Medien (Abschn. 4.2) besonders grundlegend prägen werden, ohne dass jedoch deren Einfluss auf den jeweils anderen Bereich unterschätzt werden darf.

4.1 Aktuelle Trends in der Markenführung mit Medien

In den letzten Jahren hat sich die identitätsorientierte Markenführung sowohl in der wissenschaftlichen Diskussion als auch in der Praxis als „State-of-the-Art" etabliert. Aufgrund der oben aufgeführten Rahmenbedingungen kann davon ausgegangen werden, dass die Kunden-Marken-Beziehung aufgrund von Social Media und der damit einhergehenden Interaktivität zwischen Marke und Kunden intensiver werden wird. Somit kann man von einer interaktiven identitätsorientierten Markenführung sprechen (Schunk und Könecke 2014). Darüber hinaus können sich aufgrund der hohen Umweltdynamik die Positionierungsdimensionen schneller als bisher ändern. Folglich wird es für Unternehmen immer wichtiger, zukünftige Trends zu antizipieren, um die Markenpositionierung rechtzeitig anzupassen.

Ein für die Markenführung zunehmend wichtigerer und sich verstetigender Trend ist das Thema Nachhaltigkeit, insbesondere die ökologische, aber auch die soziale Nachhaltigkeit. In diesem Zusammenhang kommt dem bislang wenig erforschten Aspekt der Markenauthentizität eine hohe Bedeutung zu (Schallehn 2012). Gerade Marken, die ökonomische oder soziale Nachhaltigkeit kommunizieren, müssen diese auch nachweislich umsetzen, da sonst ihr Image beschädigt werden kann. So hat die Marke Amazon, die es 20 Jahre nach Ihrer Einführung geschafft hat, mit ca. 29,5 Mrd. USD die fünfzehntwertvollste Marke der Welt zu werden (Abb. 1), durch die Berichterstattung über angeblich schlechte Arbeitsbedingungen im YouGov-Markenmonitor BrandIndex 2013 innerhalb eines Monats 45 Imagepunkte verloren (WiWo o.J.).

Ein anderer Trend, auf den die Markenführung reagieren sollte, ist das Thema Share Economy, die für eine limitierte Zeit gemeinschaftliche Nutzung von Ressourcen. Diese Notwendigkeit zeigt sich etwa darin, dass Automobilmarken den relevanten Markt aufgrund der Carsharing-Angebote neu abgrenzen müssen. Das führt wiederum z. B. dazu, dass in diesem Bereich – teilweise unter Beteiligung der Automobilhersteller – neue Marken wie DriveNow oder Car2Go entstehen.

Auch, wenn das Online-Marketing in den letzten Jahren stark an Bedeutung gewonnen hat (BVDW 2014), haben klassische Medien wie Radio oder Fernsehen nach wie vor eine hohe Reichweite (SevenOne Media 2013). Somit bleiben sie für den Aufbau eines hohen Werbedrucks besonders prädestiniert. Die Markenkommunikation wird aber in Zukunft zunehmend individueller auf die Zielgruppen zugeschnitten und auch immer mobiler werden. Aufgrund der Medienkonvergenz erscheint außerdem eine Trennung von Online-Marketing und Mobile-Marketing nicht mehr zeitgemäß. Die Relevanz von

Online-Marketing zeigt sich auch in viralen Kampagnen der jüngeren Vergangenheit, die bei den Zielgruppen eine hohe Aufmerksamkeit erlangten. Darüber hinaus ist zu beobachten, dass gerade in der B-to-C-Markenführung Marken immer mehr durch Live-Communication (Kirchgeorg et al. 2009), Content-Marketing (Eck und Eichmeier 2014) oder Branded Entertainment (Lehrian 2012) emotionalisiert und somit vom Wettbewerb differenziert werden.

Zusammenfassend kann konstatiert werden, das die Markenstrategien aufgrund der neuen und sich weiter entwickelnden medialen Möglichkeiten deutlich agiler werden und moderne Markenkommunikation zunehmend mobil, datenbasiert, emotionalisiert und personalisiert sowie interaktiv, integriert und crossmedial stattfinden wird.

4.2 Aktuelle Trends in der Markenführung von Medien

Neben den oben skizzierten allgemeinen Herausforderungen für Marken, die auch für Medienmarken Gültigkeit besitzen, gibt es in der Medienbranche weitere relevante Entwicklungen, die sich ganz besonders auf das Markenmanagement in diesem Bereich auswirken. Das Mediennutzungsverhalten in Deutschland ist laut einer Studie von SevenOne Media mit knapp 600 Minuten pro Tag auf Rekordniveau (SevenOne Media 2013). Medien sind also schon rein zeitlich betrachtet ein elementarer Bestandteil der Lebens- und Arbeitswelt. Ferner gibt es innerhalb der Medienmärkte deutliche Verschiebungen. Denn obwohl das Fernsehen nach wie vor mit über 200 Minuten pro Tag die intensivste Mediennutzung aufweist, haben Online-Medien stark aufgeholt. Die Nutzung von Printerzeugnissen ist in den letzten Jahren hingegen stark zurückgegangen, was sich weiter fortsetzen dürfte.

Die redaktionellen Inhalte von Medienmarken werden zunehmen crossmedial distribuiert (Kolo 2013). Durch den Kauf von N24 durch den Springer Verlag, können beispielsweise auch Bewegtbilder in Bild-Online oder Welt-Online integriert werden. Darüber hinaus ändern sich einige Märkte grundlegend. Gab es anfangs noch den klassischen Fernsehmarkt mit öffentlich-rechtlichen und privaten Fernsehsendern, konkurrieren heute ARD, ZDF & Co. auch mit Anbietern von Streaming-Angeboten wie Amazon und Netflix, die teilweise sogar eigene Produktionen anbieten. Durch die Nutzung umfassender Erkenntnisse über ihre Zielgruppen können diese Streaming-Anbieter sogar Serien oder Filme für kleine Segmente sehr zielgruppengerichtet entwickeln und vermarkten. Diese sehr spezifische Personalisierung von Angeboten speziell im Mediensektor korrespondiert mit dem bereits beleuchteten allgemeinen Trend zur Personalisierung, welcher generell das Markenmanagement prägt.

Aufgrund der Schrumpfung des Printmarktes und der damit einhergehenden rückläufigen Abonnementenzahlen sehen sich Verlage gezwungen, neue Einnahmequellen zu erschließen. In den letzten Jahren hat sich die Diskussion um Bezahlschranken, sogenannte Pay-Walls, von redaktionellen Inhalten von Online-Zeitungs- und Zeitschriftenmarken intensiviert. Ein bundesweit bekanntes Beispiel ist die Mischung aus freien und kostenpflichtigen Artikeln von Bild-Online, welche nach Verlagsangaben erfolgreich implemen-

tiert wurde (Springer 2013). Andere stellen aber sehr grundlegend die Frage, ob diese
Bezahlmodelle wirklich dauerhaft von Lesern angenommen werden. Burda sieht beispielsweise durchaus die Möglichkeit, ganze Magazine als E-Paper zu verkaufen, glaubt
allerdings nicht an den Erfolg von Pay-Walls.

Ein Medienmarkt, der in den letzten Jahren gewachsen ist und dem weiteres Wachstum vorausgesagt wird, ist der Gaming-Markt (SevenOne Media 2013). Dieser ist offensichtlich als Geschäftsbereich für Medienunternehmen von Interesse. Er gewinnt aber
zunehmend auch für traditionelle Marken an Bedeutung, die entweder selbst Spiele zur Inszenierung der eigenen Marken entwickeln (lassen) oder Spiele als Kommunikationskanal
nutzen, um beispielsweise Werbung für Ihre Marken zu platzieren.

Auch „Augmented Reality" kann zur Markenführung genutzt werden, wobei diese wie
folgt definiert werden soll: „Augmented (= erweiterte) Reality (kurz: AR) ist eine neue
Form der Mensch-Technik-Interaktion, bei der virtuelle Objekte in realen, durch eine
Videokamera bereitgestellte Szenen, in Echtzeit so eingefügt werden, dass sie räumlich
korrekt positioniert sind und so das reale Bild ergänzen. Auf diese Weise verschmilzt die
digitale Information mit der Umwelt des Benutzers" (Ludwig und Reinmann 2005, S. 4).
IKEA programmierte beispielsweise eine App, die es Nutzern ermöglichte, Möbelstücke
in der eigenen Wohnung zu platzieren.

Die Digitalisierung der Lebens- und Arbeitswelt führt auch dazu, dass Güter mehr und
mehr digitalisiert und vernetzt werden: Der in Zukunft intelligente Kühlschrank kennt die
Ess- und Trinkgewohnheiten der Besitzer genau. Er kann Ernährungstipps geben und bei
Bedarf entsprechend des aktuellen (Sonder-)Angebotes Lebensmittel bestellen.

Die zunehmende Digitalisierung erlaubt es Unternehmen außerdem, eine immer größere Vielzahl an Informationen, Big Data, über Kunden oder potenzielle Kunden zu sammeln. Indem Facebook das Nutzungsverhalten seiner Nutzer wie die aufgerufenen Internetseiten, das Internetsuchverhalten, Kaufverhalten, Standorte etc. aufzeichnet und analysiert, kann das Unternehmen Werbung sehr zielgruppenspezifisch einblenden. Was auf
der einen Seite in Form von individuell angepasster Werbung Nutzen stiften kann, wirft
auf der anderen Seite natürlich auch rechtliche und ethische Fragen auf.

Das vielleicht bedeutendste Thema für Medienmarken bleibt nach wie vor die Konvergenz der Medien. Diese kann folgendermaßen definiert werden: „Unter Medienkonvergenz versteht man einen [...] Prozess oder Zustand, der die Verschmelzung verschiedener
Medien bzw. Kommunikationskanäle auf der technischen, der inhaltlichen Ebene und der
Nutzungsebene beschreibt" (Koschnick 2010, o. S.).

Verschiedene Ebenen der Medienkonvergenz sind (Medienkompetenz NRW 2008):

- Technische Medienkonvergenz: Hierunter wird die Verschmelzung von einzelnen Geräten zu einem Endgerät, wie die Verschmelzung von Mobiltelefon und Computer zu
  einem Smartphone, verstanden.
- Inhaltliche Medienkonvergenz: Ein Zusammenwachsen von Information, Unterhaltung, Interaktion und Transaktion. Ein Dokumentarthema kann zum Beispiel in einer
  interaktiven Gameshow aufgegriffen werden und es kann Zuschauern außerdem die

Möglichkeit geboten werden, über das Internet eigenständig weitere einschlägige Informationen zu beschaffen.

- Wirtschaftliche Medienkonvergenz: Sie drückt die Verschmelzung ehemals unterschiedlicher Bereiche der Medienindustrie aus. Ein Beispiel hierfür wäre die WeltN24 GmbH, eine hundertprozentige Tochtergesellschaft der Axel Springer SE.
- Nutzungskonvergenz: Hiermit ist gemeint, dass Nutzer einzelne Medien kombinieren, also parallel bzw. gemeinsam nutzen. Hierfür ist das Second-Screen-Phänomen ein Beispiel, also etwa die parallele Nutzung von Fernsehen und Online-Geräten.

Anzumerken ist noch, dass sämtliche der in diesem Abschnitt geschilderten Entwicklungen zwar für die Markenführung von Medien von besonderer Bedeutung sind. Es ist allerdings davon auszugehen, dass sie ganz allgemein auch für die Markenführung mit Medien grundlegend prägen.

5 Zusammenfassung und Ausblick

Sowohl die Markenführung mit Medien als auch die Markenführung von Medien sehen sich einer hohen Umweltdynamik ausgesetzt. Ehemals starke Marken wie Nokia haben kaum noch Bedeutung, dafür entstehen in relativ kurzer Zeit ganz neue starke Marken wie Google und Amazon. „Mega-Themen" sind die Digitalisierung der Lebens- und Arbeitswelt sowie die Konvergenz der Medien. Dies birgt enorme Chancen für Marken und Medienmarken, aber eben auch gewisse Risiken.

Aufgrund der schnellen Änderungen in der Technologie, dem Mediennutzungsverhalten und der Medienkonvergenz ist ein Hauptrisiko die Unsicherheit bei der Voraussage von Entwicklungen im Medienbereich. Obwohl sich grundlegende Analyseinstrumente, Konzepte und Methoden der Markenführung nicht maßgeblich ändern werden, muss sich das Markenmanagement an neue Rahmenbedingungen anpassen. Markenmanager sind gefordert, kreative Antworten auf die Digitalisierung der Lebens- und Arbeitswelten zu finden und die Medienmärkte der Zukunft aktiv zu nutzen und zu gestalten. Denn es ist anzunehmen, dass die Beobachtung, welche Luc de Brabandere von der Boston Consulting Group gegen Ende seines Vortrag auf der Digital Life Design Conference 2015 äußerte, zumindest noch eine ganze Weile von Bedeutung sein wird: „Zwei Dinge werden einer Maschine nie gelingen: Zum einen wird sie nie kreativ sein können. Und nur durch Kreativität kann man die Regeln ändern. Zum anderen wird sie nie Verantwortung übernehmen können." Folglich sind in der Markenführung mit und von Medien bis auf Weiteres kreative und verantwortungsvolle Menschen gefragt.

Die Autoren

Prof. Dr. Holger Schunk ist Professor für Medienwirtschaft und Marketing an der Hochschule RheinMain in Wiesbaden. Zuvor war er als Professor für Marketing an der Hochschule Fresenius in Idstein und Professor für Medienmanagement mit dem Lehrgebiet Markenkommunikation und Werbung an der Hochschule Macromedia in Stuttgart tätig. Prof. Dr. Schunk verfügt über mehr als 15 Jahre Erfahrung in der Unternehmensberatung. Im Rahmen seiner Consulting-Tätigkeit berät der studierte Diplomkaufmann sowohl DAX-Unternehmen als auch Mittelständler unterschiedlicher Branchen im In- und Ausland. Er war beteiligt an unterschiedlichen Standardisierungen der Markenbewertung (IDW Institut der Wirtschaftsprüfer in Deutschland e. V., DIN Deutsches Institut für Normung e. V.). Seine Forschungs- und Beratungsinteressen liegen in monetärer Markenbewertung, wertbasierter Markenführung, strategischem Marketing sowie Marktforschung.

Dr. Thomas Könecke ist wissenschaftlicher Mitarbeiter an der Johannes Gutenberg-Universität Mainz, wo er seit Anfang 2015 die Forschungsgruppe „Menschen – Medien – Management" aufbaut. Vorher war er u. a. an verschiedenen andern Hochschulen tätig und hatte z. B. eine Vertretungsprofessur für Medien-, Sport- und Eventmanagement inne. Dr. Könecke promovierte mit einem interdisziplinären und intertheoretischen Thema zur medial vermittelten Kommunikation und Wahrnehmung von Personen. Seine Forschungsinteressen umfassen eine Vielzahl von sozial-, wirtschafts- und sportwissenschaftlichen Themen, welche er oft in fachübergreifenden und multitheoretischen Projekten betrachtet. Neben seinen wissenschaftlichen Tätigkeiten unterstützt Dr. Könecke im Rahmen von Beratungsprojekten Wirtschaftsunternehmen und andere Organisationen.

Prof. Dr. Stefanie Regier lehrt seit 2010 Marketing und Marktforschung an der Hochschule Karlsruhe – Technik und Wirtschaft. Davor war sie mehrere Jahre als Unternehmensberaterin beim Institut für Markenwert sowie bei einer international tätigen Strategie- und Managementberatung beschäftigt. Dort war die studierte Diplom-Kauffrau mit diversen nationalen und internationalen Beratungsprojekten unterschiedlichster Branchen vertraut. Ferner ist Prof. Dr. Regier Herausgeberin der im Josef-EUL Verlag erscheinenden Reihe: Marketing, IT und Social Media. Ihre Forschungsschwerpunkte umfassen vor allem Themen aus den Bereichen Markenmanagement und Markenführung, quantitative Marktforschung, insbesondere Conjoint-Analyse und Hochschuldidaktik.

Literatur

Aaker, D. A. (1992). *Management des Markenwerts*. Frankfurt: Campus Verlag.

Bernecker, M., & Beilhartz, F. (2011). *Social Media Marketing*. Berlin: Johanna Verlag.

Biel, A. L. (2001). Grundlagen zum Markenaufbau. In F.-R. Esch (Hrsg.), *Moderne Markenführung. Grundlagen. Innovative Ansätze. Praktische Umsetzungen* (S. 61–90). Wiesbaden: Springer Gabler.

Binder, C. U. (2005). Lizenzierung von Marken. In F.-R. Esch (Hrsg.), *Moderne Markenführung* (S. 523–548). Wiesbaden: Springer Gabler.

Bruhn, M. (2007). *Kommunikationspolitik: systematischer Einsatz der Kommunikation für Unternehmen* (5. Aufl.). München: Vahlen.

Burmann, C., Kranz, M., & Weers, J.-P. (2005). Bewertung und Bilanzierung von Marken – Bestandsaufnahme und kritische Würdigung. In H. Meffert, C. Burmann, & M. Koers (Hrsg.), *Markenmanagement* (S. 319–346). Wiesbaden: Springer Gabler.

BVDW (2014). *OVK Online-Reports 2014/01*. http://www.google.de/url?sa=t&rct=j&q=& esrc=s&source=web&cd=1&ved=0CCIQFjAA&url=http%3A%2F%2Fwww.bvdw.org %2Fmybvdw%2Fmedia%2Fdownload%2Fovk-report-2014-01.pdf%3Ffile%3D3159& ei=XoT9VMbXCsGuU8vTg6AK&usg=AFQjCNFWYJ9r9N1wq97PW20ETvxOeS0EyQ& bvm=bv.87611401,d.d24&cad=rja. Zugegriffen: 24. Februar 2015

De Chernatony, L., & McDonald, M. (2003). *Creating Powerful Brands in Consumer, Service and Industrial Markets* (3. Aufl.). Oxford: Butterworth Heinemann.

Donnevert, T. (2009). *Markenrelevanz. Messung. Konsequenzen. Determinanten.* Wiesbaden: Gabler Verlag.

Eck, K., & Eichmeier, D. (2014). *Die Content-Revolution im Unternehmen: Neue Perspektiven durch Content-Marketing und -Strategie.* Freiburg: Haufe-Lexware.

Esch, F.-R. (2014). *Strategie und Technik der Markenführung* (8. Aufl.). München: Vahlen.

Esch, F.-R., & Isenberg, M. (2013). Markenführung in der Medienbranche. In M. Schneider (Hrsg.), *Management von Medienunternehmen – Digitale Innovationen – crossmediale Strategien* (S. 225–244). Wiesbaden: Springer Gabler.

Fischer, M., Hieronimus, F., & Kranz, M. (2002). *Markenrelevanz in der Unternehmensführung – Messung, Erklärung und empirische Befunde für B2 C Märkte.* Arbeitspapier, Bd. 1. Marketing Centrum Münster und McKinsey.

Gruner + Jahr (1998). *Imagery 2. Innere Bilder in gehobenen Zielgruppen.* Hamburg: Gruner + Jahr.

Helmke, S., Uebel, M., & Dangelmaier, W. (2013). Inhalte des CRM-Ansatzes. In S. Helmke (Hrsg.), *Effektives Customer Relationship Management: Instrumente – Einführungskonzepte – Organisation* (S. 3–21). Wiesbaden: Springer Gabler.

Homburg, C. (2015). *Marketingmanagement* (5., überarb. u. erw. Aufl.). Wiesbaden: Springer Gabler.

Icon Added Value (2007). *Medienmarken in der Parity-Falle?!.* http://www.icon-added-value. com/assets/pdf/IconStudieMedienmarkeninderParity-Falle_final071108. Zugegriffen: 24. Februar 2015

Interbrand (2014). *Best Global Brands 2014.* http://www.bestglobalbrands.com/2014/ranking/. Zugegriffen: 24. Februar 2015

Kapferer, J.-N. (2008). *The New Strategic Brand Management* (4. Aufl.). London: Kogan Page.

Kirchgeorg, M., Springer, C., & Brühe, C. (2009). *Live Communication Management: Ein strategischer Leitfaden zur Konzeption, Umsetzung und Erfolgskontrolle.* Wiesbaden: Springer Gabler.

Kolo, C. (2013). Implementierung von Wachstumsstrategien in Zeiten des Medienwandels. In M. Schneider (Hrsg.), *Management von Medienunternehmen – Digitale Innovationen – crossmediale Strategien* (S. 185–224). Wiesbaden: Springer Gabler.

Koschnick, W. (2010). *Medienkonvergenz – Zusammenwachsen von Fernsehen, Internet, Telekommunikation.* https://www.bpb.de/system/files/pdf/GuS_37_Medienkonvergenz. Zugegriffen: 24. Februar 2014

Kröber-Riel, W., Weinberg, P., & Gröppel-Klein, A. (2009). *Konsumentenverhalten* (9. Aufl.). München: Vahlen.

Lehrian, C. (2012). *Product Placement und Branded Entertainment: Die versteckte Werbung und die Durchdringung der Massenmedien.* Hamburg: Diplomica Verlag.

Ludwig, C., & Reinmann, C. (2005). Augmented Reality: Information im Fokus. *C-LAB Report, 4.*

Medienkompetenz NRW (2008). *Im Blickpunkt Medienkonvergenz.* http://www.grimme-institut.de/imblickpunkt/pdf/imblickpunkt_medienkonvergenz2.pdf. Zugegriffen: 24 Februar 2015

Meffert, H., Burmann, C., & Kirchgeorg, M. (2015). *Marketing – Grundlagen marktorientierter Unternehmensführung Konzepte – Instrumente – Praxisbeispiele* (12., überarb. u. aktualisierte Aufl.). Wiesbaden: Springer Gabler.

PwC Deutschland (2012). *Markenstudie 2012.* München.

Sattler, H. (2001). *Markenpolitik.* Stuttgart: Kohlhammer.

Sattler, H. (2005). Markenbewertung: State of the Art, Research Paper on Marketing and Retailing, No. 27, University of Hamburg.

Schallehn, M. (2012). *Marken-Authentizität: Konstrukt, Determinanten und Wirkungen aus Sicht der Identitätsbasierten Markenführung (Innovatives Markenmanagement).* Wiesbaden: Springer Gabler.

Schimansky, A. (2004). Markenbewertungsverfahren aus Sicht der Markenpraxis. In A. Schimansky (Hrsg.), *Der Wert der Marken* (S. 12–27). München: Vahlen.

Schunk, H. (2013). Medien als Marke – Die Macht von Marken. *New Business, 26*, 32–34.

Schunk, H., & Könecke, T. (2014). Betrachtung ausgewählter Entwicklungen der monetären Markenbewertung sowie Überlegungen zur wertbasierten Markenführung im Sport. In H. Preuß, F. Huber, H. Schunk, & T. Könecke (Hrsg.), *Marken und Sport – Aktuelle Aspekte der Markenführung im Sport und mit Sport* (S. 413–431). Wiesbaden: Springer Gabler.

Schunk, H., & Könecke, T. (2014). Markenstrategische Herausforderungen und Lösungsansätze für Manager in konvergierenden Medien. In S. Dänzler, & T. Heun (Hrsg.), *Marke und digitale Medien: Der Wandel des Markenkonzepts im 21. Jahrhundert* (S. 95–112). Wiesbaden: Springer Gabler.

SevenOne Media (2013). *Darf's ein bisschen mehr sein? Status quo der Mediennutzung 2013.* https://www.sevenonemedia.de/c/document_library/get_file?uuid=d0ad20b5-0f4b-4688-bf80-20fb8de5beda&groupId=10143. Zugegriffen: 24.02.2014

Shocker, A. D., Srivastava, R. K., & Ruekert, R. W. (1994). Challenges and Opportunities facing Brand Management: An Introduction to the Special Issues. *Journal of Marketing Research, 331*(2), 149–158.

Springer (2013). *BILDplus erfolgreich gestartet: 152.493 digitale Abonnements nach sechs Monaten.* http://www.axelspringer.de/presse/BILDplus-erfolgreich-gestartet-152.493-digitale-Abonnements-nach-sechs-Monaten_19655005.html. Zugegriffen: 24. Februar 2014

Srivastava, R. K., Shervani, T. A., & Fahey, L. (1998). Market-based Assets and Share-holder Value: A Framework for Analysis. *Journal of Marketing, 62*(1), 2–18.

Wirtz, B. (2013). *Medien- und Internetmanagement* (8., akt. u. überarb. Aufl.). Wiesbaden: Gabler.

WiWo (o.J.): YouGov BrandIndex – Amazon vom Thron gestoßen. Verfügbar unter http://www.wiwo.de/unternehmen/handel/yougov-brandindex-amazon-vom-thron-gestossen/7994582.html Zugegriffen: 24. Februar 2015

Wübbenhorst, K., & Wildner, R. (2002). Die Schwäche der Marke ist die Schwäche der schwachen Marken. *Planung & Analyse, 2*, 17–21.

Die (Re-)Ethisierung von Marken und Medien

CSR, Ethisches Marketing und Nachhaltigkeit: Von der Inszenierung der Verantwortung zur Übernahme als Geschäftsmodell

Lars Rademacher

Zusammenfassung

Marken und Medien haben in den letzten Jahren zunehmend mehr Verantwortungs-übernahme demonstriert. Dabei haben grade die großen Marken gezeigt, dass sie nicht mehr gegen politisch gewünschte Szenarien opponieren, sondern in der Lage sind, die vorgegebenen Ziele in ihr Kerngeschäft und ihre Prozesse zu integrieren. Allerdings verändern sie dabei den Kern dessen, was moralisch bedeutet: sie nutzen globale Indikatoren wie Transparenz oder Nachhaltigkeit zur Differenzierung im Markt. Dieser Prozess war und ist auch politisch gewollt. Allerdings stellt die „Übernahme" des Geschäftsfeldes Nachhaltigkeit durch Big Brands auch ein Problem dar; denn die Integration des Nachhaltigkeits-Paradigmas limitiert die Möglichkeit, Nachhaltigkeit und unternehmerische Verantwortung weiter zu denken und zu interpretieren, als es momentan durch die großen Markenartikler vorgelebt wird.

Medien spielen hierbei die zentrale Rolle einer gesellschaftlichen Schaltzentrale; ihnen kommt kulturelle Definitionsmacht zu, sie entscheiden darüber, was wahrgenommen wird. Ihre Eigenverantwortung ist besonders dort gefragt, wo große Datenmengen akkumuliert werden und klassische Grundrechte wie Freiheit und Privatheit gefährdet sind.

1 Problem

Die Funktion und Rolle von Marken hat sich in den letzten 10 Jahren ein weiteres Mal gewandelt. Nach einer Zeit, in der die Unternehmensmarke (Corporate Brand) stark in den Mittelpunkt gerückt ist als Exponent für das Gesamtunternehmen, war die Frage nach der Verantwortung der Marke nur logisch. Es wäre durchaus eine eigenständige Betrachtung wert, den Grad der Repräsentation von Marke und Unternehmen, oder Marke und Produkt

Prof. Dr. Lars Rademacher ✉
Darmstadt, Deutschland
e-mail: lars.rademacher@h-da.de

© Springer Fachmedien Wiesbaden 2016
S. Regier et al. (Hrsg.), *Marken und Medien*, DOI 10.1007/978-3-658-06934-6_3

genauer zu reflektieren[1]; denn als Symbol für das dahinterstehende Unternehmen steht die Marke heute im Zentrum einer Reihe von strategischen Überlegungen: Wie lässt sich die Reputation der Marke erhöhen oder schützen? Wie lässt sich die Marke über Medien und Kanäle expandieren? Wie kann die **Marke** ihre Nachhaltigkeit unter Beweis stellen? Welchen Beitrag liefert die Marke zur Wertschöpfung? Wie lässt sich die Interaktion mit der Marke erhöhen? Oder: Wie lässt sich die Marke zur Erlebniswelt ausbauen?

Und spätestens, wenn Kunden in Markenwelten eingebunden werden, wenn sie mit Marken interagieren sollen jenseits der klassischen Produktanwendung – spätestens dann muss die Frage nach der Verantwortung der Marke gestellt werden. Wir bewegen uns in Marketing, Unternehmenskommunikation und Medien stets in einem Feld, in dem das entworfen und vorgeschlagen wird, was Rezipienten wahrnehmen und denken und wie sie sich verhalten sollen. Damit konstruieren und rekonfigurieren Marketing, Unternehmens-kommunikation und Medien Wirklichkeit in praktisch jedem Augenblick, durch jeden Kommunikationsakt (Merten et al. 1994).

Ausgangspunkt

Der nachfolgende Beitrag wählt einen verantwortungsethischen Zugang zu Medien und Marken.[2] Wer die hierzu verfügbare Literatur heranzieht, kommt schnell zu dem Befund, dass **kommunikative Verantwortung** bisher meist auf den Kommunikator zentriert wird. Einzelne Kommunikatoren besitzen ethische Verantwortung. In der Folge wird Verantwor-tungszuschreibung dann auch auf Medienorganisationen oder auch Branchen (i. S. eines Ethos) ausgeweitet. Das bedeutet, nicht nur ein Individuum trägt individuell für sein Tun Verantwortung, sondern diese kann geteilt sein. Einerseits orientiert sich der Angehörige eine Medienunternehmens an den dort vorfindlichen Regeln und Verhaltensweisen, ande-rerseits an dem, was in seiner Branche als übliches Verhalten gilt (also dem Berufsethos). Das endbindet zwar nicht gänzlich von eigener Verantwortung; diese kann aber als geteilt betrachtet werden, wenn der Akteur Regeln, die für gewöhnlich in seinem Berufsstand gelten, angewendet hat.

Das kann ihn vor ungerechtfertigten Erwartungen oder Kritik in Schutz nehmen. Al-lerdings kann es auch zu Friktionen kommen, wenn das individuelle Gewissen gegen eine gängige Praxis spricht. Oder unternehmsintern geduldetes Verhalten steht in Kontrast zu einem der berufsständischen Verhaltenscodizes (z. B. dem Pressekodex oder dem neuen Kommunikationskodex der PR-Branche).

---

[1] Dazu bleibt hier leider nicht der Raum. Aber so wie bei Tennyson der leere Thron – semiotisch – die Macht des Königs repräsentiert, so repräsentiert die Marke das mit ihr verbundene Anliegen oder Leistungsversprechen.

[2] Seit Max Weber wird in Bezug auf Medien meist die von Weber (1919; 1999) ursprünglich für die Beschreibung von Politikern entwickelte Differenzierung in Gesinnung- vs. Verantwortungsethik verwendet. Für den deutschen Sprachraum besonders relevant wurden dazu die Journalistenbe-fragungen von Kepplinger und Knisch (2000), der sehr differenziert herausarbeitete, in welchen Situationen und Konstellationen sich Journalisten mal gesinnungs- und mal eher verantwortungs-ethisch verhalten.

Während also Fragen nach der individuellen und organisatorischen Verantwortung geläufig sind, ist die Frage nach der Legitimität bestimmter kommunikativer Verhaltensweisen nach wie vor eher unüblich. Klar, man soll z. B. nicht lügen. Das steht schon in den 10 Geboten. Und dennoch passiert es täglich und jedem. Aber lässt sich Lügen oder graduelles Verändern der Wahrheit auch rechtfertigen im Sinne eine bestimmten Ziels? Die Gesinnungsethik muss dies zunächst ablehnen. Der Verantwortungsethiker hingegen muss sich die Umstände genau ansehen, bevor er darauf eine Antwort geben kann.

Was aber, wenn der eigentliche Sinn einer sozialen Praktik darin besteht, zum Beispiel geheime Begierden an die Oberfläche des Verlangens zu befördern, um diese dann mit eigens geschaffenen Produkten zu befriedigen. Darin verstand Edward Bernays (2011) seine Aufgabe. Oder aber zum Schutz einer Organisation wird die an ihr interessierte Öffentlichkeit teilweise oder ganz im Unklaren gelassen über die Natur eines Sachverhalts. Es wird getäuscht und manipuliert. Haben bestimmte Kommunikationstechniken oder Berufsgruppen gar ein Recht auf Ausübung von Täuschung, wie Merten (2008) immer wieder argumentiert hat?

Schließlich: Gibt es – unabhängig von der Verwendung oder Intention – gar so etwas wie eine Ethik des Instruments? Und wie ist es um die Kommunikation bestellt, in der sich Unternehmen fortwährend selbst ihrer hohen gesellschaftlichen Verantwortung rühmen. Wie lässt sich diese Kommunikation der Verantwortung wiederum selbst verantworten?

Zielsetzung

Im vorliegenden Beitrag soll es darum gehen, die ethischen Grundlagen von Medien und kommunikativem Handeln über die bekannte Diskussion hinaus zu erweitern, um danach zu fragen, wie Markenkommunikation ethisch betrieben werden kann. Dabei gilt es unterschiedliche Begriffe und Traditionen einer „Ethisierung" der Marke und der Medienkommunikation zu differenzieren und auch vor dem Hintergrund der jüngsten Entwicklungen digitaler Kommunikation zu reflektieren.

2 Grundlagen der (Medien-)Ethik

Die Frage der Ethik – als Reflexion von Moral – ist zunächst stets, warum man sich moralisch verhalten sollte. Und die Gründe, die man hier angeben kann, sind ganz unterschiedlich. Zunächst lassen sich normative Ansätze (Sollen-Ansätze) von nicht-normativen, also rein deskriptiven und z. B. vergleichenden Ansätzen unterscheiden. Rainer Leschke (2001) etwa, einer der prominenteren Autoren zur Medienethik der letzten Jahre, geht grundsätzlich davon aus, dass man Medienethik nur deskriptiv-komparativ betreiben sollte. Diese Meta-Ethik vergleicht lediglich, wie einzelne Ansätze zu ihrer Moralbegründung gelangen, ohne eine eigenständige **Moralbegründung** vorzulegen.

So leicht können es sich z. B. Richter nicht machen, wenn sie über Fragen des Persönlichkeitsrechts zu einem Urteil finden müssen. Auch der Staat hat die Aufgabe, per Regulierung oder per Medienordnung Festlegungen zu treffen, etwa über die Meinungsfreiheit als schützenswertes Gut. Hier kann nicht nur verglichen, sondern hier muss auch positiv (und damit normativ) beschrieben werden, was gewollt ist, was also sein soll.

Wenn man also von der Pflicht zu moralischem Verhalten ausgeht (oder ausgehen will), gibt es mehrere Möglichkeiten, diese aus normativen Grundlagen herzuleiten. Zum einen die Tugendethik, die das Ideal eines guten Charakters in den Mittelpunkt stellt und spätestens seit Platon von den vier Grundtugenden Klugheit, Gerechtigkeit, Tapferkeit und Mäßigung ausgeht (Funiok 2007, S. 39). Diese lassen sich z. B. bereits alle gut auf den Journalisten beziehen. Grade die Tugend der Mäßigung lässt sich aber auch gut nicht nur auf journalistisches Handeln, sondern auch auf den Werber oder auf den Rezipienten beziehen: auch er, auch der Nutzer hat eine eigene Verantwortung. Seine Verantwortung besteht im klugen und maßvollen und distanzvollen Gebrauch von Medien und Marken.

Als weitere Modelle, die in der Medienethik von Bedeutung sind, lassen sich die Vertragsethik, der Utilitarismus, die Wertethik und v. a. die Pflichtethik Kants nennen, die in der Diskursethik wieder aufgegriffen wird (vgl. hier und im Folgenden Funiok 2007). Während die Wertethik v. a. noch im Blick auf Technikfolgenabschätzungen von Bedeutung ist (und damit im Blick auf neue Technologien, die Nutzer ohne ihr Wissens ausspähen, wieder zusätzliche Bedeutung erhalten könnte), stehen vertragsethische Begründungen (Rawls' Theorie der Gerechtigkeit) v. a. für Medienordnungen Pate. Sie beruhen auf der Idee, dass die meisten Menschen am Funktionieren gesellschaftlicher Regeln hohes Interesse haben und damit einen Katalog von Grundrechten legitimieren. Der Utilitarismus zielt auf das größtmögliche Wohlergehen der größtmöglichen Zahl von Menschen – eine Handlung wird daher meist von ihren Konsequenzen aus betrachtet. Auf Universalisierbarkeit der Handlungsmaxime prüft die Pflichtethik Kants, die im kategorischen Imperativ gipfelt und von der Diskursethik Habermas' und Apels aufgegriffen und um ein Verfahren ergänzt wird, wie man im gewaltfreien Diskurs gesellschaftlich konsentierte Ziele nicht mit sich selbst, sondern innerhalb einer Gesellschaft ausmacht.

Medienethik als Angewandte Ethik

Dieser Durchgang macht deutlich, wie unterschiedlich die Frage der Moralbegründung und die Pflicht zur Moral theoretisch hergeleitet werden kann. Von besonderer Bedeutung für berufsständische Ethiken ist nun, wie man aus den genannten theoretischen Herleitungswegen zu konkreten Verhaltensnormen kommt. Gemeint sind berufsständische Normen ebenso wie individuelle Leitlinien für eigenes Handeln. Und da zeigt Rüdiger Funiok (2007) auf, dass es immer da, wo Handeln konkret wird, auch besonders schwierig wird. Denn die Ethik kommt meist nicht zu einfachen Aussagen, weil meist unterschiedliche medienethische Ansprüche aufeinanderprallen, z. B. unterschiedliche Logiken (etwa ethische vs. ökonomische Prämissen). Und da viele der hier verhandelten Widersprüche „aporetischen Charakter" besitzen, sind sie „nicht nach logischen Prinzipien (richtig oder falsch) zu lösen, sondern zeichnen sich dadurch aus, dass in ihnen die Gleichwertigkeit konträrer Argumente zum Ausdruck kommt." Deshalb folgert Krainer (2002, S. 158) auch, dass das Balancieren von Widersprüchen die zentrale medienethische Herausforderung sei (ebd.).

Wie, muss man hier fragen, kommt man dann zu konkreten und belastbaren Normen angewandter Ethik? Zum einen durch eine Verknüpfung mit unserer Alltagserfahrung; denn Moral ist ja nicht nur etwas für Fachleute und Moralbegründung stetige Herausforderung für praktisch alle Menschen. Um zu konkreten Aussagen, etwa in der journalistischen Ethik, der Werbeethik oder des Jugendmedienschutzes zu gelangen, muss die im Alltag vorgefundene ethische Urteilkraft aufgegriffen und einbezogen werden. Es gehe darum, unser System moralischer Überzeugungen zu rekonstruieren und zu systematisieren, um Kriterien der Orientierung für Situationen zu generieren, in denen unser moralisches Urteil nicht eindeutig sei, so Nida-Rümelin (1996, S. 60).

Das gilt besonders für zwei Herausforderungen:

1. Zum einen ist nur die journalistische Ethik bislang sehr weit ausgearbeitet. Daneben existieren Kasuistiken, die aus der Fallbehandlung der Werber und PR-Manager hervorgehen; doch diese beiden Ethiken sind bislang weniger stark differenziert. Besonders schwierig wird es nun, wenn wir die Hybride betrachten wollen, die sich gar nicht mehr so leicht als Genre oder Kommunikationsart zu erkennen geben. Denn hier müssen wir zunächst fragen: Was ist sachgerecht? Wie müsste Verantwortlichkeit hier aussehen?
2. Zum anderen hat die Medienethik bislang keine wirkliche Sensibilität für den Umgang mit Fällen entwickelt, wo Moral nicht nur auf den Gegenstand bezogen werden soll, sondern selbst der Inhalt der Kommunikation ist. Bei Ethischem Marketing und Corporate Social Responsibility (CSR) ist diese Selbstbezüglichkeit gegeben: Moralisch sein kommt sowohl als Thema der Kommunikation als auch als Anforderung an professionelle Kommunikation vor.

3 Verantwortlicher und politischer Konsum

Die Nutzerperspektive, die in der Medienethik manchmal eher zu kurz kommt, ist unter den Vorzeichen von **Corporate Citizenship** und **Responsibility** in der Welt der Waren und Produkte hingegen längst angekommen. In einer Marktwirtschaft, die ganz vom Nutzer und seinem Produktwunsch aus agiert, ist das Kaufverhalten der stärkste Hebel für Veränderungen im Waren- und Dienstleistungssektor. Entsprechend geht es den Aktivisten eines verantwortlichen Konsums um ein langanhaltendes Erziehungsprogramm, dessen größter Erfolg die breite Durchsetzung von Bioprodukten sein dürfte, die sich heute in praktisch jedem Supermarkt finden.

Verantwortlicher und politischer Konsum umfasst aber deutlich mehr als Biomilch bei Aldi und Lidl und geht von der Überlegung aus, dass eine sich zunächst subpolitisch organisierende Bürgerschaft zunehmend Verantwortung für wirtschaftliche Zusammenhänge übernimmt als selbstorganisierte „**Steuerung** von unten" (Beetz 2007, S. 30). Hier erleben wir dann vor allem moralische Kommunikation, bei der situativ Öffentlichkeiten gebildet werden, die Fehlverhalten (also Normabweichungen) monieren. Die Frage, ob von solcher Moralkommunikation, die unmoralisches Verhalten anprangert, tatsächlich eine Steuerungswirkung ausgeht, ist weitgehend ungeklärt, weil entsprechende Langzeitbeobachtungen fehlen. Diese sind schon dadurch erschwert, dass es meist nur um kurzfristige mediale Hypes und Erregungssituationen geht, die dann schnell abflachen und die Aufmerksamkeit wieder auf andere Punkte lenken. Auch lassen sich interferierende Variablen (Kulturwandel, Medienwandel, besondere Vorfälle etc.) nicht ausschließen.

Politischer oder politisierter Konsum wird im Gegensatz zu verantwortlichem Konsum in jedem Fall als demonstrativer symbolischer Akt verstanden; nur als solcher sei er sinnvoll (Beetz 2007, S. 40 f.).[3] Öffentlichkeit konstituiere sich hier über Ausnahmesituationen, wobei allerdings – per Beobachtung zweiter Ordnung – alle öffentlich Beteiligten sich ständig gegenseitig beobachten und das auch „durch die Augen der Öffentlichkeit". So etwas wie die Öffentliche Meinung oder Moden bleibe als Struktur aber auch zwischen diesen Ausnahmesituationen erhalten, argumentiert Martin Beetz (2007, S. 41). Er unterscheidet dafür zwei unterschiedliche Arten von Öffentlichkeiten: eine Verbraucheröffentlichkeit, die sich „als Feld konstitutiver Differenzen" verstehe, „das sich anhand von Produktimages bilde und die den Konsumpraktiken zugeschriebenen Bedürfnisse und Gebrauchswerte" betreffe (ebd.). Dieser stellt er eine zivilgesellschaftliche Öffentlichkeit gegenüber, die „die Interpretation individueller Lebensentwürfe im Kontext kollektiver Werte und Praktiken" betreffe. Hier seien dann auch alternative Lebensentwürfe integriert, die massenweise nachgeahmt würden. Während in der ersten Öffentlichkeit all das verhandelt werde, was sich produzieren und verkaufen lasse, gehe es in der zweiten um alles, was sich politisch verwalten lasse (Beetz 2007, S. 42). Praktisch schieben sich beide Öffentlichkeiten da übereinander, wo eine „veränderte kollektive Bedürfnislage" entstehe.

Nach den Vorbildern der Mode oder der Marktsegmentierung wird nun davon ausgegangen, dass die Wirtschaft auf politische Kritik mit dem Angebot von Nischenprodukten für anspruchsvolle Verbraucher reagiert. Die Politik nimmt diese neuen Produkte dann wiederum zum Anlass, ebenfalls politisch anspruchsvolle Produkte (z. B. neue Gesetzesinitiativen, aber durchaus auch andere politische Beteiligungsvarianten; vgl. Hoffmann und Simenus 2013) anzubieten. Die Verantwortung für die politische Korrektheit bei der Produktion gehe damit auf den Verbraucher über, meint Beetz (2007, S. 43). Als Manko sieht der Autor hier, dass es meist nicht zu einer gesellschaftlichen Breite kommt, sondern dass sich die Logik der Marktsegmentierung auf die Kunden überträgt: nur wenige optieren in solch einem Fall für ein solch anspruchsvolles Produkt. Und diese Beobachtung trifft sich auch mit den vielfältigen Studien, die v. a. im Bereich ökologischer Geldanalage, aber auch beim Bezug von Energie oder bei Lebensmitteln gemacht wurden. Höhere Preise für Produkte oder geringere Renditen für politisch korrekte Geldanlagen werden nur in sehr geringem Umfang toleriert (vgl. die Beiträge in Ulshöfer und Bonnet 2009).

Als Alternative dazu kann eine Adaption der veränderten Bedürfnislage in Form eines Trends angenommen werden, der in der Verbraucheröffentlichkeit Wirkung entfaltet. Dies

---

[3] Hierunter fallen z. B. alle öffentlichen Proteste und Anti-Corporate-Campaigns (Baringhorst et al. 2007).

kann beispielsweise bei der Hinwendung zu gesünderen Lebensmitteln ebenso erkannt werden wie bei der Diskussion über unternehmerische Verantwortung und Nachhaltigkeit. Allerdings betrachtet Beetz diese Trends auch mit einiger Skepsis, denn einerseits besitzen sie weniger Verbindlichkeit, dafür aber eine stärkere gesellschaftliche Breite. Als größter Nachteil wird die massenmediale Ausbreitung mit dem Ziel einer kommerziell auswertbaren Vermassung betrachtet (Beetz 2007, S. 46), die letztlich zu einem geringen Standard, einer qualitativen Anpassung nach unten führt.

In neueren Entwürfen zur Konsumentenverantwortung wird diese aufgeteilt in einen individuellen und in einen kollektiven Teil. Entsprechend ergibt sich eine doppelte Zielsetzung: einmal die der Selbststeuerung des eigenen Konsums und darüber hinaus die kollektive Mitverantwortung für die Ausrichtung der Konsum- und Angebotspolitik (Heidbrink und Schmidt 2011). In diesem Kontext ist das Mindestziel zumeist die assertorische Verantwortungsübernahme, also die Teilhabe am gesellschaftlichen Prozess, indem geltende Regeln unterstützt und anerkannt werden. Doch die Verantwortung endet dort nicht. Auch an Verbraucher wird – wie an Unternehmen – die Erwartung gerichtet, sich freiwillig an Zielen einer sozial-ökologischen Nachhaltigkeit zu orientieren.

▶   Somit ergeben sich drei **Verantwortungsebenen** (Heidbrink und Schmidt 2011, S. 45–47):

- Verbraucher sind kollektiv moralisch mitverantwortlich für die Folgen ihres Konsums (Prinzip der geteilten Marktverantwortung),
- Verbraucher tragen trotz ihres begrenzten Einflusses auch Mitverantwortung für die Änderung politischer Rahmenbedingungen (Prinzip der Konsumentendemokratie),
- Verbraucher besitzen – wie Unternehmen – eine kollektive gesellschaftliche Mitverantwortung (Prinzip der Consumer Social Responsibility).

4   Nachhaltigkeit und CSR in Kommunikation und Marketing

Wenn Wirtschaft und Politik – wie oben geschildert – auf eine veränderte Bewusstseinslage aus ihren jeweiligen Systemen heraus mit Nischenangeboten reagieren, die dann gesellschaftlich verbreitet werden, dann sind die Konzepte der Nachhaltigkeit und der Corporate Responsibility solche systemspezifischen Antworten auf die veränderte Bewusstseinslage eines sich stärker autonom verstehenden Konsumenten und Bürgers, der immer in einer Doppelrolle auftritt: sowohl als Privatbürger (Bourgeois) und als Staatsbürger (Citoyen). Und als Staatsbürger leitet er in Zeiten direkter Demokratie und erweiterter Öffentlichkeitsbeteiligung (Heller 2013; Hoffmann und Simenus 2013; Lintemeier und Rademacher 2013) aus den vorgenannten Mitverantwortlichkeiten auch den Wunsch zur Mitgestaltung ab. Der Bürger professionalisiert sich gewissermaßen (Brock und Sloterdijk 2011). Zivilgesellschaftliche Kräfte wie z. B. NGOs unterstützen die Bürger bei diesen

Forderungen Und die Unternehmen sind aufgefordert, darauf mit geeigneten Instrumenten zu reagieren.

4.1 Nachhaltigkeit als unternehmensstrategischer Ansatz

Wer von Nachhaltigkeit und CSR spricht, meint damit meist einen unternehmensstrategischen Ansatz, der vollständig integriert ist in das **Wertschöpfungsmodell** einer Unternehmung. Das war bei früheren Entwicklungsstufen von CSR und Nachhaltigkeitsüberlegungen nicht immer so. Während Freeman (1984) – auf Basis der Stakeholder-Theorie – bereits ab Mitte der 1980er Jahre die strategische Integration von nachhaltigen Elementen fordert und Mitte der 2000er Jahre so weit geht, die Kernaufgabe von Management als „Management for Stakeholders" zu beschreiben (Freeman et al. 2007), verstehen z. B. Porter und Kramer (2002) CSR noch immer als „Corporate Philanthropy", also letztlich als freiwillige Gaben an die Gesellschaft. Und die Autoren, die diesem Thema auch in den Folgejahren treu blieben (Porter und Kramer 2006), argumentieren, wie daraus ein strategischer Wettbewerbsvorteil generiert werden kann. Und in der Tat: die große Bedeutung der Verbreitung einer Management-Mode durch Management-Gurus wie Porter darf nicht unterschätzt werden (Abrahamson 1996). Doch handelt es sich tatsächlich nur um eine Management-Mode (Rademacher und Remus 2014), wie mit einigem Recht argumentiert werden kann? Oder gehen, wie die Porter & Kramer behaupten, tatsächlich strategische Vorteile aus der Integration von Nachhaltigkeitsgedanken in die allgemeine Geschäftsstrategie hervor?

Die Entscheidung über diese Frage scheint den Unternehmen in den letzten Jahren zunehmend durch die gesellschaftliche Akzeptanz von Transparenzforderungen und gesellschaftlichem Engagement abgenommen worden zu sein; denn v. a. politische Institutionen haben den Dreiklang aus ökonomischer, ökologischer und sozialer Verantwortung (die so genannte tripple-bottom-line) akzeptiert als Maßstab und Entwicklungsziel in Deutschland und Europa. Während die anfänglichen Definitionen vom Beginn des neuen Millenniums noch die Freiwilligkeit betonten, spricht die EU in ihren jüngsten Richtlinien immer wieder davon, die Unternehmen hätten Verantwortung für die gesamten Auswirkungen auf die Gesellschaft:

> ► „Damit die Unternehmen ihrer sozialen Verantwortung in vollem Umfang gerecht werden, sollten sie auf ein Verfahren zurückgreifen können, mit dem soziale, ökologische, ethische, Menschenrechts- und Verbraucherbelange in enger Zusammenarbeit mit den Stakeholdern in die Betriebsführung und ihre Kernstrategie integriert werden." (KOM 2011, S. 7)

Und die EU belässt es nicht bei Lippenbekenntnissen: seit 2013 kursiert ein neuer Richtlinienvorschlag zur Berichterstattung über Umwelt- und Sozialbelange sowie Diversität (KOM 2013, 207), zu dem nicht nur der BDI, sondern auch der Verband der Wirtschaftsprüfer Bedenken angemeldet hat. Denn die Richtlinie zielt darauf, Unternehmen mit mehr als 500 Mitarbeitern europaweit auf die Berichterstattung über ihr gesellschaftliches Engagement zu verpflichten und ist im April 2014 vom EU Parlament angenommen worden. Der BDI lehnte die Richtlinie zuvor klar ab, weil er den bürokratischen Mehraufwand für die Unternehmen sah. Und auch die Wirtschaftsprüfer äußerten sich unsicher, ob diese nicht-finanziellen Informationen nicht am Ende eine Schwierigkeit für die Erstellung der Testate bedeuten. Allerdings begrüßen sie die grundsätzliche Berichtspflicht und auch die Konzentration auf Kapitalgesellschaften mit mehr als 500 Mitarbeitern.

Als Trend der letzten Jahre, der diese politisch induzierte Entwicklung aufnimmt, hat sich das Aufkommen des so genannten „Integrated Reporting" erwiesen. Dabei wird angestrebt, keine separaten Umwelt- oder Sozialberichte oder gar einen eigenständigen CSR-Bericht mehr vorzulegen, sondern „Nachhaltigkeits- und Geschäftsbericht zu einem Dokument zu verschmelzen, das sich an sämtliche Stakeholder des Unternehmens richtet" (Schwalbach und Schwerk 2014, S. 215). Unternehmen wie die BASF berichten bereits so.

4.2 Nachhaltigkeit und CSR als Themen der Kommunikation

Dass über positive Aspekte der Unternehmensführung berichtet wird, ist wahrscheinlich. Aber grade die Veränderung der **Reporting-Standards** (v. a. die Global Reporting Initiative und das International Integrated Reporting Committee sind hier zu nennen) hat CSR und Nachhaltigkeit aus der Ecke der Schönwetterthemen herausgeholt. Allerdings: man kann es auch leicht übertreiben. Und so kommen immer dort, wo CSR-Themen gehäuft auftreten, Vorwürfe auf, es gehe darum, Fehlverhalten zu überdecken oder zu kompensieren. „Greenwashing" lautet dann zumeist der Vorwurf. Diese Formen moralischer oder moralisierender Kommunikation (Schultz 2011) stehen in Kontrast zu alternativen Kommunikationsangeboten von anderen „‚moralischen Unternehmern' (Medien, NGOs, Konsumentengruppen), welche die Glaubwürdigkeit solcher Aktivitäten in Frage stellen" (Eisenegger und Schranz 2011, S. 81). Damit steht die CSR-Kommunikation vor einem grundsätzlichen Paradox: Einerseits verlangen die Stakeholder von Unternehmen „mehr soziales und ökologisches Engagement verlangen, andererseits aber steige das Misstrauen in dem Maße, in dem die Unternehmen ihre CSR-Kommunikation intensivierten" (Eisenxegger und Schranz 2011, S. 81).

Matten und Moon (2008) haben die Ansätze nach „implicit" und „explicit CSR" unterschieden. Mit „implicit" meinen sie Aktivitäten, die meist wenig strategisch, dafür aber in der Tendenz eher normativ sind, also einer bestimmten Haltung entsprechen und dadurch auch eine hohe Glaubwürdigkeit besitzen. Umgekehrt werden explizite CSR Maßnahmen häufig sehr strategisch betrieben, entsprechen häufig dem Businesscase (sind also eng mit dem Kerngeschäft verzahnt und kein rein philanthropisches Engagement). Mit impliziter CSR lässt sich schneller Anerkennung und Unterstützung bei den Mitarbeitern erreichen, explizite CSR Maßnahmen, die dem Business Case entsprechen, sind aber schneller in der Organisation durchsetzbar (Rademacher und Remus 2014).

4.3   Ethisches Marketing und Eco Business

In dem Maße, in dem die Idee einer ethisch orientierten, nachhaltigen Strategie sich aus-
gebreitet hat, in dem Maße sind auch Kommunikationsansätze aufgetaucht, die sich heute
unter dem Stichwort Ethisches Marketing zusammenfassen lassen. Meist setzen solche
Überlegungen bei Veränderungen wie der gesamtgesellschaftlichen Ausbreitung des so
genannten „green movement" an (Ottman 2011). Aus dieser Perspektive argumentieren
diverse Autoren (zumeist Berater; vgl. auch Arnold 2008), dass ethisches Marketing an
Bedeutung gewinnen werde. Sie gehen dabei davon aus, dass die Umstellung auf ökologische Produktion und Produktgestaltung einerseits dem Kundenwunsch entspricht (vgl.
oben das Kapitel zu verantwortlichem Konsum). Andererseits ist ökologische Produktion meist nicht mehr mit höheren Kosten verbunden, Konsumenten hingegen sind häufig
bereit, Preisaufschläge in einem bestimmten Rahmen zu akzeptieren (Ottman 2011).

Besondere Bedeutung hat in den letzten Jahren das so genannte **Cause Related Marketing** (CrM) gewonnen. Dabei wird oft ein Anteil des Kaufpreises gespendet für ökologische oder wohltätige Zwecke. Doch insbesondere in Deutschland sind Verbraucher oft
skeptisch, ob das Geld auch wirklich für den sozialen Zweck verwendet und effizient eingesetzt wird. Das wird auf die eher zurückhaltende Kommunikation zur Mittelverwendung
und Mittel-Ausschöpfung bei CrM-Kampagnen zurückgeführt (Langen et al. 2010).

Ein weiterer wichtiger Weg ist in diesem Zusammenhang die Kooperation zwischen
Unternehmen und NGOs. Seit 1990, wo McDonalds eine erste große Kooperation mit dem
amerikanischen Environmental Defense Fund aufgebaut hat, haben sich viele und zum
Teil langjährige Kooperationen zwischen Fortune 500 Unternehmen und NGOs etabliert.
Solche Markenkooperationen können im Idealfall zu beiderseitigem Nutzen verlaufen. Allein die aktuelle Kooperation zwischen dem WWF und Coca-Cola bedeutete im Jahr 2010
Zuwendungen von über 20 Millionen US Dollar. Das Beispiel WWF zeigt aber auch klar,
dass in solchen Kooperationen hohe Risiken für die beteiligten NGOs stecken. Denn das
wesentliche Produkt dieser Organisationen ist ihre **Glaubwürdigkeit**. Erhalten sie finanzielle Unterstützung z. B. von Spendern, dann nur deshalb, weil ihnen zugetraut wird, die
selbstgewählten Ziele (z. B. Engagement für Menschenrechte, Umweltschutz, Diversity
etc.) auf glaubwürdige und effektive Art und Weise anzustreben. Reputation ist daher das
zentrale Gut dieser Organisationen. Ist die Reputation angekratzt, wirkt sich das gleich
doppelt aus: einerseits wird sich das Spendenaufkommen (wie im Falle Unicef) drastisch
reduzieren, andererseits wird die NGO dadurch auch als Kooperationspartner für Wirtschaftsunternehmen (z. B. im CrM) unattraktiv.

5   Der Big-Brand Takeover of Sustainability

Hellsichtig wie kaum jemand beschreiben Peter Dauvergne und Jane Lister (2013), wie
große Marken – jenseits aller vordergründigen Kommunikationsattitüden – Sustainability
zum Kern ihres Geschäftsmodells gemacht haben und damit erst zum Durchbruch ver-

helfen. Sie tun dies natürlich nicht, wie die Autoren erklären, weil sie den Planeten retten wollen, sondern nur, um sich Marktanteile und Gewinnsteigerungen zu sichern. Sie nutzen Sustainability als Business-Tool.

Die Zusammenhänge, die die Autoren beschreiben (und die Vielzahl ihrer Beispiele sind nahezu erdrückend), lassen erkennen, dass Nachhaltigkeit tatsächlich als Geschäftsmodell funktioniert – und das deshalb, weil alle Beteiligten ausschließlich ihre eigenen Interessen verfolgen.

Perspektive der NGOs

Konsumentengruppen, NGOs und Verbraucherschützer interessieren sich für die Zusammenarbeit mit starken Marken aus zwei Gründen: einerseits werden sie selbst als Verhandlungspartner stark aufgewertet, wenn eine große Marke sich mit ihnen assoziiert. Zum anderen wissen diese Gruppen: haben sie erst einmal eine der großen Marken auf ihrer Seite, lassen sich viele Veränderungen im Markt leichter durchsetzen. Sie setzen auf die enorme Strahlkraft der großen Marken wie Walmart, Coca-Cola, Nike etc.

Perspektive der großen Marken

Die Marken selber sehen vielfältiges Potenzial, sich durch die Übernahme und Integration des Tools Sustainability im Markt zu differenzieren. Sie sehen Vorteile in der Kommunikation (zu Kunden, NGOs, Politik etc.), in der Kostenstruktur (z. B. Energieeffizienz), in der Governance bezüglich ihrer Marktpartner und Lieferketten, in Bezug auf Regulierungsbestrebungen etc. Wer als besonders nachhaltig im Markt voranschreitet, der ist in der Lage, die anderen Marktteilnehmer vor sich herzutreiben, weil er die Standards setzt.

Perspektive der Lieferanten & Retailer

Durch den Zusammenschluss und das Wachstum v. a. der großen Retailer haben sich die Machtstrukturen vor allem in den Bereichen Textil, Lebensmittel, Konsumgüter etc. verschoben. Diese Marken besitzen oft globale Präsenz. Hinzu kommen die Globalisierung der Produktion und eine immer stärkere Systempartnerschaft zwischen Produzenten und Retailern. So entstehen quasi-geschlossene Ökosysteme, in denen die Retailer entlang der Supplychain stark vom Takt der großen Marken abhängen. Was hier vorgegeben wird, muss in der Lieferkette umgesetzt werden. NGOs und Verbraucherschützer fordern v. a. hier immer wieder Transparenz ein; Big Brands eilen diesen Forderungen inzwischen eher voraus als hinterher.

Perspektive der Konsumenten

Die Konsumenten schließlich könnten eigentlich zufrieden sein; endlich gehen die Unternehmen voran, arbeiten energieeffizient und ressourcenschonend, beachten Guideline und erreichen ihre Sustainability-Ziele – und überstrapazieren dabei auch nicht (mehr) die Geduld ihrer Kunden, die eben nicht mehr permanent mit allen guten Taten konfrontiert werden, die das Unternehmen vollbracht hat.

Dennoch muss die Entwicklung, wie Dauvergne und Lister (2013) betonen, kritisch betrachtet werden; denn die Big Brands haben mit der Aufnahme der Nachhaltigkeitskonzepte einen geschickten Schachzug ausgeführt. Sie sind damit diejenigen, die in den meisten Märkten die Standards etablieren. Die Autoren nennen dies die Entwicklung einer „sustainability vision" (Dauvergne und Lister 2013, S. 145). Sie definieren dadurch, dass sie eine vage Idee (denn nichts anderes ist Nachhaltigkeit bis auf den Tag) mit Leben erfüllen, den Möglichkeitsraum. Durch das Faktische verstellen sie aber u. U. den Blick auf weitergehende Lösungen. Sie gründen neue Initiativen und Konsortien, in denen sich Unternehmen, die sich zum Paradigma der Nachhaltigkeit bekennen, selbst organisieren. Die Autoren nennen etwa die Sustainable Apparel Coalition (2011), das Consumer Goods Forum (2009), das Sustainability Consortium (2009) etc. Und mit dieser Form der Selbstorganisation, mit den NGO-Kooperationen und durch die eigenständige Entwicklung von Nachhaltigkeits-Visionen (die sich allesamt recht gut erfüllen lassen), beschränken die Big Brands zugleich die Möglichkeit, weiter zu denken und „echte" Nachhaltigkeit anzustreben.

Die Autoren ziehen folgendes Fazit, das ein neues Paradox beschreibt:

► „Whether activits or regulators like it or not, big brands are taking over sustainability and turning it into eco business. This presents a great challenge for states and NGOs. Unheeded, this will continue to produce some limited gains: more efficiency, less packaging and waste per product, more eco-products, more solar panels and electric vehicles. But it will not get us even close to true sustainability – and it could well make things worse as big-brand discount consumerism surges and ecological shadows intensify. At the same time, as those rushing to partner are hoping, reorienting and leveraging eco-business might do some real good." (Dauvergne und Lister 2013, S. 160 f.)

6 Die spezifische Verantwortung der Medienunternehmen (TIME-Unternehmen)

Medienunternehmen – oder genauer: Unternehmen der TIME-Branchen, also Telekommunikation, Informationstechnologie, Medien und Entertainment – stehen noch einmal in einer zusätzlichen und besonderen Verantwortung, die zurückgreift auf die oben erwähnte Verantwortung für die Darstellung der Welt. Wer erkenntnistheoretisch geschult ist, geht zwar nicht unbedingt davon aus, dass die Welt direkter Wahrnehmung zugänglich ist.[4] Dennoch gibt es Unterschiede im Grad der Adäquatheit der Darstellung medial vermittelter Realität. Und genau hier setzt die besondere Verantwortung der Medien an.

Zu unterscheiden sind grundsätzlich mindestens drei verschiedene Zugangswege:

Verantwortung für die Darstellung der Welt
Die digitalen Netzwerkmedien verändern grundsätzlich den Zugang zu Welterfahrung und Kultur; sie werden in Form von TIME-Unternehmen zu den Ermöglichern einer Kommu-

---

[4] Das behaupten selbst die „neuen Realisten" um Gabriel (2013) nicht.

nikationskultur und weniger über das Prägen der Inhalte. Diese werden heute aber immer häufiger nicht zentral in den „Institutionen der Moderne" (Trommershausen 2011, S. 108), sondern parallel in peer-to-peer Netzwerken hergestellt. Die Trias von „earned, owned and paid media" hat sich etabliert und wird zunehmend stärker von Unternehmen betrieben, die nicht klassische Medienunternehmen sind, aber wie diese handeln. Damit muss sich das Ethos der Medienproduzenten und Journalisten, der PR-Akteure und Werber ausweiten auf diese neuen Akteure, die nun vielfach Alleinverantwortung für die Darstellung der Welt in ihren Kanälen und über ihre Netzwerke übernehmen müssen. Tröstlich dabei ist (aus Sicht z. B. des Journalismus), dass immer häufiger ausgebildete Journalisten die Contentproduktion übernehmen. Zu hoffen bleibt, dass diese auch ihre Qualitätsstandards in ihre neuen Anwendungsfelder mitnehmen.

Verantwortung für den Umgang mit Daten und den Zugang zu Technologie
Wenn die Kultur, wie eben beschrieben, durch die Technologie verändert wird, dann gilt es eine Reihe von gewollten und ungewollten Nebenfolgen zu bedenken. Einerseits kommt es natürlich zu einer enormen Pluralisierung des Zugangs zu Medien. Andererseits merken wir aber auch, dass z. B. der Zugang zu besonders schnellen Datenwegen bereits restringiert werden könnte. Damit käme sehr spät also erneut die Frage auf, wie man mit solchen Formen der Konzentration und Kontrolle von digitalen Produktionsmitteln umzugehen hat. Wenn man als A-, B- oder C-Kunde geführt wird, hat das schon heute Auswirkungen darauf, wie schnell man im Callcenter bedient wird. Das kann man für trivial halten, muss man aber nicht.

Denn spätestens, wenn die Datenakkumulation in Zeiten von **Big Data** so weit geht, dass elementare Freiheits- und Grundrechte (wie das Recht auf Privatheit) in Mitleidenschaft gezogen werden, wünschen sich viele natürlich ein hohes Maß an Eigenverantwortung und Selbstkontrolle, wie Apple und Microsoft sie beispielsweise nicht zu besitzen scheinen. Hier müsste Social Responsibility nämlich bedeutet, dass Unternehmen quasi-staatliche Funktionen wahrnehmen und ihre Nutzer in einem noch nicht juristisch ausdefinierten Bereich von sich aus schützen. Natürlich kann man auch schon in eine andere Richtung denken und fragen, ob unsere Zurichtung des Privaten überhaupt noch aktuell ist. Vielleicht müssen wir auch schon ganz anders über Privatheit nachdenken (vgl. Nassehi 2014).

Verantwortung für Moralisierungstendenzen in der Kommunikation
Seit Jahren erleben wir eine moralische Aufrüstung – besonders im Bereich des Wirtschaftshandelns (Stehr 2007). Und Medien haben an der Durchsetzung von Erfolgskonzepten wie Corporate Responsibility, Governance, Political Correctness oder Transparenz natürlich hohen Anteil. Die Frage ist, wann diese Art der moralischen und moralisierenden Kommunikation (Schultz 2011) zu kippen beginnt: wann wird aus Regulierung blindes Diktat, wann aus Steuerung des Wirtschaftslebens ein leerer Automatismus. Denn dass z. B. **Compliance**-Regeln beherzigt werden, macht noch keinerlei Aussage darüber, ob insgesamt moralischer gehandelt wird. Denn moralisch handelt derjenige, der aufgrund

von Abwägung (oder Haltung) ein bestimmtes Verhalten wählt und ein anderes bewusst ausschließt. Das Befolgen von selbstgegebenen Regeln ist für sich genommen natürlich wertvoll; moralisch wird Handeln aber vor allem durch den Reflexionsprozess.

7   Fazit

Marken und Medien haben in den letzten Jahren zunehmend mehr Verantwortungsübernahme demonstriert. Dabei haben grade die großen Marken gezeigt, dass sie nicht mehr gegen politisch gewünschte Szenarien opponieren, sondern in der Lage sind, die vorgegebenen Ziele in ihr Kerngeschäft und ihre Prozesse zu integrieren. Allerdings verändern sie dabei den Kern dessen, was moralisch bedeutet: sie nutzen globale Indikatoren wie Transparenz oder Nachhaltigkeit zur Differenzierung im Markt.

Doch dieser Prozess war und ist auch politisch gewollt: Die Vorgaben, die beispielsweise politische Institutionen wie die EU Kommission machen, zielen auf den Business Case – und damit auf eine Implementierung der Konzepte CSR und Nachhaltigkeit in das Kerngeschäft. Das dient natürlich der schnellen und flächendeckenden Verbreitung dieser Konzepte innerhalb von Unternehmen und Branchen. Zugleich entfällt die Freiwilligkeit und unter Umständen die Authentizität.

Wir leben in einer Zeit der „**Moralisierung** der Märkte", wie Nico Stehr (2007) dies zu Recht beschrieben hat. Und in einer solchen Zeit müssen Marken Verantwortlichkeit inszenieren. Das System Wirtschaft transformiert dabei Umweltanforderungen so, dass sie integriert werden können. Und diese Integration bedeutet unter anderem, dass Corporate Responsibility als Übersetzung einer Umweltanforderung an das tatkräftige Mitgestalten der Zivilgesellschaft für Unternehmen und Märkte an Bedeutung gewonnen hat. Dies dient der gesellschaftlichen Legitimation und langfristigen Absicherung des Geschäftsprozesses – und wird manchmal sogar unter dem Stichwort Nachhaltigkeit zum Kern des Geschäftsprozesses.

Allerdings stellt die „Übernahme" des Geschäftsfeldes Nachhaltigkeit durch Big Brands auch ein Problem dar; denn es ist nicht abzusehen, ob es sich dabei um eine freundliche oder feindliche Übernahme handelt. In jedem Fall limitiert die Integration des Nachhaltigkeits-Paradigmas die Möglichkeit, Nachhaltigkeit und unternehmerische Verantwortung weiter zu denken und zu interpretieren, als es momentan durch die Big Brands vorgelebt wird.

Medien spielen hierbei die zentrale Rolle einer gesellschaftlichen Schaltzentrale; denn die Rede ist nicht nur von Medienunternehmen, sondern auch von der Tendenz, dass klassische Unternehmen im Zuge der Digitalisierung sich immer mehr in Medienunternehmen transformieren. Damit kommt den Unternehmen generell und den Medienunternehmen insbesondere kulturelle Definitionsmacht zu. Ihre Eigenverantwortung ist besonders dort gefragt, wo große Datenmengen akkumuliert werden und dadurch Grundwerte wie Freiheit oder Privatheit auf dem Spiel stehen.

Der Autor

Prof. Dr. Lars Rademacher ist Professor für Public Relations am Fachbereich Media der Hochschule Darmstadt; zuvor leitete er den Studiengang Medienmanagement an der Hochschule Macromedia in München und forscht u. a. zu Integrierter Kommunikation, Compliance-Kommunikation, Corporate Social Responsibility und Strategischer Kommunikation. Vor seiner akademischen Laufbahn war Rademacher sechs Jahre Berater, anschließend leitete er die Kommunikation des Science Centers „phaeno" in Wolfsburg und war Pressesprecher in der Konzernkommunikation der BASF.

Literatur

Abrahamson, E. (1996). Management Fashion. *Academy of Management Review*, *21*(1), 254–285.

Arnold, C. (2008). *Ethical Marketing and the New Consumer: Marketing in the New Ethical Economy*. Chichester: Wiley.

Baringhorst, S., Kneip, V., & Niesyto, J. (2007). Wandel und Kontinuität von Protestkulturen seit den 1960er Jahren: eine Analyse ausgewählter Anti-Corporate Campaigns. In S. Baringhorst et al. (Hrsg.), *Politik mit dem Einkaufswagen. Unternehmen und Konsumenten als Bürger in der globalen Mediengesellschaft* (S. 109–135). Bielefeld: Transcript.

Beetz, M. (2007). Verbraucheröffentlichkeit und Bürgerschaft. In S. Baringhorst et al. (Hrsg.), *Politik mit dem Einkaufswagen. Unternehmen und Konsumenten als Bürger in der globalen Mediengesellschaft* (S. 29–52). Bielefeld: Transcript.

Bernays, E. (2011). *Propaganda: Die Kunst der Public Relations*. Freiburg i. Br.: Orange Press.

Brock, B., & Sloterdijk, P. (2011). *Der Profi-Bürger*. Bielefeld: Transcript.

Dauvergne, P., & Lister, J. (2013). *Eco-Business. A Big-Brand Takeover of Sustainability*. Cambridge: MIT.

Eisenegger, M., & Schranz, M. (2011). CSR – Moralisierung des Reputationsmanagements. In J. Raupp, S. Jarolimek, & F. Schultz (Hrsg.), *Handbuch CSR. Kommunikationswissenschaftliche Grundlagen, disziplinäre Zugänge und methodische Herausforderungen* (S. 71–96). Wiesbaden: VS Verlag.

Freeman, R. E. (1984). *Strategic Management: a Stakeholder Approach*. Boston: Pitman.

Freeman, R. E., Harrison, J. S., & Wicks, A. C. (2007). *Managing for Stakeholders. Survival, Reputation, and Success*. Boston: Yale University Press.

Funiok, R. (2007). *Medienethik. Verantwortung in der Mediengesellschaft*. Stuttgart: Kohlhammer.

Gabriel, M. (2013). *Warum es die Welt nicht gibt*. Berlin: Ullstein.

Heidbrink, L., & Schmidt, I. (2011). Das Prinzip Konsumentenverantwortung – Grundlagen, Bedingungen und Umsetzungen verantwortlichen Konsums. In L. Heidbrink, I. Schmidt, & B. Ahaus (Hrsg.), *Die Verantwortung des Konsumenten. Über das Verhältnis von Markt, Moral und Konsum* (S. 25–56). Frankfurt a.M.: Campus.

Heller, S. (2013). *Verhindern und Ermöglichen. Die Kraft der Direkten Demokratie*. München: PublishingGroup.

Hoffmann, T., & Simenus, K. (2013). *Partizipation. Neue Herausforderungen für die Kommunikation.* Berlin: Helios Media.

Kepplinger, H. M., & Knisch, K. (2000). Gesinnungs- und Verantwortungsethik im Journalismus. Sind Max Webers theoretische Annahmen empirisch haltbar? In M. Rath (Hrsg.), *Medienethik und Medienwirkungsforschung* (S. 11–44). Opladen: Westdeutscher Verlag.

KOM (2011). *EU Strategie für die soziale Verantwortung von Unternehmen.* Europäische Kommission.

KOM (2013). *EU Richtlinie zur Offenlegung nichtfinanzieller und die Diversität betreffender Informationen.* Europäische Kommission.

Krainer, L. (2002). Medienethik als angewandte Ethik. Zur Organisation ethischer Entscheidungsprozesse. In M. Karmasin (Hrsg.), *Medien und Ethik* (S. 156–174). Stuttgart: Reclam, Philipp, jun. GmbH.

Langen, L., Grebitus, C., & Hartmann, M. (2010). Is there Need for more Transparency and Efficiency in Cause Related Marketing? *International Journal on Food System Dynamics, 1*(4), 366–381.

Leschke, R. (2001). *Einführung in die Medienethik.* München: W. Fink.

Lintemeier, K., & Rademacher, L. (2013). *Stakeholder Relations. Nachhaltigkeit und Dialog als strategische Erfolgsfaktoren.* München: MHMK University Press.

Matten, D., & Moon, J. (2008). Implicit and Explicit CSR: A conceptual framework for a comparative understanding of corporate social responsibility. *Academy of Management Review, 33*, 404–424.

Merten, K. (2008). *Public Relations – Die Lizenz zu Täuschen? Vortragsmanuskript 24.07.2008.* http://www.zeeb-kommunikation.de/cms/fileadmin/Media/merten-vortrag_muenster_19.6.. pdf. Zugegriffen: 23. Juli 2014

Merten, K., Schmidt, S. J., & Weischenberg, S. (1994). *Die Wirklichkeit der Medien. Eine Einführung in die Kommunikationswissenschaft.* Opladen: Westdeutscher Verlag.

Nassehi, A. (2014). Die Zurichtung des Privaten. Gibt es analoge Privatheit in einer digitalen Welt? *Kursbuch, 177,* 27–46.

Nida-Rümelin, J. (1996). Theoretische und Angewandte Ethik: Paradigmen, Begründungen, Bereiche. In Ders (Hrsg.), *Angewandte Ethik. Die Bereichsethiken und ihre theoretische Fundierung. Ein Handbuch* (S. 2–85). Stuttgart: Kröner.

Ottman, J. (2011). *The New Rules of Green Marketing. Strategies, Tools and Inspiration for Sustainable Branding.* San Francisco, California: Greenleaf.

Porter, M. E., & Kramer, M. R. (2002). The competetive advantage of corporate philanthropy. *Harvard Business Review, 80*(12), 57–68.

Porter, M. E., & Kramer, M. R. (2006). Strategy and Society. The Link between Competetive Advantage and Corporate Social Responsibility. *Harvard Business Review, 84*(12), 78–92.

Rademacher, L. (2010). Public Relations. In C. Schicha, & C. Brosda (Hrsg.), *Handbuch Medienethik* (S. 278–293). Wiesbaden: VS Verlag.

Rademacher, L., & Remus, N. (2014). Correlating Leadership Style, Communication Strategy and Management Fashion: An Approach to Describing the Drivers and Settings of CSR Institutionalization. In R. Tench, W. Sun, & B. Jones (Hrsg.), *Communication Corporate Responsibility: Perspectives and Practice* (S. 81–110). Bingley: Emerald.

Schultz, F. (2011). Moralische und moralisierende Kommunikation. In J. Raupp, S. Jarolimek, & F. Schultz (Hrsg.), *Handbuch CSR. Kommunikationswissenschaftliche Grundlagen, disziplinäre Zugänge und methodische Herausforderungen* (S. 19–44). Wiesbaden: VS Verlag.

Schwalbach, J., & Schwerk, A. (2014). Corporate Governance und Corporate Social Responsibility: Grundlagen und Konsequenzen für die Kommunikation. In A. Zerfaß, & M. Piwinger (Hrsg.), *Handbuch Unternehmenskommunikation. Strategie – Management – Wertschöpfung* (S. 203–218). Wiesbaden: Springer Gabler.

Stehr, N. (2007). *Moralisierung der Märkte. Eine Gesellschaftstheorie.* Frankfurt a.M.: Suhrkamp.

Trommershausen, A. (2011). *Corporate Responsibility in Medienunternehmen.* Köln: von Halem.

Ulshöfer, G., & Bonnet, G. (2009). *Corporate Social Responsibility auf dem Finanzmarkt.* Wiesbaden: VS Verlag.

Weber, M. (1919; 1999). *Politik als Beruf.* Mit einem Vorwort von Robert Leicht. Frankfurt a.M.: Büchergilde Gutenberg.

Crossmediale Markenführung durch „Branded Entertainment"

Fallstudiengestützte Überlegungen zum markenpolitischen Konzept

Reinhard Kunz und Franziska Elsässer

Zusammenfassung

Die Digitalisierung der Medienlandschaft führte zu einer starken Veränderung der medialen Produktion, Distribution und Nutzung. Die Erstellung und Vermarktung von Inhalten werden heute crossmedial ausgerichtet. Die Rezeption medialer Inhalte erfolgt über diverse Endgeräte. Diesen Veränderungen müssen auch Marketingstrategien Rechnung tragen, wenn sie erfolgreich sein wollen. Bei der noch jungen Marketingmaßnahme „Branded Entertainment" verschmelzen journalistischer Inhalt und Werbung. Durch seinen unterhaltenden Charakter wird Branded Entertainment oftmals aktiv von den Mediennutzern nachgefragt. Das Konzept bietet Unternehmen demnach die Möglichkeit, ihre Konsumenten im digitalen Zeitalter trotz der herrschenden Informationsflut zu erreichen.

In diesem Beitrag wird das Konzept „Branded Entertainment" vorgestellt, von anderen Kommunikationsmaßnahmen abgegrenzt und aus Sicht der relevanten Marktakteure verortet. Es wird ein Modell entwickelt, das die ablaufenden Prozesse und möglichen Wege von Branded-Entertainment-Inhalten im Sinne der Kommunikation, Distribution und Rezeption aufzeigt. Zudem werden die Vor- und Nachteile gegenüber anderen Kommunikationsmaßnahmen diskutiert. Die Besonderheiten der crossmedialen Markenführung durch Branded Entertainment werden am Beispiel von Red Bull als „Best Case" aufgezeigt. Branded Entertainment stellt sich insgesamt als erfolgsversprechendes Konzept einer crossmedialen Markenführung heraus.

1 Einleitung: „Branded Entertainment" als Marketingtool im digitalen Zeitalter

Wenn der Berliner Künstler Friedrich Liechtenstein auf YouTube im „Supergeil"-Musikclip durch einen Edeka-Supermarkt tanzt, der Konsumgüterhersteller Procter & Gamble rechtzeitig zu den Olympischen Winterspielen „Danke Mama"-Videos von Athleten wie

Prof. Dr. Reinhard Kunz ✉ · Franziska Elsässer
Bayreuth, Deutschland
e-mail: reinhard.kunz@uni-bayreuth.de, f.elsaesser@gmx.de

© Springer Fachmedien Wiesbaden 2016
S. Regier et al. (Hrsg.), *Marken und Medien*, DOI 10.1007/978-3-658-06934-6_4

Lindsey Vonn oder Felix Neureuther im Netz verbreitet oder Volkswagen mit der Homepage „Das Auto. Magazin" redaktionelle Inhalte online stellt, zeigt sich deutlich, dass aus ehemals werbetreibenden Unternehmen mittlerweile Medienproduzenten und -distribuenten geworden sind. In der digitalisierten Medienlandschaft erzeugen immer mehr Unternehmen eigene Inhalte, in die ihre Marken und deren Botschaften subtil eingebaut werden, sogenanntes Branded Entertainment. Branded Entertainment stellt eine hybride Form aus Werbung und Inhalt dar, die vor allem durch ihren hohen Unterhaltungswert die Aufmerksamkeit der Zuschauer gewinnen kann.

Somit setzt das Marketingtool genau an der Herausforderung an, der sich werbende Formate infolge der Digitalisierung stellen müssen: dem Verlust von Aufmerksamkeit. Denn die Digitalisierung und ihre Folgen haben nicht nur Medienformate und -endgeräte sowie Nutzungsgewohnheiten stark verändert, sondern auch zu einem Erreichbarkeitsproblem von werblichen Kommunikationsangeboten geführt (Tsvetkova 2007, S. 14). Während werbliche Angebote früher problemlos ihre Adressaten erreichen konnten, herrscht aufgrund der Digitalisierung heute eine wahre Informationsflut, die sich am Beispiel des Mediums Fernsehen besonders deutlich offenbart: So wird durch das Digitalfernsehen, das 2013 bereits von 80,8 Prozent aller deutschen Haushalte empfangen wurde (ALM 2013, S. 33), das Publikum durch eine Vielzahl an neuen Sendern immer stärker fragmentiert. Das Erreichen einer hohen Einschaltquote, die für die werbetreibenden Unternehmen als Maßstab der Werbepreise gilt, wird somit erschwert. Gleichzeitig schreitet durch die „digitale Revolution" die Entwicklung zum Fernsehen der Zukunft stetig voran: Die disruptive Technik Video on Demand (VoD) und das Aufzeichnen von Formaten durch Digital Video Recorder (DVR) verwandeln den ehemals passiven Rezipienten in einen aktiven Zuschauer. Dieser kann seine gewünschten Programminhalte, statt an festen Sendeplätzen, zu den von ihm favorisierten Zeiten ansehen und Werbeunterbrechungen komplett ausblenden. Zugleich steigt die Nutzung mobiler Endgeräte wie Tablets und Smartphones rasant an – zu Lasten der traditionellen Medien wie Print, Radio und Fernsehen (IAB Europe 2013; Tomorrow Focus Media 2014, S. 36). Alle diese Entwicklungen lösen Verunsicherungen auf dem Werbemarkt hinsichtlich der Effektivität klassischer Werbung[1] aus und erfordern innovative Marketingmaßnahmen, die den Konsumenten trotzdem erreichen.

Branded Entertainment stellt solch ein innovatives Marketingtool dar. Seit dem Aufkommen Mitte der 2000er Jahre ist Branded Entertainment ein relevantes Thema wissenschaftlicher Auseinandersetzungen verschiedener Fachrichtungen wie der Wirtschafts- oder der Kommunikationswissenschaft (Duttenhöfer 2006; Hudson und Hudson 2006; Lehu 2007; Tsvetkova 2007), wird dabei aber teilweise immer noch unscharf von anderen Mischformen abgegrenzt (Williams et al. 2011, S. 2) sowie kaum hinsichtlich seiner markenpolitischen Bedeutung untersucht. Auch die tatsächlichen Produktions-, Distributions-

---

[1] Unter klassischer Werbung bzw. Mediawerbung bezeichnen Schweiger und Schrattenecker (2013, S. 126) „die beabsichtigte Beeinflussung von markenrelevanten Einstellungen und Verhaltensweisen ohne formellen Zwang unter Einsatz von Werbemitteln und bezahlten Medien".

und Rezeptionswege der Branded-Entertainment-Inhalte wurden in den meisten Beiträgen nicht untersucht.

Ziele dieses Beitrags sind somit einerseits die begriffliche Abgrenzung und theoretische Verortung des Konzepts und andererseits die Darstellung der Charakteristika und die Anwendung auf ein Fallbeispiel. Zunächst wird die Entwicklung von Branded Entertainment beschrieben. Ferner wird ein Kommunikationsmodell skizziert, das mögliche Prozesse und Wege der Produktion, Distribution und Rezeption von Branded Entertainment aufzeigt und so erkenntlich macht, wie Inhalte von den Kommunikatoren crossmedial zu den Rezipienten gebracht werden. Es werden Vor- und Nachteile von Branded Entertainment im Vergleich zu anderen Kommunikationsmitteln diskutiert und kategorisiert. Anhand von Red Bull, einem der Vorreiter von Branded Entertainment, werden zudem die Besonderheiten der Maßnahme in Verbindung mit Sportinhalten herausgestellt. Abschließend werden durch die gewonnenen Erkenntnisse Zukunftsaussichten für den Einsatz von Branded Entertainment gegeben und Optionen für die wissenschaftliche Forschung aufgezeigt.

2 Entwicklung und Spezifika von „Branded Entertainment"

Der Begriff „Branded Entertainment", der sich seit dem großen Erfolg der BMW-Miniserie „The Hire" etabliert hat (Duttenhöfer 2006, S. 71), beschreibt eine solche Marketingmaßnahme, bei der sich die eigentlich getrennten Bereiche der Werbung und des redaktionellen/journalistischen Inhalts vermischen. Dabei werden Inhalte um eine Marke herum kreiert und verbreitet (Hudson und Hudson 2006, S. 492). Um Klarheit über die in diesem Beitrag als Branded Entertainment bezeichnete Kommunikationsform zu erlangen, ist es vonnöten, sie eindeutig von anderen Konzepten abzugrenzen.

Johnston (2009, S. 170) nennt neben dem „Branded Entertainment" zwei weitere Mischformen, „Sponsorships" und „Product Placements". Branded Entertainment ist klar von der Kommunikationsmaßnahme „Sponsorship" (Programmsponsoring) unterscheidbar, da die Werbebotschaft dort außer ihrer Platzierung direkt vor oder nach dem Programminhalt gar nicht in das eigentliche Programm integriert wird (Johnston 2009, S. 170). Wesentlich näher ist Branded Entertainment hingegen dem Konzept „Product Placement"[2], das als Ursprung aller hybriden Werbeformen gilt (Hudson und Hudson 2006, S. 490). Während in den Anfangsjahren einige Autoren (z. B. Hudson und Hudson 2006) Branded Entertainment als eine „moderne, weiterentwickelte Spielart des Product Placements" (Huber et al. 2008, S. 11) sahen, ist die Wissenschaft sich heute größtenteils einig, dass es sich beim Branded Entertainment um ein eigenständiges Konzept handelt (Duttenhöfer 2006; Lehu 2007; Huber et al. 2008). Im Gegensatz zum Branded Entertainment erfährt die Marke beim Product Placement lediglich eine passive Erscheinung,

---

[2] Bruhn (2013, S. 373) versteht unter „Product Placement" „die Platzierung eines Markenartikels als Requisit in der Handlung eines Spielfilms, einer Fernsehproduktion oder eines Videoclips gegen Entgelt".

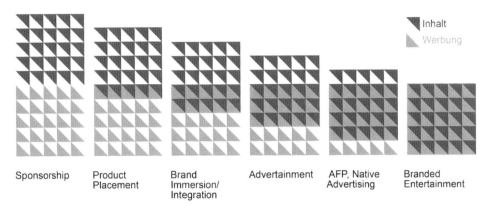

Abb. 1 Die Verschmelzung von Werbung und Inhalt durch Hybridformen

die zumeist nur eine minimale Verbindung zum Inhalt aufweist (Johnston 2009, S. 170). Zudem produzieren hier nicht die werbetreibenden Unternehmen selbst einen Inhalt, sondern Medien binden Marken erst nachträglich in ihre Angebote ein (Hudson und Hudson 2006, S. 494).

Auch die weiterentwickelte Product-Placement-Variante „Brand Immersion" bzw. „Brand Integration", bei der Marken oder Produkte bereits natürlicher in den Inhalt eingebettet werden, ist von Branded Entertainment zu unterscheiden, da die werbetreibenden Unternehmen keine redaktionelle Hoheit im Erstellungsprozess von Inhalten besitzen (Duttenhöfer 2006, S. 74). Häufig vorkommend ist darüber hinaus der Begriff „Advertainment", bei dem eine Marke ebenfalls in die Handlung eingebettet ist, der Fokus allerdings im Unterschied zum Branded Entertainment klar auf der Werbung statt dem unterhaltenden Inhalt liegt (Duttenhöfer 2006, S. 74). Als auf das Fernsehen begrenzte Variante von Branded Entertainment ist schließlich das „Advertiser Funded Programming" (AFP) zu nennen, bei dem bereits ein konkreter Einfluss der Werbewirtschaft auf die Programmgestaltung vorliegt (Siegert und Brecheis 2010, S. 264). Für journalistische Print- und Online-Medien kann zudem das „Native Advertising" als neue Form genannt werden. Dabei werden Werbebotschaften durch redaktionelle Erzählweise und Layout derart in journalistische Inhalte integriert, dass eine Unterscheidung kaum möglich ist (Knowles 2013, S. 46).

Branded Entertainment bildet schließlich den Endpunkt der Verschmelzung von Werbung und Inhalt (siehe Abb. 1), denn es kann nicht nur problemlos in alle Medien distribuiert werden, der klare Unterschied gegenüber allen anderen Mischformen offenbart sich im Erstellungsprozess. Das werbetreibende Unternehmen selbst kreiert eigens für seine Marke Inhalte, eine Unterscheidung von Werbung und Inhalt ist daher nicht mehr erkennbar. Die Eigenständigkeit des Konzepts wird dabei nicht nur durch die Forschung anerkannt, auch die Werbeindustrie grenzt Branded Entertainment von anderen Formen ab. So gibt es seit 2012 beim wichtigsten Werbepreis, den „Cannes Lions", cinc cigene Kategorie „Branded Content & Entertainment" (Cannes Lions 2014).

In der Forschung haben sich einige Merkmale herauskristallisiert, die Branded Entertainment von allen anderen hybriden Werbeformaten unterscheiden und somit die Eigenständigkeit betonen: Zum einen hat sich, wie bereits erwähnt, die Reihenfolge bei der Integration von Marken in Inhalte verschoben. Die Werbemaßnahmen werden nicht länger in einen bereits geschriebenen Inhalt eingebaut, der Inhalt entsteht erst durch die Initiative bzw. die Mitarbeit von werbetreibenden Unternehmen, um genau diesen eine Plattform zu geben (Duttenhöfer 2006, S. 70; Huber et al. 2008, S. 12). Dadurch haben sich die Rollen der Akteure im Erstellungsprozess geändert: Die Werbetreibenden wirken aktiv als (Co-) Produzenten am Entstehungsprozess mit und erschaffen einen von Beginn an „gebrandeten" Inhalt (Duttenhöfer 2006, S. 70; Tsvetkova 2007, S. 49). Nur beiläufig erwähnt wird bei Tsvetkova (2007, S. 49), dass durch das Internet und mobile Endgeräte auch die Distribution von Medieninhalten über eigene Plattformen der werbetreibenden Unternehmen abgewickelt werden kann und diese somit zu Anbietern von Medieninhalten werden. Ein weiteres Merkmal offenbart sich in der Rezeption der Inhalte. Die Inhalte werden den Konsumenten nicht länger vorgesetzt, sondern die Konsumenten können diese aufgrund ihrer freien Verfügbarkeit aktiv nachfragen und rezipieren (Duttenhöfer 2006, S. 70; Huber et al. 2008, S. 11).

Zusätzlich verrät der zweite Namensteil „Entertainment" einiges über die Beschaffenheit der Inhalte. Durch die freiwillige Rezeption seitens der Konsumenten muss es sich bei diesen um unterhaltende Inhalte handeln, die die Markenbotschaft subtil und der Zielgruppe angepasst vermitteln. Darüber hinaus geschieht die Verbreitung dieser „gebrandeten" Unterhaltungsinhalte auch zu einem wesentlichen Teil durch die Konsumenten selbst.

Zuletzt sei noch ein in der Forschung bisher kaum bedachtes Spezifikum genannt, das sich in den Zahlungsmodalitäten niederschlägt. Wer seine Markenbotschaften durch klassische Werbung, Sponsorships oder Product Placements verbreitet, muss in der Regel als Gegenleistung dafür finanzielle oder sachliche Vergütung leisten (Meffert et al. 2012, S. 708; Bruhn 2013, S. 373). Kunz und Schnellinger (2014) erklären im Zusammenhang des Branded Entertainments bei Extrem- und Randsport, dass Sportorganisationen mit Hilfe ihrer Sponsoren ihre produzierten Angebote traditionellen Medienanbietern kostenlos zur Verfügung stellen, anstatt auf einen Verkauf ihrer Übertragungsrechte und eine Berichterstattung zu hoffen. Auch werbetreibende Unternehmen können Inhalte entweder autonom ins Netz stellen oder den Medien kostenfrei anbieten – eine Zahlung für die Ausstrahlung dieser Werbeinhalte ist damit nicht mehr zwangsweise gegeben.

In der Literatur hat sich bisher noch keine allgemeingültige Definition durchgesetzt. Es ist jedoch eine klare Definition vonnöten, um Branded Entertainment eindeutig von anderen Konzepten unterscheiden zu können. Aufgrund der oben genannten Eigenschaften wird Branded Entertainment unter Berücksichtigung der bisherigen Forschung folgendermaßen definiert:

▶ Branded Entertainment bezeichnet eine markenpolitische Maßnahme, bei der die werbetreibenden Unternehmen die Rolle von (Co-)Produzenten und Distribuenten von Inhalten einnehmen. Bei Branded Entertainment findet eine Verschmelzung von Werbung und redaktionellem/journalistischem Inhalt statt. Natürlich eingebettete Werbebotschaften werden dabei in unterhaltenden und qualitativ hochwertigen Inhalten jedweder Art (z. B. Print, Video, Film, Musik) den Medien zumeist kostenlos zur Verfügung gestellt. Dies geschieht mit dem Ziel, von den Rezipienten freiwillig nachgefragt und aktiv gesucht zu werden. Durch eine intelligente Integration der Marken und Botschaften werden die Inhalte von den Rezipienten (zunächst) nicht als Werbung, sondern als Unterhaltungsinhalte wahrgenommen.

3 Theoretische Verortung des Konzepts „Branded Entertainment"

Zur Verdeutlichung der Besonderheiten des Konzepts sind vor allem drei Marktakteure herauszustellen, die durch Branded Entertainment eine neue Rolle im Produktions-, Distributions- und Rezeptionsverhalten einnehmen: werbetreibende Unternehmen, traditionelle Medienanbieter und Rezipienten.

Für ein werbetreibendes Unternehmen bedeutet Branded Entertainment eine Erweiterung des Marketingrepertoires. Im Marketing-Mix zählen klassische Werbung, Verkaufsförderung, Direct Marketing, Product Placement, Eventmarketing und Sponsoring zu den meistgenannten Kommunikationsmaßnahmen (Olbrich 2006; Kotler et al. 2011; Meffert et al. 2012). Die bereits gezogene Abgrenzung gegenüber klassischer Werbung, Sponsoring und Product Placement begründet, dass Branded Entertainment als Subkategorie eines schon bestehenden Kommunikationsinstruments schwer einzuordnen ist. Obwohl Duttenhöfer (2006, S. 83) erkennt, dass Branded Entertainment anderen Kommunikationsmitteln wie Werbung, Public Relations oder Direct Marketing übergeordnet werden kann, kommt auch er zu dem Schluss, Branded Entertainment als eigenes Kommunikationsinstrument einzuordnen. Andere Marketinginstrumente können unbeeinflusst von Branded Entertainment weiter betrieben werden. Auch in der Praxis findet das Verständnis über eine solche Klassifizierung Nachweise. Firmen wie BMW führen längst eigenständige Branded-Entertainment-Abteilungen (Duttenhöfer 2006, S. 83). Somit ist Branded Entertainment (siehe Abb. 2) neben anderen Maßnahmen im Marketing-Mix als eigenständige

Abb. 2 Einordnung von Branded Entertainment im Marketing-Mix

Kommunikationsmaßnahme anzusiedeln. Als ein Instrument zur Markenführung vereint Branded Entertainment neben kommunikationspolitischen jedoch auch produkt-, distributions- und preispolitische Elemente, die es zu berücksichtigen gilt. So ist aus Sicht der werbetreibenden Unternehmen zu erwähnen, dass durch einen Einstieg in das Branded-Entertainment-Geschäft das Rollenverständnis des werbetreibenden Unternehmens stark verändert wird. Von lediglich werbetreibenden Unternehmen entwickeln sie sich zu Produzenten und Anbietern medialer Inhalte (Iezzi 2012).

Die Rezipienten sind bei Branded-Entertainment-Maßnahmen der entscheidende Faktor: Denn nur, wenn die produzierten Inhalte von ihnen freiwillig konsumiert werden, führen sie zum Erfolg. Während im analogen Zeitalter den passiven Rezipienten traditioneller Medienangebote, wie des linearen Fernsehens, noch klassische Werbemaßnahmen vorgesetzt wurden, können die Konsumenten, wie eingangs beschrieben, dank der Digitalisierung und den damit einhergehenden technologischen Fortschritten heute mehr und mehr kontrollieren, ob und welchen Werbemaßnahmen sie sich aussetzen (Tsvetkova 2007, S. 25). Durch dieses Verständnis der aktiven Mediennutzung wird zudem klar, dass Branded Entertainment ein Instrument darstellt, das nicht in einer Theorie der herrschenden Medien und schwachen Rezipienten zu verorten ist, die bei den meisten Forschungsansätzen implizit unterstellt wird (Becker 2014, S. 312). Die einigermaßen bewusste Entscheidung, wann und zu welchem Zweck sich Rezipienten welchen Medieninhalts bedienen, kann in Ansätzen der Mediennutzungsforschung, insbesondere des Uses and Gratifications-Ansatzes (Katz 1959; Sundar und Limperos 2013), verankert werden. Diese Ansätze stellen die Frage, was die Menschen mit den Medien machen, statt nach den Wirkungen der Medien auf die Menschen zu forschen (Katz 1959, S. 2). Demnach werden Medienangebote nur konsumiert, wenn sie vorhandene Bedürfnisse befriedigen. Laut Katz et al. (1973, S. 166 f.) gibt es dabei fünf Motivgruppen, die eine Nutzung von Massenmedien auslösen: kognitive, affektive, integrative, soziale und psychische Bedürfnisse. Im heutigen „Unterhaltungszeitalter" wird die affektive Bedürfnisbefriedigung (Gratifikation) der Unterhaltung bei der Mediennutzung mehr gesucht als alle anderen Motive (Vorderer 2003, S. 112). Der Wunsch nach Unterhaltung richtet sich dabei auch an werbetreibende Unternehmen: Laut dem Global Web Index (2011) wünschen sich im digitalen Zeitalter alle Altersgruppen, allen voran die jüngeren Generationen, von Angeboten der werbetreibenden Unternehmen unterhalten zu werden. Da die Konsumenten dank der Digitalisierung aktiv und selbstbestimmt ihre Bedürfnisse durch Mediennutzung befriedigen können (siehe Abschn. 1), kann Branded Entertainment durch unterhaltende Inhalte die Konsumenten erreichen. Branded Entertainment kann die gewandelten Rezipientenwünsche somit zielgruppengerecht und einfach bedienen und stellt in einer vom aktiven Konsumenten gesteuerten Medienwelt ein erfolgversprechendes Mittel dar.

Durch die notwendige Verlagerung des Fokus auf die Konsumentenwünsche lässt sich eine Orientierung am Rezipienten feststellen. Branded Entertainment ist somit eine Maßnahme, die nicht mehr primär darauf abzielt, konkrete Produkte zu bewerben und zu verkaufen, sondern über das Markenimage auf Verbundenheit und langfristige Beziehungen zu den Konsumenten abstellt. Durch genau diese Kennzeichen folgt Branded Entertainment der von Vargo und Lusch (2004) beschriebenen „Service-Dominant Logic". Die für die Service-Dominant Logic charakteristische Co-Kreation von Wert (Vargo et al. 2008, S. 146) durch Unternehmen und andere Akteure, z. B. die Konsumenten, wird vor allem dadurch erreicht, dass die Inhalte im Netz kommentiert, geteilt und im besten Fall sogar durch eigens erstellte Inhalte vermehrt werden (siehe Abschn. 4.1).

Aus Sicht der klassischen Medienanbieter, wie etwa Fernsehsender oder Verlagshäuser, ist eine Klassifizierung von Branded Entertainment sehr zwiespältig. Einerseits bedeuten qualitativ hochwertige, unterhaltsame und von den Rezipienten gefragte Inhalte eine Bereicherung des Programms und eine Senkung der eigenen Produktionskosten. Werden zudem die Zielgruppenbedürfnisse befriedigt, können durch starke Einschaltquoten Mehreinnahmen aus dem Verkauf von Werbeslots generiert werden. Branded-Entertainment-Formate bedeuten so gesehen neue, attraktive und gewinnbringende Inhalte und Programme.

Andererseits entstehen durch werbetreibende Unternehmen, die immer stärker zu selbstständigen Produzenten und Distribuenten medialer Inhalte werden, neue Konkurrenten auf dem Anbietermarkt von Inhalten. Denn durch Branded Entertainment rücken die werbetreibenden Unternehmen ins Zentrum der Contentverbreitung. Zudem führt die direkte Übermittlung der Branded-Entertainment-Inhalte an die Konsumenten über das Internet durch die werbetreibenden Unternehmen zu einer Verkürzung der „medialen Wertschöpfungskette" (Gläser 2012, S. 363 f.). Die gewohnte Verbreitungsweise, wonach die Botschaften der werbetreibenden Unternehmen nur durch traditionelle Massenmedien bzw. deren Angebote zu den Rezipienten gelangten, ist nicht mehr zwangsweise gegeben (Tsvetkova 2007, S. 108). Teile des Publikums können aufgrund höherer Gratifikationen die Angebote der werbetreibenden Unternehmen direkt nutzen. Im Medium Fernsehen, dessen Einnahmen teilweise oder hauptsächlich aus dem Werbemarkt stammen (Wirtz 2011, S. 364), vermindert Branded Entertainment somit potentielle Werbeeinnahmen. Denn statt für die Platzierung von Werbung zu bezahlen, stellen die werbetreibenden Unternehmen ihre Inhalte den Medienanbietern kostenlos zur Verfügung. Im Pressebereich können „gebrandete" Apps oder Magazine gar in Konkurrenz zu journalistischen Inhalten treten, wenn zum Beispiel Audi mit der „Audi Magazin"-App seine Kunden gratis mit Artikeln versorgt oder Red Bull sein monatliches Magazin „The Red Bulletin" sogar über den Zeitschriftenhandel verkaufen kann. Ob solche Angebote in Zukunft gar zu einem vollständigen Rückzug aus dem Anzeigenmarkt von Konkurrenzprodukten führen, bleibt abzuwarten – erste Anzeichen einer solchen Entwicklung zeigen sich allerdings in den stetig sinkenden Werbeeinnahmen der Zeitungs- und Zeitschriftenbranche (Röper 2012, S. 269; Vogel 2012, S. 318).

Das Konzept „Branded Entertainment" bietet somit viel Potential, anhand der beteiligten Akteure medien- und marketingtheoretische Grundlagen zu erweitern und umzudenken.

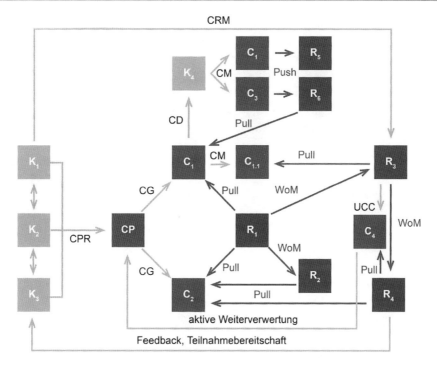

Abb. 3 Kommunikationsmodell von Branded Entertainment

---

4 „Branded Entertainment" als Kommunikationsmaßnahme

4.1 Kommunikationsmodell von „Branded Entertainment"

Bei Branded Entertainment spielen neben den verschiedenen Kommunikatoren, medialen Erscheinungsformen und Rezipientengruppen als Akteuren auch unterschiedliche kommunikative und rezeptive Prozesse eine Rolle. Um die Kommunikationsvorgänge einer Branded-Entertainment-Maßnahme zu begreifen, hat Tsvetkova (2007, S. 52 ff.) ein erstes grundlegendes Modell entworfen, das verschiedene Kommunikationswege von Branded Entertainment darlegt. Jedoch erklärt es nicht alle Kommunikations- und Distributionsmöglichkeiten des Inhaltes ausreichend. Im Folgenden soll darauf aufbauend ein eigenes, differenziertes Modell (siehe Abb. 3) die idealtypischen Wege des Contents in seinen verschiedenen Ausformungen (C) von der Herstellung und Distribution durch die Kommunikatoren (K) bis zum Konsum durch die Rezipienten (R) exemplarisch darstellen und die verschiedenen Kommunikationsprozesse skizzieren.

Wie das Modell zeigt, stehen bei idealtypischen Branded-Entertainment-Kampagnen zu Beginn drei Kommunikatoren, welche als das werbetreibende Unternehmen (K_1), die von ihm mit der Umsetzung beauftragte Werbeagentur (K_2) sowie die tatsächlichen Produzenten von Medieninhalten (K_3) zu klassifizieren sind. Diese drei Kommunikatoren erstellen in einer gemeinsamen Content-Produktionsphase (CPR) einen Contentpool (CP), in dem alle in der Produktion generierten Inhalte gesammelt werden und der als Basis für alle daraus entstehenden Formate dient. Hierbei handelt es sich um eine sämtliches Medienmaterial, wie Video-, Bilder- oder Audio-Dateien, umfassende „Medienplattform". So wurde bei den 2013 produzierten Volvo „Live Stunts" neben dem schlussendlichen Hauptvideo „The Epic Split" mit Actionstar Jean-Claude van Damme (C_1) auch ein mehr als doppelt so langer Teaser über den Stunt (C_2) veröffentlicht, in dem die Idee und der Ablauf des Stunts erzählt werden.

Durch ein von Beginn geplantes crossmediales Markenführungskonzept durch Branded Entertainment wird der produzierte Content (C_1, C_2) so über verschiedene Medienkanäle, wie z. B. die Homepage, firmeneigene Social-Media-Seiten oder Video-Communities, distribuiert. Bei Bedarf werden die Inhalte durch Content-Management (CM) medienspezifisch verschiedenen Endgeräten, wie Computern, Tablets oder Smartphones angepasst bzw. in das passende Dateiformat der eigenen Unternehmenshomepage, dem firmeneigenen Newsletter oder externer Video-Communities überführt ($C_{1.1}$). Diese nun platzierten Medieninhalte sollen aktiv von Rezipienten (R_1) aufgesucht und konsumiert werden. Denn anstelle einer Push-Kommunikation, bei der die Werbebotschaft einseitig und ungefragt in den Markt „gedrückt" wird, wählen die Unternehmen bei Branded Entertainment aufgrund der hohen Qualität des Inhalts eine Pull-Kommunikation, die den Rezipienten in der Form unterhält, dass er den Inhalt aktiv nachfragt (Schierl 1997, S. 115; Tsvetkova 2007, S. 54). Idealerweise werden diese Inhalte dabei auch von sogenannten „Opinion Leader" im Netz – also Personen, die die Meinung anderer maßgeblich beeinflussen (Rogers und Cartano 1962, S. 435) – nachgefragt, die durch ihre breite Anhängerschaft die Kommunikationsstrategie des viralen Marketings effizient in Gang setzen. Dabei leitet der Rezipient mit Hilfe von „Word of Mouth" (WoM), also der Mund-zu-Mund-Propaganda, im Internet den rezipierten Inhalt eigenständig an andere Rezipientengruppen (R_2, R_3) per E-Mail oder durch Soziale Netzwerke weiter und verbreitet ihn so flächendeckend (Allsop et al. 2007, S. 398; Liu-Thompkins 2012, S. 465). Auch bei BMWs „The Hire" gelang dieses virale Marketing durch WoM: Obwohl die Videos lediglich online zur Verfügung gestellt wurden, verbreiteten sie sich derart durch internetaffine Konsumenten, dass BMW neue Server bereitstellen musste, um die Downloadanfragen bewältigen zu können (Donaton 2004, S. 102).

Je nach den Bedürfnissen der Rezipienten werden die für ihre Zielgruppe spezifischen Inhalte nachgefragt, z. B. dient das Volvo-Stunt-Video (C_1) eher der Unterhaltung, während der Teaser (C_2) als Infotainment-Angebot durch technische Hintergründe auch kognitive Bedürfnisse befriedigen kann. So kann eine Kampagne gezielt verschiedene Zielgruppen (R_2, R_3) ansprechen und ein möglichst breites Spektrum an Rezipienten bedienen. Jeder einmal erreichte Rezipient kann dabei durch das Klicken, Teilen oder Kommentieren von Inhalten wiederum zum WoM-Multiplikator werden, der den Content weiterempfiehlt und dadurch ebenfalls weiter verbreitet.

Weiterhin können Rezipienten (R_3) aufgrund der Möglichkeiten des Web 2.0 eigenen Content erstellen (C_4), der sich auf den „gebrandeten" Inhalt bezieht. Dadurch wird der aktive Konsument zum „Prosumer", einer Mischung aus Produzent und Konsument (Toffler 1983, S. 273). Der von ihm geschaffene „User-Generated Content" bzw. „User-Created Content" (UCC) bezeichnet gemeinhin über das Internet verbreiteten, kreativen und außerhalb eines professionellen Umfelds generierten Inhalt (Wunsch-Vincent und Vickery 2007, S. 9). Bei Branded-Entertainment-Kampagnen kann dies z. B. durch selbst produzierte Parodien des eigentlichen Inhalts geschehen. So liefert die Suche nach Parodien des „The Epic Split"-Videos bei YouTube etwa 46.000 Treffer.[3] Dieser UCC kann zum einen neue Rezipientengruppen (R_4) erreichen, die im Anschluss den Original-Content (C_2) nachfragen und wiederum zu Multiplikatoren werden. Zum anderen kann der UCC den werbetreibenden Unternehmen als ökonomisches Gut (Müller 2012, S. 169) zur aktiven Weiterverwertung, Ideengenerierung oder Aufmerksamkeitssteigerung der eigentlichen Maßnahme dienen. UCC erweitert somit auch das Repertoire des Content Pools (CP).

Der Inhalt kann zudem nicht nur über eigene mediale Plattformen distribuiert werden, sondern auch via Contentdistribution (CD) durch traditionelle Medienanbieter (K_4), wie Fernsehsender oder Online-Ausgaben journalistischer Anbieter. Wie die auf ProSieben ausgestrahlte und vom Kosmetikkonzern Maybelline Jade produzierte „Make-Up School" zeigt, können Medienanbieter dabei die ihnen zur Verfügung gestellten Formate komplett übernehmen (C_1). Eine Alternative ist es, dass Medienanbieter die Inhalte der werbetreibenden Unternehmen durch Zusammenschnitte ihren Formaten anpassen (C_3), wie es z. B. Focus Online (2013) mit kommentierten Szenen des „The Epic Split"-Videos zeigt. Die von ihnen damit erreichten Rezipienten (R_5, R_6) stellen wiederum neue Zielgruppen dar, die bei Interesse durch aktive Nachfrage den Originalcontent (C_1) rezipieren. Auch hier stellen alle erreichten Rezipienten neue mögliche WoM-Multiplikatoren dar.

Die Kommunikation zwischen werbetreibenden Unternehmen und Rezipienten (im Modell beispielhaft anhand der Gruppe R_4 gekennzeichnet) zeigt sich neben der freiwilligen Rezeption der Inhalte, die als Teilnahmebereitschaft klassifizierbar ist (Tsvetkova 2007, S. 49 ff.), auch direkt durch Feedback seitens der Rezipienten in Sozialen Netzwerken, E-Mails usw. Verschiedene Kommunikationsmaßnahmen gehen vom Unternehmen aus: Sowohl im Vorfeld als auch während und nach der Branded-Entertainment-Maßnahme sammeln die werbetreibenden Unternehmen durch Customer Relationship Management (CRM) systematisch Informationen über ihre Zielgruppe, um die Inhalte und Angebote dementsprechend attraktiv zu gestalten und an die Rezipientenwünsche anzupassen (Schweiger und Schrattenecker 2013, S. 32, Tsvetkova 2007, S. 55 f.).

Durch das Modell wird deutlich, dass zum einen die Crossmedialität von Branded Entertainment dafür sorgt, dass möglichst viele Rezipienten angesprochen werden. Zum anderen zeigt sich, dass insbesondere die virale Phase, die mit den ersten WoM-Empfehlungen durch Rezipienten in Gang gesetzt wird, das entscheidende Faktum einer erfolgreichen Branded-Entertainment-Maßnahme darstellt. Nur wenn die Masse durch hochwertige Inhalte davon überzeugt werden kann, diese zu rezipieren und (via WoM) weiterzuempfehlen, kann Branded Entertainment funktionieren.

---

[3] Ergebnis eigener Recherche am 05.05.2014 (Keyword: Epic Split Parody).

4.2 Vorteile von „Branded-Entertainment"-Maßnahmen

Die mit Branded-Entertainment-Maßnahmen in Verbindung stehenden Vorteile wurden teils bereits in der Literatur bedacht (Duttenhöfer 2006; Huber et al. 2008), dort allerdings zumeist nur ohne innere Ordnung aufgezählt. Aufgrund der Vielfältigkeit der Vorteile erscheint eine systematische Strukturierung und Klassifizierung dieser sinnvoll. Da das Kommunikationsmodell (siehe Abschn. 4.1) gezeigt hat, dass in der Produktion, Distribution sowie der Rezeption verschiedene Akteure beteiligt sind und unterschiedliche Prozesse ablaufen, eignet sich eine Systematisierung anhand der zeitlichen Komponente in Vorteile der Produktionsphase, der Distributionsphase sowie der viralen Phase (Tab. 1).

In der *Produktion* ermöglicht Branded Entertainment gegenüber klassischen Werbemaßnahmen eine Abgrenzung und Positionierung, was zu einer erhöhten Aufmerksamkeit gegenüber anderen Marktteilnehmern führt (Duttenhöfer 2006, S. 84 f.). Im Zeitalter der Informationsflut wird die Aufmerksamkeit zum ökonomischen Gut, da sie als entscheidende, knappe Ressource Kauf- und Konsumprozesse bestimmt (Goldhaber 1997). Durch das Ziel der aktiven Nachfrage nach Inhalten durch die Rezipienten müssen diese den Wünschen der Kunden entsprechen. Durch die Autonomie in der Produktion können diese Wünsche befriedigt werden und so eine exakte Zielgruppenansprache mit wesentlich geringerem Streuverlust erreicht werden. Aufgrund eines engen Verhältnisses zu den Rezipienten durch CRM sowie direkter Kommunikation (siehe Abschn. 4.1) wird eine langanhaltende Bindung zu den Kunden und eine verstärkte Markenloyalität generiert (Grainge 2012, S. 168). Außerdem können durch diese enge Bindung wie auch durch

Tab. 1 Die Vorteile von Branded Entertainment

Produktionsphase	Distributionsphase	Virale Phase
Aufmerksamkeit durch Differenzierung von Konkurrenten	Kostenreduzierung gegenüber klassischer Werbung	Erhöhte Markenbekanntheit und Aufmerksamkeit
Geringe Streuverluste durch zielgruppenspezifische Ansprache	Zielgruppenspezifische Ansprache durch Crossmedialität und Reichweite	Positiver Spillover-Effekt auf die Marke
Ausnutzung von Synergien durch Zusammenarbeit mit den Konsumenten	Entstehung von Kooperationen mit traditionellen Medienanbietern und Bildung von Netzwerken	Erhöhte Markenerinnerung
Langfristige Kundenbindung und Markenloyalität	Crossmedialität durch Vielfältigkeit der Angebotsformen	Generieren neuer Zielgruppen durch WoM und UCC
Reaktanzvermeidung durch Verschiebung in den redaktionellen Bereich	Hohe Flexibilität der Erscheinungsformen	Schnelle Verbreitung und hohe Glaubwürdigkeit durch virales Marketing
	Hohe Aufmerksamkeit und Involvement	Glaubwürdigkeit aufgrund „Above-the-Line"-Wahrnehmung

die Verwendung von UCC Synergien genutzt werden, um die künftigen Projekte besser auf die Konsumenten abstimmen zu können. Da Rezipienten vor allem die Unterbrechung von Inhalten durch Werbung als „störend und aufdringlich" (Zurstiege 2005, S. 89) empfinden, hybriden Werbeformen wie dem Product Placement allerdings nicht negativ entgegenstehen (Schmoll et al. 2006, S. 47 f.), entzieht sich Branded Entertainment durch die Rezeption außerhalb eines Werbeblocks dieser Reaktanz-Wirkung (Elliot und Speck 1998, S. 29).

Bei der *Distribution* zeigt sich ein weiterer Vorteil der Ausgliederung der gebrandeten Inhalte aus Werbeblöcken, da eine ungemein höhere Aufmerksamkeit und ein stärkeres Involvement der Zuschauer im Vergleich zu Werbebotschaften in einem Werbeblock vorhanden sind (Karrh 1998, S. 43). Durch die Integration in journalistische Programminhalte von Medienanbietern bzw. eigene Plattformen der werbetreibenden Unternehmen kann Branded Entertainment zudem auch die anfangs angesprochenen Problemfelder des „Ad-Skippings" und der Informationsflut umgehen. Bei BMWs Miniserie „The Hire" betrug der Tausendkontaktpreis der Branded-Entertainment-Maßnahme verglichen mit einer Minute Werbekontakt in Form eines Werbespots zur Fernseh-Primetime gerade einmal 5 % (Duttenhöfer 2006, S. 144), was die erhebliche Kostenreduzierung gegenüber klassischer Spot- oder Online-Bannerwerbung verdeutlicht.

Ein weiterer bedeutender Vorteil ergibt sich aus der hohen Flexibilität des Kommunikationsinstruments (Duttenhöfer 2006, S. 84). Zum einen besitzen Branded-Entertainment-Inhalte keine Beschränkungen oder festgelegte Formate hinsichtlich ihrer Erscheinungsform. Von der „gebrandeten" Games-App über kurze Videoclips bis hin zu Printmagazinen oder Serien stehen den werbetreibenden Unternehmen sämtliche Medienformate zur Verfügung. Zum anderen offenbaren Huber et al. (2008, S. 13 ff.) Branded Entertainment als crossmediale „Wunderwaffe", die problemlos sämtliche Endgeräte von Druckerzeugnissen, Fernsehern, mobilen Endgeräten bis hin zu „Public Screens" bedienen kann. Gerade durch die Crossmedialität können gleichzeitig verschiedenste Zielgruppen breitgefächert und gezielt angesprochen werden. Zudem entsteht durch die Bedienung vieler Kanäle die Möglichkeit, Kooperationen mit traditionellen Medienanbietern einzugehen (siehe Abschn. 5), aus denen mediale Netzwerke entstehen können (Kunz und Werning 2013).

In der *viralen Phase* von Branded-Entertainment-Maßnahmen im Netz können sowohl durch WoM und „Peer-to-Peer-Sharing" als auch durch UCC neue Rezipienten bzw. ganze Zielgruppen erreicht werden, was zusätzlich zu einer generell erhöhten Aufmerksamkeit und Markenbekanntheit führt (Donaton 2004, S. 102). Zudem ist durch das virale Marketing neben der schnellen Verbreitung vor allem die hohe Glaubwürdigkeit einer von den Konsumenten verbreiteten Maßnahme zu nennen (Bampo et al. 2008, S. 274; Liu-Thompkins 2012, S. 465). Die 2013 veröffentlichte Studie „Video Testing and Measurement Insights" von Specific Media ermittelte die Werbewirkungen verschiedener Video-Formate („Short Form Content", „TV-Catch-Ups", „Branded Entertainment", „UCC") und zeigte, dass Branded Entertainment die höchste ungestützte Markenerinnerung aller Formate aufweist (Mattgey 2013). Bei Product Placement bereitete die ungestützte Markenerinnerung den Rezipienten hingegen Schwierigkeiten (Ong und Meri 1994). Zudem bewirkte Branded Entertainment einen positiven Langzeiteffekt auf die Markensympathie (Mattgey 2013), also einen „Spillover"-Effekt der Inhalte auf das werbetreibende Unternehmen.

Als letzter Vorteil des Branded Entertainments ist zu erwähnen, dass es sich im Gegensatz zum Product Placement um ein klares „Above-the-Line"-Kommunikationsmittel handelt, bei dem der Kommunikator eindeutig zu erkennen ist (Duttenhöfer 2006, S. 83). Somit fällt das Problem der unterschwelligen aber als absichtliche Irreführung wahrgenommenen Markenplatzierung durch die Rezipienten anderer Hybridformen weg (Balasubramanian 1994, S. 41).

4.3 Nachteile von „Branded-Entertainment"-Maßnahmen

Auch die bei Branded-Entertainment-Maßnahmen auftretenden Nachteile (Tab. 2) können nach ihrem zeitlichen Auftreten in der Produktion, der Distribution oder der viralen Phase geordnet werden. So ist die *Produktion* von Branded-Entertainment-Inhalten mit einem ungleich hohen Produktionsaufwand für das werbetreibende Unternehmen verbunden (Donaton 2004, S. 111 ff.). Da „gebrandete" Inhalte auf lange Frist nur durch konsequente Planung und ausgereiftes „Storytelling", also dem Vermitteln von Unternehmensfakten durch Geschichten (Herbst 2014, S. 11), erfolgreich sein können, muss mit einer langen Entwicklungszeit gegenüber anderen Maßnahmen gerechnet werden (Duttenhöfer 2006, S. 85). Gerade diese langfristig angelegten Kampagnen widersprechen jedoch vielen Marketingstrategen (Donaton 2004, S. 94). Unternehmen müssen mit ungleich höheren Anfangsinvestitionen im Gegensatz zu klassischer Werbung oder Product Placement rechnen, wenn sie als Medienproduzenten Inhalte erstellen (Huber et al. 2008, S. 24). Durch die Beteiligung an Produktion und Distribution seitens des werbetreibenden Unternehmens entsteht zudem ein hoher Koordinationsaufwand mit den anderen beteiligten Akteuren wie Produktionsfirmen, Media- oder Werbeagenturen (Duttenhöfer 2006, S. 171). Der von Huber et al. (2008, S. 24) angeführte Vorwurf, viele Produkte eigneten sich nicht für Branded Entertainment, kann aufgrund der vielen unterschiedlichen Firmen,

Tab. 2 Nachteile von Branded Entertainment

Produktionsphase	Distributionsphase	Virale Phase
Lange Entwicklungszeit und Laufzeit	Hohe Flexibilität der Erscheinungsformen	Hohes Scheiter-Risiko, ungewisser Erfolg
Hoher Koordinationsaufwand durch die verschiedenen beteiligten Akteure	Gesetzliche Grauzone der Kennzeichnungspflicht	Gefahr von negativen viralen Effekten wie Shitstorms, Parodien, negativer PR etc.
Hoher Produktionsaufwand		Negativer Spillover-Effekt auf die Marke
Hohe Anfangsinvestitionen		
Hoher Innovationsdruck		

wie dem Konsumgüterhersteller P&G, der Bekleidungsfirma H&M oder dem Automobilhersteller BMW, die bereits diverse Branded-Entertainment-Angebote erstellten, nicht geteilt werden. Zuletzt sei in dieser Phase noch der Innovations- und Erwartungsdruck genannt, unter dem die werbetreibenden Unternehmen nach einer erfolgreichen Kampagne stehen: Da das werbetreibende Unternehmen von den Konsumenten als kompetenter Unterhaltungsentwickler angesehen wird, entstehen fortan hohe Erwartungshaltungen gegenüber zukünftigen Angeboten (Duttenhöfer 2006, S. 85).

Ein weiterer Nachteil ergibt sich bei der *Distribution* durch traditionelle Medienanbieter, allen voran durch das Medium Fernsehen, aufgrund Unklarheit im Hinblick auf ihre rechtliche Verortung. Die am 19. Dezember 2007 in Kraft getretene EU-Richtlinie 2007/65/EG erlaubt erstmals in vielen Ausnahmefällen wie Serien, Kinofilmen, Sportsendungen und Sendungen „der leichten Unterhaltung" das Product Placement (Meffert et al. 2012, S. 710). Eine vergleichbare Regelung für Branded Entertainment ist allerdings noch nicht gefunden, so dass Formate wie die „Maybelline Make-up School" in Deutschland nicht als bloßes Product Placement gekennzeichnet werden, sondern als „Dauerwerbesendung". Eine ausgestrahlte „Dauerwerbesendung" im Fernsehen entspricht mit hoher Wahrscheinlichkeit nicht dem gewünschten Effekt eines werbefreien Umfelds. Auch ist die hohe Flexibilität der Erscheinungsformen ein Mehraufwand, da nicht mehr ein einzelnes Endprodukt wie beim klassischen Werbespot erstellt wird, sondern crossmediale und medienspezifisch angepasste Inhalte co-kreiert werden müssen.

Auch in der *viralen Phase* können Nachteile entstehen. So ist durch die Abhängigkeit eines erfolgreichen viralen Marketings das Erreichen von Rezipienten ungewiss – die Maßnahme ist demnach mit einem hohen Risiko des Scheiterns behaftet (Duttenhöfer 2006, S. 85). Auch die virale Eigenschaft einer Branded-Entertainment-Maßnahme kann, von hämischen Kommentaren in sozialen Medien bis hin zum Netzskandal „Shitstorm" in negativer PR enden. H&M erfuhr im Jahr 2005 mit dem sechsminütigem Kurzfilm „Romeo & Juliet" in Online-Foren und Sozialen Netzwerken derart negative Reaktionen seitens der Rezipienten, dass die Kampagne in Kanada sogar abgebrochen wurde (Duttenhöfer 2006, S. 102 f.). Falls eine solche Gegenkampagne durch die Rezipienten geschieht, kann es dadurch zu einem negativen „Spillover"-Effekt auf die Marke kommen.

5   Fallbeispiel Red Bull: „Branded Entertainment" im Bereich der Sportmedien

Sportinhalte bieten nicht nur ein hohes unternehmerisches Potential (Gorse et al. 2010, S. 352), sondern fungieren seit jeher – aufgrund der hohen Adoptionsbereitschaft von Sportrezipienten – als Treiber für mediale Innovationen (Kunz 2014, S. 1 ff.). Daher eignet sich die Sportwelt grundsätzlich, um eine innovative Marketingstrategie auf Basis von Branded-Entertainment-Inhalten zu verfolgen. Vor allem eine Marke hat es dabei geschafft, sich durch eigens produzierte und „gebrandete" Sportinhalte, die von den Rezipienten aufgrund ihres Unterhaltungswerts freiwillig konsumiert werden, medial zu positionieren: Red Bull zeigt durch Branded Entertainment im Sportbereich, „what it really means to transform yourself into a media brand" (Iezzi 2012, S. 118). Die Red Bull GmbH ist ein 1984 von Dietrich Mateschitz gegründeter österreichischer Getränkehersteller, der Ende 2013 fast 9700 Mitarbeiter in 166 Ländern beschäftigte und erstmals einen Umsatz von mehr als 5 Milliarden Euro erbringen konnte (Red Bull 2014a). Dabei setzte die Firma von Beginn an auf ein einzigartiges Marketingkonzept, das sie mittlerweile in eine „media company that sells drinks instead of ads" (Brier in Iezzi 2012, S. 121) verwandelt hat. Der „Best Case" Red Bull soll durch exemplarische Angebote seines Portfolios die Vorteile von Branded Entertainment in seiner praktischen Anwendung offenbaren und erste Besonderheiten bei der Vermarktung mittels Sportinhalten verdeutlichen.

Die alljährlichen Spitzenpositionen der Fernseh-Einschaltquoten beweisen, dass Sport ein gefragter medialer Content ist. Die zwanzig höchsten Einschaltquoten in Deutschland erzielten im Jahr 2012 ausschließlich Sportformate (AGF 2014). Zudem wird Sport immer mehr als ein Unterhaltungsangebot konsumiert (Beck und Bosshart 2003, S. 5) und erreicht somit nicht nur eine große, sondern eine immer breitere Zielgruppe (siehe Abschn. 2). Red Bull hat mit der Entscheidung für Sportcontent zudem ein geeignetes Werbeumfeld für eigene Inhalte entdeckt. Bei der Rezeption von Sportcontent ist generell eine hohe Werbepräsenz durch Sponsorenverträge und Werbedeals vorhanden. Diese Werbedichte wird allerdings von den Zuschauern, im Gegensatz zu anderen Unterhaltungsformaten, durchweg akzeptiert (Levin et al. 2013, S. 193). Somit muss Red Bull nicht fürchten, mögliche Rezipienten von Sportcontent durch Reaktanz aufgrund des werblichen Umfelds zu verschrecken. Im Gegenteil, durch die bewusste Wahrnehmung von Red Bull als Kommunikator entsteht sogar eine höhere Glaubwürdigkeit der Inhalte (Balasubramanian 1994, S. 41).

Eine weitere Besonderheit des Sportcontents entsteht durch die Athleten, die zusätzliche Kommunikatoren darstellen und durch ihre eigenen Plattformen (Social Media Sites, Homepages) ebenfalls Inhalte verbreiten und somit neue Rezipientengruppen erreichen. Branded Entertainment im Sportbereich sorgt somit für eine stärkere virale Verbreitung der Inhalte im Netz und erweitert das in Abschn. 4.1 entworfene Kommunikationsmodell um einen wichtigen Kommunikator. Red Bull pflegt eine lange Liste großer Namen wie Lindsey Vonn, Gregor Schlierenzauer oder Sebastian Vettel, die allesamt in Inhalten von Red Bull als Partner der Marke auftreten. Da Sportler Idole darstellen und nachahmenswert erscheinen (Hartmann 2004, S. 102), können Sportinhalte die Rezipienten und deren Einstellung zur Marke besonders stark beeinflussen. Pope et al. (2009) bewiesen, dass dieser positive „Spillover"-Effekt auf die Marke bereits bei langfristigen Sponsorships eintritt. Da eine noch engere Verbundenheit von Athleten, Inhalt und Marke beim Branded Entertainment generiert wird, wird ein solcher Effekt mit hoher Wahrscheinlichkeit verstärkt. Eine weitere Besonderheit des Sports zeigt sich durch Red Bulls langfristige Bindungen zu den Athleten, die wie beispielsweise Sebastian Vettel in jungen Jahren in das unternehmenseigene Talentförderprogramm aufgenommen und über Jahre hinweg unterstützt werden. Durch die daraus entstehende Nähe zu den Athleten bzw. ganzen Spor-

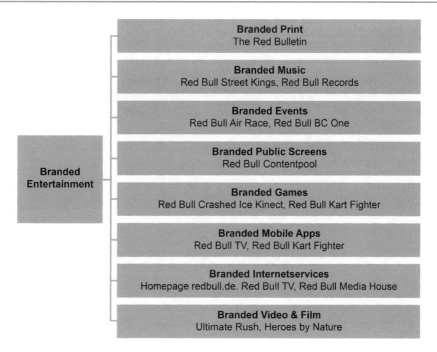

Abb. 4 Die Branded-Entertainment-Angebote im Red-Bull-Portfolio

torganisationen verfügt Red Bull über unzählige Materialien. Im Falle Sebastian Vettels waren bis zum Vertragsende im Jahr 2014 mehr als 1600 Items im „Content-Pool" von Red Bull verfügbar. Somit können, im Gegensatz zu einmaligen Branded-Entertainment-Projekten anderer Unternehmen, im Sportbereich langfristige Kampagnen geplant und Inhalte aus einem umfangreichen Grundstock generiert werden.

Red Bull beweist zudem, dass Sportcontent besonders geeignet ist, um die Vorteile der Crossmedialität und der Flexibilität von Branded Entertainment auszunutzen (siehe Abb. 4.): So vertreibt es mit „The Red Bulletin" seit 2007 ein eigenes Printmagazin, mittlerweile mit einer Auflage von rund 4,8 Millionen Exemplaren (Iezzi 2012, S. 120). Eigene Serien wie „Moments" werden über YouTube verbreitet, andere wie „Red Bull Signature Series" werden in Kooperation mit Fernsehsendern weltweit vertrieben (Iezzi 2012, S, 120 f.). Mit „Heroes by Nature" eroberte Red Bull 2013 sogar Kinoleinwände. Die spielfreudige Zielgruppe kann aus einer ganzen Reihe von Videospielen und mobilen Apps auswählen. Red Bull erreicht durch sein crossmediales Angebot fragmentierte Publika individuell und abgestimmt (Iezzi 2012, S. 121). Dabei werden sämtliche Distributionswege des Kommunikationsmodells genutzt (siehe Abschn. 4.1). Auch die Integration von UCC wird dabei nicht außen vorgelassen. So konnten Sportler Red Bull spektakuläre „Abenteuer-Selfies" zukommen lassen, die auf der Homepage des Getränkeherstellers zusammen mit Selbstporträts von Red-Bull-Athleten in einer Bilderserie dargestellt werden (Red Bull 2014b). Auch eigene Wettkämpfe, wie das „Red Bull Air Race", dienen zum einen als „gebrandetes" Live-Event und bedeuteten zum anderen in der Vergangenheit durch Live-Übertragung oder Berichterstattung Kooperationen mit mehr als 66 Fernsehsendern weltweit (Gorse et al. 2010, S. 354). Durch all seine Inhalte und Events schafft sich Red Bull zudem einen „Content Pool", dessen unzählige Inhalte sowohl von Rezipienten konsumiert als auch an Medienanbieter weltweit verliehen oder verkauft werden können (Iezzi 2012, S. 121). So baut sich Red Bull neben der immer stärker werdenden Medienmacht durch eigene Plattformen ein Kooperationsnetzwerk mit Medienanbietern auf (Iezzi 2012, S. 121; Sommer 2014). Red Bull hat es sogar geschafft, statt für Werbung bezahlen zu müssen, selbst Einnahmen aus seinen „gebrandeten" Inhalten zu generieren. Der Vorteil der Senkung der Werbekosten kann durch gefragten Sportcontent also gar zu Einnahmen führen.

Eine weitere Erkenntnis aus den Red-Bull-Aktivitäten ist, dass sich der Bereich Sport in seinen Inhalten leicht auf individuelle Rezeptionsmotive der Rezipienten anpassen lässt. Da der aktive Rezipient bei Branded Entertainment im Mittelpunkt steht, kann ein Erfolg nur durch die Bedienung der relevanten Rezeptionsmotive erfolgen (Huber et al. 2008, S. 1). Im Gegensatz zu rein unterhaltenden Formaten anderer werbetreibender Unternehmen, können durch Sportinhalte neben den affektiven Motiven wie Unterhaltung und Ablenkung eine ganze Reihe weiterer Motive wie kognitive oder soziale Motive befriedigt werden (Raney 2004). So gibt es auf den tatsächlichen Sport fokussierte Inhalte wie „Silent Project", die nur die Ausübung der jeweiligen Sportart in hoher Bildqualität zeigen und somit kognitive Motive wie die Ästhetik der Bilder oder eine Lernerfahrung befriedigen (Raney 2004, S. 60 f.; Red Bull Content Pool 2014). Red Bull nutzt neben diesen Erkenntnissen zudem die in der Forschung gefundenen Rezeptionsmotive der Randsportvermarktung bei der Inhaltegenerierung (Greenhalgh et al. 2011, S. 49 f.). So wird die bei Randsportarten wichtige Nähe zu den Athleten forciert, indem in der Reihe „Candid" persönliche Porträts der Sportler zur Verfügung gestellt werden (Red Bull Media House 2014), die auf die Fanidentifikation der Zuschauer abzielen.

Seit der ersten Generierung von Sportcontent durch Red Bull, dem „Red Bull Flugtag", fokussiert der Getränkehersteller ein perfektes Match mit seinem Slogan „Red Bull verleiht Flügel" (Gorse et al. 2010, S. 352). Red Bull hat es verstanden, eine „Core Story", also eine das Unternehmen und seine Marke prägende Geschichte, zu entwickeln und kontinuierlich weiterzuerzählen. Das Ziel einer solchen Kerngeschichte ist es, ein konsistentes Image einer Marke aufzubauen, das durch gutes „Storytelling", erreicht wird (Fog et al. 2005, S. 75). Red Bull steht für Abenteuer, Geschwindigkeit, Kraft und Risikofreude (Brasel und Gips 2011, S. 58), was durch „gebrandete" Inhalte wie „Red Bull Crashed Ice" oder dem „Red Bull Air Race" bezeugt wird. Durch die erzählten Sportgeschichten durchdringen diese Werte sämtliche Inhalte, emotionalisieren so den Zuschauer und schaffen loyale Kunden (Benz und Kaczorek 2013, S. 158). Auch hier zeigt sich der Sport als perfektes Transportmittel, da sich Emotionen, Spannung und Inhalt natürlich vereinen. Dazu kommt, dass bei jeglicher Art von Sportinhalten Athleten im Mittelpunkt stehen, die im Gegensatz zu Charakteren in fiktionalen Branded-Entertainment-Kampagnen als authentischer wahrgenommen werden (Hartmann 2004, S. 104 f.) und die zu vermittelnden

Werte glaubwürdig verkörpern. Zugleich werden Sportler durch die Erfahrbarkeit intimer Emotionen und der Dramatik von Sieg und Niederlage für die Zuschauer zu „Helden" und erreichen dadurch eine gewünschte Identifikation mit ihnen (Gleich 2004, S. 196). Die im Sport auftretende Fankultur verstärkt diese Identifikation zusätzlich. Red Bull hat erkannt, dass Sportcontent somit als ideales Instrument genutzt werden kann, das Markenimage zu stärken und die Konsumenten auf emotionaler Ebene an die Marke zu binden (Gorse et al. 2010, S. 350).

Durch die zuvor beschriebenen langen Bindungen zwischen Red Bull und den geförderten Athleten können somit glaubwürdige und langfristige Kampagnen das Markenimage festigen und sichern. Bei der Umsetzung achtet der Getränkehersteller darauf, das Logo und die typischen Farbwelten Red Bulls sowohl bei Inhalten und Veranstaltungen als auch bei der Übernahme neuer Teams konsequent einzuhalten (Gorse et al. 2010, S. 355). Diese Markierung sorgt für einen Wiedererkennungswert und eine Konsistenz, die von den Rezipienten unbewusst wahrgenommen wird und somit wiederum auf das Markenbild – und dessen Glaubwürdigkeit – abfärbt. Für die Erhaltung seines Markenimages gründete Red Bull im Jahr 2000 sogar eine neue, perfekt auf das Image der Marke abgestimmte Sportart. Mit „Red Bull Crashed Ice", einer Mischung aus Eishockey und Boardercross, die seit 2010 sogar Weltmeisterschaften austrägt, beweist Red Bull seine Vorreiterrolle in der Generierung von „gebrandeten" Inhalten (Gorse et al. 2010, S. 353).

Zudem hat Red Bull erkannt, dass nicht nur die ehemalige Hauptzielgruppe junger, abenteuerlustiger Männer der „Generation X" durch Inhalte bedient werden kann, sondern durch Branded Entertainment im Sport Stück für Stück neue Zielgruppen erreicht werden können (Gorse et al. 2010). So traten 2012 erstmals auch Frauen bei den „Red Bull Crashed Ice"-Wettkämpfen an, um zusätzlich ein weibliches Publikum anzusprechen. Auch das Vordringen in Massensportarten wie der Formel 1 durch das „Red Bull Racing Team" oder dem Fußball durch den „FC Red Bull Salzburg" oder den „RB Leipzig" offenbart den Wunsch, ein breiteres Publikum zu bedienen (Gorse et al. 2010, S. 353 ff.). Durch die Eingliederung dieser Sportarten in das Branded-Entertainment-Portfolio schafft Red Bull es, durch Sportcontent Zielgruppen anzusprechen, die außerhalb ihres Produktpublikums liegen. Red Bulls Portfolio-Erweiterung beweist dabei wohlüberlegte und fokussierte strategische Absichten durch eine Übereinstimmung neuer Inhalte in Content und Design. So wurde gegen den Widerstand der Fans das Logo des „FC Red Bull Salzburg" der Farbwelt Red Bulls angepasst (Gorse et al. 2010, S. 355). Denn nur, wenn sämtliche neuen Inhalte – trotz der Ansprache neuer Zielgruppen – mit den eigentlichen Grundwerten einer Marke übereinstimmen, kann eine Expansion der Zielgruppe auf Dauer gelingen (Gorse et al. 2010, S. 357). Welches Potential die eigens produzierten Sportinhalte besitzen, zeigt der 2012 live auf YouTube gesendete Stratosphärensprung von Felix Baumgartner: Mit einem neuen Weltrekord von über 8 Millionen Live-Zuschauern (Mortimer 2012, S. 3) beweist Red Bull, dass durch Branded Entertainment im Sportbereich ein Massenpublikum erreicht werden kann. Wenn auch die Übertragung der Bilder von traditionellen Medien, wie in Deutschland z. B. von n-tv, übernommen wurde, zeigt er dennoch, dass klassische Medienanbieter im digitalen Zeitalter nicht zwangsweise benötigt werden, um Rezipienten zu erreichen, und offenbart die Medienmacht von Red Bull.

6 Fazit: Zusammenfassung und Zukunftsaussichten

> Who would bet against Coca Cola have a programming division in the next 10 years? The line between content production and brands will disappear! (Global Web Index 2011)

Diese Aussage aus dem Global Web Index von 2011 unterstreicht, dass Branded Entertainment längst eine Rolle in den Marketingstrategien großer Firmen spielt. Der Überblick über die bisherige Branded-Entertainment-Forschung und die Abgrenzung von anderen Hybridformen hat gezeigt, dass Branded Entertainment als eigenständiges Kommunikationsinstrument im Marketing-Mix erkannt werden muss. Auch die Verortung aus Sicht der Konsumenten zeigt, dass Branded Entertainment als zukunftsweisendes Instrument zu verstehen ist, das die Wünsche eines aktiven Konsumenten (Prosumer) befriedigt. Hier wäre es relevant, das konkrete Nutzungsverhalten der Konsumenten genauer zu untersuchen, um zu erkennen, welche Inhalte besonders gefragt sind. Daran schließt sich auch eine Untersuchung an, welche Bedürfnisse bzw. Motive diese Inhalte zu befriedigen vermögen. Denn Branded Entertainment kann neben Unterhaltung auch Information oder Interaktion bieten. Auch das sich durch „gebrandete" Inhalte wandelnde Verhältnis in der Organisationsstruktur von werbetreibenden Unternehmen und traditionellen Medienanbietern gilt es künftig genauer zu analysieren. Branded Entertainment bietet zudem Potenziale für interdisziplinäre Medien- und Werbewirkungsforschungen. Dabei gilt es beispielsweise, die Effektivität von Branded Entertainment im Vergleich zu anderen Kommunikationsmaßnahmen bei verschiedenen Zielgruppen zu messen. Zusätzlich gibt das entworfene Kommunikationsmodell der Maßnahme Ansatzpunkte, die vielfältigen Kommunikations- und Distributionsmöglichkeiten sowie die auftauchenden Prozesse der Rezeption und des WoM von Branded-Entertainment-Maßnahmen auf ihre Erfolgsfaktoren hin zu überprüfen. Hier zeigt sich, dass das Medium Fernsehen nach wie vor einen wichtigen Baustein in einer Branded-Entertainment-Strategie darstellt. Selbst Red Bull, das über eine hohe Medienmacht verfügt, geht weltweit Kooperationen mit traditionellen Fernsehsendern ein bzw. sendet seit 2009 auf dem Sender der Tochterfirma „Servus TV" eigene Inhalte. Denn wie das in Abschn. 4.1 entworfene Modell bereits gezeigt hat, sprechen traditionelle Medienanbieter andere Zielgruppen an, welche im Anschluss ebenfalls zu aktiven Konsumenten werden können, die andere „gebrandete" Inhalte freiwillig nachfragen. Crossmediale Kooperationen mit dem Fernsehen und auch über Plattformen im Internet sollten daher in der künftigen Forschung genauer untersucht werden.

Durch die strukturierte Einordnung der gefundenen Vor- und Nachteile gegenüber anderen Werbeformen gemäß der einzelnen Wertschöpfungsphasen wurden zentrale Eigenschaften des Instruments systematisiert. Hierdurch wurden auch wichtige Erkenntnisse für die praktische Anwendung von Branded Entertainment geliefert, um in Zukunft etwaige Risiken in den verschiedenen Phasen minimieren zu können. Auch wäre es relevant, anhand der gefundenen Vor- und Nachteile eventuelle Beschränkungen für die Durchführung von Branded Entertainment zu untersuchen.

Das Fallbeispiel Red Bull hat die spezifische Ausprägung von Branded Entertainment in Verbindung mit Sportinhalten vorgestellt, dessen Besonderheiten Erfolgschancen für Unternehmen aufzeigen kann. Ob diese Marketingstrategie auch für andere Bereiche als die Sportmedien realisierbar ist, sollte genauer erforscht werden. Red Bull beweist, dass Branded Entertainment nicht nur als Ergänzung zu anderen Marketingtools dienen kann, sondern auch als offensives Hauptinstrument funktioniert. Es zeigt sich zudem, dass gerade der Bereich Sport – der sich u. a. durch Emotionen, Spannung, Fankultur und eine große Zielgruppe auszeichnet – ein ideales Umfeld für Branded Entertainment bietet. Gleichzeitig offenbart das Fallbeispiel Ansatzpunkte, die Maßnahme aus dem Blickwinkel von Sportorganisation, Sportmedienanbietern oder der Rezipienten genauer zu untersuchen. Durch das Medieninteresse an Sportarten wie dem „Red Bull Air Race" oder Felix Baumgartners Stratosphärensprung zeigt sich außerdem eine neue Möglichkeit in der Vermarktung von Sportarten. Statt des exklusiven Verkaufs von Übertragungsrechten an einen traditionellen Sportmedienanbieter, könnten sich Sportler und Sportorganisationen auf ihre Sponsoren als Haupterlösquelle konzentrieren und mit diesen gemeinsam eigene Inhalte kreieren, um mediale Präsenz zu erreichen (Kunz und Schnellinger 2014). Ob Branded Entertainment somit tatsächlich einen Wandel in den Machtverhältnissen zwischen traditionellen Medienanbietern und werbetreibenden Unternehmen herbeiführen kann, bleibt abzuwarten. Da Sport schon oft mediale Innovationen gefördert hat, ist zu vermuten, dass die am Beispiel Red Bull aufgezeigten vielfältigen Maßnahmen im Bereich Branded Entertainment erst den Anfang einer immer stärker werdenden Konvergenz von Inhalten und Werbung abbilden. Werbetreibende Unternehmen und Medienunternehmen müssen somit in Zukunft nicht zwangsweise zwei voneinander getrennte Akteure darstellen.

Insgesamt zeigt sich Branded Entertainment als ein erfolgsversprechendes Konzept crossmedialer Markenführung. Dieses findet in der Praxis bereits zunehmend Anwendung und bietet für die transdisziplinäre Forschung, beispielsweise des Marketings und Konsumentenverhaltens im Bereich der Medien und der Kommunikations- und Medienwissenschaften, viele Ansatzpunkte und Potenziale.

Die Autoren

Prof. Dr. Reinhard Kunz ist Inhaber der Juniorprofessor für Medienmanagement, insbesondere Sportmedien an der Universität Bayreuth. Er lehrt in den Masterstudiengängen Medienkultur und Medienwirtschaft, Betriebswirtschaftslehre und Sportökonomie im Bereich Medienmanagement und Sportmedienmarketing. In der Forschung widmet sich Reinhard Kunz mittels transdisziplinärer Ansätze den audiovisuellen digitalen Medien und Sportmedien. Dabei stehen unter anderem die Mediennutzung, die marktorientierte

Unternehmensführung und das Branding an der Schnittstelle von Sport und Medien im Fokus seiner theoretischen und empirischen Analysen.

Franziska Elsässer ist Absolventin des Masterstudiengangs Medienkultur und Medienwirtschaft und arbeitete als wissenschaftliche Hilfskraft bei der Juniorprofessur für Medienmanagement, insbesondere Sportmedien, an der Universität Bayreuth. Durch die Vertiefung in den Bereichen Medienmanagement und Medienwissenschaft liegt ihr Forschungsschwerpunkt auf der transdisziplinären Erforschung von innovativen Marketinginstrumenten im digitalen Zeitalter. Nach Abschluss ihres Studiums absolviert sie ein Trainee-Programm bei Gruner + Jahr in Hamburg.

Literatur

AGF (2014). *Die Top Twenty 2012.* http://www.agf.de/daten/tvdaten/hitliste/. Zugegriffen: 23. April 2014

Allsop, D. T., Bassett, B. R., & Hoskins, J. A. (2007). Word-of-Mouth Research: Principles and Applications. *Journal of Advertising Research, 47*(4), 398–411.

ALM (2013). *Digitalisierungsbericht 2013. Rundfunk und Internet – These, Antithese, Synthese?* Berlin: Vistas.

Balasubramanian, S. K. (1994). Beyond Advertising and Publicity: Hybrid Messages and Public Policy Issues. *Journal of Advertising, 23*(4), 29–46.

Bampo, M., Ewing, M. T., Mather, D. R., Stewart, D., & Wallace, M. (2008). The Effects of the Social Structure of Digital Networks on Viral Marketing Performance. *Information Systems Research, 19*(3), 273–290.

Beck, D., & Bosshart, L. (2003). Sports and Media. *Communication Research Trends, 22*(4), 3–27.

Becker, T. (2014). *Medienmanagement und öffentliche Kommunikation. Der Einsatz von Medien in Unternehmensführung und Marketing.* Wiesbaden: Springer VS.

Benz, S., & Kaczorek, J. (2013). Storytelling zwischen Marketingpraxis und Geschichtsdidaktik. *Zeitschrift für Didaktik der Gesellschaftswissenschaften, 4*(2), 146–174.

Brasel, S. A., & Gips, J. (2011). Red Bull Gives You Wings for Better Or Worse. *Journal of Consumer Psychology, 21*(1), 57–64.

Bruhn, M. (2013). *Kommunikationspolitik. Systematischer Einsatz der Kommunikation für Unternehmen* (7. Aufl.). München: Franz Vahlen.

Cannes Lions (2014). *Kategorien. WerbeWeischer GmbH & Co. KG.* http://www.canneslions.de/awards/kategorien/. Zugegriffen: 6. Mai 2014

Donaton, S. (2004). *Madison & Vine. Why the Entertainment and Advertising Industries Must Converge to Survive.* New York: McGraw-Hill.

Duttenhöfer, M. (2006). *Branded Entertainment. Grundlagen – Definitionen – Beispiele unter Berücksichtigung des Kurzfilm als Branded-Entertainment-Produkt.* Saarbrücken: VDM.

Elliot, M. T., & Speck, P. S. (1998). Consumer Perceptions of Advertising Clutter and Its Impact Across Various Media. *Journal of Advertising Research, 38*(1), 29–41.

Focus Online (2013). *Spektakulärer Stunt.* http://www.focus.de/kultur/videos/spektakulaerer-stunt-van-damme-macht-spagat-zwischen-fahrenden-trucks_vid_42476.html. Zugegriffen: 06. Mai 2014

Fog, K., Budtz, C., & Yakaboylu, B. (2005). *Storytelling. Branding in Practice*. Berlin, Heidelberg: Springer.

Gläser, M. (2012). *Medienmanagement* (2. Aufl.). München: Franz Vahlen.

Gleich, U. (2004). Die Wirkung von Sportkommunikation: Ein Überblick. In H. Schramm (Hrsg.), *Die Rezeption des Sports in den Medien* (S. 183–211). Köln: Halem.

Global Web Index (2011). *Annual Report 2011: Welcome to Social Entertainment*. http://de. slideshare.net/globalwebindex/welcome-to-social-entertainment-annual-report-2011?utm_source=slideshow02&utm_medium=ssemail&utm_campaign=share_slideshow. Zugegriffen: 06. Mai 2014

Goldhaber, M. H. (1997). Attention Shoppers! The Currency of the New Economy won't be Money but Attention. *Wired*, *5*(12), 182–190.

Gorse, S., Chadwick, S., & Burton, N. (2010). Entrepreneurship through Sports Marketing: A Case Analysis of Red Bull in Sport. *Journal of Sponsorship*, *3*(4), 348–357.

Grainge, P. (2012). A Song and Dance: Branded Entertainment and Mobile Promotion. *International Journal of Cultural Studies*, *15*(2), 165–180.

Greenhalgh, G. P., & Greenwell, T. C. (2013). What's in It for Me? An Investigation of North American Professional Niche Sport Sponsorship Objectives. *Sport Marketing Quarterly*, *22*(2), 101–112.

Greenhalgh, G. P., Simmons, J. M., Hambrick, M. E., & Greenwell, T. C. (2011). Spectator Support: Examining the Attributes that Differentiate Niche from Mainstream Sport. *Sport Marketing Quarterly*, *20*(1), 41–52.

Hartmann, T. (2004). Parazosiale Interaktionen und Beziehungen mit Sportstars. In H. Schramm (Hrsg.), *Die Rezeption des Sports in den Medien* (S. 97–120). Köln: Halem.

Herbst, D. G. (2014). *Storytelling* (3. Aufl.). Konstanz: UVK.

Huber, F., Vogel, J., & Lennartz, W. (2008). *Let Us Entertain You – Eine empirische Analyse der Erfolgsfaktoren für Branded Entertainment*. Wissenschaftliche Arbeitspapiere, Bd. F 28. Mainz: Center of Market-Oriented Product and Production Management.

Hudson, S., & Hudson, D. (2006). Branded Entertainment: A New Advertising Technique or Product Placement in Disguise? *Journal of Marketing Management*, *22*(5/6), 489–504.

IAB Europe (2013). *Mediascope Europe*. http://www.bvdw.org/medien/iab-europe-mediascope-europe-the-connected-life-of-digital-natives?media=4978. Zugegriffen: 06. Mai 2014

Iezzi, T. (2012). Red Bull Media House. *Fast Company*, (116), 118–121.

Johnston, J. L. (2009). Branded Entertainment: The Old Is New Again And More Complicated Than Ever. *Journal of Sponsorship*, *2*(2), 170–175.

Karrh, J. A. (1998). Brand Placement: A Review. *Journal of Current Issues and Research in Advertising*, *20*(2), 31–49.

Katz, E. (1959). *Mass communication research and the study of popular culture. An editorial note on a possible future for this Journal. Departmental Papers Annenberg School for Communication*. Philadelphia: University of Pennsylvania. http://repository.upenn.edu/cgi/viewcontent.cgi?article=1168&context=asc_papers. Zugegriffen: 06. Mai 2014

Katz, E., Haas, H., & Gurevitch, M. (1973). On the Use of the Mass Media for Important Things. *American Sociological Review*, *38*(2), 164–181.

Knowles, J. D. (2013). Advertisers Go Native; FTC and NAD Pay Attention. *Response*, *22*(2), 46–46.

Kotler, P., Armstrong, G., Wong, V., & Saunders, J. (2011). *Grundlagen des Marketing* (5. Aufl.). München u. a.: Pearson.

Kunz, R. (2014). *Sportinteresse und Mobile TV. Eine empirische Analyse der Einflussfaktoren des Nutzungsverhaltens*. Wiesbaden: Springer Gabler.

Kunz, R., & Schnellinger, F. (2014). Branded Entertainment in Extreme and Niche Sports – A Paradigm Shift in Media Marketing of Sports. In P. Pedersen, J. Parks, J. Quarterman, & L. Thibault (Hrsg.), *Contemporary Sport Management* 5. Aufl.

Kunz, R., & Werning, S. (2013). New Forms of Value Creation in the Context of Increasingly Interconnected Media Applications. In M. Friedrichsen, & W. Mühl-Benninghaus (Hrsg.), *Handbook of Social Media Management: Value Chain and Business Models in Changing Media Markets* (S. 253–268). Wiesbaden: Springer.

Lehu, J.-M. (2007). *Branded Entertainment. Product Placement & Brand Strategy in the Entertainment Business*. London, Philadelphia: Kogan Page.

Levin, A., Cobbs, J., Beasley, F., & Manolis, C. (2013). Ad Nauseam? Sports Fans' Acceptance of Commercial Messages During Televised Sporting Events. *Sport Marketing Quarterly, 22*(4), 193–202.

Liu-Thompkins, Y. (2012). Seeding Viral Content: The Role of Message and Network Factors. *Journal of Advertising Research, 52*(4), 465–478.

Mattgey, A. (2013). *Branded Entertainment ist das wirksamste Umfeld für Video Ads*. http://www.leaddigital.de/aktuell/admedia/branded_entertainment_ist_das_wirksamste_umfeld_fuer_video_ads. Zugegriffen: 6. Mai 2014

Meffert, H., Burmann, C., & Kirchgeorg, M. (2012). *Marketing. Grundlagen marktorientierter Unternehmensführung. Konzepte – Instrumente – Praxisbeispiele* (11. Aufl.). Wiesbaden: Gabler.

Mortimer, R. (2012). Red Bull Flies to Another Level with Marketing Wins. *Marketing Week, 44*(35), 3.

Müller, J. E. (2012). Populärkultur, mediale Recyclings, soziale Räume und ökonomische Prozesse. Zu einer intermedialen Ökonomie der Popikone Michael Jackson. In H. Tommek, & K. M. Bogdal (Hrsg.), *Transformationen des literarischen Feldes in der Gegenwart. Sozialstrukturen – Medien-Ökonomien – Autorpositionen*. (S. 169–188). Heidelberg: Synchron.

Olbrich, R. (2006). *Marketing. Eine Einführung in die marktorientierte Unternehmensführung* (2. Aufl.). Berlin: Springer.

Ong, B. S., & Meri, D. (1994). Should product placement in movies be banned? *Journal of Promotion Management, 2*(3/4), 159–175.

Pope, N., Voges, K. E., & Brown, M. (2009). Winning Ways. Immediate and Long-Term Effects of Sponsorship on Perceptions of Brand Quality and Corporate Image. *Journal of Advertising, 38*(2), 5–20.

Raney, A. A. (2004). Motives for Using Sport in the Media: Motivational Aspects of Sport Reception Processes. In H. Schramm (Hrsg.), *Die Rezeption des Sports in den Medien* (S. 49–74). Köln: Halem.

Red Bull (2014a). *Red Bull. Das Unternehmen*. http://energydrink-de.redbull.com/unternehmen. Zugegriffen: 6. Mai 2014

Red Bull (2014b). *Abenteuer-Selfies*. http://www.redbull.com/de/de/adventure/stories/1331648811591/abenteuer-selfies. Zugegriffen: 6. Mai 2014

Red Bull Content Pool (2014). *Silent Project*. https://www.redbullcontentpool.com/content/international/search?s=silent+project. Zugegriffen: 06. Mai 2014

Red Bull Media House (2014). *Candid.* http://www.redbullmediahouse.com/content/moving-images/short-formats.html. Zugegriffen: 06. Mai 2014

Rogers, E. M., & Cartano, D. G. (1962). Methods of Measuring Opinion Leadership. *Public Opinion Quarterly, 26*(3), 435–441.

Röper, H. (2012). Zeitungsmarkt 2012: Konzentration erreicht Höchstwert. *Media Perspektiven, 16*(5), 268–284.

Schierl, T. (1997). *Vom Werbespot zum interaktiven Werbedialog.* Köln: Halem.

Schmoll, N. M., Hafer, J., Hilt, M., & Reilly, H. (2006). Baby Boomers' Attitudes Towards Product Placements. *Journal of Current Issues and Research in Advertising, 28*(2), 33–53.

Schweiger, G., & Schrattenecker, G. (2013). *Werbung: Eine Einführung* (8. Aufl.). Konstanz, München: UVK Verlagsgesellschaft.

Siegert, G., & Brecheis, D. (2010). *Werbung in der Medien- und Informationsgesellschaft. Eine kommunikationswissenschaftliche Einführung* (2. Aufl.). Wiesbaden: Verlag für Sozialwissenschaften.

Sommer, R. (2014). *Comeback in Abu Dhabi: n-tv und Servus-tv zeigen das „Red Bull Air Race".* Kress. Der Mediendienst. http://kress.de/alle/detail/beitrag/125287-comeback-in-abu-dhabi-n-tv-und-servus-tv-zeigen-das-red-bull-air-race.html. Zugegriffen: 06. Mai 2014

Sundar, S. S., & Limperos, A. M. (2013). Uses and Grats 2.0: New Gratifications for New Media. *Journal of Broadcasting & Electronic Media, 57*(4), 504–525.

Toffler, A. (1983). *Die dritte Welle, Zukunftschance. Perspektiven für die Gesellschaft des 21. Jahrhunderts.* München: Goldmann.

Tomorrow Focus Media (2014). *Mobile Effects 2014-I.* http://www.tomorrow-focus-media.de/uploads/tx_mjstudien/TFM_MobileEffects_Studie_2014-I_01.pdf. Zugegriffen: 06. Mai 2014

Tsvetkova, K. (2007). *Let Us Entertain You. Branded Entertainment als Hoffnungsträger der Werbebranche in der digitalen Zukunft.* Saarbrücken: VDM.

Vargo, S. L., & Lusch, R. F. (2004). Evolving to a New Dominant Logic for Marketing. *Journal of Marketing, 68*(1), 1–17.

Vargo, S. L., Maglio, P. P., & Akata, M. A. (2008). On Value and Value Co-Creation: A Service System and Service Logic Perspective. *European Management Journal, 26*(3), 145–152.

Vogel, A. (2012). Publikumszeitschriften 2012: Kaum Anteilsverschiebungen im rückläufigen Markt. *Media Perspektiven, 16*(6), 317–338.

Vorderer, P. (2003). Was wissen wir über Unterhaltung? In S. J. Schmidt, J. Westerbarkey, & G. Zurstiege (Hrsg.), *A(e)ffektive Kommunikation: Unterhaltung und Werbung* (S. 111–133). Münster: Lit Verlag.

Williams, K., Petrosky, A., Hernandez, E., & Page Jr., R. (2011). Product Placement Effectiveness. Revisited and Renewed. *Journal of Management and Marketing Research, 7,* 1–24.

Wirtz, B. W. (2011). *Medien- und Internetmanagement* (7. Aufl.). Wiesbaden: Gabler.

Wunsch-Vincent, S., & Vickery, G. (2007). *Participative Web and User-created Content. Web 2.0, Wikis and Social Networking.* Paris: OECD.

Zurstiege, G. (2005). *Zwischen Kritik und Faszination. Was wir beobachten, wenn wir die Werbung beobachten, wie sie die Gesellschaft beobachtet.* Köln: Halem.

Funktion, Emotion, Kommunikation. Der Beitrag von digitalen Medien zum Nutzen von Marken für Konsumenten

Thomas Heun

Zusammenfassung

Die Digitalisierung der Medienlandschaft hat fundamentale Auswirkungen auf das Konzept der Marke. Kommunizierten Marken in Zeiten klassischer Medien häufig hochgradig standardisierte Botschaften nach dem Prinzip der Einwegkommunikation, ermöglichen digitale Medien heute persönlichere Formen der Ansprache von Zielgruppen. Als Folge dieses Medienwandels stehen nicht nur eine zu beobachtende Abkehr von den Prinzipien der werblichen Penetration und Persuasion zu Gunsten dialogorientierter Formen der Kommunikation, sondern auch ein neues Ausmaß der Orientierung an Konsumenten. Vor diesem Hintergrund wurde ein Nutzenmodell entworfen, mit dem periphere Markennutzen wie nützliche Informationen von oder involvierende Unterhaltungen mit Marken in die Diskussion eingeführt werden, und bei deren Verbreitung digitale Medien eine zentrale Rolle einnehmen.

Nach langer Zeit eines scheinbar breiten Konsenses über Sinn und Zweck von Marken geraten im Zuge der durch die Digitalisierung induzierten Wandlungsprozesse wieder „größere" Zusammenhänge in den Fokus der Debatte. Selten haben sich innerhalb kurzer Zeit so viele Autoren zu Wort gemeldet, die einen Paradigmenwechsel oder „big tectonic shifts" (Jones 2012) in der Diskussion um das Konzept der Marke konstatieren. Trotz der Vielzahl an Stimmen und Vorstellungen scheint ein hohes Maß an Einigkeit zu herrschen, dass einer der Hauptgründe für den Wandel des Markenkonzepts in dem medialen Wandel und der Digitalisierung gründet (vgl. u. a. Kotler et al 2010; Theobald und Haisch 2011; Jones 2012; Heun 2012, 2014b). Der Wandel der Medienlandschaft und die hieraus resultierenden neuen Möglichkeiten wirken auf den ersten Blick fundamental: Beschränkte sich die Rolle von Medien für Marken lange Zeit auf den Bereich der „Promotion" bzw. den Transport von Marken profilierenden Botschaften via Markenkommunikation und Werbung, dienen Medien Marken heute als Kanäle zur Verbreitung eigener Unterhaltungs-

Prof. Dr. Thomas Heun ✉
Berlin, Deutschland
e-mail: thomas.heun@gmx.de

© Springer Fachmedien Wiesbaden 2016
S. Regier et al. (Hrsg.), *Marken und Medien*, DOI 10.1007/978-3-658-06934-6_5

oder Informationsangebote („Content") oder auch als Plattformen für den Vertrieb von Produkten und Dienstleistungen.

Im Folgenden werden die durch den „Medienwandel" induzierten Auswirkungen auf das Konzept der Marke in Form von sechs Thesen dargestellt. Im Anschluss daran werden diese neuen und medienvermittelten Anforderungen genutzt, um das Verhältnis zwischen Marken und Medien im frühen 21. Jahrhundert zu klären. Hierzu wird, basierend auf den Überlegungen des Wirtschaftswissenschaftlers Wilhelm Vershofen, ein Modell des Nutzens von Marken entwickelt.[1]

1 Sechs fundamentale Herausforderungen für Marken in Zeiten digitaler Medien

Die Rolle von Medien für Marken beschränkte sich im 20. Jahrhundert lange Zeit auf die Verbreitung von Werbung bzw. Formen der Markenkommunikation in Richtung von Kommunikationszielgruppen. Durch die Digitalisierung der Medienlandschaft haben sich die Rahmenbedingungen für das Management von Marken fundamental gewandelt. Theoretisch ist dabei vor allen Dingen die Öffnung des Markenkonzepts für Einflüsse aus Wissenschaftsdisziplinen jenseits der seit Mitte des 20. Jahrhunderts einflussreichen betriebswirtschaftlichen und psychologischen Konzepte bemerkenswert. Bereits zur Jahrtausendwende erfuhr das Konzept der Marke entscheidende Impulse durch die Vorstellung von „Marke als Kommunikation" (vgl. u. a. Hellmann 2003) und durch die Betonung der Bedeutung von kulturellen Austauschprozessen von Unternehmen und Konsumenten bei der Entwicklung und Profilierung von Marken (vgl. Heun 2009, 2012, 2014c), fühlen sich heute auch Wissenschaftler aus dem Bereich der Informationstechnologie oder des Interaction Designs berufen grundlegende theoretische Beiträge zur Diskussion des Markenkonzepts zu leisten. So betont der Interaction Designer Marco Spies (2014, S. 15), dass Marken lernen müssen „loszulassen" und den direkten Einfluss von Konsumenten zuzulassen, und er geht so weit, dass Markenführung generell stärker „den Regeln der digitalen Welt" folgen sollte.

Die Übertragung journalistischer Prinzipien auf das Markenkonzept steht bei Sebastian Schmid (2014) im Vordergrund. Als Antwort auf die Herausforderung der Digitalisierung entwirft er das Konzept der „Marke als Redaktion". Dabei wird der Redaktionsgedanke auf das Konzept der Marke bezogen und angewendet. Als „Kompetenzstelle" hat sie dabei einen klaren Fokus auf die Beobachtung, die Analyse und die kommunikative Ausgestaltung der Themen und Texte einer Marke.

Auch wenn über den Prozess des Wandels an sich kaum ein Dissens besteht, gehen die Meinungen über das Ausmaß des Einflusses von Medien auf das Konzept der Marke deutlich auseinander. Während Baetzgen und Tropp (2014, S. 3 ff.) nicht nur eine „neue Ära der Markenkommunikation" sehen sondern Marken auch zunehmend selbst in der Pflicht

---

[1] Thesen, Modell und Textauszüge wurden vom Autor erstmalig im Jahr 2014 (siehe Heun 2014b und 2014c) publiziert.

sehen Medien zu „werden" und „Medienereignisse" zu schaffen, konzentrieren sich Autoren wie Brigitte Gaiser eher auf den Aspekt der unmittelbaren Interaktionsmöglichkeiten zwischen Marken und Nutzern digitaler Medien (Gaiser 2011, S. 15).

Als weiterer Beitrag zur Systematisierung der Bedeutung von Medien für Marken folgen sechs Thesen zu Herausforderungen für Marken im Zeitalter digitaler Medien.

1.1 Von der Einweg- zur Dialogkommunikation

Die Überwindung von Prinzipien der „Einwegkommunikation" von Marken über Medien wurde bereits von unterschiedlichen Autoren thematisiert. So beschrieben bspw. Albert Muñiz und Thomas O'Guinn (2001, S. 18) die Beziehungen zwischen Menschen und Marken bereits 2001 als triadisch strukturiert (vgl. auch Heun 2013, S. 221). Neben den schon länger zu beobachtenden Austauschbeziehungen zwischen Marken und Konsumenten hat die Digitalisierung der Medien auch die Kommunikation zwischen Kunden gefördert. Aus der ehemals dyadisch strukturierten Beziehung (Unternehmen < > Kunde) ist eine Triade (Unternehmen < > Kunde < > Kunde) geworden, in der Unternehmen nicht nur weniger Einfluss auf Kommunikationsakte über „ihre" Marken haben, sondern auch zunehmend gefordert sind, Beiträge und Diskussionen in den digitalen Medien zu beobachten, um sich einen Überblick über die markenbezogene digitale Kommunikation zu verschaffen.

Neben der netzwerkartigen Ausweitung der Kommunikationsbeziehungen betonen viele Autoren die Möglichkeit und Notwendigkeit von Dialogen zwischen Unternehmen und Nutzern digitaler Medien (vgl. u. a. Haisch 2011, S. 82; Golant 2012, S. 125). So bieten digitale Medien eine Fülle an relativ neuen Interaktions-Möglichkeiten, wobei die Schlussfolgerungen von der Forderung Konsumenten „viel stärker" in die Kommunikation von Marken einzubinden (Heun 2012; Weiss 2010) bis zum „Ende der One-Way-Communication" reichen (Gaiser 2011, S. 16). Während im klassischen Prozess der Definition der Identität von Marken bspw. die Identitäten der Mitarbeiter als der strategisch-definierten Markenidentität untergeordnet angesehen wurden, prägen nach Golant (2012, S. 125) in Zukunft unterschiedliche „Autoren" die Marke. Aus der **Dialogorientierung** von Marken folgt zudem die Notwendigkeit der Erlangung eines (Service-)Verständnisses für Kommunikationsformen und Themen, die in der Lage sind, Konsumenten zum Dialog mit bzw. über Marken zu motivieren.

1.2 Abkehr von dem Prinzip der Penetration und Persuasion

Aufgrund der durch die digitalen Medien besser informierten und „mächtigeren" Konsumenten werden nach Robert Jones (2012, S. 77) persuasive Praktiken des Brandings durch den Gedanken von „Marke als Plattform" abgelöst. Alan Mitchell (2012, S. 85) sieht die „neue Macht der Konsumenten" weniger als Bedrohung für das Management von Marken sondern vielmehr als „Chance" das „Persuasion Paradigm" zu überwinden, da für ihn die Ausrichtung von Produkten und Marken an den Bedürfnissen von Konsumenten bei glcichzcitigcr Anwendung persuasiver Prinzipien bei der Konsumentenansprache einen „logischen Widerspruch" darstellt.[2] Mitchell (2012, S. 82) sieht die Ursache dieser starken Orientierung am Paradigma der Persuasion als stark durch die im Rahmen der „Industriellen Revolution" ausgelösten Vorstellungen der „Kontrolle" von Produktionsprozessen begründet (vgl. auch Zuboff und Maxmin 2002, S. 50 ff.). Durch die Übertragung des „Kontrollbedürfnisses" in kapitalistischen Produktionsprozessen wurde die Psychologie zu einer Art „Leitdisziplin", da mit ihr die „Kontrolle von Verhalten" möglich schien (Watson 1919, zitiert nach Cziko 2000; vgl. auch Domitzlaff 1939; Packard 1958). Die hieraus resultierende Stimulus-Response-Logik bildet für Mitchell (2012, S. 84) den Kern des „intellektuellen Milieus", in dem sich zentrale Vorstellungen von Marke und die „Discipline of Branding" im 20. Jahrhundert entwickelten.[3]

Mit der Digitalisierung der Medien geht nicht nur ein gefühlter „Kontrollverlust" der Markenverantwortlichen sondern auch ein Wandel in den Basisannahmen zu Prozessen der Werbewirkung einher (Mitchell 2012, S. 87). So führen heutzutage nach Laran et al. (2011) allein die Versuche der persuasiven Kommunikation zu Abwehrreaktionen auf Seiten der Adressaten, und Robert Heath (2012, S. 34) kommt zu der Erkenntnis, dass Markenkommunikation nur dann wirklich „effektiv" ist, wenn die menschlichen „Abwehrmechanismen" inaktiv sind und den Werbebotschaften keine gerichtete Aufmerksamkeit entgegengebracht wird.[4]

Zusammenfassen lassen sich diese Stimmen folgendermaßen: Die stupide Penetration der immer gleichen Werbeversprechen hat an Bedeutung verloren. Statt Konsumenten von oben herab über formal standardisierte Werbeversprechen und die Anwendung psychologischer Techniken zur Markenwahl „überzeugen" zu wollen, gilt es heute vielmehr, Menschen „auf Augenhöhe" zu begegnen und sich auf Dialoge mit „Usern" einzulassen. Verglichen mit Werbeformaten „klassischer" Massenmedien resultieren hieraus einerseits eine Fülle an auf den ersten Blick neuartigen Formen der Markenkommunikation bzw. des „Brand Contents", und andererseits eine „Rückbesinnung" auf eher traditionelle Konzepte, wie bspw. das Erzählen von Geschichten im Sinne eines „Digital Storytellings".

---

[2] Mit Bezug auf die (auch heute noch) bedeutsamen Ausführungen des US-amerikanischen Marketingwissenschaftlers Philipp Kotler verdeutlicht er das grundlegende „Paradoxon" der Konsumentenbeziehung im Marketing des späten 20. Jahrhunderts. Einerseits sieht Kotler eine zentrale Aufgabe des Marketings in der Erforschung von Konsumentenbedürfnissen und der bedürfnisgerechten Entwicklung von Produkten und Services. Andererseits stellt Marketing für ihn eine Verkaufsaktivität und eine „technology for influencing others" dar (Kotler 1972, S. 882), die in der Praxis ebenso häufig zur Anwendung kommt wie die Bedürfnisorientierung.

[3] Auch nach Michaela Jausen (2014) resultieren aus der Digitalisierung fundamentale Veränderungen für Marken. Marken müssen heute flexibler agieren, Konsumenten und ihre Bedürfnisse „ernster nehmen" und mehr Aufwand betreiben um „relevante Markenerlebnisse" zu schaffen. Hiermit geht für sie eine Entwicklung „weg von der Botschafts-Orientierung hin zur Marken-Haltung" einher.

[4] „Like the best stories, brands need to have depth and breadth and so challenge the narrow-minded ‚single-minded' approach. They need to champion a multiplicity of propositions to address multiple target audiences and handle multi-product and multi-service brands." (Heath 2012, S. 103).

1.3 Dynamisierung der Konsumentenorientierung

Die Zeiten, in denen der Werbung von Unternehmen ein hohes Maß an „Stärke" und Überzeugungskraft zugestanden wurde, scheinen sich mit der Entwicklung der digitalen Medien und dem damit verbundenen „Empowerment" der Konsumenten unwiederbringlich dem Ende zuzuneigen.[5] Konsumenten werden zunehmend als Teil eines „co-kreativen" Entwicklungsprozesses von Marken begriffen (Schau und Gilly 2003; Wallace et al. 2012; Heun 2012). Wolfgang Henseler sieht bspw. eine zentrale Herausforderung für Marken im Zeitalter von Social Media in den unmittelbar stattfindenden Rückkopplungsprozessen zwischen Marken und den Nutzern von sozialen Netzwerken: „Nicht mehr Branding und Marketing sowie elitäre Bewertungen seitens anerkannter Institute oder Persönlichkeiten allein prägen die Wahrnehmung und den Wert einer Marke, sondern vor allem die sozialen Netzwerke, die eine Marke beurteilen, bewerten, kommentieren und damit entscheidenden Einfluss auf deren Prosperität nehmen." (Henseler 2011, S. 117) So gehen nach Henseler Bewertungen und Kommentierungen aus den sozialen Netzwerken in das „Kommunikationsrepertoire einer Marke" ein und werden zum „essentiellen Bestandteil der Markenprägung".

Was auf den ersten Blick nach einer positiven Entwicklung aus der Konsumentenperspektive aussieht, birgt aber, mit Blick auf die digitalen Spuren, die Konsumenten bei der Nutzung digitaler Medien hinterlassen, auch Risiken. So warnt der Soziologe Bruno Latour (2013, S. 119 f.) davor, dass „kleinste Bewegungen" von Nutzern im virtuellen Raum „mit Codezeilen bezahlt werden", aus denen eine zunehmende „Verfolgbarkeit" resultiert. Im Umkehrschluss versprechen sich Unternehmen von Big Data und der Analyse digitaler Daten eine Fülle an Möglichkeiten, zuzuhören und zu messen oder „interessante Insights" aus dem „Daten-Flow" zu generieren (Schauerte 2011, S. 8).[6]

1.4 Neue Nützlichkeit

Aus der „Psychologisierung" des Markenkonzepts (vgl. auch Hellmann 2003; Heun 2009, 2012), und der starken Orientierung am Konzept des rational abwägenden „Homo oeconomicus", resultierte nach Mitchell (2012, S. 85) eine Loslösung des (emotionalen) Konzepts der Marke von (funktionalen) Produktkonzepten: „(. . .) the products functional attributes and price were seen as vehicles of ‚rational' appeals while ‚the brand' became the vehicle of ‚irrational' emotional appeals." Demnach werden Produkte in Fabriken produziert, Marken „entstehen" in den Köpfen von Verbrauchern (vgl. Kapferer 1994). Lange Zeit galt die Emotionalisierung von Marken als Ausweg aus dem „Dilemma" eines immer in-

---

[5] Wobei Jowitt und Lury angesichts der „Vielzahl an Herausforderungen" in Zeiten digitaler Medien vor der Glorifizierung des Konsumenten („Consumer is not king") warnen (Jowitt und Lury 2012, S. 96).

[6] Auch Sina Tams (2014) befasst sich mit der Bedeutung von „Big Data" für die Markenführung. Die Autorin sieht in digitalen Daten eine der zentralen strategischen Ressourcen des 21. Jahrhunderts zur Erlangung von Wettbewerbsvorteilen für Unternehmen.

tensiveren und beschleunigten Konkurrenzkampfes zwischen Anbietern um die Gunst von Verbrauchern in Zeiten eines „Information Overloads" (Toffler 1970). Diesem Phänomen liegt die Annahme zugrunde, dass Markenprodukte sich auf der funktionalen Ebene immer weniger unterscheiden bzw. etwaige funktionale Eigenschaften von Produkten – da durch Wettbewerber scheinbar leicht zu kopieren – sich zur mittel- bis langfristigen Differenzierung in Zeiten globalisierter Märkte kaum eignen. Eine Marke kennzeichnet nach diesem Verständnis der Versuch der Einflussnahme und Kontrolle von Einstellungen und Verhaltensweisen von Konsumenten über die Images und Botschaften von Marken (Mitchell 2012, S. 85).[7]

Autoren wie Robert Jones oder Alan Mitchell kommen angesichts der Digitalisierung zu dem Schluss, dass es heutzutage nicht mehr ausreicht, Marken-Botschaften zu penetrieren, sondern Marken sollen ihren Kunden vielmehr Angebote zum „nützlichen Tun" unterbreiten (Jones 2012, S. 77; vgl. auch Mitchell 2012).[8] Aus diesem Trend zu einer neuen **Nützlichkeit von Marken** resultiert – aufgrund des hohen Maßes an Transparenz von Produktschwächen in Zeiten digitaler Bewertungsportale und -foren einerseits eine notwendige Rückbesinnung auf funktionale Qualitäten (Heun 2014a).[9] Andererseits bieten die digitalen Medien Marken eine Fülle an neuen Möglichkeiten, Konsumenten auch jenseits eng definierter Nutzen von Basisprodukten nützlich zu sein. So bieten bspw. „Marken-Apps" für mobile Endgeräte Unternehmen die Möglichkeit, Markenkommunikation mit „peripheren Nutzen" zu versehen und dabei die übermäßige Penetration von Basisversprechen zu umgehen.

1.5 Markenkonzepte flexibilisieren

Galt lange Zeit das Herbeiführen einer „Integrierten Kommunikation" (Bruhn 2009) von Marken als eines der zentralen Erfolgsprinzipien im Markenmanagement der 90er Jahre des 20. Jahrhunderts, wird es für Marken in Zeiten digitaler Medien zunehmend bedeutsam, Bezugsgruppen zu involvieren und auch kurzfristig über digitale Medien zu

---

[7] Den „Schaden" der Orientierung an dem Prinzip der Persuasion isoliert Mitchell (2012, S. 90 f.) auf drei Feldern: 1. Die Implementierung eines fundamentalen Zielkonflikts (Konsumentenorientierung vs. Konsumentenüberzeugung) im „Herzen des Marketings". Hier wurden seiner Auffassung nach nicht nur Ressourcen falsch investiert, sondern vor allen Dingen wurde Vertrauen der Adressaten von Werbung verspielt (Mitchell 2012, S. 91). 2. Die Verursachung einer „ongoing confusion" aufgrund der Konzentration auf seiner Auffassung nach „fragwürdige Annahmen" und Messgrößen. 3. Die Schaffung eines „strategic blindspot" im Bereich der Konsumentenforschung („Was interessiert die Konsumenten wirklich?").

[8] Nach Auffassung von Jones (2012) wird auch die Frage nach dem gesellschaftlichen Nutzen von Marken („Purpose") gegenüber den klassischen Positionierungen von Marken an Bedeutung gewinnen.

[9] Der Geisteswissenschaftler Dominik Pietzcker (2014) erkennt aufgrund der Allgegenwärtigkeit der Digitalisierung ein „neues Bedürfnis nach Intimität und Verborgenheit". Demnach schätzen Verbraucher an Unikaten und Originalen insbesondere deren „Nimbus der Unnachahmlichkeit".

kommunizieren. Das hohe Maß an Integrations- und Standardisierungsbemühungen klassisch-crossmedialer Planungsansätze wie dem der „Integrierten Kommunikation" scheint, in Anbetracht der Fülle an Kontaktpunkten, die es innerhalb kurzer Zeitspannen zu bedienen gilt, mehr und mehr als ein starres Korsett wahrgenommen zu werden, von dem es Marken zu „befreien" gilt (Jones 2012).[10] In Anlehnung an Mezger und Sadrieh (2007) betont Elke Theobald (2011, S. 105) die Wahrnehmung eines „Spagats" zwischen der kontinuierlichen Markenpflege und dem „Geschwindigkeitswettbewerb im Web", der ein hohes Maß an technologischer Kompetenz und „dialogischer Kommunikation" erfordert.

Basierend auf der Forderung nach flexibleren Markenkonzepten folgt für viele Autoren auch die Notwendigkeit eines neuen Verständnisses im Bereich des Brand Designs. Galt bisher ein Höchstmaß an visueller Konsistenz als entscheidend für die Profilierung von klaren Markenbildern, betonen Autoren wie Jones (2012, S. 78), dass eine inhaltliche Kohärenz bedeutsamer ist und es vielmehr einer Ausweitung der gestalterischen Freiheitsgrade bedarf, um in Zeiten digitaler Medien über unterschiedliche Kanäle zu kommunizieren. Marke wird im 21. Jahrhundert demnach noch weniger im juristischen Sinne als „Schutzmarke" denn als Ressource oder Plattform verstanden, derer sich unterschiedliche Bezugsgruppen bedienen.

1.6   Neue Markenmodelle

Aufgrund der angeführten Wandlungsprozesse im Marketing werden von unterschiedlichen Autoren weniger „engstirnige" Positionierungsmodelle für Marken gefordert. Benjamin Golant (2012, S. 125) betont in diesem Zusammenhang die Notwendigkeit eines flexibleren Umgangs mit der Positionierung und „Identität" einer Marke und schlägt dabei das Konzept der „Practical Authorship" vor. Dieser Ansatz basiert auf der Erkenntnis, dass Marken sich jenseits starrer Positionierungen für Interaktionen und Dialoge nach innen und nach außen öffnen sollten und mehr als „dynamic, discursive ressource" verstanden werden sollten.[11]

Elke Theobald (2011, S. 103) empfiehlt die stärkere Orientierung an Nutzungskontexten digitaler Medien und die Entwicklung von „interaktiven Markenpositionierungen".

---

[10] Jones (2012, S. 78) geht noch über diese Forderung hinaus, in dem er Marken auffordert mehr zu „experimentieren": „They're not looking for a monotone, but a theme with variations; not a slogan, but a story; not a message, but a pattern; not a set formula, but constant experimentation." Nach Henseler (2011, S. 118) folgt hieraus u. a. eine Art von „Echtzeitkommunikation" von Marken im Social Web: „Marken werden im Social Media Web viel stärker daran gemessen und bewertet, wie gerecht sie ihrem Markenversprechen werden und wie integer sie sich verhalten." Diese Entwicklung stellt u. a. neue Anforderungen an die Authentizität einer Marke (Henseler 2011, S. 119).

[11] Auch Dieter Georg Herbst (2014) arbeitet heraus, dass sich Digitale Medien aufgrund der vielfältigen Möglichkeiten der Vernetzung und Interaktion ganz besonders für das Erzählen von Geschichten eignen. Dies erfordert, dass Geschichtenerzähler in digitalen Medien neue Kompetenzen als „Digital Literacy" aufbauen. Er kommt zu dem Schluss, dass die rasant fortschreitende Entwicklung digitaler Technologien auch das „Digital Brand Storytelling" in den nächsten Jahren erheblich weiterentwickeln wird.

Eine ähnliche Empfehlung geben Carsten Totz und Florian-Ulrich Werg (2014). Für sie stellt die Digitalisierung die Markenführung vor fundamentale Herausforderungen. Einerseits durch die zunehmende Anzahl digitaler Kontaktpunkte, andererseits durch die neuen Möglichkeiten der Interaktion an und zwischen diesen Kontaktpunkten. Die Autoren betonen die Bedeutung von Identitätsbildung und Beziehungsaufbau durch „markenspezifische Choreografien" von Interaktionen an den Kontaktpunkten zwischen Mensch und Marke.[12] Hierzu ist für die Autoren u. a. die Überarbeitung von Steuerungsinstrumenten der Markenführung essentiell.

Stefanie Dänzler (2014) plädiert vor dem Hintergrund der medialen Wandlungsprozesse generell für eine „agilere" Form der Markenführung. Im Zuge der Digitalisierung werden Marken mit der Herausforderung konfrontiert, strukturelle Lösungen aufgrund der sich stets verändernden Medienlandschaft zu finden. Auf der Basis der abgeleiteten Thesen und unter zur Hilfenahmen des AGIL-Schemas des Soziologen Talcott Parsons entwickelt sie ein Markenmanagementmodell bei dem die klassisch lineare Führung von Marken durch einen Kreislaufprozess des agilen Erschaffens (Build), Testens (Test) und Lernens (Learn) ersetzt wird.

Trotz der Vielzahl an Versuchen der Skizzierung neuer Entwicklungs- und Führungsansätze sollte den Entwürfen von **neuen Markenmodellen** für „digitale Marken" eine Analyse der Anforderungen vorausgehen. Zum Beispiel merken Jowitt und Lury diesbezüglich an, dass die klassischen Modelle für die Einwegkommunikation von Markenversprechen über klassische Medien („single-minded-propositions") entwickelt wurden. Positionierungsansätze in Zeiten digitaler Medien sollten vielmehr der Produkt- und Servicevielfalt einer Marke, ihren unterschiedlichen Zielgruppen und der Vielzahl an neuen Kanälen und „Touchpoints" entsprechen.

2   Zum Nutzen von Marken für Konsumenten

Wie vorne ausgeführt resultiert aus dem durch die Digitalisierung hervorgerufenen Medienwandel auch ein theoretischer Anpassungsbedarf. Neben der Entwicklung komplett neuer Konzepte und Modelle besteht zudem die Möglichkeit, neue Vorstellungen von Marke über die Anpassung von etablierten Markenmodellen zu integrieren.

Im folgenden Abschnitt wird die Bedeutung der Medien für Marken aus der Nutzenperspektive von Konsumenten bewertet. Hierzu wird, nach einer kurzen Erläuterung des klassischen Nutzenmodells von Vershofen, ein aktualisiertes Markennutzenmodell entwickelt, bei dem (digitalen) Medien insbesondere bei der Stiftung von „peripheren Nutzen" eine zentrale Bedeutung zukommt.

---

[12] Nach Meinung des Psychologen Stefan Baumann (2014) stehen Marken in Zukunft stärker in netzwerkartigen Beziehungen zu unterschiedlichen Interessengruppen. Die stärkere Orientierung an einem Beziehungsmanagement erfordert seinen Überlegungen zufolge ein „Social Design", aus dem im Idealfall intensive soziale Bindungsverhältnisse in Form von Communities entstehen.

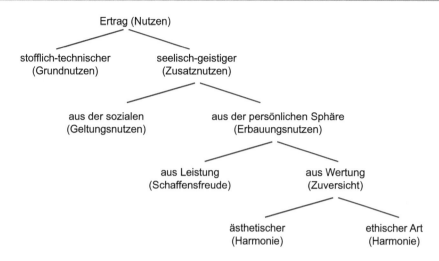

Abb. 1 Nutzenleiter nach Vershofen. (Eigene Darstellung in Anlehnung an Vershofen 1940, S. 71)

Das klassische Nutzenmodell nach Vershofen

Der Wirtschaftswissenschaftler Wilhelm Vershofen (1940) befasste sich im Rahmen seiner Arbeit mit der „Verwickeltheit der Nutzenvorstellungen" und ebnete mit der Ausarbeitung seines Nutzenkonzepts den Weg für eine differenzierte Betrachtung von Warenleistungen aus der Konsumentenperspektive (s. Abb. 1). Zentraler Bestandteil dieses Konzepts war die Unterscheidung von zwei fundamentalen Nutzendimensionen aus Sicht der potentiellen Nachfrager – dem funktionalen „Grundnutzen" einerseits und dem (sozial-)psychologischen „Zusatznutzen" andererseits. Während der Grundnutzen dem vom Unternehmer intendierten „Gebrauchsnutzen" des jeweiligen Produkts Rechnung trägt, bietet das Konzept des Zusatznutzens die Möglichkeit die Leistung der jeweiligen Ware jenseits physiologisch-rationaler „Zwecke" abzubilden.

> Dem Grund- oder Zwecknutzen, den man auch den unmittelbaren Gebrauchsnutzen nennen könnte und der sich der rationalen Überlegung präsentiert, steht ein zusätzlicher Nutzen zur Seite. Dieser selbst gliedert sich wieder in einen gesellichen Nutzen (Geltungsnutzen) und einen ausschließlich dem Schönheitsempfinden gegebenen Nutzen, den wir der Kürze halber „Harmonie" nennen wollen (Vershofen 1940, S. 69).

Entscheidend an dieser Entwicklung ist die zunehmende Orientierung an Nutzendimensionen für Konsumenten statt an Merkmalen oder Eigenschaften aus Herstellerperspektive.

Nachdem sich die Unternehmen bei der Entwicklung von Produkten und Marken im ersten Drittel des 20. Jahrhunderts eher mit „objektiven Gesamtäußerungen eines Hauses" (Bergler 1963, S. 155) befassten, fokussierten sie sich ab Mitte des 20. Jahrhunderts auf „die Äußerungen, Erwartungen, Gefühlsqualitäten, bewussten und unbewussten Motivationslagen, Qualitätsvorstellungen, Befürchtungen, Aversionen, also die Wunsch- und

Erlebniswelten der Kunden, soweit sie irgendwie in einem direkten oder auch indirekten Zusammenhang mit dem Produkt und den Äußerungsformen des Unternehmens und seiner Konkurrenten" standen (Bergler 1963, S. 155)

Basierend auf Vershofens Nutzenleiter kam es im Laufe des 20. Jahrhunderts zu einer stärkeren Akzentuierung emotionaler Nutzen von Marken.

3   Digitale Medien und kommunikativ-periphere Nutzen

Trotz der Vielstimmigkeit der Äußerungen zu den theoretischen Implikationen des Einflusses der digitalen Medien auf das Konzept der Marke, scheint ein hohes Maß an Einigkeit bzgl. des „Empowerments" von Konsumenten zu herrschen (Heun 2014c). Bevor der grundlegende Einfluss des Medienwandels anhand eines **Nutzenmodells** verdeutlicht wird, wird im Folgenden der gestiegenen Bedeutung der Rolle des Konsumenten bei der Profilierung von Marken in Form von fünf Handlungsanleitungen Rechnung getragen:[13]

1. **Konsumenten und ihre Bedürfnisse ernst nehmen, anstatt sie mit den immer gleichen Botschaften zu penetrieren.**
   Denn: Digitale Medien eröffnen Konsumenten heute ein erhöhtes Maß an Einfluss.
2. **Konsumenten und ihre Bedürfnisse besser verstehen.**
   Denn: Neben der Fülle an klassischen Methoden der Marktforschung bieten digitale Medien einen Zugang zu einem (noch) besseren Konsumentenverständnis.
3. **Konsumenten einbeziehen und als Teil der Kultur der eigenen Marke begreifen.**
   Denn: Digitale Medien bieten Mediennutzern die Möglichkeit selber zu aktiven Gestaltern von Inhalten zu werden.
4. **Konsumenten konkrete Nutzen bieten.**
   Denn: Vor dem Hintergrund eines hohen Maßes an Selbstbestimmtheit der Mediennutzung sollten sich Marken wieder auf das Anbieten von *konkreten* Nutzen besinnen. Emotional-überhöhte Markenversprechen bergen die Gefahr in konkreten Lebens- und Nutzungssituationen als sinn- bzw. wertlos wahrgenommen zu werden.
5. **Konsumenten bewegen und aktivieren.**
   Denn: Erst wenn Konsumenten ihre Passivität gegenüber den Kommunikationsmaßnahmen von Marken ablegen und anfangen die Nutzenangebote der Marken zu anzunehmen, werden sie zu einem Teil der Kultur einer Marke. Trägerschaft drückt sich dabei nicht mehr nur durch die Nutzung von Markenprodukten und -services aus, sondern zunehmend auch durch die mediale Aneignung, Nutzung und Verbreitung von Markeninhalten.

Wie bereits früher ausgeführt, werden Marken von Konsumenten in Zeiten digitaler Medien wieder stärker auf der Basis konkreter Leistungen und bewertet. Zudem bieten

---

[13] Siehe ausführlicher hierzu auch Heun (2014c).

Abb. 2 Markennutzenmodell

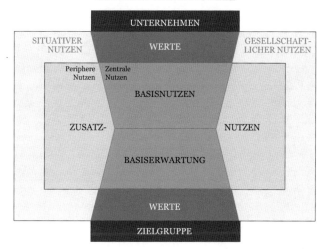

insbesondere digitale Medien Marken die Chance des unmittelbaren Kontakts und der Interaktion mit Konsumenten. Dementsprechend liegt es nahe, das klassische Nutzenmodell von Vershofen an die neuen Gegebenheiten einer digitalisierten Welt anzupassen (siehe Abb. 2).

Analog zu dem Ansatz von Vershofen ist der funktionale Grund- oder *Basisnutzen* auch in diesem Modell von zentraler Bedeutung. Zielgruppen konsumieren Marken grundlegend weniger aufgrund der emotionalen Vorstellungswelten, sondern aufgrund eines basalen Bedürfnisses bzw. einer grundlegenden Erwartung an ein Produkt oder einen Service einer Kategorie bzw. Warengruppe. Der Unterschied zum Ansatz von Vershofen: In Zeiten digitaler Medien gewinnen diese grundlegenden Nutzen gegenüber emotionalen Zusatznutzen wieder an Bedeutung. Digitale Medienangebote bieten Konsumenten ein hohes Maß an Transparenz bzgl. der Eigenschaften, Qualitäten, Stärken und Schwächen von Markenprodukten und -services. Galt der durch die Zunahmen an Medienangeboten hervorgerufene Zustand des „Information Overload" auf Konsumentenseiten lange Zeit als eines der Hauptargumente für die zunehmende Bedeutung von emotionalen Zusatznutzen, bieten gerade digitale Medienangebote heute eine Fülle an Möglichkeiten des Vergleichs und der Bewertung von Markenprodukten.[14] Auch wenn emotionale oder soziale Zusatznutzen nach wie vor von Bedeutung sind, wird ihnen in dem hier vorgelegten Modell, eine eher periphere Bedeutung zugemessen.

Als weiterer Entwicklungsschritt kennzeichnet das Modell nicht nur die Integration einer fundamentalen Werteebene sondern auch die Unterscheidung zwischen Unternehmen und Zielgruppen und zwischen *Zentralen* und *Peripheren Nutzen*. Während bspw. soziale Geltungsnutzen nach Vershofen auf den **Basis- oder Zusatznutzen** und damit auf

---

[14] Neben über digitale Medienangebote einsehbaren Nutzerbewertungen sind hier vor allem Produktinformationsportale anzuführen.

Konsumakten gründen, tragen die mit diesem Modell eingeführten **Peripheren Nutzen** zusätzlichen Leistungsdimensionen von Produkt- oder Unternehmensmarken Rechnung, die *nicht* unmittelbar mit dem Konsum von Kernprodukten in Verbindung stehen. Unter **Gesellschaftliche Nutzen** fallen hierbei bspw. soziale Engagements oder auch Verpflichtungen der Corporate Brand zur Einhaltung ökologischer Standards in der Produktion. Entscheidend für die *Gesellschaftlichen Nutzen* ist weniger die Kopplung an bestimmte Produktmarken als vielmehr eine Verpflichtung gegenüber den fundamentalen Werthaltungen eines Unternehmens. Als **Situative Nutzen** werden all diejenigen Nutzen von Marken bezeichnet, die abseits der Nutzen von Kernprodukten oder -services wie digitale Apps, Spiele oder Beiträge im Social Web gestiftet werden. Das besondere an den *Peripheren Nutzen*: diese gewinnen in Zeiten digitaler Medien an Bedeutung. Das hohe Maß an Sicht- und Nachvollziehbarkeit von Unternehmenshandeln führt zu einer erhöhten Sensibilisierung und zu konkreteren Vorstellungen von Konsumenten bzgl. des (wie auch immer gearteten) „korrekten" Verhaltens von Unternehmen. Zudem bieten die digitalen Medien Unternehmen und ihren Marken eine Fülle an neuen Möglichkeiten, Zielgruppen über digitale Zusatzangebote in unterschiedlichen Alltagssituationen jenseits klassischer Konsumsituationen zu erreichen, zu informieren oder unterhalten und zu involvieren.

4 Fazit

Die Bedeutung von Medien für Marken ist durch den digitalen Wandel der Medienlandschaft weiter gestiegen. Neben Medien als klassische Plattformen für bezahlte Werbung bzw. Markenkommunikation („Paid Media") sind eigene Medienkanäle („Owned Media") und durch Mediennutzer verbreitete Inhalte von Marken („Earned Media") wichtiger geworden. Neben der technischen Weiterentwicklung sind die Möglichkeiten der Einflussnahme von Konsumenten für Marken besonders folgenreich. Während Marketingwissenschaftler Mitte des 20. Jahrhunderts noch die „Entdeckung des Verbrauchers" feierten, hat das mit der Digitalisierung einhergehende höhere Maß an Partizipation von Konsumenten an Prozessen der Markenentwicklung und -gestaltung zu einer Art „Erweckung" des Verbrauchers (Heun 2014c) geführt. Resultat dieses Prozesses ist, neben der zunehmend festzustellenden Abkehr von Prinzipien der Penetration und der Persuasion, eine Orientierung an einer neuen Nützlichkeit von Marken. Im Rahmen dieser Renaissance funktionaler Nutzen kommt Medien eine zentrale Bedeutung zu: Der Erfolg medial verbreiteten „Brand Contents" hängt in einem Maß von dem Nutzen ab, den Konsumenten ihm in konsumnahen (oder -fernen) Situationen des Alltags beimessen.

Der durch die Digitalisierung dynamisierte Consumer Turn führt dazu, dass auch Markentheorien und -modelle der Anpassung bedürfen. Sozialwissenschaftliche und kulturtheoretische Ansätze sind in diesem Zusammenhang besonders gut geeignet, die zunehmende Vielfalt an Einflussgruppen auf das Markenkonzept theoretisch zu fundieren.

Hierzu wurde ein Modell des Markennutzens entwickelt, das diesem Wandel in den Ansprüchen an die Nützlichkeit von Marken in Zeiten digitaler Medien Rechnung trägt.

Mit diesem Modell wurden, neben der alternativen Gewichtung funktionaler Grund- und emotionaler Zusatznutzen, periphere Markennutzen in die Diskussion eingeführt, deren gestiegene Bedeutung als direkte Folge der aus der Digitalisierung resultierenden Wandlungsprozesse verstanden werden kann. Nach diesem Modell haben Medien im 21. Jahrhundert weniger die Aufgabe Konsumenten mittels Einwegkommunikation werblich zu penetrieren, sondern vielmehr über die Unterbreitung nützlicher Informationen oder involvierender Unterhaltungen für weiterführende Formen der Auseinandersetzung zu gewinnen.

Der Autor

Prof. Dr. Thomas Heun lehrt als Professor für Konsumentenverhalten und -forschung an der internationalen Hochschule Rhein Waal. Vor dieser Tätigkeit hat er lange Jahre für Unternehmen der Werbe- und Medienindustrie als Marktforscher, Strategischer Planer und Innovationsentwickler gearbeitet. Sein Forschungsschwerpunkt liegt im Bereich der sozialwissenschaftlichen Konsumforschung.

Literatur

Baetzgen, J., & Tropp, J. (2014). *Brand Content. Die Marke als Medienereignis*. Stuttgart: Schaeffer-Poeschel.

Baumann, S. (2014). Markenführung durch Social Design. Warum im digitalen Zeitalter Beziehungen zum Kapital von Marken werden und warum Brand Communities die ersten Marken-Medien sind. In S. Dänzler, & T. Heun (Hrsg.), *Marke und Digitale Medien. Der Wandel des Markenkonzepts im 21. Jahrhundert*. Wiesbaden: Springer Gabler.

Bergler, R. (1963). *Psychologie des Marken- und Familienbildes*. Göttingen: Vandenhoeck & Ruprecht.

Bruhn, M. (2009). *Integrierte Unternehmens- und Markenkommunikation. Strategische Planung und operative Umsetzung* (5. Aufl.). Stuttgart: Schäffer-Poeschel.

Cziko, G. (2000). *The Things We Do: Using the Lessons of Bernard and Darwin to Understand the What, How, and Why of Our Behaviour*. Cambridge, MA: MIT Press.

Dänzler, S. (2014). Agile Branding – Markenführung im digitalen Zeitalter. In S. Dänzler, & T. Heun (Hrsg.), *Marke und Digitale Medien. Der Wandel des Markenkonzepts im 21. Jahrhundert*. Wiesbaden: Springer Gabler.

Domitzlaff, H. (1939). *Markentechnik. Die Gewinnung des öffentlichen Vertrauens*. Hamburg: Hanseatische Verlags-Anstalt.

Gaiser, B. (2011). Aufgabenbereiche und aktuelle Problemfelder der Markenführung. In E. Theobald, & P. T. Haisch (Hrsg.), *Brand Evolution. Moderne Markenführung im digitalen Zeitalter* (S. 3–38). Wiesbaden: Springer Gabler.

Golant, B. (2012). Bringing the corporate brand to life: The brand manager as a practical author. *Journal of Brand Management, 20*(2), 115–127.

Haisch, P. T. (2011). Bedeutung und Relevanz der Onlinemedien in der Marketingkommunikation. In E. Theobald, & P. T. Haisch (Hrsg.), *Brand Evolution. Moderne Markenführung im digitalen Zeitalter* (S. 79–93). Wiesbaden: Springer Gabler.

Heath, R. (2012). *Seducing the Subconscious: The Psychology of Emotional Influence in Advertising*. Oxford: Wiley-Blackwell.

Hellmann, K.-U. (2003). *Soziologie der Marke*. Frankfurt/Main: Suhrkamp.

Henseler, W. (2011). Social Media Branding. Markenbildung im Zeitalter von Web 2.0 und App-Computing. In E. Theobald, & P. T. Haisch (Hrsg.), *Brand Evolution. Moderne Markenführung im digitalen Zeitalter* (S. 111–126). Wiesbaden: Springer Gabler.

Heun, T. (2009). Marke und Kultur. Chancen einer kulturalistischen Perspektive auf Marken. *Sozialwissenschaft und Berufspraxis, 32*(1), 42–55.

Heun, T. (2012). *Marken im Social Web. Zur Bedeutung von Marken in Online-Diskursen*. Wiesbaden: Springer Gabler.

Heun, T. (2013). Die Bilder der Communities. Zur Bedeutung von Bildern in Online-Diskursen. In Bild und Moderne. *IMAGE – Zeitschrift für interdisziplinäre Bildwissenschaft, 2013*(17), 220–234.

Heun, T. (2014a). Konsumkritik als Konsumanreiz. *Pop. Kultur und Kritik, 4*, 34–36.

Heun, T. (2014b). Total Digital? Der Wandel des Markenkonzepts im 21. Jahrhundert. In S. Dänzler, & T. Heun (Hrsg.), *Marke und Digitale Medien. Der Wandel des Markenkonzepts im 21. Jahrhundert*. Wiesbaden: Springer Gabler.

Heun, T. (2014c). Die Erweckung des Verbrauchers. Zum Nutzen von Marken in Zeiten digitaler Medien. In S. Dänzler, & T. Heun (Hrsg.), *Marke und Digitale Medien. Der Wandel des Markenkonzepts im 21. Jahrhundert*. Wiesbaden: Springer Gabler.

Herbst, D. G. (2014). Digital Brand Storytelling – Geschichten am digitalen Lagerfeuer? In S. Dänzler, & T. Heun (Hrsg.), *Marke und Digitale Medien. Der Wandel des Markenkonzepts im 21. Jahrhundert*. Wiesbaden: Springer Gabler.

Jausen, M. (2014). Digitale Markenbildung: Alles neu, nichts anders? In S. Dänzler, & T. Heun (Hrsg.), *Marke und Digitale Medien. Der Wandel des Markenkonzepts im 21. Jahrhundert*. Wiesbaden: Springer Gabler.

Jones, R. (2012). Five ways branding is changing. *Journal of Brand Management, 20*, 77–79. Online publiziert am 21 September 2012 doi:10.1057/bm.2012.51;.

Jowitt, H., & Lury, G. (2012). Is it time to reposition positioning? *Journal of Brand Management, 20*, 96–103. Online publiziert am 21 September 2012 doi:10.1057/bm.2012.51;.

Kapferer (1994). *Die Marke. Kapital des Unternehmens*. Landsberg/Lech: Moderne Industrie.

Kotler, P. (1972). *Marketing Management. Analysis, Planning and Control*. Englewood Cliffs, NJ: Prentice Hall.

Kotler, P., Kartajaya, H., & Setiawan, I. (2010). *Marketing 3.0. From Products to Customers to the Human Spirit*. Hoboken: Wiley & Sons.

Laran, J., Dalton, A. N., & Adrade, E. B. (2011). Why consumers rebel against slogans. *Harvard Business Review, 89*(11), 34.

Latour, B. (2013). Achtung: Ihre Phantasie hinterlässt digitale Spuren!. In H. Geiselberger, & T. Moorstedt (Hrsg.), *Big Data: Das neue Versprechen der Allwissenheit*. Berlin: Suhrkamp.

Mezger, M., & Sadrieh, A. (2007). Proaktive und reaktive Markenpflege im Internet. In H. H. Bauer, D. Große-Leege, & J. Rösger (Hrsg.), *Interactive Marketing im Web 2.0+* (S. 73–92). München: Vahlen.

Mitchell, A. (2012). McKitterick's Conodrum. *Journal of Brand Management*, 2012(20), 77–79. Online publiziert am 21 September 2012 doi:10.1057/bm.2012.51;.

Muñiz, A. M. Jr., & O'Guinn, T. C. (2001). Brand Community. *Journal of Consumer Research*, *27*(4), 412–432.

Packard, V. (1958). *Die geheimen Verführer. Der Griff nach dem Unbewußten in Jedermann*. Düsseldorf: Econ.

Pietzcker, D. (2014). Die neue Sehnsucht nach dem Analogen. Retrotrends im digitalen Zeitalter als Kommunikationsstrategien. In S. Dänzler, & T. Heun (Hrsg.), *Marke und Digitale Medien. Der Wandel des Markenkonzepts im 21. Jahrhundert*. Wiesbaden: Springer Gabler.

Schau, H. J., & Gilly, M. C. (2003). We are what we post? Self-presentation in personal web space. *Journal of Consumer Research*, *30*(3), 385–404.

Schauerte, A. (2011). Flow Controlling – Adaptives Marketing im digitalen Zeitalter. In APG (Hrsg.), *Ein Jahr voller Ecken. Die gesammelten Artikel der APG Strategy Corner* (S. 7–8). Hamburg: APGD.

Schmid, S. (2014). Die Marke als Redaktion – Überlegungen zu einer professionsübergreifenden, markenzentrierten Kommunikation zwischen Journalismus, Werbung und PR. In S. Dänzler, & T. Heun (Hrsg.), *Marke und Digitale Medien. Der Wandel des Markenkonzepts im 21. Jahrhundert*. Wiesbaden: Springer Gabler.

Spies, M. (2014). *Branded Interactions. Digitale Markenerlebnisse planen & gestalten* (2. Aufl.). Mainz: Hermann Schmidt.

Tams, S. (2014). „Ich sehe was, was Du nicht siehst." Zur Bedeutung von Big Data für die Markenführung. In S. Dänzler, & T. Heun (Hrsg.), *Marke und Digitale Medien. Der Wandel des Markenkonzepts im 21. Jahrhundert*. Wiesbaden: Springer Gabler.

Theobald, E. (2011). Die Herausforderung Internet für Markenführung und Markenkommunikation. In E. Theobald, & P. T. Haisch (Hrsg.), *Brand Evolution. Moderne Markenführung im digitalen Zeitalter* (S. 95–109). Wiesbaden: Springer Gabler.

Theobald, E., & Haisch, P. T. (2011). *Brand Evolution. Moderne Markenführung im digitalen Zeitalter*. Wiesbaden: Springer Gabler.

Totz, C., & Werg, F.-U. (2014). Interaktionen machen Marken oder wie die Digitalisierung Interaktionen zum Kern der Markenführung macht. In S. Dänzler, & T. Heun (Hrsg.), *Marke und Digitale Medien. Der Wandel des Markenkonzepts im 21. Jahrhundert* (S. 113–132). Wiesbaden: Springer Gabler.

Toffler, A. (1970). *Future Shock*. NY: Random House.

Vershofen, W. (1940). *Handbuch der Verbrauchsforschung. Erster Band: Grundlegung*. Berlin: Canz.

Wallace, E., Bull, I., & de Chernatony, L. (2012). Facebook ,friendship' and brand advocacy. *Journal of Brand Management*, 2012(20), 128–146. Online publiziert am 21 September 2012 doi:10.1057/bm.2012.51;.

Weiss, S. (2010). *Werbung im Web. Der Stellenwert der klassischen Online-Werbung in der Werbekommunikation*. Münster: Diss. Phil.

Zuboff, S., & Maxmin, J. (2002). *The Support Economy: Why Corporations Are Failing Individuals and the Next Episode of Capitalism*. NY: Viking.

Teil II
Ausgewählte Aspekte der Markenführung mit Medien

Krisenkommunikation für Marken

Strategien und Befunde zur medialen Kommunikation vor, während und nach Krisen

Elke Kronewald

Zusammenfassung

Professionelle Krisenkommunikation ist für den Erhalt von Unternehmens- und Produktmarken zentral. Jede Phase im Verlauf einer Krise beinhaltet kommunikative Restriktionen und Optionen. Vor der Krise stehen die strukturelle und inhaltliche Vorbereitung von potenziellen Krisen sowie das frühzeitige Antizipieren von kritischen Themen im Rahmen eines Issues Managements im Vordergrund. Während der Krise werden die zuvor entwickelten Strategien und Instrumente angewendet. Ergebnisse aus dem European Communication Monitor weisen darauf hin, dass in dieser Phase ein Fokus auf Information sowie dem Einsatz von Medienarbeit und persönlicher Kommunikation liegt. Ein Erfolgsfaktor zur Bewältigung einer Krise liegt in der zeitnahen Anpassung der bereits geplanten Strategien und Maßnahmen an die realen Gegebenheiten der tatsächlichen Krise. Die Dokumentation und kritische Aufbereitung der Krise in der Zeit danach zeigt, wie lernfähig ein Unternehmen ist, und hilft, die zukünftige Krisenkommunikation zu optimieren. Digitalisierung (Social Media) und Globalisierung (Internationalisierung) stellen die Krisenkommunikation vor neue Herausforderungen, da sich die Anzahl an Akteuren, Medien, Werten und Normen vervielfacht.

1 Einleitung

Krisen sind die zentrale Begleiterscheinung eines Zeitalters, das von weitreichenden Globalisierungsprozessen, digitaler Informationsverbreitung und kontinuierlicher Veränderung geprägt ist. Die Anzahl der Krisen nimmt folglich zu (Merten 2008, S. 89 f.) und die mediale Berichterstattung pro Krise weitet sich aus (Roselieb und Dreher 2008, S. 5). Im European Communication Monitor von 2013 berichten mehr als zwei Drittel der über 2000 befragten europäischen PR-Experten, dass sie im vergangenen Jahr mit einer oder mehreren Krisensituationen in ihrer Organisation konfrontiert waren (Zerfass et al. 2013, S. 72). Besonders stark betroffen von Krisen sind Aktiengesellschaften und Privatun-

Prof. Dr. Elke Kronewald ✉
Stuttgart, Deutschland
e-mail: e.kronewald@mhmk.org

© Springer Fachmedien Wiesbaden 2016

S. Regier et al. (Hrsg.), *Marken und Medien*, DOI 10.1007/978-3-658-06934-6_6

ternehmen (Zerfass et al. 2013, S. 73) und damit sowohl Unternehmens- als auch Produktmarken. Krisen können für Marken mit ökonomischen Einbußen einhergehen und einen tiefgreifenden Vertrauens- und Reputationsverlust bei ihren Stakeholdern hervorrufen (Thießen 2011a, S. 74 f.; Ditges et al. 2008, S. 27 ff.). Je nachdem, ob eine Dach-, Unternehmens- oder Einzelmarke von einer Krise betroffen ist, kann sich die Krise auf über- oder untergeordnete Marken bzw. weitere Einzelmarken des Unternehmens ausweiten (Garth 2008, S. 176). Ein professionelles Risiko- und Krisenmanagement ist daher für Unternehmen zum Schutz ihrer Marken wesentlich.

Bereits 2008 stellte Mast (2008, S. 110) jedoch fest, dass die Gründe für die steigende Anzahl und kürzere Taktung von Krisen nicht nur in den Beschleunigungsprozessen und Skandalisierungstendenzen der (journalistischen) Medien liegen, sondern auch im unprofessionellen Verhalten von Unternehmen. Durch das Aufkommen der sozialen Medien hat sich diese Situation verschärft: Neben Journalisten können nun Bürger, Konsumenten und Rezipienten öffentlichkeitswirksame Krisen hervorrufen und verstärken. Zwar eröffnen die sozialen Medien im Gegenzug auch den Unternehmen die Möglichkeit, direkt mit ihren Stakeholdern (in Form von sogenannten Fans oder Followern) in Kontakt zu treten, so dass sie nicht mehr ausschließlich von der medialen Vermittlungsleistung der Journalisten abhängig sind, jedoch erhöht dies gleichzeitig die Ansprüche an ein professionelles Issues- und Krisenmanagement und einen versierten Umgang mit den neuen Medien (White 2012, S. 2; Schindler und Liller 2012, S. 151 ff.). Allerdings schätzen nur ca. ein Drittel der befragten europäischen PR-Experten ihre Fähigkeiten, Risiken im sozialen Netz zu verhindern bzw. eine dort präsente Krise zu bewältigen, als hoch oder sehr hoch ein (Zerfass et al. 2013, S. 40).

Im Folgenden sollen zunächst Auslöser, Arten und Verläufe von Unternehmens- oder Produktkrisen betrachtet werden, bevor auf die einzelnen Krisenphasen und die damit verbundenen (medialen) Handlungsspielräume und Herausforderungen gesondert eingegangen wird.

2   Krisenarten und -verläufe

Krisen haben zwar unterschiedliche Auslöser, Intensitäten und Verläufe; dennoch weisen Krisen nach Merten (2008, S. 84 f.) etliche Gemeinsamkeiten auf: Der Beginn einer Krise ist meistens unerwartet und in manchen Fällen unvorhersehbar, da weitgehend unbekannt ist, warum und wann genau eine krisenhafte Veränderung eintritt. Erschwerend kommt hinzu, dass Krisen häufig nicht einen Auslöser besitzen, sondern das Resultat verschiedener Faktoren sind. Unbekannt ist darüber hinaus, wie lange die Krise dauern wird und ob nach Beendigung der Krise ein ähnlicher, besserer oder schlechterer Zustand folgt. Diese Ungewissheit führt nicht zuletzt dazu, dass Krisen als bedrohlich und negativ empfunden werden.

Für den Sonderfall der Unternehmenskrise extrahieren Krystek und Moldenhauer (2007, S. 26 f.) aus der vorliegenden Literatur noch weitere Eigenschaften: Neben den bereits genannten Faktoren Überraschung, Prozesscharakter, Ambiguität und Ambivalenz

Tab. 1 Matrix zur Kategorisierung von Krisen. (Eigene Darstellung nach Thießen 2011b, S. 70)

Krisenschuld	Reputationsdimension der Organisationkrise		
	Funktional	Sozial	Emotional
Opferkrise: schwache Attribution der Schuld → **geringer Reputationsschaden**			
Unfallkrise: moderate Attribution der Schuld → **moderater Reputationsschaden**			
Vermeidbare Krise: hohe Attribution der Schuld → **hoher Reputationsschaden**			

des Ausgangs, sind Unternehmenskrisen insbesondere von der Gefährdung der Existenz sowie dominanter Ziele und einem großen Zeitdruck geprägt. Es besteht eine Steuerungsproblematik, die gleichzeitig mit einem Verlust an Handlungsmöglichkeiten einhergeht. Gleichwohl kann die Ambivalenz des Ausgangs einer Krise dazu führen, dass das Unternehmen gestärkt aus der Krise hervorgeht.

Diese Merkmale unterscheiden Krisen u. a. von verwandten Begriffen wie Risiko, Gefahr, Issue, Diskontinuität, Chaos, Schock, Skandal oder Wild Card (für Details siehe u. a. Krystek und Moldenhauer 2007, S. 28 ff. oder Baumgärtner 2008, S. 41 ff.).

Zwar gleicht keine Krise der anderen, dennoch gibt es vielversprechende Ansätze, Krisen zu kategorisieren. Eine Möglichkeit der Kategorisierung von Unternehmenskrisen besteht nach Thießen (2011b, S. 69 ff.) in Anlehnung an die Situational Crisis Communication Theory von Coombs und Holladay (2002) darin, eine Matrix zwischen Reputationsdimensionen und von der Öffentlichkeit wahrgenommenen Krisenschuld aufzuspannen (Tab. 1). Es spielt demnach eine untergeordnete Rolle, wer der tatsächliche Verursacher einer Krise ist, sondern hier steht die öffentliche bzw. mediale Zuschreibung von Schuld oder Unschuld im Fokus. Eine Institution, Person oder Marke kann demnach entweder das Opfer einer Krise sein, an der sie – gemäß der öffentlichen Wahrnehmung – keine oder kaum Schuld trifft (Opferkrise oder Victim Cluster), so dass mit einem geringen Reputationsschaden zu rechnen ist. Wird man jedoch von der Öffentlichkeit als Verursacher der Krise identifiziert, ist der Reputationsschaden hoch, denn der Schaden wäre vermutlich vermeidbar gewesen (Vermeidbare Krise oder Preventable Cluster). In der Mitte dieser beiden Pole befindet sich die sogenannte Unfallkrise (Accidental Cluster), die mit einer moderaten Schuldzuweisung und somit einem moderaten Reputationsschaden einhergeht.

Im Hinblick auf die Reputationsdimensionen kann ein Unternehmen in eine funktionale, soziale oder emotionale Krisensituation geraten. Während eine funktionale Unternehmenskrise das Kerngeschäft einer Organisation betrifft, umfasst die soziale Krise das Handeln des Unternehmens gegenüber Gesellschaft, Mitarbeitern oder Umwelt. Emotionale Organisationskrisen beziehen sich hingegen auf Sympathie bzw. Antipathie im Hinblick auf das Unternehmen und/oder seine Marken.

Im European Communication Monitor von 2013 wird ebenfalls nach der Art der Krise gefragt, die im vergangenen Jahr für die befragten Kommunikationsexperten bzw. ihre Organisationen am zentralsten war (Zerfass et al. 2013, S. 75; Abb. 1). Als wichtigste

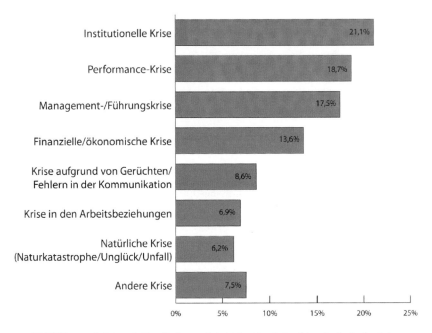

n=1.367 PR-Experten in Kommunikationsabteilungen, die im letzten Jahr mit einer Krisensituation konfrontiert waren.
Frage: Denken Sie bitte an die wichtigste Krisensituation Ihres Unternehmens im letzten Jahr.
Wie würden Sie diese Krise kategorisieren?

Abb. 1 Wichtigste Krisenarten. (Eigene Darstellung nach Zerfass et al. 2013, S. 75)

Krisen werden demnach funktionale Organisationskrisen angesehen; die sogenannten institutionellen und Performance-Krisen sind somit entweder besonders häufig oder werden von den PR-Profis als besonders bedrohlich wahrgenommen. Bei diesen beiden Krisenarten handelt es sich bspw. um Gegenkampagnen von Kritikern, Gefahren durch politische Gesetzgebung und feindliche Übernahmeversuche (Institutional Crisis) bzw. ein Versagen von Produkten oder Service sowie Pannen in der Fertigung (Performance Crisis). Soziale und emotionale Krisen, wie Management-Fehler (Management or Leadership Crisis) oder Konflikte mit Mitarbeitern oder Gewerkschaft (Industrial Relations Crisis), werden seltener genannt. Ein wesentlicher Befund der Befragung ist jedoch, dass die „wichtigsten" Krisen nicht zwangsläufig die überraschendsten bzw. besonders unvermittelt eintretenden Krisen, wie bspw. Naturkatastrophen oder Unfälle (Natural Crisis), sind, sondern Krisen, die eine gewisse Vorlaufzeit aufweisen. Die ersten Anzeichen einer Krise treten häufig bereits Monate oder sogar Jahre vor dem eigentlichen Krisenausbruch auf, bleiben aber ohne geeignete Monitoring- und Managementmaßnahmen unbemerkt (Bickhoff und Eilenberger 2004, S. 6).

Obwohl sich Themen, die für Unternehmen und ihre Marken potenziell kritisch sind (Issues), selten idealtypisch entwickeln, lässt sich ihr Lebenszyklus schematisch abbilden (Kronewald und Steffens 2014, S. 319; Ingenhoff und Röttger 2008, S. 330; Ries

und Wiedemann 2003, S. 23). Zwar lassen sich die verschiedenen Krisen-Phasen belie-
big detailliert unterteilen (Thießen 2011a, S. 70), im Wesentlichen geht es jedoch um drei
Phasen, die u. a. im „three-stage approach" von Coombs (2014, S. 10) abgebildet sind: die
Precrisis (vor der Krise), das Crisis Event (Krise) und die Post Crisis (nach der Krise).

Vor der Krise Während die ersten Signale von potenziell kritischen Themen noch sehr
schwach ausgeprägt, aber bereits wahrnehmbar sind (Latenzphase), gewinnen sie in der
Emergenzphase an medialer Sichtbarkeit und öffentlicher Aufmerksamkeit. Die Handlungsspielräume der von der (potenziellen) Krise betroffenen Akteure sind noch relativ
hoch, sinken jedoch mit wachsender Aufmerksamkeit der Öffentlichkeit.

Während der Krise Negative Themen können sich daraufhin zur Krise entwickeln.
Manche Krise beginnt auch direkt mit dem „crisis event" (Coombs 2014, S. 10) und
hat keine Vorlaufzeit (Roselieb und Dreher 2008, S. 8). Die Krise steht nun im Fokus
der öffentlichen und medialen Aufmerksamkeit, so dass die Handlungsspielräume der
betroffenen Akteure stark eingeschränkt sind.

Nach der Krise Nach einer gewissen Zeit verliert das kritische Thema wieder an Aufmerksamkeit, da die Krise entweder gelöst ist oder andere Themen die Krise von der
medialen und öffentlichen Agenda verdrängen.

Die Schwierigkeit beim praktischen Einsatz von Themen-Ablaufmodellen liegt u. a. in
der unterschiedlichen Abfolge und Dauer der einzelnen Phasen und damit in der mangelnden Vorhersagekraft der Modelle. Besonders schwierig zu prognostizieren ist die mediale
Resonanz auf die Krise, denn diese hängt neben den Nachrichtenwerten der Krise (neben
Negativität können dies z. B. regionale Nähe und Prominenz sein; für einen Überblick
über die Nachrichtenwerttheorie vgl. beispielsweise Maier et al. 2010) u. a. davon ab, wie
viele konkurrierende Themen zum selben Zeitpunkt auf der medialen Agenda stehen und
wie das jeweilige Unternehmen mit der Krise umgeht. Für die von einer Krise betroffenen Akteure (Unternehmen, Marken etc.) kann mithilfe der Modelle zum Themen- und
Krisenverlauf jedoch aufgezeigt werden, dass mit zunehmender medialer und öffentlicher
Aufmerksamkeit für ein kritisches Thema die Handlungsspielräume der Akteure geringer
werden (zusammenfassend Ingenhoff und Röttger 2008, S. 329 f.). Folglich müssen die
Kommunikationsinstrumente und -maßnahmen an die jeweiligen Handlungsspielräume
angepasst werden.

3   Vor der Krise: Issues Management

Krisen kommen in den seltensten Fällen unvermittelt, sondern äußern sich bereits im
Vorfeld im Rahmen von ersten schwachen Signalen (Abschn. 2) oder Issues. Issues sind
Themen, die zu einem Konflikt oder einer Krise führen können, da sie eine (potenzielle)

Kontroverse abbilden, die sowohl für die (mediale) Öffentlichkeit und Gesellschaft als auch für die Stakeholdergruppen des Unternehmens/der Marke relevant ist und die aufgrund von einem oder mehreren konkreten (genuinen, medialisierten oder inszenierten) Ereignissen entfacht wird (Röttger 2001, S. 19 und Maurer 2010, S. 11).

Je nach Herkunft des Themas werden Issues in Media Issues (bereits medial veröffentlichte Issues), Corporate Issues (unternehmensinterne Issues) und Business Environment Issues (Issues aus dem Umfeld des Unternehmens oder der Marke, z. B. Fachdiskurse) unterschieden (Kuhn 2003, S. 208 f.; Ruff 2003, S. 58; Kuhn und Ruff 2007, S. 313 ff.). Durch die sozialen Medien, wie Facebook oder Twitter, haben alle drei Bereiche Erweiterungen erfahren, denn in den sozialen Medien kann sich der Nutzer im Rahmen von User Generated Content zu Unternehmen und Marke(n) jederzeit positiv oder kritisch äußern (Schindler und Liller 2012, S. 6 ff.). Medial veröffentlichte Issues sind folglich nicht mehr ausschließlich Themen, die von Journalisten selektiert und aufbereitet wurden, sondern können auch die ungefilterten sowie unreflektierten Erfahrungen und Meinungen von Nutzern, Konkurrenten und (potenziellen) Kunden umfassen. Da die Mitarbeiter eines Unternehmens gleichzeitig ebenfalls User sind, können aus unternehmensinternen Issues schnell Media Issues werden, die – einmal veröffentlicht – aufgrund der Dezentralität und der Netzwerkstruktur des Web 2.0 sich in kurzer Zeit stark verbreiten und nicht mehr zurückzunehmen sind (Schindler und Liller 2012, S. 196). Business Environment Issues beschränken sich nicht mehr auf eine Fachöffentlichkeit, sondern sind durch Online-Diskurse in Fachforen und -blogs größeren Rezipientenkreisen zugänglich (Laien, Konkurrenten, Journalisten etc.). Durch die sozialen Medien hat sich somit die Anzahl der Akteure und Quellen vervielfacht (Stoffels und Bernskötter 2012, S. 70) sowie die Bandbreite an potenziell kritischen Themen.

Deshalb fällt dem sogenannten Issues Management eine zentrale Aufgabe zu, um mögliche Issues frühzeitig zu identifizieren und somit Krisen entweder zu vermeiden oder zu einem so frühen Zeitpunkt zu erkennen, dass die Handlungsspielräume des Unternehmens noch sehr vielfältig sind:

> Issues Management ist die strategisch geplante Entdeckung, Analyse und Behandlung von unvorhersehbar, aber laufend eintretenden Bedingungen mit latenten öffentlichen Wirkungspotenzialen in Form von neuen Schlagworten, Ideen, Themen, Ereignissen oder Problemen, die von den Medien thematisiert werden und in dem Maß soziale Wucht und temporale Dynamik entfalten, in dem handlungsrelevante Bezüge zu Personen, Organisationen und Institutionen unterstellt werden (können). Issues Management ist ein *Instrument kommunikativer Vorsorge* für eine allgegenwärtig riskante Zukunft. [...] Issues Management ist ein kontinuierlicher Prozess von Beobachtung (Monitoring), Analyse, Strategie und Handeln, (Merten 2001, S. 55 f.; Hervorhebung im Original).

Das Issues Management eignet sich sowohl für das frühzeitige Erkennen kritischer Strömungen als auch für die Entdeckung positiver Themen, die man für seine Unternehmung oder Marke nutzen kann (Röttger 2001, S. 17; Ries und Wiedemann 2003, S. 16). Kernstück des Themen- bzw. Issues-Managements ist eine breit angelegte Beobachtung des Umfelds

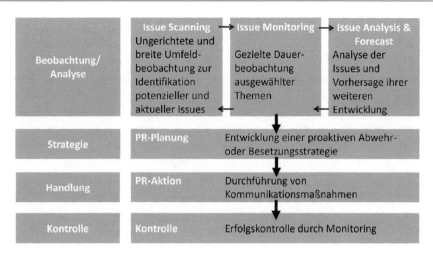

Abb. 2 Strategisches Issues Management. (Kronewald und Steffens 2014, S. 320; eigene Darstellung nach Ries und Wiedemann 2003, S. 17; Kalt 2003, S. 108)

eines Unternehmens oder einer Marke (Issue Scanning; Abb. 2). Neben politischen und wirtschaftlichen Entwicklungen sollten etwaige gesellschaftliche Entwicklungen ebenfalls Berücksichtigung finden, selbst wenn sie zunächst nicht direkt das Kerngeschäft der eigenen Unternehmens- oder Produktmarke zu beeinflussen scheinen. Als relevant identifizierte Themen werden zielgerichteter beobachtet (Issue Monitoring) und eingehend analysiert, um Herkunft, Kontext und treibende Kräfte identifizieren sowie Schlussfolgerungen für das eigene Unternehmen und seine Marken ziehen zu können (Issue Analysis). Darüber hinaus wird die zukünftige Entwicklung des Themas prognostiziert (Issue Forecast). Diese Schritte sind nötig, um – im Fall von negativen Themen – rechtzeitig eine kommunikative Abwehrstrategie entwickeln zu können, deren konkrete Umsetzung am Ende auf ihren Erfolg hin überprüft wird, um Erkenntnisse für kommende Issues und Krisen zu generieren (Ries und Wiedemann 2003, S. 17 ff.; Kalt 2003, S. 108). Für das Issues Management müssen somit verschiedene Methoden herangezogen werden, die von Medienanalyse über Szenariotechniken bis hin zu Stakeholder-Befragungen reichen können.

Social Media eignen sich sehr gut für die Scanning- und Monitoring-Phase im Issues Management-Prozess, da hier aufkommende kritische Themen frühzeitig erkannt und die vorgebrachten Argumente und involvierten Stakeholder beobachtet werden können. Durch die Vermehrung der Quellen, Akteure und Themen sowie die technischen und inhaltlichen Spezifika von Social Media stößt jedoch das Issues Management in den sozialen Medien an technische und organisatorische Grenzen (Kronewald und Steffens 2014, S. 322 f.). In Zeiten von Social Media ist es somit noch zentraler als früher, die Mitarbeiter zu sensibilisieren und kommunikativ einzubinden – nicht nur für das frühzeitige Erkennen von Issues sondern auch, damit interne Konflikte nicht zu externen Krisen führen (Roselieb und Dreher 2008, S. 7 f.).

Darüber hinaus müssen Unternehmen und Mitarbeiter auf den Ernstfall vorbereitet werden. Es ist hierbei nicht ausreichend, im Rahmen eines Krisenmanagement-Systems (Johanssen und Dujić 2008, S. 201), Infrastruktur und Ressourcen vorzubereiten, einen Krisenstab zu ernennen und Krisenhandbücher mit Ansprechpartnern und Prozessen zu erstellen, sondern das Verhalten in Krisen muss regelmäßig geübt werden. Hierzu gehörten Medientrainings für die Unternehmenssprecher ebenso wie Verhaltenstrainings für die Mitarbeiter sowie Krisensimulationen für das gesamte Unternehmen (Ditges et al. 2008, S. 74 ff.; Riecken 2008, S. 206). Unternehmen entwickeln so eine „Krisenbereitschaft" (Sartory et al. 2013, S. 109). Insbesondere in DAX- und großen Unternehmen gibt es zahlreiche Maßnahmen zur Krisenprävention (u. a. Köhler 2006, S. 315 ff.), die jedoch von mittelständischen oder kleinen Unternehmens- bzw. Produktmarken häufig nicht in dem Umfang entwickelt werden (können).

4   Während der Krise: Krisenkommunikation

Ist eine Krise unvermeidbar oder trifft sie ein Unternehmen oder eine Marke überraschend, existieren hierfür zahlreiche Bücher von Praktikern, die Tipps und Erfahrungen mit auf den Weg geben (u. a. Möhrle 2007, Ditges et al. 2008, Sartory et al. 2013). Je nach Krisenauslöser gibt es unterschiedliche Verhaltensweisen, die empfohlen werden, auf die jedoch hier nicht detaillierter eingegangen werden soll. Für die Dauer und die Intensität einer Krise scheint ausschlaggebend zu sein, wie stark das Ereignis der Logik und den Funktionsweisen der Medien entspricht. Hierzu zählt neben den bereits erwähnten Nachrichtenwerten (Abschn. 2) das Vorhandensein von (spektakulären) Bildern (Ditges et al. 2008, S. 116), die zunehmend nicht von professionellen Fotojournalisten, sondern von anwesenden Smartphone-Nutzern zugeliefert werden (Riecken 2008, S. 211).

Martin Riecken, Kommunikator bei der Lufthansa, hat zwölf Faktoren identifiziert, die in der Krise zu einer erfolgreichen Medienarbeit führen (Riecken 2008, S. 206 ff.): Neben einer guten Vorbereitung (Faktor 1, Abschn. 3) umfasst bereits der zweite Faktor den internen Informationsfluss (z. B. via Intranet), der zu einer One Voice Policy führen soll und die Sprachregelungen für alle interessierten bzw. involvieren Abteilungen zur Verfügung stellt. Die Unternehmenskommunikation sollte in die Krisenkommunikation eingebunden sein (Faktor 3), nicht zuletzt um die Kommunikationspolitik abzustimmen (Faktor 4). Durch den zielgerichteten Einsatz von Technologien (Faktor 5), wie bspw. die Aktivierung einer Darksite (eine speziell für die Krise aufbereitete Website), soll eine hohe Geschwindigkeit (Faktor 6) in der Informationsübermittelung erreicht werden. Die Faktoren 7 bis 9 umfassen zentrale Vorgaben der Unternehmenskommunikation, die jedoch in Krisenzeiten besonders schwer einzuhalten sind: Ehrlichkeit, Einheitlichkeit (z. B. durch Kernbotschaften) und Transparenz. Die Flexibilität von Unternehmen, vorab entwickelte Krisenpläne an die jeweilige Krisensituation anzupassen, bezeichnet Riecken (2008, S. 214 f.) als Anpassungsfähigkeit (Faktor 10). Empathische Reaktionen (Faktor 11) wie Entschuldigungen oder Bedauernsbekundungen sind für die Betroffenen wichtig, v. a. in

Deutschland aber eher unüblich (Riecken 2008, S. 216), da man sich – nicht zuletzt aus juristischen Gründen – in sachlich einwandfreie Statements flüchtet. Als zwölfter Faktor wird die gute Kenntnis der Medien und ihrer Akteure identifiziert, die bereits in krisenfreien Zeiten aufgebaut werden sollte: „Gute Beziehungen, zu Friedenszeiten geknüpft und kultiviert, werden keine negativen Schlagzeilen verhindern, aber vielleicht eine unfaire oder – aufgrund fehlenden Basiswissens auf Medienseite – fehlerhafte Berichterstattung vermeiden," (Riecken 2008, S. 216).

Neben den journalistischen Medien sollte man die sozialen Medien nicht vergessen, insbesondere wenn man dort außerhalb der Krisenzeiten aktiv ist. Eigene Social Media-Kanäle bieten zwar die Möglichkeit, die Sichtweise des Unternehmens unabhängig von Journalisten zu veröffentlichen, jedoch kann die Vielzahl von Online-Reaktionen das Krisenmanagement personell, thematisch und zeitlich schnell an seine Grenzen bringen sowie die One Voice Policy gefährden:

> Being part of social media can create an expectation for interaction. Crisis managers must insure that they have the resources to deal with the additional requests for information that might flow in once stakeholders access the organization's crisis response. Social media can tax the crisis manager's ability to appear to be open and transparent if the crisis team cannot meet the information requests generated by social media. Social media also increases the possibility of multiple voices communicating about the crisis, (Coombs 2014, S. 156).

Dennoch haben die Chancen, die Social Media für das Unternehmen in Krisenzeiten bieten, etliche deutsche Unternehmen erkannt. Knapp über 60 Prozent der befragten Unternehmen in einer vom Bundesverband Digitale Wirtschaft durchgeführten Studie nennen neben Bekanntheits- und Imagesteigerung die Krisenkommunikation als wichtigen Grund für ihre Social Media-Aktivitäten (BVDW 2011, S. 10).

Im European Communication Monitor wurden die Kommunikationsexperten befragt, welche Strategien und Instrumente sie während einer Krise tatsächlich nutzen (Zerfass et al. 2013, S. 77 ff.; Abb. 3) Die Fokussierung auf sachliche Fakten scheint demnach kein ausschließlich deutsches Phänomen zu sein: Über 80 Prozent der Befragten aus den verschiedenen europäischen Ländern nutzen in Krisensituationen die Informationsstrategie, indem sie den Stakeholdern Fakten und Daten zur Situation zur Verfügung stellen und die nächsten Schritte erklären. Die Mitgefühlstrategie, bei der man seine Anteilnahme für die Geschädigten ausdrückt, wird nicht mal von einem Drittel der Befragten angewendet. Ähnlich unpopulär sind nur noch die Verteidigungsstrategie (18,4 Prozent), bei der man bspw. versucht seine Sichtweise zu vermitteln oder andere zu beschuldigen, sowie die Entschuldigungsstrategie (17,0 Prozent), in deren Rahmen man sich bei den Stakeholdern für die Situation entschuldigt und Verantwortung übernimmt. Die Krise auszusitzen ist für die meisten jedoch kein probates Mittel zur Krisenbewältigung mehr (9,4 Prozent).

Die Informationsstrategie wird in allen Krisenarten stark eingesetzt, spielt aber bei der Bewältigung natürlicher Krisen (z. B. Naturkatastrophen oder Unfälle) die bedeutendste Rolle (Tab. 2), da es hier zunächst darum geht, Informationen zu Entstehung, Ausmaß

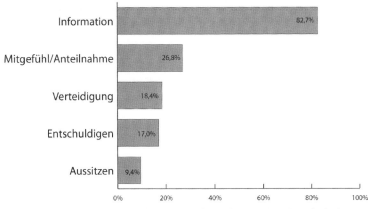

n = 1.367 PR-Experten in Kommunikationsabteilungen, die im letzten Jahr mit einer Krisensituation konfrontiert waren.
Frage: Welche Kommunikationsstrategien wurden in dieser wichtigsten Krisensituation genutzt? (Mehrfachantworten)

Abb. 3 Strategien in Krisensituationen. (Eigene Darstellung nach Zerfass et al. 2013, S. 77)

Tab. 2 Einsatz von Kommunikationsstrategien bei verschiedenen Krisenarten. (Eigene Darstellung nach Zerfass et al. 2013, S. 79)

Art der Krise	1.	2.	3.	4.	5.
Institutionell	Information (86,2 %)	Verteidigung (27,3 %)	Mitgefühl (20,1 %)	Aussitzen (11,4 %)	Entschuldigen (10,0 %)
Performance	Information (74,9 %)	Mitgefühl (37,3 %)	Entschuldigen (36,1 %)	Verteidigung (16,9 %)	Aussitzen (5,1 %)
Management/ Führung	Information (78,2 %)	Entschuldigen (23,0 %)	Mitgefühl (19,7 %)	Verteidigung (19,2 %)	Aussitzen (13,8 %)
Finanziell/ ökonomisch	Information (86,0 %)	Mitgefühl (21,0 %)	Verteidigung (13,4 %)	Entschuldigen (8,1 %)	Aussitzen (7,5 %)
Gerüchte/Fehler in Kommuni- kation	Information (78,6 %)	Mitgefühl (23,9 %)	Verteidigung (18,8 %)	Entschuldigen (12,8 %)	Aussitzen (10,3 %)
Arbeitsbezie- hungen	Information (84,7 %)	Mitgefühl (37,6 %)	Verteidigung (18,8 %)	Aussitzen (12,9 %)	Entschuldigen (5,9 %)
Natürlich (Unfall, Natur- katastrophe)	Information (91,5 %)	Mitgefühl (41,5 %)	Entschuldigen (8,5 %)	Verteidigung (6,4 %)	Aussitzen (3,2 %)

n = 1367 PR-Experten in Kommunikationsabteilungen, die im letzten Jahr mit einer Krisensituation konfrontiert waren.
Frage zur Art der Krise: Denken Sie bitte an die wichtigste Krisensituation Ihres Unternehmens im letzten Jahr. Wie würden Sie diese Krise kategorisieren?
Frage zur Kommunikationsstrategie: Welche Kommunikationsstrategien wurden in dieser wichtigsten Krisensituation genutzt? Mehrfachantworten möglich.

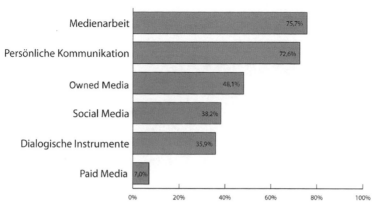

n = 1.349 PR-Experten in Kommunikationsabteilungen, die im letzten Jahr mit einer Krisensituation konfrontiert waren.
Frage: Welche Kommunikationsinstrumente wurden in dieser wichtigsten Krisensituation genutzt? (Mehrfachantworten)

Abb. 4 Kommunikationsinstrumente in Krisensituationen. (Eigene Darstellung nach Zerfass et al. 2013, S. 78)

und Bewältigung der Katastrophe für alle (potenziellen) Stakeholder möglichst umfassend darzulegen:

> Die Bevölkerung will und muss schnell und umfassend informiert werden – und zwar sowohl die von dem Ereignis betroffene, als auch die nicht (oder noch nicht) betroffenen Bürger. Besonders bei lokalen Ereignissen mit überregionaler Wirkung haben die Bürger direkt und unmittelbar ein hoher Informationsbedürfnis, (Ditges et al. 2008, S 161).

Insbesondere direkt nach Eintritt der Katastrophe entsteht ein Informationsvakuum, in dem sich ein vorbereitetes Unternehmen als „Source of Information" positionieren kann (Möhrle 2007, S. 195).

Darüber hinaus findet die Mitgefühlstrategie bei Naturkatastrophen oder Unfällen verstärkt Anwendung, denn bei dieser Krisenart kommen zumeist Menschen, Tiere oder Natur zu Schaden. Die Verteidigungsstrategie ist nur bei institutionellen Krisen die zweitwichtigste Strategie, während man bei Management-Krisen neben der Information auf Entschuldigung setzt. Eine Krise auszusitzen scheint generell keine angemessene Reaktion mehr zu sein; v. a. bei Konflikten mit Arbeitnehmern oder dem Betriebsrat (Arbeitsbeziehungen) wird diese „Strategie" gegenüber einer Entschuldigung jedoch noch bevorzugt.

Offensichtlich verfangen die Ratschläge der Praktikerhandbücher kaum; wird doch hier immer wieder betont, wie kommunikationsstrategisch sinnvoll bei vielen Krisenarten Strategien außerhalb der sachlich-distanzierten Information sind (u. a. Riecken 2008):

> Eine Entschuldigung bei den Geschädigten ist nicht zwangsläufig ein Eingeständnis von Schuld und Versagen – es zeugt vielmehr von Verantwortung und trägt stärker zu einer Vertrauensbildung bei als Abwiegeln und Beschwichtigen – oder das vielsagende Schweigen nach einer leidlich überstandenen Krise, (Möhrle 2007, S. 209).

Tab. 3 Einsatz von Kommunikationsinstrumenten bei verschiedenen Krisenarten. (Eigene Darstellung nach Zerfass et al. 2013, S. 80)

Art der Krise	1.	2.	3.	4.	5.
Institutionell	Medienarbeit (84,3 %)	Persönliche Komm. (77,4 %)	Owned Media (42,2 %)	Dialogische Instrumente (41,8 %)	Social Media (41,1 %)
Performance	Medienarbeit (76,6 %)	Persönliche Komm. (72,6 %)	Owned Media (50,0 %)	Social Media (44,4 %)	Dialogische Instrumente (31,7 %)
Management/ Führung	Medienarbeit (72,3 %)	Persönliche Komm. (69,7 %)	Owned Media (49,8 %)	Dialogische Instrumente (34,2 %)	Social Media (29,0 %)
Finanziell/ ökonomisch	Medienarbeit (68,6 %)	Persönliche Komm. (68,1 %)	Owned Media (57,3 %)	Dialogische Instrumente (38,4 %)	Social Media (30,3 %)
Gerüchte/Fehler in Kommunikation	Persönliche Komm. (72,6 %)	Medienarbeit (63,7 %)	Social Media (46,0 %)	Owned Media (38,9 %)	Dialogische Instrumente (31,0 %)
Arbeitsbeziehungen	Medienarbeit (71,8 %)	Persönliche Komm. (70,6 %)	Dialogische Instrumente (47,1 %)	Owned Media (42,4 %)	Social Media (29,4 %)
Natürlich (Unfall, Naturkatastrophe)	Medienarbeit (85,1 %)	Persönliche Komm. (73,4 %)	Owned Media (48,9 %)	Social Media (44,7 %)	Dialogische Instrumente (23,4 %)

n = 1.349 PR-Experten in Kommunikationsabteilungen, die im letzten Jahr mit einer Krisensituation konfrontiert waren.

Frage zur Art der Krise: Denken Sie bitte an die wichtigste Krisensituation Ihres Unternehmens im letzten Jahr. Wie würden Sie diese Krise kategorisieren?

Frage zu Kommunikationsinstrumenten: Welche Kommunikationsinstrumente wurden in dieser wichtigsten Krisensituation genutzt? Mehrfachantworten möglich.

Der Schwerpunkt bei dem Einsatz von Instrumenten und Kanälen während der Krise liegt auf Medienarbeit (Media Relations) und der persönlichen Kommunikation, z. B. mit Entscheidern (Abb. 4; Zerfass et al. 2013, S. 78). Von weniger als der Hälfte der Befragten werden Owned Media (z. B. Broschüren, Website) sowie Möglichkeiten der dialogischen Kommunikation (z. B. Social Media, aber auch runde Tische) genutzt. Paid Media im Sinne von Werbung kommt während einer Krise am seltensten zum Einsatz (7,0 Prozent).

Der Einsatz der Instrumente hängt ebenfalls von der Krisenart ab (Tab. 3). Während Medienarbeit fast in allen Krisenarten das meistgenannte Kommunikationsinstrument ist, setzt man bei Krisen, die aufgrund von Gerüchten oder kommunikativem Fehlverhalten entstehen, vor allem auf die persönlichen Kommunikationskanäle. Daher werden bei dieser Krisenart zusätzlich verstärkt Social Media eingesetzt. Dies könnte jedoch auch deshalb der Fall sein, da viele Gerüchte erst in den sozialen Medien entstehen und somit auf demselben Kanal ausgeräumt werden. Bei Konflikten mit Mitarbeitern oder

Gewerkschaften versucht man mithilfe von persönlichen und dialogischen Kommunikationsinstrumenten die Krisen zu bewältigen. Dennoch spielt hier ebenfalls die klassische Medienarbeit eine zentrale Rolle, denn diese – eher interne – Konflikte sind für die Medien ebenfalls interessant und können das Image des Unternehmens bzw. der Marke bei Stakeholdern, wie bspw. potenziellen Mitarbeitern, beschädigen. Neben Medienarbeit und persönlicher Kommunikation versucht man Krisen auch mithilfe der Owned Media zu lösen, indem die relevanten Informationen in den eigenen Publikationskanälen (z. B. Unternehmenswebsite) für Share- und Stakeholder bereitgestellt werden und die unternehmenseigene Sichtweise vermitteln.

Die gewählte Kommunikationsstrategie während einer Krise legt gewisse Kommunikationsinstrumente nahe, denn im besten Fall sollte der Einsatz der Instrumente passend zur Strategie erfolgen. Medienarbeit und persönliche Kommunikation sind bei allen genannten Strategien am zentralsten und ungefähr gleich wichtig (Zerfass et al. 2013, S. 81). Lediglich bei der Verteidigungsstrategie wird deutlich stärker auf Medienarbeit als auf persönliche Kommunikation gesetzt, da eine stark dialogisch ausgerichtete Kommunikation vermutlich weitere Fallstricke (z. B. durch kritische Nachfragen) bereithalten würde. Bei der Entschuldigungsstrategie werden etwas häufiger Owned und Social Media verwendet als bei den anderen Strategien, denn so kann gewährleistet werden, dass die (juristische geprüfte) Entschuldigung ohne Änderungen, Kürzungen oder Fehler in die Öffentlichkeit gelangt. Bei der Informationsstrategie werden hingegen Social Media deutlich weniger genutzt; offensichtlich wurde hier von den PR-Experten antizipiert, dass eine reine Informationsvermittlung via Social Media bedingt erfolgreich ist (Schindler und Liller 2012, S. 65). Paid Media (z. B. Werbeanzeigen) kommt am ehesten noch bei der Verteidigungsstrategie zum Einsatz (Zerfass et al. 2013, S. 81).

Zusammenfassend lässt sich aus den Ergebnissen des European Communication Monitors ableiten, dass in Europa bei der Krisenkommunikation eine Konzentration auf wenige Strategien (v. a. Informationsstrategie) und Instrumente (v. a. Medienarbeit und persönliche Kommunikation) erfolgt. Aufgrund der gewählten Methode der Studie (Befragung) müssen die Antworten der Befragten jedoch nicht das tatsächliche Verhalten im Krisenfall abbilden, sondern können eine durch fehlerhafte Erinnerung bzw. soziale Erwünschtheit verzerrte Form der Realität widerspiegeln.

5   Nach der Krise: Evaluation und Optimierung

Nach einer gewissen Zeit verliert die (mediale) Öffentlichkeit das Interesse an der Krise. Entweder konnte das Problem gelöst und die Krise offiziell beendet werden, so dass keine weitere Entwicklung diesbezüglich zu erwarten ist. Vielfach wird die Krise jedoch aufgrund anderer (Krisen-)Themen von der medialen und öffentlichen Agenda verdrängt:

> Ein neues Thema auf der Medienagenda erzielt keine zusätzliche Aufmerksamkeit, die Aufmerksamkeit, die die Rezipienten dem neuen Thema entgegenbringen, reduziert die Aufmerksamkeit für andere Themen – auch wenn sich an der objektiven Relevanz dieser Themen nichts verändert hat (Maurer 2010, S. 15).

Sollte die Reputation der Marke durch die Krise beschädigt worden sein, muss diese nun wieder aufgebaut werden. In dieser Phase sehen sich die Unternehmen mit der Schwierigkeit des gesunkenen Medieninteresses konfrontiert: Die initiierten Kommunikationsmaßnahmen und Botschaften werden von den Medien ignoriert, etwaige, dem Unternehmen zur Hilfe geeilte Krisenmanager (z. B. aus der Politik) verfolgen wieder ihre eigene Agenda (Roselieb und Dreher 2008, S. 9 f.).

Trotz dieser schwierigen kommunikativen Bedingungen können Unternehmen- oder Produktmarken gestärkt aus einer Krise hervorgehen (Abschn. 2). Dieses positive Ergebnis ist jedoch nur möglich, wenn die Zeit nach der Krise für eine Aufarbeitung der Krise genutzt wird. Eine umfassende Analyse des internen und externen Krisen- und Kommunikationsmanagements dient dazu, Schwächen aufzuzeigen und für den nächsten Krisenfall zu optimieren. Die Dokumentation der Analyseergebnisse ist dabei zentral, denn so kann ein Unternehmen oder eine Marke individuelles Wissen in Organisationswissen überführen (Möhrle 2007, S. 209 f.) – ein Prozess, der insbesondere aufgrund der zunehmenden Mitarbeiter-Fluktuation angeraten ist (Hay Group 2013). Neben der Präventionsphase kommt der „post crisis" (Coombs 2014, S. 10) somit eine zentrale Bedeutung zu, die gleichermaßen schwerfällt, da die Krise vergessen zu sein scheint und das Alltagsgeschäft Ressourcen bindet:

> Careful evaluation is essential to improved performance. The downside is that a thorough evaluation is time-consuming and somewhat painful. Still, the rewards more than justify the expenditure of resources. [...] A well-organized recording of crisis knowledge will allow the knowledge to be used effectively during future crisis management efforts, (Coombs 2014, S. 177).

In der Folge müssen Krisenhandbücher überarbeitet, Krisenstäbe geschult, Infrastrukturen optimiert und interne und externe Kommunikationsprozesse weiter etabliert werden. Darüber hinaus ist die (objektive) Analyse des entstandenen Schadens zentral, um für die zukünftige Unternehmens- und Kommunikationsstrategie zu wissen, welche ökonomische Einbußen (z. B. Absatz, Umsatz) und/oder Imageeinbrüche das Unternehmen oder die Marke durch die Krise erlitten hat (Möhrle und Hoffmann 2012, S. 107). Hierfür kann der Einsatz verschiedener Methoden nötig sein, um eine objektive Ausgangslage für die Strategie-Entwicklung zu besitzen.

6 Fazit und Ausblick

Professionelle Krisenkommunikation ist für die Bewältigung von Krisen unvermeidbar. Insgesamt weisen die Ergebnisse des European Communication Monitor 2013 darauf hin, dass der Umgang mit Krisen – trotz ihrer Unterschiedlichkeit – im Hinblick auf Strategie- und Instrumenteneinsatz zunehmend standardisiert erfolgt. Vermutlich ist dies das Resultat einer gestiegenen Professionalisierung von Ausbildung und PR-Branche. Es entsteht somit der Eindruck, dass Praxishandbücher deutlich weniger zu Diversifizierung als zur

Standardisierung des Krisenmanagements beitragen. Die Herausforderung für Unternehmens- und Produktmarken könnte zukünftig darin liegen, ihr in krisenfreien Phasen kommunikativ mühsam errungenes Alleinstellungsmerkmal durch die Krise zu retten (Garth 2008, S. 176).

Gleichzeitig steht die Krisenkommunikation vor enormen Herausforderungen. Durch soziale Medien kommen täglich weitere Akteure und Themen hinzu, die potenziell ein Unternehmen oder eine Marke in eine Krise stürzen können. Die Schnelligkeit und Viralität dieser Angebote setzen Unternehmen unter Zeitdruck (Schindler und Liller 2012, S. 66 f., 152). Gleichzeitig bietet sich durch die sozialen Medien die einzigartige Möglichkeit, kritische Stimmungen schon frühzeitig entdecken und bewusst gegensteuern zu können. Jedoch schätzen die europäischen PR-Profis nicht nur ihre Fähigkeiten, Risiken im Social Web zu vermeiden und mit Krisen in den sozialen Medien umzugehen, als begrenzt ein (Abschn. 1), sondern auch das Managen von Online-Communities und die Initiierung von web-basierten Dialogen mit den Stakeholdern trauen sich viele Kommunikationsexperten lediglich bedingt zu (Zerfass et al. 2013, S. 40). Diese Befunde sind für Unternehmen und ihre Marken umso gefährlicher, da ein funktionierender und authentischer Dialog mit den Stakeholdern der wichtigste Schritt ist, um eine loyale Community aufzubauen, die für die Vermeidung bzw. das Überstehen von Krisen hilfreich ist (Schindler und Liller 2012, S. 136, 176; Stoffels und Bernskötter 2012, S. 82).

Soziale Medien sind vernetzt, schnell und international, so dass Krisen heutzutage selten auf eine Region beschränkt bleiben. In Zeiten der Globalisierung ist es für internationale Marken entscheidend, Krisenkommunikation nicht nur im lokalen, regionalen oder nationalen Bereich zu beherrschen. Die Internationalität von Krisen stellt Kommunikatoren vor viele Herausforderungen; angefangen von unterschiedlichen Rechts- und Mediensystemen bis hin zu kulturspezifischen Bedürfnissen und Reaktionen der Stakeholder (Coombs 2008). Eine „One Voice Policy" ist durch den Einsatz von Social Media sowie die Internationalisierung von Krisen zunehmend schwieriger zu erreichen (Schindler und Liller 2012, S. 65), wenn interne Strukturen und Prozesse nicht rechtzeitig angepasst und trainiert wurden. Praxishandbücher zur kommunikativen Bewältigung von Krisen werden diesen Entwicklungen Rechnung tragen müssen. Jedoch birgt eine Überwindung der ethnozentrischen Perspektive gleichzeitig die Chance, neue Strategien, Verhaltensweisen und Instrumente für die Krisenkommunikation zu entdecken.

Die Autorin

Prof. Dr. Elke Kronewald ist Professorin für PR und Kommunikationsmanagement an der Hochschule Macromedia in Stuttgart. Zuvor war sie vier Jahre als PR-Beraterin bei PRIME research international/F.A.Z.-Institut in Mainz für internationale Medienresonanzanalysen sowie Themen- und Issues-Management verantwortlich. Seitdem beschäftigt sie sich insbesondere mit der Analyse und Evaluation von (Online-)Kommunikation.

Literatur

Baumgärtner, N. (2008). Risiken kommunizieren – Grundlagen, Chancen und Grenzen. In T. Nolting, & A. Thießen (Hrsg.), *Krisenmanagement in der Mediengesellschaft. Potenziale und Perspektiven der Krisenkommunikation* (S. 41–62). Wiesbaden: VS.

Bickhoff, N., & Eilenberger, G. (2004). Einleitung. In N. Bickhoff, M. Blatz, G. Eilenberger, S. Haghani, & K.-J. Kraus (Hrsg.), *Die Unternehmenskrise als Chance. Innovative Ansätze zur Sanierung und Restrukturierung* (S. 3–12). Berlin, Heidelberg: Springer.

BVDW (Bundesverband Digitale Wirtschaft) (2011). *Einsatz von Social Media in Unternehmen. Ergebnisse der Umfrage.* http://bvdw.org/fileadmin/bvdw-shop/bvdw_leitfaden_social_media_in_unternehmen.pdf. Zugegriffen: 26. Mai 2014

Coombs, W. T. (2008). The future of crisis communication from an international perspective. In T. Nolting, & A. Thießen (Hrsg.), *Krisenmanagement in der Mediengesellschaft. Potenziale und Perspektiven der Krisenkommunikation* (S. 275–287). Wiesbaden: VS.

Coombs, W. T. (2014). *Ongoing Crisis Communication: Planning, Managing, and Responding* (4. Aufl.). Los Angeles et al.: Sage.

Coombs, W. T., & Holladay, S. J. (2002). Helping crisis managers protect reputational assets: Initial tests of the situational crisis communication theory. *Management Communication Quarterly, 16,* 165–186.

Ditges, F., Höbel, P., & Hofmann, T. (2008). *Krisenkommunikation.* Konstanz: UVK.

Garth, A. J. (2008). *Krisenmanagement und Kommunikation.* Wiesbaden: Gabler.

Hay Group (2013). *Sind Ihre Talente bereit zum Abflug?* http://atrium.haygroup.com/downloads/marketingps/de/Sind%20Ihre%20Talente%20bereit%20zum%20Abflug_executive_summary.pdf. Zugegriffen: 30. Mai 2014

Ingenhoff, D., & Röttger, U. (2008). Issues Management. Ein zentrales Verfahren der Unternehmenskommunikation. In M. Meckel, & B. F. Schmidt (Hrsg.), *Unternehmenskommunikation. Kommunikationsmanagement aus Sicht der Unternehmensführung* (S. 323–354). Wiesbaden: Gabler.

Johanssen, K.-P., & Dujić, A. (2008). Krisenkommunikation im Ernstfall – Die Rolle der Kommunikationsverantwortlichen. In T. Nolting, & A. Thießen (Hrsg.), *Krisenmanagement in der Mediengesellschaft. Potenziale und Perspektiven der Krisenkommunikation* (S. 198–204). Wiesbaden: VS.

Kalt, G. (2003). Gewappnet sein ist möglich. Issues Management in der Medienarbeit – Zur Identifizierung und Steuerung von Krisen- und Chancenthemen durch praxisnahe Begleitforschung. In M. Kuhn, G. Kalt, & A. Kinter (Hrsg.), *Chefsache Issues Management. Ein Instrument zur strategischen Unternehmensführung – Grundlagen, Praxis, Trends* (S. 97–112). Frankfurt: FAZ.

Köhler, T. (2006). *Krisen-PR im Internet. Nutzungsmöglichkeiten, Einflussfaktoren und Problemfelder.* Wiesbaden: VS.

Kronewald, E., & Steffens, T. (2014). Issues Management mit Social Media. Ein Erfolgsfaktor für die Unternehmenskommunikation. In S. Dänzler, & T. Heun (Hrsg.), *Marke und digitale Medien. Der Wandel des Markenkonzepts im 21. Jahrhundert* (S. 311–327). Wiesbaden: Springer Gabler.

Krystek, U., & Moldenhauer, R. (2007). *Handbuch Krisen- und Restrukturierungsmanagement. Generelle Konzepte, Spezialprobleme, Praxisberichte.* Stuttgart: Kohlhammer.

Kuhn, M. (2003). A virtual Network. Das Global Issues Management bei DaimlerChrylser. In M. Kuhn, G. Kalt, & A. Kinter (Hrsg.), *Chefsache Issues Management. Ein Instrument zur strategischen Unternehmensführung – Grundlagen, Praxis, Trends* (S. 203–213). Frankfurt: FAZ.

Kuhn, M., & Ruff, F. (2007). Corporate Foresight und strategisches Issues Management. In M. Piwinger, & A. Zerfaß (Hrsg.), *Handbuch Unternehmenskommunikation* (S. 303–320). Wiesbaden: Gabler.

Mast, C. (2008). Nach der Krise ist vor der Krise – Beschleunigung der Krisenkommunikation. In T. Nolting, & A. Thießen (Hrsg.), *Krisenmanagement in der Mediengesellschaft. Potenziale und Perspektiven der Krisenkommunikation* (S. 98–111). Wiesbaden: VS.

Maier, M., Stengel, K., & Marschall, J. (2010). *Nachrichtenwerttheorie*. Baden-Baden: Nomos.

Maurer, M. (2010). *Agenda-Setting*. Baden-Baden: Nomos.

Merten, K. (2001). Determinanten des Issues Managements. In U. Röttger (Hrsg.), *Issues Management. Theoretische Konzepte und praktische Umsetzung. Eine Bestandsaufnahme* (S. 41–57). Wiesbaden: Westdeutscher Verlag.

Merten, K. (2008). Krise und Krisenkommunikation: Von der Ausnahme zur Regel? In T. Nolting, & A. Thießen (Hrsg.), *Krisenmanagement in der Mediengesellschaft. Potenziale und Perspektiven der Krisenkommunikation* (S. 83–97). Wiesbaden: VS.

Möhrle, H. (2007). Wissen, was zu tun ist – Handeln im akuten Krisenfall. In H. Möhrle (Hrsg.), *Krisen-PR. Krisen erkennen, meistern und vorbeugen. Ein Handbuch von Profis für Profis* (2. Aufl. S. 195–210). Frankfurt: FAZ.

Möhrle, H., & Hoffmann, P. (2012). *Risiko- und Krisenkommunikation*. Berlin: Helios.

Riecken, M. (2008). Zwölf Faktoren erfolgreicher Medienarbeit in Krisensituationen. In T. Nolting, & A. Thießen (Hrsg.), *Krisenmanagement in der Mediengesellschaft. Potenziale und Perspektiven der Krisenkommunikation* (S. 205–217). Wiesbaden: VS.

Ries, K., & Wiedemann, P. M. (2003). Unternehmen im öffentlichen Blickfeld. Zur Funktion und Implementierung von Issues Management-Systemen. In M. Kuhn, G. Kalt, & A. Kinter (Hrsg.), *Chefsache Issues Management. Ein Instrument zur strategischen Unternehmensführung – Grundlagen, Praxis, Trends* (S. 15–31). Frankfurt: FAZ.

Roselieb, F., & Dreher, M. (2008). „Reden und Handeln sind Gold" – Wie erfahrene Krisenmanager kritische Situationen meistern. In F. Roselieb, & M. Dreher (Hrsg.), *Krisenmanagement in der Praxis. Von erfolgreichen Krisenmanagern lernen* (S. 3–12). Berlin: Erich Schmidt.

Röttger, U. (2001). Issues Management – Mode, Mythos oder Managementfunktion? In U. Röttger (Hrsg.), *Issues Management. Theoretische Konzepte und praktische Umsetzung. Eine Bestandsaufnahme* (S. 11–39). Wiesbaden: Westdeutscher Verlag.

Ruff, F. (2003). Beiträge der Zukunftsforschung zum Issue Management. In M. Kuhn, G. Kalt, & A. Kinter (Hrsg.), *Chefsache Issues Management. Ein Instrument zur strategischen Unternehmensführung – Grundlagen, Praxis, Trends* (S. 40–61). Frankfurt: FAZ.

Sartory, B., Senn, P., Zimmermann, B., & Mazumder, S. (2013). *Praxishandbuch Krisenmanagement. Krisenmanagement nach der 4C-Methode*. Zürich: Midas.

Schindler, M.-C., & Liller, T. (2012). *PR im Social Web. Das Handbuch für Kommunikationsprofis* (2. Aufl.). Köln: O'Reilly.

Stoffels, H., & Bernskötter, P. (2012). *Die Goliath-Falle. Die neuen Spielregeln für die Krisenkommunikation im Social Web*. Wiesbaden: Springer Gabler.

Thießen, A. (2011a). *Organisationkommunikation in Krisen. Reputationsmanagement durch situative, integrative und strategische Krisenkommunikation*. Wiesbaden: VS.

Thießen, A. (2011b). Organisationkommunikation in Krisen. Reputationsmanagement durch situative, integrierte und strategische Krisenkommunikation. *prmagazin, 7*, 68–73.

White, C. M. (2012). *Social Media, Crisis Communication, and Emergency Management. Leveraging Web 2.0 Technologies*. Boca Raton: Taylor & Francis.

Zerfass, A., Moreno, A., Tench, R., Verčič, D., & Verhoeven, P. (2013). *European Communication Monitor 2013. A Changing Landscape – Managing Crises, Digital Communication and CEO Positioning in Europe. Results of a Survey in 43 Countries*. Brussels: EACD/EUPRERA, Helios Media.

Mediale Unterstützung für den Marken-Turnaround am Beispiel einer Crossmedia-Kampagne der Marke Opel

Julia Hamprecht und Tina Müller

Zusammenfassung

Der gesteigerte Wettbewerbsdruck und die Veränderung von Nachfragbedürfnissen ziehen häufig die Notwendigkeit nach sich, dass sich Marken in gewissen Abständen aktualisieren müssen, um sich im Angebotsmeer erfolgreich behaupten zu können. Eine Neuausrichtung der Markenpositionierung erfordert immer eine Modifizierung bestehender Vorstellungsbilder in den Köpfen der Verbraucher. Um gelernte Markenassoziationen zu verändern beziehungsweise zu aktualisieren, bedienen sich Marketer grundsätzlich kommunikativer Maßnahmen. Der vorliegende Beitrag zeigt am Beispiel der Marke Opel, wie eine Crossmedia-Kampagne erfolgreich eingesetzt wird, um den Turnaround der Marke medial einzuläuten. Die Verknüpfung der verschiedenen Medien unter einer einheitlichen Storyline gewährleistet eine stärkere Aufmerksamkeitswirkung und bessere Lerneffekte als monomediale Kampagnen. Für die Repositionierung einer Marke bietet die Crossmedia-Kampagne damit ein erfolgreiches Tool. Alte Markenschemata werden aufgeweicht und die Verbraucher für neue Markeninhalte sensibilisiert, die schließlich über einen langfristigen Planungszeitrum im Gedächtnis der Konsumenten verankert werden müssen.

1   Zur Relevanz der Kommunikation für die Repositionierung von Marken in der Automobilwirtschaft

„Rebranding" ist in aller Munde (Kaikati und Kaikati 2003). Veränderte Konsumentenbedürfnisse und verstärkte Wettbewerbsaktivitäten im Umfeld der Marke resultieren häufig in der Notwendigkeit, eine Marke neu auszurichten (Keller et al. 1998). Die Repositionierung von Unternehmensmarken (Corporate Brands) ist zu einem elementaren Bestandteil für die Führung von Marken geworden (Stuart und Muzellec 2004). Dieses vielbeach-

Dr. Julia Hamprecht ✉
Wiesbaden, Deutschland
e-mail: julia.hamprecht@gmail.com

Chief Marketing Officer Tina Müller
Rüsselsheim, Deutschland

© Springer Fachmedien Wiesbaden 2016   115
S. Regier et al. (Hrsg.), *Marken und Medien*, DOI 10.1007/978-3-658-06934-6_7

tete Phänomen dominiert nicht nur Marketingmagazine in allen seinen Ausprägungen (Merrilees und Miller 2008),[1] sondern zeigt sich auch anhand zahlreicher Beispiele in der Praxis (Vodafone im Jahr 2003, Credit Suisse im Jahr 2006, Puma im Jahr 2007 sowie Bauknecht und HTC im Jahr 2013). Alle Marken haben grundsätzlich gemein, dass sie revitalisiert werden müssen, um interessant, lebendig und relevant zu bleiben (Aaker 1991; Keller 1993).[2] Da Marken häufig Symbolcharakter besitzen und für Konsumenten zum Ausdruck der eigenen Persönlichkeit dienen (Keller 1993), entscheidet die Wahrnehmung des Markenimages zu einem erheblichen Teil über Erfolg oder Misserfolg einer Marke (Buzzell et al. 1989). Das Image leitet sich aus den verschiedenen Komponenten der Markenidentität ab und kann somit indirekt vom Unternehmen, unter anderem mithilfe der Marketingkommunikation, gesteuert werden (Aaker 1991; Rossiter und Percy 2005); daher wird allgemein auch von der strategischen Bedeutung der Kommunikation für die Markenführung und damit Imagebildung gesprochen (Bruhn 2007).

Mit Augenmerk auf den Automobilmarkt wird deutlich, dass besonders der deutsche Markt, neben den anderen Triaden-Märkte Europas, Nordamerika und Japan, durch begrenztes Wachstumspotential[3], Konjunkturabhängigkeit[4] und hohe Wettbewerbsintensität[5] gekennzeichnet ist (Diez 2009; o. V. 2005; Ott 1997). Der Umstand führt zu verstärkter Rivalität zwischen den Wettbewerbern, welche sich in gesteigertem Preiswettbewerb, in Werbeoffensiven, neuen Produkteinführungen oder auch in der Ausweitung der Service- und Garantieleistungen ausdrückt. Mit Blick auf die Verbraucher zeichnet sich zudem eine Veränderung der Konsumentenbedürfnisse und des Mediennutzungsverhaltens ab (SevenOne Media 2013; Südwestrundfunk 2014). Das gesteigerte Interesse an Lifestyle-Produkten und die zunehmend mobile Gesellschaft stellen Automobilhersteller vor die Herausforderung, ihre Marken zusehends zu emotionalisieren und neue Wege der kommunikativen Ansprache zu wählen (Abb. 1) (Gleich 2003; Meenaghan 1995). Für das Markenmanagement von Automobilmarken ergibt sich die Aufgabe, die Marke wettbewerbsdifferenzierend zu positionieren und für den Kunden einen wahrgenommenen Mehrwert zu offerieren. Wird die Marke nicht differenziert vom Wettbewerb wahrgenommen, besteht die Notwendigkeit, die Identität der Marke und somit die Markenpositionierung zu aktualisieren und mithilfe der zur Verfügung stehenden Kommunikationsmittel in den Markt zu kommunizieren.

---

[1] Häufig werden die Begriffe dabei synonym verwendet: Markenerneuerung, Refreshment, Makeover, Reinvention und Repositionierung (Merrilees und Miller 2008).

[2] Eine starke, vorteilhafte Corporate Brand ist ein mächtiges Navigations-Tool für bestehende und potentielle Stakeholder und Shareholder (Balmer und Gray 2003).

[3] Die Höhe des PKW-Bestands (Reifegrad) beläuft sich für Januar 2014 auf 43,9 Millionen Fahrzeuge und die Fahrzeugdichte liegt bei 545 PKW je 1000 Einwohner (Kraftfahrt-Bundesamt (a), Kraftfahrt-Bundesamt (b)). Laut Statistischem Bundesamt (Statistisches Bundesamt) verfügen im Jahr 2013 77,1 Prozent der Haushalte in Deutschland über einen PKW. Auch der aktuelle Ersatzbedarf zeigt die Reife des deutschen Automarktes (o. V. 2013).

[4] Neben konjunkturellen Schwankungen ist der Automobilmarkt auch geprägt durch saisonale Abweichungen (Diez 2009).

[5] Der Automobilmarkt kann nach der mikroökonomischen Theorie als Oligopol eingruppiert werden, welche sich durch eine hohe Wettbewerbsintensität auszeichnet (Ott 1997).

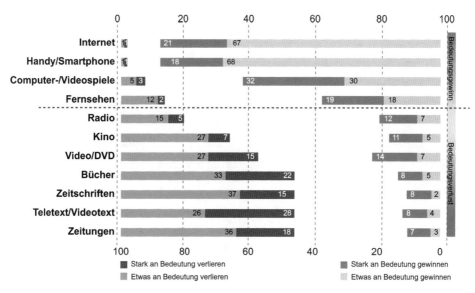

Basis [14-49 Jahre]: 1010 Fälle: In Prozent

Abb. 1 Bedeutungsprognose der Medien 2013 in Prozent. (SevenOne Media 2013)

2 Grundlagen der Markenführung

2.1 Das Corporate Branding

Das Management von Corporate Brands unterscheidet sich von dem der Produktmarken dahingehend, dass es sich auf verschiedene Anspruchsgruppen (Stakeholder und Shareholder) bezieht. Demgegenüber stehen bei der Führung von Produktmarken primär die Konsumenten im Fokus der Betrachtung (Hatch und Schultz 2003; Merrilees und Miller 2008). Die Corporate Brand erfüllt zwei zentrale Funktionen, zum einen die Differenzierungsfunktion für die externen Zielgruppen (Kunden, Lieferanten, Medienvertreter, Finanzanalysten, Journalisten, Wettbewerber) und zum anderen die Identifikationsfunktion für die internen Zielgruppen (Mitarbeiter, Führungskräfte) (Gress et al. 2009). Für das Management einer Corporate Brand bildet die Definition der Markenidentität die Grundlage zur Steuerung der Marke. Auf Grundlage der Markenidentität erfolgt, mithilfe geeigneter Marketinginstrumente, die systematische Planung, Umsetzung und Kontrolle der gewählten Positionierung. Die Steigerung des Markenwertes als ökonomisches Oberziel lässt sich dafür in die beiden psychografischen Ziele der Markenführung herunterbrechen: „die Erhöhung des Bekanntheitsgrades und die Sicherung eines eigenständigen und unverwechselbaren Markenimages" (Diez 2009, S. 547).

2.2 Die Positionierung und Repositionierung einer Marke

Die Markenpositionierung wird nicht als statisches Konzept, sondern als dynamischer Prozess verstanden, bei dem die Marke im Zeitverlauf im Wettbewerbsraum positioniert werden muss (Park et al. 1986). Dabei besteht das Ziel des Markenmanagements darin, eindeutige und einzigartige Assoziationen mit der Marke in den Köpfen der Verbraucher zu verankern, um ein unverwechselbares Markenimage aufzubauen. Durch starke, vorzugswürdige und einzigartige Assoziationen gelingt es der Marke, sich von den Wettbewerbern zu differenzieren und somit bei der Kaufentscheidung in das „Evoked Set"[6] aufgenommen zu werden (Keller et al. 2002). Zeigen sich Anzeichen einer Markenverwässerung, beispielsweise aufgrund des Verlusts einer eigenständigen Positionierung oder aufgrund einer starken externen Dynamik, ergibt sich die Notwendigkeit, die Marke zu repositionieren. Damit wird das Ziel verfolgt, das Image der Marke wieder zu stärken und die Marke langfristig wettbewerbsfähig zu halten (Mühlbacher et al. 1996; Roosdorp 1998). Die Markenrepositionierung umfasst psychologische und physiologische Aspekte und beschäftigt sich mit der Neugestaltung beziehungsweise der Aktualisierung der betreffenden Marke in den Köpfen der Anspruchsgruppen (Wong und Merrilees 2006). Die betreffenden Repositionierungskomponenten werden mithilfe der Markenkommunikation sowohl nach außen als auch nach innen getragen (Baumgarth 2008; Burmann et al. 2007; Feddersen 2010).

2.3 Die Markenidentität

Die Markenidentität bildet die Basis für die solide Markenpositionierung im Wettbewerbs- und im Wahrnehmungsraum der Konsumenten. In der Identität fassen sich zentrale Eigenschaften der Marke aus strategischer Sicht zusammen, welche die unterschiedlichen Anspruchsgruppen der Marke berücksichtigen (Kapferer 2012; Keller et al. 2011). Sowohl die Markenidentität als auch die Positionierung der Marke sind letztlich für die Bildung des Markenimages verantwortlich (Abb. 2) (Aaker 2012; Park et al. 1986).

In der Literatur existiert eine Vielzahl von unterschiedlichen Markenidentitätsdefinitionen (Balmer 2008). Ein Konzept, das einen großen Bezugsrahmen aufspannt und eine breite Akzeptanz gefunden hat, ist das von Aaker (2012). Hier wird davon ausgegangen, dass sich die Identität einer Marke aus vier Dimensionen zusammensetzt: der Marke als Produkt (Produktprogramm, Produkteigenschaften, Produktqualität, Produktanwender, Ursprungsland), der Marke als Person (Markenpersönlichkeit), der Marke als Symbol (visuelle Symbolik) und der Marke als Unternehmen (Menschen, Werte und Programme

---

[6] Als Evoked Set wird die Menge der auf dem Markt befindlichen Marken verstanden, die vom Kunden wahrgenommen und als potentielle Kaufalternative in Erwägung gezogen wird (Howard und Sheth 1969). Der Begriff wird in der Literatur aus als Relevant Set oder Accept Set verwendet (Steiner 2007).

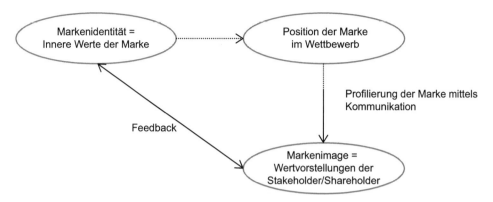

Abb. 2 Zusammenhang von Markenidentität, Positionierung und Image. (Haedrich et al. 2003)

der Organisation). Die vier Dimensionen geben dem Unternehmen die Möglichkeit, die Identität der Marke und damit indirekt das Image der Marke zu gestalten (Burmann et al. 2009). Die Identität einer Marke bezieht sich immer auf die Senderseite (Unternehmen) und das Markenimage auf die Empfängerseite (Konsument) der Kommunikation (Burmann et al. 2005a). Somit ist für die Herausbildung einer wettbewerbsdiskriminierenden Markenidentität das Unternehmen verantwortlich, wohingegen das Markenimage in der Wahrnehmung der Konsumenten entsteht.

2.4 Das Markenimage

Auch für den Begriff Markenimage hat sich in der Literatur, analog zum Begriff Markenidentität, keine einheitliche Begriffsdefinition durchgesetzt. Folgt man neueren Auffassungen beruht das Markenimage auf Assoziationen, die der Konsument in Bezug auf eine bestimme Marke in seinem Gedächtnis gespeichert hat (Aaker 1991; Keller 1993). Diese Assoziationen wiederum dienen zur Befriedigung von funktionalen und emotionalen Bedürfnissen. Der von Keller geprägte Imagebegriff ist sicherlich als einer der wichtigsten anzusehen. Hiernach wird das Image in vier Dimensionen unterteilt, nämlich das Markenbewusstsein, die Markenattribute und die markenbezogenen funktionalen und symbolischen Nutzen (Keller 1993). Demnach reflektiert das Markenimage die Wahrnehmung der Marke und manifestiert sich somit in den Vorstellungen der Anspruchsgruppen durch wiederholten direkten und indirekten Kontakt mit der Corporate Brand (Burmann et al. 2005b).

Alle Ansätze basieren generell auf Grundlage von Markenschemata. Markenschema sind komplexe Wissenseinheiten, welche Eigenschaften und standardisierte Vorstellungen zu bestimmten Sachverhalten, Ereignissen oder Objekten umfassen (Anderson 1995; Crocker 1984; Kroeber-Riel und Gröppel-Klein 2013). Dabei beinhalten Schemata sowohl kognitive als auch emotionale Sachverhalte, die bildlich oder sprachlich im Gedächtnis

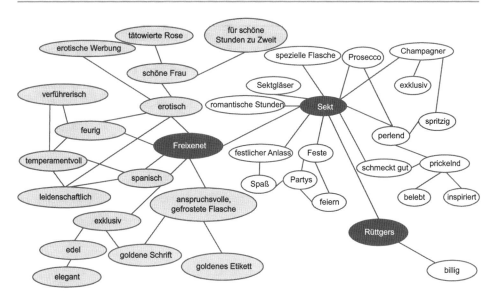

Abb. 3 Darstellung eines semantischen Netzwerks. Starke Marke Freixenet. Schwache Marke Rüttgers. (Esch et al. 2006)

repräsentiert sind (Esch 2012). Generell werden Markenschemata in Form semantischer Netzwerke dargestellt.[7]

Starke Marken beruhen grundsätzlich auf einer Vielzahl positiver und starker sowie einzigartiger Assoziationen, die im Markenschema gespeichert sind und dafür Verantwortung tragen, dass sich die Marke vom Wettbewerb differenziert und präferiert wird (Aaker 2012; Keller 1993; Yoo et al. 2000). Aus Markensicht ist es wichtig, relevante Assoziationen möglichst eng mit der Marke zu verknüpfen, so dass die Marke schnell und stark erinnert wird. Dabei sind besonders nicht-produktspezifische Markenassoziationen für die Präferenz einer Marke und deren Kaufabsicht verantwortlich (Abb. 3) (O'Cass und Lim 2002).

Starke Marken verfügen also über klare Vorstellungsbilder im Gedächtnis der Konsumenten (Esch 2012), generieren eine Unique Selling Proposition[8] und resultieren somit in positiveren Einstellung gegenüber der Marke (Aaker 2012; Keller 1993). Eine Stärkung, der mit der Marke verbundenen Assoziationen, erfolgt in der Regel durch wiederholte

---

[7] Die gespeicherten Wissenseinheiten werden durch Knoten (nodes) symbolisiert, die durch Verbindungen (links) miteinander verknüpft sind. Die Verbindungen zwischen den Knoten können dabei unterschiedlich stark ausgeprägt sein (Anderson 1995).

[8] Unique Selling Proposition = USP, beschreib den Alleinstellungsanspruch einer Marke oder auch Reason-Why für den Kauf einer Marke, also eine einzigartige Wettbewerbsposition in der Wahrnehmung der Verbraucher (Ries et al. 2013). Keller et al. (2011) sprechen in diesem Zusammenhang von dem Point of Difference = PoD, der sowohl funktionale oder auch abstrakte Assoziationen betreffen kann.

Erfahrungen mit der Marke oder Kontakt mit der Markenkommunikation (Aaker 2012; Alba und Hutchinson 1987). Schemata können folglich gelernt werden; das bedeutet, dass Markenwissen neu aufgebaut oder auch modifiziert werden kann (Mandl et al. 1988; Rumelhart und Norman 1978). Schwach entwickelte Markenschemata sind dabei leichter zu verändern als stark und weit entwickelte Schemata (Wicks 1992). Es kann somit konstatiert werden, dass für weniger starke Marken die Option besteht, sich durch eine Repositionierung oder eine Revitalisierung mit einem stärkeren Image aufzuladen.[9]

3   Grundlagen der Markenkommunikation

3.1   Die Kommunikationspolitik

Wie dargelegt, spielt die Kommunikation für die Verknüpfung von Markenassoziationen und damit für den Aufbau eines starken Markenimages eine besondere Rolle (Aaker 2012; Alba und Hutchinson 1987). Als maßgebendes Ziel der Kommunikationspolitik wird die Absicht verstanden, die Aufmerksamkeit der Konsumenten auf die Marke zu richten. Neben Maßnahmen zur Bekanntheitssteigerung bilden vor allem auch Maßnahmen zur Einstellungs- und Imagesteuerung einen wichtigen Bestandteil (Bruhn 2007).[10] Als Resultat einer zunehmenden Marktsättigung und einer immer stärkeren Angleichung funktioneller Produkteigenschaften, zeigt sich eine Konzentration auf die Orientierungs- und Identitätsfunktion von Marken, um sich von den Wettbewerbern abzuheben (Burmann et al. 2007; Kapferer 1992). Werbewirkungsmodelle belegen den Zusammenhang zwischen kommunikativer Ansprache und verhaltensrelevanter Zielgrößen und zeigen letztlich, dass Kommunikationsmaßnahmen effektiv eingesetzt werden können, um emotionale Inhalte zu transportieren, respektive die Marke emotional aufzuladen.[11] Damit kommt der Markenkommunikation eine besondere Rolle zu und es ist nicht verwunderlich, dass gerade im Rahmen von Markenrepositionierungen kommunikative Maßnahmen den Grundstock bilden (Durgee 1988; Meenaghan 1995).

---

[9] Wie zuvor beschrieben, bildet die Markenidentität die Grundlage für die Positionierung, die sowohl produkt-, persönlichkeits-, symbol- und unternehmensbezogene Aspekte beinhaltet (Aaker 2012).

[10] Grundsätzlich dienen außerökonomische Ziele als Grundlage für die Erreichung übergeordneter ökonomischer Zielgrößen, wie beispielsweise Umsatz-, Absatz- oder auch Marktanteilsziele (Meffert et al. 2012; Nieschlag et al. 2002).

[11] In der Literatur haben sich über die Zeit verschiedene Modelle zur Wirkweise von werblicher Ansprache herausgebildet (Lavidge und Steiner 1961; Howard und Sheth 1969; Kroeber-Riel und Gröppel-Klein 2013; Webster und Wind 1972). Einzig in ihren Teilschritten unterscheiden sie sich marginal und bilden somit unterschiedliche Ansätze heraus, um Konsumentenverhalten zu erklären. Damit findet ein Paradigmenwechsel von der behavioristischen Black-Box-Sichtweise, auch Stimulus-Response-Modell (Burkart 2002; Lasswell 1927) genannt, hin zur neobehavioristischen Sichtweise, auch Stimulus-Organism-Response-Schemata genannt (Meffert et al. 2012; Steffenhagen 1984), statt (siehe Abb. 4).

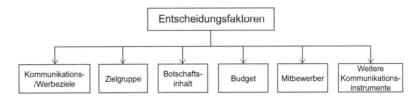

Abb. 4 Die Faktoren der Mediaplanung. (Schweiger und Schrattenecker 2012)

Dem klassischen Verständnis nach besteht die Kommunikationspolitik aus sieben Sub-kategorien: der Werbung (klassische Massenkommunikationsmittel wie Fernsehen, Zei-tungen, Zeitschriften, etc.), Verkaufsförderung, Public Relations, dem Sponsoring, Event-marketing sowie der Direktkommunikation und Multimediakommunikation (Offline, On-line) (Meffert et al. 2012). Der Kommunikationsprozess läuft dabei immer nach dem folgenden Schema ab: Wer (Unternehmen, Kommunikator) sagt was (Botschaft) unter welchen Bedingungen (Umweltsituation) über welche Kanäle (Medien, Kommunikations-träger) zu wem (Zielperson oder -gruppe) unter Anwendung welcher Abstimmungsme-chanismen (Integrationsinstrumente) und mit welcher Wirkung (Kommunikationserfolg)? (Lasswell 1948). Erfolgt der Kommunikationsfluss vom Medium direkt zum Empfänger, spricht man von einem Einstufenmodell (Schenk 2007). Im Zweistufenmodell hingegen erfolgt die Verbreitung von den Medien über sogenannten Meinungsführer zu den weniger aktiven Individuen (Lazarsfeld et al. 1968). Das mehrstufige Modell vereint den direkten und den indirekten Kontakt miteinander (Kotler und Bliemel 1995).

3.2 Der Mediaplan

Im Rahmen der Kommunikationsplanung kommt der Mediaplanung eine bedeutende Stel-lung zu. Neben den unterschiedlichen visuellen Gestaltungsoptionen, steht und fällt der Erfolg einer Kommunikationskampagne mit der Auswahl der geeigneten Verbreitung. Die zentrale Aufgabe besteht darin, die richtigen Werbeträger mit der gewünschten An-zahl an Schaltungen im angestrebten Umfeld und im geplanten Zeitraum zu identifizieren (Schweiger und Schrattenecker 2012). In Abhängigkeit der gewählten Kommunikations-ziele sind die geeigneten Medien auszuwählen. Ist beispielsweise die Festigung des Mar-kenimages von Relevanz, eignen sich besonders bildhafte Medien mit Farbmöglichkeit zur Erzielung des gewünschten Effekts. Generell sind bei komplexen Inhalten, vorzugweise Printmedien zu wählen, während bei emotionalen Inhalten bildhafte Medien einen klaren Vorteil bieten. Unter Berücksichtigung der Mitbewerber (Medien und Werbedruck) wird der Einsatz aller Kommunikationsinstrumente aufeinander abgestimmt (Werbung, Ver-kaufsförderung, Multimedia, etc.), um eine ganzheitliche und widerspruchsfreie Anspra-che der Konsumenten zu gewährleisten (Abb. 4) (Schweiger und Schrattenecker 2012).

Für die optimale Verbreitung der Botschaft wird, unter Berücksichtigung des zur Verfügung stehenden Budgets, zwischen verschiedenen Werbeträgergruppen (Intermediaselektion) und den einzelnen Werbeträgern (Intramediaselektion) (Meffert et al. 2012) unterschieden. Dieser Vorgang wird auch Mediaselektion genannt (Rossiter und Percy 1997). Ziel ist dabei, die Medien auszuwählen und die Zahl der Schaltungen so festzulegen, dass ein möglichst hoher Anteil der Zielgruppe die notwendige Kontaktzahl erhält. Hierbei wird explizit die Eignung der Werbeträger und die Präsentation der Werbebotschaft berücksichtigt (Schweiger und Schrattenecker 2012). Als Informationsgrundlage dienen in der Regel Media-Analysen, die Aufschluss über das Mediennutzungsverhalten der Gesamtbevölkerung oder der kommunikativen Leistung einzelner Medien geben. So zeigen Erhebungen, dass das Fernsehen weiter ungeschlagen in der Reichweite und dass die Nutzung des Internets über die letzten Jahre stark angestiegen ist. Im Vergleich haben Anzeigen eine größere Überzeugungswirkung und TV-Spots eine stärkere Aufmerksamkeitswirkung (Abb. 5).

3.3   Crossmedia als Sonderform

Ein Problem für die Werbekommunikation ergibt sich aus dem sich verändernden Konsumentenverhalten. Zum einen wird durch die Individualisierung der Mediennutzung (neue Medien- und Programmangebote), die adäquate Zielgruppensegmentierung sowie deren genaue Ansprache erschwert. Zum anderen kommt hinzu, dass eine sinkende Markentreue und eine zunehmend kritische Verbrauchereinstellung zu einer weniger starken Wirkung herkömmlicher Marketing- und Kommunikationsinstrumente führt. Der starke Kommunikationswettbewerb unter den Wettbewerbern forciert zudem zusätzlich die Notwendigkeit neuer kommunikativer Maßnahmen (Gleich 2003). Vermarkter, Mediaplaner und Werbeträger sind bestrebt, der Entwicklung mithilfe von Optimierungsmaßnahmen in der Werbekommunikation entgegenzuwirken, wobei eine geschickte Verknüpfung unterschiedlicher Kommunikationsdisziplinen und -instrumente im Zentrum des Interesses steht, das sogenannte Crossmedia-Konzept (Herrmann 2003).[12] Mit der Verbreitung des Internets hat sich in den letzten Jahren ein regelrechter Crossmedia-Boom entwickelt (van Eimeren und Frees 2007).

Der Begriff wird vielseitig definiert und eine übergeordnete Konzeptualisierung existiert nach aktuellem Stand nicht. Je nachdem ob der Fokus im Publishing, Management, Journalismus oder Werbungsbereich liegt, ergeben sich unterschiedliche Inhalte. Setzt man die Sichtweise der Werbebranche an, wird unter dem Begriff Crossmedia die Kombi-

---

[12] Die crossmediale Verknüpfung von Medien lässt sich unter dem Begriff der Mediaselektion einordnen und resultiert letztlich aus dem Bestreben nach effizienten Konzepten für die Konsumentenansprache. Daneben kann Crossmedia auch als Kampagne initiiert werden. Damit verlagert sich die Entscheidungsebene auf die strategische Managementebene (Sauter 2006) mit einem spezifischen Kampagnenmanagement (eigene Kampagnenziele, Kampagnenbudget, Kampagnenanalyse) (Gronover et al. 2002).

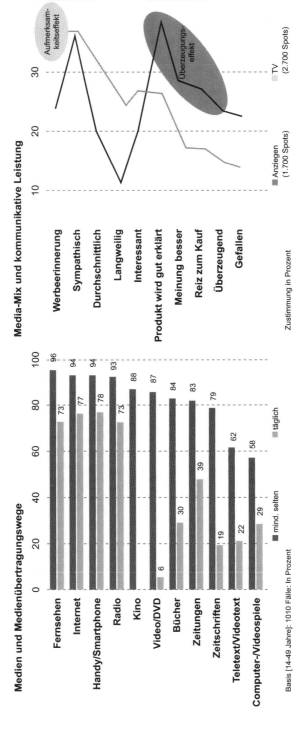

Abb. 5 Medienübertragungswege und kommunikative Leistung. (Diez 2009; SevenOne Media 2013)

nation unterschiedlicher Werbeträger und Werbemittel innerhalb einer Kampagne (Media-Mix) verstanden (Schweiger und Schmitt-Walter 2009).[13] Crossmedia-Werbung wird damit definiert als „die Umsetzung von Marketing-Maßnahmen mit einer durchgängigen Werbeidee in unterschiedlichen Mediengattungen, die unter Berücksichtigung ihrer spezifischen Selektionsmöglichkeiten und Darstellungsformen inhaltlich und formal verknüpft sind" (Burst und Schmitt-Walter 2003, S. 5). Wichtig ist folglich, dass eine durchgängige Storyline und zusätzlich zum Media-Mix ein Zielmedium existiert, auf das die anderen Medien verweisen, beispielsweise von Fernseh- und Plakatwerbung auf Webadressen. Websites stellen mit ca. 57 Prozent Verweisen den größten Teil der crossmedialen Zielmedien dar (Schweiger und Schmitt-Walter 2009).

Der Vorteil von Crossmedia gegenüber klassischen Formen liegt in der Differenzierungskraft von der gemeinhin als gleich empfundenen Werbebotschaftsgestaltung (Bruhn 2007). Crossmedia-Konzepte tragen der gestiegenen Erlebnisorientierung von Konsumenten Rechnung, indem sie neben der Gestaltung der einzelnen Werbemittel, auch eine kreative Verknüpfung der Medien erlauben (Campillo-Lundbeck 2003). Damit verfügen Crossmedia-Konzepte über eine stärkere Aufmerksamkeitswirkung und sind weniger anfällig für Erscheinungen von Werbesättigung als monomediale Strategien (Bachér und Witteborg 2003; Kroeber-Riel und Gröppel-Klein 2013). Außerdem wird mit einer Crossmedia-Kampagne die Konsumentenansprache über mehrere Kanäle durch eine übergeordnete Storyline intensiviert. Hierdurch wird ein höherer Grad an Involvement erzielt, um eine bessere Informationsverarbeitung und damit eine stärkere Werbewirkung zu erreichen (Burst und Schmitt-Walter 2003). Crossmediale Kommunikation resultiert somit in einem stärkeren Lerneffekt der Konsumenten. Studien hierzu belegen, dass crossmediale Werbung einen größeren Einfluss auf die Erinnerung und die Einstellung hat als monomediale Werbung (Am Voorveld et al. 2011; Edell und Keller 1998). Mit dem verbesserten Effekt in Bezug auf die Steuerung von Markenassoziationen stellen Marken- oder Imageziele die vorrangigen Ziele von crossmedialen Strategien dar (Abb. 6) (Esch 2005).

Zusammenfassend kann konstatiert werden, dass sich Werbung, aufgrund der starken Wirkung in der Konsumentenpsyche (Alba und Hutchinson 1987; Meenaghan 1995), als erfolgswirksames Tool für die Repositionierung einer Marke herausgebildet hat. Crossmedia-Kampagnen als Sonderform sind besonders geeignet, die Repositionierung medial zu unterstützen. Die Stärken der einzelnen Medien werden effektiv genutzt und somit alle Synergieeffekte ausgeschöpft. Durch die Vernetzung der einzelnen Medien unter einer Storyline wird eine maximale Aufmerksamkeit und eine erhöhte Werbewirksamkeit realisiert (Am Voorveld et al. 2011; Edell und Keller 1998; Graf 2008)

---

[13] Der Begriff „Crossmedia" muss zudem von ähnlichen Begriffen abgegrenzt werden. Media-Mix Strategie: hier werden die unterschiedlichen Medien komplementär eingesetzt und die durchgängige Werbeidee fehlt. Das Ziel besteht vorrangig in der Erhöhung der Nettoreichweite (Gleich 2003). Integrierten Kommunikation: hier wird von einer strategischen Managemententscheidung ausgegangen, die sich auf die gesamte Markenkommunikation bezieht. Die integrierte Kommunikation ist langfristig angelegt und adressiert sowohl interne als auch externe Stakeholder (Esch 2005). Die übergeordnete „Story" wird auch vernachlässigt.

Abb. 6 Wirkungen von Crossmedia. (Graf 2008)

4   Der Marken-Turnaround von Opel

4.1   Opel ein Unternehmen mit traditionsreicher Vergangenheit

Mit mehr als 150 Jahren blickt das Unternehmen Opel auf eine traditionsreiche Geschichte
zurück, in der sehr gute Produkte unter einer starken Marke zeitweise zur Marktfüh-
rerschaft führten (Abb. 7). Anfang der 90er Jahre des 20. Jahrhunderts war Opel noch
als Value-Brand positioniert, was sich neben dem ansprechenden Design und der guten
Qualität auch in aufmerksamkeitsstarken Sponsoring-Maßnahmen widerspiegelte (Bayern München, Steffi Graf) (Diez 2009). Der einsetzende Wandel des Automobilmarktes
resultierte aus einer stärkeren Nischenorientierung und der zunehmenden Nachfrage nach
Lifestyle-Produkten. Zusätzlich entstand ein neuer starker Wettbewerb durch die Premi-
umhersteller in den klassischen Volumensegmenten. Opel litt zu diesem Zeitpunkt zudem
unter Qualitätsproblemen und vernachlässigte den Designaspekt, was schließlich zu einer Erodierung des Markenimages und damit der Positionierung, einhergehend mit einem
sinkenden Marktanteil, führte (Diez 2009; Lüppens 2006). Im Jahr 2000 folgten erste
Ansätze, die Marke Opel europaweit neu zu positionieren auch als Vorgabe für die Produktentwicklung und das Design (Lüppens 2006). Die neue Wachstumsstrategie „DRIVE
2022" mit einem sehr umfangreichen Investitionsprogramm bildete den Auftakt für die
neue Produktoffensive, die 2013 mit dem neuen Opel-Flagschiff „Insignia" gestartet wurde und das Ziel verfolgt, die Marke wieder zu stärken. Opel wurde daraufhin im Jahr 2013
bereits zum dritten Mal seit 2010 als „Most Innovative Brand" ausgezeichnet (Adam Opel

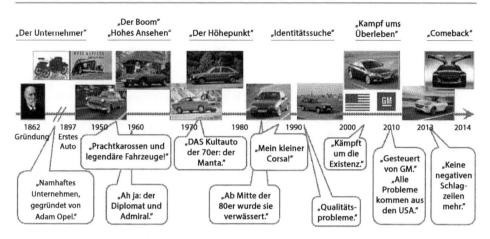

Abb. 7 Opel Historie. (Müller 2014)

AG). Preise und Auszeichnungen, wie „Motor des Jahres", „Goldenes Lenkrad", „Auto des Jahres", „Car of the Year", „Connected Car Award", „Autonis Award" und „red dot design award" zeigen, dass sich bei Opel auf Produktebene bereits einiges getan hat (Adam Opel AG).

4.2   Die neue Markenidentität von Opel

Bereits im Jahr 2013 startete die Repositionierung der Marke Opel. Hierfür wurde eine neue Markenidentität festgelegt, die als Basis für die Markenpositionierung dient. Die drei Markenwerte (deutsch, aufregend und nahbar) beziehen sich auf die Tradition von Opel und sollen das Profil der Marke schärfen. Während sich deutsch auf die Präzision, die Effizienz und Zuverlässigkeit der Marke bezieht, hat der Wert aufregend ein begeisterndes Design, packende Fahreigenschaften und nützliche Innovationen zum Inhalt. Der Wert nahbar fokussiert außerdem Aspekte wie Ehrlichkeit, Geradlinigkeit und Empathie im Umgang mit den Menschen. Die Markenwerte werden zudem von dem energetischen Grundnutzen und Markenkern „DRIVE" getragen. „DRIVE" bildet das Bestreben ab, dass die Marke Opel alles was sie tut mit Leidenschaft und Verantwortung umsetzt. Unterstützt wird die neue Positionierung in Deutschland durch den Markenbotschafter, Jürgen Klopp, der als authentisch, leidenschaftlich und humorvoll gilt und als erfolgreicher Bundesliga-Trainer über eine hohe Bekanntheit verfügt.

4.3 Das Image der Marke Opel

Automarken dienen häufig als soziale Statussymbole, da Marken die Funktion innehaben, die Persönlichkeit von Konsumenten nach außen zu projizieren (Escalas und Bettman 2003). Individuen neigen generell dazu, mithilfe von Marken ihr aktuelles oder auch ihr gewünschtes Selbstbild zum Ausdruck zu bringen (Fischer et al. 2010), so dass die Bedeutung des Markenimages für einen Autohersteller besonders hervorzuheben ist. Im europäischen und im deutschen Markt differenziert sich die Marke Opel noch nicht ausreichend von den Wettbewerbern und hat Aufholbedarf in den Sympathiewerten (Scholz und Friends 2014). Gerade im deutschen Markt dominierte in den letzten Jahren die negative Berichterstattung in Bezug auf die Wirtschaftlichkeit des Unternehmens (Gotta 2010). Verlässlichkeit, up-to-date und eine deutsche Automarke sind positive Markenassoziationen, die das Image von Opel beschreiben. Aber auch nachteilige Assoziationen, wie das Manta-Image oder eine eher biedere Wahrnehmung der typischen Verwender werden mit der Marke in Verbindung gebracht. Konsumenten, die Opel in ihrem Awareness Set[14] haben aber nicht kaufen, vermissen emotionale Markenassoziationen (Drüner und Lück 2014a). Fakt ist, dass technische Neuerungen und Verbesserungen des Produktdesigns nicht ausreichend kaufverhaltensrelevant werden, wenn die Marke nicht im Evoked Set des Konsumenten verankert ist. Das Ziel besteht darin, die Marke mit einzigartigen, starken und vorzugswürdigen Assoziationen aufzuladen, um sie wettbewerbsdifferenzierend zu positionieren. Denn eine starke Marke wird präferiert und wirkt als Bindeglied zwischen dem Produktangebot und dem Verbraucher.

4.4 Die Crossmedia-Kampagne „Umparken im Kopf"[15]

Für den Marken-Turnaround von Opel wurde für den deutschen Markt die Kampagne „Umparken im Kopf" initiiert. Hiermit sollte die Aufmerksamkeit der Öffentlichkeit auf die Marke Opel gelenkt werden. Ziel war es, die Verbraucher zu animieren, sich mit der Marke auseinanderzusetzen und zu einem Umdenken anzustoßen und damit die Marke wieder in das Bewusstsein der Menschen zu rücken. Neben dem Markenbotschafter Jürgen Klopp, werden weitere Testimonials, wie Ken Duken, Karoline Herfurth, Joachim Król, Nadja Uhl, Fahri Yardim und Bettina Zimmermann, eingesetzt. Die Entscheidung für eine Crossmedia-Kampagne wurde vorrangig von der Absicht getragen, durch die kreative Verknüpfung der Medien, eine starke Aufmerksamkeit zu erreichen und durch die medienübergreifende Storyline einen Verstärkereffekt auszulösen, um den Kommunikationsinhalt besser zu vermitteln. Die Kampagneneckpunkte lassen sich wie folgt charakterisieren:

---

[14] Awareness Set: alle dem Konsumenten bekannten Marken (Kotler und Bliemel 1995).
[15] Agentur: Scholz & Friends.

| 1. Phase: Teaser-Phase | • Bundesweite Werbekampagne ohne offizieller Absender
• Medien: Internetpräsenz, Social Media, Micro-Site, Großflächenplakate, City-Light-Boards, City-Light-Posters, Online-Werbung, Print-Anzeigen
• Kampagnenhausfarben: „gelb" und „schwarz" |

| 2. Phase: Enthüllungsphase

& | • Medien: Internetpräsenz, Social Media, Micro-Site, Großflächenplakate, City-Light-Boards, City-Light-Posters, Online-Werbung, Print-Anzeigen
• zuzüglich Werbespots im TV mit Markenbotschaftern
• Zentraler TV-Spot auf reichweitestarken TV-Sendern bringt alle Opel-Markenbotschafter zusammen |

| 3. Phase: Markenkampagne | • Werbespots im TV mit Markenbotschaftern
• (Phase 2 und 3 gehen ineinander über, so dass Digital, Print und OOH* auslaufen und nur noch TV weitergeführt wird) |

*OOH=Out-of-Home.

Abb. 8 Kampagnenphasen „Umparken im Kopf"

- Mission: „Endgültig mit den Vorurteilen über Opel aufräumen",
- Aufgabe: 2014 zum Jahr des Comebacks von Opel machen,
- Leitgedanke: 1. Öffnen für Neues, 2. neues Opel zeigen, 3. Update Markenimage Opel,
- Kampagnenmotto: „Umparken im Kopf".

Die Crossmedia-Kampagne bestand aus drei Kampagnenphasen. In der ersten Phase, der sogenannten Teaserphase, wurde eine bundesweite Werbekampagne realisiert. Provokante Denkanstöße, wie bspw. „68 % aller Männer halten rothaarige Frauen für feuriger. 90 % davon haben noch nie eine kennengelernt." sollten eine Diskussion über Vorurteile anstoßen. Das Ziel bestand darin, die Rezipienten zu motivieren, sich für Neues zu öffnen. Der Absender der Kampagne wurde in dieser Phase noch nicht präsentiert. Die Hausfarben der Marke Opel, „gelb" und „schwarz", ließen jedoch erste Mutmaßungen über den Absender zu. Die zweite Phase, die sogenannte Enthüllungsphase, setzte etwa zwei Wochen später an und präsentierte den Kampagnenabsender. In dieser Phase bestand das Ziel darin, die Menschen mit Ihren Vorurteilen über die Marke Opel zu konfrontieren und das neue Opel zu zeigen, um die Menschen wieder für die Marke zu begeistern. Getragen wurde diese Phase durch die zentrale Kampagnenfrage: „Ist Opel noch so, wie Sie denken? Schauen Sie doch mal nach". Die Kampagne zeigte exemplarisch, wie sich die Markenbotschafter mit ihren Vorurteilen in Bezug auf Opel auseinandersetzen und diese schließlich überwinden. In dieser Phase wurden die Medien Online (vor allem UiK[16]-Webseite, Social Media), Out-of-Home und Print um Werbespots im TV ergänzt. Die Enthüllungsphase ging in die sich anschließende Markenkampagne über, deren Ziel es ist, die Assoziationen in Bezug auf die neue und aufregende Marke Opel in den Köpfen der Verbraucher weiter zu manifestieren (Abb. 8).

---

[16] UiK = Umparken im Kopf.

Neben dem innovativen Ansatz, eine Thematik zunächst ohne Absender anzustoßen, um eine unvoreingenommene Auseinandersetzung anzuregen bevor markenbezogene Inhalte kommuniziert werden, zeigen sich die Vorteile der Kampagne auch besonders in der Vernetzung der verschiedenen Mediengattungen. Der abgestimmte Einsatz der Werbeträger ermöglichte es, die Vorzüge der spezifischen Selektionsmöglichkeiten und Darstellungsformen gezielt auszunutzen (Burst und Schmitt-Walter 2003; Graf 2008). Die Vorteile der klassischen TV-Werbung lagen in der hohen Reichweite und der Möglichkeit, die Marke emotional aufzuladen. Die Außenwerbung verfügte ebenfalls über eine kreative und aufmerksamkeitsstarke sowie breite Wirkung, die zudem eine mobile Zielgruppenansprache ermöglichte und mithilfe des QR-Codes auf die Internetpräsenz verwies. Banner und Internetwerbung wurden zusätzlich im Online-Bereich eingesetzt. Über Maßnahmen im Printbereich, aber vor allem über das Zielmedium UiK-Webseite wurden zudem stärker inhaltliche Informationen bereitgestellt. Gesteigert wurde die Aufmerksamkeitswirkung auch durch Interaktionsmöglichkeiten über Social Media, wie Facebook und Twitter, sowie über die Social Interaction Hub auf der UiK-Webseite. Für die Kampagne mussten die sequenziell passive Rezeption beim Fernsehen mit geringen Interaktionsmöglichkeiten aber einer sehr aufmerksamkeitsstarken Wirkung beispielsweise mit der hohen Interaktivität der Online-Medien und der hohen zeitlichen sowie räumlichen Disponibilität der Print-Medien abgestimmt werden. Für die Crossmedia-Kampagne wurde die Nutzerführung von Out-of-Home Medien, digitalen Medien und klassischen Printmedien direkt zur Kampagnen-Homepage oder über Smartphones und Tablets auf die Internetpräsenz der „Umparken im Kopf"-Kampagne gelenkt (Abb. 9 und 10). Der Kontakt mit der Marke, beispielsweise durch wiederholte Informationspräsentation aber auch durch direkte Interaktion, wurde dadurch intensiviert. Damit konnten die Markeninformationen besser verarbeitet werden, mit dem Ziel, einen stärkeren Lerneffekt zu erreichen.

Die Kampagne hat durch den Media-Mix eine Reichweite von 68 Prozent der Zielgruppe (Erwachsene im Alter von 20–49 Jahren) erlangt. Es wurden 29,7 Millionen Kontakte generiert. Bereits im März 2014 konnte sich Opel im Markenwahrnehmungs-Ranking der Fachzeitschrift Absatzwirtschaft auf Platz 1 der Top 10 wahrgenommenen Marken positionieren (Absatzwirtschaft 2014). Die Presse hat die „Umparken im Kopf"-Kampagne ebenfalls sehr positiv aufgenommen; es gab sehr umfangreiche Pressekommentare und Artikel über die Kampagne. Die ersten Resultate der Kampagne zeigen, dass die crossmediale Verknüpfung bei den Verbrauchern auf großes Interesse gestoßen ist. Die Kampagneninhalte motivierten Rezipienten, sich mit der Thematik über Social Media auszutauschen. User-generated Inhalte zeigten kreative Abwandlungen der Kampagneneinhalte. Bilder wurden über Instagram, Twitter, flickr, YouTube, etc. ausgetauscht (Scholz und Friends 2014) und auf der Webseite im Social Interaction Hub gezeigt (Abb. 10).

Der Einsatz neuer Medien birgt die Chance, eine größere Aufmerksamkeit auf den Inhalt einer Kampagne zu richten. Die Marktdaten für März 2014 zeigen, dass der deutsche Marktanteil von Opel in Höhe von 7,5 Prozent im Vergleich zum Vorjahr mit 7,0 Prozent den positiven Effekt ebenfalls widerspiegelt (Munsch und Seegers 2014). Vergleicht man Kampagnen-Wahrnehmer mit Nicht-Wahrnehmern, beurteilen im Schnitt 10–15 Prozent

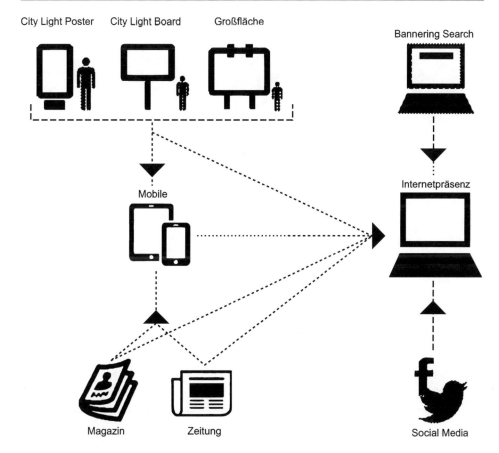

City Light Poster City Light Board Großfläche

Bannering Search

Mobile

Internetpräsenz

Magazin Zeitung

Social Media

Abb. 9 Aktive Nutzerführung in der Teaser- und Enthüllungsphase. (Eigene Darstellung)

Opel besser hinsichtlich der wahrgenommenen Qualität und des Preis-Leistungsverhält-nisses. Sie finden, dass Opel begehrliche und coole Fahrzeuge baut und könnten sich vorstellen, ein Fahrzeug der Marke Opel zu besitzen (Weßner 2014).

Führt die offene Frage nach der zentralen Aussage bei circa einem Drittel der Personen zu der Feststellung, Vorurteile gegen Opel abzubauen, zeigt sich, dass der Kampagnenin-halt in der Teaser- und Enthüllungsphase von den Rezipienten gut aufgenommen wurde. „Innovativ", „neuartig" und „hebt sich ab" waren spontane Assoziationen, die die Be-fragten mit der Kampagne in Verbindung brachten. Im Rahmen der gestützten Befragung wurde die Kampagne als sympathisch wahrgenommen, die sich von anderer Werbung abhebt und über eine starke Botschaft verfügt. Etwa 50 Prozent stimmten zu, dass ein positiver Imagetransfer auf die Marke Opel stattgefunden hat. Auch in Bezug auf den ty-pischen Verwender wurde die Wahrnehmung aufgelockert und circa 30 Prozent bestätigen, dass sich ihr Bild von Opel verändert hat. Etwa die Hälfte der Rezipienten beteiligte sich darüber hinaus an persönlichen und etwa ein Drittel an Online-Diskussionen. In Bezug auf

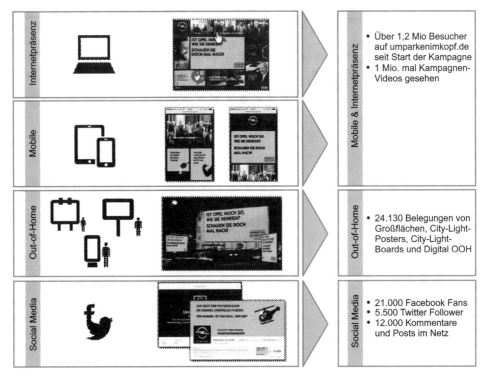

Abb. 10 Überblick über die Kampagnenergebnisse. (Eigene Darstellung)

die eingesetzten Medien zeichnete sich klar ab, dass die Out-of-Home-Werbung und die TV-Werbung die stärkste Erinnerungsleistung hatte. Im Vergleich zur ersten Welle konnte sich die Marke Opel in Bezug auf die Einschätzung der zukünftigen Entwicklung zudem vor den Wettbewerber Toyota setzen und belegte damit Rang 3. Darüber hinaus konnte sich die Marke Opel in der Wahrnehmung aller Gruppen verbessern (Abb. 11) (Drüner und Lück 2014b).

4.5 Diskussion

Beleuchtet man die Kampagne vor dem Hintergrund der theoretischen Ausführungen, wird deutlich, dass wichtige Aspekte aus der Markenführung und der Kommunikationsforschung miteinander verbunden wurden. Generell bedient die Markenkampagne zwei der vier Markenidentitätsdimensionen nach Aaker (Aaker 2012). Neben der Marke als Produkt wird auch die Marke als Persönlichkeit adressiert. Die Kampagne verbindet damit emotionale mit rationalen Elementen und basiert auf der Erkenntnis, dass eine Verbesserung vorrangig rationaler Markenattribute alleine nicht ausreicht, um das Image einer Marke zu stärken; vielmehr ist der Fokus auf eine imagebezogene Stärkung der Mar-

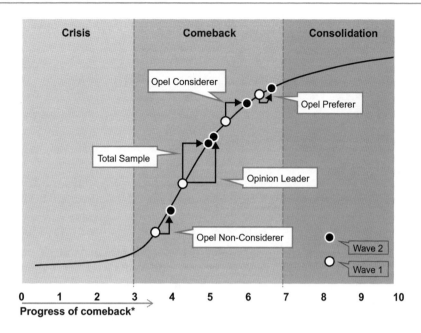

Abb. 11 Comeback-Phasen im Vergleich 1. und 2. Welle (N= 3065). (Drüner und Lück 2014b)

ke zu richten (Homer 2008). Emotionale Werbeinhalte und eine positive Einstellung zur Werbemaßnahme evozieren allgemein eine bessere Markeneinstellung beim Konsumenten (Gardner 1985; Geuens et al. 2011; MacKenzie et al. 1986; Park und Young 1986). Damit hat die Kampagne den Fokus auf die Imagewirkung der Marke Opel gelegt; versorgt den Verbraucher in Verbindung mit dem Zielmedium Internetpräsenz aber auch mit inhaltlichen Informationen zur Marke und den Produkten.

Zudem basiert der Leitgedanke der Markenkampagne mit der Meinungsaktualisierung auf Erkenntnissen aus der Soziologie. Forschungen in den Bereichen „Stereotypen" und „Vorurteile" haben gezeigt, dass Menschen Urteile oft anhand von vereinfachten gedanklichen Prozessen bilden. Stereotype sind Schemata oder Wissenseinheiten, die im Gedächtnis des Individuums gespeichert sind (Olson und Zanna 1993). Stereotypen werden häufig automatisch aktiviert, sobald ein Reiz, der in Verbindung mit dem Stereotypen steht, wahrgenommen wird (Blair 2002). Ein Vorurteil entsteht dann als einstellungsbezogene Reaktion auf den Reiz in Abhängigkeit der gespeicherten Stereotype; wenn also das Urteil auf einer bereits existierenden Meinung beruht (Devine 1989). Niels Alzen[17] bemerkt dazu: „Nur mit Mut zur Ehrlichkeit gewinnt man Glaubwürdigkeit. Opel beweist mit „Umparken im Kopf" den Mut, Vorurteile gegen die Marke ganz offen anzusprechen und sie so ins Gegenteil zu entwickeln." Mit der Ausrichtung an Vorurteilen verstärkt die Kampagne zusätzlich die emotionale Wirkung, da Vorurteile zusätzlich zu ihrer konzep-

---

[17] Kreativgeschäftsführer bei Scholz & Friends, Hamburg.

tuellen Einordnung als Einstellungen auch direkt mit Emotionen in Verbindung gebracht werden können (Smith 1993).

Die crossmediale Vernetzung der Medien ermöglicht zudem eine Kombination von aufmerksamkeitsstarker Außenwerbung mit emotional starker TV- und Online-Werbung, unterstützt durch interaktionsstarkes Social Media, wobei die Internetpräsenz als Zielmedium final den inhaltlichen Content zur Verfügung stellt. Es ist empirisch belegt, dass beispielsweise der vernetzte Einsatz von TV und Online eine wesentlich stärkere Wirkung auf die Erinnerung und die Einstellung hat als der monomediale Einsatz von Online oder TV alleine (Am Voorveld et al. 2011; Burst und Schmitt-Walter 2003; Edell und Keller 1998). Durch den Kampagnenverlauf über mehrere Wochen, wurde der Verbraucher zudem wiederholt mit Informationen zur Marke Opel konfrontiert, wodurch die Erinnerungswirkung der gespeicherten Informationen verstärkt wird. Neue Verbindungen zwischen Wissenseinheiten im Gedächtnis des Konsumenten werden aufgebaut und bestehende positive Assoziationen werden gefestigt (Aaker 2012; Alba und Hutchinson 1987). Untersuchungen haben gezeigt, dass Probanden, die selbst eine Woche nach Konfrontation mit einer Werbeanzeige ihre Einstellung zur Marke angeben sollten, noch eine positive Wahrnehmung aufwiesen (Muehling und Laczniak 1988). Das Ziel der wiederholten Konfrontation besteht darin, durch einen Lerneffekt die alten, negativen Assoziationen durch neue positive abzulösen und das Markenschema positiv aufzuladen. Negative Assoziationen resultieren allgemein aus negativen persönlichen Erfahrungen (Dawar 1998), durch negative Presse (Ahluwalia et al. 2000), unvorteilhafte „User Images"[18] (Escalas und Bettman 2003; O'Cass und Lim 2002; Parker 2009) und geringer Kongruenz zwischen Markenwerten und der Konsumentenpersönlichkeit (Sirgy et al. 1997). Meist wirken negative Assoziationen auch stärker auf das Image als positive Assoziationen und werden zudem besser erinnert (Herr et al. 1991). Dies trifft besonders dann zu, wenn Individuen stark involviert in eine Entscheidung oder Produktkategorie sind, und zur Marke keine starke Beziehung haben (Ahluwalia 2002). Da der Autokauf als „high-involvement"-Entscheidung gilt, bei dem Konsumenten sich inhaltlich tiefergehend mit den Produkten und möglichen Alternativen auseinandersetzen, fallen die genannten Ursachen für negative Assoziationen in der Automobilbranche besonders ins Gewicht. Negative Assoziationen in Bezug auf die Marke Opel, die in der Vergangenheit gelernt wurden, bestimmen die Markenbeurteilung auch noch Jahre danach. Die Kampagne fokussierte sich daher auf die Aktualisierung des gespeicherten Opel-Markenschemas, indem sie die Konsumenten auf ihre Stereotypen hinwies und sie animierte, sich neuen Informationen zu öffnen. Der Einsatz einer Crossmedia-Kampagne trug damit vor allem der Aufmerksamkeitsgenerierung und ersten Lerneffekten Rechnung. Als Paradebeispiel für die Balance zwischen den zwei Herausforderungen der Werbung, nämlich zwischen begeistern und informieren (Durgee

---

[18] Laut Parker (2009) und Sirgy et al. (1997) werden unter „User-Images" stereotype Wahrnehmungen des typischen Markenverwenders verstanden, welche sich auf demografische (Alter, Ethnische Herkunft, Einkommen, etc.) oder auf psychografische (sozialer Status, Beruf, etc.) Faktoren beziehen können (Keller 1993).

1988), ist es gelungen, auf die Repositionierung von Opel aufmerksam zu machen und dem Verbraucher zu zeigen, was die Marke Opel ausmacht.

Zusätzlich wurde der Transport der Markeninhalte durch den Einsatz berühmter Persönlichkeiten als Testimonials forciert. Solche Testimonials übernehmen dabei zweierlei Funktionen. Einerseits fungieren sie als sogenannte Meinungsführer, deren Urteil eine erhöhte Glaubwürdigkeit besitzt und damit von Konsumenten leichter angenommen wird (Lazarsfeld et al. 1968). Andererseits können sie stereotype Denkmuster in Bezug auf abgespeicherte „User-Images" aufweichen und neue positive Assoziationen evozieren. Das „Meaning-Transfer-Modell" zeigt, dass Testimonials in der Werbung einen Transfer von Assoziationen auf die Marke auslösen, die zur Wahrnehmung der Markenpersönlichkeit beitragen (Parker 2009; Shavitt 1992).

5 Fazit

Stagnierende Absatzzahlen in einem ausgereiften und wettbewerbsintensiven Markt veranlassen die Marke Opel dazu, einen Marken-Turnaround als strategische Handlungsoption aufzugreifen. Das Ziel der zugehörigen Crossmedia-Kampagne liegt darin, die Repositionierung der Marke Opel einzuläuten. Negative Assoziationen und Vorurteile verhindern bis dahin, dass die Marke, trotz einer guten Produktpalette und eines ansprechenden Designs, an Markenstärke gewinnt. Um die Marke zukünftig wettbewerbsdiskriminierend in den Köpfen zu positionieren und somit zu stärken, soll das bestehende, unklare Markenschema der Marke Opel mit neuen positiven und einzigartigen Assoziationen verknüpft werden. Wenig ausgeprägte Markenschemata bieten eine gute Ausgangsbasis für eine Veränderung. Eine Neuverknüpfung beziehungsweise Stärkung der mit der Marke verbundenen Assoziationen wird unter anderem durch die wiederholte Konfrontation von Markeninhalten im Rahmen der Markenkommunikation erreicht. Dafür bietet die aufmerksamkeitsstarke crossmediale Kampagne, bei der verschiedene Medien unter einer einheitlichen Storyline miteinander verknüpft werden, eine ideale Plattform. Zudem tragen crossmediale Kampagnen dem veränderten Medienverhalten von Konsumenten Rechnung und haben eine stärkere Wirkung auf die Erinnerung und die Einstellung als monomediale Werbung. Die ersten Resultate haben gezeigt, dass die Resonanz in der Öffentlichkeit positiv ist und somit der Grundstein gelegt wurde für zukünftige Maßnahmen, um die Marke Opel langfristig zu stärken und „umzuparken".

Die Autoren

Dr. Julia Hamprecht ist Consultant bei der 2hm & Associates GmbH. Nach ihrem Abschluss als Diplomkauffrau an der Universität Mainz mit den Schwerpunkten Marketing und Organisation hat Frau Dr. Hamprecht als Consultant einer inhabergeführten Strategie und Managementberatung in Frankfurt nationale und internationale Beratungsprojekte betreut. Im Anschluss promovierte sie am Lehrstuhl von Prof. Huber im Bereich Markenmanagement. Ihr Forschungs- und Beratungsschwerpunkt liegt in der strategischen Markenführung sowie im Bereich Marktforschung.

Tina Müller ist seit August 2013 Mitglied des Vorstands und Chief Marketing Officer bei der Adam Opel AG. Nach dem Abschluss eines Doppelstudiums der Betriebswirtschafts- und Volkswirtschaftslehre in Deutschland und in Frankreich, sammelte sie erste Berufserfahrung in der Markenartikelindustrie bei den Kosmetikfirmen L'Oréal Deutschland sowie der Wella AG. Anschließend arbeitete sie 17 Jahre bei der Henkel KGaA. Sie war dort Marketing Managerin für die Marke Schwarzkopf, Marketing Direktorin für das italienische Henkel Kosmetikgeschäft und Corporate Vice President für das weltweite Henkel Haargeschäft. Als Corporate Senior Vice President war sie zuletzt im Unternehmensbereich Beauty Care für die Region Westeuropa verantwortlich.

Literatur

Aaker, D. (2012). *Building Strong Brands*. New York: Simon & Schuster UK.

Aaker, D. A. (1991). *Managing brand equity: capitalizing on the value of a brand name*. New York: The Free Press.

Absatzwirtschaft (2014). Richtig umgeparkt: Die Opel-Kampagne zeigt Wirkung. *Absatzwirtschaft*, *05*, 7.

Adam Opel AG. *Opel Tradition*. Retrieved from http://www.opel.de/opel-erleben/ueber-opel/tradition.html. Zugegriffen: 12. Mai 2014

Ahluwalia, R. (2002). How prevalent is the negativity effect in consumer environments? *Journal of Consumer Research*, *29*(2), 270–279.

Ahluwalia, R., Burnkrant, R. E., & Unnava, H. R. (2000). Consumer response to negative publicity: the moderating role of commitment. *Journal of Marketing Research*, *37*(2), 203–214.

Alba, J. W., & Hutchinson, J. W. (1987). Dimensions of consumer expertise. *Journal of Consumer Research*, *13*(4), 411–454.

Am Voorveld, H., Neijens, P. C., & Smit, E. G. (2011). Opening the black box: Understanding cross-media effects. *Journal of Marketing Communications*, *17*(2), 69–85.

Anderson, J. R. (1995). *The Architecture of Cognition*. Mawah: Psychology Press.

Bachér, F., & Witteborg, T. (2003). Grundlagen der Crossmedia Werbung. In Verband deutscher Zeitschriftenverleger e. V. (Hrsg.), *Handbuch Crossmedia Werbung* (S. 14–15). Berlin: VDZ.

Balmer, J. M. T. (2008). Identity based views of the corporation: Insights from corporate identity, organisational identity, social identity, visual identity, corporate brand identity and corporate image. *European Journal of Marketing*, *42*(9/10), 879–906.

Balmer, J. M. T., & Gray, E. R. (2003). Corporate brands: what are they? What of them? *European Journal of Marketing*, *37*(7/8), 972–997.

Baumgarth, C. (2008). *Markenpolitik: Markenwirkungen-Markenführung-Markencontrolling* (3. Aufl.). Wiesbaden: Gabler.

Blair, I. V. (2002). The malleability of automatic stereotypes and prejudice. *Personality and Social Psychology Review*, *6*(3), 242–261.

Bruhn, M. (2007). *Kommunikationspolitik: systematischer Einsatz der Kommunikation für Unternehmen* (5. Aufl.). München: Vahlen.

Burkart, R. (2002). *Kommunikationswissenschaft: Grundlagen und Problemfelder; Umrisse einer interdisziplinären Sozialwissenschaft.* Stuttgart: Lucius und Lucius.

Burmann, C., Jost-Benz, M., & Riley, N. (2009). Towards an identity-based brand equity model. *Journal of Business Research, 62*(3), 390–397.

Burmann, C., Meffert, H., & Feddersen, C. (2007). Identitätsbasierte Markenführung. In A. Florack, M. Scarabis, & E. Primosch (Hrsg.), *Psychologie der Markenführung* (S. 3–30). München: Vahlen.

Burmann, C., & Meffert, H. (2005a). Theoretisches Grundkonzept der identitätsorientierten Markenführung. In H. Meffert, C. Burmann, & M. Koers (Hrsg.), *Markenmanagement: Identitätsorientierte Markenführung und praktische Umsetzung* (2. Aufl. S. 37–72). Wiesbaden: Gabler Verlag.

Burmann, C., Meffert, H., & Koers, M. (2005b). Stellenwert und Gegenstand des Markenmanagements. In H. Meffert, C. Burmann, & M. Koers (Hrsg.), *Markenmanagement: Identitätsorientierte Markenführung und praktische Umsetzung* (2. Aufl. S. 3–17). Wiesbaden: Gabler Verlag.

Burst, M., & Schmitt-Walter, N. (2003). *Vernetzte Kommunikation. Werbewirkung crossmedialer Kampagnen.* https://www.sevenonemedia.de/c/document_library/get_file?uuid=48f7ff4b-5ff6-4078-871e-1fab2896f149&groupId=10143. Zugegriffen: 12. Mai 2014

Buzzell, R. D., Gale, B. T., & Greif, H.-H. (1989). *Das PIMS-Programm.* Wiesbaden: Springer.

Campillo-Lundbeck, S. (2003). Einheitsfront gewünscht. *acquisa – Zeitschrift für erfolgreiches Absatzmanagement,* (November), 14–15.

Crocker, J. (1984). A Schematic Approach to Changing Consumers' Beliefs. *Advances in Consumer Research, 11*(1), 472–477.

Dawar, N. (1998). Product-harm crises and the signaling ability of brands. *International Studies of Management & Organization, 28*(3), 109–119.

Devine, P. G. (1989). Stereotypes and prejudice: their automatic and controlled components. *Journal of Personality and Social Psychology, 56*(1), 5–18.

Diez, W. (2009). *Automobil-Marketing: Navigationssystem für neue Absatzstrategien.* München: mi-Fachverlag.

Drüner, M., & Lück, F. (2014a). *Online Tracking Survey „Umparken im Kopf" – First Wave.* Nicht veröffentlichtes Dokument.

Drüner, M., & Lück, F. (2014b). *Online Tracking Survey „Umparken im Kopf" – Second Wave.* Nicht veröffentlichtes Dokument.

Durgee, J. F. (1988). Understanding brand personality. *Journal of Consumer Marketing, 5*(3), 21–25.

Edell, J. A., & Keller, K. L. (1998). *Analyzing media interactions: print reinforcement of television ad campaigns.* Durham: Fugua School of Business, Duke University.

Escalas, J. E., & Bettman, J. R. (2003). You are what they eat: The influence of reference groups on consumers' connections to brands. *Journal of Consumer Psychology, 13*(3), 339–348.

Esch, F. (2012). *Strategie und Technik der Markenführung.* München: Vahlen.

Esch, F.-R. (2005). Aufbau starker Marken durch integrierte Kommunikation. In F.-R. Esch (Hrsg.), *Moderne Markenführung. Grundlagen, innovative Ansätze, praktische Umsetzungen* (4. Aufl. S. 707–745). Wiesbaden: Gabler.

Esch, F.-R., Langner, T., Schmitt, B. H., & Geus, P. (2006). Are brands forever? How brand knowledge and relationships affect current and future purchases. *Journal of Product & Brand Management, 15*(2), 98–105.

Feddersen, C. (2010). *Repositionierung von Marken: Ein agentenbasiertes Simulationsmodell zur Prognose der Wirkungen von Repositionierungsstrategien* (1. Aufl.). Gabler Research: Innovatives Markenmanagement. Wiesbaden: Springer Fachmedien.

Fischer, M., Völckner, F., & Sattler, H. (2010). How important are brands? A cross-category, cross-country study. *Journal of Marketing Research, 47*(5), 823–839.

Gardner, M. P. (1985). Does attitude toward the ad affect brand attitude under a brand evaluation set? *Journal of Marketing Research, 22*(2), 192–198.

Geuens, M., de Pelsmacker, P., & Faseur, T. (2011). Emotional advertising: Revisiting the role of product category. *Journal of Business Research, 64*(4), 418–426.

Gleich, U. (2003). Crossmedia – Schlüssel zum Erfolg. *Media Perspektiven, 11*, 510–516.

Gotta, M. (2010). *Ein neuer Name würde sich katastrophal auswirken.* http://www.absatzwirtschaft.de/content/ein-neuer-name-wuerde-sich-katastrophal-auswirken;69714. Zugegriffen: 12. Mai 2014

Graf, D. (2008). *Crossmedia-Marketing (Marketing & Vertrieb).* Berlin: BITKOM e. V.

Gress, F., Kiefer, H., Esch, F.-R., & Roth, S. (2009). Aktives Management der Corporate Brand BASF. In F.-R. Esch (Hrsg.), *Best Practice der Markenführung* (S. 79–98). Wiesbaden: Gabler.

Gronover, S., Reichold, A., & Riempp, G. (2002). Wie man treffsichere Kampagnen führen kann. *New Management, 6*(1), 52–59.

Haedrich, G., Tomczak, T., & Kaetzke, P. (2003). *Strategische Markenführung* (3. Aufl.). Bern: Haupt Verlag.

Hatch, M. J., & Schultz, M. (2003). Bringing the corporation into corporate branding. *European journal of marketing, 37*(7/8), 1041–1064.

Herr, P. M., Kardes, F. R., & Kim, J. (1991). Effects of Word-of-Mouth and Product-Attribute Information on Persuasion: An Accessibility-Diagnosticity Perspective. *Journal of Consumer Research, 17*(4), 454–462.

Herrmann, C. (2003). *Kommunikationsmanagement im Wandel – Anforderungen an die Kommunikationsarbeit von morgen*

Homer, P. M. (2008). Perceived quality and image: When all is not „rosy". *Journal of Business Research, 61*(7), 715–723.

Howard, J. A., & Sheth, J. N. (1969). *The theory of buyer behavior.* New York: Wiley.

Kaikati, J. G., & Kaikati, A. M. (2003). A rose by any other name: rebranding campaigns that work. *Journal of Business Strategy, 24*(6), 17–23.

Kapferer, J.-N. (1992). *Strategic brand management: new approaches to creating and evaluating brand equity.* London: Kogan Page.

Kapferer, J.-N. (2012). *The new strategic brand management: Advanced insights and strategic thinking.* London: Kogan Page.

Keller, K. L. (1993). Conceptualizing, Measuring, and Managing Customer-Based Brand Equity. *Journal of Marketing, 57*(1), 1–22.

Keller, K. L., Heckler, S. E., & Houston, M. J. (1998). The Effects of Brand Name Suggestiveness on Advertising Recall. *Journal of Marketing, 62*(1), 48–57.

Keller, K. I.., Parameswaran, M. G., & Jacob, I. (2011). *Strategic brand management: Building, measuring, and managing brand equity*. Indien: Pearson Education.

Keller, K. L., Sternthal, B., & Tybout, A. (2002). Three questions you need to ask about your brand. *Harvard Business Review*, *80*(9), 80–89.

Kotler, P., & Bliemel, F. (1995). *Marketing-Management: Analyse, Planung, Umsetzung und Steuerung* (8. Aufl.). Stuttgart: Schaffer-Poeschel.

Kraftfahrt-Bundesamt (a). *Fahrzeugklassen und Aufbauarten – Deutschland und seine Länder am 1. Januar 2014 gegenüber 1. Januar 2013*. Retrieved from http://www.kba.de/cln_031/nn_191172/DE/Statistik/Fahrzeuge/Bestand/FahrzeugklassenAufbauarten/2014__b__pkw__bundeslaender__diagramm.html. Zugegriffen: 12. Mai 2014

Kraftfahrt-Bundesamt (b). *Jahresbilanz des Fahrzeugbestandes am 1. Januar 2014*. Retrieved from http://www.kba.de/nn_125264/DE/Statistik/Fahrzeuge/Bestand/bestand__node.html?__nnn=true. Zugegriffen: 12. Mai 2014

Kroeber-Riel, W., & Gröppel-Klein, A. (2013). *Konsumentenverhalten* (10. Aufl.). München: Vahlen.

Lasswell, H. D. (1927). The Theory of Political Propaganda. *American Political Science Review*, *21*(4), 627–631.

Lasswell, H. D. (1948). The structure and function of communication in society. In L. Bryson (Hrsg.), *The Communication of Ideas. A Series of Addresses*. New York: Harper.

Lavidge, R. J., & Steiner, G. A. (1961). A Model for Predictive Measurements of Advertising Effectiveness. *Journal of Marketing*, *25*(6), 59–62.

Lazarsfeld, P. F., Berelson, B., & Gaudet, H. (1968). *The people's choice: How the voter makes up his mind in a presidential campaign* (3. Aufl.). New York: Columbia University Press.

Lüppens, M. (2006). *Der Markendiamant: Marken richtig vermarkten ; mit Fallbeispielen: Bosch, Maurice Lacroix, Nestlé, Opel, Sparkassen Finanzgruppe, Tetra Pak* (1. Aufl.). Wiesbaden: Gabler.

MacKenzie, S. B., Lutz, R. J., & Belch, G. E. (1986). The role of attitude toward the ad as a mediator of advertising effectiveness: A test of competing explanations. *Journal of Marketing Research (JMR)*, *23*(2), 130–143.

Mandl, H., Friedrich, H. F., & Horn, A. (1988). Theoretische Ansätze zum Wissenserwerb. In H. Mandl, & H. Spada (Hrsg.), *Wissenspsychologie* (S. 123–160). München: Psychologie-Verlags-Union.

Meenaghan, T. (1995). The role of advertising in brand image development. *Journal of Product & Brand Management*, *4*(4), 23–34.

Meffert, H., Burmann, C., & Kirchgeorg, M. (Hrsg.). (2012). *Marketing: Grundlagen marktorientierter Unternehmensführung*. Wiesbaden: Gabler Verlag.

Merrilees, B., & Miller, D. (2008). Principles of corporate rebranding. *European Journal of Marketing*, *42*(5/6), 537–552.

Muehling, D. D., & Laczniak, R. N. (1988). Advertising's Immediate and Delayed Influence on Brand Attitudes: Considerations Across Message-Involvement Levels. *Journal of Advertising*, *17*(4), 23–34.

Mühlbacher, H., Dreher, A., & Gabriel-Ritter, A. (1996). Strategische Positionierung-Grundpfeiler des Marketings in komplexen und dynamischen Umwelten. *Die Betriebswirtschaft*, *56*, 203–220.

Munsch, P., & Seegers, A. (2014). *Opel steigert Pkw-Marktanteil im ersten Quartal in Deutschland*. http://media.gm.com/media/de/de/opel/news.detail.html/content/Pages/news/de/de/2014/opel/04-02-opel-pkw-marktanteil.html. Zugegriffen: 12. Mai 2014

Müller, T. (2014). *Markenstrategie*. Nicht veröffentlichtes Dokument.

Nieschlag, R., Dichtl, E., & Hörschgen, H. (2002). *Marketing*. Berlin: Duncker & Humblot GmbH.

o.V. (2005). *Autofahren in Deutschland*.

o.V. (2013). *Tiefpunkt erreicht: PwC erwartet Belebung auf Europas Automarkt*. Retrieved from http://www.zeit.de/news/2013-08/29/auto-tiefpunkt-erreicht-pwc-erwartet-belebung-auf-europas-automarkt-29130403. Zugegriffen: 12. Mai 2014

O'Cass, A., & Lim, K. (2002). The influence of brand associations on brand preference and purchase intention: An Asian perspective on brand associations. *Journal of International Consumer Marketing*, *14*(2–3), 41–71.

Olson, J. M., & Zanna, M. P. (1993). Attitudes and attitude change. *Annual Review of Psychology*, *44*(1), 117–154.

Ott, A. (1997). *Grundzüge der Preistheorie* (3. Aufl.). Göttingen: Vandenhoeck & Ruprecht. Grundriss der Sozialwissenschaft.

Park, C. W., Jaworski, B. J., & MacInnis, D. J. (1986). Strategic Brand Concept-Image Management. *Journal of Marketing*, *50*(4), 135–145.

Park, C. W., & Young, S. M. (1986). Consumer response to television commercials: The impact of involvement and background music on brand attitude formation. *Journal of Marketing Research (JMR)*, *23*(1), 11–24.

Parker, B. T. (2009). A comparison of brand personality and brand user-imagery congruence. *Journal of Consumer Marketing*, *26*(3), 175–184.

Ries, A., Trout, J., & Wied, L. (2013). *Positioning: Wie Marken und Unternehmen in übersättigten Märkten überleben*. München: Vahlen.

Roosdorp, A. (1998). *Positionierungspflege: Phänomen, Herausforderungen und Konzept*. St. Gallen: Universität St. Gallen.

Rossiter, J. R., & Percy, L. (1997). *Advertising communications and promotion management*. New York: McGraw-Hill.

Rossiter, J. R., & Percy, L. (2005). Aufbau und Pflege von Marken durch klassische Kommunikation. In F.-R. Esch (Hrsg.), *Moderne Markenführung. Grundlagen, innovative Ansätze, praktische Umsetzungen* (4. Aufl. S. 523–538). Wiesbaden: Gabler.

Rumelhart, D. E., & Norman, D. A. (1978). Semantic factors in cognition. In J. W. Cotton, & R. L. Klatzky (Hrsg.), *Semantic factors in cognition* (S. 37–53). Hillsdale, N.J: Lawrence Erlbaum Associates.

Sauter, R. (2006). *Crossmedia – Kampagnen: Aspekte der inhaltlichen und formalen Integration*. Hamburg: Diplomica Verlag.

Schenk, M. (2007). *Medienwirkungsforschung* (3. Aufl.). Tübingen: Mohr Siebeck.

Scholz und Friends. (2014). *Umparken im Kopf*. Nicht veröffentlichtes Dokument.

Schweiger, G., & Schrattenecker, G. (2012). *Werbung* (8. Aufl.). Stuttgart: Lucius und Lucius.

Schweiger, P. W. D., & Schmitt-Walter, N. (2009). Crossmedia-Verweise als Scharnier zwischen Werbeträgern. *Publizistik*, *54*(3), 347–371.

SevenOne Media (2013). Darfs ein bisschen mehr sein? Status quo der Mediennutzung 2013. *Research Flash, 19*.

Shavitt, S. (1992). Evidence for predicting the effectiveness of value-expressive versus utilitarian appeals: a reply to Johar and Sirgy. *Journal of Advertising, 21*(2), 47–51.

Sirgy, M. J., Grewal, D., Mangleburg, T. F., Park, J.-O., Chon, K.-S., & Claiborne, C. B. (1997). Assessing the predictive validity of two methods of measuring self-image congruence. *Journal of the Academy of Marketing Science, 25*(3), 229–241.

Smith, E. R. (1993). Social identity and social emotions: Toward new conceptualizations of prejudice. In D. M. Mackie, & D. L. E. Hamilton (Hrsg.), *Affect, cognition, and stereotyping: Interactive processes in group perception* (S. 297–315). San Diego: Academic Press.

Statistisches Bundesamt. *Ausstattung privater Haushalte mit Fahrzeugen in Deutschland.* Retrieved from https://www.destatis.de/DE/ZahlenFakten/GesellschaftStaat/ EinkommenKonsumLebensbedingungen/AusstattungGebrauchsguetern/Tabellen/Fahrzeuge_ D.html. Zugegriffen: 12. Mai 2014

Steffenhagen, H. (1984). *Kommunikationswirkung: Kriterien und Zusammenhänge.* Hamburg: Heinrich Bauer Stiftung.

Steiner, M. (2007). *Nachfrageorientierte Präferenzmessung: Bestimmung zielgruppenspezifischer Eigenschaftssets auf Basis von Kundenbedürfnissen.* Wiesbaden: Deutscher Universitätsverlag.

Stuart, H., & Muzellec, L. (2004). Corporate makeovers: Can a hyena be rebranded? *Journal of Brand Management, 11*(6), 472–482.

Südwestrundfunk (2014). *Media Perspektiven Basisdaten 2013 Daten zur Mediensituation in Deutschland 2013 (Media Perspektiven). Frankfurt.* http://www.ard.de/home/intern/ fakten/ard-mediendaten/Mediennutzung_und_Freizeitbeschaeftigung/408808/index.html. Zugegriffen: 12. Mai 2014

van Eimeren, B., & Frees, B. (2007). Internetnutzung zwischen Pragmatismus und YouTube-Euphorie. *Media Perspektiven, 8*, 362–378.

Webster, F. E., & Wind, Y. (1972). A general model for understanding organizational buying behavior. *Journal of Marketing, 36*(2), 12–19.

Weßner, K. (2014). *„Umparken im Kopf" bringt die Marke mit dem Blitz zum blitzen.* Nicht veröffentlichtes Dokument.

Wicks, R. H. (1992). Schema theory and measurement in mass communication research: Theoretical and methodological issues in news information processing. *Communication yearbook, 15,* 115–145.

Wong, H. Y., & Merrilees, B. (2006). Determinants of SME brand adaptation in global marketing. *International Journal of Entrepreneurship and Small Business, 3*(3), 477–497.

Yoo, B., Donthu, N., & Lee, S. (2000). An Examination of Selected Marketing Mix Elements and Brand Equity. *Journal of the Academy of Marketing Science, 28*(2), 195–211.

Das Web 2.0 und die Markenführung am Beispiel der Automobilbranche

Thomas Döbler und Anna-Maria Wahl

Zusammenfassung

Die Automobilbranche steht durch den Wandel von der Technik- zur Kundenorientierung vor besonderen Herausforderungen: Bei den Kunden nimmt die Bedeutung der Ingenieurs- und Designleistung tendenziell ab, wobei gerade darauf die „differenzierende Identität" der Produkte im Automobilbereich beruht. Die Markenführung steht vor der Aufgabe, sich stärker durch Produktimages als durch Produkteigenschaften von der Konkurrenz abzuheben. Hierfür ist unter anderem eine stabile und langfristige Kundenbeziehung entscheidend, die nicht zuletzt durch die neuen IT-gestützten Plattformen – das Web 2.0 – aufgebaut und gepflegt werden kann. Deutsche Automobilhersteller nehmen im Social Web eine Vorreiterrolle hinsichtlich der Fan- und Followerzahl ein, wobei es noch an Know-how fehlt, wie das konkrete Zusammenspiel zwischen Unternehmen und Markeninteressierten im Optimalfall aussehen kann. Insbesondere die Frage, ob die Machtverschiebung zugunsten der Konsumenten als Chance für die Marke genutzt werden kann, ist noch offen.

1 Die Besonderheiten in der Automobilbranche

Die Markenführung in der Automobilbranche ist anderen Gegebenheiten unterworfen als die Markenführung beispielsweise bei den FMCG. Hier ist man zum Teil der Auffassung, dass Marken erst durch Werbung und Promotions entstehen. In der Automobilbranche ist dagegen die „differenzierende Identität" der Ingenieurs- und Designleistung zuzuschreiben (Gottschalk 2003, S. 18). Die Herausforderung für die Automobilbranche zeigt sich nun darin, dass für die Käufer eben diese Bedeutung von technisch-funktionalen Merkmalen tendenziell abnimmt, da eine Angleichung dieser Merkmale zu beobachten ist. So unter-

Prof. Dr. Thomas Döbler ✉
Stuttgart, Deutschland
e-mail: t.doebler@mhmk.org

Anna-Maria Wahl
Stuttgart, Deutschland
e-mail: am.wahl@macromedia.de

© Springer Fachmedien Wiesbaden 2016
S. Regier et al. (Hrsg.), *Marken und Medien*, DOI 10.1007/978-3-658-06934-6_8

scheiden sich beispielsweise die Automodelle Ford Galaxy, VW Sharan und Seat Alhambra auf den ersten Blick kaum. Entsprechend werden Zusatz- und Geltungsnutzen immer wichtiger. In der Automobilindustrie kann man sich heute daher besser durch **Produktimages** als durch **Produkteigenschaften** von der Konkurrenz abheben: es ist ein Wandel von der Technik- zur Kundenorientierung zu beobachten (Nadler und Rennhak 2011, S. 1 f.). Neben den ähnlicher werdenden Produkten führen auch die komplexer werdenden Lebensentwürfe, die mediale Fragmentierung und ein allgemein starker Wettbewerb dazu, dass Marketingfachleute heute vor größer werdenden Herausforderungen stehen. Das Thema Kundenbeziehung rückt in den Fokus der Markenführung (Armbrecht et al. 2009, S. 305 f.). Dass die Beziehung zwischen Hersteller und Kunde, das Wissen beider Seiten übereinander, wichtig ist, wird im modernen Marketing nicht mehr angezweifelt. Nach diesem Ansatz müssen von Seiten des Herstellers die Lebenseinstellungen, die Gewohnheiten und die Wünsche der Kunden erfasst und verarbeitet werden (Armbrecht et al. 2009, S. 306).

In den letzten Jahren hat sich im Hinblick auf das Management von Kundenbeziehung ein Paradigmenwechsel vollzogen: war man früher an einzelnen Kaufabschlüssen interessiert („transaktionsorientierter Ansatz") konzentriert man sich heute stärker auf eine langfristige Kundenbeziehung. Da sich in der Automobilbranche der größte Teil der Wertschöpfung und Gewinne erst nach dem Kauf durch Wartung, Zubehör, Reparatur und Finanzierung ergeben, ist die Kundenzufriedenheit besonders wichtig. Zudem ist die Neukundenakquise fünfmal so teuer wie die Erhaltung einer bestehenden Kundenbeziehung (Diez o. J., S. 2 ff.).

Nicht zuletzt durch die neuen IT-gestützten Austauschplattformen, die „massenhafte One-to-One-Kommunikation" möglich machen, rückt die Pflege stabiler Kundenbeziehungen in den Vordergrund (Armbrecht et al. 2009, S. 305 f.). In den letzten Jahren hat sich gezeigt, dass die bisherigen Vorstellungen von Marke als Technik, als Persönlichkeit, als Kommunikation oder System zu kurz greifen. Sie sehen in den Konsumenten passive Wesen, was den veränderten Bedingungen der Markenführung nicht gerecht wird. Der von Alvin Toffler kreierte Begriff Prosument, der aufzeigen soll, dass der neue Konsument auch gleichzeitig Produzent ist, hat sich in Folge der Entwicklungen im Web 2.0 durchgesetzt. Nach diesem Begriff handelt es sich bei Marken immer mehr um Kommunikationsphänomene, „die sich im Zusammenspiel zwischen Unternehmen und Markeninteressierten bilden" (Burgold et al. 2009, S. 16). Zu den interaktionsorientierten Kundenkontaktflächen, die in der Automobilbranche genutzt werden, gehört neben dem Callcenter und den Kundenclubs auch der gesamte Bereich des Internet inklusive E-Mail und Social Media. Die Kommunikationsstrukturen werden mit der Nutzung von Social Media immer komplexer: netzwerkartige Kommunikationsstrukturen lösen die zweiseitige, dialogorientierte Kommunikation ab. In diesen Netzwerken können sich die Nutzer auch untereinander über ein Unternehmen und dessen Produkte austauschen (Diez o. J., S. 12). Es ist weitgehend unstrittig, dass in kaum einer anderen Branche das Bedürfnis nach Identifikation mit der Marke größer ist und in kaum einem anderen Konsumgütermarkt ein ähnlich großer Aufwand betrieben wird um „neue Kunden zu gewinnen, zu begeistern und an die Marke zu binden" (Kalbfell 2003, S. 222).

Auf Seiten des Kunden handelt es sich um einen Kaufentscheidungsprozess von tendenziell größter Bedeutung: Eine vergleichsweise große finanzielle Investition, die allein schon wegen deren Höhe sorgfältig abgewogen werden muss, lässt sich nun nicht nur aus zahlreichen rationalen, sondern auch, möglicherweise vor allem aus emotionalen Motiven begründen – in der Summe ist dieser Entscheidungsprozess außerordentlich komplex. Kalbfell (2003) spricht von „dem **high-involvement**"-**Produkt** schlechthin (Kalbfell 2003, S. 222).

Da die Automobilbranche längerfristig betrachtet „durch eine deutlich rückläufige Marken- und Händlerloyalität gekennzeichnet" ist (Diez o. J., S. 14) und die Erwartungen der Kunden und Interessenten immer stärker in Richtung individuell gestaltete Interaktion im Internet gehen (Armbrecht et al. 2009, S. 309), müssen sich die Verantwortlichen mit der Bedeutung des Web 2.0 für die Markenführung auseinandersetzen.

2 Web 2.0 und Social Media

Der erste Ansatz des Web 2.0 wurde bereits 1996 von Novak und Hoffmann wie folgt beschrieben: „The consumer is an active participant in an interactive exercise of multiple feedback loops and highly immediate communication" (Hoffmann und Novak 1996, S. 66). Der Begriff „Web 2.0", der eine Weiterentwicklungsstufe des Web nach dem Prinzip des Bezeichnungssystems aus dem Bereich der Softwareentwicklung beschreibt, wurde von O'Reilly 2005 eingeführt:

„Like many important concepts, Web 2.0 doesn't have a hard boundary, but rather a gravitational core. You can visualize Web 2.0 as a set of principles and practices that tie together a veritable solar system of sites that demonstrate some or all of those principles, at a varying distance from that core." (O'Reilly 2005). Eine exakte Begriffsdefinition ist dabei sehr schwierig, nicht zuletzt, weil dem Web 2.0 dabei keine besondere technische Entwicklung vorausgeht, sondern vielmehr eine Veränderung des Nutzerverhaltens hin zum so genannten „Mitmachnetz" (Trepte und Reinecke 2010, S. 217). Dieses ermöglicht es dem Nutzer, mit anderen Nutzern oder auch Unternehmen zu interagieren oder auch eigene Inhalte zu veröffentlichen (Kollmann und Stöckmann 2010, S. 47). Die selbst produzierten heterogenen Inhalte werden als **User Generated Content** bezeichnet und stellen den Kern des Web 2.0 dar. In diesem Zusammenhang ist auch die Rede von den so genannten **Prosumenten**. Der von Alvin Toffler eingeführte und etablierte Begriff des „Prosumer" ist dabei eine Zusammenführung aus den Begriffen Producer und Consumer (Kreutzer 2012, S. 32; Grabs und Bannour 2011, S. 21).

Kempf spricht in diesem Zusammenhang auch von der Emanzipation der Nutzer: „Heute stehen ihnen Online-Plattformen zur Verfügung, die die Erstellung von Inhalten und den Austausch von Meinungen fördern und weitreichende Partizipationsmöglichkeiten bieten." (Kempf 2012, in: Bitkom 2012, S. 3)

Wie schon bei dem Begriff des Web 2.0 ist auch die Definition von Social Media alles andere als eindeutig. Häufig wird der Begriff direkt mit Soziale Medien übersetzt und so findet sich folgende Definition: „[...] ist ein Sammelbegriff für internetbasierte mediale Angebote, die auf sozialer Interaktion und den technischen Möglichkeiten des sog. Web 2.0 basieren. Dabei stehen Kommunikation und der Austausch nutzergenerierter Inhalte (User-Generated Content) im Vordergrund. Die sozialen Medien gewinnen zunehmend auch kommerzielle Bedeutung, da die vernetzte Struktur der Nutzerschaft großes Potenzial für die wirkungsvolle Übermittlung kommerzieller Nachrichten und Inhalte bildet (Social Commerce)." (Sjurts 2011, S. 565)

Bei Solis liegt der zentrale Aspekt der Definition von Social Media in der Sozialisierung der Information und dem aktiven User: „Social Media is the democratization of information, transforming people from content readers into publishers. It is the shift from a broadcast mechanism to a many-to-many model, rooted in conversations between authors, people and peers". (Solis 2010, S. 37)

Betrachtet man die tatsächlichen Aktivitäten muss jedoch gesagt werden, dass theoretisch zwar jeder Internetnutzer Inhalte produzieren und veröffentlichen kann, dies tatsächlich aber nur rund ein Prozent tut. Die empirisch wiederholt belegte 90-9-1-Regel des dänischen Web-Beraters Jakob Nielsen besagt, dass 90 Prozent der Nutzer eine pas-

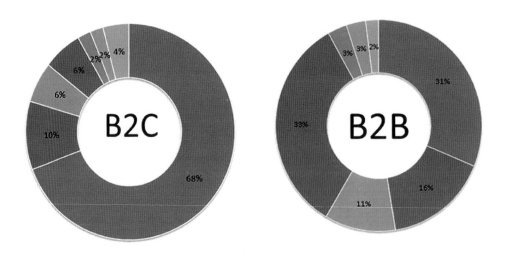

Abb. 1 Beliebteste Social Media Plattformen: B2C vs B2B. (Anteil der Marketer, die die jeweilige Plattform als Favorit angeben)

sive Zuschauerrolle haben, 9 Prozent hin und wieder Kommentare abgeben und lediglich 1 Prozent so genannten User-Generated-Content erstellt. Diese Relation konnte für die Wikipedia, das Vorzeigeprojekt einer nutzergenerierten Wissensplattform ebenso bestätigt werden wie z. B. für das Schreiben von Rezensionen auf Amazon – nur 1 Prozent der Nutzer bzw. Käufer erstellen aktiv Inhalte (Schindler und Liller 2011, S. 6 ff.).

Vergleicht man die B2B und B2C Branchen (siehe Abb. 1: Beliebteste Social Media Plattformen: B2C vs B2B) zeigt sich außerdem, dass die Social Media Plattformen unterschiedliche Bedeutung haben. Im B2C Bereich ist Facebook mit Abstand der wichtigste Kanal, wohingegen im B2B Bereich neben LinkedIn auch Twitter und Blogs größere Bedeutung haben (tobesocial 2013, o. S.).

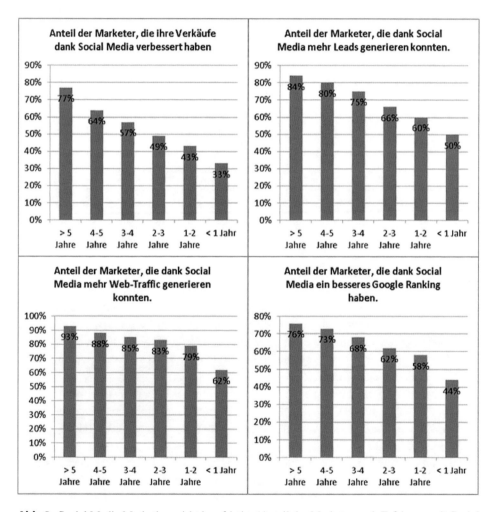

Abb. 2 Social Media Marketing wirkt langfristig. (Anteil der Marketer nach Erfahrung mit Social Media Marketing)

Grundsätzlich ist laut tobesocial (2013) zu sagen, dass sich bei allem Aufwand, den Social Media mit sich bringt, langfristig starke Erfolge bei Unternehmen zeigen. Es wäre falsch, hier nur die nächsten 12 Monate im Auge zu behalten. Die Erfolge zeigen sich dabei sowohl bei den Verkäufen, bei der Lead-Generierung, als auch beim gesteigertem Traffic oder der Suchmaschinenoptimierung (siehe Abb. 2: Social Media Marketing wirkt langfristig).

3 Die Markenführung unter Einfluss des Web 2.0

Bereits seit Ende des 19. Jahrhunderts wird versucht, das Phänomen Marke mit Hilfe eines Modells zu beschreiben. Folgende drei Paradigmen des Markenwesens wurden vom Soziologen Kai-Uwe Hellmann (2003) identifiziert:

Die Marke als Technik, die Marke als Persönlichkeit und die Marke als Kommunikation. Betrachtet man die Marke als „Technik", so wird sie in ihre einzelnen Merkmale wie Warenzeichen, Qualität, Preis und Nutzen zerlegt, wodurch eine Art Merkmalskatalog entsteht, der auch als „Gebrauchsanleitung zum Bau von Marken" (Domizlaff 1992, S. 159) gesehen werden soll. Als sich mit dem wirtschaftlichen Aufschwung der 1950er Jahr ein Paradigmenwandel hin zu einer psychologischen Betrachtung abzeichnete, rückte der Zusatznutzen der Marke, also die Wahrnehmung der Marke durch den Verbraucher in den Mittelpunkt. Gegen Ende der 1980er Jahre wurde dieses Persönlichkeitsmodell dann durch den Einflussfaktor Kommunikation ergänzt. Es hatte sich die Erkenntnis durchgesetzt, dass beispielsweise die Vertrauens- und Geltungsfunktion auf die Kommunikation zwischen Marke und Verbraucher zurückzuführen ist (Hellmann 2003, S. 68–106).

Was dabei allen Modellen gleich ist, ist die Vorstellung von einem eindeutig klassifizierbaren Konsumenten; die Pluralisierung der Gesellschaft mit ihren posttraditionalen Formen der Vergemeinschaftung (. . .) findet praktisch keine Anwendung. Dies wäre allerdings insofern relevant, als dass sich vor allem jüngere Zielgruppen gerne in *Szenen* zusammenfinden, zu denen Außenstehende wie Marketingverantwortliche kaum Zugang besitzen (Müller 2009, S. 22). Eine weitere Schwierigkeit für die klassische Werbung ist, dass sie die Prosumenten, je mehr sie sich durch Werbung gestört fühlen, desto stärker auf Mundpropaganda bzw. C2 C-Kommunikation im Internet verlassen (Oetting 2006, S. 176 f.; Frick und Hauser 2007, S. 84 ff.).

Die Entwicklung der Konsumenten hin zum Prosumenten hat auch entscheidenden Einfluss auf die Markenführung. „Marken sind immer mehr Kommunikationsphänomene, die sich im Zusammenspiel zwischen Unternehmen und Markeninteressierten bilden." (Burgold et al. 2009, S. 17)

Allerdings wollen viele Werbetreibende das Internet nach wie vor als einen weiteren Kanal wie Fernsehen oder Radio nutzen, erkennen dabei aber nicht, dass nicht sie es sind, „die im Web 2.0 kommunizieren, sondern dass es selbst kommuniziert". (Dietrich und Schmidt-Bleeker 2009, S. 27)

Auf Unternehmensseite ist zu sagen, dass fast 50 Prozent aller deutschen Unternehmen nach einer Bitkom-Studie von 2012 Social Media nutzen und 15 Prozent dies für die Zukunft planen. Für relevant erachten 89 Prozent der Großunternehmen das Social Web und glauben zudem, dass die Bedeutung weiterhin zunimmt.

Durch die Entwicklungen in der Internetbranche und hier besonders die Entwicklung von Web 2.0 und Social Media ist es für Unternehmen schwieriger geworden, ihre Konsumenten über das klassische Marketing zu erreichen. „You need to go where your consumers are spending their time." (Brennan und Schafer 2010, S. 1)

Insbesondere durch den Erfolg von facebook gehören die sozialen Netzwerke zu den Social Media Erscheinungsformen mit dem höchsten Maß an Aufmerksamkeit. Organisationen erhalten durch ihre Präsenz auf diesen Kanälen eine neue Schnittstelle zum Kunden und können in den direkten Dialog mit ihren Kunden treten (Bernet 2010, S. 137 f.).

Zwar sprechen manchen Marketingverantwortlichen bereits von einem Ende des Social Media Hypes (Vielmeier 2011), doch auch wenn der große Hype bestimmt verebbt ist, so hat sich Social Media doch als wichtiger Bestandteil in der **Kommunikationsstrategie** von Unternehmen etablieren können: 47 Prozent der deutschen Unternehmen nutzen soziale Medien und 15 Prozent haben deren Wichtigkeit erkannt (Hafner 2012).

Bereits 2002 hat Bongartz das Internet als „Profilierungsraum von Marken" angesehen. So sehen auch die in einer IBM-Studie befragten Geschäftsführer internationaler Unternehmen das oberste Ziel darin, näher an den Kunden zu rücken (Baird und Parasnis 2011, S. 1).

Der User-Generated-Content, den Prosumenten im Zusammenhang mit verschiedenen Marken erstellen, wird für die Kaufentscheidung neuer Konsumenten immer relevanter (Henseler 2011, S. 117 f.).

Auch für die Markenführung sind diese Inhalte relevant: das Unternehmen muss die Anliegen und Wünsche der Konsumenten hören und versuchen, diese in der Kommunikationsstrategie zu beachten (Hennig-Thurau et al. 2010, S. 313).

Das Web 2.0 bietet mit Social Media den Unternehmen hier durchaus eine Chance, seine Beziehung zum Kunden zu stärken. Neben der Machtverschiebung hin zum Prosumenten und dem Risiko des Kontrollverlusts, können die User hilfreiches Feedback zur Optimierung der Produkte oder Dienstleistungen liefern. Die Markenführung sollte hier aktiv Barrieren abbauen und den Zugang zu Informationen erleichtern (Shih 2011, S. 315). Unternehmen sollten erkennen, dass durch die Involvierung der Konsumenten in die Markenbildung und -kommunikation Markenschädigungen vermieden werden können (Burgold et al. 2009, S. 15). „Für eine erfolgreiche Markenführung im Zeitalter von Web 2.0 muss sich die unternehmerische Markenkommunikation den Konsumenten gegenüber öffnen und sie in die Prozesse der Markenbildung einbeziehen." (Burgold et al. 2009, S. 17)

4 Die Markenführung im Web 2.0 am Beispiel der Automobilbranche

Eine im Jahr 2009 durchgeführte Erhebung belegt, dass bereits damals 60 der 100 größten deutschen Marken in Social-Media-Angeboten aktiv waren, wobei der am häufigsten genutzte Dienst seinerzeit Twitter war, dicht gefolgt von YouTube und Facebook (Horizontstudie zitiert nach Hettler 2010, S. 22). Dieser Anteil dürfte mittlerweile nahe an die 100 Prozent gestiegen sein, nicht zuletzt weil wie Ergebnisse der Digital Influence Index Studie des Beratungsunternehmen FleishmanHillard zeigen, das Internet schon im Jahre 2010 für die Verbraucher mit Abstand das wichtigste Medium bei der Entscheidungsfindung und bei der Information über Marken, Produkte und Themen bildete und die Konsumenten twitternde Unternehmen für vertrauenswürdiger halten als Marken, die nicht den aktiven Dialog mit den Zielgruppen über **Microblogging-Dienste** suchen (FleishmanHillard 2010).

Eine zusammenführende Analyse des Social Media Beratungsunternehmens ethority von rund 1,1 Millionen Meinungsäußerungen in Weblogs, Foren, Mikroblogging-Diensten, sozialen Netzwerken und auf Videoplattformen zu 550 Marken für das Jahr 2008 kommt zu der Folgerung, dass auf „… ein überdurchschnittliches Markenbewusstsein in den konsumentengenerierten Medien …" geschlossen werden kann und markenbezogene Gespräche für die Bildung von Käuferpräferenz überproportional relevant sind. Dieselbe Studie stellt speziell für das deutschsprachige Internet fest, dass hier ein besonders intensiver Austausch über Marken von autoaffinen Internetnutzer geführt wird: „… keine andere Nutzergruppe präsentiert sich derart performativ." (ethority 2008) Und im Jahr 2011 konstatiert die Web-2.0-Agentur interactivelabs auf Basis ihrer Studien, dass das Branchenimage der Automobilindustrie im Internet zunehmend vom Social Web bestimmt wird: Mehr als drei Viertel aller Diskussionen im Internet rund ums Auto finden demnach auf Social Media-Plattformen wie Facebook oder Twitter statt (interactivelabs 2011); bemerkenswert ist dabei allerdings, dass weniger als jede zehnte der geäußerten Meinungen im konkreten Zusammenhang mit einer bestimmten Automarke steht.

Im selben Jahr stellt das IAB (Internet Advertising Bureau Austria) fest, dass die Automobilindustrie eine der Branchen mit der höchsten Interaktion im Web 2.0 ist, wobei sich eine aktive Markenpräsenz für Automarken speziell in Facebook zu lohnen scheint. Im österreichischen Social Web halten die Marken VW, Audi und BMW die höchsten Kommunikationsanteile. Absolut gesehen am wenigsten, relativ zu den Verkaufszahlen aber deutlich überproportional erfolgt demnach die Kommunikation zu Exklusivmarken wie Porsche oder Ferrari (IAB Brand Buzz 2011) (siehe Abb. 3: Anzahl Postings pro Monat TOP 10 und Abb. 4: Anzahl Postings pro Monat TOP 20).

Die Benchmarkstudie „Die besten 20 Automarken im Web" der Kommunikationsagentur Faktenkontor im Jahr 2013 bestätigt, dass im deutschsprachigen Web 2.0 Internet-Foren und Blogs den Autoherstellern hohe Aufmerksamkeit bescheren. Für die Studie hat das Faktenkontor mit Hilfe eines Web Analyzers zehntausende Online-Nachrichten und über eine Million Social-Media-Quellen (inkl. Twitter, Facebook, Foren und Blogs) im

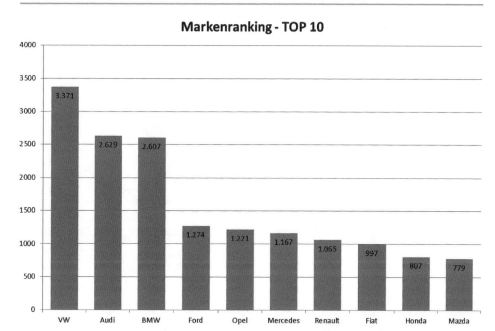

Abb. 3 Anzahl Postings pro Monat TOP 10 (Durchschnitt). Social Web Kommunikation in Österreich. (IAB Brand Buzz 2011)

Markenranking - TOP 10

Marken	Ranking	Anteil an Gesamtpostings	Postings pro Monat (Durchschnitt)
VW	1	12,8	3371
Audi	2	10	2629
BMW	3	9,9	2607
Ford	4	4,9	1274
Opel	5	4,6	1221
Mercedes	6	4,4	1167
Renault	7	4,1	1065
Fiat	8	3,8	997
Honda	9	3,1	807
Mazda	10	3	779

Social Web Kommunikation in Österreich. Automotive 2011
Anzahl Postings pro Monat (Durchschnitt)

Markenranking - TOP 20

Marken	Ranking	Anteil an Gesamtpostings	Postings pro Monat (Durchschnitt)
Toyota	11	2,8	728
Seat	12	2,7	78
Peugeot	13	2,6	694
Porsche	14	2,6	676
Skoda	15	2,5	654
Kia	16	2,3	599
Citroen	17	2,1	544
Volvo	18	2	512
Mini	19	1,7	446
Ferrari	20	1,7	444

Alle Marken: 26.254 Postings pro Monat (Durchschnitt)

Abb. 4 Anzahl Postings pro Monat TOP 20 (Durchschnitt). Social Web Kommunikation in Österreich. (IAB Brand Buzz 2011)

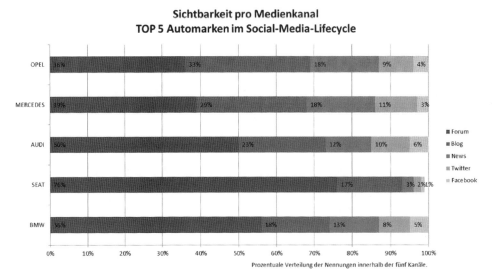

Abb. 5 Sichtbarkeit pro Medienkanal. (Faktenkontor 2013)

Zeitraum von August 2012 bis Februar 2013 semantisch analysiert und nach den Schlüsselwerten Aufmerksamkeit, Ansehen, Akzeptanz und Präferenz bewertet.

Im Gesamt-Ranking führen BMW und Seat mit deutlichem Abstand vor Audi, gefolgt von Mercedes und Opel. Unter den fünf verglichenen Kanälen entfallen für die Top 5 Automarken die meisten Nennungen auf Foren und die wenigsten auf Facebook. Seat erreicht mit rund drei Vierteln anteilig die meisten Nennungen in Foren und mit nur einem Prozent die wenigsten auf Facebook. Auf den höchsten Anteil an Facebook-Nennungen bringt es Audi mit sechs Prozent (siehe Abb. 5: Sichtbarkeit pro **Medienkanal**). Diese Verteilung ist insofern von Bedeutung, als nach Erkenntnissen dieser Analyse die Diskussionen in Foren in Bezug auf die Automarke meist neutral sind, auf Facebook dagegen sich öfters auch wertende Äußerungen finden: BMW kommt z. B. auf Facebook auf 7,9 Prozent positive Erwähnungen und 1,6 Prozent negative, bei Seat werden zu 4,2 Prozent Äußerungen in positiver und zu 1,3 Prozent in negativer Stimmung genannt, Audi bringt es hier auf eine Relation von 7,1 Prozent positiv zu 0,9 Prozent negativ (Faktenkontor 2013).

Eine im Jahr 2013 von der GfK publizierte „Social-Media-Analyse für den Automotive-Bereich" wendete sich speziell den Fragen zu:

- Was konkret wird in Social-Media-Kanälen thematisiert?
- Welche Automobilmarke wird kritisch und welches Thema positiv diskutiert?
- Welche Marke hat insgesamt die beste Reputation im Netz?

Für die Studie wurden rund 175.000 Internetbeiträge (Artikel, Internetseiten, Facebook Postings, Tweets) in Deutschland, Österreich und der Schweiz untersucht und mehr als 17.000 Beiträge inhaltsanalytisch ausgewertet (GfK 2013). Ein interessantes Ergebnis war, dass bei den Automobilmarken mehr als 60 Prozent des gesamten Gesprächsaufkommen im Internet durch die Konsumenten und weniger als 40 Prozent durch professionelle Institutionen (Produzenten, Presse) generiert wird, auch wenn sich hier teilweise beträchtliche markenabhängige Differenzen aufzeigen lassen: bei Audi etwa gehen fast vier Fünftel der Kommunikation vom Konsumenten aus, bei Hyundai liegt dieser nutzergenerierte Anteil nur etwas über der Hälfte (GfK 2013). Audi liegt auch mit einem Anteil von 19 Prozent am gesamten automarkenbezogenen Gesprächsaufkommens im deutschsprachigen Raum an der Spitze und verweist BMW und Mercedes-Benz (jeweils 16 Prozent) sowie VW (15 Prozent), trotz dessen deutlich höherer Kundenzahlen, auf die Plätze (GfK 2013). Auffällig ist, dass sich die Marken hinsichtlich der Kanäle, in denen das Gesprächsaufkommen im Internet generiert wird, unterscheiden: Während die Stärke von Mercedes-Benz eher im traditionellen Web und in Foren liegt, dominieren Audi und BMW bei den Sozialen Netzwerken (z. B. Facebook) – bei diesen beiden Marken fällt bereits mehr als die Hälfte der Internetkommunikation auf die Sozialen Netzwerke.

Die GfK-Studie zeigt zudem, dass vor allem Produktneueinführungen die Kommunikation im Internet sehr stark intensivieren: So erzielte etwa bei Mercedes die neue A-Klasse, die 3er Reihe von BMW oder der Audi-A3 jeweils eine in Relation zur Marktbedeutung deutlich überproportionale Kommunikationsintensität. Im Mittelpunkt der Kommunikation steht dabei oft das Design der neuen Produkte, was in fast jedem vierten Beitrag und durchaus kontrovers diskutiert wird (GfK 2013).

Nicht verwunderlich ist, dass besonders leidenschaftliche und dabei überwiegend positive Gespräche im Netz zudem über Marken geführt werden, die ein besonderes Faszinosum auf die Konsumenten ausüben – oft verbunden und gesteigert, wenn dieses Produkt kaum erreichbar scheint, wie etwa der Sportwagen R8 von Audi (GfK 2013).

5 Schlussbetrachtung

Zusammenfassend lässt sich sagen, dass mit der steigenden Bedeutung von Social Media die zielgerichtete Markenkommunikation für die Automobilhersteller deutlich herausfordernder und auch unkontrollierbarer wird. Um die Social Media-Diskussionen hierzu wenigstens ein stückweit gezielt verstärken und so weit möglich lenken, um das Internet als Multiplikatormedium nutzen zu können, müssen die Unternehmen zumindest umfassend und kontinuierlich analysieren, wie ihre Marke im Internet beurteilt wird, was wiederum voraussetzt, die Informationsfülle in den verschiedenen Plattformen richtig einordnen und bewerten zu können.

Bislang scheint dies den deutschen Automobilproduzenten recht zufriedenstellend zu gelingen: In der Studie „L2 Digital IQ Index: Auto Report 2013", die die digitale Kompetenz von 42 Automarken weltweit entlang der „Website der Automarke", dem „Online Marketing", der „mobilen Angebote" sowie des „Social Media Marketing" auswertet, nehmen die deutschen Automarken auf den Social Media Kanälen gute Plätze hinsichtlich Fan- und Followerzahl ein. BMW mit über 13 Millionen Fans auf Facebook belegt etwa international hier den Rang 6, Volkswagen nimmt mit 96 Millionen Views auf Youtube Platz 11 ein. Schwächen zeigen sich allerdings bei der Übergabe von der Website bzw. den Social Media Aktionen zum Autohändler; hier führt dem Auto Report 2013 folgend die Marke Jeep, die ein gutes Angebot an regionalen **Microsites** der Modelle anbietet, womit die Übergabe an die Händler vor Ort befördert wird (tobesocial 2013, o. S.).

Trotz vielfach guter Ansätze und zunehmendem Know-how fehlt es den Markenherstellern, und dies gilt auch für die im Social Web eine gewisse Vorreiterrolle einnehmende Automotive-Branche, immer noch an systematisierbaren Erfahrungen, wie die interaktiven Kommunikationsplattformen für einen markenstärkenden Austausch mit den (möglichen) Konsumenten oder genauer: Markeninteressierten eingesetzt werden sollen; das konkrete kommunikative Zusammenspiel zwischen Unternehmen und Markeninteressierten, in dem sich Marken erst ausbilden, wird vielfach erst noch erprobt und entsprechend der Ergebnisse dann angepasst, verändert, optimiert oder auch fallen gelassen. Diese trial and error-Methode gilt auch und in besonderem Maße für den gesamten Bereich der stetig steigenden Mobile-Nutzung – angefangen von der Optimierung der eigenen Websites für Smartphones und Tablets bis hin zu dem mit großen Hoffnungen versehenen Bereich der Connected Car Services.

Unstrittig ist jedoch, dass durch die erhöhten Partizipationsmöglichkeiten in den sozialen Medien sich die Kontrolle zugunsten des Konsumenten verschiebt und dass diese Entwicklung auch die Markenführung akzeptieren muss; der Abbau von Informationsbarrieren bei gleichzeitigem Aufbau einer zeitnahen Kommunikation, um den Ansprüchen der Nutzungsgewohnheiten in sozialen Medien gerecht zu werden, ist mittlerweile zwar noch nicht immer praktische Selbstverständlichkeit, aber doch theoretischer Allgemeinplatz. Gleiches gilt dafür, dass es für die Markenführung nicht negative Auswirkungen zu haben braucht, wenn die Benutzer mehr Einfluss bekommen, da die Unternehmen durch die User umgekehrt relevante Rückmeldungen zu den angebotenen Produkten und Dienstleistungen erfahren und sie so für die Zukunft optimieren können (Shih 2011, S. 315). Ob und wie die Machtverschiebung zugunsten des Nutzers bzw. Konsumenten als Chance für die Marke genutzt werden kann, um näher am Endverbraucher zu sein und die Beziehung zu ihm zu stärken, ist derzeit aber auch in der Automobilbranche noch bei weitem nicht eindeutig geklärt.

Die Autoren

Prof. Dr. Thomas Döbler studierte Soziologie, Psychologie und Volkswirtschaftslehre in München und promovierte an der Universität Hohenheim, wo er auch über 15 Jahre lehrte und forschte. Vor seinem Ruf auf eine Professur für Medienwirtschaft an die Hochschule Macromedia, Campus Stuttgart, war er Leiter der IT- und Medienforschung bei der MFG Stiftung Baden-Württemberg, wo er zahlreiche, auch internationale Groß- und Kooperationsprojekte verantwortete. Seine Arbeitsschwerpunkte liegen in der Nutzung und Akzeptanz neuer Medien sowie deren ökonomischen und soziologischen Konsequenzen.

Anna-Maria Wahl studierte Medienwirtschaft an der Hochschule der Medien in Stuttgart und ist seit 2009 wissenschaftliche Mitarbeiterin im Bereich Medienmanagement an der Hochschule Macromedia. Davor arbeitete sie in Online-Agenturen, insbesondere im Bereich Kampagnenplanung und Corporate Communications für Transport- und Industrieunternehmen.

Literatur

Armbrecht, W., Braekler, M., & Wortmann, U. (2009). Customer Relationship Management der BMW-Group. Backbone des integrierten Marketing. In F. Esch, & W. Armbrecht (Hrsg.), *Best Practice der Markenführung* (S. 304–332). Wiesbaden: Gabler/GWV Fachverlage GmbH.

Baird, C. H., & Parasnis, G. (2011). *IBM Institute for Business Value. From social media to Social CRM. What customers want. The first in a two-part series.* ftp://public.dhe.ibm.com/common/ssi/ecm/en/gbe03391usen/GBE03391USEN.PDF. Zugegriffen: 25. Juni 2014

Bernet, M. (2010). *Social Media in der Medienarbeit – Online-PR im Zeitalter von Google, Facebook & Co.* (1. Aufl.). Wiesbaden: Verlag für Sozialwissenschaften.

Bitkom (2012). *Social Media in deutschen Unternehmen.* http://www.bitkom.org/files/documents/Social_Media_in_deutschen_Unternehmen.pdf. Zugegriffen: 15. Juni 2014

Brennan, B., & Schafer, L. (2010). *Branded!: How Retailers Engage Consumers with Social Media and Mobility.* Hoboken, New Jersey: Joney Wiley & Sons.

Burgold, F., Sonnenburg, S., & Voß, M. (2009). Masse macht Marke: Die Bedeutung von Web 2.0 für die Markenführung. In S. Sonnenburg (Hrsg.), *Swarm Branding: Markenführung im Zeitalter von Web 2.0.* Wiesbaden: VS Verlag für Sozialwissenschaften, GWV Fachverlage GmbH.

Dietrich, F. O., & Schmidt-Bleeker, R. (2009). Marken sind Gespräche: Über Anatomie und Diffusion von Markenkommunikation in Netzwerken. In S. Sonnenburg (Hrsg.), *Swarm Branding: Markenführung im Zeitalter von Web 2.0.* Wiesbaden: VS Verlag für Sozialwissenschaften, GWV Fachverlage GmbH.

Diez, A. (o. J.). *Abnehmende Kundenzufriedenheit in der Automobilindustrie.* http://www.ifa-info.de/files/2576. Zugegriffen: 27. April 2014

Domizlaff, H. (1992). *Die Gewinnung des öffentlichen Vertrauen: Ein Lehrbuch der Markentechnik.* Hamburg: Verlag Marketing Journal.

ethority (2008). *Brands in Social Media.* ethority.de/weblog/2008/11/05/ethority-studie-brands-in-social-media. Zugegriffen: 13. Mai 2014

Faktenkontor (2013). *Automarken im Internet: Foren und Blogs für Masse, Facebook für Klasse.* www.faktenkontor.de/pressemeldungen/automarken-im-internet-foren-und-blogs-fuer-masse-facebook-fuer-klasse/. Zugegriffen: 28. Mai 2014

Fleishman Hillard (2010). *Digital Influence Index Studie: Twitternde Unternehmen genießen Vertrauensvorschuss.* http://fleishman.de/2010/10/digital-influence-index-studie-twitternde-unternehmen-geniesen-vertrauensvorschuss. Zugegriffen: 26. Juni 2014

Frick, K., & Hauser, M. (2007). „Kontrolle ist nichts, Vertrauen ist alles!". *GDI Impuls, 25*(2), 82–87.

GFK (2013). *Wer ist auf der Überholspur in Social Media?* http://www.gfk.com/de/Documents/Pressemitteilungen/2013/20130125_Social-media-Analyse-Automotive_dfin.pdf. Zugegriffen: 26. Juni 2014

Gottschalk, B. (2003). Markenmanagement als zentraler Erfolgsfaktor in der Automobilbranche. In B. Gottschalk, & R. Kalmbach (Hrsg.), *Markenmanagement in der Automobilindustrie. Die Erfolgsstrategien internationaler Top-Manager* (S. 17–34). Wiesbaden: Betriebswirtschaftlicher Verlag Dr. Th. Gabler/GWV Fachverlag GmbH.

Grabs, A., & Bannour, K.-P. (2011). *Follow me! Erfolgreiches Social Media Marketing mit Facebook, Twitter & Co.* (1. Aufl.). Bonn: Galileo Press.

Hafner, M. (2012). *Social Media wird zum Standard-Werkzeug in vielen Unternehmen. Elektronikpraxis Vogel Business Media GmbH & Co. KG.* http://www.elektronikpraxis.vogel.de/marketing_vertrieb/articles/363662. Zugegriffen: 25. Juni 2014

Hellmann, K.-U. (2003). *Soziologie der Marke* (2. Aufl.). Frankfurt am Main: Suhrkamp Verlag.

Hennig-Thurau, T., Malthouse, E. C., Friege, C., Gensler, S., Lobschat, L., Rangaswamy, A., & Skiera, B. (2010). The Impact of New Media on Customer Relationships. *Journal of Service Research, 13*(3), 311–330.

Henseler, W. (2011). Social Media Branding. Markenbildung im Zeitalter von Web 2.0 und App-Computing. In E. Theobald, & P. T. Haisch (Hrsg.), *Brand Evolution. Moderne Markenführung im digitalen Zeitalter* (S. 111–125). Wiesbaden: Gabler Verlag.

Hettler, U. (2010). *Social Media Marketing – Marketing mit Blogs, Sozialen Netzwerken und weiteren Anwendungen des Web 2.0.* München: Oldenbourg.

Hoffman, D. L., & Novak, T. P. (1996). Marketing in Hypermedia. Computer-Mediated Environments: Conceptual Foundations. *Journal of Marketing, 60*, 50–68.

IAB Brand Buzz (2011). *Die meist diskutierten Automarken im Web 2.0.* http://www.google.de/imgres?imgurl=http://www.iab-austria.at/wp-content/uploads/2012/04/IABBrandBuzzMarkenranking1.png&imgrefurl=http://www.iab-austria.at/iab-brand-buzz-die-meist-diskutierten-automarken-im-web-2-0/&h=538&w=712&tbnid=SmI2L9vxl8UxeM:&zoom=1&tbnh=90&tbnw=119&usg=__8ameIduqBOfWqyjIJ2DyBEPQhW8=&docid=hjwjDqguC1AHTM&client=firefox-a&sa=X&ei=zBWLU-CDIMuw7AbfoYDwCQ&ved=0CD8Q9QEwAg&dur=497. Zugegriffen: 31. Mai 2014

interactivelabs (2011). *Automobilbranche – Social Web wird wichtiger Imagefaktor.* http://www.interactivelabs.de/news/pdf/Pressemitteilung_Online-Reputation_Automotive.pdf. Zugegriffen: 29. Mai 2014

Kalbfell, K. (2003). BMW, MINI und Rolls-Royce. Emotionale Strahlkraft in Reinkultur. In B. Gottschalk, & R. Kalmbach (Hrsg.), *Markenmanagement in der Automobilindustrie. Die Erfolgsstrategien internationaler Top-Manager* (S. 221–241). Wiesbaden: Betriebswirtschaftlicher Verlag Dr. Th. Gabler, GWV Fachverlag GmbH.

Kollmann, T., & Stöckmann, C. (2010). Diffusion von Web 2.0-Plattformen. In B. Hass, T. Kilian, & G. Walsh (Hrsg.), *Web 2.0. Neue Perspektiven für Marketing und Medien* (2. Aufl. S. 33–48). Berlin: Springer.

Kreutzer, R. T. (2012). *Praxisorientiertes Online-Marketing – Konzepte – Instrumente – Checklisten* (1. Aufl.). Wiesbaden: Gabler Verlag GmbH.

Lobschat, L., Rangaswamy, A., & Skiera, B. (2010). The Impact of New Media on Customer Relationships. *Journal of Service Research, 13*, 311–330.

Müller, R. C. (2009). Von der Markentechnik zum kollaborativen Brandking: Markenführung in der Postmoderne. In S. Sonnenburg (Hrsg.), *Swarm Branding: Markenführung im Zeitalter von Web 2.0.*. Wiesbaden: VS Verlag für Sozialwissenschaften, GWV Fachverlage GmbH.

Nadler, S., & Rennhak, C. (2011). *Emotional Branding in der Automobilindustrie: ein Schlüssel zu langfristigem Markenerfolg? Reutlinger Diskussionsbeiträge zu Marketing & Management 2009-05*. https://publikationen.uni-tuebingen.de/xmlui/bitstream/handle/10900/44121/pdf/WP_2009_05_Emotional_Branding.pdf?sequence=1&isAllowed=y. Zugegriffen: 26. Juni 2014

Oetting, M. (2006). Wie Web 2.0 das Marketing revolutioniert. In T. Schwarz, & G. Braun (Hrsg.), *Leitfaden Integrierte Kommunikation* (S. 175–196). Waghäusel: Verlag Marketing Börse.

O'Reilly. (2005). *What is Web 2.0. Design Patterns and Business Models for the next Generation of Software*. www.oreilly.com/pub/a/web2/archive/what-is-web-20.html. Zugegriffen: 26. Juni 2014

Schindler, M.-C., & Liller, T. (2011). *PR im Social Web: Das Handbuch für Kommunikationsprofis* (1. Aufl.). Köln: O'Reilly Verlag.

Shih, C. (2011). *The Facebook Era. Tapping Online Social Networks to Market, Sell, and Innovate*. Boston: Pearson Education.

Sjurts, I. (2011). *Gabler Lexikon Medienwirtschaft* (2. Aufl.). Wiesbaden: Gabler Verlag.

Solis, B. (2010). *Engage! The Complete Guide for Brands an Businesses to Build, Cultivate and Measure Success in the New Web*. New York: John Wiley & Sons.

tobesocial (2013). *Automarken im digitalen Marketing*. http://tobesocial.de/blog/socia-media-vergleich-automarken-im-digitalen-marketing-social-media-studie-2013-auto-report. Zugegriffen: 19. Mai 2014

Trepte, S., & Reinecke, L. (2010). Unterhaltung online – Motive, Erleben, Effekte. In K. Beck, & W. Schweiger (Hrsg.), *Handbuch Online-Kommunikation* (S. 211–233). Wiesbaden: VS Verlag für Sozialwissenschaften.

Vielmeier, J. (2011). *Es ist vorbei. Ein Abgesang auf den Social-Media-Hype. basicthinking*. http://www.basicthinking.de/blog/2011/09/18/es-ist-vorbei-ein-abgesang-auf-den-social-media-hype//. Zugegriffen: 25. Juni 2014

Marken- und vertriebspolitische Relevanz von TV-Werbung und Neuen Medien bei Fast Moving Consumer Goods unter besonderer Berücksichtigung der Mediaplanung

Ariane Bagusat, Anne-Christine Schlangenotto und Sven Büteröwe

Zusammenfassung

Bei der Verteilung der Budgets für die Bewerbung von Fast Moving Consumer Goods (FMCG) auf die verschiedenen Medien und Werbeträger werden Mediaagenturen häufig mit der Forderung ihrer Kunden konfrontiert, einen Großteil der finanziellen Mittel in TV-Werbung zu investieren. Um bestimmte Zielgruppen zu erreichen, sind oftmals Neue Medien besonders gut für die Bewerbung von FMCGs geeignet. Obwohl TV-Werbung in der Regel kostenintensiver ist und höhere Streuverluste aufweist, bestehen viele Markenunternehmen auf einen hohen Anteil an TV-Werbung im Mediamix. Hierdurch versuchen sie den Forderungen der Handelsunternehmen gerecht zu werden, die ihre Produkte in ihr Sortiment aufnehmen sollen.

Der Artikel „Marken- und vertriebspolitische Relevanz von TV-Werbung und Neuen Medien bei Fast Moving Consumer Goods" erörtert, wie das Potenzial der Neuen Medien anstelle von oder in Kombination mit TV-Werbung, insbesondere für das Erreichen der jungen Zielgruppen, genutzt werden kann. Hierfür werden die Besonderheiten von FMCGs dargelegt und daraus Konsequenzen für deren Vermarktung abgeleitet. Die Aufgaben, die Akteure und der Prozess der Mediaplanung werden ebenso beschrieben, wie relevante Medienkanäle und die Mediennutzung von TV und Neuen Medien in der Bevölkerung, bevor auf die Besonderheiten der Mediaplanung für FMCGs eingegangen wird, bei der sowohl die Ansprüche der Markenunternehmen als auch die des Handels berücksichtigt werden.

Prof. Dr. Ariane Bagusat ✉
Salzgitter, Deutschland
e-mail: a.bagusat@ostfalia.de

Anne-Christine Schlangenotto
Salzgitter, Deutschland
e-mail: a.schlangenotto@ostfalia.de

Sven Büteröwe
Salzgitter, Deutschland
e-mail: sven.bueteroewe@carat.com

© Springer Fachmedien Wiesbaden 2016
S. Regier et al. (Hrsg.), *Marken und Medien*, DOI 10.1007/978-3-658-06934-6_9

1 Einleitung

Der Anteil der Werbeaufwendungen für Lebensmittel und Getränke, die zu den Fast Moving Consumer Goods (FMCGs) gehören, betrug in Deutschland im Jahr 2012 über 2,2 Mrd. Euro (AGOF e. V. 2013, S. 17). Bei der Verteilung der Werbebudgets auf die verschiedenen Medien und Werbeträger werden Mediaagenturen oder -abteilungen häufig mit der Forderung ihrer Kunden der FMCG-Branche konfrontiert, einen Großteil des Budgets in TV-Werbung zu investieren. Den Argumenten der Mediaplaner, dass für die Bewerbung von FMCGs oftmals Neue Medien besser geeignet wären, um bestimmte Zielgruppen zu erreichen, steht die Verhandlungsmacht der Handelsunternehmen gegenüber:

Durch die hohe Anzahl der regelmäßigen Produktneueinführungen – gerade im Lebensmittel- und Getränkebereich – ist es schwierig, neue Produkte am Markt zu etablieren, und auch der Handel stuft „das Risiko, ‚innovative Ladenhüter' ins Sortiment zu nehmen" (Pechtl 2001, S. 508) als groß ein. Ein entsprechend hohes Werbebudget der Markenhersteller sowie ein aussagekräftiger Mediaplan vermitteln den Handelsunternehmen eine gewisse Sicherheit, dass sie ein Produkt in entsprechenden Mengen und gewinnbringend an die Endverbraucher absetzen können. TV hat hierbei als Werbeträger nach wie vor den höchsten Stellenwert, weshalb die umfangreiche Schaltung von TV-Spots durch viele Einkäufer gefordert wird.

Durch Unternehmenszusammenschlüsse und Konkurrenzdruck sind inzwischen nur noch wenige kleine Einzelhandelsunternehmen am Markt aktiv; es überwiegen große Handelskonzerne wie beispielsweise die *REWE Group* oder die *Metro AG*, die eine starke Marktmacht gegenüber den Industrieunternehmen haben und bei Verhandlungen durchaus auch ausüben (Morschett et al 2012, S. 37). Hersteller von FMCGs sehen sich somit einem gewissen Druck ausgesetzt, die Wünsche und Ansprüche des Handels in ihrem Werbebudget und ihrem Mediamix zu berücksichtigen.

Wie das Potenzial der Neuen Medien anstelle von oder in Kombination mit TV-Werbung im Rahmen der Marken- und Vertriebspolitik bei FMCGs, insbesondere für das Erreichen der jungen Zielgruppen, genutzt werden kann, soll in diesem Beitrag erörtert werden.

2 Fast Moving Consumer Goods

FMCGs, die das klassische Sortiment der meisten Supermärkte darstellen und insbesondere im Sprachgebrauch des Handels auch als „schnelldrehende Güter" oder „Renner" bezeichnet werden, besitzen eine starke Präsenz im Alltag der meisten Konsumenten. Dies resultiert zum einen aus dem täglichen Bedarf an den dazugehörigen Produktgruppen wie Lebensmitteln, Getränken, Kosmetika, Reinigungsmitteln und anderen Haushalts-Verbrauchsartikeln, zum anderen aber auch aus dem hohen Werbedruck der entsprechenden Herstellerunternehmen in TV-Spots sowie Werbeanzeigen in Zeitschriften und anderen Medien.

Definiert werden FMCGs als „Waren mit verhältnismäßig kurzer Lebensdauer, die in regelmäßigen Abständen nachgefragt werden" (Weise 2008, S. 1). Güter dieser Kategorie werden vom Verbraucher ohne längeres Nachdenken gekauft, wobei ihre Anschaffung nicht mit besonderem Aufwand verbunden ist (Kluxen 2014, S. 29).

Die Besonderheiten von FMCGs und deren Auswirkungen auf die Vermarktung entsprechender Produkte werden im Nachfolgenden beschrieben.

2.1   Besonderheiten von Fast Moving Consumer Goods

Die **hohe Kauffrequenz**, resultierend aus der Nutzung bzw. dem Verbrauch der Güter über einen kurzen Zeitraum, verbunden mit den vergleichsweise geringen Kosten für die meisten FMCGs, erzeugt ein von den Verbrauchern empfundenes **geringes Kaufrisiko**. Erfüllt ein Produkt nicht die Erwartungen der Konsumenten an Geschmack, Funktion oder Qualität, kann für geringe monetäre Mittel und mit wenig Aufwand ein Ersatzprodukt beschafft werden. Dieses geringe Kaufrisiko und die Ersetzbarkeit einzelner Produkte durch **zahlreiche Substitutionsgüter** und Konkurrenzprodukte führen zu einem **niedrigen Involvement** der Verbraucher. Käufe werden ohne vorherige Informationsbeschaffung, mit wenig Aufwand und ohne lange Entscheidungsfindung durchgeführt. Klassischerweise teilt sich das Kaufverhalten der Konsumenten bei FMCGs in **Gewohnheitskäufe** (habitualisierte Käufe), bei denen immer wieder die gleichen Artikel gekauft werden, und **Impulskäufe**, also spontane, ungeplante Käufe aufgrund von attraktiven Produktpräsentationen oder Launen der Konsumenten (Kloss 2012, S. 63).

Der Markt für FMCGs ist geprägt durch eine **extreme Wettbewerbsintensität**. Eine Vielzahl an Markenherstellern bietet Produkte an, die durch ihre Produkteigenschaften oder den versprochenen Kundennutzen kaum noch voneinander differenzierbar sind (Sattler 2001, S. 673, 679). Hat sich ein neues Produkt am Markt durchgesetzt und bewährt, erhält es schnell Konkurrenz durch sogenannte Me-too-Produkte, d. h. Nachahmerprodukte anderer Hersteller.

In diesem Zusammenhang ist besonders auf die zunehmende Bedrohung von Markenprodukten durch **Handelsmarken** hinzuweisen. „Während Eigenmarken des Handels vor einigen Jahren von Verbrauchern noch mit großer Skepsis bzgl. der Produktqualität betrachtet wurden, erfreuen sie sich heute einer breiten Akzeptanz und substituieren mehr und mehr klassische Herstellermarken. Qualitativ werden die Handelsmarken inzwischen dabei als vergleichbar zu den Herstellermarken angesehen" (Morschett et al. 2012, S. 215). Die Möglichkeit, Markenprodukte des täglichen Bedarfs ohne signifikanten Qualitätsverzicht durch Eigenmarken der Handelsunternehmen ersetzen zu können, verstärkt die sinkende Preisbereitschaft der Verbraucher und stellt ein zunehmendes Problem für die Markenhersteller dar.

Aufgrund der überwiegend gleichmäßigen Produktqualität und anderer Eigenschaften (z. B. Geschmack oder Funktion) sind FMCGs inzwischen oft nur noch über die Marke voneinander unterscheidbar. Der gewohnheitsmäßige Kauf vieler Verbraucher von FMCGs ist hierbei als Vorteil zu sehen, da die Konsumenten eine hohe **Markentreue** aufweisen und meist regelmäßig dieselbe Marke kaufen, solange sie nicht von der Produktqualität enttäuscht werden oder durch Zufall ein Produkt entdecken, dass für sie einen erheblich höheren Nutzen aufweist (Kloss 2012, S. 63). Auch wenn die Markentreue im Konsumgütermarkt in den letzten Jahren durch die **Preissensitivität der Verbraucher** und das Angebot an qualitativ gleichwertigen Handelsmarken leicht rückläufig ist, ist es dennoch die Branche mit der durchweg höchsten Markenrelevanz, wie die Markenrelevanzstudie 2013 der McKinsey & Company zeigt (Hanser 2014, o. S.). So kann der Kunde laut Jesko Perrey, Leiter der deutschen Marketing & Sales Practice von McKinsey, durch den wiederholten Kauf bekannter Marken den Informationsaufwand für den Vergleich der zahlreichen austauschbar erscheinenden Produkte im FMCG-Bereich einschränken, das Risiko, bei Anwendung oder Gebrauch doch von der Produktqualität oder dem Produktnutzen enttäuscht zu werden, reduzieren und nach dem Kauf seinen ideellen Nutzen, durch die Verwendung einer positiv behafteten Marke erhöhen (Hanser 2014, o. S.).

Damit ein habitualisiertes Einkaufsverhalten der Konsumenten möglich ist und Impulskäufe von Markenartikeln gefördert werden, sind eine entsprechende **Präsentation der Produkte am Point-of-Sale** (POS) und eine Einbeziehung in die Verkaufsförderungsmaßnahmen und Preisaktionen des Handels erforderlich. Die Markenunternehmen sind darauf angewiesen, dass ihre Marken bzw. Produkte in den Regalen des Handels gut sichtbar platziert, ggf. durch Sonderflächen hervorgehoben werden, und in Werbesendungen, Handzetteln und Anzeigen des Handels in der Tagespresse vertreten sind. Somit besteht „eine Dominanz des Handels in der Distributions- und Preispolitik" (Sattler 2001, S. 679) der Hersteller.

2.2 Konsequenzen für die Vermarktung von Fast Moving Consumer Goods

Mit wenigen Ausnahmen werden Verbrauchsartikel des täglichen Bedarfs von den Verbrauchern nicht direkt beim Hersteller sondern in Handelsunternehmen, beispielsweise in Supermärkten, erworben. Die Hersteller der Produkte müssen ihr Marketing somit sowohl konsumenten- als auch handelsorientiert ausrichten und mit ihren Kommunikationsmaßnahmen Handelsunternehmen wie auch Endverbraucher zum Kauf ihrer Produkte anregen. Sie müssen also gleichzeitig sowohl ein **Business-to-Consumer-Marketing (Konsumgütermarketing)** als auch ein **Business-to-Business-Marketing (Handelsmarketing)** betreiben, da ihre direkten Kunden nicht die Endverbraucher sondern die Handelsunternehmen sind. Neben dem Großhandel sind dies verschiedene Einzelhandelstypen, zu denen Verbrauchermärkte, Discounter, Supermärkte und Drogeriemärkte gehören. Die Umwerbung des Handels ist notwendig, um die Listung der eigenen Produkte und eine möglichst große Absatzmenge zu erreichen. Zusätzlich entscheidet der Handel über die Positionierung der Produkte am Point-of-Sale und beeinflusst somit das Einkaufsverhalten der Konsumenten.

Wie bereits beschrieben, herrscht auf dem Markt für FMCGs eine extreme Wettbewerbsintensität, da es eine große Anzahl an qualitativ und funktionell gleichwertigen Konkurrenzprodukten gibt. Um sich von der Masse der Mitbewerber abzuheben, ist eine **intensive Markenpolitik** erforderlich, die häufig hohe Werbeaufwendungen erfordert. Da viele „Produkte weitgehend austauschbar sind, erfolgt hier eine Differenzierung über Images" (Kloss 2012, S. 119). Den Verbrauchern muss ein eindeutiges und begehrenswertes Bild der Marke bzw. des Produktes vermittelt werden. Wenn keine eindeutige **Unique Selling Proposition (USP)** durch Produktdesign, Geschmack, Funktionalität oder Preis vorhanden ist oder diese von den Konsumenten nicht ausreichend wahrgenommen wird, kann ein starkes Image des Produktes bzw. der Marke helfen, diese zu ersetzen bzw. in den Köpfen der Verbraucher hervorzuheben. Sofern den Herstellermarken keine klare Profilierung gelingt, entscheidet der Preis bei ansonsten vergleichbaren Angeboten (Esch 2012, S. 45) über die Auswahl- bzw. Kaufentscheidung der Konsumenten, die dann beispielsweise auf die immer stärker werdenden Handelsmarken ausweichen.

Da viele FMCGs untereinander austauschbar sind und die Qualität bzw. Unterschiede (wie z. B. Geschmack) erst nach dem Kauf beurteilt werden können, nimmt die **Kommunikationspolitik** als Marketinginstrument eine besonders starke Bedeutung ein. Zudem wird die Produktwahrnehmung des Verbrauchers sowohl vor als auch nach dem Kauf durch Erwartungen beeinflusst, die die eingesetzten Kommunikationsmaßnahmen erzeugen (Unger et al. 2013, S. 53). Die Werbung in Medien stellt damit einen zentralen Wettbewerbsfaktor dar. Durch Werbung gilt es vor allem, die Bekanntheit einer Marke aufzubauen bzw. zu steigern, ein Markenimage zu prägen und natürlich eine Kaufabsicht zu schaffen (Bruhn 2009, S. 53). Dabei sollen nicht nur neue Kunden generiert, sondern auch bisherige Käufer zu einem erneuten Erwerb der Marke und des Produkts animiert werden. Die Kunden- und somit Markenbindung ist bei FMCGs von besonderer Bedeutung, denn „langfristig kann eine FMCG-Marke nur dann erfolgreich sein, wenn sie ausreichend Wiederkäufer generieren, wenn sie also ihre Käufer an sich binden kann" (Wübbenhorst 2010, S. 148).

Die meisten Hersteller von FMCGs richten ihre Produkt-, Marken- und Kommunikationspolitik auf **Massenmärkte** aus, da ihre Produkte „breite Bevölkerungsschichten ansprechen" (Kloss 2012, S. 240) und sie so in der Bevölkerung ein breites Interesse wecken können.

3 Marken- und Vertriebspolitik

Da sich die Kaufentscheidungen der Verbraucher bei FMCGs in habitualisierte Gewohnheitskäufe und ungeplante Impulskäufe teilen, ist für eine erfolgreiche Distribution der Markenprodukte an die Endverbraucher zum einen ein positives und aussagekräftiges Markenimage erforderlich, zum anderen aber gerade auch die Verfügbarkeit und vorteilhafte Platzierung im Handel ausschlaggebend. Nachfolgend wird daher ausführlicher auf relevante Aspekte der Marken- und der Vertriebspolitik für FMCGs eingegangen.

3.1 Markenpolitik für Fast Moving Consumer Goods

Elementarer Bestandteil der erfolgreichen Vermarktung von FMCGs ist ein professionelles Markenmanagement des Herstellerunternehmens. Dabei kann der Begriff **Marke**, als „die Summe aller Vorstellungen verstanden werden, die ein Markenname oder ein Markenzeichen bei Kunden hervorruft bzw. beim Kunden hervorrufen soll, um die Waren oder Dienstleistungen eines Unternehmens von denjenigen anderer Unternehmen zu unterscheiden" (Markgraf 2014, o. S.). Marken übernehmen somit „eine Identifikations- und Differenzierungsfunktion" (Esch 2012, S. 22) und üben einen starken Einfluss auf das Wahlverhalten der Konsumenten aus. Sie vereinfachen durch ihre Orientierungsfunktion den Kaufentscheidungsprozess, indem sie die Komplexität reduzieren, „denn starke Marken stehen für funktionale, wie auch emotionale Qualität, auf die sich der Konsument verlassen kann" (Augustowsky und Nold 2011, S. 32). Die Markenpolitik ist nicht nur ein Bestandteil der Gestaltung der Produkte eines Unternehmens, wodurch sie häufig der Produktpolitik als Instrument des Marketingmixes und somit dem operativen Marketing zugeordnet wird (vgl. Homburg 2015, S. 616 ff.), sondern kann im Rahmen eines strategischen Ansatzes auch als „Gegenstand der strategischen Unternehmensführung" (Baumgarth 2008, S. 24) angesehen werden.

Ziel der Markenpolitik für FMCGs ist es, ein positives Image der Marke zu erzeugen, bzw. der Zielgruppe eine begehrenswerte **Markenpersönlichkeit** bzw. Markenidentität (Brand Identity) zu vermitteln, durch die die eigenen Produkte von Konkurrenzprodukten unterschieden werden können (Schmalen und Pechtl 2013, S. 393) und die die Konsumenten zum Kauf der Produkte anregt. Hierfür ist der Wiedererkennungswert einer Marke entscheidend, der zur Markenbekanntheit beiträgt. Mit der Markenpolitik wird letztendlich ein Wettbewerbsvorteil durch Differenzierung angestrebt, der aufgrund der oftmals austauschbaren Produkteigenschaften notwendig wird. „Es gilt die Marke und ihr Angebot so herauszustellen und gegenüber der Konkurrenz abzugrenzen, dass diese in den Augen der Zielgruppen als attraktiv wahrgenommen und gegenüber den Konkurrenzmarken vorgezogen wird" (Esch et al. 2009, S. 46). Eine erfolgreich positionierte Marke unterstützt am POS den Konsumenten bei habitualisierten Käufen, indem am Regal eine schnelle Wiedererkennung der Verpackung oder des Logos der Marke erfolgt und Kaufentscheidungen schneller getroffen werden können. Gleichzeitig kann sie aber auch den Ausschlag für Impulskäufe geben.

Um den **Wiedererkennungswert** einer erfolgreich eingeführten Marke zu erhalten, müssen objektive Merkmale wie Name/Bezeichnung, Logo sowie Form und Gestaltung der Verpackung über einen längeren Zeitraum unverändert bleiben. Anpassungen an den Zeitgeschmack müssen behutsam vorgenommen oder durch kommunikative Maßnahmen begleitet werden. Da im FMCG-Bereich vielfach das Prinzip der Selbstbedienung vorherrscht, „muss die Verpackung Informationen vermitteln, die der Verbraucher für seine Kaufentscheidung benötigt und somit den Verkäufer ersetzen. Von der Verpackung hängt in erheblichem Maße der Kommunikationswert der Marke ab, insofern ist die Verpackung Träger der Marke" (Kloss 2012, S. 3).

Durch die individuelle Wahrnehmung und Verarbeitung der vermittelten Werte ist das erzeugte **Markenimage** „stark von subjektiven Eindrücken geprägt, die sich vor allem in den Köpfen der Konsumenten wieder finden" (Kloss 2012, S. 4). Eine Marke kann von verschiedenen Verbrauchern also unterschiedlich wahrgenommen und bewertet werden. So wird z. B. eine Marke, mit der jemand aufgewachsen ist und deren Konsum schon durch die Eltern vorgelebt wurde, mit persönlichen Erinnerungen verknüpft, die zu einem Markenimage führen, das durch die individuelle Verwendung der Marke von der Familie geprägt wurde und nicht zwangsläufig mit der in der Werbung kommunizierten Markenidentität übereinstimmt.

Eine erfolgreiche Markenpolitik für FMCGs erfordert **intensive Werbeaufwendungen**, um eine permanente Marktpräsenz zu erreichen. „Bei Produkten, die in ihren funktionalen Eigenschaften austauschbar sind [. . .], ist Werbung die einzige Möglichkeit, Marken zu differenzieren" (Kloss 2012, S. 4), denn „neben den produktpolitischen Maßnahmen trägt vor allem die Kommunikationspolitik (Werbung) zur Markenbildung (Markenimage, Markenstärke) bei" (Schmalen und Pechtl 2013, S. 394). „Werbung lässt sich auffassen als Investition in eine Marke. Über den Lebenszyklus einer Marke hinweg, belaufen sich diese Investitionen im Einzelfall auf Hunderte von Millionen Euro" (Kloss 2012, S. 136). Neben der inhaltlichen und gestalterischen Qualität der Werbebotschaft ist aber zuerst eine klare Definition der **Kommunikationsziele** notwendig und entscheidend für den erfolgreichen Aufbau oder die Festigung einer Marke. Kommunikationsziele wie z. B. Steigerung des Bekanntheitsgrades, Aufbau oder Korrektur des Markenimages, Vermittlung von Produktwissen oder Festigung von Vertrauen dienen sowohl der präzisen Steuerung des kommunikativen Handelns als auch der anschließenden Kontrolle der kommunikativen Maßnahmen.

Bei FMCGs dient die Markenpolitik allerdings nicht nur zur Beeinflussung der Endverbraucher, sondern soll durch die Schaffung starker Marken die Attraktivität der eigenen Produkte für die Handelsunternehmen (die direkten Kunden der Markenhersteller) fördern. „Nur wenn es gelingt, die Konsumenten vom Wert einer Marke zu überzeugen, kann sie auch erfolgreich im Sortiment des Handels etabliert werden" (Weise 2008, S. 8). Und nur, wenn der Handel vom Wert einer Marke überzeugt ist, wird er bereit sein, sie zu listen und somit den Verbrauchern zugänglich zu machen. Da Handelsunternehmen allerdings zunehmend auf eigene Handelsmarken setzen, „verschärft sich für schwache Herstellermarken die Gefahr, ausgelistet zu werden. Professionelle Markenführung gegenüber dem Handel wird zum ‚Muss'" (Esch 2012, S. 571).

3.2 Vertriebspolitik für Fast Moving Consumer Goods

Die **Vertriebspolitik**, auch Distributionspolitik genannt, umfasst als Instrument des Marketingmixes „alle Gestaltungsentscheidungen, die sich auf den ‚Weg' des Produkts vom Unternehmen (Hersteller) zum Nachfrager beziehen" (Schmalen und Pechtl 2013, S. 411). Einer der Hauptbestandteile der Vertriebspolitik ist die Wahl der Absatzwege, wobei zwischen dem direkten oder dem indirekten Absatz der eigenen Produkte an die Endverbraucher unterschieden wird.

Die wenigen **Ausnahmen**, bei denen im FMCG-Bereich ein **direkter Absatz** erfolgt (der direkte Verkauf an die Endverbraucher durch die Markenunternehmen), bilden meist sogenannte Fabrik- oder Werksverkäufe wie die *Bahlsen* Fabrikläden, in denen häufig B-Ware oder Überschussmengen erhältlich sind. Eine andere Erscheinungsform des Direktvertriebs sind die Flagship- oder Concept-Stores erfolgreicher Marken, die eher dem Markenerlebnis bzw. der Darstellung der Marke dienen, als dass ein Hauptaugenmerk auf dem Absatz der Produkte und somit der unmittelbaren Umsatzgewinnung liegt. Bekannte Beispiele hierfür sind das *Nivea*-Haus mit Shop, Massagen und verschiedenen Kosmetikanwendungen (Hamburg, Berlin, Warnemünde) und die *Maggi*-Kochstudios mit Shop, Verkauf von warmen Gerichten, Beratung zu Produkten und Rezepten, Kochkursen und der Möglichkeit für private Kochevents (Hamburg, Dortmund, München, Leipzig, Frankfurt). Beide Beispiele zeigen, dass das Angebot dieser Vertriebsform weit über den reinen Absatz der Markenprodukte hinausgeht und den Kunden ein Zusatznutzen in Form von Informationen und Erlebnissen geboten wird. Eine weitere Ausnahme bildet mitunter der Vertrieb von Neuprodukten, die noch nicht im Handel gelistet sind und für die zunächst – beispielsweise über das Internet – eine Nachfrage der Verbraucher aufgebaut werden soll oder die aufgrund von Konfigurationsmöglichkeiten zu komplex für einen Vertrieb durch Handelsunternehmen wären. Ein erfolgreiches Beispiel in diesem Bereich ist myMuesli.com, bei dem Konsumenten sich auf einer Webseite ihr individuelles Müsli zusammenstellen und nach Hause liefern lassen können. Mittlerweile sind einige stark nachgefragte Varianten des Müslis auch im Lebensmitteleinzelhandel erhältlich. Zu den Vorteilen des direkten Absatzes zählen für Markenunternehmen der direkte Kontakt zu den Endverbrauchern und die unmittelbare Wahrnehmung der Reaktionen auf ihre Produkte und Preispolitik. Die Markenhersteller können frei entscheiden, welches Produkt welchen und wie viel Regalplatz am POS erhält und ob es durch Sonderrabatte oder Werbemittel am POS hervorgehoben werden soll. Zudem entstehen keine eventuellen Kosten für Absatzmittler und die Handelsmarge verbleibt im eigenen Unternehmen. Laut Handels-Monitor 2012/2013, der Mega-Trends im europäischen Einzelhandel identifizieren soll, werden allerdings „die Umsatzanteile des Herstellerdirektvertriebs [...] im FMCG-Bereich dauerhaft gering bleiben" (Morschett et al. 2012, S. 47). Bei FMCGs handelt es sich überwiegend um Güter des täglichen Bedarfs mit einer hohen Kauffrequenz, für deren Vertrieb eine hohe Distributionsdichte benötigt wird. „Da ein direkter Verkauf an die Endverbraucher für kurzlebige Konsumgüter in der Regel weder üblich noch ökonomisch sinnvoll zu etablieren ist, geben die Hersteller ihre Waren zu vorher ausgehandelten Konditionen an den Lebensmitteleinzelhandel ab" (Weise 2008, S. 7).

Im Bereich der FMCGs herrscht eine starke **Dominanz des indirekten Absatzes** vor, also der Einbindung von Groß- und Einzelhandelsunternehmen als Absatzmittler. Bei der Auswahl ihrer Absatzmittler müssen Markenhersteller beachten, dass das Image des Distributionskanals Auswirkungen auf das Markenimage hat. Sind Produkte in etablierten Einzelhandelsgeschäften nicht erhältlich, kann dies in Ausnahmefällen für die Verbraucher besonders exklusiv und begehrenswert wirken, in der Regel wird es aber den Eindruck eines Nischenproduktes oder den Anschein, sich nicht am Markt durchsetzen zu können, erwecken. Umgekehrt kann beispielsweise auch der Vertrieb über Discounter negative Effekte für das Markenimage haben. Grundsätzliche Nachteile des indirekten Absatzes sind für die Markenunternehmen zum einen der kaum vorhandene direkte Kontakt zu den Endverbrauchern und zum anderen die hohe Abhängigkeit vom Groß- und Einzelhandel, denn „erst durch den Einzelhandel gelangen Herstellermarken zum eigentlichen Endverbraucher, dem Konsumenten" (Weise 2008, S. 8). Somit „fungiert der Handel als Gatekeeper" (Esch 2012, S. 571) auf dem Weg der Produkte eines FMCG-Herstellers zu den Konsumenten.

Das Selbstverständnis der Handelsunternehmen, „hat in den letzten Jahren einen grundlegenden Wandel vollzogen – weg vom Distributeur hin zu einem stärker marketingorientierten Denken" (Esch 2012, S. 46). Handelsunternehmen verstehen sich mittlerweile also nicht mehr als reine Vertriebsstufe für Markenprodukte, sondern als eigene Marken, die in Konkurrenz zu anderen Handels- und Herstellerunternehmen stehen (Scheuch 2005, S. 293; Weise 2008, S. 14). Hierbei ist eine zunehmende Konzentration von Einzelhändlern zu Einkaufsverbänden oder großen Konzernen zu beobachten, mit einer gemeinsamen Einkaufspolitik, Corporate Identity und Preisbildung. Durch diese Einkaufsmacht ist es möglich, dass „große Handelsfirmen bei ihren Lieferanten besondere (Rabatt-) Konditionen, ‚Eintrittsgelder', Regal- und Schaufenstermieten, ‚Listungsgebühren' usw." (Schmalen und Pechtl 2013, S. 421) erzielen. Weitere Beispiele hierfür sind Werbekostenvergütungen, Sortiments-, Platzierungs-, Neueröffnungs-, Jubiläums- und Logistikrabatte (Schmalen und Pechtl 2013, S. 422). Viele Markenhersteller reagieren auf diese Konzentrationsbewegung des Handels mit der Schaffung eines eigenen **Key-Account-Managements** für große Handelsunternehmen oder eines Team-Sellings, bei dem der Key-Account-Manager „durch die Produkt- und Markenmanager begleitet bzw. unterstützt" (Schmalen und Pechtl 2013, S. 415) wird. Dadurch soll eine intensivere und persönlichere Betreuung wichtiger Handelskunden gelingen.

Für den HandelsMonitor 2012/2013 befragte Experten sind sich darüber einig, „dass die Nachfrage- und Verhandlungsmacht des Handels zukünftig weiter steigen wird" (Morschett et al. 2012, S. 181). Für den Handel ist es durch die immer größer werdende Menge an Markenartikeln „nicht mehr möglich und auch nicht ökonomisch notwendig, jedes Produkt in das Sortiment aufzunehmen" (Weise 2008, S. 9). Zudem wird die **Macht des Handels** durch die zunehmende Anzahl und Qualität von Handelsmarken erhöht, die unter Verbrauchern eine stetig wachsende Akzeptanz finden. Markenhersteller sehen sich einer Konkurrenz durch den eigenen Abnehmer ausgesetzt, durch die der Handel Herstellermacht und Abhängigkeit von Herstellermarken reduzieren will (Esch 2012, S. 547). Um weiterhin beim Handel gelistet zu sein und die eigenen Produkte für die Endverbraucher zugänglich zu machen, entstehen ein immer stärkerer Verdrängungswettbewerb unter den Markenherstellern und eine wachsende Abhängigkeit von der Sortimentsgestaltung der Handelsunternehmen. Diese Tendenz wird verstärkt durch den Handelstrend „hin zu breiten, aber weniger tiefen Sortimenten" (Morschett et al. 2012, S. 213). Somit „müssen die

Hersteller durch ihre Konditionenpolitik oder auch besondere Platzierungsgelder dafür sorgen, dass der Handel ihre Marken bevorzugt anbietet" (Weise 2008, S. 8). Allerdings gilt: je besser ein Markenhersteller den Handel bei Vertragsverhandlungen von den bevorstehenden großen Absatzmengen seiner Produkte überzeugen kann, desto weniger muss er dem Handel in seiner Konditionenpolitik entgegen kommen. Neben Werbung gibt es hierfür auch die „Möglichkeit zu Kooperationen (z. B. Gewinnspiele, Rabattaktionen) oder zur Werbung am Point of Sale, durch die das eigene Produkt von Konkurrenzangeboten abgehoben werden kann" (Kluxen 2014, S. 39).

Solche „Marketingaktivitäten für die optimale Vermarktung der Herstellerprodukte gegenüber dem Endverbraucher" (Schmalen und Pechtl 2013, S. 415) werden in **Kooperationsverhandlungen zwischen Hersteller und Handelsunternehmen** gemeinsam festgelegt. Voraussetzung für die Nachfrage- und Kooperationsbereitschaft des Handels ist allerdings eine überzeugende Darstellung der voraussichtlichen Konsumentennachfrage durch das Markenunternehmen. Wichtiges Argument hierfür sind die Mediapläne, denn mit aussagekräftigen Budgets und optimalem Mediamix kann die Mediaplanung den Vertrieb der Produkte an die Endverbraucher unterstützen. Dabei sieht der Handel nach wie vor TV-Werbung als das Hauptinstrument an, mit dem **Pull-Effekte**, also eine breite Nachfrage nach einem Produkt, erzeugt und ein entsprechend hoher Absatz garantiert werden können. Wenn diese Nachfrage der Konsumenten nicht besteht, „verpufft letztlich auch jede Anstrengung [der Markenunternehmen], im Rahmen der sog. **Push-Strategie**, den Handel mit materiellen und finanziellen Anreizen zur Listung der Ware zu bewegen" (Silberer 2001, S. 698). Die Hersteller von FMCGs müssen also in ihrer Vertriebspolitik gleichzeitig den Handel und die Konsumenten umwerben. Zu diesem Zweck verfolgen sie parallel sowohl Push- als auch Pull-Strategien, mit denen sie die Nachfrage der Verbraucher sowie die Listung und optimale Präsentation der Produkte im Handel erreichen wollen.

4   Mediaplanung für Fast Moving Consumer Goods

Mediaplanung im weiteren Sinne „betrifft sowohl die klassische Werbung als auch teilweise die Öffentlichkeitsarbeit und die Verkaufsförderung" (Unger et al. 2013, S. 1). Da in diesem Artikel der Focus auf einer Analyse der marken- und vertriebspolitischen Relevanz von TV-Werbung und Werbung in neuen Medien liegt, wird im Folgenden lediglich auf die **Mediaplanung im engeren Sinn**, also im Bezug auf die klassische Werbung, eingegangen.

Ziel der Mediaplanung ist es, die aus den Kommunikationszielen abgeleiteten Mediaziele möglichst effizient zu erreichen, indem die Marke und ihre Produkte optimal in den geeignetsten Medien mit einem zielführenden Werbedruck präsentiert, dafür möglichst geringe Preise ausgehandelt werden und das Budget dabei bestmöglich ausgenutzt wird. Dabei sollen die Menschen der vorgegebenen Zielgruppe möglichst präzise angesprochen, der Bekanntheitsgrad der Marke erhöht und Informationen über das Produkt bzw. das gewünschte Markenimage an die Zielgruppe transportiert werden. Hierfür ist eine vorherige systematische Analyse der Zielgruppe und der verschiedenen Medienarten erforderlich (vgl. hierzu auch Bruhn 2011, S. 301 ff.; Unger et al. 2013, S. 1; Meffert et al. 2012, S. 716–737).

Die Mediaplanung ist in der Lage, die Kontakte der Konsumenten mit den Botschaften gezielt zu steuern und so, abhängig vom zur Verfügung stehenden Budget, vom Markenhersteller gesetzte kommunikative Ziele zu erreichen. Zum Beginn des Mediaplanungsprozesses steht dabei die Ableitung adäquater **Mediaziele** aus den vorgegebenen Kommunikationszielen. Diese lassen sich in Mediakennziffern wie z. B. Reichweite, Kontakthäufigkeit, Kontaktqualität, Wirkungszeitraum oder Kontaktpreis darstellen. So impliziert das Kommunikationsziel „Korrektur des Markenimages" i. d. R. die Mediaziele einer hohen Kontakthäufigkeit und eines langen Wirkungszeitraums in Verbindung mit zur Marke passenden medialen Umfeldern.

Weiterhin bestehen die Aufgaben der Mediaplanung einerseits in der Auswahl der Medienkanäle (z. B. TV, Print, Radio oder Online) und andererseits in der Auswahl einzelner Werbeträger (z. B. ein bestimmter Sender, Zeitschriftentitel oder eine Internetseite) innerhalb dieser Kanäle (Unger 2006, S. 737). Der erstgenannte Auswahlprozess wird Intermediaselektion, der zweite Intramediaselektion genannt. Die **Intermediaselektion** beschreibt die Gegenüberstellung, Bewertung und Auswahl der Medienkanäle. Hierbei werden beispielsweise die Kanäle TV und Radio gegenübergestellt und im Hinblick auf ihre Eignung für das Erreichen der gesetzten Ziele bewertet. Die Medien wie z. B. TV, Radio, Zeitungen oder das Internet stellen eine der wenigen Möglichkeiten für FMCG-Unternehmen dar, direkt mit ihren Konsumenten zu kommunizieren und so Einfluss auf sie und ihr Kaufverhalten zu nehmen. Über Medienkanäle können die von den Markenunternehmen formulierten Botschaften zu den Konsumenten transportiert werden, die durch die Nutzung von Medien und den Konsum von Medieninhalten in Kontakt mit diesen Botschaften kommen. Bis auf wenige im Internet zur Verfügung stehende Möglichkeiten handelt es sich hierbei um einseitige Kontakte, ohne direkte Feedback-Möglichkeit der Konsumenten. Sobald eine Auswahl der Medienkanäle getroffen wurde, erfolgt die Bestimmung der einzelnen Werbeträger aus dem jeweiligen Medienkanal (**Intramediaselektion**). Sollte bei der Intermediaselektion z. B. der Medienkanal Zeitschriften ausgewählt worden sein, muss nun bewertet werden, in welchen Titeln geworben werden soll, um die angestrebte Zielgruppe bestmöglich zu erreichen und die jeweilige Marke optimal zu platzieren.

4.1 Akteure

Auftraggeber der Mediaplanung und somit Auslöser des Werbeprozesses sind die werbetreibenden **Markenunternehmen**, in der Regel die Markenhersteller. Sie beauftragen die Werbe- und Mediaagenturen. Verantwortlich hierfür sind ihre Marketingabteilungen bzw. das **Brand Management**, welche auch das Briefing der Agenturen übernehmen und den Planungsprozess begleiten. Die Vertriebsabteilungen der Markenunternehmen, genauer das **Key-Account-Management** bzw. Team-Selling, stehen parallel in Verhandlungen mit verschiedenen Absatzmittlern, also Groß- und Einzelhandelsunternehmen, über die die Marken letztendlich für die Konsumenten erhältlich sein sollen. Zur Veranschaulichung sind die einzelnen Akteure im Mediaplanungsprozess in Abb. 1 dargestellt.

Werbeagenturen, auch **Kreativagenturen** genannt, sind entscheidend am Entstehungsprozess von Werbekampagnen beteiligt. „Kernfunktion des Leistungsangebots ist die Entwicklung kreativer Ideen, also die zielgerichtete Entwicklung von Werbekonzeptionen und ihre Umsetzung" (Berge 2012, S. 248). Neben der Entwicklung von Kampagnenideen gehört auch die Gestaltung und physische Herstellung der verschiedenen Werbemittel zu ihren Aufgaben. Um die von der Agentur entworfene Idee zu realisieren, werden häufig externe Dienstleister wie z. B. Regisseure und Tonstudios in Anspruch genommen. Ob eine Kreativagentur beauftragt wird, ist davon abhängig, ob das Markenunternehmen eine eigene interne Werbeabteilung besitzt, über welche Kompetenzen diese verfügt (beispielsweise nur in einzelnen Medien wie Print und Online, nicht aber TV) und ob für eine einzelne Kampagne externer Input einer Agentur gewünscht wird (für detaillierte Informationen zu Kreativ- bzw. Werbeagenturen vgl. Kloss 2012, S. 247 ff.; Kluxen 2014, S. 83 ff.; Tropp 2014, S. 134 ff.).

Die von den Kreativagenturen entwickelten Werbemittel werden sogenannten **Mediaagenturen** zur Verfügung gestellt. Diese werden von den Markenunternehmen beauftragt, geeignete Medienkanäle und Werbeträger auszuwählen, den Werbemitteleinsatz zu planen, Werbeplätze einzukaufen bzw. gegebenenfalls gemeinsam mit den Vermarktern oder einzelnen Medien Sonderwerbeformen oder -platzierungen zu entwickeln und deren Ein-

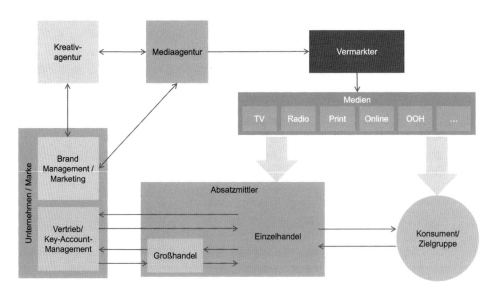

Abb. 1 Akteure

satz durchzuführen. Gerade bei der Buchung von Sonderwerbeformen oder -platzierungen, d. h. Werbeformen und -platzierungen, die nicht den Abmessungen von Standardwerbeformen entsprechen und/oder die außerhalb der klassischen Werbeplätze eingesetzt werden (wie z. B. ein TV-Sponsoring, welches sich durch eine kürzere Spotlänge auszeichnet und außerhalb des Werbeblocks platziert ist), sind Abstimmungen mit den Kreativagenturen erforderlich, die die Werbemittel entsprechend anpassen oder neue geeignete Werbemittel entwickeln müssen. Die Aufgabe der Mediaagenturen wird hierbei nicht als reine Umsetzung des Planungs- und Durchführungsprozesses, sondern als Beratungsdienstleistung verstanden. Die Auswahl der Werbeträger erfolgt in Abstimmung mit den werbetreibenden Markenunternehmen, die oftmals eigene Vorstellungen haben oder versuchen, die Ansprüche des Handels zu berücksichtigen. Neben dem Medien-Know-how und dem strategischen, fachlichen Wissen verfügen Mediaagenturen, durch die Bündelung der Werbeetats ihrer Kunden, über eine bessere Ausgangslage zur Verhandlung spezieller Konditionen bei den Vermarktern und Medienhäusern als dies beispielsweise bei den vereinzelt vorkommenden internen Mediaabteilungen von Markenunternehmen der Fall ist. Weiterhin sind viele Agenturen Teil eines größeren Agenturnetzwerkes bzw. Konzerns, und können somit bei Verhandlungen mit den Vermarktern Zusatzanforderungen stellen, wie z. B. Agentur- und Konzernrabatte, Sonderzahlungsziele oder Freispotkontingente im Bereich elektronischer Medien (für detaillierte Informationen zu der Arbeit von Mediaagenturen vgl. u. a. Marx 2012, Unger et al. 2013).

Vertragspartner der Mediaagenturen sind neben den beauftragenden Markenunternehmen sogenannte **Vermarkter**. Vermarkter fungieren als Schnittstelle zwischen den Medien und den Werbetreibenden bzw. Agenturen. Sie werden von Medienhäusern beauftragt, um deren Werbeflächen zu verkaufen und somit die Inhalte der Medien durch die geschaltete Werbung zu finanzieren. Dabei arbeiten Vermarkter i. d. R. für mehrere Medienhäuser und vereinen somit mehrere Werbeträger in ihrem Portfolio. Beispielsweise vermarktet die *SevenOne Media GmbH* unter anderem die Fernsehsender *Sat.1, ProSieben, Kabel eins, sixx, Sat.1 Gold* und *ProSieben MAXX*. *Axel Springer* vereint Print-Titel wie z. B. *Bild, Auto Bild, Audio Video Foto Bild, Rolling Stone, me.style* und *TV Digital*. Ein breites Portfolio an Werbeträgern ermöglicht den Vermarktern die mediale Abdeckung mehrerer Zielgruppen. Vermarkter setzen seit einigen Jahren nicht mehr nur auf die Vermarktung von Werbeträgern aus einem Medienkanal sondern stellen sich crossmedial auf, indem sie Werbeträger aus anderen Medienkanälen in ihr Portfolio aufnehmen, um den Werbetreibenden und Mediaagenturen auch crossmedial Angebote und Mediakonzepte anbieten zu können.

Transportmittel der kommunikativen Botschaften der Markenunternehmen sind verschiedene **Medienkanäle** bzw. Werbeträger. In Abb. 1 werden die größten Medienkanäle **TV, Radio, Print, Online** und **Out of Home (OOH)** bzw. Außenwerbung stellvertretend für alle Medienkanäle genannt. Abbildung 2 zeigt zudem verschiedene Werbeträger des jeweiligen Kanals. „Die Bedeutung der Werbung für die Finanzierung ist von Werbeträger zu Werbeträger sehr unterschiedlich" (Kloss 2012, S. 304). So gibt es Werbeträger, wie zum Beispiel private Fernsehsender oder Anzeigenblätter, die sich komplett aus Wer-

Klassische Medien	Neue Medien
TV • Öffentlich-rechtliche Sender • Privatsender • Pay-TV Sender **Radio** • Öffentlich-rechtliche Sender • Privatsender **Kino** **Zeitungen** • Tageszeitungen • Regionalzeitungen • Wochenzeitungen • Sonntagszeitungen **Zeitschriften** • Publikumszeitschriften • Special-Interest-Magazine • Fachmagazine **OOH (OutofHome) / Außenwerbung** • Plakatwerbung • Verkehrsmittelwerbung • Ambient Media	**Online Medien** • Webseiten • Video Plattformen • Soziale Medien – Wikis – Webblogs/Microblogs – Soziale Netzwerke – Webforen/Bewertungsportale • Emails • Online Games **Mobile Medien** • Apps • Mobile Webseiten **Hybrid Broadcast Broadband TV (HbbTV)**

Abb. 2 Medienkanäle

beeinnahmen finanzieren, gleichzeitig gibt es Magazine, die aus der Kombination von Vertriebserlösen und Werbeeinnahmen finanziert werden oder auch das Beispiel der öffentlich rechtlichen TV-Sender, die sich aus einer Mischung von Gebührengeldern und Werbung finanzieren. Die finanzielle Abhängigkeit eines Mediums von der dort gebuchten Werbung kann Bereiche wie Preisgestaltung, die Wahrnehmung der Exklusivität dieses Mediums als Werbeträger oder auch die Einstellung der Konsumenten des Mediums gegenüber dort platzierter Werbung beeinflussen.

Empfänger der Werbebotschaften der Markenunternehmen sind im FMCG-Bereich sowohl die **Groß- und Einzelhandelsunternehmen** respektive **Absatzmittler**, die die Markenprodukte in ihren Geschäften führen und attraktiv platzieren sollen, als auch die Endverbraucher bzw. **Konsumenten**, die über die mediale Platzierung der Werbebotschaften zum Kauf der Produkte angeregt werden sollen. Sie sind zum einen **Zielgruppen** der Markenhersteller und Handelsunternehmen, zum anderen aber auch häufig Kunden der jeweiligen Medien, wie Zeitschriftenleser, Internetnutzer oder TV-Zuschauer.

4.2 Medienkanäle

Bei der Planung jeder Marketing-Kampagne stellt sich die Frage, welche Medienkanäle eingesetzt werden, um die kommunikativen Ziele des Markenunternehmens zu erreichen. Die Auswahl der Medienkanäle ist dabei von verschiedenen Faktoren abhängig. Sie stellt grundsätzlich eine Abwägungsentscheidung dar und kann nicht nach einem exakten Algorithmus getroffen werden. Neben der Berücksichtigung von kampagnenbezogenen limitierenden Faktoren wie z. B. Kampagnenzeitraum, verfügbare Budgets und die Mediennutzung der Zielgruppe müssen vor allem auch Vor- und Nachteile der einzelnen Medienkanäle berücksichtigt werden. Nicht nur im FMCG-Bereich können Marken „Medien gezielt zum Aufbau eines einzigartigen Markenbildes nutzen. Dabei geht es nicht nur um die Frage, wie die Marke in den Medien dargestellt werden soll, sondern auch um die richtige Auswahl der Medien, über die der Marke ein besonderes Gesicht verliehen wird. Denn auch das Medium, über das kommuniziert wird, prägt das Markenimage" (Esch et al. 2009, S. 43). Ein Medium dient also nicht nur dem reinen Transport der Werbebotschaft zu den Mitgliedern der Zielgruppe, sondern auch der Darstellung der Marke und dem weiteren Ausbau des Markenimage. Über die Wahl der Werbeträger können Bilder wie Zielgruppennähe, Exklusivität und Hochwertigkeit vermittelt werden.

Mediaplaner müssen sich bei ihrer Arbeit nicht zwangsweise auf einzelne Medienkanäle beschränken, sondern können das verfügbare Budget auf mehrere Medienkanäle und darin unterschiedliche Werbeträger, also beispielsweise verschiedene Zeitschriftentitel verteilen. Zu beachten sind hierbei allerdings die Kosten der unterschiedlichen Kanäle und die Produktionskosten der Werbemittel. „Ein **Mediamix** ist immer teurer als eine Mono-Strategie, da unterschiedliche Werbemittel produziert werden müssen. Andererseits ist die Medienlandschaft mittlerweile so differenziert, dass es schwierig wird, bestimmte Zielgruppen nur noch über ein Medium zu erreichen" (Kloss 2012, S. 259). Ein Grund hierfür sind die zahlreichen Differenzierungen innerhalb der Werbeträger. So entstehen immer mehr TV-Sender für spezifische Zielgruppen, Zeitschriftentitel für jegliche Art von Hobbies und eine Vielzahl kleiner Radiosender, die über das Internet empfangbar sind. Auch die Mediennutzungsgewohnheiten der Menschen unterliegen klaren Differenzierungstendenzen hin zu einer immer individuelleren zeitlichen und interessensbezogenen Nutzung und einer gezielten Abfrage von persönlich als relevant empfundenen Inhalten. Die Segmentierung von Zielgruppen und somit die Vermeidung von Streuverlusten werden durch diese Entwicklungen stark erschwert (Kloss 2012, S. 259).

Eine Herausforderung für die Mediaplanung ist es daher, Medienkanäle und Werbeträger auszuwählen, mit denen **Streuverluste** möglichst gering gehalten und die Zahl der erreichten Zielgruppenmitglieder maximiert werden können (Kluxen 2014, S. 133). „Um die aus den Marketing- und Kommunikationszielen abgeleiteten Mediaziele zu erreichen, müssen aus der Vielzahl der zur Verfügung stehenden Werbeträger diejenigen ausgewählt werden, die dazu in kommunikativer und ökonomischer Hinsicht am besten geeignet sind. Aufgabe der Mediaplanung ist es daher, diejenigen Werbeträger zu identifizieren, die in besonderer Weise von der anvisierten Zielgruppe genutzt werden, und dabei das zur Verfügung stehende Budget möglichst ökonomisch einzusetzen. Dazu ist es notwendig, die unterschiedlichen Werbeträger sowohl hinsichtlich ihrer kommunikativen Leistungen, als auch hinsichtlich ihrer Kosten vergleichbar zu machen" (Unger et al. 2013, S. 70).

Eine Übersicht der aktuell gängigsten Medienkanäle, unterteilt nach Klassischen und Neuen Medien, zeigt Abb. 2.

Die Definition des Begriffs **Neue Medien** hat sich im zeitgeschichtlichen Verlauf verändert und wird sich voraussichtlich auch in Zukunft weiterhin der technischen Entwicklung anpassen. Während ursprünglich das Radio und danach das Fernsehen und auch der Videotext als Neue Medien bezeichnet wurden, umfasst der Begriff derzeit alle Medien, die auf Daten in digitaler Form zugreifen oder sie übermitteln bzw. Medien, Technologien und Dienste, die auf das Internet zugreifen. Demnach können auch Speichermedien, wie z. B. Blue-Ray oder DVD als Neue Medien bezeichnet werden, im Folgenden stehen jedoch diejenigen Medientechnologien und -dienste im Vordergrund, die über das Internet angeboten und werblich genutzt werden. Kategorisiert nach Online Medien, Mobile Medien und Hybrid Broadcast Broadband TV (HbbTV) umfasst der in diesem Artikel verwendete Begriff Neue Medien Webseiten, Video Portale wie z. B. die *ZDF Mediathek* oder *YouTube*, Emails, Online Games und soziale Medien. Letztere lassen sich unterscheiden in Wikis, Webforen, Bewertungsportale, soziale Netzwerke, Weblogs und Microblogs. Wikis sind Webseiten, die von jedem Nutzer direkt im Browser geändert und ergänzt werden können, i. d. R. mit dem Ziel, gemeinschaftliches Wissen zu bündeln, aufzubauen und zu teilen (z. B. *Wikipedia*). Foren und Bewertungsportale dienen ebenfalls dem Sammeln und Austauschen von Wissen und Erfahrungen, allerdings können, anders als bei Wikis, keine Beiträge von anderen Nutzern geändert werden. Soziale Netzwerke ermöglichen dem Nutzer ein eigenes digitales Profil von sich selbst anzulegen und so mit anderen Nutzern des Netzwerkes in Kontakt zu treten (z. B. *Facebook, XING, Google+*). Blogs sind Webseiten, die i. d. R. von einer Person geführt werden und persönliche Meinungen oder Erlebnisse chronologisch aufgelistet enthalten. Vergleichbar mit einem öffentlichen digitalen Tagebuch werden Erlebnisse geschildert und Meinungen zu bestimmten Themen geäußert und für die breite Internetnutzerschaft zugänglich gemacht. Microblogs sind eine Form des Blogs mit der Einschränkung, dass lediglich kurze Nachrichten genutzt werden, um Inhalte zu verbreiten (z. B. Twitter). Die Übergänge zwischen den einzelnen Formen von Medien sind jedoch fließend, so dass ein Microblog auch gleichzeitig ein soziales Netzwerk sein kann (wie dies z. B. bei Twitter der Fall ist). Außerdem gehören zu den Neuen Medien auch mobile Webseiten, Apps und das sogenannte Hybrid Broadcast Broadband TV. Hierbei handelt es sich um einen Technologie Standard, der es TV Geräten mit Internetanschluss ermöglicht, zusätzliche Informationen aus dem Internet auf dem TV Gerät darzustellen. Als **Klassische Medien** werden demzufolge alle übrigen Medienkanäle betitelt. Mittlerweile gehören neben Zeitschriften, Zeitungen, Außenwerbung/Out of Home (OOH), Direktwerbung und Kino auch Radio und Fernsehen zu den Klassischen Medien.

Der am häufigsten vom Handel für die Bewerbung von FMCG-Produkten geforderte und mit Netto-Werbeeinnahmen von 4051,2 Mio. Euro im Jahr 2012 umsatzstärkste Medienkanal ist nach wie vor das klassische Medium TV (Zentralverband der deutschen

Werbewirtschaft ZAW 2013, o. S.). Unter den erfassbaren Medienkanälen verzeichnen allerdings Online-Angebote mit einem Zuwachs von 9 % von 2011 bis 2012 und Netto-Werbeeinnahmen im Jahr 2012 von 1079 Mio. Euro mit Abstand die stärkste Entwicklung (Zentralverband der deutschen Werbewirtschaft ZAW 2013, o. S.). Grund genug, sich im Folgenden intensiver mit diesen Medien zu befassen und ihre Eignung für die Bewerbung von FMCGs herauszuarbeiten.

4.2.1 TV-Werbung

TV als klassisches Massenmedium gewährleistet durch die fast flächendeckende Abdeckung von Fernsehgeräten in deutschen Haushalten (Statistisches Bundesamt 2014, o. S.) und seine zeitintensive Nutzung einen **schnellen und kurzfristigen Reichweitenaufbau** für werbetreibende Unternehmen. So ermittelten die AGF und die GfK für das erste Halbjahr 2013 eine klassische lineare Fernsehnutzung der deutschsprechenden Erwachsenen ab 14 Jahren von 242 Minuten pro Tag (Frees und van Eimeren 2013b, S. 375).

Eine Einschränkung und somit **gezielte Ansprache der gewünschten Zielgruppe(n)** ist bei der Buchung von TV-Werbung nur bedingt möglich. Vereinzelt gibt es die Möglichkeit, die Ausstrahlung von Werbespots auf einzelne Ballungsgebiete zu beschränken, inhaltlich sind die Programme der meisten Sendeanstalten allerdings an einer breiten Bevölkerungsschicht ausgerichtet, wobei davon auszugehen ist, „dass der Anteil der fernsehenden Bevölkerung unter älteren Menschen und Arbeitslosen im Verhältnis zur Gesamtbevölkerung überdurchschnittlich ausfällt" (Kluxen 2014, S. 145). Die vielfältigen in Deutschland verfügbaren TV-Sender, insbesondere die eher neueren Spartensender (z. B. *DMAX, SIXX, Disney Channel, Sat1Gold*), bieten gezielt TV-Formate für einzelne Gruppen wie z. B. Kinder, Frauen oder Männer und ermöglichen die Positionierung des Werbespots in einem Programmumfeld, das eine Ansprache der von dem Werbetreibenden gewünschten Zielgruppe verspricht. Allerdings lassen sich durch den massenmedialen Charakter auch bei sorgfältiger Umfeldselektion Streuverluste nicht vermeiden. Selbst zielgruppenspezifische Formate, wie beispielsweise *Germany's next Topmodel*, weisen eine heterogene Zuschauerschaft auf und nicht unbedingt – wie im Beispiel erwartet – ausschließlich junge Mädchen und Frauen.

Weitere Streuverluste entstehen beispielsweise durch die **Werbevermeidungsstrategien vieler Zuschauer**, die Werbeblöcke nutzen, um den Raum zu verlassen, sich mit anderen Personen zu unterhalten oder den Sender für die Dauer des Werbeblocks zu wechseln. Diese Werbevermeidungsstrategien versuchen die Sender durch die Entwicklung von immer neuen Sonderwerbeformen zu umgehen. Werbung wird zum Beispiel durch Product Placements, d. h. die Platzierung der eigenen Produkte innerhalb des TV-Programms, oder Programmsponsorings möglichst nah am Programminhalt platziert, um so die Aufmerksamkeit, die der Zuschauer dem Programm entgegenbringt, für die Kommunikation der Werbebotschaft zu nutzen.

Aufgrund der Aktualität und Reaktionsfähigkeit wird TV häufig von den Zuschauern zu Informationszwecken genutzt, als typisches „Lean-Back Medium" überwiegen allerdings Nutzungsmotive wie Zeitvertreib, Unterhaltung und Entspannung. Inhalte und Werbung werden daher häufig nebenbei und mit **geringer Aufmerksamkeit** konsumiert. Durch die parallele Nutzung eines Second Screens, wie z. B. eines Smartphones oder Tablet PCs, verlagert sich die Aufmerksamkeit der Zuschauer in das Internet und geht dem TV-Programm – zumindest temporär – „verloren". Besonders ausgeprägt ist dieses Verhalten bei den unter 30-Jährigen: „Über die Hälfte (52 % mindestens wöchentlich, 18 % täglich) beschäftigt sich parallel mit Internetinhalten ohne Bezug zum Fernsehprogramm" (Frees und van Eimeren 2013b, S. 381).

Während ein Teil der deutschen Bevölkerung die festen Sendezeiten im TV-Programm schätzt, sich beispielsweise auf das rituelle Schauen einer Vorabendserie freut, und dem Fernsehen so eine tagesablaufstrukturierende Funktion einräumt (Frees und van Eimeren 2013b, S. 382 ff.), lassen andere Menschen dies nicht mehr zu und greifen bei der Mediennutzung auf die zunehmenden alternativen Angebote im Internet zurück, wie z. B. die Mediatheken der TV-Sender. Die zeitversetzte Nutzung der Fernsehinhalte – das sogenannte **Catch-up-TV** – lässt sich dem eigenen Alltag individuell anpassen, ohne dass auf Informationen oder Lieblingssendungen verzichtet werden muss. Absolut gesehen ist der Anteil der Personen, die Fernsehinhalte zeitversetzt nutzen, noch gering, aber dennoch mit zunehmender Tendenz. Bereits heute gibt es Sendungen, wie die Grimme-Preis gekrönte Show *neoMagazin* auf *ZDFneo*, die im Fernsehen lediglich 40.000 Zuschauer erreicht, in der ZDF-Mediathek aber mehr als 100.000 mal aufgerufen wurde (Feuß 2014, S. 8). Dies lässt auf eine Verschiebung der Mediennutzung von TV zu Online schließen, weshalb audiovisuelle Angebote in Neuen Medien auch als Werbeträger immer interessanter werden.

Durch die **audiovisuelle Ansprache** des Zuschauers können nicht nur Handlungsabläufe und kurze Geschichten in einem Werbespot dargestellt, sondern auch sehr gut Emotionen transportiert werden. Allerdings können keine komplexen oder schwer erklärbaren Sachverhalte über TV Werbung kommuniziert werden, da die Aufnahme der Werbung durch den Zuschauer vom Medium vorgegeben ist und nicht die individuelle Aufnahmefähigkeit der Zuschauer berücksichtigt wird, wie es zum Beispiel beim Konsum von Zeitschriften der Fall ist.

TV gilt durch „seine multisensorische Wirkungsweise (Bild, Ton, Farbe als Gestaltungselemente) [...] als das stärkste Werbemedium" (Heinrich 2006, S. 92), wobei die Produktionskosten von aufwändigen und hochwertigen Werbespots sehr hoch sind. Auch die Werbeplätze im TV sind, insbesondere bei attraktiven Umfeldern, kostenintensiv. Die Berechnung der Kosten für die Werbeplätze erfolgt auf Basis der vom Sender prognostizierten Reichweiten für die jeweilige Sendung. Die genauen Reichweiten werden allerdings erst im Nachhinein durch die GfK SE erfasst, haben dann üblicherweise aber keinen Einfluss mehr auf die Preisgestaltung der Werbefenster, so dass eine genaue leistungsbasierte Abrechnung (im Gegensatz zu vielen Angeboten der Neuen Medien) nicht erfolgt.

Durch seine hohen und schnellen Reichweiten, seine Aktualität und Bedeutung als Informationsmedium, die multisensorischen Gestaltungsmöglichkeiten und damit emotionale Ansprache der Zielgruppen kann TV als „das Basismedium im Bereich der Markenartikelwerbung" (Heinrich 2006, S. 92) beschrieben werden, wenn es auch mittlerweile nicht mehr als konkurrenzlos anzusehen ist.

4.2.2 Neue Medien

Durch die schnelle Entwicklung des Internets – so waren zu Beginn des Jahres 2013 „77,2 Prozent der deutschsprechenden Erwachsenen online, was hochgerechnet 54,2 Millionen Personen ab 14 Jahren in Deutschland entspricht" (Frees und van Eimeren 2013a, S. 358) – und seiner Angebote in den letzten Jahren, haben Neue Medien den Werbemarkt grundlegend verändert. Neue Medien kombinieren häufig die Vorteile einzelner klassischer Medien und schaffen so neue Möglichkeiten für werbetreibende Unternehmen, um mit ihren Konsumenten zu kommunizieren. Beispielsweise ist das Internet zugleich **Lean-Forward- und Lean-Back Medium** und kann somit wie das Fernsehen zur passiven Unterhaltung (Lean-Back) dienen, z. B. durch Anschauen von Videos, aber auch wie eine Zeitung zur aktiven Informationssuche (Lean-Forward) genutzt werden.

Die Anzahl an verschiedenen Werbemöglichkeiten ist mannigfaltig und eine vollständige Auflistung aufgrund der schnellen Entwicklung von immer neuen Technologien und Diensten schwierig. Außerdem werden innerhalb der Medienbranche oft verschiedene Begrifflichkeiten für sehr ähnliche oder oft auch dieselben Angebote verwendet.

Im Bereich Display Advertising gibt es die Möglichkeit, neben klassischer Banner-Werbung auf Webseiten (In-Page Werbung), auch Werbespots – sogenannte PreRolls – (In-Stream Werbung) vor Online Video Content zu platzieren. Weitere **Möglichkeiten der Online Werbung** sind Email Advertising, Affiliate Marketing und Search Engine Advertising (SEA). Außerdem kann in Online Games (In-Game Advertising) und in sozialen Medien (Social Media Advertising) Werbung integriert werden. Werbung auf mobilen Endgeräten wie Tablet PCs und Smartphones ist über verschiedene mobile Werbeformen in Apps und auf mobilen Webseiten realisierbar. Mit der rasanten Weiterentwicklung neuer Technologien geht auch eine kontinuierliche, schnelle Entwicklung sowie Erfindung neuer digitaler Werbeformen einher. Im mobilen Bereich werden z. B. auch Bluetooth und Near Field Communication (NFC) Technologie für werbliche Zwecke eingesetzt. Das Internet bietet somit auch alle klassischen Werbeformate: Spots, Anzeigen, Kataloge, Mailings und Events (Kloss 2012, S. 375).

Digitale Medien verfügen über Eigenschaften von statischen und dynamischen Medien. Während einfache Werbeformen, wie z. B. Standard-Banner nur eine geringe Anzahl an Informationen und wenig Emotionalität transportieren, ermöglichen Sonder- und Videowerbeformen auch schwerverständliche oder komplizierte Werbebotschaften zu vermitteln und den Nutzer durch audio-visuelle Botschaften emotional zu erreichen (vgl. verschiedene Beiträge in Dänzler und Heun 2014; Kluxen 2014). Der Kreativität sind bei der Entwicklung und Planung von Werbung in den Neuen Medien kaum Grenzen gesetzt. Während im TV – vor allem aus Kostengründen – die durchschnittliche Länge der geschalteten Spots 20 Sekunden beträgt, können im Internet auch längere, im besten Fall extra für die virale Verbreitung durch die Nutzer produzierte, Videos eingesetzt werden.

Durch seine hohe Verbreitung und Nutzungsfrequenz hat sich das Internet inzwischen zu einem Massenmedium entwickelt, das einen schnellen Reichweiten-Aufbau und Image-Transfer gestattet und zudem „neue Möglichkeiten der Zielgruppenansprache bietet, die den klassischen Medien verwehrt bleiben" (Kloss 2012, S. 376). So ermöglicht das Internet eine **präzise Zielgruppenansprache** und deutlich reduzierte Streuverluste durch diverse Targeting-Möglichkeiten und eine dezidierte Umfeldauswahl. Eine Vielzahl von Tracking Möglichkeiten gewährleisten eine hohe Messbarkeit des Erfolgs von Online Werbemaßnahmen bis hin zur Evaluierung von Onlinekäufen o. ä. Gleichzeitig erfolgt der Einkauf von Nutzerkontakten mit den jeweiligen Werbemitteln erfolgsabhängig, also beispielsweise auf Basis der tatsächlich eingeblendeten Werbemittel, der Häufigkeit, in der ein Werbemittel durch die Nutzer angeklickt wurde oder sogar der Häufigkeit, in der ein Werbemittel tatsächlich zum Kauf eines Produktes auf einer Webseite geführt hat.

Das Internet als Informationsmedium bietet seinen Nutzern eine **hohe Aktualität von Inhalten** und gleichzeitig den Werbetreibenden kurze Reaktionszeiten von Werbemaßnahmen auf das Zeitgeschehen und Nutzerverhalten. So können Werbemittel und -botschaften kurzfristig auf aktuelle Geschehnisse angepasst oder beispielsweise in Abhängigkeit des Ausgangs von sportlichen Wettkämpfen (z. B. Meisterschaften im Fußball) o. ä. geschaltet werden.

Durch die bei der Verwendung des Internets gebotene „Selbstbestimmtheit und Freiheit des Medienkonsums" (Theobald 2011, S. 97) sind die Nutzer zeitlich und räumlich flexibel und können selbst entscheiden, wann sie welche Informationen abrufen und welche Quellen und Anbieter sie dafür nutzen möchten.

4.3 Mediennutzung von TV und Neuen Medien in der Bevölkerung

Auch wenn die Online-Nutzung in den letzten zehn Jahren erheblich angestiegen ist und mittlerweile eine durchschnittliche Dauer von 108 Minuten am Tag aufweist, geschah dies nicht zum Nachteil der TV-Nutzung, die zwar weniger stark zunimmt, aber mit 242 Minuten pro Tag im Jahr 2013 nach wie vor auf einem sehr hohen Stand ist (Frees und van Eimeren 2013a, S. 369). Die gleichzeitige Zunahme der Nutzungsdauer von TV und Neuen Medien kann unter anderem darauf zurückgeführt werden, dass immer häufiger beide Medien gleichzeitig genutzt werden (BVDW/OVK in Kooperation mit IAB Europe 2013, S. 8; Frees und van Eimeren 2013b, S. 380 ff.). Allerdings hat dies natürlich Auswirkungen auf die Aufmerksamkeit der Nutzer, die sich auf beide Medien verteilt, so dass ggf. Informationen eines Mediums für die Nutzer verloren gehen bzw. geringer wahrgenommen werden. Ergebnisse der *Catch Me If You Can!* Studie zur Multi-Screen Nutzung zeigen, dass bei der gleichzeitigen Nutzung mehrerer Bildschirme die Aufmerksamkeit zu Lasten des TV aufgeteilt wird und dem Second Screen, also dem Smartphone, E-Reader, Laptop oder Tablet PC, überdurchschnittlich viel Aufmerksamkeit entgegengebracht wird (United Internet Media AG & InteractiveMedia CCSP GmbH 2013, S. 26 ff.). Allerdings ermöglicht es diese Entwicklung auch, die Nutzer durch **cross-**

mediale Angebote stärker an das TV-Programm zu binden und sie zu involvieren, sowie Werbekampagnen crossmedial zu verlängern. Möglich ist dies beispielsweise durch die ergänzende Schaltung von Online-Werbung für Produkte, die auch durch TV-Spots beworben werden, auf den Internetseiten der TV-Sender, sofern dort Zusatzinformationen zum aktuellen Programm erhältlich sind, Gewinnspiele oder Abstimmungen stattfinden, auf die im Programm hingewiesen wird. Bei Jugendlichen stellt das Smartphone als Second Screen nach Essen und Trinken die häufigste Nebenbeschäftigung zum Fernsehen dar und wird sogar überwiegend unabhängig von den Inhalten im TV genutzt (Medienpädagogischer Forschungsverbund Südwest 2013, S. 23 ff.).

Ein Grund für die deutliche Zunahme der Internetnutzung ist auch die häufigere Nutzung von Onlineangeboten durch über 50-Jährige, die als Gruppe den stärksten Zuwachs aufweisen (Frees und van Eimeren 2013a, S. 360). Außerdem sorgen Faktoren wie die immer stärkere Verbreitung mobiler Endgeräte und die dadurch ermöglichte stark ansteigende Unterwegsnutzung (Frees und van Eimeren 2013a, S. 362) für einen Anstieg der Nutzungsdauer. Ein großer Vorteil des Internets ist seine **Omnipräsenz** und Verfügbarkeit im Leben vieler Menschen. Viele Onlineangebote sind nicht auf eine reine Freizeitnutzung beschränkt, sondern werden auch im Berufsalltag, bei den Hausaufgaben oder für Studienrecherchen genutzt. Mobile Angebote ermöglichen nicht nur die Nutzung am Arbeitsplatz und Zuhause, sondern auch auf dem Weg zur Arbeit, auf dem Sportplatz oder im Einkaufszentrum.

So hat mittlerweile auch der Abruf ehemals klassischer Fernsehinhalte, also von Bewegtbildern, über das Internet zugenommen. Zwar „dominiert weiterhin klar das klassische, lineare Fernsehen mit 97 Prozent gegenüber anderen Verbreitungswegen und Nutzungsoptionen" (Frees und van Eimeren 2013b, S. 374), die vermehrte Anzahl der **Mediatheken** von TV-Sendern bedient aber den wachsenden Anspruch, TV-Inhalte zeitversetzt und an individuelle Bedürfnisse angepasst nutzen zu können und gerade bei Jugendlichen weist diese Nutzung steigende Tendenzen auf (Medienpädagogischer Forschungsverbund Südwest 2013, S. 15). Während überwiegend ältere Menschen ihren Tagesablauf an Lieblingssendungen im Fernsehen ausrichten, „tendiert die ‚Internetgeneration' dazu, die Medien ihrem Alltag anzupassen" (Frees und van Eimeren 2011, S. 355). Bewegtbilder im Internet sind nicht an Sendezeiten oder Orte gebunden und ermöglichen somit eine **zeitlich und räumlich unabhängige Nutzung**. Dies wird auch deutlich durch die Betrachtung der TV- und Internetnutzungskurven von Erwachsenen ab 14 Jahren. Während das Fernsehen zwischen 19 und 22 Uhr die höchsten Einschaltquoten verzeichnet, „verläuft die Internetnutzungskurve zwischen 10 Uhr morgens und 22 Uhr am Abend relativ stabil" (Frees und van Eimeren 2013a, S. 370). Das Internet begleitet also den gesamten Tagesablauf und ist rund um die Uhr verfügbar, während das Fernsehen eine reine Freizeitbeschäftigung darstellt und überwiegend am Abend genutzt wird. Voraussetzung für das Einschalten des Abendprogramms ist aber die zeitliche Verfügbarkeit der Menschen zu dieser Zeit. Hier konkurriert das TV-Programm mit anderen Freizeitbeschäftigungen wie Sport, Kultur oder der Pflege sozialer Kontakte.

Das **Mediennutzungsverhalten** ist stark von Faktoren wie Alter, Lebensstil und Familienstand abhängig. So fällt der Umfang der täglichen Nutzung klassischer Medien, beispielsweise von TV, Radio und Tageszeitungen, vor allem bei älteren Zielgruppen am höchsten aus, aber auch bei den jüngeren Bevölkerungsschichten sind viele klassische Medien fester Bestandteil des Alltags mit einem kleineren aber nicht unerheblichen Anteil am Medienkonsum (Frees und van Eimeren 2013a, S. 371; Medienpädagogischer Forschungsverbund Südwest 2013, S. 14). Umgekehrt sind es beim Internet vor allem die jüngeren Altersgruppen, die fast vollständig online sind und die älteren Altersgruppen, die zwar Zuwächse verzeichnen, beispielsweise bei der Gruppe der ab 60-Jährigen mit 42,9 Prozent mindestens gelegentlicher Nutzung im Jahr 2013, aber noch ein erhebliches Steigerungspotenzial aufweisen (Frees und van Eimeren 2013a, S. 360).

4.4 Besonderheiten der Mediaplanung für Fast Moving Consumer Goods

Wie in Abschn. 4 beschrieben, gehört die Auswahl der Medienkanäle und Werbeträger für den Transport von Werbebotschaften zu den Hauptaufgaben der Mediaplanung. Hierbei müssen bei FMCG aber nicht nur die Besonderheiten und Charakteristika dieser Produktgruppe, sondern neben den Ansprüchen der jeweiligen Markenhersteller und Auftraggeber auch die Bedürfnisse und Anforderungen des Handels berücksichtigt werden. Aufgrund der Abhängigkeit der Markenunternehmen vom Groß- und Einzelhandel als Absatzmittler, als Tor zu den Endverbrauchern ihrer Produkte (vgl. hierzu Abschn. 3.2), sollte den Ansprüchen des Handels eine besondere Beachtung bei der Mediaplanung zukommen.

4.4.1 Ansprüche der Markenunternehmen an die Mediaplanung

Unter Berücksichtigung der Besonderheiten von FMCG muss die Auswahl der Medienkanäle den Aufbau bzw. die Stärkung des Markenimages ermöglichen und dabei in der Lage sein, den funktionalen sowie emotionalen Nutzen und die Qualität der Marke zu vermitteln. Zudem muss der Medienkanal die USP des Produktes verständlich kommunizieren und erklären können, um der Marke die Möglichkeit zu bieten, sich gegenüber günstigeren, oft qualitativ gleichwertig erscheinenden Marken, wie z. B. Handelsmarken, zu profilieren. Gleichzeitig muss, u. a. aufgrund des intensiven Wettbewerbs, ein durchgängig hoher Werbedruck gewährleistet sein, um kontinuierliche Kaufabsichten zu schaffen und dem Risiko, durch Angebote des Wettbewerbs in Vergessenheit zu geraten, entgegen zu wirken.

Gerade die kontinuierliche werbliche Präsenz bringt den Anspruch einer **effizienten Zielgruppenansprache** mit sich, um den hohen monetären Aufwand für Werbung in Massenmedien möglichst effektiv einzusetzen. Um hohe Reichweiten in der Zielgruppe zu erreichen, muss die Mediaagentur dem Anspruch der Markenunternehmen gerecht werden und das ihr zur Verfügung stehende Budget möglichst effizient einsetzen, indem sie Medienkanäle und Werbeträger herausfiltert, die eine möglichst genaue Zielgruppenansprache gewährleisten und Streuverluste vermeiden. Um den Einfluss konkurrierender Werbung zu vermeiden, aber auch, um die immer vielfältigeren Werbevermeidungsstrategien der Konsumenten zu umgehen, verlangen die Werbetreibenden vermehrt nach exklusiven, nah am redaktionellen Inhalt platzierten Werbemöglichkeiten. Im digitalen Bereich sprechen Fachleute auch vom **native Advertising**, das werbliche Inhalte oder Formen der Werbung, die sich an den redaktionellen Inhalten orientieren und so von Konsumenten nicht gleich als Werbung erkannt werden sollen, beschreibt. Native Advertising erinnert an das altbekannte Prinzip eines *Advertorials*, einer Werbeanzeige im Layout von redaktionellen Inhalten, die lediglich durch eine kleine Informationen in der Ecke, wie z. B. dem Wort Anzeige gekennzeichnet ist. In den letzten paar Jahren erlebt diese Art der Werbung unter dem Begriff *native Advertising* ihre Renaissance und gilt als Media Trend 2014 und 2015 (Busch 2014; Stevens 2014). In der Werbebranche häufig genannte Beispiele für Internetseiten, die native Advertising einsetzen, sind Buzzfeed.com und HuffingtonPost.com, die diese Erscheinungsform in den USA und Großbritannien bereits etabliert haben und seit 2014 auch native Advertising Produkte in Deutschland anbieten. Neben einem hohen Werbedruck und der inhaltsnahen Platzierung der Werbemittel sorgt auch eine kreative Gestaltung und Umsetzung der Werbebotschaften, die das Interesse der Kunden binden kann, für eine erfolgreiche Vermittlung des Markenimages an die Zielgruppen. Innovative Werbeformen können es schaffen, durch ihren Überraschungseffekt die Aufmerksamkeit des Kunden zu wecken und auf das beworbene Produkt zu übertragen.

Aus Sicht der Kundenbindung verfolgen Werbetreibende häufig das Ziel, den Konsumenten dazu anzuregen, sich mit der Marke zu beschäftigen, um so die **Markenloyalität zu stärken**. Stetig wiederkehrende Werbung soll den Verbrauchern das Produkt in Erinnerung rufen und sie zum erneuten Kauf animieren. Dabei können verschiedene Ausführungen der Werbemittel, wie beispielsweise Spots mit unterschiedlichen Situationen und Protagonisten, helfen, einzelne Segmente der Zielgruppe anzusprechen, indem sie gezielt auf die Bedürfnisse dieser Segmente eingehen.

Gelegentlich muss bei der Mediaplanung gewährleitest werden, dass die Medien eine termingerechte Information der Konsumenten über Aktionen oder Sonderangebote der Markenhersteller ermöglichen und auch kurzfristig auf Preisaktionen der Konkurrenz oder kritische Bestandsänderungen aufgrund hoher Nachfrage im Handel oder Lieferschwierigkeiten reagiert werden kann.

Sowohl für die Planung der Media Aktivitäten durch den Werbetreibenden als auch für die spätere Erfolgskontrolle der Werbung ist es essentiell, die Leistungswerte für alle Werbemaßnahmen möglichst genau zu prognostizieren und im Anschluss der Kampagne auch deren Erfolg zu kontrollieren.

4.4.2 Ansprüche des Handels an die Mediaplanung

Die hohe Abhängigkeit der Markenunternehmen vom Groß- und Einzelhandel (wie in Abschn. 3.2 dargestellt) führt dazu, dass die Markenunternehmen bzw. ihre Mediaagenturen auch die Ansprüche des Handels in die Erstellung der Mediaplanung mit einbeziehen müssen.

Abb. 3 Campari Deutschland GmbH (2014, S. 3)

Für Einzelhandelsunternehmen ist es wichtig, Produkte in ihr Sortiment aufzunehmen oder Produkte im Sortiment zu listen, deren schneller Verkauf weitestgehend garantiert werden kann und bei denen somit keine Gefahr besteht, dass sie zu sogenannten Ladenhütern werden, die keinen Umsatz generieren. Eine **große Marken- oder Produktkampagne** eines Markenunternehmens erhöht dabei die Wahrscheinlichkeit für den Handel, dass die beworbene Marke bzw. das beworbene Produkt vom Konsumenten auch tatsächlich nachgefragt wird, da durch die Werbung eine Marken- bzw. Produktbekanntheit sowie der Anreiz für den Kauf geschaffen wird. Gleichzeitig bedeutet ein hoher werblicher Aufwand seitens der Markenunternehmen eine geringe Erfordernis eigener Werbung für den Handel, um die Markenprodukte an den Endverbraucher abzusetzen. Besonders TV-Werbung wird vom Handel als Hauptinstrument angesehen, um die Nachfrage für ein Produkt zu gewährleisten. Abbildung 3 zeigt eine Anzeige der *Campari Deutschland GmbH* für ihre Marke *Licor 43* in der *Lebensmittel Zeitung*, einem Fachmagazin u. a. für den Groß- und Einzelhandel, in der sogar damit geworben wird, begleitend zur Print-Kampagne eine „Massive TV-Unterstützung" zu bieten.

Besonders erstrebenswert für Einzelhandelsunternehmen ist es, wenn ihnen beispielsweise für Sondereditionen oder -sortimente eine **Exklusivität des Vertriebs** eingeräumt wird oder **gemeinsame Aktionen** entwickelt werden, auf die in der Werbung ein Hinweis erfolgt. So bewirbt der Markenhersteller nicht nur sein eigenes Produkt, sondern auch noch das jeweilige Handelsunternehmen, das sich so großer Absatzmengen sicher sein und das eigene Risiko minimieren kann. Ein Beispiel für eine gemeinsame Aktion von FMCG-Unternehmen und Einzelhandel war ein Gewinnspiel im Vorfeld der Fußball Weltmeisterschaft 2014, bei dem *Procter & Gamble* in einem TV-Spot für ein Produkt der Marke *Head & Shoulders* geworben und gemeinsam mit der Drogeriekette Müller bzw. dem Edeka-Verbund ein Meet & Greet mit dem Nationalspieler Mats Hummels verlost hat.

4.4.3 Relevanz von TV-Werbung und Neuen Medien für FMCG im Vergleich

Nach wie vor ist TV mit 84 Prozent der Spendings für Food- und Beverage-Produkte der wichtigste Werbeträger im Bereich FMCG (AGOF e. V. 2013, S. 17). Internet und Mobile konnten im Jahr 2012 insgesamt 6 Prozent der Werbeausgaben für sich verzeichnen und nehmen somit den zweiten Platz unter den Medienkanälen für FMCG ein (AGOF e. V. 2013, S. 17).

Ein wichtiges Ziel der Werbung für FMCG sollte der „Aufbau und die Pflege klarer Markenprofile durch konsistente und widerspruchsfreie Kommunikation" (Leischner 2009, S. 1094 f.) sein. Zweifelsfrei hat sich TV in den letzten Jahrzehnten durch seine multisensorische Nutzbarkeit und der damit verbundenen emotionalen Ansprache der Konsumenten als das führende Medium zum **Aufbau eines klaren Markenimages** etabliert. Die steigende Zahl an Bewegtbildinhalten im Internet und die zunehmende Nutzung von Video-on-Demand-Angeboten erleichtert es den Werbetreibenden inzwischen allerdings, ihre Konsumenten auch über die Neuen Medien mit audio-visuellen Werbebotschaften zu erreichen und sie so auch hier auf einer emotionalen Ebene anzusprechen. Generell kann digitale Werbung, wie verschiedene Studien belegen, die Markenbekanntheit steigern. Beispiele hierfür sind die *Online Visions 2012* (United Internet Media GmbH 2013) oder die *Best of Brand Effects 2013* von Tomorrow Focus Media GmbH.

Die *Best of Brand Effects 2013* zeigt einen positiven Einfluss von **Online-Kampagnen** auf die (gestützte und ungestützte) Werbeerinnerung der Konsumenten. Trotz eines hohen Ausgangsniveaus konnte die (gestützte) Markenbekanntheit in allen Branchen, ganz besonders auch bei FMCG (+19,2 % im Vergleich zur Kontrollgruppe), gesteigert werden (Tomorrow Focus Media GmbH 2013, S. 22). Die Kaufbereitschaft der Verbraucher von FMCG ist durch den Kontakt mit Online Werbung um +21,8 % im Vergleich zur Kontrollgruppe gestiegen (Tomorrow Focus Media GmbH 2013, S. 32). Durch die Studie zeigt sich ebenfalls, dass gerade bei Low-Involvement-Produkten, zu denen FMCG gehören, die Bereitschaft höher ist, die beworbene Marke zu kaufen, als bei High-Involvement Produkten (Tomorrow Focus Media GmbH 2013, S. 32). Ebenfalls positive Auswirkungen auf die Werbeerinnerung und die Kaufaktivierung der Konsumenten hat der Einsatz mobiler Kampagnen, also von Werbemitteln in Verbindung mit Applikationen für Smartphones oder Tablet PCs, wobei hier aufgrund der kleinen Bildschirme darauf geachtet werden muss, die Marke besonders aufmerksamkeitsstark zu präsentieren (Tomorrow Focus Media GmbH 2013, S. 38 ff.).

Unterstützt werden kann die Werbeerinnerung der Konsumenten, indem eine Interaktion zwischen ihnen und dem Kommunikationsmedium bzw. dem werbetreibenden Unternehmen erfolgt. Da es sich beim Fernsehen um ein klassisches one-to-many-Medium mit einer einseitigen Kommunikation ohne direkte Feedbackmöglichkeit des Zuschauers handelt, ist hier keine Möglichkeit zur Interaktion gegeben. Hingegen sollen **interaktive Medien**, wie das Internet, für dialogorientierte Formen der Kommunikation genutzt werden, um die Beschäftigung des Konsumenten mit der Marke zu fördern und so die Kundenbindung zu erhöhen. Das Internet kombiniert „Massenkommunikation (one-to-many) mit Individualkommunikation (one-to-one)" (Kloss 2012, S. 377) und ist somit zweifelsohne hervorragend dafür geeignet, die Interaktion mit einer Marke zu fördern – sei es durch interaktive Werbemittel, durch die Dialogfunktion sozialer Plattformen oder auch nur durch den nicht vorhandenen Medienbruch, wodurch Konsumenten direkt vom Werbemittel auf die Markenwebsite geführt werden können, um sich weitergehend mit der Marke zu beschäftigen oder die Produkte direkt in einem Onlineshop zu erwerben.

Um diese Vorteile des Internets für sich zu nutzen, versuchen Werbetreibende vermehrt neue Wege zu finden, um **klassische Medien wie TV mit Neuen Medien zu verbinden** und dadurch interaktive Kommunikationswege zu schaffen. Beispiele hierfür sind der BrandedRed Button und TVSmiles. Bei TVSmiles handelt es sich um eine Second Screen-App, also eine Anwendung für Endgeräte wie Smartphones oder Tablet PCs, die unter dem Slogan *Fernsehen muss sich wieder lohnen* als Bonusprogramm fungiert und ihre Nutzer für das Anschauen von Werbespots belohnt. Eine der ersten Marken, die TVSmiles für ihre Markenkommunikation genutzt hat, ist der Kaugummihersteller *Wrigleys* mit dem Produkt *Wrigley's Extra Professional*. Dabei erkennt die App am akustischen Signal der TV-Werbung, welcher Spot dort gerade läuft und führt den Nutzer automatisch zu einem entsprechenden Spiel oder Quiz. In diesem Fall wurde der Nutzer zu einem Quiz geleitet und hat nach dem erfolgreichen Beantworten der Fragen eine Belohnung in Form von Smiles erhalten, die als virtuelle Währung genutzt werden können, um sie gegen Sachprämien oder Gutscheine einzutauschen. Der BrandedRed Button ist HbbTV-Nutzern i. d. R. nur als Red Button bekannt: Immer, wenn ein Red Button-Symbol auf dem Bildschirm des Fernsehers erscheint, können über einen entsprechenden Knopf auf der Fernbedienung zusätzliche Informationen zum Programm abgerufen werden. Diese Funktion wird zunehmend auch in TV-Werbespots eingesetzt, so dass der Red Button den Nutzer nach dem Drücken des Knopfes auf der Fernbedienung zu einer entsprechenden Microsite auf dem TV-Gerät führt. *Knorr* hat dies bereits als eine der ersten Marken getestet und Fernsehzuschauern auf einer Knorr-Microsite kreative Rezeptideen und Kochtricks von den Knorr-Chefköchen zur Verfügung gestellt. Das Fernsehprogramm läuft dabei in einem kleineren Fenster in der oberen Ecke des Bildschirms weiter.

Eine weitere Option, um die Interaktion zwischen Marke und Konsumenten zu fördern und dabei auch in einen Dialog mit den Konsumenten zu treten, sind **soziale Medien** (z. B. Webblogs, Foren, Soziale Netzwerke, Instant Messenger), die zur Kategorie der Neuen oder Online-Medien gehören (vgl. Kluxen 2014; Pleil und Zerfaß 2014; Kloss 2012). Sie ermöglichen Unternehmen z. B. über soziale Netzwerke eine starke Interaktion mit den

Konsumenten, die zuvor über klassische Medien nicht in dieser Form möglich war. In sozialen Medien stehen der Austausch und die Interaktion zwischen den Internetnutzern im Vordergrund. Dabei wird sogenannter User-Generated-Content erstellt, mit anderen Nutzern geteilt und ggf. von ihnen kommentiert. Mit dem Eintritt von Unternehmen oder Marken in soziale Medien werden diese ebenfalls zu Nutzern und unterliegen den gleichen Rahmenbedingungen wie jeder andere Nutzer, d. h. eine rein lineare Kommunikation mit den Konsumenten, wie es bei TV-Werbung oder klassischer Display-Werbung der Fall ist, ist in sozialen Medien nicht mehr möglich. Vielmehr steht der nicht-lineare Dialog zwischen Unternehmen bzw. Marken und Konsumenten im Vordergrund. Richtig eingesetzt können soziale Medien dazu beitragen, ein positives Markenerlebnis für die Konsumenten zu schaffen, um so das Markenimage positiv zu beeinflussen und die Markenbindung zu erhöhen. Da das Internet allerdings ein interaktives Medium ist, bei der die beiderseitige Interaktion in Echtzeit erfolgt, können sich auch negative Äußerungen oder falsche Informationen schnell an eine breite Masse von Empfängern verbreiten. Die Präsenz von Unternehmen oder Marken in sozialen Medien erfordert also eine intensive Betreuung und die vorherige Auseinandersetzung mit den Regeln, Gepflogenheiten und der Sprache der jeweiligen Kanäle. Aus Angst vor negativen Kommentaren nicht in sozialen Medien vertreten zu sein, ist allerdings kein Schutz: Es kann nicht verhindert werden, dass sich Internetnutzer auf Bewertungsseiten oder in sozialen Netzwerken über ein Produkt oder eine Marke austauschen. Hat ein Unternehmen dann keinen eigenen Auftritt, kann auch keine Richtigstellung der getroffenen Aussagen oder Beschwichtigung verärgerter Konsumenten erfolgen und die negative Kritik bleibt unkommentiert für viele Menschen sichtbar stehen. Negativ reagieren die Nutzer sozialer Medien oft auch auf Unternehmen, die diese Medien als reine Verkaufskanäle und Möglichkeit zur kostengünstigen zusätzlichen Platzierung ihrer Werbebotschaften sehen. Im besten Fall werden diese Auftritte durch Missachtung gestraft, es kann allerdings auch erhebliche negative Auswirkungen auf das Image der Marke oder des Unternehmens haben und sogar zu sogenannten *Shitstorms* führen, also einer großen Masse an negativen Kommentaren der Nutzer. Da die Beiträge von Unternehmen in sozialen Medien mit Beiträgen aus dem privaten Umfeld der Nutzer in einem Wettbewerb stehen, müssen sie derart gestaltet sein, dass sie „ein entsprechendes Interesse wecken können" (Kloss 2012, S. 388), gleichzeitig die Nutzer aber auch nicht verärgern. Um die Verbindung aus Massenmedium und Individualkommunikation der sozialen Medien zu nutzen, sollten die Beiträge der Unternehmen nicht nur einen reinen Informationscharakter haben, sondern zu Kommentaren der Nutzer, zum Teilen und Weiterleiten der Botschaften oder sogar zum Kauf der Produkte anregen.

Die Platzierung von Werbeinhalten im Internet bietet neben dem Vorteil der ggf. geringeren Kosten das Potenzial der selbstständigen Verbreitung der Werbemittel durch die Nutzer. Besonders beliebt ist hierbei das **Viral Seeding** von Videos, bei dem die Einbindung von Werbespots über eigene soziale Medien der Markenunternehmen erfolgt, z. B. einem eigenen YouTube Channel. Die Verbreitung wird über die eigenen sozialen Medien und deren bestehende Subscriber (YouTube) oder Follower (Twitter) vorangetrieben und durch professionelle Viral Seeding-Anbieter medial unterstützt. „Der große Vorteil dieser Werbeform ist darin zu sehen, dass nicht der Werbetreibende selbst als Absender fungiert, sondern Freunde und Bekannte und somit prinzipiell ein hohes Wirkungspotenzial gegeben ist" (Kloss 2012, S. 389). Erfolgreiche Beispiele für die Verbreitung von Werbevideos durch Internetnutzer sind national das Nivea Deo Stresstest Video zur Einführung des *Nivea Stress Protect Deos* und international das *Dove Real Beauty Sketches* Video.

Die Rolle des unumstrittenen Massenmediums füllt – wie in Abschn. 4.2 dargestellt – nach wie vor **TV** aus. Bei fast allen Altersgruppen ist TV das am meisten konsumierte Medium, lediglich bei der jüngeren Bevölkerung zwischen 14 und 29 Jahren hat die Online Nutzung den TV Konsum überholt (Frees und van Eimeren 2013a, S. 371). Allerdings bedeutet dies nicht, dass das Medium TV in den jüngeren Altersgruppen keine Relevanz mehr hat. TV ist dennoch stark nachgefragt und hat, nicht nur aufgrund der steigenden Multiscreen-Nutzung, einen hohen Anteil am Medienkonsum insgesamt. Dennoch wird es für Werbetreibende zukünftig nicht mehr möglich sein, aufgrund der differenzierten Mediennutzung, in kurzer Zeit hohe Nettoreichweiten bei jüngeren Zielgruppen zu generieren. Dies führt dazu, dass für einen schnellen und effizienten Reichweitenaufbau in der Mediaplanung Neue Medien stärker berücksichtigt werden müssen. Um hierbei den Ansprüchen der Markenunternehmen gerecht zu werden und die Ansprache der Zielgruppe so effizient wie möglich zu gestalten und Streuverluste zu vermeiden, ist es daher erforderlich, besonders die Möglichkeiten der individualisierten Zielgruppenansprache zu nutzen. Eine zielgruppengenaue Aussteuerung der Werbemittelkontakte im TV ermöglichen beispielsweise die Platzierung von Werbespots in zielgruppenaffinen Programmumfeldern und die zunehmende Anzahl an Spartensendern im deutschen Fernsehen. **Neue Medien** ergänzen die Umfeldselektion jedoch noch um diverse **Targeting-Optionen**, die eine nahezu streuverlustfreie Zielgruppenansprache gewährleisten und eine noch dezidiertere Umfeldauswahl. Eine Form des Targetings ist beispielsweise das regionale Targeting, bei dem die Online-Werbung auf bestimmte Regionen, Städte oder Postleitzahlen beschränkt wird. So können Unternehmen regional begrenzte Kampagnen umsetzen, wie z. B. für Produktneueinführungen. Ebenso kann dies genutzt werden, um nur in den Regionen zu werben, in denen ein oder mehrere ausgewählte Handelspartner ihre Filialen haben, wenn ein bestimmtes Produkt exklusiv oder regional bedingt nur bei diesen Partnern im Sortiment verfügbar ist. Dies reduziert die Wahrscheinlichkeit von Reaktanzen der Konsumenten bei national ausgesteuerten Kampagnen, wenn diese ein beworbenes Produkt, für das ein Bedarf geweckt worden ist, nicht am Point of Sale ihrer Wahl erhalten.

Um das zur Verfügung stehende Mediabudget für eine möglichst effiziente Zielgruppenansprache einzusetzen, ist es theoretisch wichtig, den **Erfolg von Werbung zu messen** und bei der zukünftigen Mediaplanung zu berücksichtigen. In der Praxis ist es allerdings für die Marktforschung schwierig, die Auswirkungen von Werbung auf das Kaufverhalten der Konsumenten zu ermitteln, da FMCG i. d. R. stationär, also im Einzelhandel, gekauft werden und kein direkter zeitlicher, örtlicher und inhaltlicher Zusammenhang zwischen dem Empfang der Werbebotschaft und dem tatsächlichen Kauf eines Produktes besteht.

Bis auf neue technische Entwicklungen wie BrandedRed Button und TVSmiles, bietet TV als Werbeträger keinerlei Möglichkeiten, die Wahrnehmung einer Werbebotschaft durch den Konsumenten zu überprüfen, und auch diese Möglichkeiten stecken zur Zeit noch in den Kinderschuhen, was nicht nur an der technischen Entwicklung sondern auch an der erst geringen Nutzung durch die Konsumenten und werbetreibenden Unternehmen liegt. Somit ist bei TV-Werbung bisher nicht nachvollziehbar, wann Werbung Erfolg hatte und zum Kauf eines Produktes geführt hat oder nicht – zumal zwischen dem Konsum der Werbung vor dem Fernseher zu Hause und dem Kauf der Produkte im Supermarkt oft längere Entfernungen und Zeiträume liegen (die Ausnahme Teleshopping soll in diesem Artikel nicht behandelt werden). Online-Werbung bietet die Möglichkeit, Werbeflächen auf Cost per Click- oder Cost per Lead-Basis einzukaufen, so dass sichergestellt werden kann, dass nur für Werbung bezahlt wird, die vom Konsumenten wahrgenommen wurde bzw. die sogar zum Kauf in einem Online-Shop geführt hat. Im Unterschied zu TV wird hier also die Auseinandersetzung mit der Marke messbar gemacht. Da allerdings bei FMCG der Online-Handel aktuell noch einen sehr geringen Anteil am Umsatz der Markenunternehmen ausmacht, wird Online-Werbung bisher vor allem für Branding-Zwecke auf Basis des Tausenderkontaktpreises eingesetzt.

Bezüglich des **E-Commerce** im Lebensmittelsektor hat eine aktuelle Umfrage von Ernst & Young die Gründe für den geringen bis fast gar nicht vorhandenen Lebensmitteleinkauf im Internet eruiert. Derzeit beläuft sich der Anteil der Online-Umsätze bei Lebensmitteln auf ca. 0,3 Prozent (Wagner und Wiehenbrauk 2014, S. 8). Die Hauptgründe für diesen geringen Anteil sind, neben dem in Deutschland an vielen Orten fehlenden Angebot, die hohen Kosten und die komplizierte Lieferung (Wagner und Wiehenbrauk 2014, S. 8). Zwar geht Ernst & Young davon aus, dass bis zum Jahr 2020 dieser Anteil auf 10 Prozent ansteigen wird, allerdings ist in diesem Zusammenhang wesentlich interessanter, dass bereits 6 Prozent der befragten Verbraucher für ihren Einkauf sowohl digitale als auch stationäre Kanäle miteinander verbinden und das Internet im Vorfeld des Einkaufs als Informationsplattform nutzen (Wagner und Wiehenbrauk 2014, S. 8). Dies spiegelt die Relevanz der digitalen Medien für die Informationsbeschaffung vor einem Einkauf von FMCG wider. Neben Corporate Websites der Marken können auch Blogs, Foren und weitere soziale Medien wie Facebook und YouTube den Konsumenten mit zusätzlichen Produktinformationen weiterhelfen, z. B. mit Rezepten für Lebensmittel, Angaben über Inhaltsstoffe oder Verwendungstipps bei Reinigungsmitteln. Diese zusätzlichen Informationen sorgen dafür, dass sich der Konsument stärker mit der jeweiligen Marke auseinandersetzt und so unterschwellig die Markenloyalität des Konsumenten erhöht wird. Im Hinblick auf die geringen und oft nicht vor dem Einkauf, sondern wenn überhaupt erst ex-post, erkennbaren Qualitätsunterschiede bei FMCG, ist eine hohe Markenloyalität umso wertvoller für die Unternehmen. Damals wie auch heute hat Word of Mouth, der sogenannte Erfahrungsbericht durch Konsumenten, einen hohen Einfluss auf die Kaufentscheidung anderer Konsumenten, vor allem, wenn es sich um den erstmaligen Kauf eines Produktes handelt (Radic und Posselt 2009, S. 249 ff.). Der Unterschied ist jedoch, dass in der heutigen Zeit Word of Mouth auch in digitalen Medien in Form von Blogs,

Foren oder anderen sozialen Medien stattfindet. Dies kann wiederum von Unternehmen als Kommunikationskanal genutzt werden, indem sie Blogposts kaufen und Bloggern von der Marketingabteilung vorgegebenes Text-, Bild- und Video-Material oder auch Muster des Produktes zum Ausprobieren zur Verfügung stellen. So wird die Glaubwürdigkeit der Blogger genutzt, um eine vordefinierte Markenbotschaft an die Konsumenten zu transportieren.

Eine enge zeitliche und räumliche Verknüpfung des Medien- bzw. Werbekonsums mit dem tatsächlichen Kauf von FMCG bietet das vergleichsweise Neue Medium **Mobile**. Hier ermöglichen sogenannte *Location Based Services* die Auslieferung von Werbung auf das mobile Empfangsgerät unter Berücksichtigung des Aufenthaltsortes des Konsumenten – vorausgesetzt, dass dieser die Erlaubnis dazu erteilt hat (vgl. hierzu Markgraf 2015, o. S.). So können z. B. Coupons für Vergünstigungen an den Konsumenten ausgespielt und diese durch die Integration des Routenplaners direkt in den Handel navigiert werden. Es ist sogar möglich, die Kaufentscheidung am Point of Sale durch die gezielte Aussteuerung von entsprechenden Coupons zu beeinflussen. Im Vergleich zum klassischen Couponing ist das **mobile Couponing** eine für den Werbetreibenden kostengünstige Alternative, da z. B. keine Druckkosten für die Coupons entstehen. Zusätzlich ermöglichen Kostenmodelle von Location Based Service App-Vermarktern die Abrechnung auf Klick- oder auch auf Order-Basis. D. h. ein Markenunternehmen zahlt lediglich für die Auslieferung des Coupons, wenn dieser von dem Konsumenten angeklickt, oder sogar nur, wenn der Coupon tatsächlich eingelöst wurde. Somit können die Kosten für Streuverluste durch die Verbreitung von Coupons, die nicht eingelöst werden, auf ein Minimum reduziert werden. Weiterhin gibt es zahlreiche **Apps**, die Konsumenten am POS nutzen können, um auf ihrem Smartphone einen digitalen Einkaufszettel zu verwalten, weitere Informationen zu einzelnen Produkten abzurufen, die Herkunft von Lebensmitteln zurückzuverfolgen, geeignete Rezeptideen für Lebensmittel zu suchen oder sogar, um die Waren zu bezahlen. Mobile besitzt als Werbeträger für FMCG eine hohe Relevanz, denn die „Nutzung des Mobiltelefons während des Einkaufsprozesses im stationären Handel kann generell als stark zunehmend bezeichnet werden" (Morschett et al. 2012, S. 153). Bisher besitzt Mobile mit der Integration des Mediums und somit des Werbeträgers in den tatsächlichen Kaufprozess am POS eine absolute Alleinstellung gegenüber anderen Mediagattungen, die vom klassischen TV unerreicht bleiben wird (vgl. Kluxen 2014; Heinemann 2012).

Aufgrund der steigenden Internationalisierung der Märkte sollte auch darüber nachgedacht werden, welche Kommunikationsinstrumente im internationalen Kontext sinnvoll eingesetzt werden können. So werden die schnellen Reaktionseigenschaften der Neuen Medien und die durch das Internet vernetzte Struktur der Nutzer von vielen großen Unternehmen auch für **internationale Kampagnen** genutzt. Während z. B. TV-Werbespots aus Kostengründen im Durchschnitt lediglich 20 Sekunden lang sind und pro Land auf einzelnen Sendern eingekauft und platziert werden müssen, können im Internet auch längere Spots wesentlich kostengünstiger eingebunden und verbreitet werden.

5 Fazit/Ausblick

In den vorausgehenden Kapiteln wurde aufgezeigt, dass die TV Werbung u. a. aufgrund ihrer breiten Nutzerschaft, dem schnellen Reichweitenaufbau, ihrer gelernten hohen Wertigkeit und Glaubwürdigkeit sowie ihrer multisensorischen und damit emotionalen Ansprache der Konsumenten immer noch eine große Bedeutung als Kommunikationskanal für Marken aus der FMCG-Branche darstellt. Die TV-Werbung wird sowohl den Ansprüchen der Markenunternehmen nach einem Medium zum Aufbau der Markenbekanntheit und Unterstützung eines positiven und prägnanten Markenimages, als auch denen des Handels nach einer hohen Reichweite in einer breiten Zielgruppe gerecht und verspricht dadurch eine hohe Absatzmenge für beide Akteure.

Dennoch hat TV-Werbung mit einer geringen Aufmerksamkeit durch den Freizeit- und Unterhaltungscharakter des Mediums Fernsehen, die steigende Second Screen-Nutzung, die vielfältigen Werbevermeidungsstrategien der Nutzer und die hohen Streuverluste durch eine eingeschränkte Zielgruppenaussteuerung zu kämpfen. Außerdem ist die Medienlandschaft und damit auch das Mediennutzungsverhalten der Bevölkerung mittlerweile so differenziert, dass es immer schwieriger wird, die Mitglieder einer bestimmten Zielgruppe nur über ein einzelnes Medium zu erreichen. Gerade jüngere Bevölkerungsgruppen passen ihren Medienkonsum ihrem Tagesablauf an und nicht umgekehrt, wodurch ein Medium wie TV, das überwiegend in den Abendstunden konsumiert wird und dort die höchste Reichweite generiert, alleine nicht mehr in der Lage ist, einen schnellen und hohen Reichweitenaufbau zu gewährleisten. Junge Menschen haben heute stärker denn je den Anspruch an ein selbstbestimmtes Leben und setzen diesen auch um. Selbst bei hohem Interesse an den Inhalten von Medien sind sie nicht bereit, ihr Berufs- und Privatleben ihrer Mediennutzung anzupassen oder sogar dafür einzuschränken. Medien und deren Inhalte sollen für sie je nach persönlichem Bedarf und zeitlicher Verfügbarkeit nutzbar sein.

Neue Medien kommen diesen Ansprüchen entgegen und bringen Eigenschaften mit sich, die neue Wege der Kommunikation mit den Konsumenten ermöglichen und dadurch Optionen aufweisen, die TV-Werbung nicht oder zum Teil noch nicht in einem vergleichbaren Ausmaß leisten kann. So bieten Neue Medien für Konsumenten verschiedene Möglichkeiten der Interaktion mit den Marken werbetreibender Unternehmen. Marken können mit Hilfe Neuer Medien in einen Dialog mit ihren Konsumenten treten und ihnen zusätzliche Information zu ihren Produkten an die Hand geben. So kann eine, für FMCG besonders wichtige, stabile Kundenbindung und hohe Markentreue aufgebaut werden, womit die Neuen Medien dem Anspruch der Markenunternehmen nach einer permanenten Marktpräsenz zum Schaffen von kontinuierlichen Kaufabsichten nachkommen.

Bis auf die zum Teil geringere Bildschirmgröße der Endgeräte zur Nutzung von Neuen Medien im Vergleich zu TV-Geräten stehen den werbetreibenden Unternehmen bei der Gestaltung der Werbemittel dieselben multisensorischen Möglichkeiten zur Verfügung, um die Konsumenten emotional anzusprechen und sich über kreative Werbeformen von der Konkurrenz zu differenzieren. Dabei sind beide Medienkanäle mit der steigenden „Immunität" der Konsumenten gegen Standardwerbemittel konfrontiert, welche die Werbetreibenden dazu drängt, immer neue und kreativere Werbemöglichkeiten und -formen zu entwickeln, um die Aufmerksamkeit der Nutzer zu erlangen und trotz Werbevermeidung, geringer Aufmerksamkeit und der Nutzung von Second Screens mit ihren Werbebotschaften zu ihnen durchzudringen.

Second Screens werden als Zweitbeschäftigung neben dem Fernsehen vor allem zur Suche in bekannten Suchmaschinen genutzt. Dies sollte auch von Unternehmen bei ihrer Mediastrategie berücksichtigt werden. Die Unit SEM im Bundesverband Digitale Wirtschaft (BVDW) e.V hat den Einfluss von TV-Werbung in Kombination mit Suchmaschinenmarketing auf die Markenwahrnehmung untersucht und herausgefunden, dass neben der ungestützten Markenbekanntheit auch das Image positiv beeinflusst und die Kontaktdauer mit der Marke erhöht wurden (Ranneberg und Siwek 2010, S. 2). So können Unternehmen durch Suchmaschinenmarketing sogar positive Effekte aus der TV-Werbung ihrer Mitbewerber erzielen (Ranneberg und Siwek 2010, S. 2).

Gleichzeitig zeigen Studien, dass Neue Medien auch in der Lage sind, die Bekanntheit von Marken und Produkten zu steigern und somit bei gezieltem Einsatz und Verwendung geeigneter Werbemittel die beiden Aufgaben der Werbung, den Aufbau einer Markenbekanntheit bzw. die Prägung des gewünschten Markenimages sowie die Schaffung einer Kaufabsicht der Konsumenten, auch selbstständig erfüllen können, nicht nur in Ergänzung zu klassischen Medien. So ist in einzelnen anderen Ländern, beispielsweise in Südkorea „Internet-Werbung inzwischen einflussreicher als Fernsehwerbung" (Kluxen 2014, S. 52).

Aufgrund des derzeit noch sehr hohen Anteils von TV-Werbung am Mediamix der Marketingkommunikation und dem über Jahrzehnte aufgebauten positiven Image von TV-Werbung als klassisches Massenmedium wird im Ausblick auf die kommenden Jahre und Jahrzehnte Werbung in Neuen Medien die TV-Werbung noch nicht überholen, der Einfluss des Internets auf die Werbebranche und seine Bedeutung im Mediamix werden sich aber stetig vergrößern.

Die Autoren

Prof. Dr. Ariane Bagusat ist seit 2011 Professorin für Allgemeine Betriebswirtschaftslehre, insbesondere Sponsoring und Eventmanagement am Institut für Sportmanagement der Ostfalia, Hochschule für angewandte Wissenschaften. Zu ihren Forschungsschwerpunkten zählen die Gebiete Sponsoring, Eventmarketing, Marketing & Marktforschung sowie Kundenbindungsmanagement. Zudem ist sie als Geschäftsführerin der drbagusatconsult in den Bereichen Marketingberatung, Marktforschung und Kundenbindungsmanagement für verschiedene nationale wie internationale Unternehmen tätig.

Anne-Christine Schlangenotto studierte nach einer Ausbildung zur Industriekauffrau Sportmanagement und war beim Lehrter Sport-Verein v. 1874 (Bb) e. V. als Assistentin der Geschäftsführung tätig, bevor sie 2012 als Wissenschaftliche Mitarbeiterin an die Fakultät Verkehr – Sport – Tourismus – Medien der Ostfalia Hochschule für angewandte

Wissenschaften wechselte. Zu ihren Forschungsinteressen zählen Vereins- und Eventmanagement, Sponsoring sowie Trendsport.

Sven Büteröwe ist Communication Consultant bei der Carat Deutschland GmbH. Carat ist Teil des DentsuAegis Networks und eines der größten internationalen Agenturgruppen für strategische Kommunikationsberatung und Mediaplanung. In den letzten Jahren betreute er namhafte Unternehmen und Marken wie adidas, Diageo, Taylor Made, Sport1 und GoPro. Neben seinem Studium der Sportwissenschaft, das er an der Universität Paderborn als Diplom-Sportwissenschaftler abschloss, studierte er Wirtschaftswissenschaften mit dem Abschluss Bachelor of Science.

Literatur

AGOF e. V. (2013). *AGOF facts & figures. Branchenpotentiale im Internet. Q2 2013: FMCG Food & Beverages. Frankfurt a. M.: AGOF e. V..* http://www.agof.de/download/Downloads_FactsundFigures/Downloads_FactsundFigures_2013/Downloads_FactsundFigures_2013_FMCG/Q2-2013_AGOF_facts%20figures_FMCG.pdf. Zugegriffen: 23. März 2014

Augustowsky, J., & Nold, A. (2011). Einführung in Marketing und Markenführung. In D. Herbst (Hrsg.), *Der Mensch als Marke, Konzepte – Beispiele – Experteninterviews* (2., ungekürzte Aufl., S. 24–44). Göttingen: Business Village GmbH.

Baumgarth, C. (2008). *Markenpolitik. Markenwirkungen – Markenführung – Markencontrolling* (3. Aufl.). Wiesbaden: Gabler | GWV Fachverlage GmbH.

Berge, C.-C. (2012). Aufgaben und Arbeitsweise einer Werbeagentur. In I. Kloss (Hrsg.), *Werbung, Handbuch für Studium und Praxis* (5., vollst. überarb. Aufl., S. 248–253). München: Verlag Franz Vahlen.

Bruhn, M. (2009). Mediawerbung. In M. Esch, F.-R. Esch, & T. Langner (Hrsg.), *Handbuch Kommunikation, Grundlagen – Innovative Ansätze – Praktische Umsetzung* (S. 45–66). Wiesbaden: Gabler I GWV Fachverlage GmbH.

Bruhn, M. (2011). *Unternehmens- und Marketingkommunikation – Handbuch für ein integriertes Kommunikationsmanagement.* (2., vollst. überarb. u. erw. Aufl.). München: Franz Vahlen Verlag.

Busch, U. (2014). *Digitales Marketing: Vier Trends auf die Sie vorbereitet sein sollten. München: Verlag Werben & Verkaufen GmbH.* http://www.wuv.de/digital/digitales_marketing_vier_trends_auf_die_sie_vorbereitet_sein_sollten. Zugegriffen: 29. Dezember 2014

BVDW/OK, & IAB Europe (2013). *Mediascope 2012 – Fokus Multiscreen. Berlin: Bundesverband Digitale Wirtschaft e. V.* http://www.bvdw.org/medien/fokusreport-multiscreen?media=4980. Zugegriffen: 21. April 2014

Campari Deutschland GmbH. (2014). Anzeige Licor 43. *Lebensmittel Zeitung 2014*(2), 3.

Dänzler, S., & Heun, T. (2014). *Marke und digitale Medien. Der Wandel des Markenkonzeptes im 21. Jahrhundert.* Wiesbaden: Springer Gabler.

Esch, F.-R. (2012). *Strategie und Technik der Markenführung.* (7., vollst. überarb. u. erw. Aufl.). München: Verlag Franz Vahlen.

Esch, F.-R., Krieger, K. H., & Strödter, K. (2009). Marken in Medien und Medien als Marken. In A. Gröppel-Klein, & C. C. Germelmann (Hrsg.), *Medien im Marketing, Optionen der Unternehmenskommunikation* (S. 41–67). Wiesbaden: Gabler I GWV Fachverlage GmbH.

Frees, B., & van Eimeren, B. (2011). *Ergebnisse der ARD/ZDF-Onlinestudie 2011. Bewegtbildnutzung im Internet 2011: Mediatheken als Treiber. Media Perspektiven 2011 (7–8). S. 350–359.* http://www.media-perspektiven.de/uploads/tx_mppublications/7-8-11Frees_Eimeren_korrigierte_Tab_6_und_7.pdf. Zugegriffen: 23. März 2014

Frees, B., & van Eimeren, B. (2013a). *Ergebnisse der ARD/ZDF-Onlinestudie 2013.Rasanter Anstieg des Internetkonsums – Onliner fast drei Stunden täglich im Netz. Media Perspektiven 2013* (7–8), S. 358–372. http://www.ard-zdf-onlinestudie.de/fileadmin/Onlinestudie/PDF/Eimeren_Frees.pdf. Zugegriffen: 23. März 2014

Frees, B., & van Eimeren, B. (2013b). *Ergebnisse der ARD/ZDF-Onlinestudie 2013. Multioptionales Fernsehen in digitalen Medienumgebungen. Media Perspektiven 2013* (7–8), S. 373–385. http://www.ard-zdf-onlinestudie.de/fileadmin/Onlinestudie/PDF/Frees_Eimeren.pdf. Zugegriffen: 23. März 2014

Feuß, S. (2014). Schlägt der Klick die Quote? *werben & verkaufen, 13,* 8.

Hanser, P. (2014). *Studie zur Markenrelevanz. Kunden achten mehr auf die Marke. absatzwirtschaft.de.* http://www.absatzwirtschaft.de/content/marketingstrategie/news/kunden-achten-mehr-auf-die-marke;81647. Zugegriffen: 23. März 2014

Heinemann, G. (2012). *Der neue Mobile-Commerce. Erfolgsfaktoren und Best Practices.* Wiesbaden: Springer.

Heinrich, J. (2006). Medienprodukte – Medienangebote und Mediennutzung. In C. Scholz (Hrsg.), *Handbuch Medienmanagement* (S. 73–96). Heidelberg: Springer-Verlag.

Homburg, C. (2015). *Marketingmanagement – Strategie, Instrumente, Umsetzung, Unternehmensführung.* (5., überarb. u. erw. Aufl.). Wiesbaden: Springer Gabler Verlag.

Kloss, I. (2012). *Werbung, Handbuch für Studium und Praxis.* (5., vollst. überarb. Aufl.). München: Verlag Franz Vahlen.

Kluxen, B. (2014). *Werbung.* Herne: NWB Verlag.

Kreutzer, R. T. (2012). *Praxisorientiertes Online-Marketing. Konzepte – Instrumente – Checklisten.* Wiesbaden: Gabler, GWV Fachverlage GmbH.

Leischner, E. (2009). Kommunikation für Konsumgüter. In M. Bruhn, F.-R. Esch, & T. Langner (Hrsg.), *Handbuch Kommunikation, Grundlagen – Innovative Ansätze – Praktische Umsetzung* (S. 1077–1099). Wiesbaden: Gabler, GWV Fachverlage GmbH.

Markgraf, D. (2014). *Stichwort: Marke. In Springer Gabler Verlag (Hrsg.), Gabler Wirtschaftslexikon.* http://wirtschaftslexikon.gabler.de/Archiv/57328/marke-v13.html. Zugegriffen: 23. März 2014

Markgraf, D. (2015). *Stichwort: Location-based-Services. In Springer Gabler Verlag (Hrsg.), Gabler Wirtschaftslexikon.* http://wirtschaftslexikon.gabler.de/Archiv/596505805/location-based-services-v2.html. Zugegriffen: 07. Januar 2015

Marx, A. (2012). *Media für Manager. Was Sie über Medien und Media-Agenturen wissen müssen* (3. aktualisierte & überarbeitete Aufl.). Wiesbaden: Springer Gabler.

Medienpädagogischer Forschungsverbund Südwest (2013). *JIM 2013 Jugend, Information, (Multi-) Media. Basisstudie zum Medienumgang 12- bis 19-Jähriger in Deutschland. Stuttgart: Landesanstalt für Kommunikation Baden-Württemberg.* http://www.mpfs.de/fileadmin/JIM-pdf13/JIMStudie2013.pdf. Zugegriffen: 21. April 2014

Meffert, H., Burmann, C., & Kirchgeorg, M. (2012). *Marketing*. (11. Aufl.). Wiesbaden: Gabler Springer.

Morschett, D., Zentes, J., Schu, M., & Steinhauer, R. (2012). *HandelsMonitor® 2012/2013. Mega-Trends im Handel 2020+*. Frankfurt a.M.: Deutscher Fachverlag GmbH.

Pechtl, H. (2001). Marketing im Lebensmitteleinzelhandel. In D. K. Tscheulin, & B. Helmig (Hrsg.), *Branchenspezifisches Marketing, Grundlagen – Besonderheiten – Gemeinsamkeiten* (S. 497–514). Wiesbaden: Verlag Dr. Th. Gabler GmbH.

Pleil, T., & Zerfaß, A. (2014). Internet und Social Media in der Unternehmenskommunikation. In A. Zerfaß, & M. Piwinger (Hrsg.), *Handbuch Unternehmenskommunikation. Strategie – Management – Wertschöpfung* (S. 731–753). Wiesbaden: Springer Gabler.

Radic, D., & Posselt, T. (2009). Word-of-Mouth Kommunikation. In M. Bruhn, F.-R. Esch, & T. Langner (Hrsg.), *Handbuch Kommunikation, Grundlagen – Innovative Ansätze – Praktische Umsetzung* (S. 249–266). Wiesbaden: Gabler, GWV Fachverlage GmbH.

Ranneberg, A., & Siwek, C. (2010). *TV-Werbung: Niemals ohne Suche*. Düsseldorf: Bundesverband Digitale Wirtschaft (BVDW) e. V.. http://www.bvdw.org/mybvdw/media/view/bvdw-suchmaschinenmarketing-steigert-tv-werbewirkung-deutlich?media=1600. Zugegriffen: 23. März 2014

Sattler, H. (2001). Marketing für Frequently Purchased Consumer Goods. In D. K. Tscheulin, & B. Helmig (Hrsg.), *Branchenspezifisches Marketing, Grundlagen – Besonderheiten – Gemeinsamkeiten* (S. 661–681). Wiesbaden: Verlag Dr. Th. Gabler GmbH.

Scheuch, M. (2005). BauMax: Profilierung im „Do-It-Yourself"-Handel durch professionelle Kommunikationspolitik. In: H.H. Holzmüller, & A. Schuh (Hrsg.), *Innovationen im sektoralen Marketing*. Festschrift zum 60. Geburtstag von Fritz Scheuch (S: 291–306). Heidelberg: Physica Verlag.

Schmalen, H., & Pechtl, H. (2013). *Grundlagen und Probleme der Betriebswirtschaft*. (15., überarb. u. erw. Aufl.). Stuttgart: Schäffer-Poeschel Verlag.

Schmidt, J.-H. (2013). *Social Media*. Wiesbaden: Springer VS.

Silberer, G. (2001). Marketing für Nahrungs- und Genußmittel. In D. K. Tscheulin, & B. Helmig (Hrsg.), *Branchenspezifisches Marketing, Grundlagen – Besonderheiten – Gemeinsamkeiten* (S. 683–703). Wiesbaden: Verlag Dr. Th. Gabler GmbH.

Statistisches Bundesamt (2014). *Einkommen, Konsum, Lebensbedingungen. Ausstattung privater Haushalte mit Unterhaltungselektronik – Früheres Bundesgebiet ohne Berlin-West. Wiesbaden: Statistisches Bundesamt*. https://www.destatis.de/DE/ZahlenFakten/GesellschaftStaat/EinkommenKonsumLebensbedingungen/AusstattungGebrauchsguetern/Tabellen/Unterhaltungselektronik_FBG.html. Zugegriffen: 21. April 2014

Stevens, K. (2014). *Digital media trends for 2015. It's the time of the year for future gazing, so here are ten trends to look out for in 2015. London: Guardian News & Media Limited*. http://www.theguardian.com/advertising/digital-media-trends-2015-trends. Zugegriffen: 29. Dezember 2014

Theobald, E. (2011). Die Herausforderung Internet für Markenführung und Markenkommunikation. In E. Theobald, & P. T. Haisch (Hrsg.), *Brand Evolution. Moderne Markenführung im digitalen Zeitalter* (S. 95–110). Wiesbaden: Gabler, GWV Fachverlage GmbH.

Tomorrow Focus Media GmbH (2013). *Best of Brand Effects 2013.Ergebnisse kampagnenbegleitender Werbewirkungsstudien 2008 bis 2013. München: Tomorrow Focus Media GmbH*. http://

www.tomorrow-focus-media.de/uploads/tx_mjstudien/TFM_Best_of_Brand_Effects_2013.
pdf?PHPSESSID=13c9d3def55e1b0b99e1800c133b1218. Zugegriffen: 21. April 2014

Tropp, J. (2014). *Moderne Marketing-Kommunikation. System – Prozess – Management* (2. überarbeitet und erweiterte Auflage. Aufl.). Wiesbaden: Springer.

Unger, F., Fuchs, W., & Michel, B. (2013). *Mediaplanung, Methodische Grundlagen und praktische Anwendungen.* (6. aktualisierte Aufl.). Berlin & Heidelberg: Springer & Gabler.

Unger, F. (2006). Mediaplanung – Voraussetzungen, Auswahlkriterien und Entscheidungslogik. In C. Scholz (Hrsg.), *Handbuch Medienmanagement* (S. 737–760). Berlin, Heidelberg: Springer-Verlag.

United Internet Media GmbH (2013). *Online Vision 2012. (Version 1.0). Montabaur: United Internet Media GmbH.* http://mediaplace.united-internet-media.de/upload/Service_Center/Mediathek/Grundlagenstudien/OnlineVisions2012.pdf. Zugegriffen: 21. April 2014

United Internet Media AG, & InteractiveMedia CCSP GmbH (2013). *Catch Me If You Can! – Grundlagenstudie zur Multi-Screen-Nutzung. Darmstadt &München: United Internet Media AG & InteractiveMedia CCSP GmbH.* http://www.multi-screen.eu/. Zugegriffen: 21. April 2014

Wagner, W., & Wiehenbrauk, D. (2014). *Cross Channel, Revolution im Lebensmittelhandel, Deutschland. Ernst & Young GmbH.* http://www.ey.com/Publication/vwLUAssets/EY_Studie_Cross_Channel_-_Die_Revolution_im_Lebensmittelhandel/$FILE/EY-Cross-Channel-Die-Revolution-im-Lebensmittelhandel.pdf. Zugegriffen: 23. März 2014

Weise, C. (2008). *Hersteller- und Handelsmarken im Kaufentscheidungsprozess.* Wiesbaden: Gabler I GWV Fachverlage GmbH.

Wübbenhorst, K. (2010). Kundenbindung bei Fast Moving Consumer Goods (FMCG). In D. Georgi, & K. Hadwich (Hrsg.), *Management von Kundenbeziehungen, Perspektiven – Analysen – Strategien – Instrumente* (S. 129–150). Wiesbaden: Gabler, GWV Fachverlage GmbH.

Zentralverband der deutschen Wirtschaft ZAW (2013). *Werbeumsätze. Netto-Werbeeinnahmen erfassbarer Werbeträger in Deutschland.* Berlin: Zentralverband der deutschen Wirtschaft ZAW. http://www.zaw.de/index.php?menuid=33. Zugegriffen: 21. April 2014

Zerfaß, A., & Piwinger, M. (2014). *Handbuch Unternehmenskommunikation. Strategie – Management – Wertschöpfung* (2. vollständig überarbeitete Aufl.). Wiesbaden: Springer Gabler.

Banken und neue Medien

Herausforderungen im Kontext gesättigter Märkte und technologischer Entwicklungen

Franz Nees

Zusammenfassung

Banken waren einmal Vorreiter im eBusiness, aber sie haben diese Rolle längstens eingebüßt. Die Entwicklung zum Web 2.0 hat weitgehend ohne sie stattgefunden. Gleichzeitig ist der Margen- und Kostendruck durch die Ereignisse des letzten Jahrzehnts weiter gewachsen. Eine vorrangige Ausrichtung des Vertriebs auf die verhältnismäßig teure Filiale wird sich auf Dauer nicht durchhalten lassen.

Daraus erwächst ein unverkennbarer Bedarf zum Handeln. Einerseits muss die Lücke in der Präsenz in den Social Media des Web 2.0 geschlossen werden. Andererseits lässt sich damit aber möglicherweise auch das Problem der Neuausrichtung des Vertriebs auf weniger kostenintensive, aber dennoch personalisierte Kanäle anpacken.

In diesem Spannungsfeld lassen sich mehrere Handlungsempfehlungen ableiten, die Banken im Kampf insbesondere um die junge, internet-affine Kundschaft wieder nach vorne zu bringen. Während einige Banken sich bereits auf den Weg gemacht haben, stehen andere noch abseits. Dies wird auf Dauer nicht mehr ratsam sein.

1 Problemstellung

Über Jahrzehnte hinweg war das Image der Banken geprägt von Attributen wie Solidität und ein grundsätzlich konservativer Ansatz in der Marktbearbeitung war keinesfalls ein Nachteil, sondern vielmehr Charakteristikum dieser Branche. Nun hat nicht nur die Finanzmarktkrise am Ende des vergangenen Jahrzehnts das Image der Banken in der Öffentlichkeit empfindlich getroffen. Auch das Lebensgefühl und die Kommunikationskultur der jüngeren Generation erfordert ein Umdenken, was die Kommunikationspolitik der Banken angeht.

Der demographische Wandel und die damit verbundene Veränderung der Bevölkerungsstruktur führen nicht nur dazu, dass sich die Anforderungen an die verschiedenen

Prof. Franz Nees ✉
Karlsruhe, Deutschland
e-mail: franz.nees@hs-karlsruhe.de

© Springer Fachmedien Wiesbaden 2016   195
S. Regier et al. (Hrsg.), *Marken und Medien*, DOI 10.1007/978-3-658-06934-6_10

Vertriebskanäle der Banken ändern. Es wächst eine Kundengeneration heran, die elektronische Medien als selbstverständlichen Bestandteil des Lebens im Allgemeinen und der Kommunikation im Besonderen begreift. Die Finanzinstitute stehen deshalb vor neuen Herausforderungen, sie müssen ihre Markenstrategien an die sich ändernden Kommunikationsbedürfnisse der jüngeren Generation anpassen. Es geht dabei um den Wettbewerb, was die Gewinnung von Neukunden und den Erhalt der Bestandskunden anbelangt. Die Marken müssen unter diesen Gesichtspunkten weiterentwickelt werden. Dafür benötigen Banken insbesondere eine Strategie für die vollständige Einbindung des Internet in die Vertriebsprozesse von der Kundenansprache über Geschäftsanbahnung und den Abschluss bis zu den Post-Sales-Aktivitäten.

Das Web 2.0 und hier vor allem die Social Media bieten eine Vielzahl von Möglichkeiten, um auf das eigene Unternehmen aufmerksam zu machen. Nachdem sich ein immer größer werdender Anteil der Bevölkerung an Anwendungen des Web 2.0 beteiligt, kann bereits eine große Zielgruppe erreicht werden. Dabei sollten die bisherigen Aktivitäten im Internet wie das Online Banking und vor allem das Mobile Banking ausgebaut und eingebunden werden. Manche Finanzinstitute sind in der Zwischenzeit schon aktiv in den unterschiedlichen Bereichen des Web 2.0 unterwegs. Jedoch fehlt es vielfach an einer umfassenden Idee oder gar Strategie. So zielen Aktivitäten auf den elektronischen Vertriebskanälen heute primär auf das Massenkundengeschäft, das sogenannte Retail Banking ab. Im Private Banking, unter dem das Geschäft mit vermögenden Privatkunden verstanden wird, hat das Social Web noch keine große Bedeutung erlangt. Das ist heute noch kein Problem, weil die vermögende Kundschaft ebenso wie auch die Firmenkundschaft noch in der alten Bankenwelt zuhause ist. Aber sie wird abgelöst durch eine neue Art von Kunden, die mit dem Web 2.0 sozialisiert worden ist.

2   Die Filiale muss neu definiert werden

Noch immer gilt die Bundesrepublik Deutschland als over banked, denn trotz jahrelanger kontinuierlicher Reduzierung der Bankstellen ist das hauptsächliche Standbein des Vertriebs die Filiale. Und deswegen unterhalten die deutschen Kreditinstitute nach wie vor ein dichtes, aber auch kostenintensives Filialnetz, im Jahr 2013 kam auf rund 2100 Einwohner rechnerisch eine Bankfiliale.

Die seit Jahren zu beobachtende Tendenz zum Filialabbau wird sich in der Folge des fortschreitenden Ausbaus der elektronischen Vertriebswege – in der Vergangenheit vor allem in Form des Online Bankings, in der Zukunft jedoch verstärkt als Mobile Banking – fortsetzen. Geändert hat sich aber auch das Nutzungsverhalten der Kunden, die heute weniger in die Filialen kommen als in früheren Jahren. Einer Pressemeldung über die geplante Umstrukturierung bei der HypoVereinsbank im Januar 2014 zufolge will diese Bank rund 300 Millionen EUR investieren, um ihre elektronischen Vertriebskanäle auszubauen, da nur noch 30 Prozent der Kundenkontakte (Stand 2010) in den Filialen stattfinden. Für das Jahr 2015 rechnet die Bank mit einem Rückgang dieser Quote auf

5 Prozent (Handelsblatt 2014). Allgemein wird in Fachkreisen davon ausgegangen, dass bis 2020 bis zu 15 Prozent der derzeit rund 38.000 Filialen geschlossen oder in SB-Stellen umgewandelt werden könnten.

Dies entlastet die Kostenseite der Banken, hat aber auch Nachteile. Denn es gilt im Retail Banking als ausgemacht, dass der Filialabbau in der Regel zu Lasten von Wahrnehmung, Kundenkontakten und Marktanteilen geht. Laut einer aktuellen Untersuchung verliert eine Bank bei Filialschließung bis zu 12 Prozent der betroffenen Kunden, was gerade in wettbewerbsintensiven Märkten eine schwere Hypothek ist (Mimh und Jacobs 2013, S. 48). Es kann also keine hinreichende Strategie sein, einfach Filialen zu schließen und darauf zu hoffen, dass die Kunden der Bank treu bleiben und ihre gewohnten Transaktionen auf den elektronischen Kanal verlagern.

3 Die Web 2.0 Lücke

Eigentlich waren Banken auch Vorreiter bei der Adaption des Mobile Business. Im Zuge des Dotcom-Hypes um die Jahrtausendwende wurde massiv in Mobile-Banking-Applikationen investiert. Der seinerzeitige WAP-Standard und die limitierte Hardware der damaligen Mobiltelefone erwiesen sich aber nicht als ausreichend, um performante Anwendungen mit entsprechender Usability bereitzustellen. Das Mobile Banking der ersten Generation floppte vollständig, zurück blieben lediglich Investitionsruinen in der IT-Landschaft der Banken. Die Folge waren erhebliche Abschreibungen in den folgenden Jahren und das Thema als solches war damit auf Jahre hinaus in den Köpfen der Entscheider negativ besetzt.

Während die Banken noch mit der geplatzten Dotcom-Blase zu tun hatten und anschließend im Zuge der Lehman-Pleite mit existenziellen Schwierigkeiten zu kämpfen hatten, entwickelte sich das Internet aber von einer Informations- und Transaktionsplattform zu einem multilateralen Kommunikationsmedium. Menschen und Institutionen nutzen soziale Netzwerke auf beruflicher Ebene (Xing, LinkedIn) und auch im Privatleben (Facebook, WhatsApp) zum Austausch von Nachrichten und Meinungen, zur Information und zur Diskussion. Die sogenannten Social Media sind ein wichtiger Teil des Web 2.0, wie das weiterentwickelte Internet von Tim O'Reilly bezeichnet wurde. Der Nutzer ist im Web 2.0 nicht nur Konsument von Informationen, sondern ebenso Produzent, indem er Inhalte selbst erstellt und diese über die verschiedenen Tools mit anderen teilen kann. Die Inhalte entstehen somit durch Interaktion der verschiedenen Teilnehmer. Deshalb wird das Web 2.0 häufig auch als „Mitmachweb" betitelt (Grabs und Bannour 2011, S. 21).

Während sich im World Wide Web immer neue Entwicklungen durchsetzten, hatte es der Großteil der Kreditinstitute verpasst, diesem Trend zu folgen Abb. 1. In einer im Jahr 2011 veröffentlichten Studie wird ein sehr deutliches Bild zur daraus resultierenden Qualität der Online-Auftritte von Banken im Zusammenhang mit der Entwicklung des Internets gezeichnet. Das dabei zu beobachtende Defizit bezeichnen die Experten der Studie als das „Bank's Web 2.0 Communication Gap" (Bussmann et al. 2011). Meilensteine in

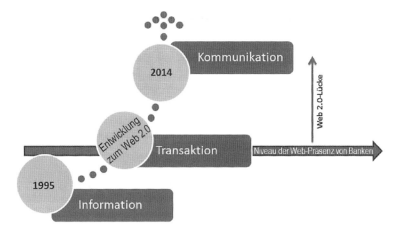

Abb. 1 Banken werden von Entwicklung im Internet abgekoppelt

dieser Entwicklung sind das Entstehen und die Verbreitung sozialer Netzwerke und Microblogs auf der Ebene der Webapplikationen, sowie die Einführung der Smartphones als neue Hardwareklasse mit Vorstellung des iPhones der Firma Apple und später dann die der ersten Tablet-Computer wie z. B. das iPad (Fleischer 2012, S. 306).

Die beschriebene Lücke muss nun dringend geschlossen werden. Was Bankkunden von Anbietern in anderen Branchen als selbstverständlich erfahren, das erwarten sie schließlich auch von ihrem Kreditinstitut. Konkret geht es darum, dass man Ihnen nicht nur die Möglichkeit bietet, 24 Stunden am Tag und sieben Tage in der Woche Informationen über den Status ihrer Konten und Depots zu erhalten. Auch anstehenden Entscheidungen müssen jederzeit getroffen werden können, die nötigen Informationen und Beratungsleistungen müssen zur Verfügung stehen. Meinungen müssen gebildet und hinterfragt werden. Das heißt, der Kontakt zwischen Bank und Kunde muss sich als tragfähig für alle Lebenslagen erweisen, unabhängig davon, wo sich der Kunde aufhält. Die zunehmende Globalisierung macht nicht nur die aktuelle Generation der Professionals mobiler, auch die aus dem aktiven Erwerbsleben Ausgeschiedenen bleiben mobil.

4 Der Weg nach vorne

Die Lösung des Problems liegt in neuen Ansätzen für die Einbindung der Filiale der Zukunft in ein integriertes Multikanalmanagement. Dabei sind die folgenden beiden Aspekte des Kundenverhaltens von zentraler Bedeutung für die Entwicklung optimaler Vertriebsstrategien:

- das Kanalnutzungsverhalten für die Information und Beratung und
- das Kanalnutzungsverhalten für die Ausführung von Transaktionen.

Es gilt, sich dieser Herausforderung zu stellen und in beiden Bereichen entsprechende Wahlmöglichkeiten für die Kunden anzubieten. Neben der Weiterentwicklung des klassischen Online Banking zu einem modernen Mobile Banking muss der Schritt hin zur Interaktivität im elektronischen Vertriebskanal gelingen. Dabei spielt die Orientierung an den Leistungsoptionen moderner mobiler Endgeräte eine ganz wichtige Rolle. Mit den eingebauten Kameras, die auch zum Scannen etwa von QR-Codes genutzt werden können, mit der Möglichkeit, multimedialen Content jeder Art wiederzugeben, setzen sie den Rahmen für die Möglichkeiten, Kunden zu jeder Zeit auch komplexe Informationen zu übermitteln und direkt mit ihnen zu kommunizieren. Man kann sicher davon ausgehen, dass seitens der technischen Infrastruktur die verfügbare Bandbreite für mobile Kommunikation beständig ausgebaut wird und nicht zum Hemmschuh in dieser Entwicklung wird. Es wird also auf die Banken zukommen, dass sie auf diesem klar abgesteckten Spielfeld ihre Kunden im digitalen Zeitalter mit Informationsangeboten und Beratungsleistungen begeistern.

Viele Bankkunden werden auch in Zukunft persönliche Beratung für wichtig erachten. Zunächst einmal ist es für die Banken daher wichtig, dem Kunden immer genau dort zu begegnen, wo er es wünscht und nicht zu erwarten, dass er der Bank einfach nur treu und ergeben folgen wird.

Es geht in erster Linie nicht so sehr um die Schaffung technischer Möglichkeiten für die Nutzung der verschiedenen Vertriebskanäle. Hier sind viele Banken bereits auf einem guten Weg. So konstatierte der ibi-Website-Report 2012 für die 176 untersuchten Internetauftritte von Banken bereits, dass typische IT-Themen wie etwa die Usability gut beherrscht werden. Dagegen sah das Studienteam vor allem Potential bei der Beratungsqualität (Peters und Früchtl 2012, S. 161). Im Zentrum muss also der nötigen Content für die Kundenansprache in der digitalen Welt der Bank und ein kundenzentriertes organisatorisches Konzept für die Kanalintegration stehen.

Interessant ist in diesem Zusammenhang eine empirische Untersuchung aus dem Frühjahr 2012, die zeigt, dass Banken die Kundenbindung als eine Aufgabe ansehen, die besonders für den Einsatz von Social Media geeignet ist (Göhrig et al. 2012, S. 210). Dies ist bei einer von Vertrauen geprägten Dienstleistung wie dem Bankgeschäft im Allgemeinen durchaus naheliegend. Es handelt sich hier letztlich um ein Business, in dem durch das Teilen von Erfahrungen und von Wissen über vergleichbare Leistungserbringung ein Mehrwert für die Kunden geschaffen wird. Gerade die Social Media sind prädestiniert für diese Aufgabe.

Die Banken ihrerseits sind sich des grundsätzlichen Handlungsbedarfs durchaus bewusst. Sie sind sich darüber im Klaren, dass die bestehenden Marken getrieben von den Möglichkeiten des Web 2.0 weiterentwickelt werden müssen. So erwartet eine z. B. deutliche Mehrheit der Institute aus allen Bankengruppen, die im Privatkundengeschäft vertreten sind, für die Zukunft eine weitere Zunahme der Bedeutung von Social Media, wobei sich der Einsatz innerhalb des Marketing-Mix auf die Kommunikationspolitik der Banken fokussiert. Unter den Privatbanken trifft diese These sogar auf eine Zustimmung von 100 % (Göhrig et al. 2012, S. 206). Aber wie kann diese zukünftige Bedeutung der Social Media im Bankgeschäft aussehen? Im Folgenden gilt es nun, die eben aufgezeigten großen Linien der Entwicklung herunter zu brechen auf eine operative Ebene.

5   Relevanz sozialer Netzwerke für Banken

5.1   Die grundsätzliche Bedeutung sozialer Netzwerke

Es ist davon auszugehen, dass soziale Netzwerke nicht dauerhaft dazu dienen werden, sich vom Wettbewerber abzuheben, sondern die Präsenz wird nötig sein, um nicht aus der Wahrnehmung des Kunden zu verschwinden. Längst haben diese nämlich eine bestimmte Erwartung an die Banken, was Social Media angeht. Die niederländische ING Group hat im Juli 2013 eine Befragung durchführen lassen, die zu Tage brachte, um welche konkreten Erwartungen es sich dabei handelt.

Es zeigte sich im Ergebnis der Befragung, dass die Kunden vor allem in Interaktion mit ihrer Bank treten wollen, dass sie aber auch Transparenz über Konditionen und Leistungsmerkmale von Produkten erhalten möchten Abb. 2.

Jenseits von konkreten Informationen zu Produkten werden außerdem Erwartungshaltungen zur gesellschaftlichen Verantwortung von Banken und den dort getroffenen Managemententscheidungen in diesem Kontext geäußert Abb. 3 und last but not least werden auch allgemeine wirtschaftliche Informationen und Kommentare gern gesehen (Ipsos 2013, S. 22). Dabei sind diese Erwartungen umso höher und umso konkreter, je jünger das betrachtete Kundensegment ist. Die demographische Entwicklung wird von alleine

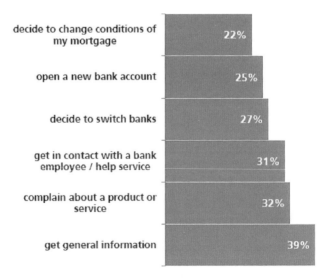

Abb. 2 „Would you use social media to …". (Ipsos 2013, S. 21)

decide to change conditions of my mortgage — 22%

open a new bank account — 25%

decide to switch banks — 27%

get in contact with a bank employee / help service — 31%

complain about a product or service — 32%

get general information — 39%

Abb. 3 „I expect banks to ... on social media". (Ipsos 2013, S. 22)

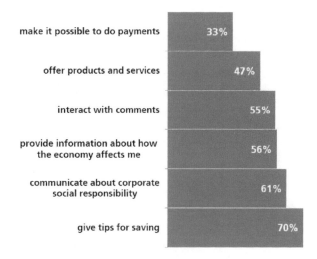

dafür sorgen, dass die heutigen jungen Kunden mit ihrer Erwartungshaltung schon bald die älteren Kunden sein werden.

Wenn von Kundenseite also eine Nachfrage nach Social-Media-Präsenz besteht, müssen die Banken diese dann auch bedienen können. Ist ein Kreditinstitut auf einer sozialen Plattform nicht präsent, kann es passieren, dass von Kundenseite dem Kreditinstitut Aufmerksamkeit entzogen wird. Die sozialen Plattformen bieten außerdem die Möglichkeit, das Vertrauen von Interessenten zu gewinnen, neue potenzielle Kunden zu erreichen und bestehende Kundenbeziehungen zu vertiefen. Insbesondere bieten sie aber auch die Möglichkeit, die Kundenbeziehung über einen elektronischen Vertriebskanal zu personalisieren. Social Media bietet somit für die Banken sowohl Chancen, die genutzt werden sollten, jedoch auch Risiken, die zu vermeiden sind. Für die weitere Konkretisierung des Themas wird nun im Folgenden zwischen verschiedenen Netzwerken differenziert, da an dieser Stelle auch eine Differenzierung der erreichbaren Kundensegmente erfolgen muss.

5.2 Schwerpunktsetzung in den unterschiedlichen Netzwerken

5.2.1 Facebook

Für Banken bietet Facebook zunächst die Möglichkeit, ein sogenanntes Profil einzurichten. Auf diesem Profil präsentiert sich in der Regel das Unternehmen für die Kunden und Interessenten. Die Funktionen reichen vom Veröffentlichen aktueller Informationen zum Wirtschafts- und Finanzgeschehen über die Möglichkeit zur Erstellung von Veranstaltungen, bis hin zu Umfragen, die direkt in Facebook durchgeführt werden. Für Kunden und Interessenten besteht die Möglichkeit, Fragen zu Produkten, Services oder generelle Anliegen auf dem Profil der Bank zu veröffentlichen. Des Weiteren können Mitarbeiter der Bank dort direkt als Kontaktperson inklusive Profil präsentiert werden.

Insgesamt wird hier eher eine jüngere Kundschaft angesprochen und nicht zuletzt wegen der großen Reichweite eignet sich dieses Medium vor allem für Aktivitäten im Retail Banking.

5.2.2 Xing

Xing unterscheidet sich als Business-Netzwerk wesentlich von primär privat orientierten Portalen wie z. B. Facebook. Xing hat zwar deutlich weniger Mitglieder als Facebook, jedoch sind die Mitglieder von Xing im Durchschnitt vermutlich älter, gebildeter und beruflich erfolgreicher. Zudem liegt der Fokus von Xing mehr auf dem Wissenstransfer und der Vernetzung der Mitglieder untereinander. Xing wird daher von seinen Mitgliedern als seriöser und vertrauenswürdiger eingeschätzt.

Auf dieser Plattform kann ein Social-Media-Einsatz einer Bank beispielsweise in Gestalt der Erstellung eines Firmenprofils erfolgen. Ebenso kann die Gründung diverser Gruppen, in denen Mitarbeiter der Bank mit Kunden und weiteren Interessenten zu verschiedenen Themen im Austausch stehen, eine Möglichkeit der Präsenz sein. Dieser spezielle Kanal kann z. B. zum Kundenservice oder bei erweiterter Zielgruppe generell zur Kommunikation bankspezifischer Themen genutzt werden (Göhrig et al. 2012, S. 54). Angesprochen werden hier sowohl gewerbliche Kunden, Firmenkunden, wie auch dem Segment der gehobenen Privatkundschaft zuzuordnende Mitglieder des Netzwerks. Letzteres ergibt sich aus der Tatsache, dass in Business-Netzwerken vor allem gut gebildete Menschen mit vergleichsweise hoch dotierten Jobs angemeldet sind.

5.2.3 Twitter

Microblogging ist eine aufstrebende Art der Kommunikation und wurde in den vergangenen Jahren immer populärer. Twitter ist der momentan erfolgreichste kostenlose Microblogging-Dienst weltweit. Er ermöglicht es den Usern, Informationen im Kurznachrichtenformat von maximal 140 Zeichen Länge als Broadcast an die Abonnenten des Kanals in Echtzeit zu verbreiten. Die User entscheiden selbst, bei welchen Personen oder Unternehmen sie zum Abonnenten dieser Kurznachrichten und damit zu einem sogenannten „Follower" werden.

Des Weiteren ist es möglich, die Informationen auch öffentlich an andere Accounts und direkt an die Abonnenten zu schicken. Aber auch umgekehrt kann der Versender der Nachrichten zum Empfänger von Informationen seiner Kunden werden (Göhrig et al. 2012, S. 49 f.). Aktuellen Zahlen zufolge nutzen circa 4,86 Millionen Menschen in Deutschland Twitter (Stand 2013).

Für Banken kann Twitter vor allem als Kanal zum Verbreiten von Informationen genutzt werden. Beispiele hierfür sind aktuelle Trends auf den Wirtschafts- und Finanzmärkten, Investitionstipps oder Informationen rund um die weiteren Aktivitäten der Bank. Des Weiteren könnte es von Interesse sein, einen zusätzlichen Twitteraccount zur Verbesserung der Kundenkommunikation im Hinblick auf Serviceleistungen einzurichten

(Göhrig et al. 2012, S. 51). Im Unterschied zu den anderen vorgestellten Medien kann hier keine Zuordnung zu einem bestimmten Kundensegment erfolgen. Vielmehr hängt es hier eher von den Abonnenten ab, die tatsächlich erreicht werden. Für die Banken bedeutet dies, dass sie den Content ihrer Tweeds letztlich auf die faktische demographische Zusammensetzung der Follower abstimmen muss. Heterogene Zielgruppen können durch den Betrieb mehrerer unterschiedlicher Accounts inhaltlich spezifisch angesprochen werden.

5.3 Chancen und Risiken

Das eigentlich Neue der Sozialen Netzwerke ist die Möglichkeit der Kommunikation zwischen allen Teilnehmern. Damit können in der Konsequenz auch Kunden mit anderen Kunden über den Anbieter und seine Produkte reden. Diese Mitteilungen einzelner Kunden können sich aufgrund des Netzwerkeffektes rasend schnell verbreiten. Unternehmen mit Profilseiten oder Tweets haben damit nicht nur die Möglichkeit, eigene Botschaften zu verteilen, sondern sie können mit ihren Kunden interagieren. Die Dialoge in sozialen Netzwerken bieten ganz unmittelbar die Möglichkeit, ein Feedback von Kunden und Interessenten zu Produkten oder einfach auch zum Image des Unternehmens zu erhalten. Zustimmung und Ablehnung zu Produkt- und allgemeinen Unternehmensentscheidungen lassen sich nirgendwo sonst so schnell und unmittelbar erfahren.

Viel wichtiger als die eigene Kommunikation des Unternehmens ist auf den Social-Media-Plattformen mittlerweile das Urteil von Dritten über das Unternehmen oder seine Produkte. Vor einem Vertragsabschluss findet immer häufiger eine Online-Recherche statt, die neben Preis- und Leistungsvergleichen auch Erfahrungsberichte anderer Kunden mit umfasst. Hier wird bestimmt, was ankommt bei den Kunden und was gefällt oder aber auch was fehlt. Vom Online-Händler Amazon einst eingeführt hat sich die Kundenbewertung längst auf andere Branchen im eBusiness ausgeweitet. Wie bereits in Abschn. 3. dargestellt, haben Banken diese Entwicklung verpasst.

Um bei der Bewertung durch Kunden der Gefahr negativer Überraschungen zuvorzukommen, ist es unbedingt notwendig, diesen Dialog mit und zwischen den Kunden zu moderieren und auf die Einträge, die dort gemacht werden, zu reagieren. Gerade für Banken ist dies eine komplizierte Aufgabe, da seit der Finanzmarktkrise des Jahres 2008 die öffentliche Reputation der Branche empfindlich gelitten hat und Banken für viele Digital Natives in gewissem Maße ein Feindbild darstellen. Nur wer freundlich und gleichzeitig konstruktiv mit Kritik und auch Angriffen umgeht, der kann daraus etwas Positives machen.

Nun könnte man zu dem schnellen Trugschluss gelangen, dass sich die Banken doch besser aus den Sozialen Netzwerken heraushalten sollten, wenn sie dort allzu sehr Gefahr laufen, in der Rolle des Bösewichts gesehen werden. Indes würden diese Wertungen und Kommentare über die Banken nicht verschwinden, wenn diese nicht selbst aktiv sind. Die Beurteilungen und Bewertungen finden dann auf anderen Plattformen statt. Es ist also

Abb. 4 Fidor Dispo Like-Zins

wichtig, zu verfolgen, was alles über das eigene Unternehmen im Internet gesprochen wird. Und es ist wichtig, darauf auch angemessen zu reagieren.

Ein besonders plakatives und gleichzeitig auch gelungenes Beispiel für die Einbindung von Social Media in den Marketing Mix einer Bank stellt das Social Community Banking der Fidor Bank dar (Fidor 2014). Dabei können Kunden den Zinssatz für ein bestimmtes Bankprodukt mitbestimmen. Bis vor kurzem konnten die Kunden mit Likes auf Facebook den Zins des Geldmarktkontos der Fidor Bank beeinflussen. Die Verzinsung startete mit einem Basiszins, der sich bei Erreichen vordefinierter Like-Anzahlen erhöht. Pro 2000 Likes erhöhte sich der Zinssatz um 0,1 Prozent. Mittlerweile ist diese Aktion erfolgreich beendet worden und die Fidor-Bank bereitet als nächstes eine Aktion vor, bei der der Dispozinssatz durch das Liken nach unten bewegt werden kann Abb. 4.

Das Unternehmen erreicht mehrere Vorteile durch diese unkonventionelle Aktion. Erstens entsteht allein durch die Ankündigung über Online-Medien zusätzliche Aufmerksamkeit. Zweitens werden Kunden, Interessenten und andere Online-Affine zum Besuch der Facebook-Seite von Fidor animiert. Schließlich und endlich wird noch die Weiterempfehlung der Facebook-Seite an Freunde und Bekannte gefördert. Die Anzahl der Fans kann somit erheblich gesteigert werden, was wiederum zu einer erhöhten Reichweite führt. Außerdem haben die Teilnehmer an der Aktion das Gefühl, Einfluss auf die Konditionen nehmen zu können, was zu einer erhöhten Kundenbindung und einem positiven Sentiment führt. Dies wäre so mit keiner alternativen Werbemaßnahme zu erreichen.

5.4 Grenzen

Wie im vorigen Abschnitt dargelegt wurde, ergeben sich mit der Präsenz in Sozialen Netzwerken zahlreiche Chancen bei klar abgegrenzten Risiken. Dennoch ist die Umsetzung einer entsprechenden Strategie alles andere als ein Selbstläufer, wie man mit Blick auf die notwendigen Entscheidungsprozesse und die Kalküle der Entscheider erkennen kann. Insgesamt stehen die Social-Media-Aktivitäten ja im Kontext der Entwicklung zukunftsträchtiger Vertriebsstrategien. Getrieben wird diese Entwicklung weg von der Filiale hin zu elektronischen Vertriebskanälen vor allem durch das Markt- und Wettbewerbsumfeld mit sinkenden Margen und dem daraus resultierenden Kostendruck. In gesättigten Märkten, wozu der Bankenmarkt ohne Zweifel gehört, ist das keine überraschende Erkenntnis, die allerdings wesentliche Konsequenzen nach sich zieht. Für die Entscheider über die Umsetzung von Social-Media-Strategien sind deswegen nämlich in erster Linie die Kosten dieser Strategie und längerfristig dann auch die Kostensenkungspotenziale relevant. Allerdings lässt sich hier nur weniges tatsächlich auch belastbar quantifizieren. Zwar können Kundenbefragungen kostengünstig organisiert werden und multimedial angereicherte Produktinformationen sorgen für eine umfassende Erstinformation der Kunden und Interessenten über komplexe Produkte. Letzteres kann dafür sorgen, dass die kostenintensive persönliche Beratung effizienter wird. Die Auswirkungen dieser Effekte auf die Kostenrechnung sind allerdings überschaubar.

Eigentliches Ziel der Aktivitäten ist aber die Bindung von Bestandskunden und die Gewinnung von Neukunden. In gesättigten Märkten läuft das auf Verdrängung hinaus und dort sind, anders als in dynamisch wachsenden Märkten, für die Banken keine großen Steigerungen zu erwarten. Am greifbarsten ist daher letzten Endes die Gefahr, selbst Opfer des Verdrängungswettbewerbs zu werden, wenn die entsprechenden Investitionen unterbleiben. Die Argumente für eine entsprechende Strategie sind also eher negativer Natur.

6 Handlungsempfehlungen

Der Aufwand für den Aufbau und die Umsetzung einer Social-Media-Strategie kann sich für die Banken langfristig trotzdem rechnen, denn es bestehen durchaus noch Potenziale was die Nutzung der Social-Media-Kanäle und die Umsetzung der Funktionen in den mobilen Applikationen anbelangt. Hier rückt vor allem die vermögende Privatkundschaft in den Fokus. Sie wird heute persönlich betreut und auch in Zukunft nur über personalisierte elektronische Vertriebswege zu erreichen sein. Wie dies in der Praxis umgesetzt werden kann, zeigt ein Beispiel der Societe General in Frankreich. Sie bietet im Mobile Banking eine App, mit der die Kunden direkt mit ihrem persönlichen Berater verlinkt werden, indem die Möglichkeit zu einem unmittelbaren Nachrichtenaustausch mit genau diesem Berater implementiert ist (Ensor et al. 2012 S. 7 und 14). Auch wenn die lukrative Kundschaft jenseits von 45 Jahren heute noch nicht umfassend über diesen Weg erreichbar ist, wird der konstante Zuwachs durch das sich ändernde Nutzungsverhalten der Älteren und die demographische Entwicklung diesen Zustand mit der Zeit von alleine verändern.

Im Überblick ergeben sich für die Banken folgende konkrete Handlungsmöglichkeiten:

Potenziale der neuen Vertriebswege im Bankgeschäft
- Gezielte, d. h. personalisierte und vielfältige Informationsverbreitung
- Interaktion mit den Kunden zur Informationsgewinnung für die Bank
- Einbindung der Mitarbeiter, um eine personalisierte Präsenz zu gewährleisten
- Mehrwerte für die Kunden durch multimediale Beratung schaffen
- Separate Social-Media-Auftritte für verschiedene Kundensegmente
- Bildung von Gruppen oder Foren zum gegenseitigen Austausch zwischen Kunden mit moderierender Rolle von Seiten der Bank

Es ist insgesamt das Ziel, die Kunden und Interessenten durch das Abonnieren der Social-Media-Inhalte an das eigene Institut zu binden. Dazu bieten sich je nach Kanal verschiedene Instrumente an.

Durch Kurzbefragungen auf Facebook, Umfragen auf dem Blog oder gezielte Dialoge in Foren, kann das Benutzerverhalten analysiert werden. Aber auch die Offenlegung vieler Nutzerdaten, die in der Regel freiwillig und durch die Nutzer erfolgt, bietet für die Anbieter eine kostengünstige Möglichkeit der zielgruppengerechten Ansprache von potentiellen oder bestehenden Kunden (Göhrig et al. 2012, S. 171).

Da Nutzer auf Sozialen Netzwerken oftmals sehr wichtige Schritte in ihrem Leben online preisgeben, wie z. B. die Heirat oder die Geburt eines Kindes, ist es für Banken von Vorteil, in transparenter Weise mit ihren Kunden im Kontakt zu stehen. So können Kundentermine noch besser auf die aktuellen Bedürfnisse ihrer Klienten zugeschnitten werden (Newcomer und Breed 2012, S. 2).

Eine weitere Möglichkeit, um die Kundenbindung zu steigern, besteht in der gemeinsamen Ausarbeitung einer Social Media Strategie zwischen Bank und Kunde. Bei diesem Vorgehen werden einschlägig erfahrene Kunden in Diskussionen über Produktpräsentation, Art und Inhalt der Kommunikation etc. involviert (Göhrig et al. 2012, S. 173).

Im Hinblick auf die Kunden, die in der digitalen Welt und ihrer Medien groß geworden sind, ist dabei stets zu beachten, dass dieser Klientel auch eine entsprechende Freiheit eingeräumt werden muss, selbst zu entscheiden, welche Angebote wahrgenommen werden und welche Wege beschritten werden. Hier ist ein kundenzentriertes Multikanalmanagement erforderlich, das dem Kunden die Wahl zwischen den Vertriebskanälen selbst überlässt. Der Berater agiert in dieser Konstellation als Kanal-Navigator, der Kunde entscheidet über Zeitrahmen und Intensität der Beratung.

Hinsichtlich der bereits betrachteten Netzwerke können die folgenden differenzierten Empfehlungen ausgesprochen werden:

Facebook

Auch im sozialen Netzwerk Facebook können die Banken ihre Aktivitäten noch weiter ausbauen und verbessern. Speziell das Bewerben diverser Produkte und angebotener Services ist bisher nur selten auffindbar. Die Bereitstellung von Informationen zum Wirtschafts- und Finanzmarkt ist ebenfalls noch ausbaufähig. Dies gilt vor allem für Sparkassen und die genossenschaftliche Institute. Weiterhin ist eine Verbreitung von Videomaterial zu Trends und Entwicklungen auf Finanzmärkten, sowie zu bestimmten Produkten, wie etwa Geldanlagen, denkbar. Zusätzlich kann über separate Präsenzen nachgedacht werden, die explizit auf vermögende Kunden und Interessenten sowie deren Bedürfnisse und Interessen zugeschnitten sind.

Xing

Auf Xing besteht zusätzlich noch Potenzial, in dem z. B. von den Kreditinstituten Gruppen gegründet werden, in denen Kunden sich austauschen können und Mitarbeiter des Kreditinstituts eine moderierende Rolle übernehmen oder Fragen gezielt beantworten. Auch existieren bereits bankenunabhängige Gruppen, in welchen beispielsweise ausschließlich Personen aus dem Kundensegment Private Banking Zutritt erhalten, um dort einen einschlägigen Meinungs- und Erfahrungsaustausch zu vollziehen. Die Mitarbeiter von Banken können sich dort ebenfalls aktiv beteiligen und somit auf das Private Banking Angebot ihres Unternehmens aufmerksam machen.

Twitter

Auf Twitter ist es für Kreditinstitute besonders einfach, mit separaten Profilen relevante Informationen z. B. für ihre vermögende Klientel bereitzustellen. Ebenso können dort, wie von einigen Banken bereits realisiert, zuständige Mitarbeiter inklusive direkter Kontaktmöglichkeit vorgestellt werden, um eine personalisierte Präsenz zu gewährleisten. Die Veröffentlichung von Beiträgen mit Informationen zum aktuellen Wirtschafts- und Finanzgeschehen wird von den Großbanken bereits gut abgedeckt. Zusätzlich könnten noch mehr Videos zu komplexen Produkten, zu Anlagemöglichkeiten und den Trends auf den Märkten für die Abonnenten bereitgestellt werden.

Bevor jedoch die Banken in den Social Media aktiv werden, ist es wichtig, dass sie sich einen Überblick über die aktuelle Situation verschaffen. Dazu gehört insbesondere auch, sich darüber zu informieren, ob und in welchen Bereichen der Social Media bzw. in welchem Umfang die potentiellen Kunden und Interessenten bereits aktiv sind, aber auch welche Themen schon heute dort diskutiert werden. Letzteres kann durch sogenanntes Social-Media-Monitoring erreicht werden. Darunter ist die Identifikation, Beobachtung und Analyse von Inhalten in sozialen Netzwerken zu verstehen. Indem sie durch das Monitoring Diskussionen mitverfolgen, erfahren die Banken, was ihren Kunden und Interessenten gerade am Herzen liegt und was sie bewegt. Auch nach Einführung eines Social-Media-Auftritts sollte deshalb das Monitoring weitergeführt werden, vor allem um negative Äußerungen und drohende Imageprobleme rechtzeitig wahrzunehmen (Jodeleit 2010 S. 69 f.). All dies erfordert letztlich auch entsprechende Kompetenzen bei den

Mitarbeitern, die heute noch nicht vorhanden sind. Daher sind auch Aus- und Weiter-
bildungsmaßnahmen in der Belegschaft eine zwingende Voraussetzung für erfolgreiche
Social-Media-Auftritte.

7 Zusammenfassung

Für die Informationsverbreitung und für ein unmittelbares Feedback sind die Social-Media-Kanäle Facebook und Twitter ideal und werden gerade von den großen Universalban-
ken in einem bestimmten Umfang bereits dazu genutzt. Vor allem müssen die Banken
aber noch mehr Fokus auf die Kundensegmentierung legen, um die Möglichkeiten und
Chancen der elektronischen Medien effektiv zu nutzen. Betrachtet man die untersuchten
Social-Media-Kanäle beispielsweise aus der Sicht des Private Banking Segments, besteht
dort noch sehr viel Potenzial. Da sich durch den sukzessiven Vermögensübergang auf die
Erbengeneration dort ein tiefgreifender Wandel in der Kundenstruktur abzeichnet, werden
sich dauerhaft diejenigen Bankmarken durchsetzen, die den Schritt von der konservativen
Privatbank des 19. und 20. Jahrhunderts zu einer medial geprägten Marke am überzeu-
gendsten vollziehen.

Ein direktes Vertriebspotenzial, das sofort messbare betriebswirtschaftliche Erfolge
mit sich bringt, besteht durch die Social Media allerdings nicht. Vielmehr sollte darin
ein unterstützender Prozess bei der Kundenakquise und Kundenbindung gesehen werden. Eine Studie des Competence Center Retail Banking der ibi research an der Universität Regensburg unter dem Titel „Facebook-Fanpages von Banken und Sparkassen –
Kundenerwartungen und Status quo" hat im Jahr 2013 Wünsche und Anforderungen der
Kunden hinsichtlich der Ausgestaltung und der Möglichkeiten bzw. Grenzen der Kommunikation über Social Media aus der Perspektive des Retail Banking untersucht (Peters
und Früchtl 2013). Ein wesentliches Ergebnis der Untersuchung war dabei, dass sich Ver-
haltensmuster aus dem Privatleben nicht eins zu eins in das Geschäftsleben übertragen
lassen. Gerade die jungen Menschen unterscheiden auch klar zwischen privaten und finanziellen Sachverhalten. Tatsächlich werden heute bereits vorhandene Möglichkeiten
zur Kommunikation mit der Bank über Social Media nur von einer Minderheit genutzt.
Dennoch können indirekte Vertriebswirkungen erzielt werden, indem Kunden und Interessenten sich vorab über Finanzprodukte in den Social Media informieren und gegenseitig
darüber austauschen. Die Kommunikation mit den Interessenten und Kunden kann durch
Social Media und auch mit den mobilen Anwendungen vielfältig umgesetzt werden. Allerdings sollte ein Social Media Einsatz als Langzeitprojekt angesehen werden, da es eine
gewisse Zeit benötigt, um wahrnehmbare Ergebnisse zu generieren.

Auch wenn über Social Media unterschiedliche Meinungen bestehen mögen, die hohe
Akzeptanz in der Bevölkerung und die damit verbundene hohe Verbreitung, lassen aus
Bankensicht keine Möglichkeit mehr, diese Medien zu ignorieren. Die Chancen, die eine gut konzipierte Social-Media-Strategie bietet, können auch Banken nicht ungenutzt
lassen. Speziell im Private Banking, welches stark auf der Vernetzung mit den Kunden

beruht, ist eine Ausarbeitung einer geeigneten Strategie ratsam, da Netzwerke im Zeitalter moderner Medien anders funktionieren als in der Vergangenheit. Auch hier steht und fällt der Erfolg einer Marke mit der Fähigkeit der Adaption moderner Konzepte und Technologien. Weiterhin muss eine Herangehensweise über die verschiedenen Generationen stattfinden, da jedes Alterssegment unterschiedliche Informationen bevorzugt. Auch der Fokus in der Nutzung der Funktionen innerhalb der mobilen Applikationen variiert.

Da die Social Media immer mehr Einzug in unser Leben halten und bei den jüngeren Generationen als Kommunikationsmittel bereits heute im Mittelpunkt stehen, genügt es nicht mehr, nur eine Me-Too-Strategie verfolgen. Es ist es für Banken unerlässlich, innovativ tätig zu werden, sich mit Chancen und Möglichkeiten auseinanderzusetzen. Sie müssen als aktiver Teilnehmer in den Social Media wahrgenommen werden, um über einen bloßen Kontakt hinaus eine transparente Beziehung zu den Kunden und Interessenten aufzubauen. Dabei bleibt der Berater auch in der Zukunft ein Fixpunkt in der Geschäftsbeziehung zum Kunden. Die Herausforderung für die Banken liegt vor allem darin, die „alten" und „neuen Welten" sinnvoll zusammenzubringen und eine wertvolle Symbiose zwischen menschlicher Beziehung und technologischer Exzellenz zu schaffen (Goerke 2013).

Der Autor

Prof. Franz Nees wurde am 24.10.1961 in Aschaffenburg geboren. Nach dem Studium der Volkswirtschaftslehre in Marburg arbeitete er von 1987 bis 1990 als Berater bei der Syskoplan AG. Anschließende war er mehrere Jahre im IT-Bereich der DZ-Bank tätig, zuletzt als Prokurist und Abteilungsleiter. 1995 wurde er als Professor an die Fakultät für Informatik und Wirtschaftsinformatik der Hochschule Karlsruhe berufen. Dort lehrt er Informationstechnologie in der Finanzwirtschaft, Volkswirtschaftslehre und International Finance.

Literatur

Bussmann, J., Hyde, P., & Sandrock, J. (2011). *Web 2.0 Banking: Fresh Thinking for an New Decade.* http://www.booz.com/media/file/BoozCo-Web-2.0-Banking.pdf. Zugegriffen: 25. Juni 2014

Ensor, B., Montez, T., & Wannemacher, P. (2012). *The State Of Mobile Banking 2012.* Cambridge MA: Forrester Research.

Fidor (2014). *Fidor Bank Like-Zins. Fidor Bank AG.* https://www.fidor.de/produkte/fidorpay/like-zins. Zugegriffen: 01. Juli 2014

Fleischer, K. (2012). *Trends im Private Banking.* Köln: Bank-Verlag.

Goerke, D. (2013). *Bereits im „Multikanal" oder noch „Online"? Betriebswirtschaftliche Blätter Online.* https://www.sparkassenzeitung.de/bereits-im-multikanal-oder-noch-online/150/158/34281. Zugegriffen: 15. Oktober 2013

Göhrig et al. (2012). *Bearbeitungs- und Prüfungsleitfaden Social Media für Banken und Sparkassen: Prozesse prüfen, Risiken vermeiden, Fehler aufdecken, Handlungsempfehlungen ableiten* Finanz-Colloquium Heidelberg, 2012.

Grabs, A., & Bannour, K.-P. (2011). *Follow me! Strategie-Maßnahmen für Facebook, Twitter, XING und Co.* Bonn: Galileo Press.

Handelsblatt (2014). *Umbau im Privatkundengeschäft – Verdi wehrt sich gegen Filial-Schließungen bei der HVB.* http://www.handelsblatt.com/unternehmen/banken/umbau-im-privatkundengeschaeft-verdi-wehrt-sich-gegen-filial-schliessungen-bei-der-hvb/9389554. html. Zugegriffen: 01. Juli 2014

Ipsos (2013). *Financial Empowerment in the Digital Age – Mobile Banking, Social Media and Financial Behaviour: ING International Survey.* https://www.ing-diba.at/uploads/media/ ING_International_Survey_-_Financial_Empowerment_in_the_Digital_Age_-Jul..._01.pdf. Zugegriffen: 26. Juni 2014

Jodeleit, B. (2010). *Social Media Relations: Leitfaden für erfolgreiche PR-Strategien und Öffentlichkeitsarbeit im Web 2.0.* Heidelberg: dpunkt-Verlag.

Mimh, O., & Jacobs, B. (2013). Nah dranbleiben – die Filiale mit Zukunft. *geldinstitute, 2,* 48–49.

Newcomer, M., & Breed, J. (2012). *The Social Advisor: Using Social Media effectively in Wealth Management.* http://www.accenture.com/SiteCollectionDocuments/CM-AWAMS-Social-Advisor-Final-April2012.pdf. Zugegriffen: 01. Juli 2014

Peters, A., & Früchtl, C. (2012). Spiegel für gute Umsetzungen und Optimierungspotentiale. *Betriebswirtschaftliche Blätter, 03.2012,* 160–162.

Peters, A., & Früchtl, C. (2013). *Kundenkommunikation wichtig für's Bank-Image. Betriebswirtschaftliche Blätter Online.* https://www.sparkassenzeitung.de/kundenkommunikation-wichtig-fuers-bank-image/150/155/30583. Zugegriffen: 15. Oktober 2013

Neurotypus und Mediennutzung

Wie die Persönlichkeit das Medien- und Konsumverhalten bestimmt

Ingo Markgraf und David Scheffer

Zusammenfassung

Die Forschung der letzten Jahre zeigt, dass es einen messbaren Zusammenhang zwischen Konsum- und Medienverhalten und der menschlichen Persönlichkeit gibt. Unsere Persönlichkeit ist es, die unser Verhalten, Einstellungen, Vorlieben und Abneigungen bestimmt. Das gilt auch für das Medienverhalten. Bestimmte Persönlichkeitstypen neigen zu bestimmten TV-Sendern. Diese Typen lassen sich durch ein visuelles Verfahren messen, ohne die unerwünschten Nebeneffekte von sozialer Beeinflussung oder Erwünschtheit. Werbetreibenden gibt das die Möglichkeit, ihre Mediaplanung und die Art ihrer Kommunikation effizienter zu gestalten. Die Kunden der Werbetreibenden lassen sich exakt bestimmen und der Präferenz für einzelnen TV Sender zuordnen. Wenn die Genauigkeit in der Mediaselektion und in der Gestaltung der Kommunikation nur dazu führt, die Zielgruppe wenige Prozentpunkte exakter zu treffen, können damit erhebliche Hebelwirkungen im Budgeteinsatz und in der erzielbaren Wirkung erreicht werden. Die Forschung steht im nächsten Schritt vor der Herausforderung, tiefer in die Verortung einzelner Formate zu schauen, damit nicht nur der Sender, sondern auch die Art der Sendung ausgesteuert werden können.

1 Neuromarketing

1.1 Von Hirnscannern und toten Lachsen

In den vergangenen zehn Jahren hielten die Ergebnisse der Hirnforschung immer mehr Einzug in die Marketingetagen insb. der Konsumgüterindustrie. Unter dem Schlagwort des Neuromarketing wurde viel geforscht, veröffentlicht und noch viel mehr Ableitungen

Prof. Dr. Ingo Markgraf ✉
Köln, Deutschland
e-mail: i.markgraf@macromedia.de

Prof. Dr. David Scheffer
Elmshorn, Deutschland
e-mail: david.scheffer@nordakademie.de

© Springer Fachmedien Wiesbaden 2016   211
S. Regier et al. (Hrsg.), *Marken und Medien*, DOI 10.1007/978-3-658-06934-6_11

und Interpretationen getroffen, die mal mehr und mal weniger valide und hilfreich in die Marketingpraxis Einzug gehalten haben. Dabei geht es um die Übertragung der Erkenntnisse aus der Biologie, Neurologie und der Psychologie auf das Entscheidungsverhalten von Konsumenten. Bildgebende Verfahren von Hirnscannern zeigen uns aktive und inaktive Regionen des Gehirns und messen Reaktionen auf verschiedene Stimuli.

Tatsächlich gibt es aber auch kritische Forschungsergebnisse dazu, die die direkte Ableitung von Hirnaktivität zu Kaufentscheidung stark in Frage stellen (Bennett et al. 2010). So wollte Craig Bennett von der University of California zeigen, dass die Interpretation von Hirnforschungsergebnissen leicht zu unsinnigen Ergebnissen führen kann. Er legte einen toten Lachs in einen Kernspin-Tomographen und konfrontierte ihn mit verschiedenen Stimuli, z. B. Bilder unterschiedlicher Menschen. Nach einigen Minuten war das Experiment beendet und Bennett wertete die Ergebnisse aus. Die Erkenntnisse waren verblüffend. Der tote Lachs, den er zuvor im Supermarkt kaufte, hatte auf die unterschiedlichen Bilder reagiert. Das zeigten eindeutig die Messungen des Kernspin-Tomographen.

Natürlich erscheint dieses Experiment auf den ersten Blick absurd und unsinnig. Jedoch wollte Bennett die Gefahr der fast schon inflationären Erklärungsversuche durch die Hirnforschung aufzeigen. Seine Aussage war, dass sich jedes Ergebnis erzielen und jede Interpretation herbeiführen lässt, wenn versucht wird aus einem hochkomplexen System wie unserem Gehirn, schnelle und undifferenzierte Ergebnisse zu erzielen. Bennett erhielt für sein Experiment den Ig-Nobelpreis, der besonders absurde Forschungen auszeichnet und auch als Anti-Nobelpreis bezeichnet wird.

Das bedeutet jedoch nicht, dass alle Forschungsergebnisse zum **Neuromarketing** leichtfertig oder sogar unseriös zustande gekommen sind. Es ist heute unstrittig, dass spezifische Regionen im Gehirn für bestimmte Aufgaben zuständig sind und dass eine gesteigerte Aktivität dieser Regionen mit spezifischen Modi der Informationsverarbeitung und Entscheidungsfindung korrelieren. So konnten bspw. Kenning et al. (2002) zeigen, dass starke Marken eine Deaktivierung bzw. „Entlastung" des Cortex führen, einer Region des Gehirns, die mit willentlicher Anstrengung und Selbstkontrolle assoziiert ist (Kuhl 2001). McClure et al. (2014) demonstrieren in einem klassischen Experiment im Neuro-Labor, dass eine starke Marke (Coca Cola) gegenüber einer vergleichbaren aber schwächeren bzw. weniger wertvollen Marke (Pepsi) Gehirnregionen aktiviert, die mit dem episodischen Gedächtnis (in dem einem ausgedehnten parallelen Netzwerk bspw. Kindheitserinnerungen gespeichert sind) in Verbindung gebracht werden. Die auch für Praktiker relevante Erkenntnis dieser Experimente: die Wirkung von Marken kann objektiv mit Aktivitätsmustern im Gehirn gemessen werden. Die praktischen Implikationen für verschiedene Anwendungsbereiche zu beschreiben, würde hier den Rahmen sprengen. Sie wurden an anderer Stelle eingehend dargelegt und hatten erheblichen Einfluss auf die Volkswirtschaftslehre (Camerer et al 2005), auf die **Markenführung** (Florack und Scarabis 2007; Markgraf et al. 2012; Zaltman 2003) und die Steuerung des Vertriebs (Scheffer 2010). Die Erklärungskraft und empirische Evidenz der Wirkung unterschiedlicher Systeme im Gehirn auf die Entscheidungen von Menschen ist so groß, dass Kahneman dafür als erster Psychologe mit dem Nobelpreis für Ökonomie ausgezeichnet wurde (siehe Kahneman 2011).

1.2 Neuromarketing auf Basis impliziter Persönlichkeitssysteme

Im Folgenden wird eine Methode vorgestellt, mit der auf eine effiziente Weise, in ca. 5 Minuten nur durch visuelle Fragen online der Aktivierungsgrad von sechs wichtigen neuropsychologischen Systemen bei Probanden gemessen werden kann; die sechs gemessenen Systeme sind konzeptionell eine Differenzierung des 2-Systeme-Ansatzes von Kahneman (2011). Diese visuelle Methode, die den Probanden sogar Spaß macht und daher problemlos mit zehntausenden von Teilnehmern durchgeführt werden kann, erklärt auf der Basis einer auf Jung (1971) zurückgehenden Persönlichkeitstypologie die Wahrnehmung und das Verhalten von Menschen (Markgraf et al. 2012). Einige wesentliche Erkenntnisse liegen dieser Methode zugrunde:

- Menschen sind verschieden!
  Daher funktionieren diejenigen Modelle nicht, die versuchen allgemeingültige Regeln aufzustellen, die für alle Menschen anwendbar sein sollen. „Bilder mit Menschen wirken besser als Bilder ohne Menschen!". Das gilt für einen bestimmten Typus Mensch. Für einen anderen Typus ist die Beziehung zu anderen Menschen nicht so wichtig. Er braucht andere Reize. „Werbung muss Träume vermitteln und muss Illusionen schaffen!" Auch das stimmt nur für den Typus Mensch, der wenig Wert auf Information und Ratio legt und eher emotional entscheidet. Andere Menschen werden durch zu viel Emotion und durch zu wenig Information eher abgeschreckt!
  Fazit: Wenn Menschen verschieden sind, müssen sie auch unterschiedlich verstanden und angesprochen werden!
- Wir können unsere **Wahrnehmung** nicht kontrollieren!
  Jeder hat schon auf optische Täuschungen geschaut und seinen eigenen Augen nicht getraut. Doch so sehr wir uns auch anstrengen, wir können uns diesen Täuschungen nicht entziehen. Wir können nicht verhindern, dass wir ununterbrochen unsere Umwelt über unsere Sinne wahrnehmen. Und wir können nicht selbst bestimmen, wie wir sie wahrnehmen.
- Die Art der Wahrnehmung hängt von unserer Persönlichkeit ab.
  Eine zunächst verblüffende Erkenntnis besteht darin, dass verschiedene Menschen ihre Umwelt unterschiedlich wahrnehmen. Das fällt uns zunächst schwer zu glauben, da wir immer nur unsere eigene Sicht auf die Umwelt erkennen können, aber Menschen, die auf dieselben Dinge schauen, sehen nicht immer auch exakt dasselbe. Wir lassen uns unterschiedlich stark von optischen Täuschungen „reinlegen", bei einigen Menschen wirken sie gar nicht. Wir haben unterschiedliche Vorlieben in der optischen Struktur. Einige Menschen mögen lieber klare, kühle und eher technische Darstellungen, andere Menschen bevorzugen warme Farben und eher organische, weiche Formen. Die Art und Vorliebe unserer Wahrnehmung hängt direkt mit der Struktur unserer Persönlichkeit zusammen.
  Fazit: Wenn die Persönlichkeit über Vorlieben und Wahrnehmung entscheidet, müssen verschiedene Persönlichkeitstypen auch unterschiedlich erkannt und behandelt werden.

- Persönlichkeit lässt sich messen.

Die Persönlichkeit eines Menschen ist ein extrem komplexes und vielschichtiges Konstrukt. Sie bildet sich in den Jahren bis ins frühe Erwachsenenalter und bleibt dann langfristig weitgehend stabil. Daraus lässt sich erkennen, dass das Alter kein geeignetes Kriterium ist, um Persönlichkeit zu bestimmen. Auch das Geschlecht spielt für die menschliche Persönlichkeit eine nur untergeordnete Rolle. Das erschließt sich schon durch die Überlegung, dass ansonsten alle Männer zwischen 30 und 40 Jahren irgendwie ähnlich sein müssten. Sicher befinden sich viele dieser Menschen in einer ähnlichen Lebensphase, in der Struktur ihrer Persönlichkeit können sie jedoch völlig unterschiedlich sein. Diese Erkenntnis stellt dann die Nutzung von Alter und Geschlecht als Segmentierungskriterien für eine Marktbearbeitung in Frage. Sie sind zwar einfach zu beobachten, haben aber nur eine begrenzte Aussagekraft, um Menschen zu verstehen und anhand ihrer Bedürfnisse anzusprechen. Die menschliche Persönlichkeit lässt sich in verschiedene Dimensionen aufteilen, die im Weiteren erläutert werden. Fazit: Wenn die Unterschiedlichkeit von Menschen messbar ist, dann lässt sich die Unterschiedlichkeit für die Kommunikation nutzbar machen.

1.3   Die Dimensionen der Persönlichkeit

Seit ca. 100 Jahren beschäftigt sich die Psychologie mit der menschlichen Persönlichkeit. Zahlreiche Messmethoden und Typologien wurden im Lauf der Jahre entwickelt, teilweise verworfen, teilweise etabliert und weiter entwickelt. Die im Weiteren verwendete Typologie geht in ihrem Ursprung auf den Psychologen C.G. Jung (1923/1971) zurück und wurde von Kuhl und seinem Team auf experimenteller und neurowissenschaftlicher Basis weiterentwickelt (Kuhl 2001; Kuhl und Kazén 1999, 2008; Scheffer und Heckhausen 2010; Scheffer und Kuhl 2005, 2008).

Die Persönlichkeit wird demnach in vier Dimensionen unterteilt (Abb. 1). Diese können jeweils unterschiedlich stark ausgeprägt sein. Das Zusammenspiel der einzelnen Dimensionen macht den Menschen in seiner Persönlichkeit aus, prägt seine Wahrnehmung, sein Verhalten, seine Vorlieben und Abneigungen, und damit auch sein Wahlverhalten bzgl. **Konsum und Mediennutzung**.

Dimension 1: Woher kommt die Energie?
Menschen mit stark ausgeprägter *Extraversion* sind nach Außen gerichtet, haben viel Kontakt zu anderen Menschen und brauchen diesen Kontakt, um von dort ihre Energie zu bekommen. Sie senden und empfangen viel. Sie mögen es laut, immer unter vielen Menschen zu sein, gehen aus sich heraus und sind meistens gesellig. Menschen mit ausgeprägter *Introversion* besinnen sich gerne auf sich selbst, mögen es ruhiger und sind eher nach innen gerichtet. Sie erscheinen nicht so gesellig, sind aber autonomer und brauchen nicht den ständigen Austausch mit anderen Menschen.

Abb. 1 Die Dimensionen der
Persönlichkeitstheorie von
Jung (1923, 1972)

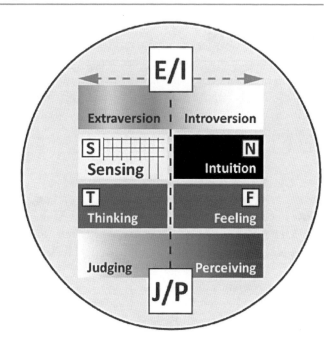

Dimension 2: Wie wird wahrgenommen?

In der Art der Wahrnehmung wird nach *Sensing* und *Intuition* unterschieden. *Sensing* bedeutet eine sehr detailorientierte Wahrnehmung. Kleinigkeiten zu erkennen bedeutet keine Mühe, sondern funktioniert von selbst. Das bedeutet nicht nur, dass die Fähigkeit zum Detailfokus besteht, sondern, dass diese auch verlangt werden und Sicherheit geben. *Intuition* heißt, die Welt aus dem Überblick zu sehen, große Zusammenhänge schnell zu erkennen und herzustellen. Die Beschäftigung mit kleinteiligen Details fällt diesen Menschen schwer, jedoch erkennen sie aus ihrer Perspektive schnell das große Ganze.

Dimension 3: Wie wird entschieden?

Entscheidungen können eher rational getroffen werden, also durch Denken *(Thinking)* oder emotional, also durch Fühlen *(Feeling)*. *Thinking*-Typen versuchen immer Argumente und Begründungen zu finden, suchen nach Erklärungen und geben sich nicht schnell mit oberflächlichen Fakten zufrieden. *Feeling*-Typen verlassen sich auf ihr Bauchgefühl. Zu viele Informationen sind eher lästig. Die Entscheidung muss sich gut anfühlen. Das reicht als Argument.

Dimension 4: Wie stabil sind Entscheidungen?

Menschen mit einer starken *Judging*-Ausprägung treffen schnell eine Entscheidung auf Basis der vorliegenden Erkenntnisse und bleiben bei dieser Entscheidung. Sie sind entscheidungsfreudig, konsequent und stabil. Die *Perceiving*-Typen suchen immer weiter nach neuen Informationen, kommen nur schwer zu einer endgültigen Entscheidung und legen sich nicht gerne dauerhaft fest. Viel *Judging* impliziert zwar schnell und stabil, kann aber auch mal etwas stur bedeuten. *Perceiving* wirkt flexibel und spontan, kann aber auch „flatterhaft" und ggf. unzuverlässig bedeuten.

Alle vier Dimensionen sind zunächst völlig wertfrei und nur beschreibend zu sehen. Jede Ausprägung birgt, je nach Intensität, positive und negative Aspekte in sich, Chancen und Risiken. Die Persönlichkeit des Menschen entsteht durch die Zusammensetzung und die Stärke der jeweiligen Dimension.

1.4 Die Typen der Persönlichkeit

Zuvor wurden die einzelnen Dimensionen der Persönlichkeit beschrieben. Für das Konsum- und Medienverhalten wird dies aber erst relevant, wenn sich daraus Typen bilden lassen, die gemessen, verortet, beschrieben und differenziert angesprochen werden können.

Aus der Kombination der beiden Hauptdimensionen (*Sensing/Intuition* und *Thinking/Feeling*) und der beiden Nebendimensionen (*Extraversion/Introversion* und *Judging/Perceiving*) lässt sich eine 16-Felder-Matrix bilden (NeuroIPS Map, Abb. 2). Die beiden Hauptdimensionen bilden in ihrer Kombination vier Typen:

ST *(Sensing/Thinking)*: Die Kombination aus Detailwahrnehmung (S) und rationalen Entscheidungen (T) führt zu Menschen, die man als „Analytiker" bezeichnen könnte. Sie

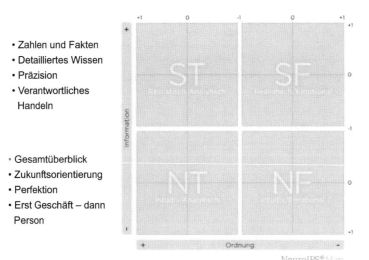

Abb. 2 Die 16-Typen der NeuroIPS Map mit den vier Kerntypen

brauchen viel Struktur, Nachvollziehbarkeit und rationale Erklärungen. Keine Träumereien, keine Fantasien, keine schönen, bunten Bilder, sondern die Welt, wie sie tatsächlich ist. Realitätssinn, eher Dokumentation als Fiktion, eher nüchtern und gradlinig als verspielt. Sie kommen selten zu spät und meistens gut vorbereitet mit allen erforderlichen Unterlagen zu Besprechungen.

SF *(Sensing/Feeling)*: Auch dieser Typus braucht Nachvollziehbarkeit und realistische Darstellungen, jedoch wird er viel stärker emotional angesprochen. Er ist der Beziehungsmensch. Menschen sind für ihn wichtiger als Dinge. Die Beziehung zwischen Menschen, die Harmonie innerhalb von Beziehungen und das „gute Gefühl" sind für ihn die wichtigsten Motivatoren. Bildwelten müssen für ihn realistisch und detailreich, aber vor allem auch warm, harmonisch und organisch sein.

NT *(Intuition/Thinking)*: Diese Kombination kann als Stratege bezeichnet werden. Große Visionen, keine kleinteiligen Details, analytisch, nicht zu emotional. Für ihn ist die Beziehung zu Menschen nicht der wichtigste Antrieb. Es kommt erst das Geschäft, dann der Mensch. Die Ansprache darf nicht überladen sein, muss schnell verständlich sein und nicht zu emotional, sondern analytisch begründbar. Die Farben sind eher kühl, die Stimmung ist eher sachlich und ggf. auch technisch und kantig.

NF *(Intuition/Feeling)*: Der Kreative, der Idealist, der ständig nach Inspiration und neuen Ideen sucht. Er ist offen für alle Neuerungen, sucht immer und überall Chancen und Möglichkeiten. Auch in der Kommunikation sind Langeweile und Konformität für ihn abschreckend und erreichen ihn nicht. Er braucht ungewöhnliche Perspektiven, Farbverläufe, Unschärfen. Keine konkreten Darstellungen der Welt, sondern eher Impulse, um sich selbst eine Geschichte auszudenken.

Jeder der vier Grundtypen wird ergänzt um die Dimensionen *Introversion/Extraversion* und *Judging/Perceiving,* woraus sich weitere Gestaltungselemente ableiten lassen. So können bei viel *Extraversion* z. B. die Bilder sehr laut, schrill, fast aufdringlich sein, während sie bei *Introversion* eher dezenter und zurückhaltender gewählt werden sollten.

1.5 Die Messung der Persönlichkeit

Das besondere an dem hier vorgestellten Ansatz ist die effiziente Messmethode dieser impliziten Persönlichkeitssysteme und den darauf aufbauenden **Neurotypen**. Sie erfolgt rein visuell und dauert nicht mal 5 Minuten.

Wie Abb. 3 illustriert, werden im ViQ einfache visuelle Stimuli als Fragen verwendet. Teilweise handelt es sich um Präferenzfragen (linke Seite) oder einfache Aufgaben, wie bspw. den Punkt bestimmen, an dem eine optische Täuschung gerade noch wahrgenommen wird (rechte Seite in der Abbildung).

Alle visuellen Fragen wurden aus der Typologie von Jung und der **PSI-Theorie** von Kuhl (2001) abgeleitet und in mehr als 10 Jahren empirischer Forschung validiert. Eine

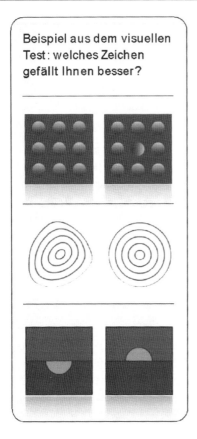
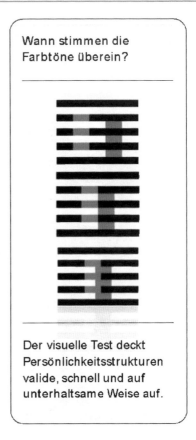

Abb. 3 Beispielfragen des Visual Questionnaires (ViQ)

Zusammenfassung der psychometrischen Konstruktion des ViQ gibt Scheffer und Loerwald (2008). Am einfachsten macht man sich mit der Methode vertraut, wenn man den ViQ selbst einmal durchführt (www.visual-research.de/viq_neurotypologie).

Dass es sich bei den durch den ViQ gemessenen Dimensionen um neuropsychologische Systeme handelt, kann ein einfach zu replizierendes Experiment verdeutlichen: Das Feeling wird seit langer Zeit stärker der rechten Gehirnhälfte zugeordnet, in der eine stärker affektive und ganzheitliche Informationsverarbeitung stattfindet als in der linken Hirnhälfte (siehe die erdrückende empirische Evidenz in Kuhl und Kazen 2008). Fordert man die Probanden auf, den ViQ mit einem geschlossenen rechten Augen und offenen linken Auge durchzuführen wird er aufgrund der Hirnanatomie stärker von der *rechten* Gehirnhälfte beantwortet als von der linken. Es lässt sich ein robuster statistisch signifikanter Effekt nachweisen, dass Gruppen, die den ViQ mit geschlossenem linken Auge beantworteten, stärkere Ausprägungen von Feeling haben, als Gruppen, die ihr rechtes Auge schlossen. Dies zeigt, dass der ViQ neuropsychologische Systeme misst, die neben einem stabilen, dispositionellen Anteil (r = 0.80) auch situative Komponenten (r = 0.20) beinhalten.

2 Die Typologie von Medien und Spirituosen

Im Semiometrie-Panel von TNS Infratest wurden mehr als 800 intensive TV-Nutzer gebeten, an dem kurzen visuellen Test teilzunehmen. Anschließend wurden sie nach ihrem Mediennutzungsverhalten und nach ihrer Nutzung von Spirituosenmarken befragt. Anhand dieser Auskünfte konnten sie nach Persönlichkeitstypen segmentiert werden. Abbildung 4 zeigt die Ergebnisse anhand der zuvor dargestellten Methode und Systematik.

Abbildung 4 illustriert, dass die Verwender von Marken, seien dies Sender oder Spirituosen, einen unterschiedlichen Aktivierungsgrad der beschriebenen Dimensionen und damit Neurotypen haben. So wiesen bspw. die Vielseher von Pro7 eine statistisch signifikant ($p < 0.01$) stärkere Aktivierung der Intuition und des Thinking auf als Vielseher von RTL, die stärkere Werte bei den Dimensionen Sensing und Feeling im ViQ hatten. Und auch die Verwender von Marken unterscheiden sich: während Verwender von Jägermeister statistisch gesehen stärker NT-Typen sind, wurden Verwender von Bacardi signifikant häufiger als SF-Typen eingestuft. Ähnliche Effekte zeigen sich auch bei anderen Markenverwendern, z. B. von REWE Touristik (Markgraf et al. 2012) oder OTTO (http://fbtk.com/whitepaper). Wie diese Erkenntnisse in pragmatische Marketingmaßnamen umgesetzt werden können, wird in den beiden letztgenannten Beiträgen ausführlich beschrieben.

Abb. 4 NeuroIPS Map mit TV Marken und Spirituosenmarken

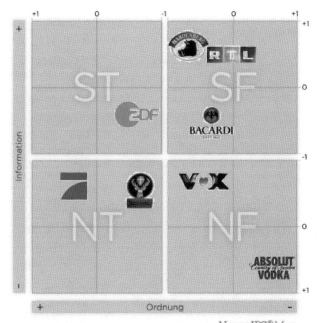

3   Fazit

Das **Marketing** sucht seit vielen Jahren nach einer Methode, um das Problem zu lösen, dass beobachtbare Merkmale der Kunden kaum verhaltensrelevant sind und dass verhaltensrelevante Merkmale schlecht messbar sind. Die Persönlichkeitspsychologie kann hier einen Beitrag leisten. Die psychologische Forschung weiß, dass die Ausprägungen unserer Persönlichkeit wesentlichen Einfluss auf unser Verhalten haben, auch auf unsere Konsum – und Medienentscheidungen. Wenn es so ist, dass dies ein Schlüssel zur Vorhersage von Verhalten ist, dann kann die Methode zur Messung der Persönlichkeitsdimensionen ein Durchbruch in der gesamten Kette vom tiefen Verständnis der innersten Motive des Kunden, über die Gestaltung der Ansprache bis zur Mediaplanung sein. Dann werden verhaltensrelevante Merkmale des Kunden messbar. Es liegt damit ein Instrument vor, das einheitliche Planungsdaten liefern kann, vom Kreativbriefing bis zur Mediaplanung.

Die hier dargestellten Ergebnisse sind jedoch nur der erste Schritt für die motiv- und persönlichkeitsbasierte Mediaplanung. Die nächste Aufgabe ist die Verortung des gesamten Mediennutzungsverhaltens. Welches Medium wird bevorzugt, TV, Online, Print, etc.? Innerhalb des Mediums, welcher Sender, Website, Titel, etc.? Und innerhalb der Sender/Titel, welche Formate werden gelesen, gesehen, gehört? Damit haben Werbungtreibende die Möglichkeit, ihre eigenen Kunden innerhalb der NeuroIPS-Map zu verorten und ihre Mediennutzung im Detail zu verstehen. Und dann neigt sich die 50/50 Waagschale der nützlichen und der verschwendeten Werbeausgaben, wie sie schon Henry Ford beschrieben hat, auf die Seite der nützlichen Ausgaben.

Die Autoren

Prof. Dr. Ingo Markgraf ist Professor für Markenkommunikation/Werbung und Wirtschaftspsychologie an der Hochschule Macromedia, University of Applied Sciences in Köln. Darüber hinaus begleitet er Unternehmen in Veränderungsprozessen, z. B. bei der praktischen Umsetzung psychologischer Methoden in Marketing und Organisation. Zuvor war er Marketingleiter bei der Rewe Touristik.

Prof. Dr. David Scheffer ist Professor für Wirtschaftspsychologie und Personalmanagement an der NORDAKADEMIE, Hochschule der Wirtschaft in Hamburg. Darüber hinaus ist er geschäftsführender Gesellschafter der fbtk. Consulting GmbH und beschäftigt sich mit der praktischen Umsetzung psychologischer Erkenntnisse in Marketing und Personalmanagement.

Literatur

Bennett, C. M., Baird, A. A., Miller, M. B., & Wolford, G. L. (2010). Neural Correlates of Interspecies Perspective Taking in the Post-Mortem Atlantic Salmon: An Argument For Proper Multiple Comparisons Correction. *Journal of Serendipitous and Unexpected Results, 1*(1), 1–5.

Camerer, C., Loewenstein, G., & Prelec, D. (2005). Neuroeconomics: How neuroscience can inform economics. *Journal of Economic Literature, XLIII*, 9–64.

Florack, A., & Scarabis, M. (2007). Personalisierte Ansätze der Markenführung. In A. Florack, M. Scarabis, & E. Primosch (Hrsg.), *Psychologie der Markenführung*. München: Vahlen.

Jung, C.G. (1923/1971). *Theory of the Types*. New York: Penguin Books.

Kahneman, D. (2011). *Thinking. Fast and slow*. New York: Penguin Books.

Kenning, P., Plaßmann, H., Deppe, M., Kugel, H., & Schwindt, W. (2002). *Die Entdeckung der kortikalen Entlastung. Neuroökonomische Forschungsberichte. Teilgebiet Neuromarketing*. Münster: Westfälische Wilhelms-Universität.

Kuhl, J. (2001). *Motivation und Persönlichkeit: Interaktion psychischer Systeme. [Motivation and personality: Interactions of mental systems]*. Göttingen: Hogrefe.

Kuhl, J., & Kazén, M. (1999). Volitional facilitation of difficult intentions: joint activation of intention memory and positive affect removes stroop interference. *Journal of Experimental Psychology: General, 128*, 382–399.

Kuhl, J., & Kazén, M. (2008). Motivation, affect, and hemispheric Asymmetry: Power versus Affiliation. *Journal of Personality and Social Psychology, 95*, 456–469.

Markgraf, I., Scheffer, D., & Pulkenat, J. (2012). The Needs of Package Tourists and Travel Agents – Neuromarketing in the Tourism Sector. In C. Conrady, & M. Buck (Hrsg.), *Trends and Issues in Global Tourism 2012* (S. 79–91). Heidelberg: Springer.

Massine, P., & Scheffer, D. (2012). *OTTO: Durch Neuromarketing die Kundenansprache optimiert*. www.massinescheffer.com/Neuigkeiten

McClure, S. M., Li, J., Tomlin, D., Cypert, K. S., Montague, L. M., & Montague, P. R. (2014). Neural Correlates of Behavioral Preference for Culturally Familiar Drinks. *Neuron, 44*, 379–387.

Scheffer, D. (2010). NeuroSales – mehr Verkaufserfolg durch Hirnforschung? In L. Binckebanck (Hrsg.), *Verkaufen nach der Krise: Rück-, Ein- und Ausblicke für mehr Vertriebserfolg*. Wiesbaden: Gabler-Verlag.

Scheffer, D., Adrian, A., Binckebanck, L., & Hertlein, R. (2013). *Führung – Balance der Systeme. Die Kernherausforderung für Führungskräfte im Vertrieb*. www.pawlik.de/magazin/studien. html

Scheffer, D., & Heckhausen, H. (2010). Trait Theories of Motivation. In J. Heckhausen, & H. Heckhausen (Hrsg.), *Motivation and Action* (2. Aufl., S. 42–86). Cambridge: Cambridge University Press.

Scheffer, D., & Kuhl, J. (2005). *Erfolgreich Motivieren*. Göttingen: Hogrefe.

Scheffer, D., & Kuhl, J. (2008). Volitionale Prozesse der Zielverfolgung. In U. Kleinbeck, & Schmidt (Hrsg.), *Wirtschafts-, Organisations- und Arbeitspsychologie* Enzyklopädie der Psychologie, Bd. XX Göttingen: Hogrefe.

Scheffer, D, & Loerwald, D. (2008). Messung von Persönlichkeitseigenschaften mit dem Visual Questionnaire (ViQ) – Attraktivität als Nebengütekriterium. In W. Sarges, & D. Scheffer (Hrsg.), *Innovative Ansätze für die Eignungsdiagnostik* (S. 51–63). Göttingen: Hogrefe.

Zaltman, G. (2003). *How customers think*. Boston: Harvard Business School Press.

Teil III
Ausgewählte Aspekte der Markenführung von Medienmarken

Markenführungsstrategien von Medienunternehmen im Internet

Bernd W. Wirtz und Steven Birkmeyer

Zusammenfassung

Die zunehmende Digitalisierung im Medienbereich hat einen massiven Einfluss auf die Markenführungsstrategien der Unternehmen. Durch die erheblichen technologischen Veränderungen haben sich die Rahmenbedingungen der Markenführung stark verändert, sodass Medienunternehmen vor der Herausforderung stehen, ihre Marken mit adäquaten Markenführungsstrategien im Internet zu positionieren. Für die Markenführung von Medienunternehmen im Internet stellen insbesondere die Konvergenz der Märkte, die Virtualisierung und Innovationsdynamik, die zunehmende Komplexität von Markt und Wettbewerb sowie das veränderte Kundenverhalten vier einflussreiche Faktoren dar, die es bei der erfolgreichen Etablierung und Positionierung der Marke zu beachten gilt.

Dieser Beitrag identifiziert die für die Markenführung relevanten Rahmenbedingungen und Strukturen, mit denen Medienunternehmen im Internet konfrontiert sind, um die wesentlichen Markenführungsstrategien im Internet darzustellen. Es werden vier praxisnahe Markenführungsstrategien für Medienunternehmen im Internet angeführt, welche je anhand eines Fallbeispiels veranschaulicht werden, um hieraus Implikationen für die Markenführung von Medienunternehmen zu erlangen.

1 Rahmenbedingungen der Markenführung im Internet

Der systematische Aufbau sowie eine erfolgreiche Etablierung und Positionierung einer Marke sind essentielle Anforderungen für eine marktorientierte Unternehmensführung. So hat das Markenmanagement einen erheblichen Einfluss auf den Unternehmenserfolg. Jedoch sind durch die zunehmende Ausbreitung des Internets die Rahmenbedingungen der marktorientierten Unternehmensführung einem deutlichen Wandel unterlegen. Zu Beginn der Internetökonomie war es noch möglich, eine klare Trennung zwischen reinen Offline- und Online-Marken zu vollziehen. Inzwischen werden die Grenzen zunehmend unschärfer

Univ.-Prof. Dr. Bernd W. Wirtz ✉ · Steven Birkmeyer
Speyer, Deutschland
e-mail: ls-wirtz@uni-speyer.de, birkmeyer@uni-speyer.de

© Springer Fachmedien Wiesbaden 2016
S. Regier et al. (Hrsg.), *Marken und Medien*, DOI 10.1007/978-3-658-06934-6_12

(Wirtz 2013, S. 553). Insbesondere haben sich durch die erheblichen technologischen Veränderungen die Rahmenbedingungen der Markenführung stark verändert. Für die in der Vergangenheit ausschließlich offline-geführten Marken ist die Erschließung des Internets von besonderer Bedeutung, um weiterhin einen positiven Beitrag zum Unternehmenswert leisten zu können. Aber auch für die bereits etablierten, online-geführten Marken stellt die Markenführung im Internet eine große Herausforderung dar. So stellen beispielsweise die ständige Vergleichbarkeit und der starke Wettbewerbsdruck im Internet hohe Ansprüche an die Markenführung.

Vor diesem Hintergrund soll dieser Beitrag die für die Markenführung relevanten Rahmenbedingungen und Strukturen, mit denen Medienunternehmen im Internet konfrontiert sind, identifizieren und darauf aufbauend die wesentlichen Markenführungsstrategien im Internet darstellen. Zudem werden die Markenführungsstrategien an Fallbeispielen veranschaulicht um hieraus Implikationen für die Markenführung von Medienunternehmen zu erlangen.

2   Externe Faktoren der Markenführung im Internet

Mit der zunehmenden Ausbreitung des Internets bzw. des Online-Handels ist ein grundlegender Paradigmenwechsel in der Markenführung verbunden (Heinemann 2012, S. 35). Insbesondere die Interaktion zwischen Marke und Nachfrager, welche im Internet verstärkt stattfindet, stellt eine große Herausforderung für die Markenführung dar. So bewerten Nachfrager Marken im Internet, schreiben Erfahrungsberichte, geben Kauf- oder Nichtkaufempfehlungen und beschweren sich öffentlich bei Unzufriedenheit (Burmann et al. 2010, S. 4). Im Wesentlichen beeinflussen vier Kräfte das Unternehmensumfeld im Internet und stellen somit die Rahmenbedingungen für die Markenführung dar. Hinsichtlich dieser Einflüsse können vier Faktoren – Konvergenz, die Virtualisierung und Innovationsdynamik, die Komplexität von Markt und Wettbewerb sowie die Macht des Kunden definiert werden. Abbildung 1 stellt diese Einflüsse dar.

Als bedeutendste strategisch relevante Entwicklung im Internet kann die Konvergenz auf dessen Märkten angesehen werden. Unter dieser Konvergenz wird die Annäherung der zugrunde liegenden Technologien und die Zusammenführung einzelner Wertschöpfungsbereiche aus der Telekommunikations-, Medien- und Informationstechnologiebranche und somit ein Zusammenwachsen der Märkte insgesamt verstanden. Somit lassen sich Konvergenzströme auf technischer und inhaltlicher, als auch auf Branchenebene beobachten (Denger und Wirtz 1995, S. 20).

Eine weitere bedeutende Veränderung des Umfeldes resultiert aus der Virtualisierung und Innovationsdynamik von Produkten und Serviceleistungen, welche im Internet angeboten werden. Zum einen erfordert die Dynamik von Innovationen eine Anpassung der Produktpolitik, zum anderen ermöglicht die Technologie der Virtualisierung eine neue Klasse von Produkten. Insbesondere die Virtualisierung von Produkten besitzt ihrerseits

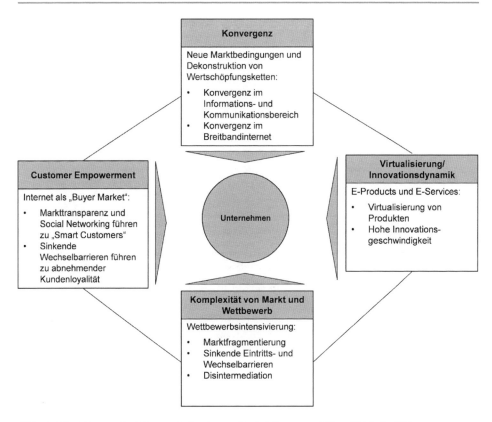

Abb. 1 Die 4-Forces des Electronic Business. (In Anlehnung an Wirtz 2013, S. 171)

Implikationen für die Distributions- und Produktionspolitik. Hieraus folgen wiederum Veränderungen für die Organisationsstrukturen innerhalb der Unternehmen.

Daneben stellt die zunehmende Komplexität der Märkte und des Wettbewerbs eine dritte Veränderung im ökonomischen Umfeld dar. Diese Komplexität lässt sich im Wesentlichen auf vier Einflussgrößen zurückführen. Erstens die gestiegene Markttransparenz, welche aus der zunehmenden Vergleichbarkeit von Produkten und Leistungen, beispielsweise mit Hilfe von Suchmaschinen, entsteht (Wirtz 2013, S. 191). Zweitens die Fragmentierung der Märkte, welche vor allem der Individualisierung der Marktteilnehmer und deren Konsumpräferenzen geschuldet ist. Drittens die Erosion von Markteintrittsbarrieren und Wechselbarrieren, welches es neuen Mitbewerbern und potentiellen Konkurrenten ermöglicht, schnell in den Markt einzutreten. Viertens eine Tendenz zur Disintermediation, also den Wegfall einzelner Stufen in der Wertschöpfungskette.

Die vierte Umweltveränderung betrifft die Marktteilnehmer selbst. Durch den gestiegenen Informationsgrad der Nachfrager und ihre abnehmende Bindung an einen bestimmten Anbieter steigt deren Marktmacht. Dieser verbesserte Informationsgrad resultiert aus der elektronischen Vernetzung der Nutzer, beispielsweise durch soziale Netzwerke oder virtuellen Communities. Man spricht in diesem Kontext auch von Social Networking. Kunden werden hierdurch zu sogenannten „Smart Customers" und sind zunehmend in der Lage unkompliziert eigene Kosten-Nutzen-Rechnungen durchzuführen, sodass sich ihre ökonomische Entscheidungskompetenz verbessert (Wirtz 2013, S. 208). Hieraus ergeben sich sinkende Wechselbarrieren, welche zu abnehmender Kundenloyalität führen können. Unternehmen stehen vor der Herausforderung ihr eigenes Produkt- und Leistungsangebot ständig mit dem der Mitbewerber zu vergleichen und anzupassen.

3 Markenführungsstrategien von Medienunternehmen im Internet

Markenführungsstrategien für Medienunternehmen finden derzeit eine noch geringe Beachtung im Schrifttum. Innerhalb der letzten zehn Jahre konnte jedoch auf dem allgemeinen Forschungsfeld für Markenführungsstrategien im Internet eine bedeutende Anzahl an theoretischen und empirischen Arbeiten verzeichnet werden. Einige ausgewählte Beiträge (vgl. Tab. 1) zu diesem Forschungsfeld werden im Folgenden analysiert, um verschiedene Ansätze bezüglich Markenführungsstrategien für Medienunternehmen im Internet zu erkennen.

Wirtz und Storm van's Gravesande (2004) unterscheiden zwischen vier strategischen Optionen in der Markenführung. Eine Online-Neumarkenstrategie erscheint vor allem für neu eingeführte, eigenständige Electronic Business-spezifische Marken ohne Bezug zur Offline-Welt sinnvoll. Daneben ist eine Offline-/Online-Markenadaptionsstrategie eine Möglichkeit durch die Adaption oder Kombination vorhandener Elemente aus der traditionellen Markenwelt und durch die Ergänzung neuer Internet affiner Bestandteile eine Erweiterung der Markenpersönlichkeit zu schaffen. Demgegenüber führt ein Offline-/Online-Stammmarkentransfer zur vollständigen Transformation einer Marke aus der Offline-Welt in das Internet. Letztlich stellt die Online-Markenallianz einen vierten Strategietyp dar. Hier wird, beispielsweise durch ein Joint Venture zweier Unternehmen, eine Neumarke gegründet, in der ein partieller Stammmarkentransfer der beiden Kooperationsmarken durchgeführt wird.

Ibeh et al. (2005) untersuchen in einer empirischen Studie die Markenführungsstrategien von Internetunternehmen. Die Studie zeigt, dass die untersuchten Unternehmen das Internet vor allem zur Kommunikation ihrer Marken nutzen, um deren Markenwert zu steigern. Hierfür werden beispielsweise Online-Plattformen, personalisierte E-Mail Benachrichtigungen und Websites mit Werbebannern benutzt. Eine weitere zentrale Erkenntnis dieser Untersuchung ist, dass die Unternehmen ihre Markenstrategien, aufgrund der durch das Internet hervorgerufenen Globalisierung, zunehmend internationaler ausrichten.

Renke und Sabel (2007) haben in einer empirischen Studie die Auswirkungen einer Online-Markenkooperation auf die Ursprungsmarken untersucht. Eine solche Markenkooperation stellt die Verbindung von mindestens zwei Marken zu einer Gesamtmarke dar. Hierfür haben Renke und Sabel (2007) das Online-Joint Venture der zwei zuvor offline-

Tab. 1 Markenführungsstrategien im Internet

Autor	Titel	Konzeption	Zentrale Erkenntnisse bzgl. Markenführungsstrategien
Wirtz und Storm van's Gravesande (2004)	Markenführungsstrategien im Electronic Business	Qualitative Analyse	Unterscheidung von vier Strategietypen – Online-Neumarkenstrategie – Offline-/Online-Markenadaptionsstrategie – Offline-/Online-Stammmarkentransfer – Online-Markenallianz
Ibeh et al. (2005)	E-branding strategies of internet companies: Some preliminary insights from the UK	Telefoninterviews mit Marketing Manager Datenbasis: n = 80	Experteninterviews zu Markenstrategie. Häufigste Antworten: – Nutzen strategische Partner für Distribution und Steigerung der Markenpräsenz – E-Mail Marketing – Bannerwerbung – Zunehmende Internationalisierung der Markenstrategien
Renke/Sabel (2007)	Auswirkung einer Online-Markenkooperation auf die Ursprungsmarken am Beispiel Obi@Otto	Datenbasis: n = 186 Strukturmodell	Untersuchung von Kooperationsstrategien – Zwei-Marken-Strategie besser für die Ursprungmarken als Kooperationsstrategie
Sabel (2007)	Formen und Besonderheiten der Führung von Marken im Internet	Qualitative Analyse	Unterscheidung von drei Arten – Onlinemarken – Offlinemarken – Hybridmarken
Christodoulides (2009)	Branding in the post-internet era	Qualitative Analyse	Untersuchung von „User-Generated-Content" als Strategie Zentrale Erkenntnisse: – Stärkt Bindung zwischen Marke und Konsumenten – User-Generated-Content-Websites haben bedeutende Auswirkungen auf den Markenwert
Boldt (2010)	Markenführung der Zukunft	Qualitative Analyse	Unterscheidung von drei Markenstrategien Reine E-Commerce Marke – Virtuelle Markenstrategie (Ebay; Scout24) Existenz einer Marke aus klassischer Marktumgebung – Duale Markenstrategie (Spiegel Online; E-Sixt) – Vollständig integrierte Markenstrategie (Karstadt; Hipp)

Tab. 1 (Fortsetzung)

Autor	Titel	Konzeption	Zentrale Erkenntnisse bzgl. Markenführungsstrategien
Burmann et al. (2010)	Bedeutung der Brand Experience für die Markenführung im Internet	Literaturgestützte Analyse	Implikationen für die Markenführung – Hochwertige und intensive Interaktionen mit Nach-fragern aufbauen – Marken in sozialen Medien konsequent identitätsbasierend führen – Hoher Fit zwischen Online- und Offline-Aktivitäten notwendig
Suckow (2011)	Markenaufbau im Internet	Datenbasis: n = 233 Kausalanalyse	Untersuchung von Markenaufbau im Internet: – Geeignete Datenbasis und Schaffung eines aussagekräftigen Profils – Logisch ausgerichtete Informationsarchitektur – Hohe Benutzerfreundlichkeit
Heinemann (2012)	Der neue Online-Handel	Qualitative Analyse	Unterscheidung von drei Markenstrategischen Optionen – Virtuelle Markenstrategie: neue Onlinemarke (z. B. gourmondo. de; buch.de) – Kombinierte Markenstrategie: Verbindung zur klassischen Marke mit neuen internetspezifischen Elementen (z. B. eSixt; famila24) – Hybride Markenstrategie: Einheitlicher Markenname für Online und Offline (z. B. Otto)

geführten Marken Obi und Otto untersucht. Renke und Sabel (2007) kommen zu dem Schluss, dass Markenkooperationen einen negativen Einfluss auf die Ursprungsmarken haben können und empfehlen eine Zwei-Marken-Strategie.

Sabel (2007) unterscheidet in einer qualitativen Analyse drei Markenformen – Offlinemarken, Onlinemarken und Hybridmarken. Für Offlinemarken stellt das Internet aus strategischer Sicht nur einen flankierenden Kanal des Markenauftritts dar. Die Internetpräsenz dieser Marken dient zusammen mit anderen Marketinginstrumenten primär der Kundenbindung. So stellen die Online-Auftritte dieser Marken lediglich auf die zusätzliche Bereitstellung von Informationen und Kontaktmöglichkeiten ab. Für Onlinemarken hingegen ist das Internet ein Kernaspekt der Markenführung. Durch ihre starke Verbundenheit mit dem Internet können Onlinemarken in höherem Maße Modernität und Fortschrittlichkeit signalisieren und übertragen die mit dem Internet verbundenen positiven Assoziationen auf ihr Markenbild. Hybridmarken sind bereits aus dem Offline-Bereich bekannte Marken, die das Internet als zusätzlichen Kanal nutzen. Im Gegensatz zu Offlinemarken benutzen Hybridmarken das Internet neben der Kommunikationsfunktion auch als Absatzkanal.

Christodoulides (2009) skizziert verschiedene Kriterien für eine erfolgreiche Markenführungsstrategie im Internet. So sind vor allem der Aufbau von Kundenbeziehungen und das Eingehen auf die Individualisierungswünsche der Nachfrager von großer Bedeutung. Marken wie YouTube oder Wikipedia, die einen so genannten „User-Generated-Content" als Strategie verfolgen, können innerhalb kurzer Zeit ihren Markenwert steigern, da sie durch interaktive Inhalte schnell Kunden an ihre Marke binden.

Bolt (2010) unterscheidet zwischen einer reinen E-Commerce Marke und der Existenz einer Marke aus klassischer Marktumgebung. Für eine reine E-Commerce Marke, welche als unabhängige internetspezifische Marke ohne Verbindung zur klassischen Marktumgebung angesehen wird, eignet sich eine virtuelle Markenstrategie in deren Mittelpunkt die Schaffung und der Ausbau der Markenbekanntheit stehen. Agiert eine Marke jedoch ebenfalls in der klassischen, offline-basierten Marktumgebung so unterscheidet Bolt (2010) zwischen einer dualen Markenstrategie und einer vollständig integrierten Markenstrategie. Unter einer dualen Markenstrategie wird die Verbindung vorhandener Elemente der Kernmarke mit neuen internet-spezifischen Bestandteilen verstanden. Die vollständig integrierte Markenstrategie verwendet hingegen einen einheitlichen Markenamen für den E-Commerce und die traditionellen Transaktionskanäle.

Burmann et al. (2010) leiten auf Basis einer literaturgestützten Analyse Implikationen für die Markenführung im Internet ab. Unternehmen müssen in der Lage sein, eine adäquate und qualitativ hochwertige Interaktion mit den Nachfragern aufzubauen. Erfolgskritisch ist es die Marke auch in den sozialen Medien konsequent identitätsbasierend zu führen. Weiter ist ein hoher Fit zwischen Online und Offline-Aktivitäten der Markenführung notwendig, um die erforderliche Markenauthentizität sicherzustellen.

Suckow (2011) untersucht in einer empirischen Studie den Markenaufbau im Internet. Hieraus können insbesondere für Neumarken Implikationen hinsichtlich der Strategieführung abgeleitet werden. So stellen ein aussagekräftiges Profil, eine logisch ausgerichtete Informationsarchitektur und die daraus resultierende Benutzerfreundlichkeit zentrale Erfolgskriterien dar, welche bei der Strategieumsetzung berücksichtigt werden müssen.

Heinemann (2012) unterscheidet drei Markenführungsstrategien im Online-Handel. Die virtuelle Markenstrategie für Marken, die keine Verbindungen zu bereits vorhandenen Marken aus dem klassischen Marktumfeld haben. Eine kombinierte Markenstrategie, welche vorhandene Elemente einer Kernmarke mit neuen internet-spezifischen Bestandteilen kombiniert. Sowie eine hybride Markenstrategie, welche den Online-Handel und Offline-Handel unter Verwendung eines einheitlichen Markennamens führt.

Aufbauend auf den Erkenntnissen der dargestellten Beiträge soll nun im Folgenden auf die Markenführungsstrategien von Medienunternehmen im Internet eingegangen werden.

Wirtz und Storm van's Gravesande (2004) schaffen den integrativsten und umfassendsten Strategieansatz bezüglich Markenführungsstrategien im Internet. Diese Strategien sol-

Markenführungsstrategien für Medienunternehmen Im Internet				
Rahmen-bedingungen	Konvergenz	Virtualisierung/Innovations-dynamik	Komplexität von Markt und Wettbewerb	Customer Empowerment
Ausgangs-situation	Keine be-stehende Marke	Existenz einer bestehenden Marke in der Online-Welt		Existenz mehrere, unabhängiger Marken
Strategietyp	Online-Neumarkenstrategie	Offline-/Online-Markenadaptionsstrategie	Offline-/Online-Stammmarkentransfer	Online-Markenallianz
Merkmale	• Eigenständige, unabhängige Internet-spezifische Marke • Kein Bezug zur klassischen Offline-Welt	• Adaption/Kombination vorhandener Elemente der traditionellen Marke aus der Offline-Welt • Ergänzung um neue internet-affine Bestandteile	• Vollständiger Transfer der klassischen Marke aus der Offline-Welt in das Internet	• Neumarke, die aus einer Markenallianz hervorgeht • Partieller Stammmarkentransfer der Kooperationspartner
Beispiele	• Huffington Post • T-Online	• SPIEGEL ONLINE • BILD.de	• Frankfurter Allgemeine Zeitung	• Sport1.de • Spiegel Wissen

Abb. 2 Markenführungsstrategien für Medienunternehmen im Internet. (In Anlehnung an Wirtz und Storm van's Gravesande 2004, S. 1063)

len daher im Folgenden die Grundlage dafür bieten, geeignete Markenführungsstrategien für Medienunternehmen im Internet zu identifizieren (vgl. Abb. 2).

Medienunternehmen, deren Geschäftsmodell ausschließlich auf das Internet setzt, haben keine bestehende Marke aus der Offline-Welt und müssen demnach eine neue Marke im Internet aufbauen und positionieren. Auch Medienunternehmen, die bereits in der klassischen Offline-Welt agieren und ihren Geschäftsbereich in das Internet verlagern oder erweitern wollen, können auf eine Online-Neumarkenstrategie setzten, um eine Trennschärfe zur Ursprungsmarke zu schaffen. Von besonderer Bedeutung für die Markenführung ist der medienspezifische Aufbau der Marke (Suckow 2011, S. 17), welcher eine logisch ausgerichtete Informationsarchitektur und eine hohe Benutzerfreundlichkeit voraussetzt. Weiter wird der erfolgreiche Aufbau einer neuen Onlinemarke im Wesentlichen durch die Abstimmung der Markierung und der Markenkommunikation beeinflusst. Die Markierung umfasst die Gestaltung von Markennamen und Markenzeichen, um eine positionierungsrelevante Assoziation für die Marke zu schaffen. Demgegenüber leistet die Markenkommunikation einen Beitrag zur Wahrnehmbarkeit der Positionierungsbotschaft und der Eigenständigkeit der Marke (Esch 2012, S. 216 f.). In Bezug auf die Markierung von Medienunternehmen bedeutet dies, neben dem neuen Markennamen, insbesondere die Gestaltung des Markenauftritts bzw. die Präsentation der Marke im Internet. Weiter muss durch eine durchdachte Markenkommunikation eine Abgrenzung zu Mitbewerbern aus der Medienbranche erfolgen und es müssen die Eigenständigkeitsmerkmale der neuen Marke herausgestellt werden. Ein Fit zwischen Markierung und Kommunikation fördert einen schnellen und kostengünstigen Markenaufbau (Esch 2012, S. 221 ff.). Die Online-

Neumarkenstrategie zeichnet sich durch ein hohes Ausmaß an Positionierungsflexibili tät und durch die zügige Markenpenetration bzw. Markendurchdringung aus. Unabhängig von markenrelevanter Historie kann eine Marke aufgebaut werden, ohne Kompromisse eingehen zu müssen, da ausschließlich internet-spezifische Inhalte vermittelt werden und kein Bezug zu einer klassischen Marke aus der Offline-Welt berücksichtigt werden muss (Wirtz und Storm van's Gravesande 2004, S. 1064). Insbesondere für klassische Printme dien stellt eine Online-Neumarkenstrategie eine Möglichkeit dar, mit einer eigenständigen Onlinemarke neue Lesergruppen zu erschließen, Produktions- und Vertriebskosten zu sen ken und zusätzlich mit der Ursprungsmarke den klassischen Offline-Kundenstamm zu be dienen. Dem gegenüber steht ein vergleichsweiser hoher Budgetbedarf für die Gestaltung, die Positionierung und die Markenpenetration der Online-Neumarke. Eine erfolgreiche Markenpositionierung ist jedoch fraglich, da diese bei einem hohen Anteil von Neumar ken nicht erfolgen konnte.

Eine alternative Markenführungsstrategie für Medienunternehmen im Internet kann bei einer bereits etablierten Marke die Offline-/Online-Markenadaptionsstrategie darstellen. Hierbei wird die bereits etablierte Marke aus der Offline-Welt um internet-spezifische Elemente ergänzt. Diese Ergänzung erfolgt durch eine Form der Markengestaltung und Markenpositionierung mit einer entsprechenden Erweiterung der Markenpersönlichkeit (Wirtz und Storm van's Gravesande 2004, S. 1064). Beispielsweise markiert der Axel-Springer Konzern seine traditionellen Printmarken mit internet-spezifischen Elementen wie „de" oder „online". Eine solche Markenstrategie kann als Variation des „House of Brands" angesehen werden. Bei einem sogenannten „House of Brands" treten Produkt-marken ohne ein verbindliches Markendach in Erscheinung (Meffert et al. 2010, S. 154). Durch den Transfer von Teilen der Markenpersönlichkeit aus der bereits am Markt veran-kerten Offlinemarke kann die adaptierte Marke mit vergleichsweise geringen Investitions-und Werbekosten aufgebaut werden. Für den Konsumenten ist so ein Teil der Marke be-reits aus dem klassischen Offline-Geschäft bekannt. Die adaptierte Onlinemarke kann dazu benutzt werden weitere Geschäftsfelder und Absatzkanäle zu erschließen und Kon-sumenten aus dem Offlinemarkt auch im Onlinemarkt an die Marke zu binden. Es besteht jedoch die Gefahr, dass der markenpolitische Gestaltungsspielraum für die internet-spe-zifische Marke durch die Dominanz klassischer Komponenten stark eingeschränkt wird und hierdurch negative Wirkungen hinsichtlich der Differenzierung oder der Marken-persönlichkeit hervorgerufen werden, was zu einem mangelnden Identitäts-Fit zwischen Offlinemarke und adaptierter Onlinemarke führen kann (Wirtz und Storm van's Gravesan-de 2004, S. 1065).

Als dritte strategische Option für die Markenführung von Medienunternehmen kann der Offline-/Online-Stammmarkentransfer angesehen werden. Hier findet eine vollständi-ge Transformation einer bestehenden Marke in das Internet statt. Während eine Offline-/ Online-Markenadaptionsstrategie potentielle Einschränkungen des Gestaltungsspielraums durch die Bindung an die Offline-Marke mit sich bringt, ist das Handlungsspektrum bei einem Offline-/Online-Stammmarkentransfer durch die komplette Übernahme der tradi-tionellen Marke vorgegeben und kann nur sehr bedingt ausgedehnt werden (Wirtz und

Storm van's Gravesande 2004, S. 1065). Dies impliziert für Medienunternehmen, insbesondere für die klassischen Printmedien, dass sie ihren gegebenenfalls stark traditionell und klassisch ausgerichteten Markenkern mit modernen, dynamischen Inhalten kombinieren müssen. Auch die von der Stammmarke übertragenen Markenattribute müssen für die internet-spezifischen Geschäftsbereiche relevant sein und dürfen keine konträren Inhalte vermitteln. Medienunternehmen können mittels dieser Strategie neue Geschäftsfelder mit einem minimalen Markteintrittsbudget erschließen, was insbesondere auf die Kostenersparnisse bei der Markengestaltung zurückzuführen ist. Allerding steigt der Aufwand für die Koordination und Abstimmung von Stammmarke und Transfermarke aufgrund der inhaltlichen Verknüpfung erheblich. Fehlt eine inhaltliche Übereinstimmung der transferierten Marke mit der Offlinemarke droht eine Markenverwässerung oder Markenerosion für die etablierte Marke (Wirtz und Storm van's Gravesande 2004, S. 1065).

Eine ergänzende Markenführungsstrategie stellt die Online-Markenallianz dar, bei der mindestens zwei unabhängige Unternehmen aufbauend auf ihren etablierten Marken eine gemeinsame Neumarke positionieren. Somit stellt die Online-Markenallianz eine Mischform aus Online-Neumarkenstrategie und Stammmarkentransferstrategie dar. Charakteristisch für eine Online-Markenallianz ist die systematische Markierung einer gemeinsamen Leistung durch mindestens zwei Marken, welche beide weiterhin separat für den Konsumenten wahrnehmbar sind. Bei dieser Markenführungsstrategie stehen die Vorteile aus zusätzlichen Umsatzpotentialen für die Kooperationspartner der Gefahr des fehlenden Identitäts-Fit zwischen den Marken und dem Verlust an Exklusivität gegenüber. Aufgrund der bereits etablierten Marken kann jedoch zügig und mit geringem Ressourcenaufwand ein Vertrauen zum Nachfrager aufgebaut werden. Auch können die positiven Eigenschaften beider Ursprungsmarken gebündelt transferiert werden (Wirtz und Storm van's Gravesande 2004, S. 1065). Empirische Studien haben hingegen gezeigt, dass eine Online-Markenallianz negative Auswirkungen auf die Ursprungsmarken mit sich zieht. Vor allem die Wahrnehmung der Ursprungsmarken leidet unter einer Online-Markenallianz (Renke und Sabel 2007, S. 112). Es besteht in jedem Fall ein hoher Koordinationsaufwand in allen Bereichen, um die möglichen negativen Auswirkungen auf die Ursprungsmarken abzuwehren.

In der Unternehmenspraxis werden verschiedene Markenführungsstrategien im Internet angewandt. In Abb. 3 werden die vier strategischen Optionen der Markenführungsstrategien für Medienunternehmen im Internet anhand allgemeiner Kriterien der Markenführung bewertet.

Wird eine Online-Neumarkenstrategie verfolgt, so besteht im Gegensatz zu einem Offline-/Offline-Stammmarkentransfer und der Online-Markenallianz, durch den sehr geringen Koordinationsbedarf, kaum die Gefahr eines fehlenden Identitäts-Fit. Im Falle einer Offline-/Online-Markenadaptionsstrategie kann aufgrund der Kombination von klassischen und online-spezifischen Elementen von einer etwas geringeren Gefahr eines fehlenden Identitäts-Fit ausgegangen werden. Hinsichtlich der Kosten für die Markenpenetration, die Markenpositionierung und die Markengestaltung können der Online-Markenallianz hohe und der Online-Neumarkenstrategie sehr hohe Kosten zugesprochen wer-

Strategietyp	Online-Neumarkenstrategie	Offline-/Online-Markenadaptionsstrategie	Offline-/Online-Stammmarkentransferstrategie	Online-Markenallianz
Koordinationsbedarf mit Ursprungsmarke	sehr gering	hoch	sehr hoch	sehr hoch
Kosten für Markenpenetration	sehr hoch	mittel	gering	hoch
Kosten für die Markenpositionierung	sehr hoch	gering	sehr gering	hoch
Kosten für die Markengestaltung	sehr hoch	gering	sehr gering	hoch
Markenpositionierungs-flexibilität	sehr hoch	gering	sehr gering	mittel
Synergienutzung im Markenportfolio	sehr gering	mittel	sehr hoch	mittel
Gefahr des fehlenden Identitäts-Fit	sehr gering	hoch	sehr hoch	sehr hoch

○= sehr gering ◕= gering ◑= mittel ◖= hoch ●= sehr hoch

Abb. 3 Bewertung der Optionen der Markenführung für Medienunternehmen im Internet. (In Anlehnung an Wirtz und Storm van's Gravesande 2004, S. 1066)

den. Aufgrund der bereits etablierten Offlinemarken fallen diese Kosten beim Offline-/ Online-Stammmarkentransfer und der Markenadaptionsstrategie sehr viel geringer aus. Dahingegen bietet die Online-Neumarkenstrategie die mit Abstand höchste Markenpositionierungsflexibilität. Auch die Online-Markenallianz bietet noch eine mittlere Markenpositionierungsflexibilität. Hier ist jedoch bei der Markenpositionierung insbesondere darauf zu achten, die Kernattribute der Neumarke eng mit denen der Ursprungsmarken abzustimmen. Große Synergieeffekte zwischen den Marken sind hingegen, aufgrund des maximalen Integrationsgrades, besonders beim Online-/Offline-Stammmarkentransfer zu erzielen. Die Offline-/Online- Markenadaptionsstrategie bietet durch Kombination klassischer und online-spezifischer Elemente ebenfalls noch hohe Synergieeffekte zwischen der Offlinemarke und der adaptierten Onlinemarke.

Zusammenfassend kann festgestellt werden, dass es vier Markenführungsstrategien der Online-Markenführung für Medienunternehmen gibt. Diese Strategien haben spezifische Vor- und Nachteile und weisen verschiedene Markenführungsaspekte auf, welche in Abb. 4 zusammenfassend dargestellt werden.

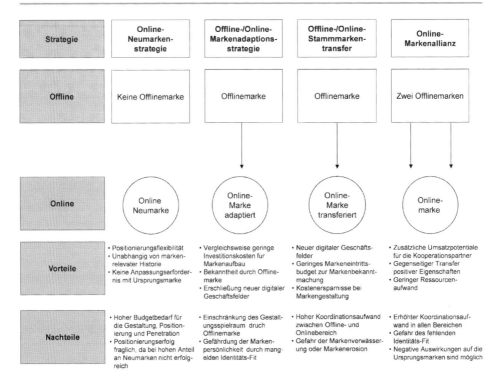

Abb. 4 Vor- und Nachteile von Markenführungsstrategien für Medienunternehmen im Internet

---

4   Fallbeispiele zu Markenführungsstrategien von Medienunternehmen im Internet

Markenführungsstrategien von Medienunternehmen im Internet sind in der Unternehmenspraxis in verschiedenen Ausprägungen anzutreffen. Im Folgenden werden anhand von vier Fallbeispielen die in Abschn. 3 dargestellten Markenführungsstrategien veranschaulicht.

4.1   Die Online-Neumarkenstrategie: The Huffington Post

The Huffington Post ist eine US-amerikanische Onlinezeitung, welche von Arianna Huffington, Kenneth Lerer und Jonah Peretti im Jahr 2005 gegründet wurde. Mit einem Gründungsbudget von rund 1 Million US-Dollar setzte die Huffington Post auf ein ebenso neuartiges wie innovatives Konzept in der Medienbranche. So umfasst das Konzept der Huffington Post einen Mix aus Redaktion, Blogger und Social Media. Die Onlinezeitung vereint Internetlinks zu verschiedenen Nachrichtenquellen, sammelt und verweist auf andere Medienberichte und Kolumnen und bietet zusätzlich eigene Newsberichte und Kommentare an. Dabei reicht die thematische Bandbreite von Politik über Unterhaltung

Abb. 5 Startseite der Huffington Post. (Huffington Post)

bis hin zu Lifestyle. Im Allgemeinen kann die politische Ausrichtung der Huffington Post als liberal angesehen werden. Mehrheitlich wird die Huffington Post durch freiwillige, unbezahlte Mitarbeiter gestaltet (Ritzel et al. 2013, S. 53 f.). Zusätzlich setzt die Onlinezeitung auf publizistische Beiträge prominenter Autoren aus den Bereichen Politik, Wirtschaft und Unterhaltung. Bereits kurz nach dem Start der Onlinezeitung im Mai 2005, machte die Huffington Post besonders durch prominente Autoren von sich reden – Hollywood-Stars wie Alec Baldwin und George Clooney schreiben für das Portal ebenso wie Robert F. Kennedy junior und der Autor Norman Mailer (Kleinz 2010). Durch dieses innovative Konzept ist es der Huffington Post gelungen, weltweit rund 77 Million Besucher täglich zu gewinnen (Hauser 2013). Die Mitbewerber hingegen kritisieren die Zusammenarbeit der Huffington Post mit freiwilligen, unbezahlten Autoren als Entwertung des Journalismus. Im Jahr 2010 erwirtschaftet die Huffington Post erstmals einen Gewinn (Knop 2011). Ein Jahr darauf, im Februar 2011, wurde die Huffington Post für 315 Millionen US-Dollar an den Internetpionier AOL verkauft.

Abbildung 5 zeigt einen Ausschnitt der Startseite der Huffington Post. Hier ist bereits auf den ersten Blick die liberale Ausrichtung zu erkennen. Themengebiete wie „Gay Voices" oder „Green" finden direkt auf der Startseite Beachtung. Auch die Integration

von sozialen Medien hat einen hohen Stellenwert. Die drei großen sozialen Medien –
Facebook, Twitter und Google+ sind direkt unter dem Markenlogo positioniert.

Der Huffington Post ist es gelungen, eine Online-Neumarkenstrategie erfolgreich umzusetzen. Innerhalb weniger Jahre hat es die Huffington Post geschafft sich als liberales
Onlinemedium erfolgreich zu positionieren. Hierfür hat die Huffington Post insbesondere
den US-Präsidentschaftswahlkampf im Jahre 2008 genutzt. Als liberale Zeitung konnte sie sich als Gegengewicht zu den konservativen Fox News etablieren (Ritzel et al.
2013, S. 54). So konnte die Huffington Post große Teile der liberalen Wählerschaft für
sich als Leser gewinnen und sich zugleich als eine Art liberale Institution positionieren.
Eine hohe Markenpositionierungsflexibilität ist demnach ein entscheidender Vorteil für
eine Online-Neumarkenstrategie. Vor allem die fehlende Markenhistorie stellt im Fall der
Huffington Post neben einer großen Herausforderung auch eine Chance für die Markenführung dar. Aufgrund der fehlenden Ursprungsmarke kann die Huffington Post, durch
die Integration freiwilliger und prominenter Autoren sowie die Verlinkung auf andere
Nachrichtenquellen, ein innovatives Konzept im digitalen Journalismus umsetzen, ohne
Rücksicht auf die Markenidentität einer klassischen Printmarke nehmen zu müssen. Daher
besteht im Vergleich zu den Mitbewerbern, die zusätzlich eine klassische Printmarke führen, keine Gefahr eines fehlenden Identitäts-Fit. Diese Unabhängigkeit ermöglicht es die
Marke „The Huffington Post" ganz an den Bedürfnissen und Gegebenheiten des Onlinemarktes auszurichten, ohne Kompromisse mit einer Ursprungsmarke eingehen zu müssen.
Dazu zählen insbesondere die Integration sozialer Medien, aber auch Videoclips, Blogs
und Communities. Die Strategie der Huffington Post, Internetlinks von anderen Nachrichtenquellen zu vereinen, macht es möglich mit einer vergleichsweisen kleinen Redaktion
ein breites Angebot aufstellen zu können. Hierdurch konnten fehlende Synergieeffekte,
die aus der Abwesenheit einer Offline-Redaktion resultieren, kompensiert werden. Auch
die Einbeziehung freier, unbezahlter Journalisten und Bloggern ermöglicht es der Huffington Post ein breites Angebot aufzustellen. Im Gegensatz zu den Konkurrenten mit
einer bereits etablierten Marke sind die Kosten für eine erfolgreiche Markengestaltung,
Markenpenetration und Markenpositionierung bei einer Online-Neumarke deutlich höher.
So musste ein neuer Markenname, ein neues Markenlogo und eine komplett neue Mar-
keninfrastruktur aufgebaut werden. Hinsichtlich des Markennamens stellt der Namensteil
„Huffington" eine besonders geschickte Wahl dar, da Arianna Huffington durch verschiedene publizistische und politische Engagements bereits einer breiten Öffentlichkeit in den
USA bekannt ist. Hierdurch wurde es der Huffington Post möglich, die mit dem Namen
Arianna Huffingtons verbundenen positiven Eigenschaften teilweise in die Marke zu integrieren und zu nutzen. Weiter hat es die Huffington Post geschafft durch die Zusammenarbeit mit Prominenten und Politikern ihre Markenbekanntheit schnell und kostengünstig
zu steigern.

Einen Überblick über die einzelnen Aspekte der Online-Neumarkenstrategie der Huffington Post zeigt Abb. 6.

Aspekte

Markenführungs-strategie	• Online-Neumarkenstrategie • Neumarke: „The Huffington Post"
Markenpositionie-rung	• Positionierung als liberales Gegengewicht zu den dominierenden konservativen US-Medienkonzernen im Onlinemedienbereich • Reine Onlinezeitung mit innovativem journalistischen Konzept
Markenpostionie-rungsflexibilität	• Sehr hohe Markenpositionierungsflexibilität • Voller Positionierungsfreiraum, da keine Ursprungsmarke vorhanden ist • Alle Anforderungen und Gegebenheiten des Internets können berücksichtigt werden
Gefahr des fehlenden Identitäts-Fit	• Keine Gefahr, da keine Ursprungsmarke vorhanden ist • Kein Eingehen von Kompromissen mit anderen Marken notwendig
Koordinations-bedarf mit Ursprungsmarke	• Kein Koordinationsbedarf, da keine Ursprungsmarke vorhanden ist • Volle Konzentrationsmöglichkeit auf die Neumarke
Markenpenetration	• Sehr hohe Kosten für die Markenpenetration, da Neumarke • Senkung der Kosten und Steigerung der Markenbekanntheit durch Zusammenarbeit mit Prominenten und Politikern
Markengestaltung	• Sehr hohe Kosten für die Markengestaltung, da keine Markenidentität vorhanden ist • Gestaltung eines neuen Markennamen, Markenlogos und einer Markeninfrastruktur • Integration des Namens von Arianna Huffington um die damit verbundenen positiven Eigenschaften zu nutzen
Synergienutzung im Markenportfolio	• Keine Synergienutzung möglich, da kein Markenportfolio vorhanden ist

Abb. 6 Aspekte der Online-Neumarkenstrategie am Beispiel Huffington Post

4.2 Die Offline-/Online-Markenadaptionsstrategie: BILD.de/BILDplus

Die digitale Expansion der BILD-Zeitung startete bereits im Jahre 1996 unter dem Markennamen BILD.de. Zu dieser Zeit umfasste die Onlineredaktion lediglich vier Mitarbeiter. Im Jahr 2002 änderte sich durch ein Joint Venture der Axel Springer AG und der Deutschen Telekom AG, die Marke in Bild.T-Online.de. Als Folge einer Digitalisierungsstrategie hat die Axel Springer AG im Jahre 2008 wieder die alleinige Führung des Informations- und Entertainmentportal erlangt und wandelte es in die BILD digital GmbH & Co. KG um (Sigler 2010, S. 116). Seither markiert das Onlineportal wieder unter dem Namen BILD.de. Hinsichtlich der Zielgruppen unterscheidet sich das Onlineportal gegenüber der Printausgabe vor allem in der Altersgruppe, des Bildungsgrades und des monatlichen Einkommens der Leser. So sind die Leser von BILD.de wesentlich jünger als die Leser der klassischen Printausgabe, was durch die generelle demographische Userstruktur im Internet erklärt werden kann (vgl. Abb. 7). Bei der mobilen Version der Onlineausgabe BILD.MOBILE ist dieser Trend noch stärker ausgeprägt.

Inzwischen ist BILD.de mit über knapp 167 Millionen Besuchern im Monat das größte General-Interest-Portal in Deutschland (Axel Springer Medienpilot 2014, S. 1). Obwohl

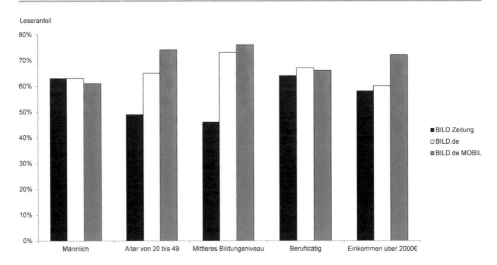

Abb. 7 BILD Demographie im Vergleich. (In Anlehnung an Axel Springer Medienpilot 2014, S. 2)

die Online-Leser von BILD über ein wesentlich höheres Einkommen als die klassischen
Print-Leser verfügen, sind die Inhalte des Onlineportals weitestgehend gratis. Nicht zuletzt aus diesem Grund ist am 11. Juni 2013 das kostenpflichtige Marken-Abo BILDplus
eingeführt worden. Auf BILD.de ist dabei ein Teil der Artikel, insbesondere Geschichten und Multimedia-Inhalte, die BILD exklusiv oder in einer besonderen Art und Weise
recherchiert und aufbereitet hat, Abonnenten vorbehalten. Andere Inhalte sind weiterhin
frei verfügbar. Nur sechs Monate nach dem Start hat das Marken-Abo von BILD bereits
152.493 voll zahlende Abonnenten gewonnen (BILD.de 2013). Zudem bietet BILD.de
einen eigenen Onlineshop an, in dem hauptsächlich Sportartikel vertrieben werden.

Auf BILD.de werden die Beiträge aus der Printausgabe durch internet-spezifische Elemente ergänzt. Abb. 8 zeigt einen Ausschnitt des Onlineportals BILD.de. Hier werden
beispielsweise in die Schlagzeilen aus der Printausgabe zusätzlich Videoclips integriert,
um den multimedialen Bedürfnissen des Internets gerecht zu werden.

Dem Axel Springer Konzern ist es erfolgreich gelungen, eine Offline-/Online-Mar-
kenadaptionsstrategie am Markenflaggschiff BILD durchzuführen. Die klassischen Elemente der Printausgabe, wie beispielsweise die BILD typischen Schlagzeilen, konnten
erfolgreich adaptiert werden und durch internet-spezifische Elemente, wie Videoclips,
ergänzt werden. So konnte sich BILD.de als größtes General-Interest-Portal am Markt
positionieren. Zudem ist es BILD gelungen, das kostenfreie Angebot durch die bezahlten Inhalte von BILDplus zu ergänzen und hierfür eine Akzeptanz bei den Lesern bzw.
Nutzern zu finden. Jedoch ist der Markenpositionierungsspielraum aufgrund der Interdependenzen mit der Ursprungsmarke deutlich eingeschränkt. Zwar ist das Eingehen auf
internet-spezifische Gegebenheiten in einem beschränkten Maße möglich, jedoch müssen
Kompromisse mit der klassischen Printmarke eingegangen werden, um negative Auswirkungen auf die Markenidentität zu vermeiden. Daher umfasst die Ausrichtung, analog zur

Abb. 8 Startseite BILD.de. (BILD.de)

Printausgabe, eine Mischung aus Boulevardjournalismus und Nachrichten zu allen Themenbereichen. Für die Markenführungsstrategie von BILD.de bzw. BILDplus stellt vor allem die langjährige Markenhistorie der BILD-Zeitung einen großen Wettbewerbsvorteil dar. Dies hat es dem Axel Springer Verlang ermöglicht, die positiven Eigenschaften und die Markenidentität der BILD-Zeitung erfolgreich auf die adaptierten Onlinemarken zu übertragen und sich als Marktführer zu etablieren. Diesen Vorteilen stehen jedoch auch zahlreiche Risiken und Herausforderungen gegenüber. Durch die enge Verbindung der adaptierten Marke und der Ursprungsmarke besteht eine hohe Gefahr eines fehlenden Identitäts-Fit zwischen Ursprungsmarke und adaptierter Marke. Um diese Gefahr zu minimieren ist ein hoher Koordinationsbedarf zwischen den Offline- und dem Onlinebereich notwendig. Im Falle von BILD unterscheiden sich die Zielgruppen der beiden Bereiche hinsichtlich Alter, Bildungsniveau und Einkommen wesentlich voneinander. Die Online- und Offlineredaktion steht hierdurch vor der Herausforderung sowohl eine jüngere und gebildetere Zielgruppe im Onlinebereich, als auch eine ältere und weniger gebildete Zielgruppe im Offlinebereich anzusprechen und dennoch einen Fit zwischen beiden Bereichen zu schaffen, um die einheitliche Markenpersönlichkeit nicht zu gefährden. Hierfür ist sowohl für die Offline- als auch für die Onlineredaktion ein gemeinsamer Newsroom ge-

Aspekte

Markenführungs-strategie	• Offline-/Online-Markenadaptionsstrategie • Adaptierte Marke: BILD.de bzw. BILD+
Markenpositionie-rung	• Positionierung als General-Interest-Portal • Mischung aus Boulevardjournalismus und Nachrichten aus allen Themenbereichen • Marktführer
Markenpostionie-rungsflexibilität	• Geringe Markenpositionierungsflexibilität • Positionierungsfreiraum durch Offlinemarke eingeschränkt • Eingehen auf internet-spezifische Gegebenheiten im beschränkten Maße möglich
Gefahr des fehlenden Identitäts-Fit	• Hohe Gefahr, da enge Verbindung zwischen BILD.de und BILD-Zeitung vorhanden ist • Eingehen von Kompromissen notwendig
Koordinations-bedarf mit Ursprungsmarke	• Erhöhter Koordinationsbedarf zwischen BILD.de und BILD-Zeitung • Koordination von verschiedenen Zielgruppen im Offlinebereich und im Onlinebereich • Schaffung eines gemeinsamen Newsroom zwischen Offline- und Online-Redaktion
Markenpenetration	• Geringe Kosten für Markenpenetration • Hohe Markenbekanntheit aus BILD-Zeitung
Markengestaltung	• Geringe Kosten für die Markengestaltung • Bekanntes BILD Logo internet-spezifische Elemente ergänzt • Bestehende Markenidentität durch BILD-Zeitung vorhanden
Synergienutzung im Markenportfolio	• Hohe Synergienutzung möglich • Zusammenarbeit von Offline- und Online-Redaktion

Abb. 9 Aspekte der Offline-/Online-Markenadaptionsstrategie von BILD

schaffen worden, in dem sich beide Redaktionen abstimmen (Sigler 2010, S. 117). Das verstärkte Ansprechen einer jüngeren Zielgruppe im Onlineportal BILD.de wird hauptsächlich durch den Einsatz internet-spezifischer Elemente wie Videoclips oder Livetickern erreicht, während die Titelschlagzeilen weitestgehend mit der Printausgabe übereinstimmen. Hinsichtlich der Kosten für die Markenpenetration, die Markenpositionierung und die Markengestaltung kann in Bezug auf die Onlinemarken von einem vergleichsweise moderaten Kostenaufwand ausgegangen werden. Dies resultiert vor allem aus der Markenbekanntheit der klassischen Printmarke, die lediglich um internet-spezifische Bestandteile ergänzt werden muss. Durch die Zusammenarbeit von Offline- und Onlineredaktion können zudem hohe Synergieeffekte im Markenportfolio erzielt werden.

Einen Überblick über die einzelnen Aspekte der Offline-/Online-Markenadaptionsstrategie von BILD zeigt Abb. 9.

4.3 Offline-/Onlinestammmarkentransfer: Frankfurter Allgemeine Zeitung

Die Frankfurter Allgemeine Zeitung (F.A.Z.) zählt zu den bedeutendsten überregionalen Tages- und Wirtschaftszeitungen in Deutschland. Sie steht für Unabhängigkeit, journalistische Qualität, exklusive Nachrichten und fundierte Analysen. Seit Januar 2001 ist die F.A.Z. mit einem eigenständigen redaktionellen Nachrichten-Portal FAZ.NET im Internet vertreten. FAZ.NET bietet neben aktuellen Nachrichten auch Hintergrundberichterstattung und Analysen. Die Print- und Online-Redaktion sowie das weltweite Korrespondentennetz der F.A.Z. arbeiten eng zusammen und machen es möglich, dass neben minutenaktuellen Nachrichten auch eine fundierte Hintergrundberichterstattung online ist (F.A.Z. 2013). Im Oktober 2011 kam es zu einer vollständigen Überarbeitung des Layouts von FAZ.NET. Nach dieser Überarbeitung ähnelt die Website dem Aussehen der klassischen Printausgabe. So ist das eigene, moderner gestaltete Logo von FAZ.NET durch den bekannten Frakturschrift-Kopf der gedruckten Zeitung ersetzt worden. Dieser Schritt trägt dazu bei, einen einheitlichen Auftritt zwischen Online- und Printausgabe zu schaffen und somit die Markenpersönlichkeit zu stärken. Entgegen dem Onlineportal der BILD-Zeitung, verlässt sich die F.A.Z. fast ausschließlich auf ihre Kernkompetenz, den Qualitätsjournalismus. So finden sich zwar internet-spezifische Bestandteile wie Videobeiträge oder interaktive Grafiken und sogar einen Onlineshop, dieser vertreibt jedoch fast ausschließlich die Produkte der eigenen Verlagsgruppe.

Der Onlineauftritt der F.A.Z. beinhaltet zwar internet-spezifische Elemente, diese sind jedoch auf ein Minimum beschränkt. So ist auf den ersten Blick das Layout und die Gestaltung der F.A.Z. Website nur im geringen Maße von der Printausgabe zu unterscheiden. Lediglich die Position der Werbeanzeige unterscheidet sich von der Printausgabe. Abbildung 10 zeigt einen Ausschnitt des Onlineauftritts der Frankfurter Allgemeinen Zeitung.

Mit der vollständigen Überarbeitung ihres Internetauftritts im Oktober 2011 hat die F.A.Z. einen Offline-/Online-Stammmarkentransfer vollzogen. So ist es der F.A.Z. gelungen die positiven Eigenschaften der Printmarke, welche für konservativen Qualitätsjournalismus steht, in den Onlinebereich zu transferieren und sich als Onlinemedium für konservativ ausgerichtete Leser zu positionieren. Zugleich schränkt diese Markenführungsstrategie den Positionierungsspielraum der Marke erheblich ein. Das Eingehen auf internet-spezifische Gegebenheiten ist nur in einem beschränkten Maße möglich. Zwar bietet die F.A.Z. online-spezifische Elemente, wie Blogs oder Videoclips an, diese treten jedoch in Bezug auf den Gesamtinhalt eher in den Hintergrund. Vor allem im Vergleich mit dem Onlineportal der BILD-Zeitung sind die Unterschiede zwischen Offline- und Onlinebereich erheblich. Die F.A.Z. bietet im Gegensatz zu BILD keine Videoclips direkt als Hauptschlagzeile an. Auch der Onlineshop der F.A.Z. konzentriert sich im Gegensatz zu BILD eher am Kerngeschäft der Zeitung bzw. des Verlages. Zudem werden die redaktionellen Beiträge weniger auf das Onlinegeschäft ausgerichtet, sondern orientieren sich stark an der Printausgabe. Mit der engen Verbindung zwischen Offline- und Onlinebereich geht eine hohe Gefahr eines fehlenden Identitäts-Fit einher. So muss die Onlinemarke

Layout und Logo mit Printausgabe identisch

Abb. 10 Startseite der F.A.Z. (F.A.Z.)

zwar in einem gewissen Maße auf die Bedürfnisse des Onlinemarktes eingehen, um als solche überhaupt wahrgenommen zu werden, jedoch kann sich die Onlinemarke kaum vom Offlinebereich abgrenzen. Folglich ist der Koordinationsbedarf zwischen beiden Bereichen sehr hoch, um den jeweiligen Anforderungen gerecht zu werden. Hinsichtlich der Kosten für die Markenpenetration und der Markengestaltung kann von einem sehr geringen Finanzbedarf ausgegangen werden, da diese in großen Teilen im Einklang mit den Kosten aus dem Printgeschäft stehen. Ergänzend hierzu stellt auch die Zusammenarbeit von Offline- und Online-Redaktion eine Möglichkeit dar, hohe Synergieeffekte zu erzielen. Einen Überblick über die einzelnen Aspekte des Offline-/Online-Stammmarkentransfer der F.A.Z. zeigt Abb. 11.

4.4 Online-Markenallianz: SPIEGEL WISSEN

Im Frühjahr 2008 gründeten die SPIEGELnet GmbH, eine hundertprozentige Tochtergesellschaft des Spiegelverlages und die Bertelsmann-Tochter Wissen Media in einem Joint Venture das Internet-Wissensportal SPIEGEL WISSEN (51 Prozent SPIEGELnet,

Aspekte	
Markenführungs-strategie	• Offline-/Online-Stammmarkentransfer • Transferierte Marke: F.A.Z.
Markenpositionie-rung	• Positionierung als konservative Tageszeitung • Qualitätsjournalismus
Markenpostionie-rungsflexibilität	• Sehr geringe Markenpositionierungsflexibilität • Positionierungsfreiraum durch Offlinemarke stark eingeschränkt • Eingehen auf internet-spezifische Gegebenheiten im sehr beschränkten Maße möglich
Gefahr des fehlenden Identitäts-Fit	• Sehr hohe Gefahr, da enge Verbindung zur Ursprungsmarke vorhanden • Ursprungsmarke dominiert Onlinebereich
Koordinations-bedarf mit Ursprungsmarke	• Sehr hoher Koordinationsbedarf mit Offlinebereich
Markenpenetration	• Sehr geringe Kosten für Markenpenetration • Hohe Markenbekanntheit aus Printbereich
Markengestaltung	• Sehr geringe Kosten für die Markengestaltung • Nutzung von F.A.Z. Frakturschrift-Kopf • Bestehende Markenidentität durch lange Markenhistorie der F.A.Z. vorhanden
Synergienutzung im Markenportfolio	• Hohe Synergienutzung möglich • Zusammenarbeit von Offline- und Online-Redaktion

Abb. 11 Aspekte des Offline-/Online-Stammmarkentransfer der F.A.Z

49 Prozent Wissen Media). Ziel des Joint Venture war es die lexikalischen und journalistischen Quellen zusammenführen. Das Angebot von SPIEGEL WISSEN umfasste dabei die digital aufbereiteten Artikel des Nachrichtenmagazins DER SPIEGEL, die Beiträge von SPIEGEL ONLINE und die des Manager Magazins, sowie die Bertelsmann Lexika und Wörterbücher. Die große Besonderheit des neuen Portals sollte sein, dass die zuvor kostenpflichtigen Archivartikel der SPIEGEL-Gruppe kostenfrei abrufbar sind. Lediglich die aktuellste SPIEGEL-Ausgabe war weiterhin kostenpflichtig. Multimediale Elemente wie Bilder, Grafiken, Videos und zahlreiche, neue Funktionalitäten wie etwa individuelle Sammelordner rundeten das Angebot ab. SPIEGEL WISSEN sollte so die umfassendste, frei zugängliche Rechercheplattform im deutschsprachigen Internet werden. Die operative Leitung von SPIEGEL WISSEN lag bei der SPIEGELnet GmbH. Eine achtköpfige Redaktion bereitete die Inhalte auf und sollte das Angebot ständig aktualisieren und erweitern (SPIEGEL ONLINE 2007). Die durch das Joint Venture von SPIEGELnet und Wissen Media gemeinsame geschaffene Neumarke SPIEGEL WISSEN vereinte die beiden Ursprungsmarken in einem Markennamen. Beide Marken waren hierbei einzeln wahrnehmbar. SPIEGEL WISSEN bezeichnete sich selbst als das Lexikon

Abb. 12 Startseite SPIEGEL WISSEN

der nächsten Generation. Ein Mehrwert gegenüber bereits etablierten Enzyklopädien, wie beispielsweise Wikipedia, konnte nur aufgrund der Integration von redaktionellen Inhalten nicht geschaffen werden. Vielmehr entstand dem SPIEGEL, durch die kostenlose Bereitstellung seiner Archivartikel auf der neuen Plattform, ein Verlust an Exklusivität. Dies dürfte eine Erklärung dafür sein, warum der SPIEGEL Verlag bereits im Jahr 2009 das Joint Venture aufkündigte und SPIEGEL WISSEN und SPIEGEL WISSEN unter dem Dach von SPIEGEL ONLINE alleine weiterführte, bis im Oktober 2009 SPIEGEL WISSEN vollständig in SPIEGEL ONLINE integriert wurde. Abbildung 12 zeigt einen Ausschnitt des Onlineauftritts von SPIEGEL WISSEN.

In einer Online-Markenallianz haben die Medienunternehmen SPIEGELnet GmbH und Wissen Media erfolglos versucht SPIEGEL WISSEN als größtes deutsches Rechercheportal im Internet zu positionieren. Durch die Zusammenführung der redaktionellen Inhalte des SPIEGEL Verlags und der enzyklopädischen Inhalte von Wissen Media wurde der Positionierungsspielraum der Neumarke teilweise vorbestimmt. Da die Ausrichtung an bereits bestehenden Inhalten erfolgte, konnten sich Positionierungsspielräume nur hinsichtlich der Aufbereitung ergeben. Durch die enge Verbindung zu den Ursprungsmarken bestand darüber hinaus eine hohe Gefahr eines fehlenden Identitäts-Fit. Zudem ergab sich durch die einzelne Wahrnehmbarkeit der Ursprungsmarken in der gemeinsamen Neumarke ein Verlust an Exklusivität der beiden Einzelmarken. In allen Bereichen musste ein

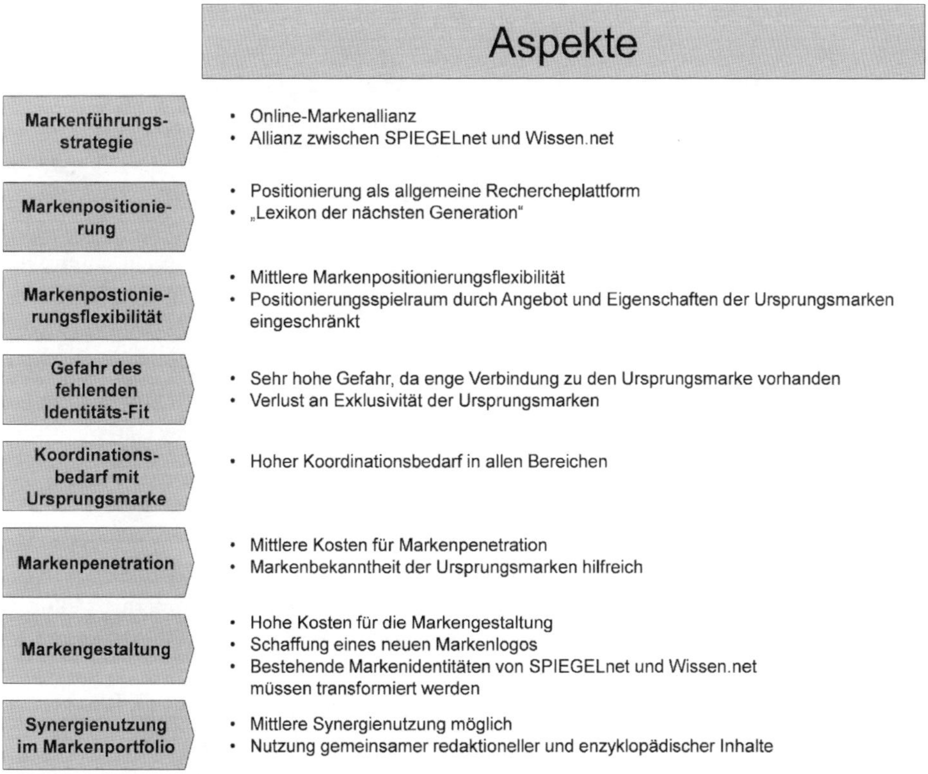

Aspekte	
Markenführungs-strategie	• Online-Markenallianz • Allianz zwischen SPIEGELnet und Wissen.net
Markenpositionie-rung	• Positionierung als allgemeine Rechercheplattform • „Lexikon der nächsten Generation"
Markenpostionie-rungsflexibilität	• Mittlere Markenpositionierungsflexibilität • Positionierungsspielraum durch Angebot und Eigenschaften der Ursprungsmarken eingeschränkt
Gefahr des fehlenden Identitäts-Fit	• Sehr hohe Gefahr, da enge Verbindung zu den Ursprungsmarke vorhanden • Verlust an Exklusivität der Ursprungsmarken
Koordinations-bedarf mit Ursprungsmarke	• Hoher Koordinationsbedarf in allen Bereichen
Markenpenetration	• Mittlere Kosten für Markenpenetration • Markenbekanntheit der Ursprungsmarken hilfreich
Markengestaltung	• Hohe Kosten für die Markengestaltung • Schaffung eines neuen Markenlogos • Bestehende Markenidentitäten von SPIEGELnet und Wissen.net müssen transformiert werden
Synergienutzung im Markenportfolio	• Mittlere Synergienutzung möglich • Nutzung gemeinsamer redaktioneller und enzyklopädischer Inhalte

Abb. 13 Aspekte der Online-Markenallianz von SPIEGEL Wissen

hoher Koordinationsaufwand betrieben werden, um mögliche negative Auswirkungen auf die Ursprungsmarken auszuschließen. Hinsichtlich der Kosten für die Markenpenetration kann von einem mittleren Budgetbedarf ausgegangen werden. So musste zwar eine Neumarke am Markt positioniert werden, jedoch waren Teile dieser Marke mit bereits bekannten Markeninhalten der Ursprungsmarken assoziierbar. Daneben forderte die Markengestaltung einen erhöhten Finanzbedarf. Hier musste ein neues Markenlogo geschaffen werden, um die bestehenden Markenidentitäten der Ursprungsmarke in die Neumarke zu integrieren. Synergieeffekte entgegen ergaben sich aus der Nutzung gemeinsamer Inhalte. Einen Überblick über die einzelnen Aspekte der Online-Markenallianz von SPIEGEL WISSEN zeigt Abb. 13.

5 Implikationen und Zusammenfassung

Die zunehmende Digitalisierung im Medienbereich wird auch zukünftig eine erhebliche Herausforderung für die Markenführungsstrategien von Medienunternehmen darstellen. So stellt die Konvergenz der Märkte, die Virtualisierung, die zunehmende Komplexität von Markt und Wettbewerb sowie das veränderte Kundenverhalten eine große Herausforderung für die Markenführung dar (Wirtz und Storm van's Gravesande 2004, S. 1068). Für Medienunternehmen impliziert dies mit adäquaten Markenführungsstrategien ihre Marken im Internet zu positionieren. Dieser Beitrag hat hierfür die vier praxisnahen Markenführungsstrategien für Medienunternehmen im Internet dargestellt und jede anhand eines Fallbeispiels veranschaulicht. Sowohl die Online-Neumarkenstrategie, die Offline-/Online-Markenadaptionsstrategie, der Offline-/Online-Stammmarkentransfer oder eine Online-Markenallianz bieten Möglichkeiten, den Anforderungen der Markenführung im Internet gerecht zu werden. Dabei besitzt jede Markenführungsstrategie spezifische Chancen und Risiken, welche es abzuwiegen gilt. Medienunternehmen müssen bei der Strategiewahl berücksichtigen inwieweit sie ihre Ursprungsmarken in das Onlinegeschäft integrieren wollen. Unstrittig ist, dass klassische Geschäftsbereiche und die Online-Geschäftsbereiche zusammengeführt werden müssen, um auf die Veränderungen des Unternehmensumfeldes eingehen zu können. Nur so kann langfristig eine Markenführungsstrategie erfolgreich sein. Als zentrale Herausforderung gelten die Gestaltung und Positionierung der übergeordneten Marke, die sowohl traditionelle als auch moderne, internet-spezifische Inhalte und Werte kombinieren müssen (Wirtz und Storm van's Gravesande 2004, S. 1068). Ein großes Risiko für die Markenführung von Medienunternehmen im Internet stellt die Gefahr eines fehlenden Identitäts-Fit zwischen Ursprungsmarke und Onlinemarke dar. Lediglich die Online-Neumarkenstrategie ist hiervon ausgenommen, was jedoch aufgrund der fehlenden Markenidentität der Ursprungsmarke wiederum zu großen Problemen bei der Positionierung führen kann. Hinsichtlich der Online-Markenallianz kann festgestellt werden, dass diese für Medienunternehmen nicht zu empfehlen ist. Das Fallbeispiel von SPIEGEL WISSEN hat verdeutlicht, dass mit der Online-Markenallianz unweigerlich ein Verlust an Exklusivität der Ursprungsmarken einhergeht. Wollen Medienunternehmen neue, zur Ursprungsmarke konträre Geschäftsfelder im Internet erschließen, bietet sich eine Online-Neumarkenstrategie an, da hier keine Ursprungsmarke berücksichtigt werden muss. Eine Entscheidung zwischen der Offline-/Online-Markenadaptionsstrategie und der Offline-/Online-Stammmarkentransferstrategie bedarf einer sehr gründlichen Evaluation der Ausgangslage. Im Allgemeinen kann jedoch angenommen werden, dass für Marken, welche sich moderner und dynamischer positionieren wollen, eher eine Offline-/Online-Markenadaptionsstrategie eignet, währenddessen für Marken mit einem konservativ und qualitativ ausgerichteten Markenkern sich eher ein Offline-/Online-Stammmarkentransfer anbietet.

Die Autoren

Univ.-Prof. Dr. Bernd W. Wirtz ist seit 2004 Inhaber des Lehrstuhls für Informations- und Kommunikationsmanagement an der Deutschen Universität für Verwaltungswissenschaften Speyer. Bernd W. Wirtz hat bisher ca. 250 Publikationen veröffentlicht und ist Editorial Board Member bei Long Range Planning, The International Journal on Media

Management, dem Journal of Media Business Studies und dem International Journal of Business Environment.

Steven Birkmeyer hat von 2008 bis 2013 an der Universität Trier Betriebswirtschaftslehre, insbesondere Dienstleistungsmanagement, studiert und ist seit 2013 wissenschaftlicher Mitarbeiter und Doktorand am Lehrstuhl für Informations- und Kommunikationsmanagement von Univ.-Prof. Dr. Bernd W. Wirtz an der Deutschen Universität für Verwaltungswissenschaften Speyer.

Literatur

Axel Springer Medienpilot (2014). *Mediapilot 2014*. http://www.axelspringer-mediapilot.de/dl/14568183/Mediadaten_2014_Mediapilot.pdf. Zugegriffen: 12. März 2014

BILD.de (2013). *BILDplus erfolgreich gestartet*. Zuletzt aktualisiert am 11.12.2013. http://www.bild.de/geld/wirtschaft/axel-springer/bild-plus-erfolgreich-gestartet-33804018.bild.html. Zugegriffen: 12. März 2014

Boldt, S. (2010). *Markenführung der Zukunft*. Hamburg: Diplomica Verlag.

Burmann, C., Eilers, D., & Hemmann, F. (2010). *Bedeutung der Brand Experience für die Markenführung im Internet*. LIM-Arbeitspapier, Bd. 46. Bremen.

Christodoulides, G. (2009). Branding in the post-internet era. *Marketing Theory*, 9(1), 141–144.

Denger, K. S., & Wirtz, B. W. (1995). Innovatives Wissensmanagement und Multimedia. *Gablers Magazin*, 9(3), 20–24.

Esch, F.-R. (2012). *Strategie und Technik der Markenführung* (7. Aufl.). München: Vahlen.

F.A.Z. (2013). *Porträt der F.A.Z.*. http://verlag.faz.net/unternehmen/ueber-uns/portraet/wissen-fuer-kluge-koepfe-portraet-der-f-a-z-11090906.html. Zugegriffen: 12. April 2014

Hauser, J. (2013). „Huffington Post" attackiert deutschen Markt. *Frankfurter Allgemeine Zeitung*. http://www.faz.net/aktuell/wirtschaft/netzwirtschaft/internetportal-huffington-post-attackiert-deutschen-markt-12165963.html. Zugegriffen: 11. März 2014

Heinemann, G. (2012). *Der neue Online-Handel* (4. Aufl.). Wiesbaden: Gabler.

Ibeh, K., Luo, Y., & Dinnie, K. (2005). E-branding strategies of internet companies: Some preliminary insights from the UK. *BRAND MANAGEMENT*, 12(5), 355–373.

Kleinz, T. (2010). *The Huffington Post – Mit Klatsch und Politik zum Erfolg. Focus-Online*. http://www.focus.de/digital/internet/the-huffington-post-mit-klatsch-und-politik-zum-erfolg_aid_505979.html. Zugegriffen: 11. März 2014

Knop, C. (2011). *Gedopter Journalismus. Frankfurter Allgemeine Zeitung*. http://www.faz.net/aktuell/wirtschaft/unternehmen/aol-kauft-huffington-post-gedopter-journalismus-1590129.html. Zugegriffen: 11. März 2014

Meffert, C., Burmann, C., & Becker, C. (2010). *Internationales Marketing-Management. Ein marktorientierter Ansatz* (4. Aufl.). Stuttgart: Kohlhammer.

Renke, J., & Sabel, T. (2007). Auswirkungen einer Online-Markenkooperation auf die Ursprungsmarken am Beispiel Otto@Obi. In K. Backhaus, & T. Hoeren (Hrsg.), *Marken im Internet* (1. Aufl. S. 93–118). München: Vahlen.

Ritzel, L., Goodman, S., & van der Schaar, C. (2013). *Native Advertising. Das Trojanische Pferd der Marketing Strategen um das ultimative Gewinnmodell* (1. Aufl.). Hamburg: Diplomica Verlag.

Sabel, T. (2007). Formen und Besonderheiten der Führung von Marken im Internet. In K. Backhaus, & T. Hoeren (Hrsg.), *Marken im Internet* (1. Aufl. S. 23–40). München: Vahlen.

Sigler, C. (2010). *Online-Medienmanagement: Grundlagen – Konzepte – Herausforderungen. Mit Praxisbeispielen und Fallstudien* (1. Aufl.). Wiesbaden: Gabler.

SPIEGEL ONLINE (2007). *SPIEGEL Wissen: „Alle relevanten Informationen mit einem Klick"* zuletzt aktualisiert am 17.12.2007. http://www.spiegel.de/netzwelt/web/spiegel-wissen-alle-relevanten-informationen-mit-einem-klick-a-523761.html. Zugegriffen: 27. März 2014

Suckow, C. (2011). *Markenaufbau im Internet* (1. Aufl.). Wiesbaden: Gabler.

Wirtz, B. W. (2013). *Electronic Business* (4. Aufl.). Wiesbaden: Springer Gabler.

Wirtz, B. W., & Storm van's Gravesande, B. (2004). Markenführungsstrategien im Electronic Business. In M. Bruhn (Hrsg.), *Handbuch für Markenführung* (S. 1049–1070). Wiesbaden: Gabler.

Markenmanagement von IT-Unternehmen

B2B-Markenkommunikation in der ITK- und Medienbranche

Sven Pagel und Christian Seemann

Zusammenfassung

Informations- und Kommunikationsdienstleistungen sind das Rückgrat digitaler Medien. Die IT-Unternehmen als Anbieter solcher Dienstleistungen stehen in einem harten regionalen und internationalen Wettbewerb. Nach dem Reputationsverlust ausgelöst durch den NSA-Skandal müssen gerade diese Unternehmen sich mit ihrer Marke und Markenidentität auseinandersetzen.

Die digitale Markenführung kann sich am Managementprozess für Marken nach Esch orientieren. Nach der Markenanalyse kann die Ist-Identität bestimmt werden. Hilfreich ist gerade bei der Analyse das Markensteuerrad. Mit diesen Informationen lässt sich eine Soll-Identität ableiten, die anschließend in operativen Umsetzungsmaßnahmen in den Markt gebracht werden kann.

Fallstudien zweier Unternehmen aus dem Rhein-Main-Gebiet zeigen, wie die Analyseinstrumente in der Praxis genutzt werden können und helfen Empfehlungen für die digitale Markenführung abzuleiten.

1 Einleitung: Reputation und Markenführung

Digitale Medien funktionieren nicht ohne die Informations- und Kommunikationsbranche und die Produkte bzw. Dienstleistungen, die jene bereitstellt. Unzählige kleine, mittelständische und große IT-Unternehmen sind die Stützpfeiler und Treiber der Digitalisierung in den vergangenen Jahren. Das Internet als omnipräsenter Transportkanal und die Digitalisierung diverser Produkte und Prozesse verändert die Markenführung zahlloser Unternehmen in unterschiedlichsten Branchen. Der regionale, nationale und internationale Wettbewerb nimmt drastisch zu. Wie gelingt gerade jenen Unternehmen, deren Kerngeschäft die Bereitstellung von Informationstechnologie ist, die Ausrichtung ihrer eigenen Markenführung auf die digitale Welt? Wie ist es um das Markenmanagement in dieser digitalen Domäne bestellt?

Prof. Dr. Sven Pagel ✉ · Christian Seemann, M.Sc.
Mainz, Deutschland
e-mail: sven.pagel@hs-mainz.de, christian.seemann@hs-mainz.de

© Springer Fachmedien Wiesbaden 2016   251
S. Regier et al. (Hrsg.), *Marken und Medien*, DOI 10.1007/978-3-658-06934-6_13

Auch aktuelle Entwicklungen machen deutlich wie sehr die digitale Branche auf ihren guten Ruf achten und wie sehr sie diesen hegen und pflegen muss. Der NSA-Skandal hat tiefgreifende Folgen für die Reputation der IT-Branche, wie der GPRA-Vertrauensindex (Gesellschaft der Public Relations Agenturen) im April 2014 zeigt. „So geht das Vertrauen in die Ehrlichkeit von IT-Unternehmen gleich um rekordverdächtige 7,4 Prozentpunkte auf 31,5 Punkte zurück" (Campillo-Lundbeck 2014, S. 1). Vor diesem Hintergrund ist es notwendiger denn je auch für IT-Unternehmen, sich um ihre Markenführung explizit Gedanken zu machen. Plakativ formuliert: „Auch Informationstechnologie erfordert ... Vermarktung" (Jacob 2013, S. 104).

2   IT-Unternehmen: Digitale Medien als Teil der ITK-Branche

Kaum ein Begriff kann unschärfer sein als jener des IT-Unternehmens. Produkt-Hersteller fallen ebenso darunter wie Service-Anbieter. Hardware, Software und Netze stellen die riesige Produktvielfalt der Branche dar. Das Statistische Bundesamt fasst den Begriff Informations- und Kommunikationstechnologie (IKT) sehr weit. Die relevanten Bereiche werden in Tab. 1 dargestellt. Abschnitt J der Klassifikation der Wirtschaftszweige umfasst Information und Kommunikation. Die klassische Herstellung von IT- und TK-Hardware ist im verarbeitenden Gewerbe (Abschnitt C) aufgeführt. Neben der Erbringung klassischer IT-Dienstleistungen wie Programmierung und Datenverarbeitung, sowie leitungsgebundene und drahtlose Telekommunikation ist unter Information und Kommunikation bezeichnenderweise auch das Verlagswesen und die Bild- und Tonbranche subsumiert, klassische Medien also (Klassifikationsrahmen Statistisches Bundesamt 2008, S. 18 ff.). Auch diese klassischen Medien sind seit Jahren von der Digitalisierung erfasst worden. In vielen Mediensektoren ist sie weitgehend abgeschlossen (z. B. Rundfunksektor). Die Nähe zwischen Medienunternehmen und IT-Unternehmen wird in dieser Klassifikation offensichtlich (vgl. auch folgende Tabelle). Wenn im weiteren Verlauf von IT-Unternehmen gesprochen wird, sind somit auch Medien- und Telekommunikationsunternehmen gemeint.

Tab. 1 ITK-Wirtschaftszweige nach Klassifikation des Statistischen Bundesamts (Auszug)

Abschnitt C – Verarbeitendes Gewerbe	
26.2/3/4	Herstellung von Datenverarbeitungsgeräten, von Telekommunikationstechnik, von Unterhaltungselektronik
Abschnitt J – Information und Kommunikation	
58	Verlagswesen
59	Herstellung, Verleih, Vertrieb von Filmen ... und Verlegen von Musik
60	Rundfunkveranstalter
61	Telekommunikation
62	Erbringung von Dienstleistungen der Informationstechnologie
63	Informationsdienstleistungen

Tab. 2 Kategorisierung von Unternehmen. (Europäische Gemeinschaft 2006)

	Kleinstunternehmen	Kleinunternehmen	Mittlere Unternehmen	Großunternehmen
Mitarbeiterkriterium	< 10	< 50	< 250	≥ 250
Umsatzkriterium	≤ 2 Mio. EUR	≤ 10 Mio. EUR	≤ 50 Mio. EUR	> 50 Mio. EUR
Bilanzsumme	≤ 2 Mio. EUR	≤ 10 Mio. EUR	≤ 43 Mio. EUR	> 43 Mio. EUR

Die Spezifika der Markenführung von IT-Unternehmen hängen nicht nur von den dargestellten Sektoren ab, in denen das jeweilige Unternehmen verortet ist, sondern auch von der Unternehmensgröße. Eine Klassifikation wurde von der Europäischen Gemeinschaft veröffentlicht und wird hier in Tab. 2 dargestellt. Nicht die nationalen und vor allem internationalen Groß- und Größtunternehmen wie Apple, Microsoft und SAP stehen in diesem Artikel im Fokus, sondern die mittelständische Wirtschaft. Diese soll beispielhaft anhand der Metropolregion des Rhein-Main-Gebiets erläutert werden. Diese Region ist für die deutsche IT-Industrie besonders relevant, nicht zuletzt weil hier mit dem DE-CiX (Deutscher Commercial Internet Exchange) der zentrale Datenaustauschpunkt Deutschlands steht, der zugleich einer der größten weltweit ist. In Hessen erwirtschaften ca. 105.000 Beschäftigte in rund 10.000 Unternehmen 23 Milliarden Euro Jahresumsatz (Hessen IT 2009), in Rheinland-Pfalz sind in 2011 in der Medien-, Information- und Kreativbranche ca. 55.000 Mitarbeiter beschäftigt (Weber et al. 2012).

3 IT-Marketing zwischen B2C und B2B

Ein Teil der IT-Unternehmen richtet sich mit seinen Produkten an die Endkonsumenten. Ein weitaus größerer Teil agiert allerdings im Hintergrund – als Dienstleister von Firmenkunden. Für das Marketing in solchen B2B-Unternehmen gelten besondere Spezifika. Business-to-Business-Marketing folgt einem breiteren Verständnis als das Industriegütermarketing, weil neben direkten und indirekten Geschäftsbeziehungen zwischen Herstellern auch Handelsunternehmen erfasst werden (Werani et al. 2006, S. 5). Besonderheiten des B2B-Marketings umfassen Marktteilnehmer, Produkte, Bedarf, Käuferverhalten, Vertriebswege und auch die Preis- und Konditionengestaltung (Fuchs 2003, S. 4). Für die IT-Branche sind insbesondere die Produkte, das Käuferverhalten und die Vertriebswege maßgeblich. „Die Produkte und Leistungen, die auf Business-Märkten vertrieben werden, sind oft komplexer, technisch aufwendiger und sind daher wesentlich erklärungsbedürftiger als die meisten Angebote auf Konsumgütermärkten" (Fuchs 2003, S. 4). Das Käuferverhalten ist durch die oft klar definierten organisatorischen Entscheidungsprozesse und die Vielzahl der am mehrstufigen Prozess beteiligten Personen gekennzeichnet.

Marketing wird üblicherweise als marktorientierte Unternehmensführung verstanden. Dies bedeutet, dass es sowohl als Leitbild als auch als Unternehmensfunktion gleichberechtigt zu den anderen üblichen Betriebsfunktionen fungiert (Meffert et al.

2012, S. 13 ff.). Zentrale Aufgabenbereiche werden durch das **4P-Modell** umschrieben (product, price, promotion und place bzw. Produkt-, Preis-, Kommunikations- und Distributionspolitik). Für das Service-Marketing sind sogar 7 P relevant, hier sind zusätzlich Personal, Prozessen und physischen Bestandteilen der Dienstleistung eine besondere Aufmerksamkeit zu widmen (Blythe 2012, S. 12). Gerade die Erkenntnisse des Dienstleistungsmarketings bieten zahlreiche Anregungen für die ITK-Branche, weil viele der Unternehmen Dienstleister sind. „Das Marketing von IT-Service-Unternehmen muss als Markenarbeit verstanden und gelebt werden. Es darf nicht nur operational als das Bereitstellen von Werbemitteln und als das Anzapfen von Marketingfonds der Partner praktiziert werden." (Hradilak 2011, S. 71).

Die Einordnung von Markenmanagement innerhalb der Aufgaben des Marketings wird unterschiedlich vorgenommen. Während Bruhn Markenmanagement als Unterfunktion der Produktpolitik im Marketing Mix ansiedelt (Bruhn 2012, S. 144), umgehen Armstrong et al. eine konkrete Positionierung, indem sie die 4 P nicht konkret zur Klassifizierung heranziehen (Armstrong et al. 2012, S. 247). Keller und Meffert hingegen sehen Markenmanagement als eine übergreifende Funktion, die in allen Marketingentscheidungen berücksichtigt werden muss (Keller 2008, S. 38). Diesem breiten Verständnis schließt sich dieser Artikel an. Die Termini Markenführung, Markenmanagement und Brand Management werden hier synonym verwendet.

In vielen IT-Unternehmen sind Marketing und Vertrieb zwei getrennte Organisationsbereiche. Im Mittelpunkt steht oft der reine IT-Vertrieb. Der Vertrieb kann aber nur nachhaltig erfolgreich fungieren, wenn er als Teil des Marketings betrieben wird und diesem auch ein klares Markenbild zugrunde liegt.

Trotz mancher Besonderheiten kann das Marketing von IT-Unternehmen auch die Erkenntnisse der identitätsorientierten Markenführung aufgreifen. Ausgangspunkt des Markenmanagements ist demnach ein Selbstbild, das die Verantwortlichen eines Unternehmens von ihrer Marke entwickeln. Dies stellt die **Markenidentität** dar. Dem gegenüber steht das **Markenimage**, also das Fremdbild, welches die Kunden mit dem Unternehmen bzw. seinen Produkte verbinden. Abbildung 1 stellt den Managementprozess der identitätsorientierten Markenführung dar. Der Prozess erfolgt in den vier Schritten Situationsanalyse, Markenstrategie, Strategieumsetzung und Kontrolle (Esch 2012, S. 117). Markenanalyse und Markenplanung stellen nach Herrmann Aufgaben des strategischen Markenmanagements (Markenführung i. e. S.) dar, während Markengestaltung und Markenkommunikation operative Aufgaben des Markenmanagements (Markentechnik) sind (Herrmann 1999, S. 60). Die Besonderheiten des B2B-Marketings machen erforderlich, auch unterschiedliche Zielgruppen im Kommunikationsprozess eines IT-Unternehmens zu berücksichtigen. Fuchs schlägt deshalb für die B2B-Kommunikation Situationsanalyse, Kommunikationsziele, Kommunikationszielgruppen, Positionierung, Instrumente, Budgetierung und Kontrolle als relevante Aufgaben vor (Fuchs 2003). All diese Punkte werden in den folgenden Kapitel behandelt, die sich an der Vier-Schritt-Logik von Esch anlehnen.

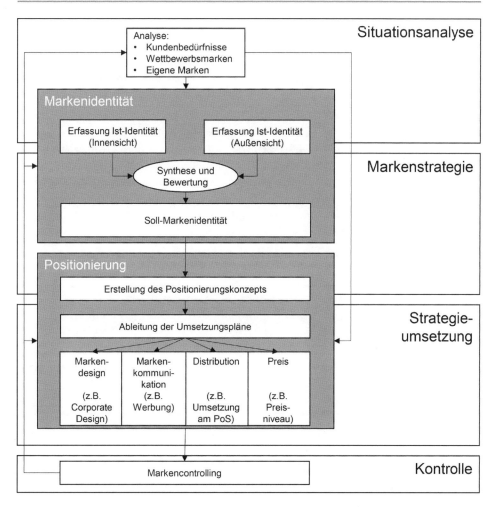

Analyse:
- Kundenbedürfnisse
- Wettbewerbsmarken
- Eigene Marken

Situationsanalyse

Markenidentität

Erfassung Ist-Identität
(Innensicht)

Erfassung Ist-Identität
(Außensicht)

Synthese und
Bewertung

Markenstrategie

Soll-Markenidentität

Positionierung

Erstellung des Positionierungskonzepts

Ableitung der Umsetzungspläne

Strategie-
umsetzung

Marken-design	Marken-kommuni-kation	Distribution	Preis
(z.B. Corporate Design)	(z.B. Werbung)	(z.B. Umsetzung am PoS)	(z.B. Preis-niveau)

Markencontrolling

Kontrolle

Abb. 1 Managementprozess der identitätsorientierten Markenführung nach Esch. (Esch 2012, S. 117)

4 Markenanalyse von IKT-Unternehmen (Situationsanalyse)

Die Analyse der Marketingsituation umfasst das Makroumfeld (politische, ökonomische und soziale Rahmenbedingungen) sowie das Mikroumfeld (die Stakeholder im direkten Umfeld des Unternehmens). Die **Situationsanalyse** für den hier fokussierten Teilbereich des Markenmanagements soll die wesentlichen Informationen über Kundenbedürfnisse, bisheriges Auftreten der eigenen Marke sowie der konkurrierenden Unternehmensmarken beinhalten. Ergebnis der Situationsanalyse ist die Ist-Identität der Marke. Diese kann aus der Innensicht in Workshops mit Managern und Mitarbeitern ermittelt werden. Aber auch die Außensicht externer Anspruchsgruppen ist relevant, welche Identität diese hinter der Marke vermuten.

Für die Außensicht ist es grundsätzlich sinnvoll, die Kunden bei der Situationsanalyse mit einzubeziehen. Nur so kann man den subjektiven Markeneindruck, der beim Kunden hinterlassen wurde, erfassen. Gerade für IT-Unternehmen bietet sich die Nutzung von Online-Umfragen an, deren Einbindung – sofern dies professionell umgesetzt ist – beim Kunden die positive Einschätzung der Firmenkompetenz weiter ausbaut.

Für Unternehmen mit einer wenig gefestigten Marke und für Kleinst- und Kleinunternehmen, deren Marken gegebenenfalls nur in einem kleinen Kundenkreis bekannt sind, ist an dieser Stelle oftmals eine qualitative Befragung nützlich. So können viele Details und Facetten der Marke erfragt werden.

Für Firmen mit einer etablierten Marke ist hingegen das Erfassen vieler Meinungen durch quantitative Methoden sinnvoll. Die Meinungen und Impressionen großer Kundenkreise kann so erfasst werden.

5 Strategische Markenplanung von IKT-Unternehmen (Markenstrategie)

Die **Markenstrategie** fußt auf der Entwicklung einer Soll-Identität und der entsprechenden Positionierung der Marke. Als ein zentrales Instrument kann das **Markensteuerrad** nach Esch angewendet werden (Esch 2012, S. 101 ff.). Innerer Kern des Steuerrads mit seinen vier Quadranten ist demnach die Markenkompetenz (Wer bin ich?). Hierzu zählt z. B. die Markenhistorie. Der Markennutzen (Was biete ich an?) umfasst den funktionalen und den psychosozialen Nutzen. Markenattribute (Über welche Eigenschaften verfüge ich?) sind Eigenschaften der Produkte resp. Dienstleistungen ebenso wie des Unternehmens. Die Markentonalität (Wie bin ich?) erfasst Persönlichkeitsmerkmale, die auch einer Marke zugeordnet werden können. Das Markenbild (Wie trete ich auf?) umfasst z. B. visuelle Elemente wie das Corporate Design.

Die **Positionierung** ist die aktive Gestaltung der Stellung einer Marke im jeweils relevanten Markt. „Positionierungsmodelle geben räumliche Positionen von Marken aus Sicht der Anspruchsgruppen wieder, ähnlich wie Landkarten die Anordnung von Städten" (Esch 2012, S. 158).

Mittelständische IT-Unternehmen bewegen sich oftmals nicht in einem ausschließlich regionalen Markt, sondern viele von ihnen sind in einem nationalen oder internationalen Markt aktiv. „In diesem ‚People's-Business' par excellence sind die Engineers, die Help Desk-Mitarbeiter, die Verkäufer und die Projektmanager die entscheidenden ‚Markenbildner'" (Hradilak 2011, S. 67).

Es gibt also gerade im IT-Bereich durchaus viele Mitarbeiter, die als **Markenbildner** Einfluss auf die Markenwahrnehmung haben. Je mehr sich diese ihrer Markenverantwortung bewusst sind, desto effektiver kann die Wahrnehmung geprägt werden. Dafür sind sowohl fachliche als auch soziale Kompetenz unabdingbar, sowie auch eine gewisse Identifikation mit der Marke (Esch 2012, S. 128). Markenbildner müssen verstehen, was sich hinter der Marke ihres Unternehmens verbirgt. Dies umfasst nicht nur konkrete Produkte und Services, sondern vor allem auch Werte und Visionen. Hat ein Unternehmen das Ziel bei seinen Kunden gerade für Pünktlichkeit bekannt zu sein, muss dieser Wert auch ausgefüllt werden können. In diesem Beispiel wäre es daher kontraproduktiv, wenn Deadlines regelmäßig und unbegründet nicht eingehalten werden könnten.

Die richtigen und kompetenten Mitarbeiter in die jeweils richtigen Positionen zu entsenden, hilft ein ganzheitliches Markenbild des IT-Unternehmens zu entwickeln. Dies führt dazu, dass die Fähigkeiten der einzelnen Mitarbeiter auf das Unternehmen abstrahlen. Es wird Firmenkompetenz generiert und präsentiert. Eine gute Markenführung bedarf demnach auch einer guten Mitarbeiterkenntnis und -führung (Esch 2012, S. 131). Der Ruf einer Firma steht in sehr engem Zusammenhang mit der Firmenkompetenz. Ein gutes Management der Firmenkompetenz resultiert in einer guten Reputation. Der Aspekt der Kompetenz wird im Folgenden intensiv beleuchtet.

6 Operatives Markenmanagement von IKT-Unternehmen (Markentechnik)

Markentechnik umfasst Markengestaltung und Markenkommunikation. Zur Kommunikation stehen unter anderem folgende Instrumente zur Verfügung (Hradilak 2011, 71 ff):

- Website,
- Anzeigen,
- Messen,
- Sponsoring,
- Mitarbeit in Verbänden.

Für IT- und Medienunternehmen ist diese Auflistung unbedingt um einige zentrale Aspekte zu ergänzen. Die Präsenz im World Wide Web spielt für digitale Unternehmen eine besondere Rolle und sollte ebenfalls Social-Media-Maßnahmen umfassen. Website- und Social-Media-Aktivitäten kommen nicht selten bei gerade jenen Unternehmen zu kurz, zu deren Kerngeschäft IT-Dienstleistungen gehören. Dabei bieten Websites sehr viel Potenzial. Da ein Unternehmen über die eigene Website herrscht, können Meinungen, Visionen aber auch Kompetenzen der Firma und Mitarbeiter in der bestmöglichen Weise dargestellt werden. Über Artikel im Firmenblog oder an anderen prominenten Positionen der Site kann Wissen und Fähigkeit durch die Mitarbeiter der Außenwelt bekannt gemacht werden. Gerade in spezialisierten Bereichen ermöglicht dies das Schaffen eines Kompetenzfelds, das über bloße Werbung kaum realisiert werden kann. Dies erlaubt nicht nur potenziellen Kunden Einblick in die Denk- und Arbeitsweise des Unternehmens, sondern auch die Beeinflussung der eigenen Reputation.

Anzeigen dienen als übliches Werbemittel in Print- und Onlinepublikationen. Fachkompetenz kann zusätzlich insbesondere auch über redaktionelle Beiträge transportiert werden. Gerade Beiträge in den redaktionellen Ressorts von Fachzeitschriften können, ähnlich der Firmenwebsite, zeigen, welche Kompetenzen ein Unternehmen ausfüllen kann, ohne bei Lesern, den potenziellen Kunden, als Werbung verstanden zu werden. Das Aufbauen regelmäßiger Autorenschaft in zur Branche passenden Magazinen macht Mitarbeiter auch außerhalb der Firma als Spezialisten erkennbar. Schnell können sie so zu zentralen Ansprechpartnern und Meinungsbildnern in ihren Fachgebieten heranwachsen. Die so entstehenden Fachdiskussionen machen es möglich, die Mitarbeiter- und Unternehmenskompetenz einer großen Lesergruppe aufzuzeigen.

Messen können neben den obligatorischen Vertriebsmöglichkeiten auch Podium für tiefe fachliche Diskussionen sein. Während Fachdiskussionen nur indirekt zum Verkauf beitragen können, können sie doch für die Akquise sehr nützlich sein. Kunden können unverbindlich direkt mit Spezialisten sprechen. Meinungen können informell ausgetauscht werden. Dies schafft ein Klima in dem Kompetenz und Können ohne weiteres darstellbar sind. Solche Kontakte bleiben oftmals besser und positiver in Erinnerung als einfache Vertriebsgespräche.

Um dem Unternehmenszweck gerecht zu werden, sollten in IT- und Medienunternehmen insbesondere digitale Instrumente (Website, Social Media, Publikationen in Onlinemagazinen etc.) Einsatz finden. Damit gewinnt die „digitale Reputation" als Summe der Wahrnehmungen und Einschätzungen einer Marke bzw. eines Unternehmens im Internet durch die Stakeholder an Bedeutung (Pleil 2007, S. 14).

7 Markencontrolling

Das Funktionieren einer Marke muss regelmäßig überprüft werden. Neben den grundlegenden finanziellen Aspekten (ökonomischer Erfolg) sind in dieser Ausarbeitung vor allem interne und externe Vorstellungen zur Marke (psychologischer Erfolg) von Interesse. Ein klar definiertes Marketingbudget ist die zentrale finanzielle Grundlage. Psychologische Erfolgsmessung fokussiert auf die Markenvorstellungen. Was verstehen Kunden und auch Mitarbeiter darunter? Welche Werte werden transportiert? Wissen die Mitarbeiter wofür die Marke eigentlich stehen soll? Passen die einst definierten Markenziele zur aktuellen Situation oder sind strategische und operative Anpassungen nötig?

Methodische Befragungen können ein umfassendes Bild aller markenrelevanten Aspekte zeigen. Kunden- und Mitarbeitermeinungen werden formal gesammelt und ausgewertet. In welcher Form dies geschehen soll, ist der befragenden Firma überlassen. Neben einfach auswertbaren quantitativen Analysen können allerdings vor allem qualitative offene Befragungen Hinweise auf Markenrezeption und -verständnis geben.

Befragungen sollten mit Regelmäßigkeit durchgeführt werden. Auf diese Weise können Veränderungen zu vorherigen Ergebnissen entdeckt werden. Zusätzlich wird die Effektivität von eingeleiteten Maßnahmen zur Verbesserung des Markenbildes sichtbar. Das

Prüfungsintervall ist dabei mit Bedacht zu wählen. Kunden und Mitarbeiter dürfen nicht mit zu häufigen Anfragen in kurzen Zeiträumen überladen werden. Geringe Rücklaufquoten und gegebenenfalls unaufmerksam beantwortete Fragebögen wären die Folge. Zu lang gewählte Intervalle führen hingegen dazu, dass wichtige Impulse oder verzerrte Markenrezeption nicht rechtzeitig aufgedeckt werden. Gegensteuern ist dann unter Umständen nicht rechtzeitig möglich. Ein guter Mittelweg sind Befragungen im Zwei- bis Vierjahreszeitraum.

Neben formalen Befragungen können auch informelle Aussagen von Interesse sein. Oftmals sind dies kleine Kommentare oder Scherze am Rande der normalen Geschäftstätigkeit, die vielleicht viel ehrlicher sind als die Ergebnisse einer Befragung. Mitarbeiter müssen sich dieser Hinweise bewusst sein und den Wert solcher Aussagen zu schätzen wissen. Denn gerade Anmerkungen wie Beispielsweise „Ach die Firma XY, pünktlich wie immer" sind unmittelbare Anzeichen des Markenbilds im Kopf des Kunden.

8   Markenführung in der IKT-Praxis

Beispielhaft soll die dargestellte Vorgehensweise an ausgewählten Unternehmen skizziert werden. Um konkrete Informationen zur Markenführung dieser Unternehmen zu gewinnen, wurden in einem ersten Schritt für diesen Artikel Interviews mit Experten, namentlich mit den Geschäftsführern, geführt. Hierzu wurden mehrere mittelständische Unternehmen im Rhein-Main-Gebiet angefragt. Die Stichprobenziehung erfolgte nach der Methode der willkürlichen Auswahl. Zwei der angefragten Unternehmen waren bereit, an einem Interview teilzunehmen. Aufgrund der dabei erfassten Binnensicht auf das Unternehmen sollte in einem zweiten Schritt auch die Außensicht durch die Einbindung mit Kunden erfasst werden.

Die Interviews wurden in den Räumen der jeweiligen Firmen mit den Geschäftsführern geführt. Für die Gesprächsführung wurde ein kurzer Leitfaden verwendet, der folgende Themenbereiche umfasst:

- Situationsanalyse zur Feststellung der (bekannten) Kundenbedürfnisse und des aktuellen Markenauftritts.
- Analyse der Ist-Identität für die Ermittlung interner und externer Werte, die die Marke definieren.
- Ermittlung einer etwaigen Soll-Identität und wie versucht wird diese zu erreichen.
- Angaben zur Marke in Anlehnung an das Markensteuerrad nach Esch.
- Ermittlung der angewandten Kommunikationsinstrumente.

IPSWAYS
IPSWAYS, deren Wortmarke in Abb. 2 dargestellt wird, ist die Dachmarke von drei Firmen, IPS Software GmbH, IPS Projects GmbH und IPS Services GmbH, die verschiedene

Abb. 2 Wortmarke der
Dachmarke IPSWAYS. (ips-
ways.com)

Information. People. Software.

Produktbereiche abdecken. IPS Software bietet individuelle Software-Lösungen, Consulting und Business Intelligence an. IPS Services ist eine Ausgründung aus der Software GmbH, die sich auf IT-Infrastrukturen und -Lösungen im Microsoft-Umfeld spezialisiert hat. IPS Projects ist die jüngste und vermittelt Fachkräfte für IT-Projekte. Die Projects GmbH verfügt über großes Vertriebswissen und kümmert sich deshalb auch im die Gestaltung der Marke. Das Interview wurde mit Klaus Schlitt, dem Gründer und jetzigen Geschäftsführer der IPS Software GmbH am 31.7.2014 geführt.

Die Kunden der Unternehmen sind hauptsächlich mittelständische Unternehmen. Gerade die Projects GmbH arbeitet allerdings auch mit Großkunden zusammen.

Die erste Firma wurde 1988 unter dem Namen Integrierte Prozesssteuerung Schlitt GmbH gegründet. Bereits ca. 1990 bekamen die Initialen IPS die neue Bedeutung „Information, People, Software", die bis heute verwendet wird. 2006 wurde die IPS Projects GmbH gegründet, kurz darauf die IPS Service GmbH. Seit diesem Zeitpunkt wurde auch IPSWAYS als Dachmarke benutzt. Die Marke wurde zusammen mit einer Agentur entwickelt. Eine vor diesem Zeitpunkt vorhandene Bildmarke wurde zugunsten eines einheitlichen Auftritts nur mit der Wortmarke verworfen. Bei der Markenentwicklung wurde darauf geachtet, dass die bereits etablierte Abkürzung IPS auch weiterhin genutzt werden sollte, während mit dem „Ways" die verschieden Wege symbolisiert, die die drei Firmen unter der gemeinsamen Marke beschreiten sollten.

Zur Gruppe gehört auch die fruuts GmbH, welche unter anderem IT-Plattformen für Personalabteilungen größerer Unternehmen anbietet. Diese Firma nutzt eigene Text- und Bildmarken um eine gewisse Distanz zu den Schwesterunternehmen aufzuzeigen. Diese Entscheidung wurde getroffen, da das Unternehmen in einem ähnlichen Geschäftsfeld wie die Projects GmbH tätig ist, allerdings ein anderes Geschäftsmodell nutzt.

Das extern aufgefasste Markenbild der Marke IPSWAYS wird regelmäßig durch Befragungen geprüft. Da insbesondere die sehr außenorientierte Projects GmbH ohnehin oftmals um Kundenfeedback bittet, werden Aussagen zur Markenrezeption mit abgefragt. Die dort ermittelten Ergebnisse passen zu der Firmenpositionierung für zeitkritische Nischenprojekte, die viel Flexibilität benötigen.

Durch die einheitliche Dachmarkenstrategie wurden für den Geschäftsführer zwei Problemfelder sichtbar. Zum einen nahmen Kunden die drei Firmen nicht immer als eigenständige Entitäten wahr. So gab es beispielsweise hin und wieder die Situation, dass Vertragsentwürfe nicht die eigentliche Firma, sondern eine nicht existierende IPSWAYS GmbH als Vertragspartner enthielten. Dieser Eindruck wird durch die aktuelle Gestaltung der Website unterstützt. Zum anderen zeigte sich in den letzten Jahren, dass sich die drei GmbHs unterschiedlich entwickeln.

Die Soll-Identität enthält daher Pläne, die drei Firmen präsenter darzustellen, die zwar weiterhin unter einheitlicher Marke agieren, aber auch die jeweiligen Kompetenzen zeigen sollen. Insbesondere auch Zusammenarbeit in Verbänden und mit Partnern soll stärker fokussiert werden.

Zurzeit nutzt IPSWAYS traditionelle Kommunikationsinstrumente, wie Anzeigenschaltungen, Kaltakquise, Messebesuche und das Betreiben einer Firmenwebsite und Präsenz in sozialen Netzwerken. An Messen nimmt die Firma nicht nur als Aussteller teil, sondern ist unter Umständen auch Teil des Vortragsprogramms. Insbesondere die Website wird zukünftig weiter fokussiert. Auf der Website sollen dann auch Blogs, Videos und Webcasts genutzt werden.

Insgesamt, unter Benutzung des Markensteuerrads, klassifiziert der Geschäftsführer die Dachmarke IPSWAYS wie folgt:

1. Markenkompetenz: IPSWAYS ist ein IT-Dienstleister, der durch den Zusammenschluss von Freelancern und Projektmitarbeitern Projekte flexibel durchführen kann.
2. Markennutzen: IPSWAYS ist ein interner Partnerverbund aus drei eigenständigen Unternehmen. Für die Kunden kann schnell über die jeweiligen Unternehmensgrenzen auf die Kompetenz der jeweiligen Schwesterunternehmen zugegriffen werden.
3. Markenattribute: IPSWAYS ist bekannt als projektorientierter Dienstleister, da der Vertrieb und die Markenführung hauptsächlich über die IPS Projects GmbH abgewickelt werden.
4. Markentonalität: IPSWAYS ist kompetent und schnell.
5. Markenbild: IPSWAYS tritt mit einer blautürkisen Wortmarke auf, die auf allen Dokumenten zu finden ist und auch über Werbegeschenke präsentiert wird.

mitcaps GmbH

mitcaps GmbH ist ein 2007 gegründetes Unternehmen, das sich auf Telekommunikationsdienstleistungen für den globalen Mittelstand spezialisiert hat. Bild und Wortmarke sind in Abb. 3 zu sehen. Mitcaps bietet die Vernetzung der Kundenstandorte an, egal wo sich diese auf der Welt befinden. Der Fokus liegt dabei insbesondere auf schneller Auftragsausführung und umfassendem Service. Das Interview wurde mit dem Firmengründer Wilfried Röttgers am 13.8.2014 geführt.

Seit der Gründung hat sich die Marke nur wenig verändert. Die Firma tritt mit Wort- und Bildmarke auf, die nicht einzeln verwendet werden. Um in dem damals etablierten Markt mit einer starken Marke auftreten zu können, wurde die Entwicklung von Name und Bild sorgsam durchdacht. Erste Ideen legte der Gründer Partnerfirmen vor und nutzte das Feedback für Verbesserungen. Der endgültige Name bedeutet „Mittelstand IT, Commu-

Abb. 3 Bild- und Wortmarke der mitcaps GmbH. (mit-caps.de)

nication and Professional Solutions". Der Name musste gerade in der Anfangszeit immer wieder erklärt werden. Die vergrößerte Darstellung des „m" zeigt die Zusammenarbeit mit dem Mittelstand auf Augenhöhe, also dem respektvollen Umgang auf der gleichen Ebene. Die Bildmarke symbolisiert mit Satellitenumlaufbahnen die weltweite Tätigkeit. Die Färbung in blau und cyan soll Pflichttreue, Vertrauen, Offenheit und Transparenz symbolisieren und findet sich auch in Präsentationsvorlagen und Ähnlichem wieder. Neben der Farbsymbolik wurden die Farben auch gewählt, um sich von der Konkurrenz abzusetzen, die zu der Zeit Orange zu favorisieren schien. Außer einer kleineren Modernisierung des Schrift- und Farbbilds haben sich Wort- und Wortmarke seit Gründung kaum verändert. Ungefähr drei Jahre nach der Gründung kamen allerdings einige Claims hinzu, die passend zu den jeweiligen Projektphasen verwendet werden.

Bei der Gründung wurde ein Wertesystem entwickelt, für das die Marke stehen sollte. Es enthält die Werte Serviceorientierung, Flexibilität, Pünktlichkeit, Qualität, First Time Right und Lösungsorientierung. Jeder Mitarbeiter soll die Werte kennen und wird bereits bei der Einstellung darauf hingewiesen. An jedem Arbeitsplatz findet sich eine Tischkarte mit der Liste aller Werte und deren Erklärung. Das Wertesystem besteht seit der Gründung unverändert. Bei einer internen Befragung wurde festgestellt, dass das Wissen um die Werte abgenommen hat. Entsprechende Trainingsmaßnahmen werden daher bei Bedarf durchgeführt. Laut Röttgers wird es automatisch auch extern sichtbar, wenn intern die Werte gelebt werden.

Zur externen Überprüfung der Markenrezeption wurden Befragungen durchgeführt, die zeigten, dass Flexibilität, Spezialisierung und Schnelligkeit mit der Marke in Verbindung gebracht werden. Die letzte Befragung wurde in 2011 durchgeführt, wobei die Kunden aussagten, dass die Firma „ein besonderer Telekommunikationsanbieter ist". Auch die Claims wurden überprüft und von den Befragten größtenteils als passend beschrieben.

Die große Kundenzufriedenheit gibt der GmbH nur geringen Anlass die Markenidentität zu verändern. Daher werden hauptsächlich Qualitätssichernde Maßnahmen durchgeführt. Allerdings will sich das Unternehmen zusammen mit den Kunden und Kundenumfeld wandeln und internationaler werden. Dies bedeutet unter Umständen eine Erweiterung des Leistungsspektrums, jedoch ohne die Markenwerte aufzuweichen.

mitcaps nutzt die traditionellen Kommunikationsinstrumente. Mit sozialen Medien hat das Unternehmen eher schlechte Erfahrungen gemacht und musste sich laut dem Geschäftsführer mit schadhaften und aus der Luft gegriffenen Aussagen auseinandersetzen. Daher fokussiert die GmbH die Nutzung sozialer Medien nicht. Dies hängt insbesondere auch damit zusammen, dass Kundenansprache über soziale Plattformen nur wenig Potenzial hat und das Management der Plattformen aufwendig ist. Briefe oder E-Mails werden als Instrument bevorzugt. Insbesondere der angebotene Newsletter ist ein wichtiges Standbein, weil die Empfänger bekannt sind und sich aktiv für den Erhalt entscheiden. Der Newsletter enthält neben Unternehmenserfolgen auch andere Themen, wie Weinempfehlungen, interessante Nachrichten und ähnliches. Anzeigen- und Werbungsschaltung erfolgt nur wenig. Werbegeschenke werden in zur Marke passenden Farben gestaltet und haben gute Qualität.

Die mitcaps GmbH kann laut Röttgers wie folgt im Markensteuerrad klassifiziert werden:

1. Markenkompetenz: mitcaps ist Servicedienstleister für den Mittelstand.
2. Markennutzen: mitcaps bietet Rundum-sorglos-Pakete für den internationalen Mittelstand als Single Point of Contact an.
3. Markenattribute: mitcaps ist transparent, kompetent, Leistet bereits im ersten Anlauf korrekt, ist lösungsorientiert und „lokal denkend und global agierend".
4. Markentonalität: mitcaps ist schnell, flexibel, serviceorientiert, professionell, integer, vertrauenswürdig und auf Augenhöhe.
5. Markenbild: mitcaps tritt mit einer cyanblauen Bild- und Wortmarke auf und nutzt diese Farben auch in Angeboten, Präsentationen und auf Werbegeschenken.

Zusammenfassung der Interviews
Die Interviews zeigen, dass sich die firmenintern gelebten Werte letztlich auch in der Außensicht (Befragungen) widerspiegeln. Beide Firmen nutzen die jeweiligen Marken durchgängig. Die gewählte Farbgebung wird auch für andere Unternehmensdokumente eingesetzt. In beiden Fällen ist der Markenname nicht selbsterklärend, gleichwohl war das jeweils eine bewusste Entscheidung. Die Namen stehen in Bezug zur angebotenen Leistung. Bild- und Wortmarken waren das Resultat einer intensiven Auseinandersetzung mit dem eigenen Unternehmen und der potenziellen Zielgruppe. Sowohl Farbgebung als auch die Bild- und Wortmarken wurden also nicht leichtfertig und aus einer Laune heraus gewählt.

Jedes Unternehmen hat eine eigene Kommunikationsstrategie entwickelt, die sich stark voneinander unterscheiden. Dennoch führen beide Wege zum Ziel, ein stringentes Markenbild zu präsentieren. Dennoch konnten auch Herausforderungen in den beiden Fallstudien identifiziert werden. Im einen Fall war die Nutzung sozialer Netzwerke problematisch, da diese eine intensive Pflege fordert und Manipulationen möglich macht, Im zweiten Fall führte die zu geringe Differenzierung der einzelnen Unternehmen unter der gemeinsamen Dachmarke zur Verwirrung bei Kunden.

Die beiden hier dargestellten Fallstudien bieten zunächst einen punktuellen Erkenntnisgewinn. Auf dieser Basis wird nun die systematische Erhebung der Markenführung von IT- und Medienunternehmen in der Rhein-Main-Region erfolgen. Einige erste Empfehlungen zum Markenmanagement von IT-Unternehmen können dennoch in Form eines Werkstattberichts formuliert werden.

9   Empfehlungen zum IT Brand Management

Markenführung ist von großer Wichtigkeit für IT-Unternehmen. Der oben zitierte GPRA-Vertrauensindex hat Reputationsschäden der IT-Branche durch den NSA-Skandal eindrucksvoll belegt. Die Reputation muss gepflegt und kontrolliert werden.

Marke und zugehörige Werte werden in der IT-Industrie in hohem Maße durch die Mitarbeiter geschaffen und vertreten. Sie sind die Markenbildner. Eine überzeugende Marke muss vom kompletten Unternehmen ausgefüllt werden können. Angestrebte Werte können nicht einfach nach außen projiziert werden, wenn die firmeninterne Welt ganz anders aussieht. Ein gegebenenfalls entstehender Wertekonflikt lässt sich nicht verbergen und wird auch den Kunden gegenüber in Erscheinung treten. Das angestrebte externe Bild der Marke muss daher auch intern gelebt werden. Ein ständiges Training, insbesondere auch neuer Mitarbeiter, wird dadurch wichtig. Die hinter einer Marke stehenden Werte sollten klar definiert sein. Nur so wird verstanden, was eine Marke symbolisieren soll und kann dem entsprechend transportiert werden.

Die Wirkung der Marke muss regelmäßig überprüft werden. Sowohl interne als auch externe Befragungen sind hierbei hilfreich. Das Befragungsintervall sollte so gewählt werden, dass die Befragten nicht überladen werden, gleichzeitig aber Vergleiche zu vorherigen Befragungen sinnvoll bleiben und gegebenenfalls eingeleitete Steuerungsmaßnahmen überprüft werden können. Auch informelle Hinweise aus dem normalen Geschäftsbetrieb sollten nicht ignoriert werden. Zusätzlich steht mit dem Markensteuerrad ein methodischer Ansatz zur Verfügung, der hilft die Markenidentität zu umreißen. Sowohl Befragungen als auch das Steuerrad sind daher notwendige Instrumente für die Markensteuerung.

Bild- und Wortmarken müssen aufeinander abgestimmt sein und ein schlüssiges Farbkonzept enthalten, das auch in anderen Firmenpublikationen sichtbar sein sollte. Der Auftritt sollte insgesamt einheitlich sein. Eine Abgrenzung zur Konkurrenz mittels eines prägnanten Corporate Designs in Farb-, Text- und Bildgestaltung ist sinnvoll. Der Name selbst kann unter Beachtung der Anforderungen an Markennamen frei gewählt werden, wobei in einigen Fällen aber gerade bei der Etablierung ungewöhnlicher Markenbezeichnungen damit zu rechnen ist, dass ein erhöhter Erklärungsbedarf vorliegt.

Der Transport der Markenwerte erfolgt auf operativer Ebene neben den Markenbildnern auch über die gewählten Kommunikationsinstrumente. Eine durchdachte integrierte und crossmediale Kommunikationsstrategie hilft hierbei das Markenbild klar zu definieren und muss zur gesamten Markenstrategie passen. Die Auswahl der Instrumente ist an das Klientel anzupassen. Ein Unternehmen ist allerdings sehr frei in der Gestaltung der Kommunikationsstrategie und kann sich aus dem Pool der Verfügbaren Tools die Varianten heraussuchen, die gut zur gewollten Markenidentität passen.

Gerade auch Instrumente, die nicht direkt auf den Abschluss neuer Verträge (Transaktionsziel) zielen, sind hilfreich die Reputation (Imageziel) zu beeinflussen. Vorträge auf Messen, Publikationen in Fachzeitschriften und Onlinemagazinen sowie professionelle Bearbeitung von Spezialthemen auf der Firmenwebsite in Schrift-, Video- oder Audioform zeigen die Firmenkompetenz und steigern die Markenwirkung.

Die Autoren

Prof. Dr. Sven Pagel ist Professor für Wirtschaftsinformatik und Medienmanagement an der Hochschule Mainz. Als Studiengangleiter verantwortet er den Bachelor „Medien, IT und Management". Sein Forschungsinteresse gilt der digitalen Bewegtbildkommunikation in Internetmedien und der Web-Usability-Forschung. Von 2004 bis 2013 war er wissenschaftlicher Sprecher des „Forschungsschwerpunkts Kommunikationsforschung" der FH Düsseldorf. Zuvor arbeitete er bei Rundfunksendern in den Bereichen IT, Digitalfernsehen und Internetredaktion.

Christian Seemann hat einen Master of Science in Business and Economics als Doppelabschluss an den Hochschulen in Mainz und Karlstad (Schweden) erworben. Zuvor hat er seinen Bachelor of Science in Wirtschaftsinformatik ebenfalls in Mainz gemacht. Seit Anfang 2013 ist er im Team von Prof. Pagel tätig.

Literatur

Armstrong, G., Kotler, P., Harker, M., & Brennan, R. (2012). *Marketing – An Introduction* (2. Aufl.). Pearson.

Blythe, J. (2012). *Essentials of Marketing* (5. Aufl.). Harlow: Pearson.

Bruhn, M. (2012). *Marketing* (11. Aufl.). Wiesbaden: Gabler.

Campillo-Lundbeck, S. (2014). IT-Branche verliert das Vertrauen ihrer Kunden. In *Horizont*, 18/2014, 1.

Esch, F.-R. (2012). *Strategie und Technik der Markenführung* (7. Aufl.). München: Vahlen.

Europäische Gemeinschaft (2006). *Die neue KMU-Definition – Benutzerhandbuch und Mustererklärung.* http://ec.europa.eu/enterprise/policies/sme/facts-figures-analysis/sme-definition/index_de.htm

Fuchs, W. (2003). *Management der Business-to-Business-Kommunikation. Instrumente-Maßnahmen-Fallbeispiele.* Wiesbaden: Gabler.

Herrmann, C. (1999). *Die Zukunft der Marke.* Frankfurt am Main: Frankfurter Allgemeine Zeitung Verlag.

Hessen IT (2009). *Informations- und Kommunikationstechnologie (IKT) in Hessen.* http://www.hessen-it.de/dynasite.cfm?dsmid=13281

Hradilak, K. (2011). *Führen von IT-Service-Unternehmen* (2. Aufl.). Wiesbaden: Springer.

Jacob, M. (2013). *Management und Informationstechnik. Eine kompakte Darstellung.* Wiesbaden: Springer Vieweg.

Keller, K. L. (2008). *Strategic Brand Management* (3. Aufl.). : Pearson.

Meffert, H., Burmann, C., & Kirchgeorg, M. (2012). *Marketing – Grundlagen marktorientierter Unternehmensführung* (11. Aufl.). Wiesbaden: Gabler.

Pleil, T. (2007). Online-PR zwischen digitalem Monolog und vernetzter Kommunikation. In T. Pleil (Hrsg.), *Online-PR im Web 2.0.* Konstanz: UVK Verlagsgesellschaft.

Statistisches Bundesamt (2008). *Klassifikation der Wirtschaftszweige – Mit Erläuterungen.* Wiesbaden: Statistisches Bundesamt.

Weber, H., Voigt, L., & Orawski, G. (2012). *Follow-up Studie 2012 – Medienstandort Rheinland-Pfalz.*

Werani, Th., Gaubinger, K., & Kindermann, H. (2006). *Praxisorientiertes Business-to-Business-Marketing.* Wiesbaden: Gabler.

Verlage setzen bei Digitalstrategien auf eingeführte Namen und Labels

Zur Bedeutung von Marken in der Medienbranche

Florian Stadel

Zusammenfassung

Angesichts der digitalen Disruption sehen sich Verlage und Medienhäuser im In- und Ausland mit der Situation konfrontiert, dass ihre althergebrachten Geschäftsmodelle erodieren. Anzeigenerlöse und Abonnentenmarkt brechen weg, ohne dass die Verluste im Internet wettgemacht werden könnten. Womit beispielsweise die Musikindustrie bereits seit Anfang des Jahrtausends zu kämpfen hat, wurde von Zeitungs- und Zeitschriftenverlagen lange Zeit ignoriert: Dass die Digital Natives es vorziehen, digital zu kommunizieren und zu konsumieren. Langsam hat sich nun auch im Printbereich die Erkenntnis durchgesetzt, dass es einer schlüssigen Digitalstrategie bedarf, um Unternehmen, die mit journalistischen Inhalten handeln, in eine leidlich sichere Zukunft zu führen. So unterschiedlich diese Strategien auch sein mögen, von zentraler Bedeutung ist bei den Medienhäusern das Thema „Marke": Überall wird der Strahlkraft etablierter Marken vertraut, Whitelabel-Lösungen haben es schwer.

1 Erstes Opfer war die Musikindustrie

Zuerst hat es die Musikindustrie getroffen, die plötzlich mit illegalen Tauschbörsen und neuartigen digitalen Ökosystemen konkurrieren musste. Systemen, die den Nutzungsgewohnheiten der **Digital Natives** weit mehr entgegen kommen als der traditionelle Einzelhandel mit CDs und DVDs und einen mobilen wie stückweisen Zugriff auf das Produkt erlauben.

Als nächstes spürten es die Zeitungs- und Zeitschriftenverlage, deren Leserschaft und Anzeigengeschäft seit Jahren erodieren. Zu lange haben hier viele daran geglaubt, das

---

In diesem Text werden an verschiedenen Stellen wörtliche und sinngemäße Zitate aus Gesprächen verwendet, die der Verfasser im Rahmen seiner Recherchearbeit führte. In diesen Fällen werden diejenigen Personen genannt, auf die der betreffende Gedanke zurückzuführen ist.

Prof. Dr. Florian Stadel ✉
Stuttgart, Deutschland
e-mail: f.stadel@mhmk.org

© Springer Fachmedien Wiesbaden 2016   267
S. Regier et al. (Hrsg.), *Marken und Medien*, DOI 10.1007/978-3-658-06934-6_14

althergebrachtc Finanzierungsmodell aus Abonnement- und Kioskverkäufen einerseits und Anzeigen anderseits ins digitale Zeitalter – wenn schon nicht – hinüberretten, so doch möglichst lange konservieren zu können. Wohlwissend, dass junge Menschen, die sich nie mittels Printmedien informiert haben, das auch nicht tun, wenn sie einmal Familienmütter und -väter mittleren Alters sind.

Ausnahmen bestätigen auch hier die Regel: So gelang es der Publikumszeitschrift „Landlust" in wenigen Jahren die Auflage beispielsweise des „Spiegel" zu übertreffen. Das alle zwei Monate erscheinende Lebensstilmagazin wurde zuletzt mit einer Auflage von knapp 1,1 Millionen Stück gedruckt (IVW 2014a), während die des Nachrichtenmagazins unter die Millionenmarke rutschte. Und auch beim Umsatz gelingen der seit 2005 erscheinenden Zeitschrift, die seit 2009 Marktführer im Segment Garten Wohnen und Kochen ist, von Jahr zu Jahr kräftige Steigerungen. 2013 lag er bei knapp 38 Millionen Euro, was einem Plus von 12,5 Prozent gegenüber 2012 entsprach (Schröder 2014).

Auch heute noch lesen sich viele Analysen und Kommentare, die sich mit der Krise der Medien angesichts der **digitalen Disruption** befassen, so, als wären die Verfasser vom Umbruch nur mittelbar betroffen. So wird zwar diagnostiziert, dass Auflagen sinken und Leser ins Digitale und Mobile abwandern, jedoch wird kaum einmal der Blick nach vorne gerichtet und nach Lösungsmodellen gesucht. Nach dem Motto: Die Krise ist zwar da, für mich wird das alte Geschäftsmodell aber noch reichen.

In der Buchbranche spielt das Geschäft mit eBooks inzwischen ebenfalls eine Rolle, die Situation ist indes weit weniger dramatisch als in der Film- und Fernsehindustrie. Sie bekam es zuletzt mit der Elektrifizierung 2.0 beziehungsweise 3.0 zu tun. Das Blockbusterbusiness scheint nicht mehr kalkulierbar, etablierte Verwertungsketten schwanken und das Thema Video on Demand – sehen wann immer, wo und wie lange auch immer – rückt immer mehr in den Fokus.

Hollywood- und inzwischen auch TV-Serien-Star Kevin Spacey brachte die Bedürfnisse des heutigen Publikums in einer Brandrede auf dem Internationalen TV-Festival in Edinburgh im August 2013 auf die Formel: „Gib den Menschen, was sie wollen, wann sie es wollen und in welcher Form sie es wollen – zu einem vernünftigen Preis." Spacey spielte damit auf die vom US-Streamingdienst Netflix produzierte Serie „House of Cards" mit ihm selbst in der Hauptrolle an. Netflix feierte mit der Serie über Intrigen und andere Machenschaften im politischen Washington große Erfolge bei Publikum wie Kritikern, neben dem Inhalt stach vor allem Ausgabeformat hervor. So bot Netflix die ersten 13 Folgen von „House of Cards" alle auf einmal zum Binge Watching an, bei den Staffeln 2 und 3 verfuhr Netflix in den USA ebenso (in Deutschland lagen die Rechte bei Sky).

Nach diesem kurzen branchenübergreifenden Überblick geht es im Folgenden um die Zeitungs- und Zeitschriftenbranche und die unterschiedlichen Digitalstrategien dort. Hierbei ist zuallererst einmal festzuhalten, dass praktisch flächendeckend auf etablierte Marken und Namen gesetzt wird. Die digitalen Ableger bekannter und geschätzter Marken heißen fast immer so oder so ähnlich wie ihre Printeltern: Aus „Der Spiegel" wurde „Spiegel Online", aus „Süddeutsche Zeitung" „sueddeutsche.de", aus „Neue Zürcher Zeitung" zunächst „NZZ Online", dann ganz in Anlehnung an Print „Neue Zürcher Zeitung" und aus „Stuttgarter Zeitung" „stuttgarter-zeitung.de". Auch bei der „Frankfurter Allgemeinen Zeitung" prangt nach „faz.net" inzwischen der etablierte Schriftzug der Zeitung ganz oben auf der Onlinesite.

Die Reihe ließe sich beliebig fortsetzen. Andererseits lassen sich kaum Beispiele finden, wo einmal versucht wurde, mit einem **Whitelabel-Produkt** an den Markt zu gehen. Und wenn, dann scheiterte der Versuch oder der Verlag drehte seine Strategie um 180 Grad. Hier sei auf das ambitionierte Projekt „Die Netzeitung" verwiesen, das überwiegend qualitätsjournalistischen Ansprüchen entsprach und in der Branche viel Beachtung und auch Lob erfuhr. Trotzdem musste die Site nach neun Jahren 2009 mangels wirtschaftlichen Erfolgs eingestellt werden. Geschäftsführer und Chefredakteur war von 2000 bis 2006 Michael Maier, der heute mehrere Online-Medien als Herausgeber betreut, die jedoch eher Nischen bedienen als den Generalinterest-Bereich

Als zweiter Whitelabel-Fall sei mit einer Auflage von rund 200.000 Exemplaren (AZ Zeitungen AG 2014, unter Berufung auf Wemf AG 2014) die größte Regionalzeitung der Schweiz genannt. Um sich bewusst vom Printprodukt abzunabeln, ging 2008 der Online-Ableger der „Aargauer Zeitung" unter dem Namen „a-z.ch" an den Start. Da dieser Titel aber weder von jungen, internetaffinen Aargauern noch von der älteren Stammleserschaft angenommen wurde, setzt die Verlagsführung in Aarau mittlerweile beim Webauftritt wieder auf das etablierte Label „Aargauer Zeitung".

Gespannt sein darf man auf die Entwicklung der deutschen „Huffington Post", die zwar ohne deutsche Markenunterstützung startete, aber auf den Ruf des äußerst erfolgreichen US-Mutterhauses baut. Beim ersten Aufschlag im IVW-Ranking erreichte das Angebot knapp zehn Millionen Visitis und damit Platz 15 unter den deutschen Nachrichtenangeboten (IVW 2014b).

2   Eine Marke mit mehreren Ausgabekanälen

Bei den beiden großen überregionalen deutschen Qualitätszeitungen „Süddeutsche Zeitung" einerseits und „Frankfurter Allgemeine Zeitung" andererseits vertraut man seit einiger Zeit schon auf die Strahlkraft der einen Marke. „Wir werden draußen klar als eine gemeinsame Marke wahrgenommen, auch wenn die Webseite anders heißt", sagt der Chefredakteur von „sueddeutsche.de", Stefan Plöchinger. Diese Erfahrung machten auch andere größere Webseiten. „Wer SZ.de liest, sagt danach in aller Regel, dass er die SZ gelesen hat", so Plöchinger. Die Strategie, eigene Online-Marken aufzubauen, sei fast nirgendwo aufgegangen und damit Web 1.0.

Auch der Versuch der Burda-Tochter Tomorrow-Focus mit der durchaus vielversprechenden Webadresse „nachrichten.de" Traffic zu generieren, darf als gescheitert betrachtet werden. So ist der Nachrichtenkollektor ohne Label zwar seit 2009 in Betrieb, fristet aber immer noch ein Dasein in der Betaversion, was daran liegen dürfte, das er als Trafficgenerator für das Hausportal „Focus Online" mangels Akzeptanz nicht taugte.

In Frankfurt verhält es sich ähnlich wie bei der SZ: „Frankfurter Allgemeine Zeitung" und „FAZ.net" bleiben eine Marke. Das wolle auch der neue Digitalchef, Ex-Spiegel-Chefredakteur Mathias Müller von Blumencron, heißt es in der Hellerhofstraße.

Für wie entscheidend man die positive Wirkung der alten Medienmarke auch im Netz hält, zeigt zudem der Blick über die deutschen Grenzen hinaus: Die große „New York Times" beispielsweise verordnete ihrem Online-Ableger „NYTimes.com" Anfang 2014 ein Redesign, das erste umfassendere seit knapp acht Jahren, das den Internetauftritt nun deutlich mehr wie das Printprodukt anmuten lässt als der früheren „NYTimes.com". Hier könnte man von einem Schritt zurück in die Zukunft sprechen.

Ganz ähnlich verhält es sich beim Schweizer Traditionsblatt „Neue Zürcher Zeitung". Mitte 2012 schwenkten die Layouter in Zürich zum Erscheinungsbild der Tageszeitung mit ihrer fast 250jährigen Geschichte um. So findet sich unter der Adresse „ww.nzz.ch" heute ganz oben auf der Site der Schriftzug des Mutterblattes und nicht mehr wie jahrelang das Logo „NZZ Online", dem eine gut strukturierte und für ihr Layout prämierte Site folgte. Auch hier also eine Rückbesinnung auf die eine Marke. Die FAZ hatte schon Ende 2011 den „FAZ.net"-Schriftzug gegen den der Tageszeitung ausgetauscht

Sowohl bei der „New York Times" als auch bei der Neuen „Zürcher Zeitung" und der „Frankfurter Allgemeinen Zeitung" ist so gesehen ein gesteigertes Markenbewusstsein festzustellen, das publizistische Qualität online wie offline wieder unter einem Dachlabel subsumiert, und zwar dem alten, einst und bis heute erfolgreichen.

Spiegel Online ist mit knapp 20 Jahren eine der ältesten deutschsprachigen Newssites und hat sich mit monatlich über 200 Millionen Visits (IVW 2014c) und rund zwölf Millionen Unique Usern als Leitmedium im deutschsprachigen Internet etabliert. Übertroffen werden diese Zahlen nur von „bild.de", dem boulevardlastigen Nachrichtenangebot der „Bild"-Zeitung, das im Netz ebenfalls auf die etablierte Marke setzt und auf über 250 monatliche Visits kommt (IVW 2014d).

2014 gelang es „Focus Online" bei der Reichweite an „Spiegel Online" vorbeizuziehen; und zwar mit fast 12 zu 11,5 Millionen monatlichen Lesern (AGOF 2014). Allerdings nur mittels massiver Suchmaschinenoptimierung. So werden bei dem Burda-Portal klickträchtige Nachrichten mehrmals täglich publiziert und zu diversen Themen Liveticker angeboten, um Bewegung und Aktualität auf der Site zu suggerieren, was Suchmaschinen anzieht und gute Positionen in deren Rankings zur Folge hat. Bei den Visits bleibt „Spiegel Online" dennoch weiter deutlich vor der Konkurrenz aus München, weil die Hamburger Site eben weit mehr Stammleser hat, „Focus Online" dagegen zum ganz überwiegenden Teil nicht direkt, sondern über Suchmaschinen und **Social-Media-Angebote** erreicht wird. Die Münchener Site liegt derzeit meist knapp unter der Marke von 100 Visits (IVW 2014e).

Beim Spiegel scheint die Markenstrategie etwas anders gelagert zu sein als etwa bei der FAZ oder der SZ. Während SZ-Online-Chef Plöchinger Print und Online als „zwei Seiten der Medaille" bezeichnet und erläutert: „Ob auf Papier oder in digitalen Angeboten, der Leser darf und wird dabei keinen Unterschied bemerken." Sah es der von 2013 bis 2014 amtierende Spiegel-Chefredakteur Wolfgang Büchner ein wenig anders. Büchner versteht „Spiegel Online" auch als Zuträgermedium für den gedruckten „Spiegel" (Hanfeld 2014).

Auf die Frage nach dem Geschäftsmodell der Zukunft sagte Büchner: „Wir verfolgen ein Freemium-Modell: ‚Spiegel Online' ist und bleibt frei, das Premiumangebot ist ‚Der Spiegel', den wir digital völlig neu konzipieren und im Netz offensiver präsentieren werden. Wir werden bei ‚Spiegel Online' Aufmachergeschichten haben, die direkt zum Heft führen und den Lesern so zeigen, dass man beim ‚Spiegel' ein noch attraktiveres Angebot bekommen kann, wofür man allerdings bezahlen muss."

„Spiegel Online" befindet sich bereits seit vielen Jahren in der komfortablen Situation, schwarze Zahlen zu schreiben. Das gelingt der Site dank ihrer hohen Reichweite, die entsprechende Werbeerlöse garantiert und ist zurückzuführen auf die Strategie des einstigen Chefredakteurs Blumencron. Der gab nämlich zu Beginn der Nullerjahre die Losung aus, in guten Content und eine starke Redaktion zu investieren, um Reichweite aufzubauen.

Blumencron tat dies zu einem Zeitpunkt, als der damalige Hauptkonkurrent „Focus Online" durch einen Börsengang massiven Sparzwängen unterlegen war, die zu Lasten der Redaktionsstärke und -ausstattung sowie damit der Content-Qualität ging. Und so entwickelten sich die Abrufzahlen der beiden Angebote, die bis etwa 2001/02 gleichauf lagen, massiv auseinander und der Focus-Ableger verlor den Anschluss.

3 Regionale Verlage ziehen nach

Auch für **regionale Medienhäuser** ist die Bedeutung der Marke für die Zukunftssicherung zentral. „Sämtliche journalistische Angebote müssen zu einem stimmigen Markenbild vereint werden", sagt Michael Maurer, der stellvertretende Chefredakteur und Newsroomchef der „Stuttgarter Zeitung". Zwar sei die gedruckte StZ das Flaggschiff der Mediengruppe Süd in Stuttgart. Mittlerweile habe „stuttgarter-zeitung.de" aber ein eigenes Profil entwickelt, das nicht im Widerspruch zu Print stehe, sondern dieses ergänze, so Maurer. „Gleiches gilt für die Marke StZ: Sie wird in Zukunft immer noch von der Print-StZ getragen werden, doch die digitalen Kanäle (inklusive der sozialen Netzwerke) müssen die Marke ebenfalls (unter)stützen und prägen."

Insgesamt ist Maurer davon überzeugt, dass die StZ nach außen hin als eine Marke mit unterschiedlichen Ausgabekanälen wahrgenommen wird – „nach meiner Erfahrung durchaus", fügt indes hinzu: „Aber diese Frage müsste an die Leser und User gestellt werden." Dieser Außenwahrnehmung entspricht die innere Redaktionsstruktur, wo die Redaktionen von Print und Online bereits seit 2009 in einem gemeinsamen Newsroom zusammenarbeiten. „Seitdem wird von dort aus sowohl die Tageszeitung produziert als auch die Website gesteuert".

Newsroomchef Maurer glaubt fest daran, dass die beiden Welten Online und Print auch in seinem Haus weiter zusammenwachsen werden. Er könne sich nicht vorstellen, „dass das Bild des Redakteurs in Zukunft noch durch Kanäle definiert wird, für die er schreibt".

Ein Redakteur müsse in der Lage sein, seine Inhalte für sämtliche Kanäle zu planen und zu schreiben.

Der hier geäußerte Gedanke von der Notwendigkeit medienkonvergenter Arbeitsweisen hat sich inzwischen auch bei anderen regionalen Medienbetrieben hierzulande durchgesetzt. Allerdings verglichen mit den nationalen Häusern mit deutlichem zeitlichen Verzug. Während auf nationaler Ebene schon Anfang bis Mitte der Nullerjahre erkannt worden war, dass eine strikte Trennung von Print und Online mit Blick auf eine erfolgreiche Zukunft nicht zielführend ist, dauerte es im Regiobereich noch einige Jahre, bis sich diese Erkenntnis durchsetzte.

4   Experimentieren mit verschiedenen Geschäftsmodellen

Ein Mittel, um den von „Bild"-Chefredakteur Kai Diekmann einmal so genannten Geburtsfehler des Internets, die Gratiskultur, zu korrigieren, ist die Paywall. Hinter ihr werden journalistische Inhalte auf Webseiten verborgen und sind nur gegen Bezahlung abrufbar. In Deutschland experimentiert Diekmanns Axel-Springer-Konzern bereits seit einiger Zeit und in verschiedensten Ausprägungen mit dem Instrument. Im regionalen Segment startete der Verlag schon Ende 2009 beim „Hamburger Abendblatt" und der „Berliner Morgenpost" Bezahlmodelle.

Dabei wurden jedoch nicht alle Inhalte hinter einer **Paywall** versteckt, sondern nur ausgewählte, zudem blieben die Artikel über Suchmaschinen weiter erreichbar. So wurde verhindert, dass die Reichweiten der beiden Angebote einbrechen, was die Werbeerlöse beschädigt hätte.

Ende 2012 führte die „Neue Zürcher Zeitung" nach dem Vorbild der „New York Times" eine Metered Paywall ein, eine gestaffelte Bezahlschranke, bei der ein gewisse Zahl von Artikeln pro Monat frei abrufbar bleibt. Erst nach zehn oder 20 Artikeln wird der Leser aufgefordert, ein Abonnement abzuschließen. Zum finanziellen Erfolg des Unterfangens äußert sich NZZ-Geschäftsführer Veit Dengler zurückhaltend: Die Bezahlschranke habe sich bewährt, „weil es sie gibt" (Koydl 2014, S. 47). Das sei schon einmal ein Alleinstellungsmerkmal in der Schweiz. „Aber eine Paywall allein macht noch keinen Frühling."

Dengler, der seit Oktober 2013 die Geschicke in der Zürcher Falkenstrasse lenkt, spricht von einem „beschwerlichen Weg zurück von unserer Erbsünde vor 20 Jahren, unsere Inhalte verschenkt zu haben". Für ihn ist die Paywall in ihrer jetzigen Form jedoch erst ein Grundbaustein für ein Bezahlsystem der Zukunft. Ihm schwebt eine intelligentere Methode vor, journalistische Inhalte künftig digital zu verkaufen. So gebe es Menschen, die nur an Teilen des Produktes NZZ interessiert seien und denen könnten dann Teilabonnements etwa des Feuilletons oder des Wirtschaftsteils für einen reduzierten Preis angeboten werden.

Die NZZ verfüge, so Dengler, im deutschsprachigen Raum zwar bereits über einen beeindruckenden Anteil an Digital-Abos. „Wir kompensieren allerdings noch nicht alle Abos, die wir verlieren, durch die neuen Abos aus der Paywall."

Beim Spiegel hatte die Auseinandersetzung der einstigen Chefredaekteure Georg Mascolo und Blumencron um die Paywall Mitte 2013 zum Bruch und zur Ablösung der Doppelspitze durch Büchner geführt. Blumencron, der immer schon vehement gegen eine Bezahlschranke für „Spiegel Online" argumentiert hatte, schreibt das Thema „Pay" dem Vernehmen nach auch in Frankfurt klein, weil sich damit keine nennenswerten Erlöse generieren ließen.

Mittelfristig setzt man bei der FAZ auf die im Printbereich noch wachsenden Erlöse aus dem Lesermarkt, denen indes fallende Einnahmen bei Werbung und Anzeigen gegenüberstehen. Im Digitalen sei das anders, „da ist bei der Werbung noch einiges zu machen", heißt es am Main.

Die Verlagsleitung der „Süddeutschen Zeitung" hat nach den Worten von Onlinechef Plöchinger die Hoffnung, „im digitalen Raum generell Leser an der Finanzierung unseres Journalismus' beteiligen zu können". Denn nicht nur als E-Paper, und auf dem iPad, überall im digitalen Bereich sehe man enormes Wachstum bei bezahlten SZ-Abos.

Jenseits von Gedankenspielen über eine Paywall verweist Plöchinger darauf, dass die gedruckte Zeitung sich immer noch sehr, sehr gut verkaufe. Und andererseits die digitalen Angebote „enorm wachsen". Außerdem erklärt er unter Berufung auf Leserstudien, dass auch junge Leser für ein Printabo zu begeistern seien. „Die Schwarz-weiß-Darstellungen, dass junge Leute nicht mehr Zeitung lesen wollen, stimmen so nicht." Da es aber anderseits auch klar sei, dass viele junge wie auch alte Leser sich lieber digital informierten, müssten alle Plattformen genutzt werden, um überall das zu bieten, wofür die SZ stehe – anspruchsvollen Journalismus. Die SZ führte im März 2015 eine Paywall ein.

Beim Spiegel wurden zu diesem Zeitpunkt noch keine konkreten Pläne in diese Richtung angekündigt. Lediglich insofern als dass künftig über die Site Printinhalte angeteasert und dann zum Verkauf angeboten werden sollen. Hier unterschied Chefredakteur Büchner (siehe oben) zwischen dem Gratiscontent der Website und dem Premiumprodukt „Der Spiegel" mit seinen Bezahlinhalten.

Auch die „Stuttgarter Zeitung" will den Kampf um junge Printleser noch nicht aufgeben. „Es wäre völlig falsch, diese Altersgruppe verloren zu geben", sagt Vizechefredakteur Maurer. Trotzdem müsse man realistisch bleiben und wissen, dass die Nachwuchsgewinnung nicht mehr so erfolgreich sein werde wie sie einmal war.

Maurer gibt sich auch beim Thema **Geschäftsmodell** zurückhaltend. So verzeichneten die digitalen Angebote, E-Paper und iPad-Ausgabe zwar eine steigende Auflage, „ihr Anteil an der Gesamtauflage wächst kontinuierlich". Ganz generell glaube er aber kaum, dass es angesichts des derzeitigen gravierenden Wandels gelingen könne, „eine Marke unbeschadet in die Zukunft zu führen. Es wird in erster Linie darum gehen, die Schäden so gering wie möglich zu halten."

Eine Paywall für den Onlinebereich scheint in Stuttgart kein Thema zu sein, zu groß könnten die negativen Folgen für die Reichweite bei gleichzeitig geringen Einnahmen für den journalistischen Content sein.

5   Neue Standbeine etablieren sich

Bildungsreisen, Vinotheken, Bücher- und Filmreihen – weit ist das Feld, auf dem sich Medien- und Verlagshäuser bereits heute jenseits ihrer journalistischen Kernkompetenz tummeln, um die erodierenden Erlöse aus dem klassischen Zeitungsgeschäft zu kompensieren.

Der Medienkonzern Axel Springer konzentriert sich schon seit Jahren zunehmend aufs Digitalgeschäft. 2013 trennte er sich von einem Großteil seiner Traditionsblätter und forcierte damit den Digitalkurs noch einmal. Die Gewinne, die Springer jedoch im Netz erzielt, stammen zumeist nicht aus dem klassischen journalistischen Umfeld. Bei den Erlösen ganz vorne rangieren vielmehr die Online-Anzeigenportale Immonet und Seloger sowie die Vermarktungsplattform Zanox.

Wie Springer so erwirtschaftet auch der Burda-Konzern mittlerweile mehr Geld im digitalen als im analogen Geschäft. Eine der digitalen Cashcows ist jedoch auch in München kein klassisches Medienprodukt, sondern die E-Commerce-Plattfom Zooplus, bei der man Trockenfutter und Katzenklappen ordern kann.

Besonders augenfällig wird die Tendenz, sich verlagsfremden Themen zuzuwenden, bei der Burda-Tochter Tomorrow-Focus, zu der unter anderem „Focus Online" gehört: Die erzielte 2013 einen Rekordumsatz von 188,6 Millionen Euro. Davon entfielen 146,2 Millionen Euro auf das Transaktionssegment mit Holidaycheck, Elitepartner und Jameda (Disselhoff 2014).

Und auch Zeitungshäuser wie die „Süddeutsche Zeitung", die „Neue Zürcher Zeitung" oder die „Frankfurter Allgemeine Zeitung" verstehen sich längst nicht mehr als Lieferant ausschließlich journalistischer Produkte.

Im SZ-Shop etwa gibt es nicht nur Zeitungsabonnements zu kaufen, sondern unter anderem Bücher, Filme, Wein, Konzerttickets und Reisen. Die NZZ ist mit NZZ Domizil und ihrer Jobbörse sowohl auf dem gehobenen Immobilienmarkt als auch im anspruchsvollen Berufssuchesegment unterwegs. Dagegen sieht der Shop der FAZ derzeit noch vergleichsweise rudimentär aus.

Dafür hat man in Frankfurt offenbar Größeres vor, um der digitalen Disruption und damit den schwindenden Einnahmen aus dem klassischen Zeitungsgeschäft zu begegnen. Von einem neuen Standbein jenseits des Journalismus' ist dort die Rede. Um genauer zu sein, von vorerst vier neuen Standbeinen: So wolle man künftig auf den Geschäftsfeldern Aus- und Weiterbildung, Veranstaltungen, Personalvermittlung sowie im Bereich Finanz- und Transaktionsdienstleistungen aktiv werden, heißt es im Verlag.

Herrschte um die Jahrtausendwende bei den Medienhäusern und Verlagen nicht nur im deutschsprachigen Raum noch relative Gelassenheit angesichts des sich bereits deutlich abzeichnenden medialen Wandels, dass man sich schon fragen konnte, glauben die Konzernchefs, das Internet geht auch wieder vorbei? So ist inzwischen deutliche Betriebsamkeit zu beobachten, zwar mit zum Teil unterschiedlichen Inhalten und unterschiedlicher Intensität, aber flächendeckend.

Lediglich zwischen regionalen und nationalen Playern herrscht noch ein Gefälle: In den Regionen lässt man sich noch mehr Zeit, hier scheint offenbar der Leidensdruck noch nicht so stark zu sein wie auf nationaler Ebene.

Und auch bei den verlagsfremden Aktionen setzen die Medienhäuser konsequent auf die Strahlkraft ihrer etablierten Marken. Da heißt es etwa: Süddeutsche Zeitung Vinothek, SZ-Cinemathek, NZZ Domizil, Zeit-Reisen oder FAZ-Executive School, wo unter anderem bereits Seminare zu Innovationen, Führungskompetenz, Kommunikation oder Design Thinking angeboten werden.

Und auch die neuen Standbeine, die bei der FAZ in Planung sind, werden nicht auf den bewährten Brand verzichten – so die wenig gewagte Prognose.

6 Resümee

Obwohl die Schnittmenge der Leser von Online- und Printpublikationen aus einem Haus mit etwa zehn bis 20 Prozent recht gering ist[1], bleibt für beide Bereiche das eine Label, die eine Marke Erkennungsmerkmal und damit wichtigstes Mittel zur Zukunftssicherung. So konnten sich weder No-Name-Produkte im digitalen Markt etablieren noch setzten sich dauerhaft Zwischenlösungen wie „FAZ.net" oder „NZZ Online" durch. Letztlich taucht inzwischen praktisch überall der volle Markenname des Printprodukts wieder auf (z. B. „Frankfurter Allgemeine Zeitung", „Neue Zürcher Zeitung", „Aargauer Zeitung") oder die Zeitungsanmutung wurde wiederhergestellt (z. B. „New York Times").

Oder wie bei „Spiegel Online" und „Focus Online" wurde nie auf den Markennamen verzichtet, dieser lediglich mit dem Onlineverweis versehen. Jenseits dieser Äußerlichkeiten im Titel ist im gesamten Zeitungs- und Zeitschriftenmarkt auch ein inhaltliches Zusammenwachsen der analogen und der digitalen Redaktionen zu beobachten. Und zwar mit dem Ziel, dem Medienhaus mit einer starken Marke auf diversen Ausgabekanälen eine Zukunftsperspektive zu schaffen.

Dass diese Strategie möglicherweise nicht ausreichend tragfähig sein könnte, haben viele in der Branche erkannt. So wird einerseits zum Teil flankierend mit Paywall-Modellen experimentiert. Anderseits schauen sich die Verlage nach anderen, nicht journalistischen Geschäftsfeldern um. Aber auch dabei wird häufig auf den guten alten Brand

---

[1] SZ-Onlinechef Plöchinger sagte auf die Frage nach der Schnittmenge: „Die SZ hat 1,28 Millionen tägliche Leser, SZ.de hat 3,28 Millionen wöchentliche Nutzer. Insgesamt beträgt die Crossmedia-Reichweite der Marke 4,31 Millionen und ist nicht zuletzt durch das Wachstum von SZ.de so groß wie noch nie. Von all diesen Lesern machen die Überschneidungsleser sechs Prozent aus. Von allen SZ.de-Lesern sind es acht Prozent, von allen Zeitungslesern 20 Prozent."
StZ-Newsroomchef Maurer erläuterte hierzu: „Wie bei den meisten Regionalzeitungen liegt die Schnittmenge unter 15 Prozent. Das eröffnet die Chance, mit Angeboten auf zusätzlichen Kanälen neue Leserkreise zu erschließen."
Damit umrissen die beiden recht repräsentativ, von welchen Größenordnungen bei den Schnittmengen sowohl im überregionalen als auch im regionalen Bereich auszugehen ist.

gesetzt, wir erinnern uns an die FAZ-Executive School, NZZ Domizil oder die Süddeutsche Zeitung Vinothek.

Sich angesichts der digitalen Disruption darauf zu konzentrieren, journalistische Inhalte auf unterschiedlichen digitalen Kanälen zu verbreiten, ist mittlerweile etablierter Standard. Dass dies rein aus Investitionssicht nicht immer einfach ist und vermutlich auch nicht einfacher werden wird, zeigt ein Blick auf den Umgang mit Apples iPad, das 2010 auf den Markt kam: Abgesehen vom Springer-Verlag, der schon wenige Monate nach dem Start mit einer iPad optimierten Version von „Welt Online" aufwartete, dauerte es bei der Konkurrenz zum Teil Jahre, bis Tablet-Versionen der Zeitung oder des Onlineportals angeboten wurden.

Und das lag nicht an der komplizierten Entwicklung solcher Applikationen, sondern daran, dass die Medienhäuser erst einmal zögernd abwarteten, wie sich denn die Verbreitung des iPads und anderer Tablets entwickeln würde, bevor man in die neue Technik investierte.

Da davon auszugehen ist, dass sich die Taktung digitaltechnischer Neuerungen noch beschleunigen wird – Google Glasses etc. – dürfte sich die Lage für die Verlage noch verschärfen. Denn immer neue Endgeräte erfordern immer neue Formate für journalistische Inhalte. Eine Lösung für diese Problematik könnte darin bestehen, sich von technischen Entwicklungen nicht überraschen zu lassen, sondern im Haus Innovations- und IT-Expertise aufzubauen und bereitzuhalten und im Austausch mit der Hightech-Branche proaktiv neue Entwicklungen mitzugestalten. Dies würde zwar zusätzliche Anstrengungen und den Abbau von Berührungsängsten erfordern, wäre sicherlich aber eine lohnende Investition in die Zukunft.

Der Autor

Prof. Dr. Florian Stadel ist Journalistikprofessor an der Macromedia Hochschule für Medien und Kommunikation. Seine Schwerpunkte in der Lehre sind Innovationen im Journalismus, digitale Medien und crossmediales Arbeiten. Vor seiner Berufung war er u. a. als Redakteur für die Nachrichtenagentur Reuters und für das Nachrichtenmagazin Focus tätig, dort zuletzt als stellvertretender Chefredakteur von Focus Online, sowie als Berater für Crossmediathemen bei der „Neuen Zürcher Zeitung" und der „Aargauer Zeitung".

Literatur

AGOF (2014). *Die aktuelle Studie internet facts. Frankfurt a.M.: Arbeitsgemeinschaft Online Forschung e. V..* http://www.agof.de/aktuelle-studie-internet/. Zugegriffen: 07. April 2014

AZ Zeitungen AG (2014). *azwerbung.ch.* http://www.azwerbung.ch/. Zugegriffen: 07. April 2014

Disselhoff, F. (2014). *Tomorrow Focus steigert Umsatz im Geschäftsjahr 2013 um 26 Prozent. Hamburg: Meedia GmbH.* http://meedia.de/2014/03/20/tomorrow-focus-steigert-umsatz-im-geschaeftsjahr-2013-um-26-prozent/

Hanfeld, M. (2014). Beim „Spiegel" kann man nichts anordnen. Interview mit Wolfgang Büchner. *Frankfurter Allgemeine Zeitung*, S. 31, 30.01.2014

IVW (2014a). *Quartalsauflagen. Informationsgemeinschaft zur Feststellung der Verbreitung von Werbeträgern e. V.*. http://daten.ivw.eu/index.php?menuid=1&u=&p=&detail=true. Zugegriffen: 07. April 2014

IVW (2014b). *Gemessene Nutzungsdaten (März 2014). Informationsgemeinschaft zur Feststellung der Verbreitung von Werbeträgern e. V.*. http://ausweisung.ivw-online.de/index.php?i=11&mz_szm=201403&pis=0&filter=8. Zugegriffen: 08. April 2014

IVW (2014c). *Gemessene Nutzungsdaten (Februar 2014). Informationsgemeinschaft zur Feststellung der Verbreitung von Werbeträgern e. V.*. http://ausweisung.ivw-online.de/index.php?i=11&mz_szm=201402&pis=0&filter=19. Zugegriffen: 10. April 2014

IVW (2014d). *Gemessene Nutzungsdaten (Februar 2014). Informationsgemeinschaft zur Feststellung der Verbreitung von Werbeträgern e. V.*. http://ausweisung.ivw-online.de/index.php?i=11&mz_szm=201402&pis=0&filter=2. Zugegriffen: 10. April 2014

IVW (2014e). *Gemessene Nutzungsdaten (Februar 2014). Informationsgemeinschaft zur Feststellung der Verbreitung von Werbeträgern e. V.*. http://ausweisung.ivw-online.de/index.php?i=11&mz_szm=201402&pis=0&filter=6. Zugegriffen: 10. April 2014

Koydl, W. (2014). Wir müssen Geld ausgeben. Interview mit Veit Dengler. *Süddeutsche Zeitung*, S. 47, 31.01.2014

Schröder, J. (2014). *Top 50: Die umsatzstärksten Zeitschriften Deutschlands. Hamburg: Meedia GmbH*. http://meedia.de/2014/03/18/top-50-die-umsatzstaerksten-zeitschriften-deutschlands/. Zugegriffen: 09. April 2014

Wemf AG (2014). *WEMF AG für Werbemedienforschung*. http://www.wemf.ch/. Zugegriffen: 10. April 2014

Besondere Herausforderungen, Chancen und Geschäftsmodelle in und mit neuen Medien

Markenmedien und Medienmarken

Warum Facebook, Twitter & Co. keine Erfolgsgarantie für Markenkommunikation darstellen

Thomas Hirschmann

Zusammenfassung

Der Beitrag betrachtet kritisch die aktuellen Entwicklungen der Markenkommunikation mit Blick auf die sich laufend beschleunigenden medialen Trends und technischen Modeerscheinungen. Dabei geht er auch auf die strukturelle Transformation der Marken hin zu „Medienmarken" ein und hinterfragt die neue bunte Welt der Social Media-„Markenmedien". Zur Orientierung für jeden Marketing-Praktiker bietet der Beitrag sechs Grundregeln der Kommunikation, die im Kontext der Komplexität und Dynamik heutiger Kommunikationssituationen einen Leitfaden für die tägliche Praxis der Markenkommunikation bieten sollen und führt dabei jede Grundregel anhand eines konkreten Beispiels ihrer Verletzung aus. Abschließend zieht er ein Fazit und gibt einen konstruktiven Ausblick hinsichtlich Möglichkeiten einer nachhaltigeren Markenkommunikation.

1 Das Ende der Markenkommunikation wie wir sie kennen?

Kaum eine Branche ist so schnelllebig wie die des Marketings und der Markenkommunikation. Jeden Tag erscheinen neue Plattformen und Tools und verändern die technische Marketinglandschaft, neue Trends erfordern eine ständige Überprüfung und Anpassung der eigenen Strategie und Grundorientierung und eine mittlerweile in die Tausende gehende Anzahl täglich neuer mobiler Anwendungen macht es Marketingprofis heute nicht nur schwer sondern fast unmöglich zu jedem gegebenen Zeitpunkt noch einen kompletten Überblick über das für sie relevante Kommunikationsökosystem zu behalten.

Diese zunehmend schneller werdende Veränderung vollzieht sich darüber hinaus auf der Grundlage einer grundsätzlich veränderten Kommunikationssituation: Während sich das kommunikative System früher zugunsten einiger weniger großer Marken ausbalancierte und diesen erlaubte, mit relativ einfachen Methoden eine große Zahl sich konform

Thomas Hirschmann ✉
London, Großbritannien
e-mail: info@thomashirschmann.de

© Springer Fachmedien Wiesbaden 2016
S. Regier et al. (Hrsg.), *Marken und Medien*, DOI 10.1007/978-3-658-06934-6_15

verhaltender Verbraucher zu erreichen, hat sich die kommunikative Balance heute deutlich zugunsten der Verbraucher verschoben: Insbesondere aufgrund der Einflüsse von Globalisierung, Individualisierung und Digitalisierung leben wir mittlerweile im Kontext einer hypersegmentierten Verbraucherlandschaft, der ein geradezu inflationäres Markenangebot zur Verfügung steht. In einem solchen Kontext, in dem letztlich jeder einzelne Verbraucher seine eigene Zielgruppe mit je eigener Kommunikationspräferenz darstellt, ist es schwer zu sagen, ob klassische betriebswirtschaftliche Grundsätze wie Skaleneffekte, Markengröße oder Marktmacht überhaupt noch irgend eine Geltung beanspruchen können.

Entsprechend dys- oder euphorisch werden demnach neue Prinzipien und mit ihnen das Ende des alten und das Anbrechen eines neuen Zeitalters der Markenkommunikation verkündet. Erstaunlich ist dabei, wie wenig konsistent und wie stark anlass- und trendgetrieben sich diese Meldungen lesen. Völlig theorie- und konzeptfrei werden dabei meist kurzzeitig in Mode befindliche technische oder inhaltliche Trends unreflektiert aufgegriffen und zur neuen Norm erklärt. Das Fehlen inhaltlicher Aussagekraft wird dabei in der Regel durch eine Vielzahl wohlklingende Anglizismen und einen überzeugten und oft gar postulierenden Tonfall kompensiert.

Betrachtet man das mit seinen vielen neuen Medientrends und -techniken hereinbrechende neue Kommunikationszeitalter in seiner Mannigfaltigkeit und Propagandapracht aber genauer, muss man schnell feststellen, dass hier Anspruch und Realität weit auseinanderklaffen. Ein völlig neues Kommunikationszeitalter? Das Ende der Massenkommunikation? Der Beginn einer neuen, praktisch grenzenlosen Kommunikationsfreiheit? Was aufgrund der vielen neuen Tools und Trends auf den ersten Blick wie eine verheißungsvolle neue Welt der unbegrenzten Kommunikationsmöglichkeiten und -freiheiten daherkommt erweist sich auf den zweiten Blick schnell als praktische Orientierungslosigkeit, oder systemtheoretisch formuliert als drastische Verringerung der „signal to noise-ratio". Denn während technisch gesehen immer mehr möglich und inhaltlich immer mehr verfügbar wird, haben sich bestimmte Grundregeln der Kommunikation in Wahrheit nicht verändert. Das hat praktisch zur Folge, dass die Marketingindustrie als Ganze nicht nur trotz sondern gerade aufgrund eines formal gesehen immer größeren und schnelleren Kommunikationsoutputs insgesamt gesehen eine immer geringere Effizienz aufweist. Grund dafür ist vor allem die Tatsache, dass sich – bei gleichbleibender Anzahl an Kommunikationsteilnehmern in einem gegebenen System – die Menge der vorhandenen Gesamtaufmerksamkeit als limitierender Faktor jenseits eines vorgegebenen Sättigungspunktes nicht erweitern lässt. Darüber hinaus passt sich der aufgeklärte Verbraucher durch die fortlaufende Weiterentwicklung seiner kognitiven Filter natürlich auch ständig an die steigende Informationsflut an, so dass er für undifferenzierte werbliche Inhalte zunehmend „immun" wird und diese nur noch als „Hintergrundrauschen" wahrnimmt. Insoweit geradezu folgerichtig und konsequent passen sich auch Plattformen wie Facebook an diese Gegebenheiten an und reduzieren fortlaufend ihre organische Reichweite – eine Maßnahme die sich natürlich auch logisch in eine oftmals offen kommunizierte Monetarisierungsstrategie einfügt.

Ziel dieses kurzen Aufsatzes soll es darum hauptsächlich sein, jenseits der Unmenge an Tech- und Webtrends aufzuzeigen, welche kommunikativen Gesetzmäßigkeiten nach wie vor Gültigkeit besitzen und wie man sich als Marketing-Praktiker erfolgreich daran ausrichten kann. Das setzt jedoch zunächst voraus, dass wir gefährliche Gewohnheiten wie die unkritische Adoption sozialer Trends und Plattformen und die zwanghafte Imitation inhaltsloser Pseudokommunikation unterlassen und uns ernsthaft auf die Suche nach den echten Grundlagen erfolgreicher Kommunikation machen. Das beinhaltet auch eine kritische Beleuchtung dessen, was wir langfristig als Kommunikationserfolg bezeichnen wollen. Denn wenn wir mit unseren Inhalten in Zukunft nicht nur zum stetigen Anwachsen des kommunikativen Hintergrundrauschens beitragen sondern für die entsprechenden Rezipienten relevant sein wollen, muss sich auch eine Definition von Kommunikationserfolg in erster Linie daran ausrichten – und nicht an rein quantitativen, inhaltlich undifferenzierten und plattformselbstbezüglichen „Standard-KPIs".

Im weiteren Verlauf werden wir uns der hier beschriebenen Thematik in drei Schritten nähern und dabei aufzeigen wie

1. Marken heute zunehmend eine neue Medienfunktion übernommen haben und inwieweit das darauf beruhende Konzept der „**Medienmarke**" grundsätzliche kommunikative Schwierigkeiten mit sich bringt. Weiterhin werden wir zeigen wie insbesondere
2. die neuen sozialen Medien sich zusehends als **Kommunikationsmarken** („Markenmedien") etabliert haben und als solche von vielen Marketing-Praktikern gewohnheitsmäßig und gleichsam stellvertretend für kommunikative Ziele in Anspruch genommen werden – obwohl viele soziale Plattformen technisch gesehen nicht zur Erreichung dieser Ziele tauglich sind. Schließlich wollen wir zeigen welche
3. **kommunikative Grundregeln** jenseits aktueller Hypes und Trends nach wie vor Gültigkeit beanspruchen können und – anhand anonymer aber realer Fallbeispiele – wie und mit welchen Folgen diese täglich von Marketing-Praktikern verletzt werden.

Abschließend ziehen wir ein **Fazit** und fassen dabei noch einmal die wesentlichen Aussagen zusammen, um daraus Schlussfolgerungen für erfolgreiche Markenkommunikation im anspruchsvollen Kontext inhaltlich und technisch komplexer Kommunikationslandschaften abzuleiten.

2 Die Marke als Medium – das Konzept der Medienmarke

Die meisten Marken-Praktiker haben mittlerweile begriffen, dass sich die Medienlandschaft verändert hat und haben ihre Inhalte demnach auch – mehr oder minder erfolgreich – auf den neuen Plattformen und Kanälen des „Social Web" untergebracht. Dabei hat sich auch das Verständnis und die Vorstellung von Medienarten und -grenzen verändert: Während man früher Film und Fernsehen aufgrund des Produktionsaufwands als „Königsdisziplin" mit der größten Breitenwirkung verstand, hat man inzwischen gelernt, dass auch ein nutzergeneriertcs YouTube-Video durchaus große Wirkung zeitigen kann, wenn es mit entsprechender Planung und Umsicht eingesetzt und zur richtigen Zeit an die richtigen Personen gestreut wird. Während die klassischen Mediengrenzen dabei zusehends undeutlicher werden, übernehmen die Marken zunehmend eine neue Funktion: Sie werden selbst zu Medien- und Produktionshäusern, die ununterbrochen „auf Sendung" sind. Wie früher Verlagshäuser und Rundfunkanstalten schicken sich heute internationale Marken an, ihre Inhalte auf möglichst vielen Kanälen in möglichst hoher Schlagzahl an möglichst viele Verbraucher und weitere Stakeholder zu „kommunizieren".

Aufgrund der Vielfalt an Kanälen arbeiten sie dabei meist mit externen Partnern, speziell Kommunikations- und Marketingagenturen, zusammen, die für sie die Aufgabe der Inhaltserstellung und laufenden Kommunikation übernehmen. Die Unternehmen selbst ziehen sich dabei auf ihre Kernaufgabe der Pflege und des Managements der zu kommunizierenden Inhalte und die Überwachung von deren Markenkonformität zurück. Technisch gesehen wird eine Marke dabei selbst zum Medium – Inhalte werden auf verschiedenen Kanälen durch sie verbreitet: Eine Situation in der ein Unternehmen über seine durch externe Partner zum Leben erweckte markenspezifische Außendarstellung zu seiner Klientel „spricht".

Das damit einhergehende Konzept einer kontinuierlich kommunizierenden „Medienmarke" weist jedoch einige Probleme auf: Zunächst einmal betrifft das die generelle Struktur der Kommunikation. Diese ist grundsätzlich nach außen gerichtet, da die Marke nur vermittels ihrer externen Helfer in der Lage ist zu sprechen. Während die Übersetzung von innen nach außen dabei – abhängig von der Qualität der kommunikativen Vorgaben – noch relativ gut funktioniert, stößt der umgekehrte Weg schnell auf verarbeitungstechnische Kapazitätsgrenzen, zumindest was die Beantwortung individueller Anfragen und die problemadäquate Reaktion auf untypische Sachlagen anbelangt. Insoweit liegt hier keine echte, dialogische Kommunikation, sondern vielmehr ein asymmetrischer „Pseudodialog" vor.

Des Weiteren existiert aufgrund des ständig eingeschalteten „Brandfilters" die Gefahr eines langfristigen Glaubwürdigkeitsverlusts[1]. Marken sind per Definition durch Kennzeichnung bewusst hervorgerufene „Vorstellungen ..., um Waren oder Dienstleistungen eines Unternehmens von denjenigen anderer Unternehmen zu unterscheiden" (Winter 2014). Funktionell dient die Marke dabei vor allem der verdichteten Vermittlung von Information, unter anderem hinsichtlich der mit dem jeweiligen Produkt oder der Dienstleistung verbundenen Wertvorstellungen. Auch hier findet ein echter kommunikativer Austausch jedoch in der Regel diskursiv und nicht monologisch statt, das heißt Werte werden in einer realen Kommunikationssituation abgewogen und hinsichtlich der jeweils unterschiedlichen Wertvorstellungen der Dialogpartner einander gegenübergestellt und ausdiskutiert. Soweit Marken demgegenüber jedoch ihre eigenen, einseitig fixierten Wertvorstellungen inflexibel und ununterbrochen per „Endloswiedergabe" von sich geben,

---

[1] Zum kommunikativen Erfordernis der Glaubwürdigkeit siehe auch Abschn. 4 – Punkt 6.

kreieren sie damit auch gleichzeitig einen Kontext fehlender Authentizität ihrer eigenen Botschaft und letztlich eine inhärent mangelhafte Kommunikationssituation.

Während das Konzept einer sich konstant und auf allen Kanälen „auf Sendung" befindlichen „Medienmarke" also theoretisch durchaus seinen Reiz haben mag ist es praktisch gesehen kaum haltbar: Zum einen handelt es sich in den meisten Fällen nur um einen einseitigen Pseudodialog, zum anderen verkommen die Botschaften aufgrund fehlender Authentizität zwangsläufig zu einem unglaubwürdigen Ritual. Beide Aspekte führen letztlich dazu, dass die moderne, laufend „kommunizierende" Medienmarke im strengen Sinn zu keiner echten Kommunikation fähig ist und die vielen von ihr verbreiteten Informationselemente am Ende doch nur zu einem großen Rauschen verkommen da sie die Anforderungen an authentische Inhalte eines realen Kommunikationskontexts nicht erfüllen.

3 Neue Medien werden Marken: Markenmedien

Facebook, Twitter und Co. sind schon lange keine Start-ups mehr. Die meisten großen Social Media-Plattformen der ersten Generation sind mittlerweile erwachsen geworden und betreiben mindestens ebenso professionelle Marketing- und vor allem (Ad-)Sales-Aktivitäten wie viele klassische Markenunternehmen. Aus den rein nutzerorientierten Communities sind ausgewachsene globale Brands mit entsprechendem Geltungsanspruch geworden.

Als Nebeneffekt dieses erweiterten Geltungsanspruchs werden viele dieser Markenmedien heute quasi „pars pro toto" für das gesamte Social Web beziehungsweise die Kommunikation über soziale Medien im Allgemeinen verwendet. Dabei handelt es sich, wie etwa auch Dial (2010) feststellt, formal gesehen um ein „Misnomer", also eine technische Fehlbezeichnung. So wie bereits seit Jahrzehnten bestimmte Marken aufgrund ihrer notorischen Bekanntheit stellvertretend für das jeweils durch sie vertretene Produkt verwendet werden[2], werden mittlerweile auch große Social Media-Marken stellvertretend für das Social Web verwendet.

Über die begriffstechnische Ungenauigkeit hinaus bringt dies allerdings gerade im Kontext der sozialen Kommunikation einige durchaus gravierende Probleme mit sich: Denn während die unscharfe Begrifflichkeit bei reinen „Produktmarken" lediglich einen formal ungenauen Verweis darstellt, verfälscht die fehlerhafte Begrifflichkeit im Bereich der Kommunikationsmarken tatsächlich das Verständnis des Charakters sozialer Kommunikation. Denn letztlich gilt für alle sozialen Plattformen das gleiche wie für das Internet als solches:

The Internet is not the medium: We are the medium (Weinberger 2013).

---

[2] Man denke hierbei nur an Marken wir Xerox (stellvertretend für Fotokopiermaschinen), Tempo beziehungsweise Kleenex (stellvertretend für Taschentücher) oder Hoover (stellvertretend für Staubsauger).

Diese einfache und zugleich tiefgreifende Einsicht klärt ein für alle Mal, welche medienfunktionale Rolle einzelne Technologien, Techniken oder Plattformen im (Social) Web spielen: Keine. Vor diesem Verständnishintergrund ist man geneigt die Aussage der Sapir-Whorf-Hypothese anzuerkennen, welche einen engen Zusammenhang zwischen Sprache und Denken postuliert (Kay und Kempton 1984). Hintergrund dafür ist die weitläufig verbreitete Inhaltslosigkeit der Marketingsprache – und eine damit gegebenenfalls zusammenhängende Konzeptlosigkeit des Marketingdenkens, fortlaufend manifestiert in einem übertriebenen Glauben an substanzlose Trends und kurzlebige Modeerscheinungen. Man mag die Ursachen in der fehlenden Unabhängigkeit der Systemteilnehmer oder in ihrer zu stark materiellen Orientierung suchen, jedoch scheinen wesentliche diskursive Grundprinzipien im Marketing außer Kraft gesetzt, allen voran das Wittgensteinsche Prinzip einer klaren Sprache als Voraussetzung für klares Denken und konstruktive Kommunikation.

Die nun fast tragische Konsequenz aus dieser Begriffs- und Denkverwirrung ist jedoch, dass sich viele Marketingpraktiker im Bestreben, modernes „soziales" Marketing zu betreiben lediglich am sozialen Label der jeweiligen „sozialen" Plattform orientieren. Mit anderen Worten: Das Marketing ist Opfer seines eigenen Marketings geworden.

Statt Kommunikation kauft man Kommunikationstechnik, statt soziales Marketing erwirbt man eine „soziale" Marke und statt einer vernünftigen Strategie orientiert man sich lieber an inhaltslosen kurzfristigen Kennzahlen denen in unreflektiertem Imitationsverhalten nachgerannt wird.

Der Anspruch, gutes Marketing zu betreiben ist darüber fast vollständig dem Druck gewichen, sich mit guten Marketingmarken (Markenmedien) zu schmücken: Ob es die fast schon obligaten Klassiker wie der Reichweiten- und Bekanntheitsfavorit Facebook, der etwas mehr Sachverstand verheißende Kurztextkönig Twitter, das etwas „nerdige" und schon einige Male totgesagte Google+ oder gar trendigere und moderne Plattformen wie Instagram, Pinterest, Vine, coole „alternative" Blogplattformen wie Tumblr oder gar „Dark Social"-Dienste wie WhatsApp oder Line sind: Die Entscheidung für oder wider die eine oder andere dieser Plattformen und Technologien beinhaltet in vielen Fällen bereits so viel „Markenkommunikation", dass darüber die über die jeweilige Plattform zu kommunizierenden Inhalte, kommunikativen Strategien, die Struktur der Gespräche und der Charakter der Gesprächsteilnehmer und jeweiligen Communities oft vollständig in den Hintergrund treten.

Wen interessiert es noch worüber ich eigentlich rede, solange ich das über die neueste Anwendung auf der modernsten Plattform unter Zuhilfenahme der letzten Trendthemen tue. Die Marketingpraxis realisiert dabei mittlerweile nicht mehr, dass sie – im Bestreben ihre eigenen ständig zu verblassen scheinenden Marken wieder mit aktuellem Glanz zu versehen – letzlich ihre eigenen Markenwerte durch die der neuen, trendigen Kommunikationsmarken (Markenmedien) ersetzt hat. So können Facebook, Twitter und Co. ihr eigenes Markenverständnis Schritt für Schritt anderen Marken aufprägen. Ursache dafür ist oft weniger ein fehlender Sachverstand per se sondern vielmehr ein unreflektiertes Bestreben dort sein zu wollen, „wo alle sind": Der Sieg des kommunikativen Herdentriebs über das bewusste Wahrnehmen und Vertreten eigener Inhalte und Standpunkte.

Abb. 1 Projekt „Snail Mail my Email" von Ivan Cash

Den kommunikativen Nachweis für die Unabhängigkeit echter Kommunikation von den jeweils verwendeten Kommunikationsmarken findet man demnach konsequenterweise erst außerhalb des „Systems Marketing", etwa in der Kunst. Hier stellen die beispielsweise Kommunikationsprojekte des Künstlers Ivan Cash eindrucksvoll dar, was echte, inhaltliche Kommunikation ausmacht. Allen Projekten von Cash ist dabei eigen, dass sie auf der Beobachtung realen menschlichen Kommunikationsverhaltens beruhen und tatsächliche Kommunikation, also einen echten Austausch zwischen Menschen ermöglichen. Insoweit er diese „human connection" zur Grundlage seiner kommunikativen Ansätze macht, ist er technisch völlig frei und schafft es selbst auf Basis einfachster Mittel – wie etwa Email – ein sozial anspruchsvolles Kommunikationskonzept zu erstellen. Dies kann anhand seines Projektes „Snail Mail my Email" nachvollzogen werden, eines alternativen Kommunikationsprojektes an dem bereits über 15.000 Menschen teilgenommen haben und dabei Ihre Emails handschriftlich an den jeweiligen Empfänger versenden ließen (siehe Abb. 1).

Das überwältigende Ergebnis dieses durch den Künstler vollkommen privat geplanten und nur mit Hilfe Freiwilliger koordinierten Projekts belegt anschaulich, dass es letztlich menschliche Faktoren sind, die über den Erfolg echter Kommunikation entscheiden – und Kommunikation am Ende auch in ihrem Kern ausmachen. Einer bestimmten Kommunikationsform mit Hilfe neuester Technik ein Markenlabel aufzuprägen kann diese Tatsache zwar kurzfristig verschleiern. Langfristig kann dies jedoch nicht darüber hinwegtäuschen, dass nicht etwa Marken oder Technik, sondern *der Mensch* selbst in jedem denkbaren System menschlicher Kommunikation immer die zentrale Stellung einnehmen wird.

4 Grundregeln der Kommunikation und ihre Verletzung

Angesichts der offenbar überreichlich vorhandenen Kommunikationsexpertise im Marketingbereich erscheint es müßig wenn nicht gar anmaßend, auf Grundregeln der Kommunikation zu rekurrieren – insbesondere da viele Marketingmanager scheinbar bereits mit vollkommener Souveränität und Selbstverständlichkeit auf die letzten Trends und Techniken des Social Webs zurückzugreifen zu scheinen. Nachdem wir im vorigen Kapitel jedoch gesehen haben, dass diese Trends und Techniken niemals in der Lage sind Kommunikation im Kern zu ersetzen da trotz modernster Technik die Anzahl grober Kommunikationsfehler in der Markenkommunikation („Markenfails") ständig weiter steigt, sollte die folgende nicht abschließende Liste kommunikativer Grundregeln für Marketingpraktiker doch von gewisser praktischer Relevanz sein. Und für diejenigen, denen diese Grundregeln alle bekannt sind, dürften in jedem Fall die zusätzlich angeführten Beispiele ihrer Verletzung von praktischen Interesse sein und die Möglichkeit bieten, daran für die eigene Marketing-Tätigkeit zu lernen.

Grundregel Nr. 1: Kommunikation setzt Aufmerksamkeit voraus

Grundsätzlich sind Menschen aufgrund ihrer Entstehungsgeschichte und ihrer sozialen Verfasstheit (social brain) darauf ausgerichtet, entsprechenden „social cues" ihre Aufmerksamkeit zu schenken (Dunbar 1996). Allerdings ist diese Aufmerksamkeit – wie jede biologische und psychische Ressource – limitiert. Wir filtern unsere Umgebungssignale ganz natürlicherweise danach, was für uns relevant ist und was nicht. Sowohl Markenunternehmen als auch (soziale) Medienmarken gehen jedoch unausgesprochen von der falschen Prämisse aus, dass Aufmerksamkeit einfach „generiert" und ohne Beschränkung skaliert werden kann. Markenunternehmen versuchen dabei mit Hilfe sozialer Medienmarken quasi auf dem Rücken echter zwischenmenschlicher Kommunikation mittels „pseudosozialer" Signale die Aufmerksamkeit möglichst vieler Menschen zu gewinnen[3]. In diesem Sinne könnte man Plattformen wie Facebook und die darauf Werbung betreibenden Unternehmen überspitzt als „kommunikative Parasiten" innerhalb des Systems sozialer Kommunikation bezeichnen.

Die theoretische Basis für eine solche Sichtweise lässt sich dabei evolutionär herleiten: Wirft man einen Blick zurück auf die Entstehungsgrundlagen unserer menschlichen Kommunikation stellt man fest, dass einer der wesentlichen Aspekte und zugleich differenzierender Faktor zur Kommunikation anderer Tiere die sogenannte „joint attention" oder „shared intentionality" des Menschen darstellt (Tomasello 2008; Wyman und Tomasello 2007). Doch was bedeutet das für die heute über soziale Medien stattfindende Kommunikation?

Letztlich gilt – damals wie heute – dass Kommunikation ohne das Herstellen einer gemeinsamen, geteilten Aufmerksamkeit und der zu Grunde liegenden prosozialen Motivation nicht stattfinden kann. Einfacher ausgedrückt: Bevor ich kommuniziere, muss ich bereit sein zuzuhören und auf mein Gegenüber und dessen Blickwinkel und Intentionen einzugehen.

---

[3] Man denke hierbei etwa nur an das Format der „Sponsored Story"-Ads auf Facebook.

„Unaufmerksame" Kommunikation

Ein Unternehmen aus dem FMCG-Bereich betreibt für mehrere Marken entsprechende Fanseiten auf Facebook. Es entschließt sich, für eine dieser Marken eine Kampagne durchzuführen, um gewisse Markenziele zu erreichen – zu den KPIs gehört dabei auch das Erreichen einer bestimmten Fananzahl. Die Kampagne selbst ist dabei wenig werblich ausgelegt und soll im ersten Schritt zunächst Interesse für die Marke und ihre Produkte schaffen. Im Bestreben, gleichzeitig auch Markeninhalte an die bereits vorhandenen Fans zu kommunizieren, verändert der Markenverantwortliche jedoch zusehends die Inhalte der Kampagne. Die Kommunikation wird produktorientiert und werblich. Anhand negativer Reaktionen der Facebook-Nutzer wird deutlich, dass deren Aufmerksamkeit „korrumpiert" wurde – statt zunächst eine gemeinsame, geteilte Aufmerksamkeit über ein neutrales Thema herzustellen, ist die Marke zu schnell auf eine Verkaufsorientierung eingeschwenkt und hat ihren Fans damit gezeigt, dass sie nicht fähig oder gewillt ist, hinreichend auf Nutzerinteressen und -standpunkte einzugehen.

Das hier angeführte Beispiel zeigt, wie vergleichbar die Regeln der Markenkommunikation und die der zwischenmenschlichen Kommunikation sind – und wie ähnlich auch das Ergebnis bei deren Verletzung ausfällt. Jeder, der sich schon einmal in einem Gespräch wiedergefunden hat, in dem sein Gegenüber ununterbrochen nur von sich und seinen Interessen und Zielen gesprochen hat, weiß, wie unaufmerksam und geradezu respektlos es sich anfühlt, in seiner eigenen Intentionalität missachtet zu werden. Und hierbei handelt es sich nur um eine „eins-zu-eins"-Situation. Auf Social Media-Plattformen wie Facebook „kommuniziert" eine Marke demgegenüber grundsätzlich mit einer unbestimmten Vielzahl von Personen, die alle eine eigene Intentionalität besitzen. Auch wenn die Konversationen auf Facebook zugegebenermaßen oft oberflächlicher als direkte „face to face"-Gespräche sein mögen, so ist es aus Sicht des Autors doch in keiner Weise angebracht, Facebook-Nutzern deswegen ihre menschlichen Kommunikationsgrundlagen abzusprechen. Im Gegenteil, gerade weil weniger gesagt wird, gilt es umso genauer zuzuhören – eine Aufgabe, die viele Marketing-Praktiker an ihre Grenzen zu bringen scheint, was insbesondere bei großen Communities angesichts der systemischen Situation einer „one to many"-Kommunikation auch nachvollziehbar ist.

Grundregel Nr. 2: Kommunikation setzt Kommunikationsbereitschaft voraus

Nicht immer, nicht mit jedem, und auch nicht in jedem Kontext sind wir bereit und auch gewillt zu kommunizieren. Quasi als logische Fortsetzung der oben (Grundregel Nr. 1) genannten Regel der Aufmerksamkeitsbedingtheit von Kommunikation ergibt sich in Verbindung mit der physiologischen Begrenztheit menschlicher Aufmerksamkeit die Notwendigkeit der aktiven Herstellung von Kommunikationsbereitschaft für das Zustandekommen erfolgreicher Kommunikation.

Um diesen Umstand bestmöglich zu verdeutlichen wollen wir uns einem Kontext zuwenden, in dem diese Notwendigkeit besonders deutlich wird – weil hier eine allgemeine Kommunikationsbereitschaft grundsätzlich nicht vorausgesetzt werden kann: Dem Kontext der Intimität. Im kommunikativen Sinne beziehen wir uns hier nicht auf physische Intimität sondern vielmehr auf Kommunikation im engsten Kreise der vertrautesten Personen über emotional intime, das heißt unserem Innersten nahe stehende und damit unserer Intimsphäre zuzuordnende Themen (Giddens 1992). In diesem Zusammenhang verdeutlicht das Konzept der Intimität besonders anschaulich, dass jeder Mensch einen schutzbedürftigen Bereich in seiner Kommunikation besitzt, welcher nicht umsonst auch in den meisten Verfassungen durch entsprechende Grundrechte verfassungsrechtlich geschützt ist – in Deutschland beispielsweise über die Grundgesetzartikel 10 Abs. 1 (Briefgeheimnis) und 13 Abs. 1 (Unverletzlichkeit der Wohnung).

Sobald wir uns darüber klar geworden sind, dass Menschen in ihrer Kommunikation nicht undifferenziert alles mit allen teilen, sondern dabei vielmehr höchst sensitiv und selektiv vorgehen[4], wird auch schnell deutlich, inwieweit dies auch und gerade im Kontext moderner Markenkommunikation relevant ist. Denn gerade aufgrund der technischen Fortschritte der letzten Jahre verfügen wir heute über immer mehr Mittel und Wege, miteinander in Kontakt zu treten und – was entscheidend ist – die Nutzung all dieser neuen Kommunikationsformen wird dabei zunehmend zum neuen Standard und damit sozial akzeptiert und mitunter sogar erwartet.

Während der genaue Umfang der Nutzung all dieser Kommunikationswege in einigen Bereichen wie im Arbeitsleben noch unter dem euphemistischen Titel „Work-Life-Balance" lebhaft diskutiert wird, sind die Grenzen im Privatleben vielfach bereits durchlässig oder überhaupt nicht mehr definierbar. Dieses technisch verursachte Phänomen erzeugt dann ein Problem, wenn Marken allein auf der Basis technischer Machbarkeit auf die Opportunität einer „intimitätslosen" und damit grenzen- wie auch „schamlosen" Kommunikation schließen. Der amerikanische Web-Philosoph und Harvard-Professor David Weinberger beschreibt dieses Phänomen folgendermaßen:

> *Because of this, when businesses try to push their own messages through the Net, it is worse than ineffective. It is offensive. The Net manages to provide scale based on intimacy. It does this by enabling connections that express what matters to us. Messaging of the marketing sort corrodes intimacy.* (Weinberger 2013)

Um diese noch etwas abstrakte Beschreibung konkret und anschaulich zu machen, sei das folgende, reale Beispiel angeführt.

„Schamlose" Kommunikation

Ein Unternehmen aus dem produzierenden Gewerbe führt eine Kampagne zur Stärkung des eigenen Employer-Branding sowie zum Recruiting durch. Dabei werden auch

---

[4] Dies betrifft grundsätzlich alle Menschen, das heißt auch junge Menschen. Denn obwohl diese mit Blick auf ihr oft hemmungslos erscheinendes öffentliches Kommunikationsverhalten in den sozialen Medien scheinbar keine Privatsphäre besitzen, teilen auch sie nicht alles mit allen in gleichem Maße. Dies zeigt sich unter anderem an der Tendenz der jüngeren Generation, mittlerweile Facebook als Plattform wieder zu verlassen, da hier nun bereits ihre Eltern und zum Teil Großeltern vertreten sind.

Facebook-Ads eingesetzt, die auf Freunde von bereits aktivierten Kampagnenteilneh-mern sowie Angehörige bestimmter Universitäten getargetet sind. Diese Personen wer-den dabei pauschal per Facebook Ad mit einem Aufruf zur Teilnahme an der Kampagne aufgerufen. Im Zuge der Ausspielung der Ads kommt es immer wieder auch zu deut-lich negativen Äußerungen der getargeteten Personen, die sich teilweise wenig bis gar nicht angesprochen und mitunter belästigt fühlen.

Obwohl der hier beschriebene Fall formal nicht unbedingt als „Markenfail" bezeichnet werden kann, da das Ad-Targeting aus formaler Sicht durchaus richtig und sinnvoll war, zeigt es dennoch, dass bereits die (unaufgeforderte) Art der Ansprache wie auch die auf Plattformen wie Facebook teilweise durchaus penetrante Anzeigenmechanik eine Verlet-zung kommunikativer Grundlagen beinhalten kann.

Grundregel Nr. 3: Kommunikation setzt Fähigkeit und Bereitschaft
zum Perspektivenwechsel voraus
Mittlerweile haben nicht nur Sprachwissenschaftler (Lassiter 2008) sondern auch Manage-ment-Praktiker (Wohland und Wiemeyer 2007) begriffen, dass es in der menschlichen Kommunikation kein absolutes, in jedem Kontext objektives Verstehen gibt. An die Stelle einer intersubjektiv eindeutigen Bezeichnung des jeweiligen Sachverhalts tritt demnach immer nur ein unscharfes Abbild der jeweils zur Übermittlung intendierten Information oder Meinung.

Die zwangsläufig daraus resultierende Relativität beziehungsweise (Rest-)Subjektivi-tät des individuellen Verständnisses erfordert von jedem Kommunikationsteilnehmer ein Eingehen auf den notwendigerweise unterschiedlichen Verständnishorizont des jeweili-gen Gegenübers. Bleibt diese verständnistechnische Annäherung aufgrund fehlender Fä-higkeit oder Bereitschaft aus, ist die Kommunikation grundsätzliche fehlerbehaftet: Ihr liegen dann – offen oder versteckt – Abweichungen im Verständnishorizont der Parteien zu Grunde, die sich üblicherweise in Missverständnissen, Konflikten oder Kommunikati-onsabbrüchen niederschlagen.

Fraglich ist jedoch, ob diese Grundvoraussetzung der Verständnisannäherung tatsäch-lich für jegliche Form der Kommunikation einschließlich der typischerweise eher ober-flächlichen Kommunikation im Marketing Geltung beanspruchen kann. Zugegebenerma-ßen bewegen wir uns in vielen Fällen der Markenkommunikation nicht gerade in intel-lektuell besonders anspruchsvollen Verständnisebenen. Dieser Umstand könnte vermuten lassen, dass ein Verständnisproblem insoweit bereits technisch ausgeschlossen ist. Dass dem jedoch nicht so ist, zeigt eine Vielzahl an Missverständnissen, Konflikten und Kom-munikationskrisen, die sich jeden Tag auf unzähligen Markenkanälen abspielt. Im Folgen-den sei hierfür ein Beispiel aus der Markenkommunikation im Social Web ausgeführt:

„Verständnislose" Kommunikation
Ein Unternehmen aus der Luxusgüterindustrie führt auf Facebook ein Fotogewinnspiel mit attraktivem Sachpreis durch und ruft die Community dazu auf, durch das Betäti-

gcn der „Like" Funktion für ihren Favoriten abzustimmen. Gleichzeitig wird in den Teilnahmebedingungen geregelt, dass der Gewinner des Wettbewerbs durch eine Jury bestimmt wird. Es bleibt dabei offen, inwieweit die Nutzerabstimmung in die Juryentscheidung einfließt. Bei der Abstimmung nehmen auch einige lokale Berühmtheiten teil, die ihren Bekanntheitsvorteil auf Facebook ausspielen und ihre Anhängerschaft jeweils für sich abstimmen lassen. Es kommt zu einem „Showdown" zwischen zwei Teilnehmern, die sich gegenseitig sowie das Unternehmen der Manipulation bezichtigen.

Das Beispiel zeigt, dass auch einfache Themen wie die Durchführung eines Gewinnspiels durchaus bereits Anlass zu unterschiedlichen Verständnishorizonten bieten können. Ursächlich ist dabei meist das dem jeweiligen Verständnis zu Grunde liegende Interesse (Habermas 1968). In unserem Beispiel gestaltete sich die Interessenlage folgendermaßen:

Das Unternehmen war auf die Steigerung seiner Facebook-KPIs, hier insbesondere die „Engagemente Rate" bedacht. Insoweit war ihm die Nutzerabstimmung ein probates Mittel, um die Interaktion mit seinen Fans und damit das Engagement zu erhöhen. Die Nutzer wiederum hatten wohl vornehmlich den möglichen Sachgewinn im Sinn und aktivierten zu diesem Zweck jeweils ihre Anhängerschaft um für sich votieren zu lassen. Während das Unternehmen per se keine Präferenz hinsichtlich eines bestimmten Gewinners hatte, musste es doch – zumindest im späteren Verlauf des Gewinnspiels – realisieren, dass das Gewinnspiel fair ablaufen sollte, um seinen „guten Ruf" als faire Marke zu bewahren. Leider zu spät stellte sich jetzt jedoch heraus, dass die Teilnahmebedingungen hinsichtlich des genauen Verfahrens der Gewinnerauswahl nicht eindeutig genug formuliert waren. Das Unternehmen befand sich demnach, allein durch das Unterlassen eines frühzeitigen Perspektivenwechsels, also einer Einnahme der Nutzerperspektive verbunden mit einer eindeutigen und – aus Nutzersicht fairen – Klärung der Frage der Gewinnerauswahl, in einer kommunikativen Situation die mit möglichen Missverständnissen und Konflikten behaftet war.

Ein Perspektivenwechsel dient dabei grundsätzlich nicht nur der Vermeidung von Konflikten, sondern auch der Überprüfung der eigenen Position und kann nicht nur das Verständnis, sondern auch die Akzeptanz der eigenen Kommunikation fördern. Diese Einsicht dürfte vielen Markenunternehmen helfen, die auch in Zeiten einer fast vollkommenen Marktfragmentierung noch ihre Marke als die einzig wahre und beste anpreisen und eine hundertprozentige Markenloyalität anstreben. Eine Annäherung an die Realität kann hier durch einen regelmäßigen und häufig stattfindenden Perspektivenwechsel erreicht werden. Die durch diesen Perspektivenwechsel erreichte Intersubjektivität garantiert im Ergebnis eine möglichst objektive Markenkommunikation.

Grundregel Nr. 4: Kommunikation setzt Kontextsensibilität voraus
Bisher haben wir uns hauptsächlich mit Kommunikationsaspekten beschäftigt, die sich direkt oder indirekt auf das klassische „Sender-Empfänger-Modell" der Kommunikation zurückführen lassen (Shannon 1948; Shannon und Weaver 1949). Einer der wesentlichen

Kritikpunkte an diesem, trotz seines historischen Charakters immer noch weit verbreiteten Kommunikationsmodell, ist seine fehlende Kontextsensibilität (Distin 2011).

Obwohl diese Kritik mittlerweile allgemein bekannt ist, geschieht Markenkommunikation heute immer noch weithin ohne hinreichende Beachtung des Kontextes. Um die Bedeutung des Kontextes für Kommunikation vollständig klar zu machen ist es notwendig, den Blickwinkel ein wenig zu verändern und Kommunikation weniger informationstechnisch als vielmehr systemisch zu begreifen. Gerhard Wohland drückt den systemischen Charakter von Kommunikation dabei folgendermaßen aus:

> *Kommunikation ist nicht der Transport von Information, sondern ein Werkzeug zu ihrer Herstellung. [. . .] Kommunikation als System ist eher der Rahmen, innerhalb dessen Mitteilungen etwas bedeuten (Leitplanken) als deren Transport oder die Mitteilung selbst.* (Wohland und Wiemeyer 2007)

Aufgrund des systemischen Charakters findet Kommunikation praktisch immer statt, da wir als Menschen nicht anders können, als unser Umfeld und die daraus hervorgehenden Informationen zu interpretieren und uns eine Meinung über deren Bedeutung zu bilden. Oder mit den sehr viel eingängigeren Worten von Paul Watzlawick ausgedrückt: „Man kann nicht nicht kommunizieren" (Watzlawick 2011).

Übertragen auf die Markenkommunikation bedeutet das, dass Unternehmen sehr viel mehr darauf achten müssen, wann, wie, wo und vor welchem faktischen, sozialen und thematischen Hintergrund sie ihre Marketingthemen platzieren. In Analogie zur nonverbalen Kommunikation beim Menschen heißt das beispielsweise, dass die Markenkommunikation über alle Kanäle hinweg einer starken empfängerseitigen Konsistenzerwartung unterliegt. Demnach müssen grundsätzlich auch die jeweiligen Dienstleistungen und Produkte eines Unternehmens als Teil ihrer Kommunikation, sozusagen als ihr „nonverbaler Ausdruck", angesehen werden. Sollten diese Unternehmensleistungen dabei nicht die vorher geweckten Erwartungen erfüllen, kann dies im Zusammenhang mit gleichzeitig stattfindender kontextinsensitiver Markenkommunikation zu einer Verletzung der Konsistenzerwartung des Kunden führen.

„Kontextinsensitive" Kommunikation

Ein internationales Kommunikationsunternehmen versucht durch den Einsatz von „Page Post Ads" seine Reichweite auf Facebook zu erweitern. Dazu werden unter anderem Posts beworben, die auf attraktive Angebote für vergünstigte Veranstaltungstickets hinweisen. Eine dieser Veranstaltungen ist dabei aufgrund großer Beliebtheit innerhalb kurzer Zeit ausverkauft, während die Anzeigen weiterhin ausgespielt werden. Die entsprechenden Posts führen wie gewünscht zu einer sehr großen Reichweite, jedoch im Ergebnis zu großem Unmut der Nutzer, da die beworbenen Veranstaltungstickets bereits nicht mehr verfügbar sind.

Das Beispiel zeigt anschaulich, wie wichtig die Beachtung des Kontexts für erfolgreiche Kommunikation ist. Gerade in großen Markenunternehmen gibt es oft eine ganze

Reihe voneinander unabhängig agierender Abteilungen und Ansprechpartner für die verschiedenen kommunikativen Teilthemen. Da die Rezipienten der Kommunikation jedoch alle Botschaften – unabhängig von deren konkretem Verfasser – einheitlich nur der einen Marke als Absender zuschreiben, ist es besonders wichtig, dass alle Aspekte der Kommunikation konsistent sind und keine zuvor geweckten Erwartungen enttäuschen. Dies kann nur erreicht werden, indem die Urheber der jeweiligen Kommunikationsteile sich untereinander absprechen bevor die Kommunikation das Unternehmen verlässt. Aufgrund vielfach zersplitterter Unternehmensstrukturen und umständlicher Zuständigkeitsregelungen unterbleibt dies jedoch in der Praxis oft – mit entsprechend negativen Konsequenzen für die Kommunikationskonsistenz.

Grundregel Nr. 5: Kommunikation setzt Veränderungsbereitschaft voraus
In unserer postmodernen Gesellschaft haben einzelne Kommunikationsteilnehmer immer weniger die Möglichkeit, eine Deutungshoheit für bestimmte Themen oder Aussagen ihrer Kommunikation in Anspruch nehmen zu können. Das gilt mittlerweile auch für kommunikative Schwergewichte wie Großunternehmen und internationale Konzerne (Hunter et al.2008). Selbst Regierungen sind heute nicht mehr vor dem kommunikativen Druck einer koordinierten Community sicher (Eltantawy und Wiest 2011).

Um sich den gesteigerten Anforderungen heutiger Kommunikationssituationen gewahr zu werden eignet sich ein Blick auf die vier Geltungsansprüche kommunikativen Handelns, die Jürgen Habermas in Vorbereitung seiner „Theorie des kommunikativen Handelns" aufgestellt hat (Habermas 1981, 1984). Dabei handelt es sich konkret um folgende vier Kommunikationsprinzipien:

1. **Verständlichkeit** (der gebrauchten Ausdrücke),
2. **Wahrheit** (des propositionalen Gehalts der Aussage),
3. **Richtigkeit** (der mit dem Sprechakt verwendeten Norm),
4. **Wahrhaftigkeit** (Aufrichtigkeit des Sprechers).

Von besonderem Interesse ist hierbei nicht so sehr der konkrete Inhalt aller vier Prinzipien als vielmehr die Tatsache, dass deren diskursive Klärung nach Habermas' Vorstellung grundsätzlich allen Kommunikationsteilnehmern gemeinsam obliegt (Habermas 1973). Dies spiegelt interessanterweise ziemlich genau die Situation wider, die wir bei heutigen Diskussionen mit Unternehmensbeteiligung im Social Web vorfinden: Firmeninterne Hierarchien haben hierbei kaum Bedeutung und auch Expertenrollen werden von den Diskussionsteilnehmern nicht mehr fraglos akzeptiert. Folglich existiert auch kein apriorisches „wahr" oder „richtig" mehr, sondern die Wahrheit und Richtigkeit ergibt sich als Ergebnis des gemeinsamen offenen Diskurses.

Viele Markenunternehmen, die sich aufgrund erhoffter Reichweiten- und Effizienzvorteile für die mit einem Marketing im Social Web verbundenen Konversationen mit einer unbestimmten Vielzahl an Kommunikationsteilnehmern in der jeweiligen Markencommunity eingelassen haben, realisieren erst relativ spät, dass sie sich damit auch den oben genannten Kommunikationsprinzipien unterworfen haben. Insbesondere aus dem zweiten und dritten Prinzip resultiert dabei auch die unausgesprochene Verpflichtung des Unternehmens, sich an den eigenen Aussagen festhalten zu lassen und die eigene Haltung zu korrigieren, falls sie sich als offenbar gesellschaftsnormwidrig erweist.

„Unwahre" Kommunikation

Ein großes Unternehmen aus dem Bereich der Informationstechnologie führt eine Kampagne zur Bewerbung eines speziellen Produktzweigs durch und unterstützt die Kampagne mit Hilfe eines Gewinnspiels. Das Gewinnspiel wird über eine Facebook-App abgewickelt, über die Interessierte durch Hochladen eines Videos teilnehmen können. Auf der App sind zugleich auch die Teilnahmebedingungen verbunden mit einer klar begrenzten Laufzeit hinterlegt. Da sich der Start des Gewinnspiels aufgrund technischer Probleme um einige Wochen verzögert, verkürzt sich zunächst die Gesamtlaufzeit des Gewinnspiels und die gewünschten Teilnehmerzahlen werden nicht erreicht. In dem Ansinnen, noch zusätzliche Teilnehmer zu erreichen, wird die Laufzeit des Gewinnspiels zunächst per einfachem Facebook-Posting verlängert. Nach Rückfrage einiger aktiver Teilnehmer stellt sich jedoch heraus, dass die Teilnahmebedingungen selbst hinsichtlich des Laufzeitendes nicht aktualisiert wurden. Das Unternehmen zieht daraufhin die Konsequenz, das Gewinnspiel doch „vorzeitig" zu beenden und damit den offiziellen Status der Teilnahmebedingungen herzustellen.

Anhand dieses Beispiels sieht man deutlich, dass ein formal korrektes Handeln in manchen Situationen bedeutet, von bestimmten Kommunikationszielen bewusst Abstand zu nehmen. Hier hat das Unternehmen richtig realisiert, dass es – wie alle anderen Kommunikationsteilnehmer auch – an seine eigenen Aussagen gebunden ist und die darin kommunizierte Intention mit der jeweiligen Situation in Deckung bringen muss, um dem Wahrheitsanspruch der eigenen Aussage gerecht zu werden. Insoweit kann man hier – nach Einstellung des Gewinnspiels – streng genommen nicht von einer Regelverletzung sondern nur von einem „Lapsus" sprechen. Verletzt wäre diese Grundregel daher nur, wenn das Unternehmen das Gewinnspiel trotz anderslautender Teilnahmebedingungen fortgeführt hätte.

Grundregel Nr. 6: Kommunikation setzt Glaubwürdigkeit voraus

Anknüpfend an die oben (Grundregel Nr. 5) aufgeführten kommunikativen Geltungsansprüche von Habermas wollen wir uns hier noch einmal eingehender mit dem letzten dieser Geltungsansprüche auseinandersetzen: Wahrhaftigkeit. Obgleich dieses Prinzip als letztes angeführt wird, könnte es hinsichtlich seiner weitreichenden Bedeutung doch gleichermaßen auch zuvorderst stehen.

Der Grund dafür liegt darin, dass wir als Menschen gelernt haben, dass nicht alle kommunikativen Signale in gleichem Maße bedeutsam und damit gleichermaßen ernst zu nehmen sind. Während viele Signale lediglich abstrakte Willensbekundungen sind und

manche gar bewusste Fehlinformationen darstellen, sind nur sehr wenige wirklich glaubwürdig und können direkt der eigenen Entscheidungsfindung und Verhaltensorientierung
zu Grunde gelegt werden. Doch wieso ist das so und wie lassen sich glaubwürdige von
unglaubwürdigen Informationen unterscheiden?

Betrachtet man die jeweiligen Kommunikationssituationen systemtheoretisch und unter Zuhilfenahme der Biologie wird schnell klar, dass sich das Gesamtsystem Kommunikation sehr elegant mit Hilfe spieltheoretischer Ansätze auf Basis der Energieeffizienz
beschreiben lässt: Wie auch bei jedem anderen biologischen Phänomen gilt auch in der
Kommunikation der biologische Grundsatz der Sparsamkeit. Die Natur kennt keine Ver-
schwendung. Insoweit ist es wenig überraschend, wenn die große Mehrheit kommunikativer Signale möglichst energieeffizient generiert wird. Nur wenn der Absender die
Glaubwürdigkeit des Signals aufgrund der Bedeutung des übermittelten Inhalts tatsächlich
garantieren will, nimmt er den Aufwand auf sich, und gestaltet das Signal so aufwändig,
dass der Empfänger mit hoher Wahrscheinlichkeit von dessen Glaubwürdigkeit ausgehen
kann. Im Kontext gesellschaftsrelevanter Signale kann hier das Beispiel der aufwändigen
weil möglichst fälschungssicheren Herstellung von Geldscheinen angeführt werden. In
der Informationstechnologie würde man beispielsweise auf die Generierung von aufwändig verschlüsselten Sicherheitszertifikaten rekurrieren.

In der Biologie wurde das hier zu Grunde liegende Prinzip unter der Bezeichnung
„Handicap Principle" ausformuliert (Zahavi 1975, 1977; Zahavi und Zahavi 1997). Dieses
Prinzip besagt, dass ein für den Empfänger verlässliches Signal für den Sender mit gewissen Kosten der Generierung verbunden sein muss – Kosten die so hoch sein müssen, dass
sie von einem potentiellen Nachahmer ohne die der Signalgenerierung zu Grunde liegenden Absichten und Eigenschaften höchstwahrscheinlich nicht aufgebracht werden können.
Übertragen auf die Kommunikationsaktivität von Unternehmen bedeutet das, dass auch
hier die Mehrheit der verbreiteten Informationen effizienzgesteuert und damit aus Sicht
des Empfängers höchstwahrscheinlich unglaubwürdig ist. Nur dort, wo Unternehmen die
Ernsthaftigkeit ihrer Aussage durch eine entsprechend aufwändige Kommunikationsform
untermauern, wird sie voraussichtlich als glaubwürdig betrachtet werden.

„Unglaubwürdige" Kommunikation

Ein international tätiger Automobilkonzern wirbt über Facebook und YouTube massiv
für ein neues elektrisches und nach eigenen Angaben ökologisch nachhaltiges Fahrzeug.
Dabei werden technisch aufwändig produzierte Videoclips eingesetzt, die bei der entsprechenden Zielgruppe glaubwürdig das Gefühl auslösen sollen, mit dem Kauf eines
solchen Fahrzeugs das Richtige für sich und die Umwelt zu tun. Gleichzeitig verkauft
das Unternehmen jedoch auch äußerst erfolgreich konventionell motorisierte Fahrzeuge und thematisiert diesen Umstand auch nicht weiter in seiner Kommunikation.

An dem Beispiel wird deutlich, dass glaubhafte Aussagen immer entsprechende Kosten
auf Seiten des Senders erfordern, der sich tatsächlich erst durch dieses „Opfer" ernsthaft
zu seiner Aussage bekennt. Die für eine wirklich glaubwürdige Kommunikation not-

wendige Höhe der Kosten ist dabei relativ und bemisst sich an der Leistungsfähigkeit des Kommunikationsteilnehmers. Im Falle eines Automobilkonzerns wird der Aufwand der Herstellung eines Videoclips sicher nicht ausreichen, um seine ökologischen Motive glaubhaft zu versichern, auch wenn dieser Clip technisch hochwertig produziert ist. „Glaubhafte" Kosten würden hier wahrscheinlich erst dann vorliegen, wenn das Unternehmen bewusst auf die Produktion aller konventionell motorisierten Fahrzeuge und den damit verbundenen Gewinn verzichten würde.

Hieran werden zwei Dinge besonders deutlich: Zum einen lässt sich Glaubwürdigkeit nicht mit Hilfe simplen Opportunitätsdenkens oder durch fromme Lippenbekenntnisse herstellen. Unternehmen müssen echte, sichtbare und für den Empfänger nachvollziehbare Anstrengungen unternehmen, um glaubwürdig zu sein. Zum zweiten werden wir durch den ständigen Einfluss des Marketings in einem Kommunikationskontext der Unglaubwürdigkeit sozialisiert, so dass unsere Sinne mit Blick auf „Täuschungsversuche" fortlaufend weiter geschärft werden. Unternehmen, die sich also den Aufwand echter, glaubwürdiger Kommunikation sparen und ihre Glaubwürdigkeit nur fingieren wollen, seien gewarnt: Der aufgeklärte Verbraucher von heute ist schon lange kein naiver, leichtgläubiger Fortschrittsoptimist mehr. Jahre bis Jahrzehnte negativen Lernens haben ihn desillusioniert und der Hoffnung beraubt, innerhalb der Markenkommunikation überhaupt noch glaubwürdige Information vorzufinden. Dementsprechend schwer werden sich Unternehmen tun, sein Vertrauen zurückzugewinnen. Gerade deswegen könnte aber auch jeder ernst gemeinte Versuch belohnt werden.

5   Fazit und Ableitung für erfolgreiche Markenkommunikation

Zusammenfassend lässt sich feststellen, dass viele moderne Plattformen, Techniken und Trends im Social Web leider doch nicht viel mehr als Modeerscheinungen darstellen, die in absehbarer Zeit fast historisch anmuten werden. Statt jeweils immer dem nächsten neuen Trend hinterherzujagen empfiehlt es sich, sich gelegentlich an länger überdauernden Kommunikationsprinzipien zu orientieren, um nachhaltig erfolgreiche Markenkommunikation betreiben zu können.

In dem Zusammenhang haben wir uns mit sechs Grundregeln der Kommunikation auseinandergesetzt, nämlich der Regel der

1. Aufmerksamkeit,
2. Kommunikationsbereitschaft,
3. Verständnisannäherung,
4. Kontextsensibilität,
5. Veränderungsbereitschaft,
6. Glaubwürdigkeit.

Angesichts der weitrechenden Konsequenzen und Anforderungen, die sich aus diesen einfachen Grundregeln für die tägliche Markenkommunikation ergeben, erscheint es geradezu müßig, sich darüber hinaus noch mit jedem neuen technischen Trend auseinanderzusetzen zu wollen. Die trotzdem dahingehend geübte Praxis vieler Markenunternehmen lässt daher nur den Schluss zu, dass es sich hierbei nicht wirklich um das Bestreben einer möglichst guten Markenkommunikation, sondern vielmehr um den täglichen Schönheitswettbewerb des Marketings und ihrer Vertreter selbst handeln kann.

Um wieder „gute Kommunikation" zu leisten sei insbesondere den letztgenannten daher geraten, weniger auf ihr Eigenmarketing und stattdessen mehr auf ihre Kunden zu hören. Diese sind in ihrer Wahrnehmung und Empfindung der aktuellen Markenkommunikation oft der beste Indikator für unerfüllte Erwartungen, inkonsistente Botschaften und existierende Verbesserungspotentiale auf einem, mehreren oder allen der sechs oben genannten Kommunikationserfordernissen.

Das Schlussplädoyer fällt daher klar und deutlich für eine essentialistische, am Menschen und seinen kommunikativen Grundbedürfnissen ausgerichtete Markenkommunikation aus (McKeown, 2014).

Der Autor

Thomas Hirschmann ist als Social Insights Director in der Londoner Dependance der internationalen Media Agentur „Mindshare" dafür zuständig, mittels einer Reihe spezieller Techniken und Tools neue Erkenntnisse über Interessen, Motivationen und Verhalten von Verbrauchern aus deren digitalen Spuren (Suchverhalten und Konversationen im Social Web) abzuleiten. In seiner Freizeit begeistert er sich für neue Forschungserkenntnisse im Bereich Kommunikations- und Evolutionspsychologie und arbeitet an eigenen Forschungsprojekten im Bereich Kreativität und Resilienz.

Literatur

Dial, M. (2010). *Social Media is a misnomer; Word of Mouth is an outcome, not a technique*. http://themyndset.com/2010/02/social-media-is-a-misnomer-word-of-mouth-is-an-outcome-not-a-technique/. Zugegriffen: 01. April 2014

Distin, K. (2011). *Cultural Evolution*. New York: Cambridge University Press.

Dunbar, R. I. M. (1996). The social brain hypothesis. *Evolutionary Anthropology, 6*, 178–190.

Eltantawy, N., & Wiest, J. B. (2011). Social Media in the Egyptian Revolution: Reconsidering Resource Mobilization Theory. *International Journal of Communications, 5*, 1207–1224.

Giddens, A. (1992). *The Transformation of Intimacy: Sexuality, Love and Eroticism in Modern Societies*. Cambridge (UK): Blackwell.

Habermas, J. (1968). *Erkenntnis und Interesse*. Frankfurt a.M.: Suhrkamp.

Habermas, J. (1973). Wahrheitstheorien. In H. Fahrenbach (Hrsg.), *Wirklichkeit und Reflexion. Walter Schulz zum 60. Geburtstag* (S. 211–265). Pfullingen: Neske.

Habermas, J. (1981). *Theorie des kommunikativen Handelns*. Frankfurt a.M.: Suhrkamp.

Habermas, J. (1984). *Vorstudien und Ergänzungen zur Theorie des kommunikativen Handelns*. Frankfurt a.M.: Suhrkamp.

Hunter, M. L., Le Menestrel, M., & de Bettignies, H.-C. (2008). Beyond control: crisis strategies and stakeholder media in the Danone Boycott of 2001. *Corporate Reputation Review, 11*, 335–50.

Kay, P., & Kempton, W. (1984). What Is the Sapir-Whorf Hypothesis? *American Anthropologist, 86*, 65–79.

Lassiter, D. (2008). Semantic externalism, language variation, and sociolinguistic accommodation. *Mind and Language, 23*, 607–633.

McKeown, G. (2014). *Essentialism. The Disciplined Pursuit of Less*. New York: Randomhouse.

Shannon, C. E. (1948). A Mathematical Theory of Communication. *Bell System Technical Journal, 27*(3), 379–423.

Shannon, C. E., & Weaver, W. (1949). *The Mathematical Theory of Communication*. Champaign (IL): The University of Illinois Press.

Számadó, S. (2011). The cost of honesty and the fallacy of the handicap principle. *Animal Behavior, 81*, 3–10.

Tomasello, M. (2008). *Origins of Human Communication*. Cambridge (MA): MIT Press.

Watzlawick, P. (2011). *Man kann nicht nicht kommunizieren*. Bern: Huber.

Weinberger, D. (2013). *The Internet is Not the Medium: We are the Medium. In: Social@Scale. What 30 of the best minds in social think large brands must do to succeed being social at scale*. http://www.sprinklr.com/social-scale-blog/the-internet-is-not-the-medium-we-are-the-medium/. Zugegriffen: 01. April 2014

Winter, E. (2014). *Gabler Wirtschaftslexikon*. Wiesbaden: Springer Fachmedien.

Wohland, G., & Wiemeyer, M. (2007). *Denkwerkzeuge der Höchstleister: Wie dynamikrobuste Unternehmen Marktdruck erzeugen*. Hamburg: Murmann Verlag.

Wyman, E., & Tomasello, M. (2007). The ontogenetic origins of human cooperation. In R. I. M. Dunbar, & L. Barret (Hrsg.), *The Oxford Handbook of Evolutionary Psychology* (S. 227–236). New York: Oxford University Press.

Zahavi, A. (1975). Mate selection: a selection for handicap. *Journal of Theoretical Biology, 53*, 205–214.

Zahavi, A. (1977). The cost of honesty. *Journal of Theoretical Biology, 67*, 603–605.

Zahavi, A., & Zahavi, A. (1997). *The Handicap Principle*. New York: Oxford University Press.

Markenmanagement mit Facebook

Gerd Nufer und André Bühler

Zusammenfassung

Facebook ist gegenwärtig das meist genutzte soziale Netzwerk weltweit. Es ist somit nicht verwunderlich, dass immer mehr Unternehmen Facebook im Rahmen ihres Marketings einsetzen. Die Integration von Facebook in das Markenmanagement avanciert zunehmend zum Erfolgsfaktor innovativer Unternehmen. Ein professionelles Markenmanagement mit diesem sozialen Netzwerk bietet die Möglichkeit, einen nachhaltigen Mehrwert zu generieren.

In diesem Beitrag wird die Rolle von Facebook im Markenmanagement eruiert. Im Kontrast zum steigenden Bewusstsein der Vorteile von Marketing mit Facebook bleiben die Risiken einer inadäquaten Nutzung oftmals ungeachtet. Die übereilte und unsachgemäße Implementierung von Facebook in den Marketing-Mix kann sowohl in enormen ökonomischen Schäden als auch in einem Reputationsverlust für die Marke münden. Um dieses Risiko zu minimieren, werden im vorliegenden Beitrag Erfolgsfaktoren für den Einsatz von Facebook im Markenmanagement herausgearbeitet, die auf einer Analyse erfolgreicher Marketing-Kampagnen und Best-Practice-Beispielen basieren.

1 Einleitung

2004 stellten Mark Zuckerberg und seine Mitbegründer Dustin Moskovitz, Chris Hughes und Eduardo Saverin von ihrem Harvard-Wohnheimzimmer aus „The Facebook" ins Internet. In nur einem Jahr konnte Facebook seine Nutzerzahl auf eine Million steigern. Im Juli 2010 knackte das soziale Netzwerk bereits die 500-Millionen-Grenze. 2014 regis-

Prof. Dr. Gerd Nufer ✉
Reutlingen, Deutschland
e-mail: gerd.nufer@reutlingen-university.de

Prof. Dr. André Bühler
Nürtingen, Deutschland
e-mail: andre.buehler@sportmarketing-institut.de

© Springer Fachmedien Wiesbaden 2016
S. Regier et al. (Hrsg.), *Marken und Medien*, DOI 10.1007/978-3-658-06934-6_16

triert Facebook bereits über eine Milliarde aktive User weltweit. Wäre Facebook ein Land, käme es auf einer Rangliste, gemessen an der Bevölkerungszahl, auf Platz 3, direkt nach China und Indien und noch weit vor den USA.

Während die Hälfte aller Internetnutzer weltweit im beliebtesten sozialen Netzwerk bereits ein persönliches Profil besitzt, sind es in der Gruppe der unter 30-Jährigen sogar 96 %. Jeden Tag werden durchschnittlich 250 Millionen Fotos auf Facebook hochgeladen. Darüber hinaus sind rund eine Milliarde Objekte online, wie zum Beispiel Seiten, Gruppen und Veranstaltungen, mit denen die Nutzer in über 70 verschiedenen Sprachen interagieren. Facebook ist heute damit das mit Abstand größte und am schnellsten expandierende soziale Netzwerk (Nufer 2014). Der Erfolg von Facebook wird insbesondere auf die zentralen Unternehmenswerte „move fast, break things, be bold, focus on impact" zurückgeführt (Business Insider 2010).

2 Grundlagen

In diesem Abschnitt wird zunächst der übergeordnete Begriff Social Media Marketing definiert und darauf aufbauend Marketing mit Facebook charakterisiert und die Marktrelevanz von Facebook anhand zentraler Fakten verdeutlicht.

2.1 Social Media Marketing

In der Fachliteratur existiert keine einheitliche Definition des Begriffs Social Media Marketing. Aufgrund vielfältiger Interpretationen und Erläuterungen, die teilweise zu konträren Begriffsbestimmungen führen, werden im Folgenden verschiedene Definitionsansätze vorgestellt.

Damit sich einer adäquaten Definition des Social Media Marketing genähert werden kann, empfiehlt es sich, zunächst einen Blick auf den ersten Baustein dieses Begriffs zu werfen. Erst wenn die **sozialen Medien** verstanden sind, kann im Anschluss die Betrachtung hinsichtlich der Marketing-Nutzung erweitert werden. Safko (2012) beschränkt sich in seiner Definition auf die Mindestanforderung dieser Medien, indem er festhält, dass Social Media genutzt werden, um sich zu sozialisieren. Boyd und Ellison (2007) kennzeichnen Social Media als webbasierte Dienstleistungen, die es Einzelpersonen erlauben, ein allgemeines oder halböffentliches Profil innerhalb eines begrenzten Systems zu erstellen; eine Liste von Nutzern zu führen, mit denen sie eine Verbindung eingehen; ihre Liste und die von anderen Nutzern anzuschauen und durchzugehen.

Demnach umfasst das **Social Media Marketing** die zielgerichtete und marktorientierte Verwendung sozialer Medien (Rauschnabel et al. 2012). Social Media Marketing ist als ein aktiver Prozess zu verstehen, welcher sich auf die direkte Ansprache einer Zielgruppe konzentriert (Stobbe 2012). Während das aktive Marketing sozialer Medien die strategische Nutzung zur Erreichung der Unternehmensziele anstrebt, ist das passive Social Media Marketing durch die Verwendung fremder Inhalte, ohne eigene Informationen bereitzustellen, gekennzeichnet (Mallek 2010). Dementsprechend ist erstere Ausprägung dialogorientiert und ermöglicht den direkten Kontakt zwischen Usern und Unternehmen. Demgegenüber steht das passive Social Media Marketing mit der zugrundeliegenden Intention, User- und Wettbewerbsstatistiken zu analysieren und auszuwerten, ohne selbst in diesen Medien aktiv zu werden (Rauschnabel et al. 2012).

Zusammenfassend ist zu erkennen, dass keine Einigkeit über die genaue Definition des Social Media Marketing herrscht. Mit Hilfe divergierender Betrachtungsweisen gelingt es dennoch, sich einer hinreichenden Lösung zu nähern: Infolgedessen kann das Social Media Marketing als „eine sowohl passive als auch aktive Nutzung sozialer Medien zur Erfüllung eines unternehmerischen Gesamtzieles" beschrieben werden (Nufer und Vogt 2014, S. 3).

2.2 Marketing mit Facebook

Mit der **Integration sozialer Medien in bestehende Marketingkonzepte** wurde ein völlig neuer Weg erschlossen. Social Media zählt zu den moderneren Marketingkanälen, die ein Unternehmen zur Kommunikation und Vermarktung eigener Produkte und Dienstleistungen wählen kann (Weinberg 2011). Insbesondere Facebook wird eine elementare Rolle im Pool vieler sozialer Netzwerke zugeschrieben und avanciert zunehmend zum Erfolgsfaktor innovativer Organisationen.

Facebook versteht sich selbst als ein „soziales Netzwerk, das Menschen mit ihren Freunden, Arbeitskollegen, Kommilitonen und anderen Mitmenschen verbindet. Nutzer verwenden Facebook, um mit ihren Freunden in Verbindung zu bleiben, eine unbegrenzte Anzahl an Fotos hochzuladen, Links und Videos zu posten sowie mehr über die Personen zu erfahren, die sie kennenlernen" (zit. nach Henkel 2013, o. S.).

Die Nutzung von Facebook ist grundsätzlich für jedes registrierte Mitglied kostenlos. Facebook bezieht den Großteil seiner Einnahmen aus Werbung. Die Einnahmen aus dem App- und Anzeigengeschäfts betragen 84 % des Gesamtumsatzes (Facebook 2012). Die Grundlage des **Geschäftsmodells** liegt in der kontinuierlichen Weiterentwicklung sowohl im Anwendungs- als auch im Werbebereich. Viele Werbeformate und -techniken wurden jüngst einem Umstrukturierungsprozess unterworfen. Beispielsweise wurde für Werbetreibende die Buchung von Werbung wesentlich vereinfacht, zusätzlich wurden noch individuellere und noch interaktivere Anzeigenvarianten entwickelt. Zur Erschließung neuer Geschäftspotenziale werden derzeit verschiedene Experimente auf dem Portal durchgeführt. Beispielsweise wurden die Promoted Posts eingeführt, um die Statusmeldungen der Nutzer gegen eine Gebühr zu bewerben. Neu ist auch das Nachrichten-Bezahl-System, um Personen Nachrichten außerhalb des eigenen Freundeskreises zuzusenden (Boie 2013). Einen besonderen Fokus legt Facebook aktuell auf den Ausbau mobiler Produkte, denn gegenwärtig greifen zunehmend mobile User auf Facebook zu (Facebook 2012).

Vom ursprünglichen Grundsatz, ausschließlich Menschen miteinander zu verbinden, hat sich Facebook gelöst und bietet inzwischen auch eine gewerbliche Nutzung dieses Dienstes an. In diesem Fall muss für eine Organisation oder deren Marke eine sogenannte „**Facebook-Seite**" (auch „**Fanpage**" genannt) eingerichtet werden, die sich von Profilen privater Personen unterscheidet. Mit diesen Seiten werden den Unternehmen verschiedene Möglichkeiten offeriert, die sich im Kontext des Marketings besser eignen. Während auf Privatprofilen Informationen über den Geburtstag oder die Hobbies von Relevanz sind, weist eine Fanpage generelle Informationen zum Unternehmen selbst, das Gründungsdatum, den Link zur offiziellen Homepage und Meilensteine auf (Zarella und Zarella 2011). Die essentiellen Bestandteile einer Fanpage werden in Abb. 1 anhand des Beispiels der Fanpage von Red Bull veranschaulicht.

Insgesamt lassen sich die essentiellen **Bestandteile einer Fanpage** folgendermaßen charakterisieren (Nufer und Vogt 2014):

1. Das **Titelbild** ist die Visitenkarte und das Aushängeschild eines Unternehmens. Die aus-gewählten Bilder verkörpern im Idealfall das Image der Marke.
2. Das **Profilbild** dient der Individualisierung der Facebook-Seite. Dort sind zumeist im Rahmen der Unternehmenspräsentation die jeweiligen Firmenlogos hinterlegt.
3. Die **Pinnwand** ermöglicht die Veröffentlichung von Informationen, wie einem Beitrag, Fotos oder Videos. Auf der Pinnwand können Unternehmen und User in direkten Kontakt treten und mit Hilfe der Kommentarfunktion, dem Drücken des „Gefällt mir"-Buttons oder dem Posten von eigenen Beiträgen kommunizieren.
4. Unter der Rubrik **Fotos** befinden sich sämtliche veröffentlichten Fotos. Diese werden verschiedenen Alben zugeordnet.
5. **Veranstaltungen** sind im Kontrast der vorherigen Elemente nicht fester Bestandteil einer jeden Unternehmensseite bei Facebook. Sie bieten jedoch die Chance, dass mögliche Interessenten über das soziale Netzwerk hinaus mit einer Organisation interagieren. So sind wichtige Termine und Veranstaltungsorte unter dieser Rubrik zu finden.
6. Die **Timeline** fasst alle wichtigen Ereignisse eines Unternehmens zusammen. Mit einem Klick werden Posts aus dem selektierten Jahr bzw. Zeitabschnitt auf der Pinnwand dargestellt. Somit können User auf einen Blick die Beiträge des Unternehmens im zeitlichen Verlauf betrachten.

2.3 Marktrelevanz von Facebook

Die Zahl der **Mitglieder sozialer Medien** beziffert sich in Deutschland auf über 40 Millionen. Rund ein Viertel der gesamten Onlinezeit wird in sozialen Medien verbracht (Rauschnabel et al. 2012). Diese Fakten verdeutlichen die heutige Relevanz von Social Media. Katalysiert wird dieser Trend mit Hilfe der Ausdehnung mobiler Internetdienste, begünstigt durch die erhöhte Verbreitung von Smartphones sowie Tablet-Computern.

Abb. 1 Bestandteile einer Fanpage. (Red Bull 2013, o. S.)

Mit über 26 Millionen aktiven Mitgliedern ist Facebook das größte soziale Netzwerk Deutschlands. Ferner verzeichnet es ein **kontinuierliches Wachstum**. Während die Anzahl aktiver Mitglieder im Januar 2010 noch bei 5,75 Millionen lag, stieg diese sukzessive bis zum Januar 2013 auf 25,35 Millionen an, was einem Wachstum von mehr als 440 % entspricht (Statista 2013). Wird die Anzahl der Nutzer von Facebook in das Verhältnis der Summe aller Nutzer sozialer Medien in Deutschland gesetzt, kann festgestellt werden, dass ca. zwei Drittel der Social Media User auch Facebook verwenden. Vor dem Hintergrund dieser Zahlen sind inzwischen alle 30 Dax-Unternehmen bei Facebook vertreten (Kilian 2011).

Neben der **Erhöhung der Reichweite**, erhoffen sich Unternehmen mit einem Profil auf genau dieser Plattform die **Steigerung des eigenen Bekanntheitsgrades** (Arns 2012). Des Weiteren ermöglicht die Präsenz bei Facebook eine **Image-Verbesserung** und die damit einhergehende Online-Reputation (Schiff 2013). Zusätzlich bietet diese soziale Plattform aufgrund der hohen Nutzeranzahl ein großes Potential der **Kundenakquise**. Im Idealfall profitieren Unternehmen und User von der Interaktion bei Facebook, indem die direkte Kommunikation Probleme sowie Trends offenlegt und letztendlich in einer **Qualität- und Serviceoptimierung** mündet. Zuletzt manifestiert sich die Marktrelevanz von Facebook in der Erwartung vieler Unternehmen, dass in **Kooperation mit Facebook-Nutzern** Produkte neu oder zumindest weiterentwickelt werden (Arns 2012).

Facebook besitzt somit eine ausgeprägte Bedeutung und Marktrelevanz. Diese Erkenntnis ist nicht nur auf die hohe Anzahl der aktiven Nutzer zurückzuführen, sondern basiert vielmehr auf der Tatsache positiver Wachstumszahlen sowie dem großen volkswirtschaftlichen Einfluss dieser Social Media-Plattform (Deloitte 2013). Mit dem Angebot einer Smartphone-Applikation optimierte Facebook die Möglichkeit der mobilen Nutzung dieses Dienstes und erhöhte wiederum die Reichweite. So nehmen mehr als 18 Millionen Deutsche (ca. 65 % aller Smartphone-Nutzer) regelmäßig dieses Angebot wahr (Gropp 2013). Facebook wird als eine der wichtigsten Plattformen für Marketingmaßnahmen deklariert. Es ist das meist eingesetzte Social-Marketing-Instrument in Deutschland (Ambühl 2012; Deutsches Institut für Marketing 2012).

3 Die Implementierung von Facebook in das Markenmanagement

Für das Markenmanagement stellen die Kommunikations- und Produktpolitik besonders wichtige Elemente des Marketing-Mixes dar. Auf diese beiden Marketing-Mix-Bestandteile wird deshalb im Folgenden näher eingegangen.

3.1 Kommunikationspolitik

„A brand is no longer what we tell the consumer it is – it is what consumers tell each other it is" (Cook, zit. nach Rauschnabel et al. 2012, S. 32). Diese Aussage spiegelt den Kern der zielführenden Kommunikationspolitik eines Unternehmens wider. Des Weiteren reflektiert sie die Abwendung vom reinen Push-Gedankens des Marketing und konzentriert sich sowohl auf die Pull-Effekte als auch auf das Phänomen der Mund-zu-Mund-Werbung (Word of Mouth Communication). Die elementare Anforderung an die Kommunikationspolitik besteht in der **Vermittlung werthaltiger, interessanter Inhalte** und die **Einbindung der Nutzer** (Meerman Scott 2012).

Damit eine nachhaltige Kommunikation mit potentiellen Kunden bei Facebook gelingt, sind weitere Aspekte zu beachten (Nufer und Vogt 2014). Um sich in Zeiten der Reizüberflutung zu profilieren, ist die **Interaktion mit den Usern** entscheidend (Rauschnabel et al. 2012). Der direkte Dialog kann bei adäquater Nutzung im höchsten Grad der Kundenbindung resultieren (Müller-Martini 2008). Abhängig von der anzusprechenden Zielgruppe sind auf der eigenen Facebook-Seite im Sinne einer angemessenen Kommunikation bei Posts die Wahl des richtigen Sprachcodes, der passenden Länge, der ausreichenden Häufigkeit und der Art und Weise entscheidend (Arns 2012).

Hierfür ist eine exakte **Zielgruppendefinition** notwendig, in der die wesentlichen Eigenschaften zusammengefasst werden (Kempowski 2013). Es ist zu beachten, dass die Online-Zielgruppe nicht unweigerlich mit der klassischen Zielgruppe eines Filialisten kongruiert. So könnten sich veröffentlichte Beiträge auf Facebook einer einfacheren Syntax bedienen, als dies in einer Kundenzeitschrift der Fall wäre. Diese Differenzierung von Online- und Offline-Zielgruppen ist notwendig, birgt jedoch das Risiko der Kundenverwirrung (Schweizer 2004). Wird beispielsweise online umgangssprachlich kommuniziert, in der Filiale selbst jedoch ein elaborierter Sprachcode verwendet, sind die Werte und Normen eines Unternehmen für den Verbraucher nicht mehr eindeutig ersichtlich. Daraus resultierend ist bei der Kommunikation neben der Determinierung der Zielgruppe auch die Berücksichtigung der Rahmenbedingung, wie die der erwünschten Ziele sowie der Grundsätze einer Organisation, essentiell.

Als Beispiel zielführender Kommunikation in sozialen Medien gilt die Keksmarke Oreo. Oreo gewann 2013 die höchste Auszeichnung für die Marketing-Kampagne „Daily Twist" auf Facebook und wurde mit dem „Facebook Studio Award" in blau prämiert (Facebook 2013). Die Kampagne bestand anlässlich des 100. Geburtstags des Kekses darin, 100 Posts an 100 aufeinanderfolgenden Tagen zu veröffentlichen (Korosec und Ulrich 2013). Bezugnehmend auf aktuelle Ereignisse erwies sich diese Idee als bahnbrechend. Zu den erfolgreichsten Beiträgen zählen die folgenden Posts (vgl. Abb. 2).

Als am 03.02.2013 beim Super Bowl, dem größten Sportevent der USA, der Strom ausfiel, reagierte Oreo mit dem oben abgebildeten Post (links). In der ersten Stunde nach

Abb. 2 Erfolgreiche Kommunikation via Facebook am Beispiel von Oreo. (Oreo 2013, o. S.)

Veröffentlichung wurden über 18.000 Likes generiert und der Beitrag wurde mehr als 5000 Mal geteilt. Dieser schnellen Reaktion wurde in sämtlichen Medien Tribut gezollt. In weiteren Veröffentlichungen wurden aktuelle Ereignisse, wie die Landung des Marsroboters am 05.08.2013 (Mitte) oder dem Gay-Pride-Day am 25.06.2013 aufgegriffen (rechts). Mit „Daily Twist" gelang Oreo die Erhöhung der geteilten Meldungen um über 280 % und eine Steigerung der Facebook-Fans um rund 1 Million (Oreo 2013; Korosec und Ulrich 2013).

3.2 Produktpolitik

Als Resultat einer offenen Kommunikation mit den Rezipienten können im Idealfall **Präferenzen** im Konsumverhalten identifiziert werden (Rauschnabel et al. 2012). Diese geben Aufschluss auf Wünsche und Erwartungen an ein Produkt bzw. an eine Dienstleistung (Nufer und Vogt 2014).

Wird der User direkt in die Produktentwicklung bzw. -gestaltung mit eingebunden, tritt der Prozess der **Co-Creation** ein. Dabei erweist sich vor allem Facebook als adäquates Bindeglied zwischen Unternehmen und Interessenten. Der entscheidende Vorteil in der Einbindung der Nutzer in den Entwicklungsprozess besteht in der Minimierung der Investitionen für Design, Produkttests sowie Marktstudien und in der Maximierung des Kundennutzens (Rauschnabel et al. 2012).

Als ein Beispiel erfolgreicher Co-Creation ist die Überarbeitung der schwedischen Pralinenbox Aladdin zu nennen. Aufgrund abnehmender Umsätze beschloss der Pralinen-Hersteller 2010, seine Konsumenten in die Überlegung einzubinden, welche Sorte aus der Box zu eliminieren ist, um Platz für eine neue Sorte zu schaffen. Auf Facebook konnte nicht nur für den persönlichen Favoriten abgestimmt werden, sondern Fotos und Videos zur Unterstützung der eigenen Lieblingssorte konnten hochgeladen werden. Innerhalb von vier Wochen generierte das Unternehmen mit der Kampagne „Save your chocolate" 15.000 Fans, verzeichnete 400.000 Abstimmungen und steigerte den Umsatz im Vergleich zu Vorsaison um 26 % (Black 2013).

4 Implikationen für das Markenmanagement mit Facebook

Markenmanagement mit Hilfe von Facebook hat in den letzten Jahren enorm an Bedeutung gewonnen, denn immer mehr Unternehmen präsentieren sich, ihre Marken und ihre Produkte in diesem sozialen Netzwerk. Unternehmensseiten können einfach und kostenlos erstellt und Inhalte schnell und unkompliziert kommuniziert werden. Mit Anzeigen lassen sich Markenbotschaften mit hoher Treffsicherheit bei der gewünschten Zielgruppe platzieren und durch Applikationen können Unternehmen zusätzliche Informationen zum Nutzerprofil erhalten (Wellner 2013; Nufer 2014).

Die klassischen Regeln des Markenmanagement lassen sich jedoch nicht ohne weiteres auf Facebook übertragen. Im Folgenden werden Empfehlungen für das Markenmanagement mit Facebook zusammengefasst – und ein Bespiel beschreiben, wie man dabei besser nicht vorgehen sollte.

4.1 Handlungsempfehlungen

Facebook-Nutzer sind autonome Persönlichkeiten, die bewerten, empfehlen, kritisieren und ihre eigenen Vorstellungen einbringen und ernst genommen werden möchten. Die größte Chance für ein Unternehmen liegt deshalb im **gleichberechtigten Dialog mit den Nutzern**. Dies erfordert aktives Zuhören, das Eingehen auf die Bedürfnisse der Nutzer und Kritikfähigkeit (Schneider 2013).

Ein Facebook-Nutzer möchte nicht belehrt, sondern unterhalten werden. Es muss sichergestellt sein, dass Botschaften einen echten **Mehrwert für den Nutzer** darstellen. Von der ausschließlichen Präsenz zu Vertriebszwecken ist das Netzwerk nicht geeignet. Ein besonderer Zusatznutzen kann z.B. durch individuelle Inhalte, Neuigkeiten zu Marken und Produkten, Kundenservice und exklusiven Angeboten realisiert werden (Rauschnabel et al. 2013).

Zur Steigerung der Wahrnehmung sollten regelmäßig (jedoch niemals übermäßig) neue **Status-Updates** erfolgen. Beiträge sollten so kurz wie möglich gehalten werden, da die Bereitschaft zu einer vertieften inhaltlichen Auseinandersetzung seitens der Nutzer oftmals nicht vorhanden ist (Prox 2012).

Ferner ist der Einsatz diversifizierter Medien empfehlenswert, da **Fotos und Videos** im Vergleich zum einfachen Post mit Text ein wesentlich höheres Potential auf Verbreitung und Resonanz bieten (Porterfield et al. 2012). Demzufolge kann die Wahrscheinlichkeit des Erfolges einer Marken-Kampagne durch die Einbindung dieser Elemente erhöht werden.

Zuletzt ist die **Reaktionszeit** auf Useranfragen ein entscheidender Faktor für eine erfolgreiche Nutzung von Facebook als Instrument des Markenmanagement (Rauschnabel et al. 2012). Es wird als Wertschätzung des Rezipienten angesehen und wirkt sich positiv auf die Einstellung gegenüber dem Unternehmen aus (Porterfield et al. 2012).

Die zu treffenden Maßnahmen für ein erfolgreiches Markenmanagement mit Facebook lassen sich folgendermaßen zusammenfassen (Nufer und Vogt 2014): Zunächst sind die **Grundsätze und Ziele** des Unternehmens festzuhalten, um die Art und Weise einer potentiellen Online-Präsenz zu determinieren. So sollten beispielsweise der Sprachcode sowie das Design der Fanpage mit dem Image des Unternehmens korrespondieren. Des Weiteren ist eine detaillierte **Zielgruppenanalyse** zur Identifikation der Interessen und Charakteristika der Rezipienten elementar. Erst nachdem diese Schritte unternommen wurden, kann sowohl die **Entscheidung** zugunsten eines Facebook-Auftrittes getroffen als auch dessen **Umsetzung** geplant werden. Zusätzlich ist ein **Krisenmanagement** zu implementieren, damit der über das Internet artikulierten Kritik, die bis zu Entrüstungsstürmen führen kann, angemessen begegnet werden kann (Arns 2012). Ein proaktiv agierendes Krisenmanagement kann frühzeitig potentielle Krisen identifizieren und Maßnahmen zur Beschwichtigung einleiten. Zudem ermöglicht ein umfassendes **Controlling** die Überwachung und Steuerung der angestrebten Ziele. Vordefinierte KPIs (Key Performance Indicator), wie die Anzahl der geteilten Meldungen, die Anzahl der „Gefällt mir"-Klicks und der Kommentare innerhalb eines bestimmten Zeitraumes, erlauben, den Erfolg einzelner Maßnahmen zu messen.

4.2 Worst Practice Beispiel

Facebook ist eine sehr lebendige und facettenreiche, aber zugleich auch sehr komplexe Plattform des Markenmanagement. Um aktiv in den Dialog mit dem Nutzer zu treten, ist es wichtig, ausreichend Zeit für die Aktivität und das Monitoring in diesem Kanal zu investieren und entsprechend ausreichend Ressourcen bereitzustellen (Prox 2012).

Unternehmen, die die Eigendynamik dieser Werbeplattform unterschätzen, erleiden Schiffbruch, wie das Beispiel Pril zeigte (Wellner 2013; Nufer 2014). Die Marke versuchte, im Rahmen eines Designwettbewerb „Mein Pril, mein Stil" seine Facebook-Fans in die Entwicklung eines neuen Verpackungsdesigns einzubeziehen. Nach Meinung vieler Nutzer unterlag jedoch das Online-Abstimmungsverfahren unfairen Bedingungen. Zudem bereinigte die Marke regelmäßig die Stimmzahlen skurriler Layouts, die sich bei den Nutzern besonderer Beliebtheit erfreuten – darunter auch ein Entwurf mit einem Grillhähnchen und dem Slogan „Schmeckt lecker nach Hähnchen", der bei der Fangemeinde einen besonderen Begeisterungssturm auslöste (vgl. Abb. 3). Der „Höhepunkt" der zweimonatigen Aktion war die Kür des Gewinners: Die Entscheidung des Spülmitteherstellers fiel auf zwei Designs, deren Stimmzahlen unter den besten zehn Entwürfen jedoch die niedrigsten Werte aufwiesen. Aufgrund des massiven Proteststurms entschloss sich der Konsumgüterkonzern danach, negative Kritik zu löschen und Beiträge der Nutzer gänzlich zu unterbinden. Der Wettbewerb endete damit in einem PR-Debakel (Rentz 2011; Breihut 2011).

5 Fazit

Der gezielte Einsatz von Social Media Marketing ist für ein modernes Markenmanagement angesichts der aktuellen Herausforderungen von entscheidender Bedeutung. Aus der Vielzahl der sozialen Medien erweist sich Facebook als elementare Plattform für das Markenmanagement, da Internetnutzer genau dort „abgeholt" werden, wo sie sich zumeist aufhalten.

Werden die beschriebenen Analyseergebnisse in Kombination mit den vorgestellten Empfehlungen kombiniert, kann die Kernfrage, ob die Verwendung von Facebook im Sinne des Social Media Marketing aus ökonomischer Sicht zielführend ist, bejaht werden. In

Abb. 3 Entwicklung eines
neuen Verpackungsdesigns von
Pril. (Pril 2011, o. S.)

diesem Beitrag wurde ferner gezeigt, dass Unternehmen bei adäquater Nutzung dieses sozialen Netzwerks in vielerlei Hinsicht davon profitieren können. Von einer unüberlegten, übereilten Integration von Facebook in das Marketingkonzept ist jedoch abzuraten.

Die Autoren

Prof. Dr. Gerd Nufer ist Professor für Betriebswirtschaftslehre mit dem Schwerpunkt Marketing an der ESB Business School der Hochschule Reutlingen und Privatdozent für Sportökonomie und Sportmanagement an der Deutschen Sporthochschule Köln. Er leitet das Institut für Marketing, Marktforschung & Kommunikation in Reutlingen. Seine Lehr-, Forschungs- und Beratungsschwerpunkte sind Sport- und Event-Marketing, Marketing-Kommunikation, Marketing below the line/innovatives Marketing sowie internationale Marktforschung. Er ist Autor zahlreicher wissenschaftlicher Beiträge in internationalen Fachpublikationen.

Prof. Dr. André Bühler ist Professor für Marketing an der Hochschule für Wirtschaft und Umwelt Nürtingen-Geislingen. Zuvor war er Professor für Sport- und Eventmanagement an der MHMK in Stuttgart und als Marktforschungsleiter bei einem internationalen Sport-Research-Berater tätig. Seine Lehr-, Forschungs- und Beratungsschwerpunkte sind Sportmanagement und Sportmarketing mit besonderem Fokus auf Sportsponsoring, Marktforschung, Beziehungsmarketing und Neuromarketing im Sport. Er ist Autor zahlreicher wissenschaftlicher Beiträge in internationalen Fachpublikationen. Seit 2012 leitet er zusammen mit Gerd Nufer das Deutsche Institut für Sportmarketing (DISM).

Literatur

Ambühl, R. (2012). *Facebook Marketing leicht gemacht*. Norderstedt: Books on Demand.

Arns, T. (2012). *Leitfaden Social Media* (2. Aufl.). Berlin: BITKOM.

Black, L. (2013). *4 Creative Social Marketing Campaigns from Around the World*. http://mashable. com/2010/11/09/global-social-media-marketing/. Zugegriffen: 12. Oktober 2013

Boie, J. (2013). *Facebook will Geld für Nachrichten verlangen*. http://www.sueddeutsche.de/ digital/bezahlsystem-im-test-facebook-will-geld-fuer-nachrichten-verlangen-1.1643852. Zugegriffen: 17. April 2013

Boyd, D., & Ellison, N. (2007). Social Network Sites: Definition, History, and Scholarship. *Journal of Computer-Mediated Communication, 13*(1), 210–230.

Breihut, J. (2011). *Soziale Netzwerke: Pril-Wettbewerb endet im PR-Debakel*. http://www.spiegel. de/netzwelt/netzpolitik/soziale-netzwerke-pril-wettbewerb-endet-im-pr-debakel-a-763808. html. Zugegriffen: 1. Mai 2013

Business Insider (2010). *Mark Zuckerberg – Moving Fast and Breaking Things*. http://www. businessinsider.com/mark-zuckerberg-2010-10. Zugegriffen: 5. Mai 2013

Deloitte (2013). *Measuring Facebook's economic impact in Europe*. London: Deloitte.

Deutsches Institut für Marketing (2012). *Social Media Marketing in Unternehmen*. Köln: DIM.

Facebook (2012). *Annual Report 2012*. Menlo Park.

Facebook (2013). *Award Winners*. https://www.facebook-studio.com/awards/winners. Zugegriffen: 7. Oktober 2013

Gropp, M. (2013). 19 Millionen täglich: Facebook veröffentlicht Nutzerzahlen für Deutschland. *Frankfurter Allgemeine Zeitung*, 17. September 2013.

Henkel (2013). *Social Media*. http://www.henkel.de/henkel-aktuell/henkel-social-media.htm? tn=38066. Zugegriffen: 7. Oktober 2013

Kempowski, M. (2013). *Facebook-Commerce: Erfolgreich auf Facebook verkaufen: Marketing, Shops, Strategien, Monitoring*. Heidelberg: mitp.

Kilian, K. (2011). *Digitale Welt Dax-30 bei Facebook*. http://www.wiwo.de/bilder/digitale-welt-dax-30-bei-facebook/4702516.html. Zugegriffen: 3. Oktober 2013

Korosec, M., & Ulrich, K. (2013). *Facebook Award: Das sind die 20 erfolgreichsten Social Media Kampagnen*. http://www.wuv.de/digital/facebook_award_das_sind_die_20_ erfolgreichsten_social_media_kampagnen. Zugegriffen: 7. Oktober 2013

Mallek, M. (2010). *Social Media Marketing auf Business-to-Business Märkten*. Norderstedt: Grin.

Meerman Scott, D. (2012). *Die neuen Marketing- und PR-Regeln im Social Web*. Heidelberg: mitp.

Müller-Martini, M. (2008). *Kundenkompetenzen als Determinanten der Kundenbindung*. Wiesbaden: Gabler.

Nufer, G. (2014). Marketing mit Facebook: Die Facebook-Evolution und -Revolution. *Plus – innovativ-kreativ-digital, 1*(1), 42–43.

Nufer, G., & Vogt, M. (2014). Marketing mit Facebook. *Nachspielzeit – die Schriftenreihe des Deutschen Instituts für Sportmarketing, 2*(1), 1–22.

Oreo (2013). *Daily Twist*. http://www.360i.com/work/oreo-daily-twist. Zugegriffen: 7. Oktober 2013

Porterfield, A., Khare, P., & Vahl, A. (2012). *Facebook Marketing All-in-One* (2. Aufl.). New York: Wiley.

Pril (2011). *Offizielle Facebook-Seite.* https://www.facebook.com/pril. Zugegriffen: 1. Mai 2013

Prox, C. (2012). Neue Medien, neue Mechanismen. *Absatzwirtschaft Sonderheft Marken*, 18–22.

Rauschnabel, P., Göbbel, T., Sasse, J., & Rippe, K. (2012). Sieben Handlungsfelder, ein Ergebnis – erfolgreiches Social Media Marketing. *Insights*, *16*, 40–53.

Rauschnabel, P., Ivens, B., & Hillebrandt, I. (2013). Einsatzmöglichkeiten von Facebook Fanpages für Unternehmen. In H. H. Bauer, J. Rösger, & B. Toma (Hrsg.), *Social Media und Brand Community Marketing: Grundlagen, Strategien und Erfolgskonzepte aus der Praxis* (S. 141–161). München: Vahlen.

Red Bull (2013). *Offizielle Facebook-Seite..* https://www.facebook.com/redbull/info. Zugegriffen: 29. September 2013

Rentz, I. (2011). Henkel kontert Web-Angriff – Pril-Designwettbewerb – Konzern weist Manipulationsvorwurf zurück. *Horizont*, *21*, 4.

Safko, L. (2012). *The Social Media Bible: Tactics, Tools, and Strategies for Business Success* (3. Aufl.). New York: Wiley.

Schiff, D. (2013). *Social SEO: Unternehmer-Ratgeber zu Social Media, Google, SEO & SEM*. Heidelberg: mitp.

Schneider, A. (2013). *Social Media Marketing – Aus Fans, Friends und Followern Kunden machen.* http://www.genios.de/branchen/2013/marketing_und_werbung/social_media_marketing_aus_fans_/s_mar_20130220.html. Zugegriffen: 5. Mai 2013

Schweizer, M. (2004). *Consumer Confusion im Handel: Ein Umweltpsychologisches Erklärungsmodell*. Wiesbaden: Gabler.

Statista (2013). *Anzahl der aktiven Nutzer von Facebook in Deutschland von Januar 2010 bis Juni 2013 (in Millionen)*. http://de.statista.com/statistik/daten/studie/70189/umfrage/nutzer-von-facebook-in-deutschland-seit-2009. Zugegriffen: 3. Oktober 2013

Stobbe, R. (2012). *Social-Media-Marketing als Kommunikationsinstrument: Wie Unternehmen von Social Media profitieren können*. Hamburg: Diplomica.

Weinberg, T. (2011). *Social Media Marketing: Strategien für Twitter, Facebook & Co* (3. Aufl.). Köln: O'Reilly.

Wellner, L.-K. (2013). *Marketing mit Facebook*. Bachelor Thesis, Reutlingen University, ESB Business School.

Zarella, D., & Zarella, A. (2011). *Das Facebook Marketing Buch*. Köln: O'Reilly.

Marken unter Druck

Wie Transparenz und Entpersonalisierung Brands bedrohen

Christoph Bauer

Zusammenfassung

Das Aufkommen des Social Web stellt etablierte Marken auf die Probe: Zunehmend wirkt sich die neue Transparenz negativ auf Markenkonstrukte aus. Vergleichsportale und Social Networks machen es leicht, Kritik zu äußern und einen objektiveren Eindruck von der Güte eines Produkts oder einer Dienstleistung zu bekommen. Unethische Unternehmenspraktiken oder ein fehlendes Gefühl für die eigenen Kunden führen schnell zur negativen Stigmatisierung von Marken oder zu sogenannten „Shitstorms". Die Gründe dafür sind in den mangelnden Fähigkeiten der Unternehmen zu finden: Es fällt schwer, auf Kritik adäquat zu reagieren und interne Veränderungen schnell voranzutreiben. Zudem haben jahrelange Optimierungsprozesse dazu beigetragen, dass besonders im Support-Bereich nicht genügend Flexibilität und letztendlich Menschlichkeit besteht, um den Kundenansprüchen gerecht zu werden. Markenbildung ist somit nicht nur Kommunikationsaufgabe, sondern ihr Erfolg wird zunehmend durch die eigene Unternehmenskultur diktiert. Diese jedoch krankt an starren Prozessen, strengen Hierarchien und fehlenden offenen Kommunikationsplattformen.

1 Einleitung

Die goldene Zeit der Marken ist vorbei. Zu oft kollidiert das sorgfältig aufgebaute Image mit den realen Erfahrungen, die Kunden mit Produkten und Dienstleistungen machen. Marken stecken in einer tiefen Sinnkrise, hervorgerufen durch zwei große Dynamiken: der Entmenschlichung von Interaktionspunkten mit Marken sowie Transparenz, die, angetrieben durch das Social Web, eine immer stärkere Rolle spielt. Unternehmen müssen lernen, dass der Kern der eigenen Marke in ihrem Innersten liegt: Die Mitarbeiter, die Prozesse und die Unternehmenskultur bestimmen zunehmend, ob eine Marke Kult wird oder an den Pranger gestellt wird. Transparenz- und Vertrauensprozesse rücken immer mehr in

Christoph Bauer ✉
Darmstadt, Deutschland
e-mail: chrbauer23@gmail.com

© Springer Fachmedien Wiesbaden 2016
S. Regier et al. (Hrsg.), *Marken und Medien*, DOI 10.1007/978-3-658-06934-6_17

den Mittelpunkt der öffentlichen Wahrnehmung (Zerfaß und Piwinger 2007, S. 14) und zwingen Unternehmen, rigide Strukturen aufzulockern und mehr Freiräume im Umgang mit Kunden und Mitarbeitern zu schaffen.

2 Zurück zum Ursprung: Das Idealbild der Marke

Marken reduzieren die Komplexität der Wahl in einer Welt austauschbarer Güter. Es sind gedankliche Konstrukte, die gezielt mit Werten aufgeladen werden, um einen Mehrwert zu suggerieren. Sie helfen dabei, Vertrauen zwischen Verbraucher und Hersteller aufzubauen (Hellmann 2007, S. 51). Marken waren schon immer Teil von Handelsbeziehungen – auch, als Käufer und Produzenten noch direkt über den mittelalterlichen Marktstand verbunden waren und sich der Handel „face to face" regelte. Die Marke, das war der Anbieter, der oftmals gleichermaßen Produzent, Vermarkter und Dienstleister war. Ein Obsthändler differenzierte sich nicht nur durch den Preis seiner Waren, sondern auch durch die Art und Weise, wie er mit den Kunden umging. Diese *markante* Mischung aus Qualität der Waren und der Persönlichkeit des Händlers war das, was man heutzutage wohl als „persönlichen Brand" bezeichnen würde. Das Aufkommen des Fernhandels veränderte dies: Kunden konnten bei Missfallen nicht mehr am nächsten Tag direkt zum Händler gehen und um Preisnachlässe oder Ersatz feilschen. Der Handel entpersonalisierte sich zunehmend, Zwischenhändler traten auf den Plan und die Entfernung von Produzenten und Konsumenten nahm immer stärker zu.

Unternehmen erkannten dies und suchten nach Strategien, um auch in komplexeren Handlungsbeziehungen Werte zu vermitteln und letztendlich Vertrauen zu erzeugen. Je austauschbarer die eigene Ware, desto sorgfältiger konstruierte man Wertewelten, mit denen sich Konsumenten identifizieren konnten: Die moderne, immaterielle Marke als „unverwechselbares Vorstellungsbild von einem Produkt oder einer Dienstleistung" (Meffert et al. 2002, S. 6) wurde geschaffen. Ihre Wahrnehmung lässt sich grob in zwei Dimensionen trennen: die **Markenbekanntheit** und die **Markenstärke**.

Erstere bezieht sich eher auf die bloße Verankerung der Marke im Kopf des Konsumenten, egal ob diese Verbindung verkaufsfördernd wirkt oder nicht. Die Markenstärke jedoch gibt wieder, ob sich ein klares und positives Bild der Marke manifestiert hat, das letztendlich wiederholten Einfluss auf das Kaufverhalten ausübt (vgl. Meffert et al. 2002, S. 8). Es reicht also nicht, eine Marke durch stetige Wiederholung von Botschaften im Kopf des Konsumenten zu verankern, sondern es gilt, sie mit positiven und mit Mehrwert behafteten Werten aufzuladen, um einen Aufpreis gegenüber unmarkierten Waren zu erzielen.

Durch diese Verknüpfung von Produkt und Versprechen entsteht ein echter Wettbewerbsvorteil – je positiver das Bild ist, mit dem Konsumenten ein Produkt verbinden, desto eher sind sie bereit, dafür mehr Geld auszugeben. Diese Verknüpfung jedoch ist um einiges komplexer herzustellen, als die bloße Bekanntheit einer Marke zu steigern. Und genau diese Problemstellung führte zu einer vorwiegenden Konzentration auf die Markenbekanntheit: Die Verbesserung des Produkts und Orientierung an den Kundenwünschen geriet besonders bei schnelldrehenden Waren immer mehr in den Hintergrund. Zu groß war die Verlockung schneller Absatzsteigerung durch Radio-, Print- und TV-Spots, zu gering die Gefahr, dass ein Konsument genau wusste, ob der Aufpreis für das eine oder andere Premium-Markenprodukt gerechtfertigt war. Besonders in der Konsumgüterindustrie führte dies dazu, dass Marken zunehmend als austauschbar wahrgenommen wurden. Zudem mangelte es an Interaktivität beim Markenerlebnis, asymmetrische Austauschbeziehungen wurden zum Standard (Burmann und Wenske 2008, S. 309 f.).

Vor dem Aufkommen des Internets war es nicht möglich, hunderte von Produktreviews binnen Sekunden zu sichten. Neben dem direkten Austausch im Bekanntenkreis gab es kaum Informationsquellen, die nicht einem Gatekeeper unterstanden, der sich teilweise oder gar gänzlich durch Werbegelder finanzierte. Zusätzlich zum Fokus auf das öffentliche Bild der Marke vergrößerte sich der Abstand zwischen Unternehmen und Konsumenten abermals.

3 Kundenwünsche und Markenrealität

Durch die zunehmende Ausdifferenzierung der Märkte, die durch Dynamiken wie Globalisierung und Zentralisierung begleitet wurde, wurden die Kontaktflächen zwischen Endkunden und Produzenten immer kleiner.

Rückkanäle, also Wege, auf denen Feedback und Kritik den Produzenten erreichen, wurden sukzessive formalisiert: Outgesourcte Callcenter mit festen Gesprächsleitfäden und rigiden Performance-Metriken sind die modernen Resultate dieser Optimierungsdynamik. Dieses Ungleichgewicht zwischen der Stimme des einzelnen Konsumenten und der Stimme des Produzenten erlaubte es den Unternehmen, eigene Unzulänglichkeiten billigend in Kauf zu nehmen, da die Konsumentenkritik oftmals nicht die „kritische Masse" erreichte, die eine Verbesserung eines Umstandes oder zumindest eine Rechtfertigung vor der Öffentlichkeit nötig gemacht hätte.

Mit dem Aufkommen des Internets und später des Social Webs veränderte sich dieses Machtverhältnis und es zeigte sich die schwierige Lage, in die sich Markenproduzenten durch ihre jahrelange Vernachlässigung der Kundenwünsche navigiert hatten: Die eigenen Prozesse, die hundertfach optimiert und standardisiert jegliche Menschlichkeit verloren haben, werden zunehmend zur Bedrohung für die so sorgfältig konstruierte Markenwelt. Ein einziger unbefriedigender Kontakt mit dem Kundendienst eines Unternehmens kann eine jahrelange Markenbindung binnen Sekunden zerstören. Marken begannen ernsthaften Schaden zu nehmen, weil Produktentwicklung, Forschung, Support sowie Kommunikationsabteilungen zu lange dem Prinzip des Unternehmens als isoliertem, unantastbarem Monolithen gefolgt sind.

Dabei kann besonders der Umgang mit Kritik, also das **Beschwerdemanagement**, eine kritische Rolle bei der Markenbindung spielen (Burmann und Wenske 2008, S. 313 f.): Unternehmen setzen Millionenetats ein, um im Augenwinkel des Konsumenten auf einer Plakatwand zu erscheinen oder bei Suchanfragen im Internet möglichst weit oben zu stehen. Wenn aber der Kunde ein Problem hat und auf ein Unternehmen zugeht, wird alles dafür getan, den Kontakt möglichst kurz, effizient und unpersönlich abzuhandeln. Es ist überaus paradox, wie Marketing und Support gegeneinander arbeiten und die raren Momente, in denen man die volle Aufmerksamkeit des Kunden hat (z. B. am Telefon im Callcenter), ungenutzt lassen. Die Übererfüllung eines Kundenwunsches kann nicht nur Loyalität sichern, sondern sie sogar stärken.

Diese Diskrepanz zwischen Unternehmensrealität und den Wünschen der Kunden zeigte sich besonders im Rahmen der neuen Markenpräsenzen: Man erkannte schnell, dass Facebook Pages oder Twitter-Accounts nicht mit den gleichen Nachrichten und Tonalität bespielt werden konnten wie die klassischen Kanäle. Werblichkeit und Pressetext-Ästhetik wird im virtuellen Freundesnetzwerk mit Häme und Empörung empfangen, und so ersetzte Interaktion die bloße Penetration und Persuasion als übergeordnete Kommunikationsziele. Schnell schoss die Berufsgruppe des „Social Media Managers" oder „Community Managers" aus dem Boden, die unter anderem durch eine Rückführung auf natürliche Sprache den „Dialog auf Augenhöhe" mit den Anspruchsgruppen führen sollte. Diese Dialoge gestalten sich aber problematisch, wenn es berechtigte Kritikpunkte an Produkten und Dienstleistungen gibt, die nun immer wieder auf den öffentlichen Profilen der Produzenten erscheinen. Die neue Transparenz, die Unternehmen derzeit erfahren, erfordert ein **Commitment zur Veränderung**, nicht nur ein Commitment zur Gesprächsführung. Dialoge fußen auf gegenseitigem Verständnis, sonst sind es bloße Konversationen.

4   Enttäuschung durch Transparenz

Bewertungs- und Vergleichswebsites bringen Schwächen zum Vorschein und stellen reale Produkterfahrungen neben die suggerierten Wertewelten. Die Dissonanz zwischen den dargestellten Welten und den real erfahrenen Produkten wird sichtbarer, die Markenarchitektur wird in ihre Einzelteile zerlegt und an dem realen Ergebnis gemessen. Der erzeugte **Transparenzdruck**, der sich in den letzten Jahren oftmals anhand von „Shitstorms" gezeigt hat, zwingt Unternehmen, deren Beziehung zu Kunden und anderen Stakeholdern grundsätzlich zu überdenken. Wenn jeder Internetnutzer per Klick dazu befähigt ist, mit einem digitalen Fingerzeig auf Missstände hinzuweisen und diese Kritik auch noch auf von Suchmaschinen indizierten Websites festhält, verändert sich das Machtverhältnis zugunsten der Konsumenten (Esch und Stenger 2008, S. 289 f.). Mithilfe des Long-Tail-Effektes können auch Menschen, deren Erfahrungen in der Öffentlichkeit sonst keine Rolle spielen würden, in das mediale Scheinwerferlicht geraten.

> Durch die ständige Verfügbarkeit von Informationen im Internet wird die Marke transparenter. Der interpersonelle Austausch im Internet, z. B. über Bewertungsportale, kreiert eine neue Realität der Marke, die mit den Kommunikationsbotschaften der Marke um Glaubwürdigkeit konkurriert. Durch die Interaktion von Konsumenten untereinander und mit der Marke selbst

werden die Konsumenten zu einem aktiven Part in der Markenbildung (Esch und Stenger 2008, S. 301).

Dies führt dazu, dass die inneren Vorgänge von Unternehmen zunehmend an die Oberfläche der Öffentlichkeit gelangen: Von der Herkunft der Rohstoffe für beliebte Schokoriegel über die Zustände in den Lagern großer Versandhäuser bis hin zum Umgang mit Gleichberechtigung in den Führungsebenen – der blinde Fleck des öffentlichen Auges wird spürbar kleiner. Zur suggerierten Wertewelt der Marken gesellen sich heutzutage Skandale und Grenzüberschreitungen, die das über Jahre mit viel Mediabudget aufgebaute Image zerstören können. Die zur Schadensminimierung eingesetzte Krisenkommunikation begrenzt sich zu oft auf gekünstelte Texte, unpersönliche Rechtfertigung und lancierte Gegenberichterstattung, anstatt einen Dialog auf Augenhöhe zu ermöglichen. Der Monolith führt keine Dialoge, dafür ist er zu viel „Es" und zu wenig „Du".

Der fundamentale Unterschied zwischen „Es" und „Du" äußert sich wie folgt: Während bei Kritik an einem „Es" – also einem Unternehmen, einer Abteilung, einem Produkt – jeglicher persönliche Bezug fehlt, stehen sich in einer Konversation zwischen Konsument und Unternehmensvertreter zwei Menschen gegenüber. Es ist ein Leichtes, über die Fehler eines Unternehmens herzuziehen. Dies ändert sich, wenn man sich einer Person aus Fleisch und Blut gegenüber sieht, die mit ihrem Namen für ein Unternehmen steht. Die Natur der Kritik verändert sich, wenn das Gegenüber als jemand verstanden wird, der Gefühle und Ängste teilt. Deshalb gibt es in den letzten Jahren und besonders durch das Aufkommen von Social Media einen Drang zur „Evangelisierung": Auf Twitter zeigen Hintergründe und Autorenkürzel die Herkunft einer Kurznachricht an, auf Facebook prangen große Bilder von Ansprechpartnern und Community Managern über den Fanpages, auf Youtube richten CEOs ihre Entschuldigungen direkt an die betroffenen Konsumenten. Die Person hinter der Message wird sichtbarer und das Handeln wird an einen Akteur gebunden, der eine Geschichte, ein Gesicht und einen Namen hat. Es fällt schwerer ein „Du" zu kritisieren, als ein gesichtsloses „Es" zu beleidigen. Der Kontext, der durch die klar erkennbare Persönlichkeit am anderen Ende des Kommunikationskanals hergestellt wird, verändert die Beziehung des Individuums zu einem Unternehmen fundamentaler, als es ein Werbespot jemals könnte. Doch diese Personalisierung ist nur eine Möglichkeit, Kritik konstruktiver zu gestalten – eine Linderung von Symptomen, nicht die Arbeit an den Wurzeln der Problematiken.

5 Wege aus der Irrelevanz

Wie können Unternehmen nun beginnen, den angesprochenen Dynamiken entgegenzuwirken? Es gibt hier zwei Möglichkeiten: Zum einen durch eine konsequente **ethische Ausrichtung** des Unternehmens (um Kritik vorzubeugen) und zum anderen durch **interne Prozesse**, die Veränderungs- und Anpassungsprozesse überhaupt erst ermöglichen. Hierbei spielen die Struktur der internen Kommunikation sowie die Möglichkeiten zur effizienten Zusammenarbeit eine tragende Rolle. Ziel dieser Maßnahmen muss es sein, die Markenwerte im Unternehmen selbst **glaubwürdig** zu verankern, um ein Auseinanderdriften von Markenwerten und Realität erst gar nicht zuzulassen.

Positivbeispiele wie der amerikanische Versandhändler Zappos machen Furore, weil sie sich von den klassischen Strategien der Unternehmensführung verabschieden. Der Onlineshop mit Sitz in Nevada hat eine einzigartige Unternehmenskultur ins Leben gerufen, die die Zufriedenheit der Kunden im Zentrum trägt (Rotax 2010, S. 177 f.). Einige Aspekte aus dem Alltag dieses Unternehmens verdeutlichen, wie Unternehmenswerte wie „Deliver WOW through service" oder „Create fun and a little weirdness" gelebt werden:

- In den Callcentern gibt es keine Maximalgesprächszeiten, keine strikt einzuhaltenden Leitfäden und keine Sales-Boni für Kundenberater – man hilft dem Kunden, auch wenn dies heißt, für ein vergriffenes Produkt auf den Online-Shop des Konkurrenten zu verweisen (Cerny 2009).
- Von Managern wird verlangt, dass sie 10–20 % der Zeit der Abteilungen in Teambuilding-Maßnahmen stecken (Heathfield, o. J.).
- Ende 2013 kündigte das Unternehmen an, Hierarchien, Jobtitel und Manager vollends durch ein selbststeuerndes System namens „Holacracy" abzulösen (Groth 2013).
- Jeder neue Mitarbeiter, egal ob Manager oder Telefonist, verbringt zum Anfang seiner Laufbahn bei Zappos einige Wochen im Callcenter (Heathfield, o. J.).
- Nach der initialen Zeit im Callcenter wird den Mitarbeitern das Angebot unterbreitet, 3000 Dollar zu erhalten und das Unternehmen zu verlassen – so wird sichergestellt, dass volles Commitment für die Unternehmenswerte besteht, bevor die Karriere beginnt (Heathfield, o. J.).

Alle diese und viele weitere Maßnahmen zeigen Einfluss auf die **Unternehmenskultur** des Händlers und stellen Menschlichkeit und Miteinander in das Zentrum der unternehmerischen Bestrebungen. Die Marke strahlt durch die positiven Erlebnisse, die die hoch motivierten Mitarbeiter den Kunden auf täglicher Basis bescheren. Dies äußert sich wiederum in hoher Kundenzufriedenheit, überdurchschnittlichen Wiederkehrer-Quoten (Cerny 2009) und kostenloser PR, die vor allem durch die andauernde Berichterstattung über den wertfokussierten Einzelhändler zum Tragen kommt. Zudem wurde Zappos von 2009 bis 2014 jährlich von Fortune als eine der „100 Best Companies to Work For" gelistet. Die Kundenorientierung kumuliert in einer weiteren Positiv-Dynamik:

> Der begeisterte Zappos-Kunde übernimmt für das Unternehmen auch die Neukundengewinnung durch aktive Mund-zu-Mund-Empfehlung. Er sorgt dafür nicht nur für einen profitableren Bestandskundenstamm, sondern auch noch für eine „kostenfreie" Neukundengewinnung, wenn man die für die Kundenbegeisterung notwendigen Aufwendungen für Kundenservice zunächst vernachlässigt. Aber auch unter Berücksichtigung dieser Kosten bleibt bei professionellem Vorgehen ein positiver Saldo im Vergleich zu klassischen Akquisitionsmaßnahmen (Rotax 2010, S. 179).

Unternehmen wie Zappos sind leuchtende Beispiele dafür, wie eine Abkehr von standardisierten Routinen und hoch optimierten Abläufen bei der Markenbildung helfen, ja sie sogar fast gänzlich tragen kann. In einer Welt austauschbarer Produkte ist Service mit einem menschlichen Antlitz ein immer wichtiger werdender Differenzierungsfaktor, der vor allem in der Unternehmenskultur gründet.

6 Fazit

Markenbildung ist keine reine Kommunikationsaufgabe mehr. Dadurch, dass sich jede Facette eines Unternehmens zunehmend auch in der Markenwahrnehmung niederschlägt, gilt es, die Arbeit an der Marke als Führungsaufgabe mit weitreichenden Implikationen für das gesamte Unternehmen zu verstehen. Konsumenten verlangen nach immer stärker personalisierten Erfahrungen, die durch bestehende Routinen nicht abgebildet werden können. Diese Rückbesinnung auf die Werte des mittelalterlichen Marktes, die letztendlich zur Stärkung von Marken führt, kann nur durch die interne Befähigung der Mitarbeiter realisiert werden. Das bedeutet, dass Schnittstellen zum Kunden und kritische Unternehmensbereiche wie zum Beispiel der Einkauf einem prüfenden Blick unterzogen und sukzessive in Richtung ethischer Verträglichkeit entwickelt werden müssen.

Ebenso stellt die Schaffung einer offenen Unternehmenskultur eine große Herausforderung für viele etablierte Unternehmen dar. Die Abkehr von streng hierarchischen Strukturen und die Hinwendung zu netzwerkartigen Teams ist eine weitere Teildynamik, die zur Verbesserung der Kundenorientierung beitragen kann. All diese Anforderungen können nur durch ein Zusammenspiel von Prozessdesign, Unternehmenskultur und adäquater Befähigung durch passende IT-Plattformen (wie zum Beispiel Enterprise Social Networks) erfüllt werden. Unternehmen wie Zappos haben den Vorteil, dass sie schon sehr früh auf diese Fundamente gebaut haben und die Wertorientierung ein Teil der „DNA" des Unternehmens darstellt. Großkonzerne jedoch werden langfristige Change-Prozesse sowie hohe Investitionen in die eigene IT-Landschaft in Kauf nehmen müssen, um den Anforderungen des modernen Konsumenten gerecht zu werden und ihre Marken zukunftsfähig zu machen.

Der Autor

Christoph Bauer ist Unternehmensberater mit einem Hintergrund im Marketing und der Kommunikationswissenschaft. Seit 2006 beschäftigt er sich mit dem Social Web und der neuen Realität, in der sich Unternehmen zunehmend wiederfinden. Neben seiner Diplomarbeit zum Thema „Unternehmensdialoge im Social Web" konnte er als Community Manager und Social-Media-Stratege den modernen Konsumenten hautnah erleben. Seit 2012 befähigt er als Berater Unternehmen durch interne Veränderungen offener, agiler und menschlicher zu werden.

Literatur

Burmann, C., und Wenske, V. (2008). Interaktives Marketing und Markenmanagement. In: Belz, C., und Cerny, J. (2009). *10 questions on customer service and ‚delivering happiness': An interview with Zappos CEO Tony Hsieh.* http://www.techrepublic.com/blog/10-things/10-questions-on-customer-service-and-delivering-happiness-an-interview-with-zappos-ceo-tony-hsieh/. Zugegriffen: 01. Mai 2014

Esch, F.-R., & Stenger, D. (2008). Marken als Interaktionsobjekt. Wie sehr prägt der Kunde die Marke wirklich selbst? In C. Belz, & M. Schögel (Hrsg.), *Interaktives Marketing – neue Wege zum Dialog mit Kunden* (S. 287–306). Wiesbaden: Gabler Verlag.

Groth, A. (2013). *Zappos is going holacratic: no job titles, no managers, no hierarchy.* http://qz.com/161210/zappos-is-going-holacratic-no-job-titles-no-managers-no-hierarchy/. Zugegriffen: 01. Mai 2014

Heathfield, S. (o. J.). *20 ways Zappos reinforces its company culture.* http://humanresources.about.com/od/organizationalculture/a/how-zappos-reinforces-its-company-culture.htm. Zugegriffen: 01. Mai 2014

Hellmann, K.-U. (2007). Historie und Soziologie des Markenwesens. In M. Jäckel (Hrsg.), *Ambivalenzen des Konsums und der werblichen Kommunikation* (S. 53–71). Wiesbaden: Verlag für Sozialwissenschaften.

Meffert, H., Burmann, C., & Koers, M. (2002). Stellenwert und Gegenstand des Markenmanagements. In H. Meffert, C. Burmann, & M. Koers (Hrsg.), *Markenmanagement* (S. 4–16). Wiesbaden: Gabler Verlag.

Rotax, O. (2010). Neue Internet-Service-Geschäftsmodelle revolutionieren den E-Commerce-Markt – Zappos war nur der Anfang. In G. Heinemann, A. Haug, & B. Schäfers (Hrsg.), *Web-Exzellenz im E-Commerce: Innovation und Transformation im Handel* (S. 175–191). Wiesbaden: Gabler Verlag.

Schögel, M., Arnd, O., & Walter, V. (Hrsg.). (2008). *Interaktives Marketing* (1. Aufl., S. 309–320). Wiesbaden: Gabler Verlag.

Zerfaß, A. (2007). Unternehmenskommunikation und Kommunikationsmanagement: Grundlagen, Wertschöpfung, Integration. In M. Piwinger, & A. Zerfaß (Hrsg.), *Handbuch Unternehmenskommunikation* (S. 21–70). Wiesbaden: Gabler Verlag.

Zerfaß, A. & Piwinger, M. (2007). Kommunikation als Werttreiber und Erfolgsfaktor. In M. Piwinger, & A. Zerfaß (Hrsg.), Handbuch Unternehmenskommunikation (S. 5–16). Wiesbaden: Gabler Verlag.

Open Source Branding – Nutzergenerierte Markenkommunikation auf Social Media-Applikationen am Beispiel YouTube

Fabian Göbel und Silke Bartsch

Zusammenfassung

Soziale Netzwerke und spezifische Videoportale wie YouTube ermöglichen ihren Nutzern, nicht nur Text sondern auch audio-visuelle Inhalte zu teilen. Das Videoportal YouTube stellt dabei ein Phänomen von globaler Popularität und enormer Reichweite im Internet dar. Insbesondere im Bereich der Markenkommunikation hat es sich zu einem einzigartigen Umfeld entwickelt, da hier unternehmenslancierte und nutzergenerierte Markenkommunikation im direkten Wettbewerb um die Aufmerksamkeit der Nutzer stehen. Auf Seiten der Marketingforschung und -praxis herrscht bislang jedoch ein mangelndes Verständnis für dieses Medium. Um diese Forschungslücke zu beleuchten, untersucht der vorliegende Beitrag anhand einer explorativen Studie die Wahrnehmung nutzer- sowie unternehmensgenerierter Markenkommunikation aus der Perspektive von Usern der Social Media-Applikation YouTube. Anhand einer qualitativen empirischen Studie werden Wahrnehmung und Reaktionen auf diverse Arten der Markenkommunikation auf YouTube untersucht. Die Ergebnisse offenbaren die grundsätzliche Eignung des Portals für den Einsatz im Rahmen der Markenkommunikation und leisten darüber hinaus neben der Ableitung konkreter Managementimplikationen einen Beitrag zur Community-orientierten Konsumentenforschung.

1 Einleitung

Das Thema **Social Media** ist jüngst in den Kommunikations- und Marketingabteilungen markenführender Unternehmen angekommen und verändert die Markenkommunikation nachhaltig (Pfeiffer und Zinnbauer 2010, S. 42). So ist zum einen insbesondere bei jün-

Dr. Fabian Göbel ✉
München, Deutschland
e-mail: fgoebel@deloitte.de

Dr. Silke Bartsch
München, Deutschland
e-mail: bartsch@bwl.lmu.de

© Springer Fachmedien Wiesbaden 2016
S. Regier et al. (Hrsg.), *Marken und Medien*, DOI 10.1007/978-3-658-06934-6_18

geren Zielgruppen eine Umschichtung des Zeitbudgets weg von den klassischen Medien (z. B. Fernsehen, klassische Printmedien) hin zum Internet und hier insbesondere zu Social Media-Anwendungen festzustellen (Busemann und Gscheidle 2009, S. 358; Krishnamurthy und Dou 2008b, S. 2). Zudem bestimmen Konsumenten heute verstärkt, wann sie welche Inhalte konsumieren, da auf den einschlägigen Videoplattformen wie YouTube verschiedenste Inhalte jederzeit on demand verfügbar sind. Zum anderen bestimmen Unternehmen auch nicht mehr alleine über Inhalte der Kommunikation – auch Konsumenten agieren auf bzw. mittels Social Media-Anwendungen als aktive Mitgestalter markenpolitischer Fragestellungen (Deighton und Kornfeld 2009, S. 4; Hennig-Thurau et al. 2010, S. 313).

Markenverantwortliche müssen sich im Ergebnis verstärkt mit der aktuellen Fragmentierung der medialen Landschaft auseinandersetzen und adäquate Maßnahmen für diese neuen Kanäle entwickeln (Pfeiffer und Zinnbauer 2010, S. 42). Dabei geht es häufig nicht mehr darum, ob die verschiedenen **Social Media Applikationen** im Rahmen der Markenführung bespielt werden sollten, sondern welche Ziele und Strategien dabei zu verfolgen sind. Denn als Resultat der zunehmenden Anzahl von Werbetreibenden, beworbenen Marken und der damit einhergehenden jahrelangen Überfrachtung der Konsumenten, sind generell mangelnde Akzeptanz von Werbebotschaften und eine ausgeprägte Skepsis der Konsumenten gegenüber Marketingkommunikation zu konstatieren (o.V. 2010; Obermiller et al. 2005; Obermiller und Spangenberg 2000). Folglich bestehen Zweifel, ob aus Perspektive der Nutzer von Social Media ein „Eindringen" professioneller Anbieter in ein von Konsumenten und nutzergenerierten Inhalten geprägtes Umfeld akzeptiert wird (Krishnamurthy und Dou 2008b, S. 1).

Im Ergebnis herrscht trotz des außergewöhnlich hohen Zulaufs an Nutzern von Social Media Applikationen Ungewissheit bei markenführenden Unternehmen, wie diese neuen Medien als Einsatzfelder im Rahmen der Markenkommunikation genutzt werden sollten. An dieser Stelle setzt der vorliegende Beitrag an und fokussiert dabei das Social Media Videoportal YouTube. Das Videoportal nimmt im medialen Konsum der Nutzer eine gewichtige Rolle ein (Ritzer und Jurgenson 2010, S. 14) und wird folglich zu den bekanntesten und meistbesuchten Internetangeboten überhaupt gezählt (Boulaire et al. 2010, S. 115). Populäre Videos werden auf dem Portal von Millionen Nutzern gesehen und erzielen somit beachtliche Reichweiten (Haridakis und Hanson 2009, S. 317). Insbesondere im Bereich der Markenkommunikation nimmt das Portal eine besondere Stellung ein. Auf der einen Seite stellt es für markenführende Unternehmen einen vermeintlich attraktiven neuen Kanal zu Konsumenten dar. Auf der anderen Seite bietet es für Konsumenten eine Plattform zur Distribution nutzergenerierter Inhalte, deren Verbreitung sich der Kontrolle markenführender Unternehmen und der Mediaplaner entzieht (Mielau und Schmiegelow 2010, S. 107). Gefördert durch die partizipativen Möglichkeiten im Rahmen des Portals publizieren Konsumenten markenrelevante Inhalte, welche in Form und Inhalt deutliche Anleihen bei offiziellen Markenbotschaften der Werbewirtschaft nehmen (Borghini et al. 2010; Ertimur 2009). Da den Konsumenten dabei in ihrer Kreativität keine Grenzen gesetzt sind, gestalten sich derartige Videos stark heterogen – von „Liebesbekundungen" gegenüber einer Marke (Muniz Jr und Schau 2007) bis hin zu verunglimpfender Kommunikation mit einer Marke als „Angriffsziel" (Bal et al. 2010). Derartige **Consumer Generated Advertisings (CGAs)** (Berthon et al. 2008, S. 8) revolutionieren die Markenkommunikation, indem sie Konsumenten die Möglichkeit bieten, die Markenkommunikation aktiv mitzugestalten und ihre Beziehung zu Marken völlig neu zu definieren (Pace 2008, S. 261 f.). Bezüglich der Wirkung derartiger Videos auf die Markenwahrnehmung der Konsumenten liegen bislang jedoch nur wenige Forschungsergebnisse vor (Hennig-Thurau et al. 2010, S. 314).

2 Zur Bedeutung von Co-Creation für die Markenführung

Ziel einer jeden Marketingstrategie von Unternehmen ist es, nachhaltige Wettbewerbsvorteile zu generieren, welche sich in überdurchschnittlichen Gewinnen widerspiegeln. Um dieses Ziel zu erreichen, bedarf es in der Regel der Interaktion zweier zentraler Komponenten: Der Schaffung von Kundennutzen (**Value Creation**) sowie dessen entsprechender Vermarktung (Mizik und Jacobson 2003, S. 63). Die Schaffung eines überlegenen Kundennutzens ist somit zentraler Bestandteil unternehmerischer Anstrengungen und wird in der Literatur sogar mit dem Begriff Marketing gleichgesetzt (Meyer und Davidson 2001, S. 14). Klassischerweise wurde die Generierung von Kundennutzen dem Wertschöpfungsprozess von Unternehmen und somit der Generierung der jeweiligen Produkte und Dienstleistungen zugeschrieben (Prahalad und Ramaswamy 2000, S. 79). Eng mit dieser Sichtweise verwurzelt ist das in der Betriebswirtschaftslehre bewährte Konzept der Wertschöpfungskette (Porter 1980). Mittels dieses Ansatzes wird versucht, auf jeder Stufe der Wertschöpfungskette Potenziale sowohl in Bezug auf Kostenreduktion als auch auf Nutzenzuwachs zu identifizieren, um im Ergebnis den unternehmensseitigen Beitrag zur Nutzengenerierung zu maximieren.

In letzter Zeit sind jedoch vermehrt die Konsumenten in den Fokus wertschöpfender Aktivitäten gerückt, ganz nach dem Leitsatz „It is not just ‚user pays'; it is also ‚user makes'" (Hartley 2004, S. 131). So stellen bspw. IKEA Kunden ihre Arbeitskraft zur Verfügung, indem sie ihre Möbel nicht nur selbst abholen, sondern diese auch in Eigenregie aufbauen. Im Rahmen interaktiver virtueller Welten wie Second Life oder weiterer virtuellen Games wie bspw. die SIMS gestalten Konsumenten sogar zunehmend ihre gesamte Konsum- bzw. Lebenswelt selbst (Brudler 2010). Der Ursprung eines Nutzenvorteils ist somit nicht mehr nur auf der Ebene größenbedingter Skaleneffekte und geschickter organisationaler Ausrichtung von Produktionsprozessen zu finden, sondern vielmehr im Markenerlebnis der Konsumenten verortet (Cook 2008; Prahalad und Ramaswamy 2004; Schmitt 2003).

Doch Konsumenten spielen nicht nur im Rahmen der Produktion sondern insbesondere auch durch den Konsum eine zentrale Rolle bei der Schaffung von Nutzen im Sinne der Co-Creation of Value (Vargo und Lusch 2004, S. 6). Durch die Feststellung, dass Konsumenten den Nutzen stets mitgestalten, unterstreicht die **Service-Dominant Logic** den interaktiven und vernetzten Charakter der Schaffung von Kundennutzen (Vargo und Lusch 2008, S. 3) und wendet sich vom klassischen Verständnis von Konsumenten als reine „Targets" bzw. „Nutzenvernichter" ab. Nachdem die skizzierte Sichtweise eine beachtliche Verbreitung im akademischen Diskurs erfahren hat, liegen auch erste Abhandlungen mit Markenbezug vor (Hatch und Schultz 2010, S. 591). Im Forschungsgebiet der Markenführung wurde dabei die Vielseitigkeit der Beiträge, welche Konsumenten im Rahmen der Bedeutungszuweisung zu Produkten oder auch zu Bedeutungsänderungen durch gewisse Konsumpraktiken leisten können, in zahlreichen Arbeiten hervorgehoben (z. B. Berry 2000; Brown et al. 2003; Holt 1995; Muniz Jr und O'Guinn 2001). Wissenschaftliche Beiträge in diesem Forschungsstrang sind bemüht, die Rolle der Konsumenten in der Bedeutungszuweisung zu Marken zu beleuchten und sind hauptsächlich in der interpretativen Konsumentenforschung[1] angesiedelt (Maclaran und Brown 2005, S. 311). Im Einklang mit einem wirkungsorientierten Markenverständnis (Blümelhuber et al. 2004, S. 1369) hebt insbesondere die Arbeit von Brown et al. (2003, S. 28) die Rolle der Konsumenten, „... by carefully reading and interpreting brandrelated communications, adding their own personal histories, and continually delving into definitions of the brand's authenticity", im Rahmen der Markenbildung hervor. Ferner konnte auch im Bereich der Markencommunityforschung an Beispielen aus unterschiedlichsten Branchen wie bspw. Apple Newton (Muniz Jr und O'Guinn 2001), Saab (Muniz Jr und Schau 2005) oder der Fernsehserie X-Files (Kozinets 1997) gezeigt werden, wie Mitglieder derartiger Communities stetigen Einfluss auf die Marke als „geteiltes Werteverständnis" (Meyer et al. 2010, S. 34) ausüben. Zusammenfassend wird im Sinne der Service Dominant Logic in aktuellen Studien mit Markenbezug vermehrt der Tatsache Rechnung getragen, dass Markenwerte sowohl aus dem Dialog zwischen Stakeholder und Marke (Hatch und Schultz 2010, S. 591) als auch aus dem Dialog zwischen Stakeholdern über die Marke resultieren (Esch und Stenger 2009, S. 293). Oder wie es Merz et al. (2009, S. 329) formulieren: „This shift in brand logic brings with it a new understanding of brand value, which we define in terms of the perceived use value determined collectively by all stakeholders". Dies erfüllt dabei zeitgleich die im wissenschaftlichen Diskurs vermehrt auftretende Forderung nach einem interaktionsorientierten Verständnis des unternehmerischen Handelns (Ramani und Kumar 2008, S. 27 ff.). Erste Studien haben in diesem Zusammenhang insbesondere den zunehmenden Einfluss der Konsumenten durch die starke Verbreitung von **User Generated Content** (UGC) thematisiert (Burmann 2010; Thompson et al. 2006). UGC ist dabei definiert als "media content created or produced by the general public rather than by paid professionals and primarily distributed on the internet" (Daugherty et al. 2008, S. 2). Ausgelöst durch die wachsende Popularität von Social Media Applikationen hat sich UGC in kürzester Zeit zum Massenphänomen entwickelt (Beer und Burrows 2010, S. 7; Hennig-Thurau et al. 2010, S. 311). Zusammen mit dem vermehrten Auftreten von **UGC** ist aus Perspektive der Markenführung daher eine besondere Form der **Co-Creation** in den Mittelpunkt des Interesses gerückt – **Consumer Generated Advertisings** (CGAs) (Berthon

---

[1] Für eine umfassende Übersicht vgl. Arnould und Thompson (2005).

et al. 2008, S. 7). In der Folge soll eine differenzierte Auseinandersetzung mit diesem Untersuchungsgegenstand erfolgen.

3 Consumer Generated Advertisings als Spielart der Co-Creation

Wie im einleitenden Abschnitt erläutert, ist die Werbeindustrie bedingt durch die neuartigen Trends in Bezug auf Kommunikationstechnologien und Medien starken Veränderungen unterworfen. Diese neuen Technologien ermöglichen eine zunehmende Partizipation der Konsumenten zur Verbreitung markenrelevanter Informationen (Cappo 2003, S. 15 ff.). Bedingt durch die Vielfalt an Kommunikationsmöglichkeiten innerhalb partizipativer Web 2.0-Anwendungen können CGAs unterschiedliche Ausprägungen annehmen „… from original user comments to reviews, ratings and remixes with corporate messages, to even full artistic work" (Burmann 2010, S. 2). Ein seit kurzem zu beobachtender Trend zeigt, dass derartige Bestrebungen in Ausprägungen anzutreffen sind, welche in Form und Inhalt deutliche Anleihen bei offiziellen Markenbotschaften und der Werbewirtschaft nehmen (Borghini et al. 2010, S. 113; Haiven 2007, S. 85; Muniz Jr und Schau 2007, S. 36 f.). Solche nutzergenerierten, werbeähnlichen Botschaften stehen offiziellen Markenbotschaften in qualitativer Hinsicht oftmals kaum nach (Ertimur 2009, S. 3) und werden im akademischen Diskurs als Consumer Generated Advertisings bezeichnet (Berthon et al. 2008). Aus Perspektive der Markenführung handelt es sich bei diesem Phänomen um zusätzliche Markenkontaktpunkte, welche neben der klassischen unternehmensgesteuerten Kommunikation die Markenwahrnehmung der Konsumenten determinieren (Burmann 2010, S. 1). Wurde das Phänomen bislang eher passiv beobachtet, so versuchen markenführende Unternehmen immer mehr, sich die Beiträge der Konsumenten aktiv zu Nutzen zu machen (Christodoulides 2009, S. 142).

Zahlreiche Unternehmen haben jüngst Wettbewerbe initiiert, welche Konsumenten dazu aufriefen, Werbemittel zu den jeweiligen Marken zu gestalten. Die Gewinnervideos dieser Wettbewerbe wurden im Rahmen großer Events wie dem Superbowl oder den Oscars geschaltet (o.V. 2007, S. 38). Diese bewusst angestoßenen CGA-Kampagnen wurden in praxisnahen Zeitschriften beinahe euphorisch aufgenommen und die Werbeform dabei als „das neue Ding der Werbung" (Karig 2007, S. 14) gefeiert. Erfolgreiche Beispiele liefern die Marken Firefox, Hornbach Baumärkte oder Doritos (Unterberg 2008, S. 207 f.).

Das stark ausgeprägte Interesse an dem Untersuchungsgegenstand der CGAs auf Seiten der Marketingpraxis ist auf zahlreiche Gründe zurückzuführen. Zunächst können CGAs, im Vergleich zu klassischen Werbekampagnen unter Einbezug von Werbeagenturen, zu einem Bruchteil der Kosten produziert werden (Burmann 2010, S. 3). Des Weiteren besteht die Möglichkeit, dass es gerade durch CGAs gelingt, aus dem herrschenden Überangebot an Markenkommunikation herauszustechen (Wipperfürth 2005, 3 f.). Außerdem können die Inhalte von CGAs ungefilterte Meinungen der Konsumenten reflektieren und damit einen äußerst interessanten Anknüpfungspunkt für die Untersuchung von Markenbildern darstellen (Muniz Jr und Schau 2007, S. 35). Als wichtigster Grund stehen jedoch Effektivitätsüberlegungen im Vordergrund. Es wird vermutet, dass CGAs durch erhöhte Glaubwürdigkeit und Vertrauen, bedingt durch ihren nichtkommerziellen Hintergrund, klassischen Werbeaktivitäten überlegen sind (Ertimur 2009, S. 2; Steyn et al. 2010, S. 52). Unternehmensinitiierte CGAs bilden jedoch nur einen geringen Anteil des Phänomens ab. Vielmehr veröffentlichen Konsumenten eigenmächtig CGAs.

Von Nutzern initiierte CGAs können – je nach zugrunde liegendem Motiv – heterogener Natur sein und stehen keinesfalls immer im Einklang mit dem unternehmensseitig intendierten Soll-Markenimage. Derartige negative Spots können sich wie ein Lauffeuer auf YouTube verbreiten und somit Marken potenziell immensen Schaden zufügen, wie die Beispiele Starbucks (Berthon et al. 2008; Thompson et al. 2006) oder United Airlines (Rogers 2010) verdeutlichen. Bei CGAs handelt es sich demnach um ein vielschichtiges Phänomen. Im Rahmen der vorliegenden Studie werden neben CGAs, die im Einklang mit der unternehmensintendierten Markenbotschaft stehen, auch solche untersucht, die sich kritisch bis verunglimpfend über Marken äußern (Bal et al. 2009, S. 229; van Doorn et al. 2010, S. 254). Daher wird ein Verständnis in Anlehnung an Berthon et al. (2008, S. 8) zugrunde gelegt. Unter Consumer Generated Advertisings werden demnach „... any publicly disseminated, consumer-generated messages whose subject is a collectively recognized brand" subsumiert.

Auf Basis der erfolgten Begriffsklärung soll im nächsten Schritt eine inhaltliche Klassifikation verschiedener CGAs erfolgen.

4 Typologie nutzergenerierter Markenkommunikation

Allgemein lassen sich zwei Ausprägungen von CGAs unterscheiden. Zum einen gibt es **von Unternehmen initiierte CGAs**, welche aus unternehmensgesteuerten Wettbewerben, Blogs, Abstimmungen oder Ähnlichem hervorgehen (Steyn et al. 2010, S. 50). Im Rahmen derartiger Strukturen können nutzergenerierte Inhalte von Seiten der Unternehmen kanalisiert werden; der Einfluss der Markenführung auf die final verbreitete Information ist groß. Derartige Botschaften können somit als unternehmensseitig gesponserte CGAs verstanden werden (Burmann 2010, S. 2). Zum anderen sind **nutzerinitiierte CGAs** zu nennen, welche freiwillig von Konsumenten kreiert werden und sich somit jeglicher Kontrolle von Seiten der Markenführung entziehen (Ertimur 2009, S. 2). In diesem Falle agieren Konsumenten als selbsternannte Advokaten für oder gegen die Marke und handeln meist aus einer festen Überzeugung heraus, was gut oder schlecht für eine Marke sein kann (Muniz Jr und Schau 2007, S. 35). Dabei können unterschiedliche, zugrunde liegende Motivstrukturen ausschlaggebend sein (Berthon et al. 2008, S. 10 ff.). Betrachtet man die zahlreichen unterschiedlichen nutzergenerierten Spots mit Markenbezug, die sich auf YouTube finden lassen, ergibt sich ein disperses Bild. Eine Typisierung dieser CGAs erscheint sehr schwierig. Berthon et al. (2008) orientieren sich in einem ersten Versuch an inhaltlichen Aspekten und unterscheiden hierzu zwei Dimensionen: Text und Subtext des Videos. Unter **Text** werden vorwiegend gestalterische Aspekte wie das gesprochene oder geschriebene Wort, die eingesetzten Bilder im Sinne der kreativen Gestaltungsleis-

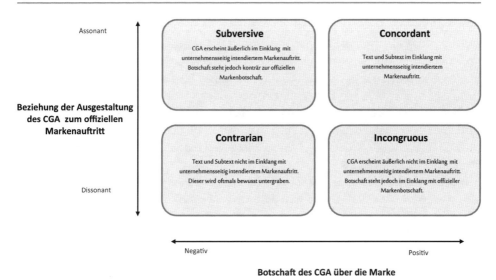

Abb. 1 Klassifikation von Consumer Generated Advertisings. (In Anlehnung an Berthon et al. 2008, S. 14)

tung, etc. subsumiert. Dabei steht die kreative Umsetzung und Ausgestaltung des CGA im Vordergrund und somit die Frage, ob ein CGA gestalterisch im Einklang mit dem unternehmensseitig intendierten Markenauftritt steht.

Die Dimension **Subtext** spiegelt im Gegensatz dazu die inhaltliche Markenbotschaft wider. Die Extreme dieser Dimension werden danach gewählt, ob das CGA im Einklang mit der offiziellen, von der Markenführung sanktionierten Markenbotschaft steht. CGAs sind oftmals von Persuasionsabsichten des Absenders geprägt (Bal et al. 2010, S. 317). Wie andere persuasive Botschaften auch, können CGAs sowohl positive als auch negative Botschaften über Marken beinhalten (Ahluwalia et al. 2001, S. 459). Das „Vorzeichen" eines derartigen Stimulus gegenüber einer Marke wird als Valenz bezeichnet. Diese ist definiert als „… evaluative sign, favorable or unfavorable" (Hodges 1974, S. 378). Dieser Aspekt bildet somit die inhaltliche Botschaft eines CGAs ab und kann, je nach Standpunkt des Absenders der Botschaft, eine positive oder negative Valenz aufweisen (Berthon et al. 2008, S. 13 f; van Doorn et al. 2010, S. 255). Anhand der zwei eingeführten Dimensionen lassen sich vier unterschiedliche CGA-Typen identifizieren, wie Abb. 1 zeigt.

Die aus der Taxonomie resultierenden Typen sollen nun einer näheren Betrachtung unterzogen werden. Der Bereich **Concordant** vereint CGAs, deren generelle Anmutung und inhaltliche Aussage im Einklang mit der offiziellen Markengestaltung und -botschaft stehen. Hierbei ist in der Regel davon auszugehen, dass Markenfans (Meyer und Brudler 2007, S. 365) sich für die Erstellung verantwortlich zeigen (Burmann 2010, S. 2; Muniz Jr und Schau 2007). Bei CGAs dieser Kategorie handelt es sich daher oftmals um Huldigungen der jeweiligen Marken (Berthon et al. 2008, S. 27).

Beim Typ **Incongruous** entspricht die optische Anmutung meist nicht dem offiziellen Markenauftritt; die vermittelte, inhaltliche Botschaft ist jedoch positiv und im Sinne der Markenidentität. Als Beispiel kann hier ein vieldiskutierter Spot für den VW Polo gelten. In diesem versucht ein vermeintlicher Terrorist seinen Polo als Autobombe zu missbrauchen. Als er allerdings die Bombe in einer belebten Straße zünden will, verhindert die Qualität des Polos die Detonation, so dass außerhalb des Polos kein Schaden angerichtet wird. Das Video endet mit dem Claim: „small, but tough inside" (Kröger 2005). Der (positive) Subtext der Botschaft weist somit trotz des offensichtlichen Missbrauchs auf die überlegene Qualität des PKWs hin.

Bei den weiteren Kategorien (Subversive und Contrarian) ist die Botschaft der CGAs nicht positiv, so dass diese in die weit gefasste Kategorie sogenannter **Spoof-Ads** fallen (Bal et al. 2009, S. 236). Spoof-Ads oder Parody-Ads sind dabei CGAs, welche „… poke fun at an existing product or brand …" (Berthon et al. 2008, S. 27). Es handelt sich also um nutzergenerierte Markenbotschaften, welche eine Marke oder ein Produkt verunglimpfen, sei es durch Einsatz von Parodien bestehender Werbekampagnen oder anderweitige kreative Eigenleistungen (Bal et al. 2010, S. 315; Hennig-Thurau et al. 2010, S. 314). Ziel derartiger Spoof-Ads ist es, die öffentliche Wahrnehmung der zugrunde liegenden Marke, häufig im negativen Sinn, zu verändern (Bal et al. 2010, S. 317). Innerhalb dieser breiten Kategorie lassen sich anhand der eingeführten Dimensionen zwei weitere Typen unterscheiden.

CGAs vom Typ **Subversive** stehen optisch auf den ersten Blick im Einklang mit dem unternehmensintendierten Markenauftritt. Allerdings ist die Botschaft im Sinne der Subtextdimension negativ ausgeprägt (Berthon et al. 2008, S. 15). Es handelt sich dabei häufig um Parodien, deren kritische Aussage durch die Nutzung der originalen Markenanmutung verstärkt werden soll. Als Beispiel kann die Parodie einer Kampagne der Marke Dove genannt werden, die im Design der bekannten „Real-Beauty"-Kampagne den Verfall einer männlichen Person zeigt (Hennig-Thurau et al. 2010, S. 313).

Contrarian CGAs sind in Bezug auf die Marke negativ entlang beider Dimensionen (Text und Subtext) ausgeprägt. Ziel derartiger Botschaften ist es häufig Marken zu hinterfragen, zu kritisieren oder ihnen ein anderes als das unternehmensseitig intendierte Markenimage anzuheften (Berthon et al. 2008, S. 15). Ein solches negatives Image wird in Anlehnung an einen Gegenschlag der Konsumenten im akademischen Diskurs als Doppelgänger-Markenimage bezeichnet (Thompson et al. 2006). Resultierend aus einer Ansammlung von „… disparaging images and stories about a brand that are circulated in popular culture by a loosely organized network of consumers, antibrand activists, bloggers, and opinion leaders in the news and entertainment media" (Thompson et al. 2006, S. 50) kann es zur Bildung eines solchen „Parallelimage" kommen, welches dauerhaft mit dem unternehmensseitig intendierten Markenimage konkurriert. Derartige verunglimpfende Botschaften können im Sinne des culture jamming verortet werden (Kozinets und Handelman 2004; Lasn 1999). Unter diesem Begriff werden Aktivitäten „… using advertising tools and techniques subversively to cast a critical and often-demonizing light on marketing practices …" (Thompson et al. 2006, S. 52) subsumiert. Als Absender fungieren neben grundsätzlichen Markengegnern (Klein 2000; Ozanne und Murray 1995) auch oftmals enttäuschte ehemalige und aktuelle Kunden (Burmann 2010, S. 2; Winchester und Romaniuk 2008, S. 369).

Betrachtet man die Gesamtheit markenbezogener Videos auf YouTube, so ist die Bandbreite groß. Von qualitativ schlechten Videos mit gesprochenen Kommentaren bezüglich eines Produkts oder einer Marke über künstlerische Spots bis hin zu nahezu professionell produzierten Werbeclips ist alles zu finden. Nach intensiver Eigenrecherche der Verfasser stellt die vorgestellte Taxonomie eine gute Ausgangsposition für die vorliegende Forschungsfrage dar, da sich große Teile des vorhandenen Materials einwandfrei der Typologie zuordnen lassen.

5 Markenkommunikation auf YouTube

Als Ergebnis der stetig wachsenden Nutzerzahlen ist YouTube auch in den Fokus professioneller Content-Provider – von Werbetreibenden bis zu den „klassischen" Bewegtbild (Massen-)Medien – gerückt (Burgess und Green 2009, S. 9). Vor dem Hintergrund zunehmender Reaktanz der Konsumenten gegenüber klassischer Werbung als Resultat eines immer höheren Werbedrucks (Percy und Elliot 2009 S. 12; Welker 2002, S. 4) sowie einer Umverteilung der Mediennutzungszeiten weg von klassischen Medien wie Print und TV hin zu Social Media-Applikationen (Oehmichen und Gscheidle 2009, S. 435), verwundert es kaum, dass die immensen Nutzerzahlen Markenverantwortliche in Reichweiten und Zielgruppen denken lassen (Pfeiffer und Zinnbauer 2010, S. 42 f.). Wie eine aktuelle Studie zeigt, sind die Ziele von Markenverantwortlichen bei der Nutzung von YouTube den aus der klassischen Kommunikation bekannten Zielen sehr ähnlich (siehe Abb. 2).

Als Resultat wird die Plattform neben privaten Nutzern auch von professionellen Anbietern sowie Werbetreibenden genutzt (Haridakis und Hanson 2009, S. 318)[2]. Allerdings gilt das neue Medium zum jetzigen Zeitpunkt für die Belange der Markenkommunikation noch als schwer steuerbar, da sich die Unmengen an nutzergeneriertem Inhalt nur schwerlich kontrollieren lassen. YouTube weitet daher das Angebot an lizensiertem sowie professionellem Material aus. So werden professionelle Inhalte deutlicher von Amateur-Videos getrennt und eine klarere Abgrenzung zwischen UGC-Material und Markeninhalten geschaffen (Kolbrück 2009, S. 4). Diese erfolgt dabei über sogenannte Markenkanäle (**Brand Channels**). Ähnlich den Nutzerkanälen (**User Channels**) bieten diese die Möglichkeit alle Profildaten, eigene Videos, Favoriten etc. an einem öffentlichen Ort anzeigen zu lassen (o.V. 2008). Das Augenmerk liegt laut Aussage der Plattform YouTube auf der

---

[2] YouTube ist, wie andere Web-Anwendungen, einem kontinuierlichen Wandel bzw. Fortschritt unterworfen (Burgess und Green 2009, S. 15). Mittlerweile bietet das Portal diverse Werbeformen in Form von Werbebannern, Video Annotationen und Pop-Ups an. Die vorliegende Arbeit berücksichtigt ausschließlich markenbezogene Inhalte in Form von Videos. Video Annotationen und Pop-ups waren zum Zeitpunkt der Forschungsarbeiten (WS 2008/2009) noch nicht möglich und finden somit keine Berücksichtigung im Rahmen der Argumentation.

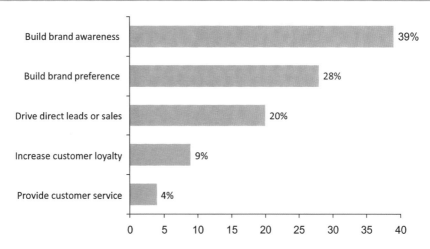

Abb. 2 Ziele von Markenverantwortlichen bei der Nutzung des Kanals YouTube. (McDavid et al. 2014)

Verbreitung nutzergenerierter Inhalte im Gegensatz zu professionellen Inhalten (Burgess und Green 2009, S. 4). Insgesamt wird das Angebot an nutzergenerierten Inhalten auf 74 % des gesamten Angebots geschätzt, professionelle Inhalte nehmen demnach einen Anteil von 26 % ein (Comscore 2009, S. 15)[3]. Somit ergibt sich, dass auf YouTube offizielle Markenkommunikation in direkter Konkurrenz zu nutzergenerierter Kommunikation, im Sinne des im vorangegangenen Abschnitt erläuterten Verständnisses von CGAs, steht[4].

Unter **offizieller Markenkommunikation** sind z. B. original TV Kampagnen (aktuelle und ehemalige) einer Marke oder eigens für YouTube generierte Kampagnen zu verstehen. Im Bereich der nutzergenerierten Inhalte ist das gesamte in Abschn. 4 vorgestellte Spektrum sowie solche CGAs, welche aus offiziellen Wettbewerben entsprungen sind, vorstellbar. Dem geneigten YouTube-Nutzer, der auf der Suche nach markenbezogener Unterhaltung (Cheong und Morrison 2008) einen Markennamen in die YouTube-Such-

---

[3] Angaben beziehen sich auf die Gesamtheit der Inhalte auf YouTube. Im Markenkontext wird von einem ähnlichen Anteil ausgegangen (Berthon et al. 2008, S. 27; Burgess und Green 2009, S. 44). Dies mag im Mittel zutreffen; nach Recherche des Verfassers variiert das Verhältnis jedoch stark in Abhängigkeit von der jeweiligen Marke. Eine umfassende Erfassung ist ob des kontinuierlichen Zuwachses praktisch unmöglich, weshalb darauf verzichtet wurde.

[4] Die in der vorliegenden Arbeit zugrunde gelegte Dichotomie zwischen CGAs und professionellen Markeninhalten ist vor dem Hintergrund der zahlreichen existierenden Zwischenformen als stark vereinfachend anzusehen. Im Rahmen einer Untersuchung aus Perspektive der Nutzer erscheint diese Kategorisierung für einen ersten Forschungszugang in Bezug auf markenbezogene Inhalte dennoch adäquat. Für eine differenzierte Diskussion der vorhandenen Inhalte und möglicher Erscheinungsformen vgl. Burgess und Green (2009, S. 44 ff.). Durch die gewählte wahrnehmungsbezogene Perspektive finden ebenso urheberrechtliche Fragestellungen keinen Eingang in die Diskussion. Für eine Auseinandersetzung mit dieser Thematik vgl. Latham et al. (2008).

maske[5] eingibt, bietet das Ergebnis der Suche potenziell ein unübersichtliches Bild. Je nach Übereinstimmung des gewählten Suchbegriffs mit den Beschreibungen der Videos wird er mit Markenkommunikation verschiedenen Ursprungs konfrontiert.

Neben offiziellen und nutzergenierten Markeninhalten treten ebenso zahlreiche Markeninhalte auf, deren Ursprung nicht eindeutig beurteilbar ist (Krishnamurthy und Dou 2008b, S. 1). Dies hat mehrere Gründe. Zum einen ist auf Seiten der Nutzer die gängige Praxis, Kanalinformationen nur unvollständig anzugeben, zu konstatieren. Zum anderen hat sich aus Perspektive der markenführenden Unternehmen die Praxis etabliert, scheinbar nutzergenerierte Videos auf YouTube zu platzieren, um mögliche Reaktanzen der Nutzer auf das Eindringen professioneller Inhalte in ein hauptsächlich von nutzergenerierten Inhalten geprägtes Umfeld zu vermeiden (Ertimur 2009, S. 28; Krishnamurthy und Dou 2008a, S. 4). Gleichzeitig soll so von den diskutierten Effektivitätsvorteilen der CGAs profitiert werden (Burgess und Green 2009, S. 39). Besonders die adressierte Anonymität bezüglich der Nutzerprofile ermöglicht die Tatsache, dass Unternehmen oder andere Institutionen diese Informationsasymmetrie nutzen, um **Astroturfing**-Kampagnen[6] zu lancieren. Darunter sind sämtliche Kampagnen zu verorten, deren Ziel es ist, „… passing off formally planned PR or communications campaigns as spontaneous, grassroots, populist activity." (Lee 2010, S. 16). Dabei wird der Eindruck vermittelt, dass private Personen ohne kommerziellen Hintergrund sich für ein Anliegen verantwortlich zeigen (McNutt und Boland 2007, S. 167). Im Rahmen einer Platzierung scheinbar nutzergenerierter Markenvideos auf YouTube versuchen Unternehmen, diesen Markenstimuli die Legitimität einer Verbreitung durch die Masse an Nutzern zu verleihen (Voss 2010). Derartige verdeckte Kommunikationsbemühungen werden unter dem Begriff des **Covert Marketing** (CM) subsumiert. Dieses ist definiert als „… a firm's marketing actions whereby consumers believe that the activities are not those of the firm" (Sprott 2008, S. 4).

Im Ergebnis kann aus Perspektive der Nutzer bzw. Rezipienten somit oftmals nur der scheinbare Ursprung eines Videos beurteilt werden. Einen ersten Hinweis auf den Ursprung eines Videos bietet der Kanal der Person oder Institution, die das Video auf

---

[5] Eine Suche nach Inhalten der Videos ist bislang nicht möglich. Die Ergebnisse der Suche resultieren aus einem Abgleich des Suchbegriffs mit der Beschreibung oder „Tag" des Videos. Diese wird vor Veröffentlichung von der Person, die das Video hochlädt, festgelegt. Auch bezüglich der Reihenfolge der resultierenden Inhalte spielt die Popularität in Form von Viewzahlen oder Bewertungen keine Rolle, einzig die Übereinstimmung mit dem Suchbegriff. Dies führt im Ergebnis dazu, dass Tags von Nutzern teilweise ohne jeglichen Bezug zu den Inhalten vergeben werden, um das eigene Video einem breiteren Publikum zugänglich zu machen. So werden Inhalte jeglicher Art mit Tags, welche sich an populären Suchbegriffen wie bspw. „Süße Katzen" orientieren, versehen.

[6] Der Begriff geht auf den Namen einer US-Amerikanischen Firma für Kunstrasen zurück. Derartige Kampagnen simulieren eine authentische Meinungswelle in der Bevölkerung, wobei meist kommerzielle Werbeprojekte im Hintergrund stehen. Im politischen Geschehen werden authentische, meist aus Bürgerinitiativen resultierende Basisbewegungen im angelsächsischen Raum als „grassroots movement" bezeichnet (Salazar 1996, S. 627). Daher hat sich im Falle einer fingierten Bewegung der Name der Kunstrasenfirma „Astroturf" (im Sinne künstlicher Graswurzeln) im Sprachgebrauch etabliert (Voss 2010).

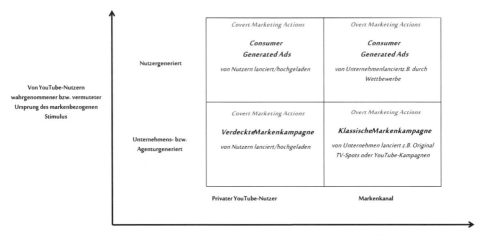

Abb. 3 Übersicht über markenrelevante Inhalte auf YouTube aus Perspektive der Nutzer. (Eigene Darstellung, weiterentwickelt nach Burgess und Green 2009)

YouTube hochlädt (Uploader). Je nach Vollständigkeit der Informationen können Aussagen über den Uploader getroffen werden. Im Falle einer Publikation von Markeninhalten über einen Markenkanal kann der Absender in der Regel eindeutig als das markenführende Unternehmen identifiziert werden. Im Falle einer Publikation über einen Nutzerkanal fällt diese Zuordnung deutlich schwerer, da es für Unternehmen im Rahmen von Covert Marketing ein leichtes Unterfangen darstellt, die eigene Identität durch die Veröffentlichung von Inhalten über einen Nutzerkanal zu verschleiern (Kiecker und Cowles 2001, S. 72). Da CGAs durchaus professionell (Ertimur 2009, S. 4) und unternehmensinitiierte Videos absichtlich nutzergeneriert aussehen können (Humphreys und Grayson 2008, S. 963; Krishnamurthy und Dou 2008b, S. 4), fällt eine klare Verortung auf Seiten der Nutzer schwer. Somit steht YouTube exemplarisch für diejenigen internetgestützten neuen Medien, in welchen die Grenzen zwischen interpersonaler und Massen-Kommunikation verschwimmen (Morris und Ogan 1996, S. 43 f.). Die aufgezeigten Möglichkeiten der inhaltlichen Ausgestaltung in Kombination mit unterschiedlichen Uploader-Kanälen ergeben eine Vielzahl an Möglichkeiten, wie Markenkommunikation auf YouTube aus Perspektive der Nutzer wahrgenommen werden kann. Abbildung 3 gibt zusammenfassend einen Überblick über Varianten markenrelevanter Inhalte aus wahrnehmungsbezogener Perspektive der Nutzer.

In Bezug auf die Wirkung von Markenkommunikation unterschiedlicher Absender, im Sinne privater Nutzer vs. Unternehmen, lässt sich in Ermangelung vorliegender Erkenntnisse nur im Analogieschluss zu vorliegenden theoretischen Erkenntnissen argumentieren (Bronner und de Hoog 2010, S. 244). So suggeriert bspw. das **Persuasion Knowledge Model** in diesem Zusammenhang, dass das Wissen um den kommerziellen Hintergrund einer Kommunikationsanstrengung grundsätzlich mehr Reaktanz hervorruft, als wenn dies nicht der Fall ist (Friestad und Wright 1994, S. 3 ff.). Eine spezifische Untersuchung dieser Fragestellung steht jedoch bislang noch aus. Im Rahmen dieses Beitrags erfolgte dabei die Untersuchung von Markenstimuli in Form von Markenkampagnen, um die grundsätzliche Reaktion der YouTube Nutzer auf Markenkommunikation zu untersuchen. Ferner wurden sämtliche CGA-Typen auf Ihre Wirkung untersucht.

6 Untersuchungsdesign und Methodik

Im Rahmen der vorliegenden Studie wurden zwei methodische Zugänge im Sinne einer „between-method" Triangulation (Flick 2007, S. 310) kombiniert. In einem ersten Schritt wurden Gruppendiskussionen in Form von Fokusgruppen zu den Videoinhalten durchgeführt. Ergänzend wurde eine Netnographie (Kozinets 2002, 2010) durchgeführt. Im Gegensatz zu den Fokusgruppen, die eher spontane Meinungen und Assoziationen zutage förderten, waren im Rahmen einer Netnographie sowohl knappe Kommentare als auch ausführliche Beiträge Gegenstand der Analyse, in denen die YouTube-Nutzer ihre Meinung zu Videos unaufgefordert und teils dezidiert darstellten. Demzufolge stellte die Netnographie eine sinnvolle Ergänzung zum ersten gewählten methodischen Zugang dar, da beide Methoden komplementär sind und somit unterschiedliche Zugänge zur betrachteten Fragestellung erlauben (Atkinson und Delamont 2005, S. 832).

Im Ergebnis wurden fünf Fokusgruppen mit einer Gruppenstärke von fünf bis sieben Teilnehmern durchgeführt, die Zusammensetzung des Samples orientierte sich an den demographischen Faktoren der YouTube Nutzerschaft. Im Bereich der unternehmensproduzierten Inhalte wurden sowohl Markenspots berücksichtigt, welche im Rahmen klassischer Kommunikation im TV zum Einsatz kommen, als auch solche, welche exklusiv auf virale Zwecke im Internet abzielen. Im Bereich der CGAs wurde die Typologie nach Berthon et al. (2008) abgebildet. Insgesamt fanden 52 unterschiedliche Videos Eingang in die Studie. Zu jedem Video wurden die ersten 100 Posts nach Veröffentlichung des jeweiligen Markenvideos berücksichtigt, sodass im Ergebnis 5200 Kommentare untersucht wurden.

7 Ergebnisse zu den einzelnen Contenttypen der Markenkommunikation auf YouTube

7.1 Klassische Markenkampagnen

Im Gegensatz zu anderen Arten von Communities werden Markeninhalte auf YouTube beinahe euphorisch aufgenommen. Dies sollen zwei Beispiele illustrieren. So werden bspw. gelungene TV-Kampagnen und unternehmensgenerierte Virals wie folgt kommentiert:

I never thought a commercial could be so beautiful … wow … I'm blown away (N_Vir_#6-58)

driyng my eyes and hitting replay (N_Ori_#2-135)

I want everyone to see this video.. every girl, woman, bloke I know. (N_Vir_#1-151)

I love this commercial. In a way, I feel this commercial catches the innocence of youth and the power of imagination. (N_Ori_#5-176)

Die in den Augen der Nutzer gelungenen Werke werden nicht nur explizit gelobt, sondern gleich mehrfach konsumiert. Ein weiterer interessanter Aspekt zeigt sich im Rahmen alter Kampagnen, welche die Nutzer an ihre Jugend erinnern:

It was back in 97 when i seen this on tv – this is heart warming! (N_Ori_#1-7)

I remember this commercial when I was younger!!! (N_Ori_#3-587)

Im Einklang mit der Literatur zu einem beziehungsorientierten Markenverständnis resultieren Marken und ihre Bedeutungen aus den zahlreichen Interaktionen der Konsumenten mit selbigen (Fournier 1998). Dabei sind es insbesondere Interaktionen im Jugendalter der Konsumenten, welche Präferenzen für Marken determinieren (Belk et al. 1982; Holbrook und Schindler 1994). Erinnerungen an derartige Interaktionen mit Marken aus der Jugend der Konsumenten können sehr starke positive Emotionen hervorrufen, welche großen Einfluss auf Präferenzen der Konsumenten nehmen können (Braun-LaTour et al. 2007, S. 56 f.). Die Ergebnisse zeigen, dass Markenkommunikation, welche nostalgische Erinnerungen (Holbrook und Schindler 2003, S. 108) hervorruft, auf YouTube ebenso freudig aufgenommen wird. Allerdings lässt sich im Gesamtkontext der abgegebenen Kommentare keine ausschließlich positive Tendenz erkennen.

Im folgenden Abschnitt werden die Erkenntnisse zu den unterschiedlichen Typen nutzergenerierter Markenkommunikation, wie in Abschn. 4 eingeführt, dargestellt.

7.2 Concordant

Auffallend häufig wird bei diesem Typ, neben der bereits adressierten Diskussion der kreativen Leistung und des resultierenden Unterhaltungswerts, ein Aspekt in den Mittelpunkt der Diskussion gerückt. Da viele Stimuli dieser nutzergenerierten Kategorie in Sachen Produktions- und Ausführungsqualität professionellen Inhalten sehr nahe kommen, setzen sich die Nutzer intensiv mit der Frage nach dem Ursprung derartiger Videos auseinander.

Ja, wirkte sehr professionell … passt absolut zur Markenbotschaft … warum sollte jemand so was machen was so ganz klassische Markenkommunikation ist, wenn es nicht echt von der Firma ist? (FG_B_#1)

Das war Nokia ... das ist garantiert von denen weil es perfekt auf das Unternehmensbild zu geschnitten ist (FG_B_#4)

Im Rahmen der Netnographie zeigte sich ein ähnliches Bild.

Was this a guerilla ad or has it even been broadcasted? What was the purpose of the creation of this video by Audi, does anyone know? It's so emotional, I love it (N_Conc_#2-108)

Did Budweiser do this or was it a spoof done by others? I still laugh til I cry when I watch it. Will always be in my top 3 favs (N_Conc_#4-98)

Die Ergebnisse beider Zugänge zeigen, dass Nutzer derartige Kreationen als Werbung bzw. Persuasivversuche wahrnehmen, obwohl ihnen die wahre Quelle der Kommunikation unbekannt ist. Eine derartige Erkenntnis führt nach der **reader response theory** aus dem Kontext der Konsumentenforschung (Scott 1994) zu einer Veränderung der Erwartungen in dem Sinne dass „the text intends us to make us think, believe, or feel something – and that we are supposed to buy a product (or service) as a result" (Scott 1994, S. 464). Eine entsprechende Erkenntnis um einen Persuasivversuch lässt in Anlehnung an das Persuasion Knowledge Modell wiederum vermuten, dass ein derartiger Markenstimulus je nach vermutetem Absender – Nutzer oder Unternehmen – im Rahmen der kognitiven Verarbeitung eine unterschiedliche Verarbeitungstiefe erfährt (Friestad und Wright 1994, S. 3 ff.). Davon abhängig sind Unterschiede in Bezug auf die persuasive Wirkung des Stimulus zu erwarten. Zieht man ferner in Betracht, dass Concordant CGAs als äußerst unterhaltsam und gut umgesetzt erachtet werden, ist die Frage nach Unterschieden in der Persuasivwirkung in Abhängigkeit vom vermuteten bzw. wahrgenommenen Absender für Markenverantwortliche von großem Interesse. Die Ergebnisse vorliegender Studie lassen diesbezüglich keine finalen Schlüsse zu. Daher bedarf es weiterer theoretischer Reflexion sowie empirischer Forschungsbestrebungen zu diesem Bereich.

7.3   Subversive und Incongrous

Da diese die Kategorien mit den wenigsten Vertretern sind, werden die Erkenntnisse in einem Abschnitt zusammengefasst, beginnend mit dem Bereich **Incongrous**. In dieser Kategorie sind allerlei kuriose Videos anzutreffen, vom vieldiskutierten VW-Polo Spot über Streitgespräche zwischen Macintosh und Windows Computern, repräsentiert durch Zeichentrickfiguren, bis hin zum erfolgreichen „hacken" von Videospielsystemen, um deren Anwendungsradius auf erstaunliche Weise zu erweitern. Dabei wird jedoch stets eine positive Botschaft über die Marke vermittelt. Diese CGAs werden ob Ihrer Machart in der Regel eindeutig als nutzergeneriert identifiziert.

Das Polo Video ist so provokant, das würde kein Unternehmen machen (FG_B_#6)

Da die Botschaft in Bezug auf die Marke positiv ist, resultiert daraus ein fast exklusiv positives Feedback der Tuber in Bezug auf Produkteigenschaften sowie der jeweiligen Marke, wie die folgenden Statements zeigen

> … ja ein bisschen so, dass man es irgendwie ja doch wieder lustig findet und man sich denkt Wow, was ist das denn eigentlich? (FG_C_#1)

> lol i love this, i can imagine this in a documentary about Google some day (N_Inc_#3-177)

> lol this looks so fun thx for vid. would have never thought of using my wii like that (N_Inc_#4-164)

Negative Kommentare treten dabei kaum auf. Die untersuchten Stimuli wurden, trotz teilweise anfänglich auftretender Irritation ob der ungewöhnlichen Aufmachung, mit Wohlwollen der Rezipienten bedacht. Dies kann im Einvernehmen mit der Schematheorie nach Mandler (1982) gesehen werden, nach welcher leichte Abweichungen von der gewohnten Schematastruktur (im Sinne einer klassischen Werbung für eine Marke) positive emotionale Reaktionen in der Konsumentenpsyche bedingen (Mandler 1982, S. 5 f.), sofern es dem Nutzer gelingt diese Inkongruenz zu überwinden (Meyers-Levy und Tybout 1989, S. 42). Somit können bei derartigen „Fanprojekten" auf Basis der vorliegenden Daten durchweg positive Reaktionen der Community attestiert werden.

Videos der Kategorie **Subversive** stehen den adressierten Marken kritisch gegenüber. Hierbei handelt es sich meist um Parodien, welche an Originalspots angelehnt sind, der Marke allerdings inhaltlich kritisch gegenüberstehen. Dies wurde von den Probanden auch mehrheitlich so aufgefasst sowie als nutzergenerierte Kommunikation identifiziert. Dementsprechend fallen die Reaktionen der Nutzer im Vergleich zur vorangegangenen Kategorie anders aus.

> Ich würde das gar nicht unbedingt als Verarschung sehen, dass soll ja eigentlich gar nicht lustig sein, sondern ermahnen (FG_B_#4)

> That was good, dont think it was meant to be funny, more of a parody. I was actually thinking of having a Maccy Dees today, probably have a salad instead … nice one (N_Sub_#7-68)

Grundsätzlich ist festzustellen, dass dieser Kategorie der größte Unterhaltungswert aller untersuchten Kategorien zugesprochen wird. Im Rahmen dieser Spotkategorie wird im Ergebnis kritisch diskutiert. Dabei werden insbesondere markenspezifische Themen wie die Rechtfertigung des jeweiligen Preispremiums thematisiert, hier am Beispiel eines Apple MacBook Air ersichtlich:

> Or you could get a laptop with double the specs for half the price (N_Sub_#2-371)

Derartige Diskussionen enthalten häufig Vergleiche zu Konkurrenzmarken des Gegenstands, wobei meist die vermeintlichen Vorzüge eines Konkurrenzprodukts zur im Subversive-Stimulus thematisierten Marke im Vordergrund stehen. Zusammenfassend sind

Videos dieser Kategorie bei den Nutzern sehr beliebt und setzen eine kritische Reflexion der jeweils thematisierten Marke in Gang. Unter Berücksichtigung dessen, dass die Nutzer derartige Stimuli als nutzergeneriert auffassen, kann von einer Analogie zu negativem **WOM** (Laczniak et al. 2001, S. 57) ausgegangen werden. Forschungsarbeiten haben gezeigt, dass negative WOM-Kommunikation Markeneinstellungen und Kaufabsichten stark beinträchtigen kann (Smith und Vogt 1995, S. 133). Die kritische kognitive Auseinandersetzung führt allerdings im Rahmen der erhobenen Daten nur in seltenen Fällen zu Äußerungen im Sinne eines Boykotts der Marke (Holt 2002) oder Aufrufen zu Konsumverzicht (Kozinets und Handelman 2004).

7.4 Contrarian CGAs

Diese Kategorie hat meist zum Ziel, eine Wahrnehmungsänderung bei den Rezipienten hervorzurufen. Die zu diesem Zwecke verwendeten Mittel sind vielfältig (Bal et al. 2010, S. 317). Dies zeigte sich auch im Rahmen des Samples der vorliegenden Studie. Von dokumentationsähnlichen Spots, die unmenschliche Produktionsbedingungen von Unternehmen anprangern über Parodien bekannter Kampagnen bis hin zu öffentlichen Beschimpfungen reicht die Bandbreite. Ähnlich der zuvor diskutierten Subversive Kategorie, wird Contrarian Spots innerhalb der **Community** ein hohes Maß an Unterhaltungswert zugesprochen. Die Reaktionen der Community bilden dementsprechend auch die in den Videos thematisierten Aspekte ab. Zunächst sind dabei Kommentare anzutreffen, welche die Thematik der generellen Skepsis gegenüber Marketingkommunikation (Dobscha 1998, S. 91; Obermiller et al. 2005) aufgreifen:

> U bunch of sucker consumers advertising for companies without soles and anything but loyal to you! (N_Con_#6-26)

Daneben sind auch zahlreiche markenspezifische Kommentare ablehnender Natur als Reaktionen zu verzeichnen. Sowohl einzelne Produkte als auch Marken als Entität sind dabei Ziel der Attacken:

> take that, crappy iShite!))") (N_Con_#4-75)

> burgers from mcdonalds are disgusting!! yuk! (vN_Con_#6-26)

> MC DONNALDS SUCKS (N_Con_#6-127)

Ferner sind Äußerungen, welche auf Kaufintentionen schließen lassen, an der Tagesordnung.

> Widerlich. Vorher nicht und jetzt auch nicht (FG_D_#2)

> wow. I can never drink coca cola again (N_Con_#2-299).

Somit kann derartigen Spots persuasiver Charakter im Sinne des Absenders attestiert und durchaus destruktives Potenzial in Bezug auf Markenbilder festgestellt werden. Neben Markenkritikern lassen derartige Videos gleichzeitig auch Personen in Erscheinung treten, welche die thematisierte Marke vehement verteidigen, wie folgende Statements beispielhaft illustrieren:

> i think its rediculous that people are sueing mcdonalds because of what the food does to them. they dont have to eat it if they don't want to.. so theres no point in sueing besides the money which is stupid (N_Con_#6-3)

> you have never used a iphone b4 have you … (N_Con_#5-26)

> A very biased video. you people will believe anything (N_Con_#1-239)

Dabei ist anzunehmen, dass das **Commitment** der einzelnen Nutzer zur thematisierten Marke als Moderator fungiert (Jacoby und Chestnut 1978, S. 51 ff.). Andere Studien haben gezeigt, dass ein stark ausgeprägtes Commitment zu einer Marke im Falle der Konfrontation mit negativen Informationen zu instinktiver Gegenargumentation führt, wodurch die Wirkung der negativen Kommunikation abgeschwächt werden kann (Ahluwalia 2002, S. 211). Somit müssen die vorliegenden Erkenntnisse über die Wirkung von Contrarian Spots differenziert betrachtet werden. Zum einen scheinen Spots dieser Kategorie durchaus destruktives Potenzial in Bezug auf einstellungsbezogene Aspekte von Marken ausüben zu können. Auf der anderen Seite scheint das Ex-ante Commitment der Rezipienten bezüglich der thematisierten Marke moderierende Wirkung zu haben.

Insgesamt resultiert innerhalb der Community eine rege Diskussion zu Contrarian Videos, welche sich in Quantität der Kommentare und thematischer Bandbreite deutlich intensiver und facettenreicher gestaltet als in den weiteren untersuchten Kategorien. Analysen einzelner Marken lassen Rückschlüsse auf die zentralen Säulen eines potenziellen Doppelgänger-Images (Thompson et al. 2006) zu und können als wertvolle Informationsquellen aus Perspektive der Markenführung dienen. Somit können Vorwurfsdimensionen der Konsumenten identifiziert werden und entsprechende Schritte eingeleitet werden, um gegenzusteuern bzw. derartige Vorwürfe zu entkräften. Bezüglich generalisierbarer Aussagen zur Wirkung derartiger Spots scheinen weitere Forschungsanstrengungen unter Berücksichtigung dieser Erkenntnisse notwendig.

8 Fazit & Managementimplikationen

Aus Perspektive der Marketingpraxis konnte ein verbessertes Verständnis des Themenbereichs erzielt werden. Dennoch bleibt YouTube für markenführende Unternehmen ein zweischneidiges Schwert. So ist zunächst zu konstatieren, dass, obwohl es sich bei YouTube um eine Community mit eigener Kultur handelt, Markenkommunikation keine fundamentale Ablehnung durch die Nutzer erfährt. Vielmehr wird diese bewusst und gezielt gesucht und konsumiert, sofern ein hohes Maß an Unterhaltungswert besteht. Gelingt es, derartige Kommunikation zu lancieren, die von Konsumenten weitergeleitet und ggf. auch von der Presse aufgegriffen wird, findet diese schnelle Verbreitung, welche weit über die angezeigten Viewzahlen hinausgeht. Ferner bietet es sich an, historische Markenkampagnen auf der Plattform zu Verfügung zu stellen, da diese im Rahmen der Untersuchung durchweg positive Reaktionen innerhalb der Community hervorriefen. Dies kann im Rahmen eines Markenarchivs auf einem Markenkanal eine kostengünstige Option für Unternehmen darstellen positive Markenerlebnisse in Erinnerung zu rufen. Daneben hat der Beitrag weitere Einsatzmöglichkeiten von Markenkommunikation aufgezeigt. So bietet das Medium ob der herrschenden Anonymität der Nutzerschaft vielversprechende Ansatzpunkte für Kampagnen im Sinne des Astroturfing (Lee 2010, S. 16; McNutt und Boland 2007, S. 167), bei dem Unternehmen scheinbar nutzergenerierte Markenvideos auf YouTube lancieren. Ein derartiges Vorgehen eignet sich zumeist für unbekannte Marken, die schnell virale Verbreitung und Bekanntheit erreichen wollen. Allerdings sei darauf hingewiesen, dass ein nachträgliches publik werden des wahren Absenders auch kritische Reaktionen seitens der Konsumenten hervorrufen kann, da sich die Konsumenten hintergangen und betrogen fühlen. Dies kann insbesondere bei bekannten Marken negative Folgen für das Image oder das Vertrauen der Konsumenten in die Marke haben (Göbel 2013, S. 116 ff.) Auf der anderen Seite ist die Plattform gleichzeitig Anlaufstelle für Markengegner die ihrem Anliegen über Contrarian oder Subversive CGAs eine nicht zu missachtende Stimme verleihen können. Die Ergebnisse haben gezeigt, dass derartige Stimuli durchaus eine persuasive Wirkung haben und somit Marken erheblichen Schaden zufügen können. Abbildung 4 stellt die unterschiedlichen Arten und Wirkungen der

Absender	Art der Markenkommunikation	Wirkung	Management-Implikation
Unternehmen/ Agentur (brand generated)	Markenkampagnen	• Markeninhalte auf YouTube werden beinahe euphorisch aufgenommen • Markenkommunikation, welche nostalgische Erinnerungen hervorruft, erzeugt positive Reaktionen	• Platzierung geeigneter Viral-Kampagnen • Anlegen eines Markenarchivs; Bereitstellung historischer Kampagnen
Nutzer (user generated)	Concordant	• Werden als persuasive Kommunikation wahrgenommen	• Erstellung und Verbreitung fördern, z.B über UGC Wettbewerbe • beobachten/überwachen, mögliche Anregungen für Gestaltung der offiziellen Markenkommunikation
	Incongruous	• Trotz teilweise anfänglich auftretender Irritation ob der ungewöhnlichen Aufmachung mit Wohlwollen der Rezipienten bedacht	• Themen und Inhalte beobachten/überwachen • Keine Sperrung der Videos veranlassen
	Subversive	• Größter Unterhaltungswert aller untersuchter Kategorien zugesprochen • Setzen eine kritische Reflexion der jeweils thematisierten Marke in Gang	• Themen und Inhalte beobachten/überwachen, um auf mögliche Kritikpunkte der Community aufmerksam zu werden
	Contrarian	• Persuasiver Charakter im Sinne des Absenders somit destruktives Potential in Bezug auf Markenbilder	• Themen und Inhalte beobachten/überwachen • Identifikation von Vorwurfsdimensionen der Konsumenten • Evtl. Sperrung der Videos veranlassen

Abb. 4 Management-Implikationen für die unterschiedlichen Arten der Markenkommunikation auf YouTube

unternehmens- sowie nutzergenerierten Markenkommunikation nochmals dar und zeigt Handlungsoptionen für Marketing- bzw. Marken-Manager auf.

Begreift man YouTube sowohl als reichhaltige Lagerstätte für konsumrelevante Informationen (Pace 2008) als auch als zusätzlichen Kanal für Marketingaktivitäten, der mittels CGAs Feedback der Konsumenten ermöglicht, können durch Analyse sowohl der Stimuli selbst als auch der daraus resultierenden Diskussion Anhaltspunkte für ein evtl. vorliegendes Doppelgänger Markenimage (Thompson et al. 2006) identifiziert werden. Gleichzeitig kann die Analyse positiver CGAs von Markenfans wertvolle Insights und Anhaltspunkte zur Gestaltung künftiger Markenkommunikation liefern. Beides setzt allerdings ein konsequentes und kontinuierliches Monitoring der eigenen Marke auf YouTube voraus.

Die Autoren

Dr. Fabian Göbel studierte Betriebswirtschaftslehre an der Ludwig-Maximilians-Universität München. Nach dem Abschluss als Diplomkaufmann war er als wissenschaftlicher Mitarbeiter an der Ludwig-Maximilians-Universität München Teil des Teams des Instituts für Marketing, Lehrstuhl Univ.-Prof. Dr. Anton Meyer. Seit Abschluss seiner Dissertation ist Herr Dr. Göbel als Strategy-Consultant bei einer international tätigen Unternehmensberatung in München beschäftigt. Seine Expertise und Projekterfahrungen liegen in den Bereichen Digital Strategy, Brand Management, sowie Marketing & Sales Transformation für Unternehmen der Telekommunikations-Industrie, im Automotive-Bereich sowie für Finanzdienstleister.

Dr. Silke Bartsch ist stellvertretende Institutsleiterin des Instituts für Marketing von Univ.-Prof. Dr. Anton Meyer an der Ludwig-Maximilians-Universität (LMU) München. In Ihrer Forschung beschäftigt sie sich u. a. mit Fragestellungen aus den Themenbereichen des Dienstleistungs- und Kundenmanagement. Neben Forschung und Lehre an verschiedenen Universitäten und Bildungseinrichtungen im In- und Ausland schöpft Frau Dr. Bartsch aus Erfahrung mit namhaften Firmen und Organisationen wie der BMW Group, Siemens AG, McDonald's und Publicis New York (USA) sowie Make-A-Wish International (USA).

Literatur

Ahluwalia, R. (2002). How Prevalent Is the Negativity Effect in Consumer Environments? *Journal of Consumer Research, 29*(2), 270–279.

Ahluwalia, R., Unnava, H. R., & Burnkrant, R. E. (2001). The Moderating Role of Commitment on the Spillover Effect of Marketing Communications. *Journal of Marketing Research, 38*(4), 458–470.

Arnould, E. J., & Thompson, C. J. (2005). Twenty Years of Consumer Culture Theory: Retrospect and Prospect. *Advances in Consumer Research, 32*, 129–130.

Atkinson, P., & Delamont, S. (2005). Analytic Perspectives. In N. K. Denzin, & D. Lincoln (Hrsg.), *The Sage Handbook of Qualitative Research* (S. 821–840). California: Thousand Oaks.

Bal, A. S., Campbell, C. L., Payne, N. J., & Pitt, L. (2010). Political ad portraits: a visual analysis of viewer reaction to online political spoof advertisements. *Journal of Public Affairs, 10*(4), 313–328.

Bal, A. S., Pitt, L., Berthon, P., & DesAutels, P. (2009). Caricatures, cartoons, spoofs and satires: political brands as butts. *Journal of Public Affairs, 9*(4), 229–237.

Beer, D., & Burrows, R. (2010). Consumption, Prosumption and Participatory Web Cultures. *Journal of Consumer Culture, 10*(1), 3–12.

Belk, R. W., Bahn, K. D., & Mayer, R. N. (1982). Developmental Recognition of Consumption Symbolism. *Journal of Consumer Research, 9*(1), 4–17.

Berry, L. L. (2000). Cultivating Service Brand Equity. *Journal of the Academy of Marketing Science, 28*(1), 128–137.

Berthon, P., Pitt, L., & Campbell, C. (2008). Ad Lib: When Customers Create the Ad. *California Management Review, 50*(4), 6–30.

Blümelhuber, C., Maier, M., & Meyer, A. (2004). Integriertes Markenverständnis- und Management. In M. Bruhn (Hrsg.), *Handbuch Markenführung* (2. Aufl. S. 1365–1384). Wiesbaden: Gabler Verlag.

Borghini, S., Visconti, L. M., Anderson, L., & Sherry Jr, J. F. (2010). Symbiotic Postures of Commercial Advertising and Street Art. *Journal of Advertising, 39*(3), 113–126.

Boulaire, C., Hervet, G., & Graf, R. (2010). Creativity chains and playing in the crossfire on the video-sharing site YouTube. *Journal of Research in Interactive Marketing, 4*(2), 111–141.

Braun-LaTour, K. A., LaTour, M. S., & Zinkhan, G. M. (2007). Using Childhood Memories to Gain Insight into Brand Meaning. *Journal of Marketing, 71*(2), 45–60.

Bronner, F., & de Hoog, R. (2010). Consumer-generated versus marketer-generated websites in consumer decision making. *International Journal of Market Research, 52*(2), 231–248.

Brown, S., Sherry Jr, J. F., & Kozinets, R. V. (2003). Teaching Old Brands New Tricks: Retro Branding and the Revival of Brand Meaning. *Journal of Marketing, 67*(3), 19–33.

Brudler, B. (2010). *Marketing in Online-Communities: Virtuelle Welten und soziale Netzwerke.* München: FGM-Verlag.

Burgess, J., & Green, J. (2009). *YouTube: online video and participatory culture.* Cambridge; Malden, MA: Polity.

Burmann, C. (2010). A call for User-Generated Branding. *Journal of Brand Management, 18*(1), 1–4.

Busemann, K., & Gscheidle, C. (2009). Web 2.0: Communitys bei jungen Nutzern belieb. *Media Perspektiven, 7,* 356–364.

Cappo, J. (2003). *The future of advertising: new media, new clients, new consumers in the post-television age.* Chicago, Ill.: McGraw-Hill.

Cheong, H. Y., & Morrison, M. A. (2008). Consumers' reliance on Product Information and Recommendations found in UGC. *Journal of Interactive Advertising, 8*(2), 1–29.

Christodoulides, G. (2009). Branding in the post-internet era. *Marketing Theory, 9*(1), 141–144.

Comscore, I. (2009). *Going Beyond TV on the Web: Finding the Untapped Advertising Opportunities in Online Video.* http://www.comscore.com/index.php/layout/set/popup/Press_Events/

Presentations_Whitepapers/2009/Going_Beyond_TV_on_the_Web_Finding_the_Untapped_Advertising_Opportunities_in_Online_Video. Zugegriffen: 14. Februar 2014

Cook, S. (2008). The Contribution Revolution. *Harvard Business Review*, *86*(10), 60–69.

Daugherty, T., Eastin, M. S., & Bright, L. (2008). Exploring Consumer Motivations for Creating User-Generated Content. *Journal of Interactive Advertising*, *8*(2), 1–24.

Deighton, J., & Kornfeld, L. (2009). Interactivity's Unanticipated Consequences for Marketers and Marketing. *Journal of Interactive Marketing (Mergent Inc.)*, *23*(1), 4–10.

Dobscha, S. (1998). The Lived Experience of Consumer Rebellion Against Marketing. *Advances in Consumer Research*, *25*(1), 91–97.

Ertimur, B. (2009). *The impact of consumer-generated advertising on corporate reputation and brand image: The issue of source effects*. Ph.D. 3370093, University of California, Irvine, United States - California. http://proquest.umi.com/pqdlink?did=1855689091&Fmt=7&clientId=69662&RQT=309&VName=PQD. Zugegriffen: 14. Februar 2014

Esch, F. R., & Stenger, D. (2009). Marken als Interaktionsobjekt – Wie sehr prägt der Kunde die Marke wirklich selbst mit?. In C. Belz, M. Schögel, O. Arndt, & V. Walter (Hrsg.), *Interaktives Marketing – neue Wege zum Dialog mit den Kunden* (S. 289–301). Wiesbaden: Gabler Verlag.

Flick, U. (2007). Triangulation in der qualitativen Forschung. In U. Flick, E. Von Kardorff, & I. Steinke (Hrsg.), *Qualitative Forschung – Ein Handbuch* (5. Aufl. S. 309–318). Reinbeck bei Hamburg: Rowohlt.

Fournier, S. (1998). Consumers and Their Brands: Developing Relationship Theory in Consumer Research. *Journal of Consumer Research*, *24*(4), 343–372.

Friestad, M., & Wright, P. (1994). The persuasion knowledge model: How people cope with persuasion attempts. *Journal of Consumer Research*, *21*(1), 1–31.

Göbel, F. (2013). *Open Brands – Effekte nutzergenerierter Markenbotschaften auf die Markenwahrnehmung*. München: FGM Verlag.

Haiven, M. (2007). Privatized Resistance: AdBusters and the Culture of Neoliberalism. *Review of Education, Pedagogy and Cultural Studies*, *29*(1), 85–110.

Haridakis, P., & Hanson, G. (2009). Social Interaction and Co-Viewing With YouTube: Blending Mass Communication Reception and Social Connection. *Journal of Broadcasting & Electronic Media*, *53*(2), 317–335.

Hartley, J. (2004). The ‚Value Chain of Meaning' and the New Economy. *International Journal of Cultural Studies*, *7*(1), 129–141.

Hatch, M. J., & Schultz, M. (2010). Toward a theory of brand co-creation with implications for brand governance. *Journal of Brand Management*, *17*(8), 590–604.

Hennig-Thurau, T., Malthouse, E. C., Friege, C., Gensler, S., Lobschat, L., Rangaswamy, A., et al. (2010). The Impact of New Media on Customer Relationships. *Journal of Service Research*, *13*(3), 311–330.

Hodges, B. H. (1974). Effect of valence on relative weighting in impression formation. *Journal of Personality and Social Psychology*, *30*(3), 378–381.

Holbrook, M. B., & Schindler, R. M. (1994). Age, Sex, and Attitude Toward the Past as Predictors of Consumers' Aesthetic Tastes for Cultural Products. *Journal of Marketing Research*, *31*(3), 412–422.

Holbrook, M. B., & Schindler, R. M. (2003). Nostalgic bonding: Exploring the role of nostalgia in the consumption experience. *Journal of Consumer Behaviour*, *3*(2), 107–127.

Holt, D. B. (1995). How Consumers Consume: A Typology of Consumption Practices. *Journal of Consumer Research*, *22*(1), 1–16.

Holt, D. B. (2002). Why do Brands Cause Trouble? A Dialectical Theory of Consumer Culture and Branding. *Journal of Consumer Research*, *29*(1), 70–90.

Humphreys, A., & Grayson, K. (2008). The Intersection Roles of Consumer and Producer: A Critical Perspective on Co-Production, Co-Creation and Prosumption. *Sociology Compass*, *2*(3), 963–980.

Jacoby, J., & Chestnut, R. W. (1978). *Brand loyalty: measurement and management*. New York: Wiley.

Karig, F. (2007). Jeder kann Werbung. *brandeins*, *6*, 14–16.

Kiecker, P., & Cowles, D. (2001). Interpersonal Communication and Personal Influence on the Internet: A Framework for Examining Online Word-of-Mouth. *Journal of Euromarketing*, *11*(2), 71.

Klein, N. (2000). *No logo: taking aim at the brand bullies* (1. Aufl.). Toronto: Knopf Canada.

Kolbrück, O. (2009). Populär, aber nicht profitabel. *HORIZONT*, *15*, 4–7.

Kozinets, R. V. (1997). „I Want to Believe": A Netnography of The X-Philes' Subculture of Consumption. *Advances in Consumer Research*, *24*(1), 470–475.

Kozinets, R. V. (2002). The Field Behind the Screen: Using Netnography for Marketing Research in Online Communities. *Journal of Marketing Research (JMR)*, *39*(1), 61–72.

Kozinets, R. V. (2010). *Netnography: ethnographic research in the age of the internet* (1. Aufl.). Thousand Oaks, CA: Sage Publications Ltd.

Kozinets, R. V., & Handelman, J. M. (2004). Adversaries of Consumption: Consumer Movements, Activism, and Ideology. *Journal of Consumer Research*, *31*(3), 691–704.

Krishnamurthy, S., & Dou, W. (2008a). Advertising with User-Generated Content: A Framework and Research Agenda. *Journal of Interactive Advertising*, *8*(2), 1–7.

Krishnamurthy, S., & Dou, W. (2008b). Note From Special Issue Editors: Advertising with User-Generated Content: A Framework and Research Agenda. *Journal of Interactive Advertising*, *8*(2), 1–4.

Kröger, M. (2005). *VW klagt wegen Werbe-Fälschung im Web*. http://www.spiegel.de/wirtschaft/0,1518,337795,00.html. Zugegriffen: 14. Februar 2014

Laczniak, R. N., DeCarlo, T. E., & Ramaswami, S. N. (2001). Consumers' Responses to Negative Word-of-Mouth Communication: An Attribution Theory Perspective. *Journal of Consumer Psychology*, *11*(1), 57–73.

Lasn, K. (1999). *Culture jam: the uncooling of America* (1. Aufl.). New York: Eagle Brook.

Latham, R. P., Butzer, C. C., & Brown, J. T. (2008). Legal Implications of User-Generated Content: YouTube, MySpace, Facebook. *Intellectual Property & Technology Law Journal*, *20*(5), 1–11.

Lee, J. (2010). Focus on astroturfing spurs need to ensure authenticity. *PRWeek (U.S.)*, *13*(8), 16–16.

Maclaran, P., & Brown, S. (2005). The Center Cannot Hold: Consuming the Utopian Marketplace. *Journal of Consumer Research*, *32*(2), 311–323.

Mandler, G. (1982). The Structure of Value: Accounting for Taste. In M. S. Clark, & S. T. Fiske (Hrsg.), *Affect and Cognition: The 17th Annual Carnegie Symposium on Cognition* (S. 3–36). Hillsdale, NJ: Psychology Press.

McDavid, J., Padern, L., & Kwan, E. (2014). Integrate YouTube Into Your Communication Strategy. Forrester Research.

McNutt, J., & Boland, K. (2007). Astroturf, Technology and the Future of Community Mobilization: Implications for Nonprofit Theory. *Journal of Sociology & Social Welfare, 34*(3), 165–178.

Merz, M. A., Yi, H., & Vargo, S. L. (2009). The evolving brand logic: a service-dominant logic perspective. *Journal of the Academy of Marketing Science, 37*(3), 328–344.

Meyer, A., & Brudler, B. (2007). Everybody's Darling? Die Marke und Ihre Zielgruppen. In A. Bauer (Hrsg.), *Erfolgsfaktoren der Markenführung: Know-How aus Forschung und Management* (1. Aufl. S. 357–368). München: Vahlen.

Meyer, A., & Davidson, H. (2001). *Offensives Marketing – Gewinnen mit P.O.I.S.E Märkte gestalten – Potenziale nutzen* (1. Aufl.). Haufe Verlag: Freiburg i. Br.

Meyer, A., Göbel, F., & Dumler, A. (2010). Grundlagen der Markendifferenzierung – Vom Marketing „to" zum Marketing „with". In U. Goerg (Hrsg.), *Erfolgreiche Markendifferenzierung – Strategie und Praxis erfolreicher Markenprofilierung* (S. 32–57). Wiesbaden: Gabler.

Meyers-Levy, J., & Tybout, A. M. (1989). Schema Congruity as a Basis for Product Evaluation. *Journal of Consumer Research, 16*(1), 39–54.

Mielau, M., & Schmiegelow, A. (2010). Markenführung in sozialen Medien: Neue Wege zum Konsumentenherz. In A. Beisswenger (Hrsg.), *Youtube und seine Kinder: Wie Online-Video, Web TV und Social Media die Kommunikation von Marken, Medien und Menschen revolutionieren* (S. 105–120). Baden-Baden: Nomos.

Mizik, N., & Jacobson, R. (2003). Trading Off Between Value Creation and Value Appropriation: The Financial Implications of Shifts in Strategic Emphasis. *Journal of Marketing, 67*(1), 63–76.

Morris, M., & Ogan, C. (1996). The Internet as Mass Medium. *Journal of Communication, 46*(1), 39–50.

Muniz Jr, A. M., & O'Guinn, T. C. (2001). Brand Community. *Journal of Consumer Research, 27*(4), 412–432.

Muniz Jr, A. M., & Schau, H. J. (2005). Religiosity in the Abandoned Apple Newton Brand Community. *Journal of Consumer Research, 31*(4), 737–747.

Muniz Jr, A. M., & Schau, H. J. (2007). Vigilante Marketing and Consumer-Created Communication. *Journal of Advertising, 36*(3), 35–50.

Needleman, I. G. (2002). A guide to systematic reviews. *Journal of Clinical Periodontology, 29*(Supplement s3), 6–9.

Obermiller, C., & Spangenberg, E. R. (2000). On the Origin and Distinctness of Skepticism toward Advertising. *Marketing Letters, 11*(4), 311–322.

Obermiller, C., Spangenberg, E., & MacLachlan, D. L. (2005). Ad Skepticism. *Journal of Advertising, 34*(3), 7–17.

Oehmichen, E., & Gscheidle, C. (2009). Zur Differenzierung des Medienhandelns der jungen Generation. *Media Perspektiven, 8,* 432–450.

o.V. (2007). Images of the Week: The world's first consumer-generated Super Bowl ads. *Advertising Age* 78(6), 38–38.

o.V. (2008). Branded YouTube Channels als Mittel der Markenkommunikation. http://jung-und-willig.netz98.de/2008/06/27/branded-youtube-channels-als-mittel-der-markenkommunikation/.Zugegriffen: 14. Februar 2014

o.V. (2010). European Trusted Brands 2010 (Vol. 2010). *Reader's Digest*.

Ozanne, J. L., & Murray, J. B. (1995). Uniting critical theory and public policy to create the reflexively defiant consumer. *American Behavioral Scientist, 38*(4), 516.

Pace, S. (2008). YouTube: an opportunity for consumer narrative analysis? *Qualitative Market Research: An International Journal, 11*(2), 213–226.

Percy, L., & Elliot, R. (2009). *Strategic Advertising Management* (3. Aufl.). New York: OUP Oxford.

Pfeiffer, M., & Zinnbauer, M. (2010). Can Old Media Enhance New Media? How Traditional Advertising Pays off for an Online Social Network. *Journal of Advertising Research, 50*(1), 42–49.

Porter, M. E. (1980). *Competitive strategy techniques for analyzing industries and competitors*. New York, NY: Free Press.

Prahalad, C. K., & Ramaswamy, V. (2000). Co-opting Customer Competence. *Harvard Business Review, 78*(1), 79–87.

Prahalad, C. K., & Ramaswamy, V. (2004). Co-Creation Experiences: The Next Practice In Value Creation. *Journal of Interactive Marketing, 18*(3), 5–14.

Ramani, G., & Kumar, V. (2008). Interaction Orientation and Firm Performance. *Journal of Marketing, 72*(1), 27–45.

Ritzer, G., & Jurgenson, N. (2010). Production, Consumption, Prosumption. *Journal of Consumer Culture, 10*(1), 13–36.

Rogers, D. L. (2010). *The network is your customer: five strategies to thrive in a digital age*. New Haven: Yale University Press.

Salazar, D. J. (1996). The Mainstream-Grassroots Divide in the Environmental Movement: Environmental Groups in Washington State. *Social Science Quarterly, 77*(3), 626–643.

Schmitt, B. (2003). *Customer experience management: a revolutionary approach to connecting with your customers*. New York: Wiley.

Scott, L. M. (1994). The Bridge from Text to Mind: Adapting Reader-Response Theory to Consumer Research. *Journal of Consumer Research, 21*(3), 461–480.

Smith, R. E., & Vogt, C. A. (1995). The Effects of Integrating Advertising and Negative Word-of Mouth Communications on Message Processing and Response. *Journal of Consumer Psychology, 4*(2), 133–151.

Sprott, D. E. (2008). The Policy, Consumer, and Ethical Dimensions of Covert Marketing: An Introduction to the Special Section. *Journal of Public Policy & Marketing, 27*(1), 4–6.

Steyn, P., Wallström, Å., & Pitt, L. (2010). Consumer-generated content and source effects in financial services advertising: An experimental study. *Journal of Financial Services Marketing, 15*(1), 49–61.

Thompson, C. J., Rindfleisch, A., & Arsel, Z. (2006). Emotional Branding and the Strategic Value of the Doppelgänger Brand Image. *Journal of Marketing, 70*(1), 50–64.

Unterberg, B. (2008). Consumer Generated Advertising: Konsumenten als Marktpartner in der Werbung. In H. Kaul, & C. Steinmann (Hrsg.), *Community Marketing – Wie Unternehmen in sozialen Netzwerken Werte schaffen* (1. Aufl. S. 203–215). Stuttgart: Schäffer-Poeschel.

van Doorn, J., Lemon, K. N., Mittal, V., Nass, S., Pick, D., Pirner, P., et al. (2010). Customer Engagement Behavior: Theoretical Foundations and Research Directions. *Journal of Service Research, 13*(3), 253–266.

Vargo, S. L., & Lusch, R. F. (2004). Evolving to a New Dominant Logic for Marketing. *Journal of Marketing, 68*(1), 1–17.

Vargo, S. L., & Lusch, R. F. (2008). Service-dominant logic: continuing the evolution. *Journal of the Academy of Marketing Science, 36*(1), 1–10.

Voss, K. (2010). Grassrootscampaigning und Chancen durch neue Medien. *Das Parlament, 19,* 483–496.

Welker, C. B. (2002). The paradigm of Viral Communication. *Information Services & Use, 22*(1), 3.

Winchester, M., & Romaniuk, J. (2008). Negative brand beliefs and brand usage. *International Journal of Market Research, 50*(3), 355–375.

Wipperfürth, A. (2005). *Brand hijack: marketing without marketing.* New York: Portfolio.

Markenmanagement mit Social Media – dargestellt am Beispiel deutscher Fußballmarken

André Bühler und Gerd Nufer

Zusammenfassung

Dieser Beitrag beschreibt das Markenmanagement von Profifußballvereinen durch den Einsatz von Social Media. Um sich ein stückweit vom nichtplanbaren sportlichen Erfolg unabhängig zu machen, sollten sich Fußballvereine als Marke positionieren. Dazu steht ihnen allerdings traditionellerweise ein geringes Marketingbudget zur Verfügung. Social Media bietet Fußballvereinen die Möglichkeit, relativ kostengünstig und effektiv die eigene Marke aufzubauen und zu pflegen. Der Beitrag erläutert diesbezüglich die Notwendigkeit eines systematischen Markenmanagements, geht auf die Besonderheiten der Vermarktung eines Profifußballvereins ein und zeigt anhand von Beispielen, wie Social Media zum Markenaufbau respektive zur Markenpflege genutzt werden kann.

1 Einführung

Zur Entwicklung, zum Aufbau und zur Pflege von Marken sind Medien notwendige Transportmittel. Doch das Mediennutzungsverhalten hat sich in den letzten Jahren fundamental geändert (SevenOne Media 2013). Um eine Marke entstehen zu lassen, genügten bis zur Jahrtausendwende noch emotionsgeladene Werbekampagnen mit 30-sekündigen Werbespots in den Werbeblöcken reichweiterstarker TV-Sendungen, großflächige Printanzeigen in den auflagenstärksten Tageszeitungen oder pfiffige Hörfunkspots bei ausgewählten Radiosendern. Heute spielt sich das Leben vieler Rezipienten längst nicht mehr (nur) vor dem Fernseher oder Radio ab – und wer liest tatsächlich noch eine Tageszeitung? Mittlerweile rezipiert man im Internet und da vor allem mit und über die sozialen Medien. Facebook, Twitter, YouTube und Instagram sind die Medien der Neuzeit. Vor diesem Hintergrund erschließen sich für den Markenaufbau neue Möglichkeiten.

Prof. Dr. André Bühler ⊠
Nürtingen, Deutschland
e-mail: andre.buehler@sportmarketing-institut.de

Prof. Dr. Gerd Nufer
Reutlingen, Deutschland
e-mail: gerd.nufer@reutlingen-university.de

© Springer Fachmedien Wiesbaden 2016   349
S. Regier et al. (Hrsg.), *Marken und Medien*, DOI 10.1007/978-3-658-06934-6_19

Dieser Beitrag widmet sich dem Markenmanagement mithilfe der sozialen Medien und bedient sich dabei nicht etwa den üblichen Beispielen wie Coca-Cola, Apple oder BMW. Vielmehr soll der Fokus auf Marken gelegt werden, die aus Sicht des Markenmanagements mit einem Vor- und einem Nachteil belegt sind: der Nachteil besteht in einem naturgemäß kleinen Marketingbudget, mit dem es unter normalen Bedingungen schwierig wird, ein systematisches Markenmanagement zu betreiben. Der Vorteil besteht hingegen darin, dass die Markenbeispiele in diesem Beitrag keine großen Werbe- und Beziehungsmarketing-Kampagnen brauchen, um eine große Markenbekanntheit und eine enorme Markenbindung zu erreichen. Die Rede ist von Fußballvereinen. Von Fußballmarken wie dem FC Bayern München, Borussia Dortmund und dem FC St. Pauli. Von Real Madrid, dem FC Barcelona und Atlético Madrid. Und davon, wie diese Fußballmarken Social Media für ihr Markenmanagement nutzen.

Der Beitrag geht zunächst näher auf das Thema der Marken im Profifußball ein. Zu Beginn werden die Besonderheiten und Herausforderungen, die sich bei der Vermarktung von Profifußballvereinen ergeben, vorgestellt. Anschließend widmen sich die Autoren dem Thema Markenmanagement im Profifußball und gehen dabei auch auf grundsätzliche Aspekte des modernen Markenmanagements ein. Schließlich werden anhand empirischer Studien die wichtigsten Marken im deutschen Profifußball beschrieben, bevor die Rolle von Social Media für das Markenmanagement von Profifußballvereinen näher beleuchtet wird.

2 Marken im Profifußball

Dieser Abschnitt widmet sich zunächst den Protagonisten dieses Beitrags: den Marken im Profifußball. Zunächst werden die Grundlagen des Sportmarketings beschrieben und dabei vor allem erläutert, welche Herausforderungen sich für den Sportmarketing-Manager aus den Besonderheiten des Sportmarketings ergeben und inwiefern diese sich auf das Markenmanagement von Profifußballvereinen auswirken. Anschließend erfolgt die theoretische Fundierung des Markenmanagements im Profifußball und abschließend die Identifizierung exponierter Fußballmarken anhand aktueller empirischer Studien.

2.1 Grundlagen des Sportmarketing

Sportmarketing wird nach Nufer und Bühler (2013, S. 8) definiert als

> die spezifische Anwendung der Marketing-Prinzipien und -Prozesse auf Sportprodukte und Sportdienstleistungen im Sinne der marktorientierten Unternehmensführung. Sportmarketing umfasst dabei sowohl die Vermarktung von Sportprodukten durch Sportorganisationen („Marketing von Sport") als auch das Marketing von sportnahen und sportfernen Produkten und Dienstleistungen durch Unternehmen mittels der Verwendung des Sports („Marketing mit Sport").

Die in der Definition genannten beiden Teilbereiche „**Marketing von Sport**" und „**Marketing mit Sport**" werden in Abb. 1 grafisch erläutert. Daraus ist ersichtlich, dass das Markenmanagement eines Profifußballvereins in den Teilbereich „Marketing von Sport" fällt, also dem Sportmarketing aus Sicht der Sportorganisationen. Die grundsätzliche Aufgabe besteht hierbei in der ganzheitlichen Vermarktung der Sportorganisation, also auch in der Entwicklung, dem Aufbau und der Pflege einer Fußballmarke.

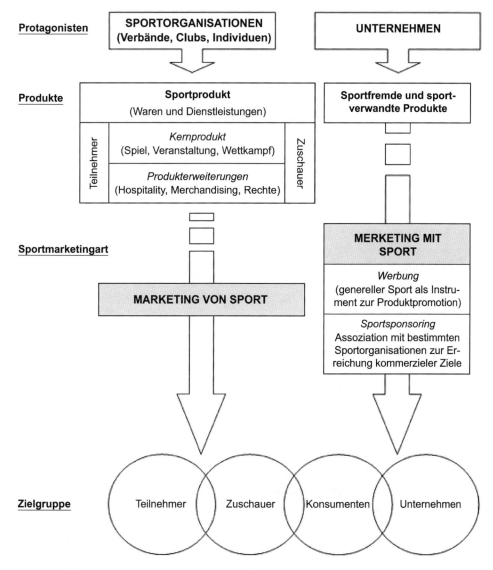

Abb. 1 Sportmarketing-Modell. (nach Bühler und Nufer 2013, S. 43)

Bei der Vermarktung einer Sportorganisation haben die dafür zuständigen Sportmarketing-Manager **eine Reihe außergewöhnlicher Herausforderungen** zu meistern. Zum einen ist hier das Prinzip der **„assoziativen Konkurrenz"** (Heinemann 2001) bzw. der **„Kooperenz"** (Zieschang et al. 2004) zu nennen. Sportvereine konkurrieren zwar miteinander auf und neben dem Spielfeld, brauchen sich aber dennoch gegenseitig, um ein vermarktungsfähiges Produkt zu generieren. Sportmarketing-Manager sollten daher nicht nur ihre eigene Marke im Blick haben, sondern auch die anderen Vereine, denn nur ein attraktives Gesamtkonstrukt (Stichwort: Attraktivität der Liga) führt zum gemeinsamen Erfolg.

Eine zweite Besonderheit ist die **Ergebnisunsicherheit im Sport**. Zuschauer strömen ins Stadion oder schauen sich Spiele im TV an, weil sie nicht wissen, wie die Spiele ausgehen. Diese Ergebnisunsicherheit hält die Unterhaltungsbranche Profifußball am Laufen. Die Ergebnisunsicherheit bezieht sich allerdings nicht nur auf das Endergebnis eines Spiels, eines Turniers oder eines Ligawettbewerbs, sondern auch auf die Qualität des singulären Spiels. Während Produktmanager anderer Wirtschaftsbranchen für ihre Produkte (z. B. Autos, Elektrogeräte, etc.) und mit Einschränkungen auch Dienstleistungen (vgl. Besonderheiten von Dienstleistungen bei Meffert und Bruhn 2012) ein gewisses Qualitätsversprechen abgeben können, sind im Voraus getätigte Versprechen zu Ausgang und Qualität einer Sportveranstaltung wenig seriös.

Eine weitere Besonderheit des Wirtschaftsmarktes Sport besteht im **Ausmaß der öffentlichen Wahrnehmung** (Bühler und Nufer 2013). Kaum ein Wirtschaftszweig steht dermaßen in der bundesdeutschen Öffentlichkeit wie der deutsche Profifußball. Für den Sportmarketing-Manager ergibt sich daraus eine Reihe von besonderen Herausforderungen. Zum einen ist es in einer Wirtschaftsbranche unüblich, dass bis zu 80.000 Kunden live in der Produktionsstätte und Millionen vor dem Fernseher einem Unternehmen beim Produzieren zuschauen und einzelne Produzenten bejubelt oder ausgebuht werden. Genau das passiert aber bei nahezu jedem Bundesligaspiel. Zum anderen werden Marketingentscheidungen eines Vereins in der Öffentlichkeit diskutiert und gegebenenfalls kritisiert. Sportmarketing-Manager müssen ihre Aufgaben also unter den Augen der Öffentlichkeit verrichten und professionell mit aufkommender Kritik – etwa am neuen Markenauftritt des Vereins – umgehen können.

Ein wesentlicher Nachteil im Vergleich zu anderen Branchen besteht in der Tatsache, dass durch die **Fokussierung auf den sportlichen Erfolg** der Großteil der Einnahmen in den sportlichen Bereich fließt und nur geringe Gelder in das Marketing von Sportorganisationen investiert werden (Nufer und Bühler 2013). Sportmarketing-Manager müssen daher traditionellerweise mit einem geringen Marketingbudget auskommen, was für den Aufbau und die Pflege einer Marke auf der einen Seite von Nachteil ist. Auf der anderen Seite kann man aus einem geringen Marketingbudget aber auch einen Vorteil machen, denn Marketingverantwortliche von Profifußballvereinen müssen notgedrungen kreativer sein in ihrem Markenmanagement als Marketingmanager von Unternehmen anderer Branchen.

Ein ganz entscheidender Vorteil für das Markenmanagement eines Profifußballvereins besteht hingegen im **Verhalten der Konsumenten**, sprich: der Fans. Der Großteil der

Fußballfans ist emotional und loyal (Bühler und Nufer 2013). Die Bindung zum jeweiligen Verein ist so stark, dass auch Enttäuschungen (z. B. verlorene Spiele, verpasste Meisterschaften oder gar Abstiege) hingenommen werden, ohne dass die Gefahr eines Wechsels zu einem Mitbewerber bestehen würde. Fußballfans bleiben ihrem Verein treu – eine Markenbindung, von der Unternehmen anderer Wirtschaftsbranchen nur träumen können.

2.2   Markenmanagement im Profifußball

„Jeder Verein ist eine Marke mit Marketing-Produkten. Es kommt nicht mehr nur darauf an, was auf dem Platz passiert. Das Image ist enorm wichtig." Diese Einschätzung stammt von Jorge Valdano, dem ehemaligen Sportdirektor des spanischen Rekordmeisters Real Madrid (zit. nach Mohr und Merget 2004, S. 106).

In der Tat ist neben den Einnahmen der Vereine auch der Anspruch gewachsen, im Markt als professionelles Wirtschaftsunternehmen zu agieren. Denn auch der Sport muss sich den betriebswirtschaftlichen Grundproblematiken stellen und im Wettbewerb um knappe Ressourcen wie Zuschauer oder Sponsoren bestehen. Folglich schreiben die Vereine zukünftig der eigenen **Inszenierung als Sportmarke und deren Vermarktung** eine bedeutende Rolle zu (Bühler und Schunk 2013).

Dabei ist das Ziel der gesamten Marken-Überlegungen im professionellen Sport mit den Marken-Zielen von Unternehmen anderer Branchen durchaus vergleichbar: ein durchdachter Markenauftritt soll sich mittel- bis langfristig auch ökonomisch bezahlt machen. Die **ökonomische Bedeutung der Marken** für den Sport stellen nicht zuletzt Gladden und Milne (1999) bzw. Bauer et al. (2004) fest, deren Studien einen signifikanten Einfluss der Clubmarken auf den ökonomischen Erfolg messen. Der zentrale Gedanke der Vereinsverantwortlichen scheint allerdings die zumindest teilweise Loslösung des wirtschaftlichen vom sportlichen Erfolg und somit das Nutzen der Stabilisierungsfunktion der Marken zu sein. Aus genau diesem Grund wird ein ganzheitliches Markenmanagement für Profifußballvereine immer wichtiger.

Ein in der modernen Markenliteratur häufig zitiertes **Markenmanagementmodell** ist der **Markenführungsansatz** von Meffert und Burmann (2002), die zwischen dem Selbstbild und dem Fremdbild der Markenidentität unterscheiden. Das Selbstbild der Markenidentität bezieht sich dabei auf die Markenphilosophie, die wiederum durch vier Komponenten („Marke als Person", „Marke als Produkt", „Marke als Organisation" und „Marke als Symbol") bestimmt wird. Das Fremdbild der Markenidentität bezieht sich hingegen auf das Markenimage und wird ebenfalls durch vier Komponenten („Abstraktionsgrad der Assoziationen", „Stärke der Assoziationen", „Einzigartigkeit der Assoziationen" und „Eignung zur Bedürfnisbefriedigung") bestimmt. Die Markenidentität resultiert laut Meffert und Burmann aus der Wechselwirkung zwischen dem Selbst- und dem Fremdbild. Da dieser Ansatz allerdings branchenunspezifisch ist, werden die Besonderheiten der Sportorganisationen und seiner Kunden weitestgehend ignoriert. Nichtsdestotrotz müssen sich

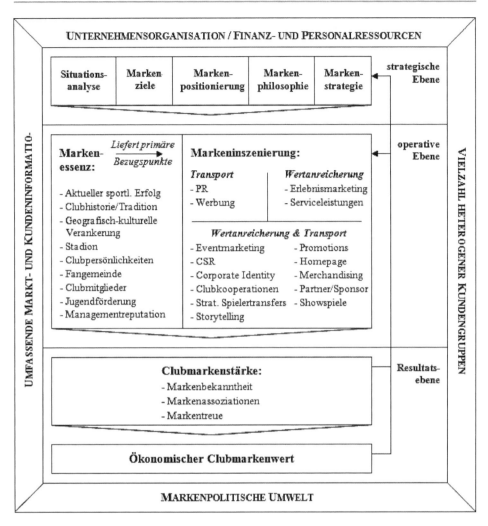

Abb. 2 Markenmanagement-Modell für Profifußballvereine. (in Anlehnung an Schilhaneck 2011, S. 128)

Profifußballvereine dieser Wechselwirkung bewusst sein und vor allem das Fremdbild der Markenidentität stärker als bisher in die Markenüberlegungen einbeziehen.

Um der Bedeutung des Markenmanagements von Sportorganisationen und ihrer Besonderheiten gerecht zu werden, hat Schilhaneck (2006, 2008, 2011) ein **spezifisches Markenmanagementmodell für Profilclubs** erstellt (Abb. 2). Die erfolgreiche Adaption des Markenmanagementmodells hängt von einigen Faktoren und Voraussetzungen ab, wie beispielsweise der Quantität und Qualität der vorliegenden Markt- und Kundendaten. Des Weiteren bedarf es einer angepassten Unternehmensorganisation mit klaren Verantwortlichkeitsverteilungen sowie ausreichender Personal- und Finanzressourcen. Darüber hinaus wirkt sich die Tatsache, dass Sportorganisationen mit einer Vielzahl an heterogenen Kundengruppen mit jeweils unterschiedlichen Bedürfnissen zu tun haben, erschwerend auf die erfolgreiche Adaption des Markenmanagementmodells aus. Hinzu kommen die oben beschriebenen Besonderheiten des Fußballbusiness, die das Markenmanagement einer Fußballmarke zu einer besonderen Herausforderung machen.

2.3   Marken im deutschen Profifußball

36 Vereine tummeln sich im deutschen Profifußball (der sich per Definition aus der Bundesliga und der 2. Bundesliga ergibt). Doch sind alle Vereine auch Marken? Dazu gibt es teilweise gegensätzliche Aussagen und Annahmen im Rahmen empirischer Studien (Bühler und Scheuermann 2013, Woisetschläger et al. 2014).

So werden im Vereinsmarkenranking der von der TU Braunschweig jährlich publizierten „Fußballstudie" alle 36 untersuchten Profifußballvereine als Marke dargestellt. Eine Differenzierung der laut eigenen Angaben repräsentativen Online-Befragung erfolgt lediglich über unterschiedliche Bewertungen des Markenindexwertes, der sich aus der multiplikativen Verknüpfung der beiden Komponenten „Vereinsbekanntheit" und „Markeneinstellung" ergibt. Mit einem Markenindexwert von 66,90 Markenindexpunkten steht Borussia Dortmund auf Platz 1 des Vereinsmarkenrankings der Fußballstudie 2014 (Woisetschläger et al. 2014), gefolgt vom FC Schalke 04 (59,16) und dem FC Bayern München (57,60). Die drei letzten Plätze belegen der FC Ingolstadt 04 (28,10), der VfR Aalen (24,94) und der SV Sandhausen (23,85).

Zu einem anderen Ergebnis kommt die „Markenstudie im deutschen Profisport 2012/2013", die aus zwei Erhebungsteilen besteht: zum einen wurde die **Markenwahrnehmung** der Bundesligisten durch die Fußballfans untersucht und zum anderen wurden die Bundesligisten selbst befragt (Bühler et al. 2013b). Dadurch konnte das Selbst- und Fremdbild der deutschen Profifußballvereine generiert werden. Das Ergebnis: von 22 an der Vereinsbefragung teilnehmenden Vereinen sahen sich 20 Vereine (91 %) selbst als „echte Marke". Von den Fußballfans als „echte Marke" wahrgenommen wurden allerdings mit dem FC Bayern München, Borussia Dortmund und dem FC Schalke 04 (Bundesliga) sowie dem FC St. Pauli, Eintracht Braunschweig und dem 1. FC Kaiserslautern (2. Bundesliga) nur sechs von 36 Bundesligavereinen (17 %). Diese offensichtliche Diskrepanz zwischen Selbst- und Fremdbild ist dadurch zu erklären, dass einige Vereine nicht die Notwendigkeit erkennen, eine Marke zu sein und andere Vereine gar nicht wissen, wie man sich als Marke positioniert. Zu diesem Ergebnis kam auch eine Umfrage unter Markenexperten im Frühjahr 2014, in der die fehlenden oder undifferenzierten Positionierungen der Bundesliga-Clubs kritisiert wurden (Lehnebach 2014).

Die Markenstudien des Deutschen Instituts für Sportmarketing (Bühler und Scheuermann 2011, 2013) entwickelte darüber hinaus eine **Markenklassifizierung für Fußballmarken** indem die folgenden fünf Markentypen identifiziert wurden:

- Die „Championsmarke" mit folgenden Markenattributen: sportliche (und wirtschaftliche) Dominanz des Clubs, polarisierende Wirkung, hohe Zuneigung oder Abneigung der Fans. Als klare Championsmarke wurde der FC Bayern München identifiziert.
- Die „Traditionsmarke" mit folgenden Markenattributen: zahlreiche sportliche Erfolge in der Vergangenheit, hat immer noch einen „guten" Namen und besitzt hohe Sympathiewerte auch bei Anhängern anderer Vereine. Beispiele für eine Traditionsmarke sind der Hamburger SV oder auch Borussia Mönchengladbach.
- Die „Kultmarke" mit folgenden Markenattributen: besitzt außergewöhnliches Alleinstellungsmerkmal, hat große und eingefleischte Anhängerschar, erhält auch von Fans anderer Vereine hohe Anerkennung. Die Kultmarke des deutschen Profifußballs stellt der FC St. Pauli dar.
- Die „Retortenmarke" mit folgenden Markenattributen: künstlich erschaffener Verein, keine gewachsene Tradition, wenige Anhänger, versucht den sportlichen Erfolg in kurzer Zeit durch hohe Investments zu erkaufen. Als Retortenmarken wurden vor allem die TSG 1899 Hoffenheim sowie der FC Ingolstadt 04 identifiziert.
- Die „regionale Marke" mit folgenden Markenattributen: „local hero", hat eingefleischte Fans hauptsächlich aus der eigenen Region, findet aber außerhalb der Region weniger Beachtung. Regionale Marken wie der SC Freiburg oder der FSV Mainz 05 sind der meistvertretene Markentypus im deutschen Profifußball.

Insgesamt ist festzuhalten, dass sich Vereine zum einen eindeutig als Marke positionieren sollten, dass es andererseits aber nur wenige Marken wirklich schaffen, durch ein professionelles Markenmanagement, ein starkes Markenimage aufzubauen.

3 Die Rolle von Social Media für das Markenmanagement von Profifußballvereinen

Social-Media-Marketing im Profifußball ist nicht nur ein hochaktuelles und derzeit äußerst beliebtes Forschungsgebiet des Sportmarketing, sondern erfreut sich auch bei Sportorganisationen wachsender Beliebtheit (Bühler et al. 2013a). Vereine können durch eigene Facebook-Seiten, YouTube-Kanäle, Twitter-Accounts oder auch auf Google+ mit relativ geringem Aufwand eine relativ große Zahl an Menschen erreichen. **Social Media** wird dadurch zum modernen (und kostengünstigen) Massenmedium, welches dem sich verändernden Mediennutzungsverhalten von Fußballfans anpasst.

Laut einer Umfrage aus dem Jahr 2013 informieren sich die meisten Menschen nach wie vor durch das Medium Fernsehen über aktuelle Fußballereignisse (Stelmaszyk 2013). Doch die sozialen Medien holen in diesem Bereich deutlich auf. So gaben immerhin 18 Prozent der Befragten an, sich über das soziale Netzwerk **Facebook** mit Fußballinformationen zu versorgen. Auch das Videoportal **YouTube** wird zur Informationssuche über Fußballgeschehnisse genutzt. Und auch der Nachrichtendienst **Twitter** wird als Informationsquelle für Fußballnachrichten angegeben. Und dabei schließt die Nutzung des einen Kanals die Informationssuche über einen anderen Zugang nicht aus. Oftmals wer den diese bei der Informationssuche bezüglich Fußball kombiniert: beispielsweise werden Spielberichte des Lieblingsvereins über Facebook und das dazugehörige Spieltagsvideo über YouTube rezipiert (Stelmaszyk 2013). Laut Vossen (2011) nutzen 91 Prozent der Fußballfans in Deutschland soziale Netzwerke zum Informationsaustausch über Fußball. Im Umkehrschluss bedeuten diese Zahlen aber auch, dass die sozialen Medien, Kanäle und Plattformen auch für die Fußballvereine und Profifußballer immer wichtiger werden. Viele Vereine sind mit mehreren Plattformen im Social-Media-Bereich vertreten. Aber auch eine wachsende Anzahl von Profifußballern kommuniziert verstärkt über ihre persönlichen Social-Media-Profile mit den Fans.

In einer empirischen Studie wurden im Jahr 2013 die Social-Media-Auftritte der 18 Bundesligisten und 18 Drittligisten näher untersucht (Bühler et al. 2013a). Ein empirisches – wenngleich auch nicht wirklich überraschendes – Ergebnis dieser Studie lautet: Facebook ist das Top-Medium für professionelle sowie semiprofessionelle Fußballvereine. Allerdings gilt auch festzustellen, dass die Möglichkeiten, die Facebook bietet, unterschiedlich gut (oder auch schlecht) von den Fußballvereinen genutzt werden. Dass man für einen gelungenen Facebook-Auftritt nicht unbedingt viel Geld braucht, wird im Verlauf der Studie ebenfalls deutlich. Wie sonst ist es zu erklären, dass es immerhin fünf Drittligisten in die Top-10 der Facebook-Wertung geschafft haben und damit besser als dreizehn (zahlungskräftigere) Bundesligisten sind? Als weitere wichtige Social-Media-Kanäle für Fußballvereine wurden in der betreffenden Studie Twitter und Google+ identifiziert, wobei hier die Unterschiede zwischen Erster Fußballbundesliga und Dritter Liga beachtlich sind. Während sechzehn von achtzehn Fußballbundesligisten über eine eigene **Google+-Seite** verfügen, sind das in der Dritten Liga nur vier Vereine (davon zwei, die den Google+-Auftritt ernsthaft betreiben). Die Videoplattform YouTube wird von den Vereinen prinzipiell gut genutzt, wenngleich die Fußball-Bundesligisten aufgrund der bestehenden TV-Verträge hierbei stark eingeschränkt sind. Die Drittligisten – die davon weniger stark betroffen sind – nutzen YouTube häufig, um Zusammenschnitte von Spielen und Pressekonferenzen zu zeigen. Das virtuelle Business-Netzwerk **XING** wird hingegen so gut wie gar nicht genutzt, obgleich auch hier die Möglichkeit bestünde mit Zielgruppen in Kontakt zu treten. Mit dem FC Bayern München, dem FC Schalke 04 und dem SV Werder Bremen konnten drei Vereine identifiziert werden, die man durchaus als Benchmark im Umgang mit Social Media bezeichnen kann. Von Preußen Münster als bestem Drittligisten der Gesamtwertung konnten hingegen auch noch einige Bundesligisten lernen, wie man die sozialen Medien richtig nutzt (Bühler et al. 2013a).

In Bezug auf das Markenmanagement durch Social Media kann man Borussia Dortmund durchaus als Positiv-Beispiel nennen. Der BVB nutzt die Social-Media-Plattformen Facebook, Twitter und Instagram unter anderem zum Transport seiner überaus gelungenen Markenbotschaft „Echte Liebe". Ein besonders gelungenes Beispiel dafür, wie man die Video-Plattform YouTube für den Markenaufbau nutzt, ist Atlético de Madrid, der spanische Meister und Champions-League-Finalteilnehmer 2014. Im Schatten des spanischen Rekordmeisters Real Madrid hatte Alético jahrelang das Image des Underdogs, des Verlierers. Eine dem Verein nahestehende Werbeagentur nahm sich dem Markenaufbau an und entwickelte 15 Spots, in der die Kunst zu verlieren selbstironisch dargestellt wurde. Verbreitet wurden die Filme durch Social Media, insbesondere durch YouTube. Mittlerweile sind die Atlético-Spots in Spanien und Lateinamerika ein absoluter Renner und haben Kultstatus erreicht. Für die Süddeutsche Zeitung ist Atlético Madrid somit der „Klub der coolen Videos" (Lukač 2014).

4   Fazit

Fußballvereine sollten – um sich ein stückweit unabhängiger vom nichtplanbaren sportlichen Erfolg zu machen – verstärkt dem Thema Markenmanagement widmen. Der Aufbau und die Pflege einer Marke funktioniert heute allerdings anders als noch vor zehn Jahren. Das Mediennutzungsverhalten der Konsumenten – in diesem Fall der Fußballfans – hat sich geändert. Die Adressaten der Markenbotschaften findet man heutzutage zunehmend auf Social-Media-Plattformen wie Facebook, Twitter, YouTube oder Instagram. Für Fußballvereine, die sich als Marke positionieren und dadurch von der Konkurrenz differenzieren wollen, bedeutet das den verstärkten Umgang mit Social Media. Einige Vereine haben diese Notwendigkeit verstanden und nutzen die diversen sozialen Plattformen für ihre Markenkommunikation. Andere wiederum hinken hinterher, weil zum einen die Notwendigkeit nicht gesehen wird, zum anderen aber auch die Expertise und die Umsetzungskompetenz fehlen. Dabei bietet Social Media vor allem Vereinen mit kleinem Marketingbudget die Möglichkeit, eine große Wirkung zu erzielen.

Die Autoren

Prof. Dr. André Bühler ist Professor für Marketing an der Hochschule für Wirtschaft und Umwelt Nürtingen-Geislingen. Zuvor war er Professor für Sport- und Eventmanagement an der MHMK in Stuttgart und als Marktforschungsleiter bei einem internationalen Sport-Research-Berater tätig. Seine Lehr-, Forschungs- und Beratungsschwerpunkte sind Sportmanagement und Sportmarketing mit besonderem Fokus auf Sportsponsoring, Marktforschung, Beziehungsmarketing und Neuromarketing im Sport. Er ist Autor zahlreicher wissenschaftlicher Beiträge in internationalen Fachpublikationen. Seit 2012 leitet er zusammen mit Gerd Nufer das Deutsche Institut für Sportmarketing (DISM).

Prof. Dr. Gerd Nufer ist Professor für Betriebswirtschaftslehre mit dem Schwerpunkt Marketing an der ESB Business School der Hochschule Reutlingen und Privatdozent für Sportökonomie und Sportmanagement an der Deutschen Sporthochschule Köln. Er leitet das Institut für Marketing, Marktforschung & Kommunikation in Reutlingen. Seine Lehr-, Forschungs- und Beratungsschwerpunkte sind Sport- und Event-Marketing, Marketing-Kommunikation, Marketing below the line/innovatives Marketing sowie internationale Marktforschung. Er ist Autor zahlreicher wissenschaftlicher Beiträge in internationalen Fachpublikationen.

Literatur

Bauer, H., Sauer, N., & Schmitt, P. (2004). *Die Erfolgsrelevanz der Markenstärke in der 1. Fußball-Bundesliga.* Mannheim: Institut für Marktorientierte Unternehmensführung.

Bühler, A., & Nufer, G. (2013). Marketing im Sport. In G. Nufer, & A. Bühler et al. (Hrsg.), *Marketing im Sport – Grundlagen und Trends des modernen Sportmarketing* (S. 27–64). Berlin: Erich Schmidt Verlag.

Bühler, A., & Scheuermann, T. (2011). *Marken im deutschen Profisport – der Versuch einer empirischen Klassifizierung.* Reutlingen: Deutsches Institut für Sportmarketing.

Bühler, A., & Scheuermann, T. (2013). *Marken im deutschen Profisport 2012/2013.* Reutlingen: Deutsches Institut für Sportmarketing.

Bühler, A., & Schunk, H. (2013). Markenmanagement im Sport. In G. Nufer, & A. Bühler et al. (Hrsg.), *Marketing im Sport – Grundlagen und Trends des modernen Sportmarketing* (S. 117–146). Berlin: Erich Schmidt Verlag.

Bühler, A., Balzer, J., & Leibbrand, M. (2013a). Social Media im Profisport – ein empirischer Vergleich der Social-Media-Auftritte von professionellen und semiprofessionellen Fußball-Vereinen während der Endphase der Saison 2012/2013. *NACHSPIELZEIT – die Schriftenreihe des Deutschen Instituts für Sportmarketing, 1*(2), 1–53.

Bühler, A., Scheuermann, T., & Nufer, G. (2013b). Markentypen im deutschen Profisport – Ergebnisse eines empirischen Forschungsprojekts zur Markenwahrnehmung in den deutschen Teamsportligen. *NACHSPIELZEIT – die Schriftenreihe des Deutschen Instituts für Sportmarketing, 1*(3), 1–23.

Gladden, J., & Milne, G. (1999). Examining the importance of brand equity in professional sports. *Sport Marketing Quarterly, 8*(1), 21–29.

Heinemann, K. (2001). Grundprobleme der Sportökonomie. In A. Herrmanns, & F. Riedmüller (Hrsg.), *Management-Handbuch Sport-Marketing* (S. 15–32). München: Vahlens.

Lehnebach, N. (2014). Mehr Marke wagen. *SPONSORs, 19*(5), 16–21.

Lukač, K. (2014). *Marketing von Atlético Madrid: „Mit wem würden Sie lieber ein Bier trinken?". Süddeutsche.* http://www.sueddeutsche.de/wirtschaft/marketing-von-atletico-madrid-mit-wem-wuerden-sie-lieber-ein-bier-trinken-1.1972027. Zugegriffen: 5. Juni 2014

Meffert, H., & Burmann, C. (2002). Managementkonzept der identitätsorientierten Markenführung. In H. Meffert, C. Burmann, & M. Koers (Hrsg.), *Markenmanagement* (S. 3–15). Wiesbaden: Gabler.

Meffert, H., & Bruhn, M. (2012). *Dienstleistungsmarketing.* Wiesbaden: Gabler.

Mohr, S., & Merget, J. (2004). Die Marke als Meistermacher – Strategische Markenführung im Sport. In K. Zieschang, & C. Klimmer (Hrsg.), *Unternehmensführung im Profifußball* (S. 103–120). Berlin: Erich Schmidt Verlag.

Nufer, G., & Bühler, A. (2013). Marketing und Sport: Einführung und Perspektive. In G. Nufer, & A. Bühler et al. (Hrsg.), *Marketing im Sport – Grundlagen und Trends des modernen Sportmarketing* (S. 3–25). Berlin: Erich Schmidt Verlag.

Schilhaneck, M. (2006). Markenmanagement im professionellen Teamsport. *Sport und Gesellschaft, 3*(3), 283–305.

Schilhaneck, M. (2008). *Zielorientiertes Management von Fußballunternehmen – Konzepte und Begründungen für ein erfolgreiches Marken- und Kundenbindungsmanagement.* Wiesbaden: Gabler.

Schilhaneck, M. (2011). Markenmanagement im Sport. In G. Nufer, & A. Bühler et al. (Hrsg.), *Marketing im Sport – Grundlagen, Trends und internationale Perspektiven des modernen Sportmarketing* (S. 117–141). Berlin: Erich Schmidt Verlag.

SevenOne Media (2013). *Darf's ein bisschen mehr sein? Status quo der Mediennutzung 2013*. Unterföhring.

Stelmaszyk, L. (2013). *TV wichtigstes Medium für Fußballinteressierte. SPONSORs*. http://www.sponsors.de/no_cache/deutsch/startseite/detailansicht/article/tv-wichtigstes-medium-fuerfussballinteressierte/72/196338840e2d3944db8eee5a939e2392/?bis=15.04.13&tx_ttnews[swords]=Social%20Media. Zugegriffen: 5. Juni 2014

Vossen, L. (2011). *Was Hertha im Internet von Barcelona lernen kann. Morgenpost*. http://www.morgenpost.de/sport/hertha/article1592008/Was-Hertha-im-Internet-von-Barcelona-lernen-kann.html. Zugegriffen: 5. Juni 2014

Woisetschläger, D., Backhaus, C., Dreisbach, J., & Schnöring, M. (2014). *Fußballstudie 2014 – Die Markenlandschaft der Fußball-Bundesliga*. Braunschweig: Institut für Automobilwirtschaft und Industrielle Produktion.

Zieschang, K., Woratschek, H., & Baier, K. (2004). *Kooperenz im Sportmanagement*. Schorndorf: Hofmann.

Web 2.0-Potenziale für die Entrepreneur Crowd

Eine Untersuchung am Beispiel der Gründerplattform SeedUp

Raphael Pfeffer, Roman Roor, Karl Dübon und Reimar Hofmann

Zusammenfassung

Viele Initiativen in Deutschland sollen Unternehmensgründungen anregen und fördern. Doch ist erst der Entschluss gefasst, stehen junge Entrepreneure vor einer Vielzahl von Herausforderungen. Neue Medien und Märkte bieten hierzu eine Vielzahl von Möglichkeiten, um die bei einer Gründung entstehenden Hürden zu überwinden. Das Internet bietet die Chance besonders den *Schwarm* – virtuelle Teams – dabei zu nutzen. Anforderungen, die hierzu erfüllt werden müssen, sollen in diesem Artikel aufgezeigt werden.

Nach einem Blick auf das aktuelle Gründergeschehen wird gezeigt, welche besondere Bedeutung die virtuelle Teamarbeit für Gründerprojekte hat. Dabei wird, basierend auf aktuellen Forschungsergebnissen, auf die hierzu erforderlichen Anreizsysteme eingegangen. Weitere unterstützende Konzepte wie Businessplanstandards, kollaborative Arbeitsmöglichkeiten oder zentrale Wissensdatenbanken werden diskutiert.

Abschließend wird am Fallbeispiel der Gründerplattform SeedUp gezeigt, wie eine konkrete Umsetzung der beschriebenen Anforderungen aussehen kann.

Raphael Pfeffer ✉ · Roman Roor
Karlsruhe, Deutschland
e-mail: raphael.pfeffer@seedup.de, roman.roor@seedup.de

Prof. Dr. Karl Dübon · Prof. Dr. Reimar Hofmann
Karlsruhe, Deutschland
e-mail: karl.duebon@hs-karlsruhe.de, reimar.hofmann@hs-karlsruhe.de

© Springer Fachmedien Wiesbaden 2016
S. Regier et al. (Hrsg.), *Marken und Medien*, DOI 10.1007/978-3-658-06934-6_20

1 Einleitung

Angenommen man wird mit folgendem Gedankenexperiment konfrontiert:
Man stelle sich vor man habe

- eine neuartige, vielleicht sogar einzigartig innovative Geschäftsidee.
- gerade sein Studium abgeschlossen und suche nach einem Berufseinstieg in die Selbstständigkeit.
- mit seinem Know-how jahrelang in einem Arbeitnehmerverhältnis gearbeitet und suche nun eine neue Herausforderung.

Was ist zu tun?

In Deutschland belassen es viele potentielle Gründer, die sich tatsächlich in einer der geschilderten Situationen befinden, bei dem Gedankenexperiment. Die Diskrepanz zwischen potentiellen Gründungskandidaten (Deutschland ist bei Pro-Kopf-Patentanmeldungen immer noch weltweit führend (Europäische Patentorganisation 2014)) und denen, die eine Gründung tatsächlich umsetzen, ist enorm. Offenbar gibt es bereits bevor Gründungskandidaten überhaupt beginnen können ihre Idee zu realisieren, wesentliche Schwierigkeiten und Hindernisse, die die Umsetzung schon im Keim ersticken.

Im Folgenden wird gezeigt, dass die im Internet derzeit bestehenden Angebote und Möglichkeiten diese Hindernisse im Gründermarkt nicht umfänglich ausräumen können.

Es werden wesentliche Bausteine eines Konzeptes vorgestellt, mit dessen Hilfe Gründerinitiativen optimale Unterstützung finden können. Eine mögliche Umsetzung wird exemplarisch mit SeedUp vorgestellt.

2 Entrepreneurship in Deutschland heute

„Gründungsgeschehen auf dem Tiefpunkt – kein Anstieg in Sicht" betitelt der Jahresreport der KfW-Bank 2013 die Gründeraktivitäten in Deutschland. In der Tat zeigt die Statistik für den Anteil der Gründer an der Gesamtbevölkerung im Voll- und Nebenerwerb mit einer Gesamtquote von 1,5 % für das Jahr 2012 einen weiteren Rückgang auf einem sowieso schon niedrigen Level, wie Abb. 1 aufzeigt. Deutschland belegt damit im internationalen Vergleich weiterhin einen der hinteren Plätze.

Die Gründe dürften vielfältig sein. Neben den für die Gründerwelt klassischen Barrieren wie bürokratische Hindernisse, fehlende Sicherheitsaspekte und finanzielle Risiken, sowie Rekordbeschäftigungsquoten, sind jedoch vermehrt auch Aspekte wie zunehmender gesellschaftlicher Erfolgsdruck (insbesondere in den hochindustrialisierten Ländern) bei gleichzeitig beobachtbarem Bedürfnis nach tendenziell rückläufigen Arbeitszeiten zu beachten (Holst 2009). Gerade die letztgenannten Punkte könnten erklären, warum immer weniger potentielle Gründungskandidaten tatsächlich den Schritt in die Selbstständigkeit

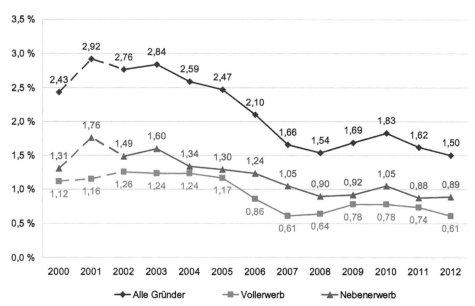

Anmerkung: Für die Jahre 2000 und 2001 beruhen die Gründerquoten auf Fragestellungen, die sowohl voneinander als auch von den Gründerfragen in den nachfolgenden Jahren abweichen. Die Quoten dieser Jahre sind deshalb nur eingeschränkt miteinander und mit den Gründerquoten der nachfolgenden Jahre vergleichbar.

Abb. 1 Anteil der Gründer an der Bevölkerung im Alter zwischen 18 und 65 Jahren. (KfW-Gründungsmonitor 2013)

wagen. Diesen sozialphänomenologischen Ursachen ist jedoch strukturell im Sinne von gründungsfördernden Maßnahmen kaum entgegenzuwirken.

In den letzten Jahren werden jedoch verstärkt Förderprogramme des Bundes und der Länder aufgezogen. Auch Businessplanwettbewerbe erfreuen sich einer ungebrochenen Popularität (Lutz 2014). Infrastrukturelle Maßnahmen, wie sie in anderen Ländern schon lange etabliert sind, sind jedoch in Deutschland nur in Ansätzen zu finden. Stellvertretend sei hier das Modell der im Silicon Valley angesiedelten Stanford University (USA) genannt, die talentierte Studenten aktiv mit Büroräumen, Unterkünften, Kapital und Unternehmenskontakten bei Ihren Gründungsvorhaben unterstützt (Tönnesmann 2013). Die Universität Singapur hat sich vom Stanford Modell inspirieren lassen und sogar einen eigenen Wohnheimkomplex erbaut, indem nur talentierte, gründungswillige Studenten residieren dürfen, und hat somit eine Art Inkubator für **Start-Ups** geschaffen (Chen 2013). In Deutschland fehlt jedoch so ein Ansatz, der Gründer zur stärkeren Kooperation untereinander anregt.

In Deutschland beschränken sich derartige Initiativen weitestgehend auf die Bereiche der Informationsförderung und Stipendienvergabe, die zunehmend in den Hochschulumgebungen und der Lehre zu beobachten sind. Tatsächliche fördernde Effekte lassen sich hieraus, wenn überhaupt messbar, erst in einigen Jahren ableiten. Insbesondere auch über den Sinn und Nutzen von Businessplanwettbewerben muss zumindest diskutiert werden, da Businesspläne zwar unzweifelhaft mit Unternehmensgründungen verknüpft sind, aber die stimulative Intention von Wettbewerben häufig mit dem Abschluss des Wettbewerbs verebbt und die ausgearbeiteten Pläne bei der Umsetzung in der Konzeptphase stecken bleiben (Faltin 2012).

Insgesamt lässt sich sagen, dass in Deutschland eine Vielzahl, ja fast schon ein Überangebot an gründungsfördernden Angeboten (informativer und monetärer Natur) existiert, welches aber für den Unkundigen häufig nur schwer zu bewerten und zu vergleichen ist.

Um dem entgegenzuwirken bedarf es eines besseren Informationsflusses und höherer Transparenz rund um die bestehenden Angebote. Über bereits existierende gründerspezifische Web-Angebote hinaus, kann dies geschaffen werden, in dem ähnlich wie bei bereits existierenden Warenmärkten im Internet eine übergreifende Gründermarktsituation hergestellt wird. Dazu erforderlich sind standardisiert aufbereitete Informationen, Kommentare und Feedback-Funktionalitäten.

3 Informationen bündeln durch virtuelle Teamarbeit

Nur die wenigsten Gründerprojekte können alleine durch eine Person bewältigt werden. Oft fehlt es an der erforderlichen Expertise oder die Dauer bis zur Marktreife ist zu hoch. Bei solchen Projekten bietet es sich an, voneinander unabhängige Teilaufgaben zu parallelisieren. Dafür sind jedoch mehrere Partner mit verschiedenen Kompetenzen notwendig, die als Team zusammenarbeiten.

Ein Team besteht aus einer Anzahl von zusammengeschlossenen Personen mit gemeinsamen Werten und Normen, die über einen Zeitraum eine bestimmte Aufgabe lösen und dabei ein Ziel verfolgen. Die ursprünglichen Teams, die es seit jeher gibt, werden traditionelle Teams genannt. Sie zeichnet vor allem die direkte Interaktion und Kommunikation zwischen den einzelnen Mitgliedern aus, sowie deren räumliche und zeitliche Nähe (Möller 2010).

Dies reicht in der heutigen globalagierenden und vernetzten Gesellschaft aber nicht mehr aus. Um die nötigen Informationen zusammentragen und die besten Expertisen offerieren zu können, ist es inzwischen notwendig, über regionale und nationale Grenzen hinweg zusammenzuarbeiten. Die Notwendigkeit der räumlichen und zeitlichen Nähe rückt dabei stark in den Hintergrund. Im Weiteren sollen deshalb auch soziale Netzwerke als virtuelle Teams verstanden werden.

Die Autoren Limpnack und Stamps nennen diese Art der Kollaboration virtuelle Teamarbeit und haben 1998 zum ersten Mal darüber diskutiert. Ein virtuelles Team ist ähnlich zu einem traditionellen Team mit dem grundsätzlichen Unterschied, dass es über Raum-, Zeit- und Organisationgrenzen hinweg arbeitet und dabei zur Kommunikation bestehende Verbindungsnetze nutzt (Lipnack und Stamps 1998). Eine Interaktion und Kommunikation zwischen den Teammitgliedern geschieht demnach nicht auf direktem Wege sondern über virtuelle Medien (Herczeg 2000).

Die Ereignisse des *arabischen Frühlings* haben gezeigt, welche Kräfte sich in virtuellen Netzwerken bündeln können. Zu den Protesten und Ausschreitungen gegen die Regierungen wurde überwiegend via sozialen Netzwerken, wie Facebook oder Twitter, aufgerufen. Trotz versuchter Internetsperren durch die Behörden gegen diese Plattformen, haben es die Revolutionäre trotzdem geschafft, virtuell miteinander zu kommunizieren und die Regierungen so koordiniert aus dem Amt zu verdrängen (El Difraoui 2011). Ähnliche Kräfte können sich ebenso auf den Finanzmärkten entwickeln. Auch bei der Schwarmfinanzierung können private Kleinstinvestoren auf virtuellen Crowdfunding-Plattformen nach eigenem Ermessen darüber entscheiden, ob und in welches Projekt sie investieren möchten. Oft geschieht es aus eigenem Interesse an der Idee. Durch die große Menge an investierten Kleinstbeträgen können erforderliche Finanzierungsbeträge durchaus sogar übertroffen werden (Hemer et al. 2011).

Aber mit welchem Anreiz ist es möglich einzelne Individuen zur **virtuellen Teamarbeit** zu verleiten, um nicht nur für sich selbst sondern auch für das virtuelle Gründerteam einen Mehrwert zu generieren? Mayo untersuchte bereits in den 1930er Jahren die Auswirkungen von Änderungen bestimmter Parameter auf die traditionelle Gruppenarbeit und kam zu dem Schluss, dass primär nicht die äußeren Umwelteinflüsse, sondern vielmehr die Atmosphäre in der Gruppe und die gemeinsamen Werte und Normen entscheidend für die Produktivität sind (Kauffeld 2001). Bei virtuellen Teams verhält es sich jedoch anders. Durch die fehlende räumliche und zeitliche Nähe verlieren Anreizfaktoren, wie zum Beispiel die sichtbaren Statussymbole am Arbeitsplatz, an Bedeutung. Stattdessen erhalten übergeordnete Ziele und monetäre Anreize eine bedeutendere Rolle im Rahmen der Motivation, um sich in virtuellen Teams zu beteiligen (Hertel und Konradt 2007).

Durch das Zusammenkommen von Personen mit ähnlichen Interessen erhöht sich auch die Chance auf Meinungsaustausch und Wissenstransfer außerhalb der üblichen Tätigkeiten im Team. Ganz im Sinne der Universitäten Stanford und Singapur könnte so ein neuer Inkubator für Entrepreneurship geschaffen und die Teilnehmer dazu ermutigt werden, gemeinsam Gründungsprojekte zu starten. Üblicherweise entstehen **Entrepreneur-Netzwerke** immer noch über die klassische Erstberatung oder über Gründerstammtische, die Informationen nur wenig zielgerichtet vermitteln. Um Gründerinformationen effizienter zugänglich zu machen, bieten sich die Möglichkeiten des Web 2.0 an.

Dienstleister, Erfahrungsträger, Experten etc. können mit Nutzung der Möglichkeiten des Web 2.0 nur dann zusammengeführt werden, wenn ein differenziertes Anreizsystem vorliegt. Potenzielle Geschäftspartner wie Kapitalgeber, Steuerberater, Anwälte etc. sind durch eigenes Geschäftsinteresse motiviert. Im Gegensatz dazu muss für Leistungen anderer Gründer an der Gemeinschaft, wie das Zusammentragen von Erfahrungswissen oder Kommentieren und Bewerten, explizite Motivation geschaffen werden.

Ein geeignetes Anreizsystem kann somit dafür sorgen, dass sich ein dynamisch wachsendes virtuelles Team bildet und dabei hilft, verteilte und schwer zugängliche Informationen zentral zusammenzutragen. Auch spieltheoretische Untersuchungen bestätigen, dass durch den Einsatz von symbolischen Anreizobjekten, durchaus auch ohne materiellen Wert, kooperatives Verhalten selbst in großen Gruppen möglich wird (Camera et al. 2013).

4   SeedUp – Web 2.0 Potenziale für Entrepreneure nutzen

Mit der Gründerplattform SeedUp wird das Ziel verfolgt, potenzielle Entrepreneure und ihre Partner einfacher und effizienter zusammenzuführen. Die oben beschriebenen Hürden und Lösungsansätze sollen im Folgenden am Beispiel von SeedUp und dort speziell anhand von Finanzierungsfragen konkretisiert werden.

Besonders finanzielle Aspekte der ersten Schritte in die Selbstständigkeit stellen unerfahrene Entrepreneure vor große Hürden. Aktuell existieren Gründerförderungsprogramme, die Beratungsstunden übernehmen oder bezuschussen. Außerdem gibt es die Möglichkeit Förderungen für kostengünstige Kredite zu erhalten, zum Beispiel von der KfW (KfW 2014), oder Programme die sogar kostenfreies Startkapital bereitstellen, beispielsweise das EXIST-Programm des Bundesministeriums für Wirtschaft und Technologie (BfWE 2014) . Auch grundlegende Informationen, wie unter anderem Fragen zur Rechtsform des Unternehmens, Steuern, Anstellungsverträgen, Geschäftsdokumenten etc., muss der Gründungsinteressierte mühsam bei unterschiedlichen Stellen erfragen. Eine Übersicht und interaktive Führung durch die Informationen ist ein Hauptaspekt der Gründerplattform SeedUp. Durch die Unterstützung der virtuellen Kollaboration mit einer übergreifenden Instanz kann die Intelligenz im Schwarm von Gründern genutzt werden. Der Gründer spart sich überflüssige Termine und somit wertvolle Zeit bei elementaren Fragen rund um das Thema. Transaktionskosten können so reduziert und die gewonnene Zeit vermehrt in das eigentliche Ziel, die Ausarbeitung der Geschäftsidee, investiert werden. SeedUp hat dabei das Ziel mittelfristig die zentrale und umfassende Anlaufstelle, nicht nur für die Gründung selbst, sondern für den gesamten Gründungsprozess der ersten Jahre, zu werden.

Kapitalakquise

SeedUp legt insbesondere den Fokus auf die direkte Vermittlung zwischen Gründungsinteressierten und Kapitalgebern. Dabei werden nicht nur einzelne regionale oder funktionale Formen angeboten (wie z. B. Geldgeber aus Business-Angel-Vereine oder Crowdfunding), sondern es wird ganz bewusst die gesamte Palette an Finanzierungs- und Gründungsformen berücksichtigt (Fischer 2004; Hahn 2013). Frei parametrisierbare, vordefinierte Filter und Auswahlstrukturen ermöglichen es, passende optimale *Matches* zu finden und auf intuitive Weise vergleichen zu können, ohne dass der Gründungsinteressierte sich im Detail in Finanzierungskonstrukte einarbeiten muss. Auch können beide Seiten frei wählen, welche Daten und Angaben für welche Zielgruppe sichtbar sind. Auf diese Weise unterstützt SeedUp wesentliche Networkingaspekte bei gleichzeitigem Informationsfluss.

Anreizsystem

Der Anreiz wird durch potentielle Erweiterung der eigenen Kontakte, den Wissenserwerb und die Wissenserweiterung geschaffen. Je nach Situation können sich noch ganz andere attraktive Opportunitäten ergeben. Vorteile ergeben sich sowohl für die Gründer- als auch die Kapitalgeberseite. Entschädigungen für gegenseitige Hilfestellungen und den Wissensaustausch, sowie das Zusammentragen der zerstreuten Informationen rund um das Thema Entrepreneurship, erhalten die Beteiligten in Form eines intelligenten Bonussystems, das das Mitwirken in der Gemeinschaft registriert und vergütet. Boni können in definierten Abstufungen gegen nicht-monetäre Leistungen getauscht werden. Für Kapitalgeber eröffnet sich zudem ein weiterer Vertriebskanal. Sie können passiv auf sich aufmerksam machen oder aktiv Kundenakquise durch Erstberatungen und Sonderkonditionen betreiben. Vor allem beim passiven Werben, nur durch die Erstellung eines Investorkontos, das von interessierten Gründern gefunden werden kann, ergibt sich die Möglichkeit, ohne großen Aufwand und Kosten, Leads zu generieren, um sie für Kundenbindungszwecke zu nutzen. Darüber hinaus finden auch auf internen Ebenen weitere virtuelle Kooperationen statt. Denn Businesspläne werden in der Regel von mehreren Gründungsmitgliedern erarbeitet. Um die Ausarbeitung effizienter zu gestalten, erlaubt der Online-Businessplangenerator den Beteiligten gleichzeitige Bearbeitung der Inhalte. Das Team kann virtuell von jedem Ort der Welt den ersten Schritt zur erfolgreichen Kapitalakquise ohne die Notwendigkeit des geographischen Zusammenkommens erarbeiten und anschließend sich direkt damit bei Kapitalgebern vorstellen.

Businesspläne
Zusätzlich zum Online-Businessplangenerator erhalten Gründer eine zertifizierte Businessplanvorlage – eine Basisstruktur für ihren eigenen Businessplan. Damit wird es Kapitalgebern möglich, wichtige Informationen transparent und vergleichbar, in einem einheitlichen Aufbau, analysieren zu können. Die Standardisierung wird von SeedUp in Kooperation mit Kapitalgeberverbänden vorangetrieben. Ziel ist es einen übergreifenden Aufbau zu finden, der von einer Mehrheit auf Investorenseite unterstützt wird. Businesspläne, die diesem Standard folgen, können neben der direkten Online-Erstellung und -Bearbeitung direkt an die kooperierenden Kapitalinstitutionen weitergeleitet werden.

Durch die Standardisierung in den Instrumenten, wie beispielsweise dem Businessplan, werden subjektive Verzerrungen in der Bewertung weitestgehend ausgeblendet. Aber auch umgekehrt können Kapitalgeber durch eigene Präferenzfunktionen festlegen, welche Interessen sie verfolgen und damit auch, welche potentiellen Entrepreneure überhaupt Kontakt zu ihnen aufnehmen können. Damit wird eine eventuelle Angebotsschwemme schon im Keim erstickt. Verstärkt wird dies durch ein optional angebotenes Businessplanrating, das auf der einen Seite dem Gründer konstruktives, technisches Feedback geben soll, aber auf der anderen Seite auch dem Investor hilft, den Businessplan effizienter einordnen zu können.

Transaktionskosten optimieren
Mit virtueller Kooperation kann zu Beginn einer Gründung, durch komplementäre Teamfähigkeit in verschiedenen Gebieten, ein großer Teil der Gründungsaufgaben effizient abgedeckt werden. Dennoch gibt es viele Bereiche die einen hohen Ressourcenaufwand erfordern, jedoch nicht zur eigentlichen Kernaufgabe des Unternehmens gehören. Dazu zählt unter anderem oft Grundlegendes, wie Buchhaltung, IT Infrastruktur und Rechtsbeistand.

Laut Günter Faltin (2012) soll sich jeder Entrepreneur auf seine Idee, seine Kernkompetenz und das *Entrepreneurial Design* konzentrieren, anstatt zu versuchen ein Allround-Talent zu werden – jeder macht das, was er am besten kann. Nicht beherrschte Kompetenzen soll der Entrepreneur stattdessen outsourcen oder modular einkaufen, dann wenn sie benötigt werden. Die Höhe der Fixkosten kann in den ersten Phasen der Gründung über den weiteren Erfolg der Unternehmung entscheiden. Daher ist es ratsam auf variable Kosten zu setzen. Grundlegendes wie eine Internetpräsenz, Kommunikationsinfrastruktur und Group-Ware für virtuelle Kollaboration (u. a. E-Mail, Telefon, Kalender) braucht im heutigen Zeitalter jedoch fast jeder, aber nur die wenigsten Entrepreneure kennen sich in diesen Themengebieten aus oder haben nebenher die Zeit dazu, sich darum zu kümmern (Herrmann 2010; Su 2005). Mit dem *All-in-one-Gründungspaket* sieht SeedUp vor, die eigenen vorhandenen Ressourcen an interessierte Gründer weiterzugeben, damit sie sich mehr auf ihr Kerngeschäft konzentrieren können. SeedUp erstellt und betreut mit qualifizierten Experten, in Absprache mit dem Entrepreneur, die persönliche Unternehmenswebsite, zentrale E-Mail Postfächer, Adressbücher und Kalender sowie Telefon/-fax Infrastruktur, eine CRM Lösung und weitere nützliche Dienste. Zusätzlich umfasst das Paket noch die Vermittlung von fähigen Dienstleistern ausgewählter Branchen wie beispielsweise Anwälte, Grafiker, Entwickler und Steuerberater. Somit können die Nutzer eine Auswahl an notwendigen Leistungen aus einer Quelle beziehen.

SeedUp hat den Anspruch, durch intelligente Ausgestaltung der Möglichkeiten des Web 2.0 die Eintrittsbarriere zur Selbstständigkeit weiter zu senken und die derzeit unterdurchschnittliche Gründerquote in Deutschland anzuheben. Erreicht werden soll es mit Hilfe wesentlicher Vereinfachungen auf dem Gebiet der Informationsbeschaffung, Kapitalakquise und der optimalen Bereitstellung von Notwendigkeiten im Gründungsumfeld. Idealerweise bietet SeedUp als zentrale Anlaufstelle einen begleitenden Prozess von der Gründungsidee über die Auswahl der Finanzierungsform, Informationen und Lösungen zur Erstellung des Businessplans bis hin zur weiteren Unterstützung in den ersten Jahren nach der Gründung. Notwendige Ressourcen wie Geld und Zeit in der Phase der Gründung werden somit durch die Ausnutzung von Synergieeffekten, resultierend aus der zentralen Aufstellung und Position von SeedUp, effizient genutzt.

5 Zusammenfassung

In diesem Beitrag wurde gezeigt, mit welchen Schwierigkeiten und Herausforderungen sich Entrepreneure, vor allem in Deutschland, bei ihren Gründungsvorhaben konfrontiert sehen.

Das Web 2.0 bietet hierzu besondere Möglichkeiten zur Unterstützung von Gründungsprozessen insbesondere in der Zusammenführung und Zusammenarbeit der Gründungsbeteiligten sowie der Bereitstellung geeigneter Motivationsinstrumente. Gründerinformationen können durch Standardisierung und Bewertung mit Web 2.0-Mechanismen transparenter gemacht und aufgabenzogen zugänglich gemacht werden. Das virtuelle Team, hier verstanden als soziales Netzwerk von Gründern, Dienstleistern und Erfahrungsträgern braucht andere und explizitere Anreizsysteme als klassische Teams. Teammitglieder, wie Geschäftspartner/Dienstleister sind durch das unternehmerische Gewinnstreben zur Teilnahme motiviert. Für die Weitergabe von Erfahrungswissen durch andere Gründer oder Erfahrungsträger gilt dies nicht. Dies muss durch Anreizmechanismen einer Gründerplattform bewerkstelligt werden.

Exemplarisch im Themengebiet der Gründungsfinanzierung wurde gezeigt, wie das Gründerportal SeedUp die beschriebenen Anforderungen umsetzt. Durch sinnvollen Einsatz kollaborativer Werkzeuge und eine zentrale Zusammenführung der Informationen für Gründer und Kapitalgeber werden Barrieren für den Schritt in Richtung der Gründung weiter abgebaut. Ähnlich wird auch die Zusammenarbeit zwischen den eigenen Mitgründern oder zwischen verschiedenen Start-Ups durch Anreizmechanismen gefördert und führt somit zu intensivem Informationsaustausch und gegenseitiger Hilfe bei der Gründung.

Die Autoren

Raphael Pfeffer ist Absolvent des Diplomstudiengangs Wirtschaftsingenieurwesen am Karlsruher Institut für Technologie (KIT). Im Rahmen seiner Diplomarbeit spezialisierte er sich auf das Thema Businesspläne und mitbegründete im Jahr 2012 SeedUp, um Entrepreneuren wie ihm die Barrieren zur Gründung zu nehmen.

Roman Roor studierte an der Hochschule Karlsruhe – Technik und Wirtschaft im Studiengang Wirtschaftsinformatik. Schon vor seinem Studium sammelte er Erfahrungen als Entrepreneur und setzte sich dann auch theoretisch mit der Gründungsthematik im Studium auseinander. Als Mitgründer von SeedUp entwickelte er das Konzept Virtuelle Kollaboration um die Zusammenarbeit von Gründern zu fördern.

Prof. Dr. Karl Dübon ist Professor an der Fakultät für Informatik und Wirtschaftsinformatik an der Hochschule Karlsruhe – Technik und Wirtschaft. Seine Lehrgebiete sind integrierte betriebliche Prozesse, Entrepreneurship & Organizational Development.

Prof. Dr. Reimar Hofmann war selbst Gründer eines Start-Ups und wechselte später an die Hochschule Karlsruhe – Technik und Wirtschaft. Dort lehrt er als Professor an der Fakultät für Informatik und Wirtschaftsinformatik unter anderem Entrepreneurship & Organizational Development sowie Innovationsmanagement.

Literatur

Bundesministerium für Wirtschaft und Energie (2014). *EXIST-Gründerstipendium | EXIST – Existenzgründungen aus der Wissenschaft*. http://www.exist.de/exist-gruenderstipendium/index. php. Zugegriffen: 08. Mai 2014

Camera, G., Casari, M., & Bigoni, M. (2013). Money and trust among strangers. *Proceedings of the National Academy of Sciences*, *110*(37), 14889–14893.

Chen, S. (2013). *Singapore Hunts for New Zuckerberg With Stanford-Style Dorm*. http://www.bloomberg.com/news/2013-01-24/singapore-joins-hunt-for-new-zuckerberg-with-stanford-style-dorm.html. Zugegriffen: 06. Mai 2014

El Difraoui, A. (2011). *Die Rolle der neuen Medien im Arabischen Frühling*. http://www.bpb.de/internationales/afrika/arabischer-fruehling/52420/die-rolle-der-neuen-medien?p=all. Zugegriffen: 07. Mai 2014

Europäische Patentorganisation (2014). *Europäische Patentanmeldungen insgesamt*. http://www.epo.org/about-us/annual-reports-statistics/statistics/filings_de.html. Zugegriffen: 20. April 2014

Faltin, G. (2012). *Kopf schlägt Kapital: Die ganz andere Art, ein Unternehmen zu gründen – Von der Lust, ein Entrepreneur zu sein*. München: Carl Hanser Verlag GmbH & Company KG.

Fischer, B. (2004). *Finanzierung und Beratung junger Start-up-Unternehmen: Betriebswirtschaftliche Analyse aus Gründerperspektive*. Wiesbaden: Deutscher Universitätsverlag.

Hahn, C. (2013). *Finanzierung und Besteuerung von Start-up-Unternehmen: Praxisbuch für erfolgreiche Gründer*. Wiesbaden: Springer Fachmedien.

Hemer, J., Dornbusch, F., Frey, S., & Schneider, U. (2011). *Crowdfunding und andere Formen informeller Mikrofinanzierung in der Projekt- und Innovationsfinanzierung*. Stuttgart: Fraunhofer-Verlag.

Herczeg, M. (2000). *Virtuelle Teams: Erkenntnisse über die Nutzung von Video Conferencing und Application Sharing bei der Unterstützung virtueller Teams*. Gelsenkirchen: Inst. Arbeit und Technik.

Herrmann, W. (2010). *So planen IT-Entscheider 2010. Computerwoche*. http://www.computerwoche.de/a/so-planen-it-entscheider-2010,1930207. Zugegriffen: 09. Mai 2014

Hertel, G., & Konradt, U. (2007). *Telekooperation und virtuelle Teamarbeit*. München & Oldenbourg: Interaktive Medien.

Holst, E. (2009). Vollzeitbeschäftigte wollen kürzere, Teilzeitbeschäftigte längere Arbeitszeiten. *DIW Wochenbericht*, *76*(25), 409–415.

Kauffeld, S. (2001). *Teamdiagnose*. Göttingen: Hogrefe Verlag.

KfW (2014). *ERP Gründerkredit Startgeld 067*. https://www.kfw.de/inlandsfoerderung/Unternehmen/Gr%C3%BCnden-Erweitern/Finanzierungsangebote/ERP-Gr%C3%BCnderkredit-Startgeld-(067)/. Zugegriffen: 08. Mai 2014

Lipnack, J., & Stamps, J. (1998). *Virtuelle Teams: Projekte ohne Grenzen; Teambildung, virtuelle Orte, intelligentes Arbeiten, Vertrauen in Teams*. Wien: Ueberreuter.

Lutz, A. (2014). *Gründungszuschuss – Klartext zur wichtigsten Gründungsförderung*. http://www.gruendungszuschuss.de. Zugegriffen: 28. April 2014

Möller, S. (2010). *Einfach Ein Gutes Team: Teambildung Und -Führung In Gesundheitsberufen*. Berlin Heidelberg: Springer.

Su, G. (2005). *Bedeutung der IT für Unternehmen*. http://www.suguangya.com/profile/Bedeutung%20der%20IT%20fuer%20Unternehmen.pdf. Zugegriffen: 10. Mai 2014

Tönnesmann, J. (2013). Vom Hörsaal in den Chefsessel. *WirtschaftsWoche NR*, *051*, 78.

„Bye Bye Love, Bye Bye Happiness"

Wie Unternehmen richtig auf Kritik enttäuschter Kunden auf Social-Media-Markenseiten (z.B. Facebook Fanpages) reagieren und wie eine loyale Fanbasis unterstützen kann

Benedikt Jahn

Zusammenfassung

Social-Media-Markenseiten (z. B. Marken-Fanpages auf *Facebook*, Markenkanäle auf *YouTube*) haben die Markenkommunikation in den letzten Jahren stark verändert. Dabei liegt der Fokus in der Diskussion vor allem auf den Chancen. Zu wenig betrachtet werden bisher die Herausforderungen durch ein negatives Kunden-Engagement in Form von geäußerter Kritik (Word of Mouth). Diese stellen für Unternehmen jedoch eine Hemmschwelle dar, sich im Social-Media-Umfeld zu engagieren. Denn sehr schnell kann sich die „Liebe" der Fans auch ins Gegenteil umkehren. Daher sind mehr Erkenntnisse erforderlich, wie Unternehmen auf ein negatives Kunden-Engagement reagieren sollten und wie eine aktive und loyale Fan-Community mit einem entgegengesetzten positiven Engagement dabei helfen kann, negative virale Effekte zu vermeiden. Der vorliegende Artikel zeigt anhand einer empirischen Studie die Wirkung verschiedener Reaktionsweisen von Unternehmen und Mitgliedern (Fans) auf und gibt konkrete Implikationen für den Umgang mit Kritik auf Fanpages. Die aufgezeigten Ergebnisse liefern relevante Erkenntnisse für Theorie und Praxis. Sie bestätigen die positive Wirkung einer Entschuldigung (hohe Verantwortungsübernahme) von Unternehmensseite und zeigen einen positiven Einfluss einer aktiven Fan-Community, die negativen Posts widerspricht (geringe Übereinstimmung). Unternehmen kann daher empfohlen werden, sich bei Kritik auf der Marken-Fanpage zu entschuldigen und sich von der Fan-Community verteidigen zu lassen.

Der vorliegende Artikel ist ein gekürzter Auszug aus der veröffentlichten Dissertation des Autors (Jahn 2014).

Dr. Benedikt Jahn ✉
Darmstadt, Deutschland
e-mail: benedikt.jahn@googlemail.com

© Springer Fachmedien Wiesbaden 2016
S. Regier et al. (Hrsg.), *Marken und Medien*, DOI 10.1007/978-3-658-06934-6_21

1   Einleitung

In den letzten Jahren wird das Konzept „Kunden-Engagement" zunehmend als Chance für das Marketing diskutiert (Brodie et al. 2011; van Doorn et al. 2010; Verhoef et al. 2010; Vivek et al. 2012). Kunden integrieren sich immer stärker in die Markenkommunikation und bestimmen auf diese Weise das Bild einer Marke in der Öffentlichkeit mit (Hennig-Thurau et al. 2010; Singh und Sonnenburg 2012). Durch Social-Media-Markenseiten (z. B. Marken-Fanpages, Markenkanäle) auf Social-Media-Plattformen wie *Facebook*, *Twitter* oder *YouTube* ergeben sich zudem zahlreiche neue Möglichkeiten der Partizipation (z. B. Posten von selbstgenerierten Videos, Kommentaren, Fotos), die den Einfluss der Kunden auf die Markenführung erhöhen (Göbel 2012). Damit einhergehen aber nicht nur Chancen, sondern auch Herausforderungen für das Kundenbeziehungsmanagement, die bisher zu wenig untersucht wurden. Kunden-Engagement muss nicht zwangsläufig positiver Natur sein (Brady et al. 2006; Brodie et al. 2011; van Doorn et al. 2010). Kunden nutzen Social-Media-Markenseiten auch, um negative Erfahrungen zu äußern und sich öffentlich zu beschweren (Ward und Ostrom 2006). Zusätzlich gibt es Versuche von Anti-Marken-Fans (Hollenbeck und Zinkhan 2006; Köhler 2008), auf Social-Media-Markenseiten negative Stimmung gegen Marken zu erzeugen und einen Proteststurm, auch „Shitstorm" genannt (Grabs und Bannour 2012), auszulösen. In einem dynamischen und stark vernetzen Umfeld, wie auf Social-Media-Markenseiten, ist die Relevanz eines solchen negativen Kunden-Engagements sehr hoch. Grund dafür ist die Gefahr negativer viraler Effekte, die dazu geeignet sind, das Vertrauen in die Marke bzw. das Unternehmen nicht nur der anderen Mitglieder einer Social-Media-Markenseite, sondern darüber hinaus auch der Freunde und Kontakte dieser Mitglieder in sehr kurzer Zeit zu beschädigen (Bonfrer 2010; Hennig-Thurau et al. 2010; Hennig-Thurau und Walsh 2003; Lee und Song 2010; Munzel 2012). Das wiederum wirkt sich erwiesenermaßen negativ auf die Kaufintention aus (Garbarino und Johnson 1999; Laczniak et al. 2001; Lee und Turban 2001; Sirdeshmukh et al. 2002).

Vor dem Hintergrund der beschriebenen Herausforderungen betonen Hennig-Thurau et al. (2010; Hennig-Thurau und Walsh 2003), Lee und Song (2010) sowie Munzel (2012) Unternehmensstrategien zum Umgang mit einem negativen Kunden-Engagement in Form von **negativem Electronic Word-of-Mouth** (eWOM) als wichtiges, bisher jedoch vernachlässigtes Forschungsfeld im Bereich von Social-Media-Marketingaktivitäten. Und auch in der Praxis herrscht Verunsicherung. Viele Unternehmen haben, obwohl sie an die Potenziale glauben, Bedenken, sich stärker im Social-Media-Umfeld zu engagieren, da sie negative virale Effekte als Folge negativer Posts und möglicherweise sogar unberechtigter Kundenkritik auf Social-Media-Markenseiten fürchten. Kommt es zu einem negativen Kunden-Engagement auf Social-Media-Markenseiten, so ist eine proaktive Unternehmensreaktion von großer Bedeutung, um Angriffe weiterer Kunden zu vermeiden und die Reputation zu erhalten (Cásarez 2002; Clark 2001; Davidow 2003; Homburg und Fürst 2007; Lee und Song 2010; Mattila 2006). Das gilt insbesondere deshalb, da die Reaktion für alle Mitglieder sichtbar ist und so auch auf unbeteiligte Dritte wirkt (Munzel 2012). In einem interaktiven Social-Media-Umfeld gewinnt das Kommunikations- und

Reaktionsmanagement von Unternehmen zusätzlich an Komplexität, da neben der Reaktion von Unternehmensseite auch die Mitgliederreaktion zu berücksichtigen ist (Lee und Song 2010; van Laer und de Ruyter 2010). So stellen andere Mitglieder einer Social-Media-Markenseite, die nicht nur die Reaktion des Unternehmens beobachten, sondern auch selbst in die Kommunikation eingreifen, für die Unternehmenskommunikation sowohl eine Chance als auch eine Herausforderung dar. Eine Fan-Community, die die Marke aktiv unterstützt und negativen Posts auf einer Social-Media-Markenseite glaubhaft widerspricht, könnte auf diese Weise das Unternehmen entlasten und einen Schutz gegen negative virale Effekte bieten. Gleichzeitig muss die Reaktion der Mitglieder im Hinblick auf eine optimale Reaktionsstrategie von Unternehmen auch deshalb berücksichtigt werden, weil sie womöglich die Attribution der Verantwortung für ein geäußertes Problem und in der Folge die Beurteilung der Unternehmensreaktion beeinflusst.

Dieses für Social-Media-Markenseiten typische Zusammenspiel zwischen Mitglieder- und Unternehmensreaktion ist bisher kaum untersucht. Es stellt sich die Frage, inwieweit Erkenntnisse aus dem Beschwerdemanagement und der Krisenkommunikation zu einer optimalen Unternehmensreaktion in einem Social-Media-Umfeld ihre Gültigkeit behalten. Im Rahmen dieses Artikels werden diese Fragen diskutiert und empirische Ergebnisse dazu aufgezeigt. Dabei stehen folgende vier Forschungsfragen im Fokus. Erstens: Wie wirken unterschiedliche Reaktionen anderer Mitglieder (Grad an Übereinstimmung: Widerspruch, Zustimmung) einer Marken-Fanpage auf ein negatives Kunden-Engagement auf die Attribution der Verantwortung, das Markenvertrauen, die Markeneinstellung und die Kaufintention beobachtender Dritter? Zweitens: Welche Rolle spielt dabei die Anzahl (eins bis vier) der Mitgliederreaktionen? Drittens: Wie wirken unterschiedliche Unternehmensreaktionen (Grad an Verantwortungsübernahme: Rechtfertigung, Entschuldigung) auf ein negatives Kunden-Engagement auf die Attribution der Verantwortung, die wahrgenommene Angemessenheit, das Markenvertrauen, die Markeneinstellung und die Kaufintention beobachtender Dritter? Viertens: Inwieweit beeinflusst die Mitgliederreaktion über die Attribution der Verantwortung die wahrgenommene Angemessenheit der Unternehmensreaktion (Interaktionseffekt)? Um diese Fragen zu beantworten, wird ein theoretisches Rahmenmodell zur Wirkung der Unternehmens- und Mitgliederreaktion auf ein negatives Kundenengagement (eWOM) und deren Zusammenspiel auf Marken-Fanpages entwickelt. Die aufgestellten Hypothesen werden basierend auf Daten eines experimentellen Designs mit einem Marken-Fanpage-Szenario im Rahmen eines Partial-Least-Square (PLS-)Strukturgleichungsmodells geprüft.

Die Ergebnisse der Analysen liefern Erkenntnisse zum Umgang mit einem negativen Kunden-Engagement auf Marken-Fanpages. Erstens zeigen die Ergebnisse, dass ein Widerspruch (geringe Übereinstimmung) anderer Mitglieder hinsichtlich eines negativen Posts auf einer Marken-Fanpage die Attribution der Verantwortung auf das Unternehmen abmindert und auf diesem Weg das Markenvertrauen, die Markeneinstellung und die Kaufintention beobachtender Dritter positiv beeinflusst. Zweitens ist diese Wirkung umso stärker, je größer die Anzahl der Mitglieder ist, die sich für das Unternehmen einsetzen. Drittens belegen die Ergebnisse, dass eine Entschuldigung (hohe Verantwortungsübernahme) als Unternehmensreaktion die Attribution der Verantwortung zwar leicht verstärkt, dieser Effekt aber durch eine positive Wirkung auf die Angemessenheit überkompensiert wird. Entsprechend zeigt sich eine Entschuldigung (hohe Verantwortungsübernahme) als überlegene Strategie hinsichtlich Markenvertrauen, Markeneinstellung und Kaufintention. Viertens legen die Ergebnisse offen, dass eine Entschuldigung (hohe Verantwortungsübernahme) von Beobachtern als umso angemessener wahrgenommen wird, desto mehr sie die Verantwortung auf das Unternehmen attribuieren.

2   Begriffsbestimmung

2.1   Negatives Kunden-Engagement

In der Marketingliteratur wird das Konzept „Kunden-Engagement" derzeit oft als Erfolgsindikator einer starken Kunden-Markenbeziehung thematisiert (Brodie et al. 2011a; van Doorn et al. 2010; Verhoef et al. 2010; Vivek et al. 2012). Kunden-Engagement wird dabei als ein dreidimensionales Konstrukt mit einer kognitiven, einer affektiven und einer konativen (verhaltensbezogenen) Komponente angesehen (Brodie et al. 2011; Brodie et al. 2013). Im Rahmen dieser Arbeit wird der Fokus basierend auf van Doorn et al. (2010) sowie Pham und Avnet (2009) ausschließlich auf die Verhaltenskomponente gelegt. Überträgt man das Konzept auf Social-Media-Markenseiten, so lässt sich ein solches Kunden-Engagement als passive und/oder aktive Partizipation an von Unternehmens- oder Kundenseite initiierten Aktivitäten (z. B. Posts, Kommentare) beschreiben und wie folgt definieren:

> **Kunden-Engagement auf Social-Media-Markenseiten** ist eine passive und/oder aktive Partizipation an von Unternehmens- oder Kundenseite initiierten Aktivitäten auf einer Social-Media-Markenseite und kann sowohl positiver als auch negativer Natur sein (Definition des Autors).

Kunden-Engagement muss also nicht zwangsläufig positiv sein, sondern kann auch negative Ausprägungen annehmen (Brady et al. 2006; Brodie et al. 2011; van Doorn et al. 2010). Als Beispiel für ein Kunden-Engagement wird in der Literatur unter anderem Word-of-Mouth (WOM) genannt (van Doorn et al. 2010), das, wenn die Kommunikation über das Internet erfolgt, als Electronic Word-of-Mouth (eWOM) bezeichnet und nach Hennig-Thurau et al. (2004, S. 39) wie folgt definiert wird: Electronic Word-of-Mouth (eWOM) is „any positive or negative statement made by potential, actual, or former customers about a product or company, which is made available to a multitude of people and institutions via the internet".

2.2 Marken-Fans auf Marken-Fanpages

Im Rahmen dieses Artikels wird ein **negatives Kunden-Engagement** in Form von eWOM am Beispiel eines negativen Posts auf einer Marken-Fanpage auf der Social Networking Site (SNS) *Facebook* diskutiert. Der Begriff „Fanpage" wurde von *Facebook* begründet, ist inzwischen aber auch von anderen Social-Media-Plattformen (z. B. *Twitter*, *Google+*) in ähnlicher Form für deren Social-Media-Markenseiten übernommen worden und wird wie folgt definiert:

> **Marken-Fanpages** sind in SNS eingebettete Social-Media-Markenseiten, die eine passive und aktive Partizipation an von Unternehmens- oder Kundenseite initiierten, markenbezogenen Aktivitäten ermöglichen (Definition des Autors).

Marken-Fanpages erscheinen ideal, um das Zusammenspiel von Mitglieder- und Unternehmensreaktion auf negatives eWOM zu untersuchen, da hier die Interaktion sichtbar auf der Marken-Fanpage dokumentiert wird. Eine besondere Rolle kommt dabei den tatsächlichen Marken-Fans zu, die eine starke Markenbeziehung auszeichnet. Solche Marken-Fans werden wie folgt definiert:

> **Marken-Fans** sind Menschen, die eine positive emotionale Beziehung zu einer Marke haben, sich durch ein markenbezogenes Wissen von Nicht-Fans abgrenzen, sich passiv und/oder aktiv am Markenerlebnis beteiligen und einen markenbezogenen Konsum aufweisen (Definition des Autors).

Obwohl solche Fans zuweilen auch Fehlverhalten (z. B. Gewalt) zeigen und in Fanatismus abgleiten (Leistner 2010; Lewis 1992; Sandvoss 2005), der ein schlechtes Licht auf die Marke wirft, setzen sich Marken-Fans in der Regel positiv für die Marke ein. Ergebnisse aus der Markenbeziehungs-Forschung zeigen, dass Kunden mit einer ausgeprägten Markenbeziehung, wie tatsächliche Marken-Fans sie aufweisen dazu neigen, Marken und Unternehmen gegen Angriffe anderer Kunden zu verteidigen (Park et al. 2010) bzw. aufkommender Kritik zu widersprechen. Zwingend zu unterscheiden sind solche tatsächlichen Marken-Fans von einfachen „*Followern*" (Giulianotti 2002, S. 31) oder Mitgliedern auf einer Marken-Fanpage, die zwar formal in der Sprache von *Facebook* (Facebook 2012) auch „Fans" genannt werden, aber nicht zwangsläufig Fans im eigentlichen Sinne mit einer ausgeprägten Markenbeziehung sind, und teilweise auch Kritik und Anfeindungen äußern (Ward und Ostrom 2006). Da ein Beobachter einen Marken-Fan mit einer starken Markenbeziehung nicht von einem einfachen Mitglied unterscheiden kann, wird im Folgenden allgemein nur von „Mitgliedern" einer Marken-Fanpage gesprochen.

2.3 Mitglieder- und Unternehmensreaktion

Hinsichtlich der Mitgliederreaktion auf einen negativen Post auf einer Marken-Fanpage wird im Rahmen dieses Artikels differenziert zwischen zwei Ausprägungen mit einem unterschiedlichen Grad an Übereinstimmung mit dem negativen Post: Widerspruch (geringe Übereinstimmung) und Zustimmung (hohe Übereinstimmung) (Lee und Song 2010). Während sich ein Widerspruch durch einen Kommentar mit einer entgegengesetzten Botschaft auszeichnet, wiederholen zustimmende Kommentare die geäußerte Kritik in anderen Worten. Hinsichtlich der Unternehmensreaktion wird basierend auf der Organizational-Conflict-Literatur (Bies 1987) zwischen zwei Ausprägungen mit einem unterschiedlichen Grad an Verantwortungsübernahme unterschieden: Rechtfertigungen (geringe Verantwortungsübernahme) und Entschuldigungen (hohe Verantwortungsübernahme). Bei einer Rechtfertigung lehnt das Unternehmen die Verantwortung ab und macht die Person, die sich beschwert (z. B. mangelnde Fähigkeiten), verantwortlich, bei einer Entschuldigung übernimmt das Unternehmen die Verantwortung für das geäußerte Problem und entschuldigt sich (Bies et al. 1988; Bobocel und Zdaniuk 2005; Munzel 2012).

3 Theoretisches Rahmenmodell

Als Grundlage für die nachfolgende empirische Studie wird zunächst ein theoretisches Rahmenmodell zur Wirkung der Mitglieder- und Unternehmensreaktion auf ein negatives Kunden-Engagement sowie einer möglichen Interaktion entwickelt (siehe Abb. 1).

Das Modell ist in vier Blöcke unterteilt. Im ersten Block werden als Einflussgrößen die Mitgliederreaktion (Grad an Übereinstimmung: Widerspruch, Zustimmung) und die

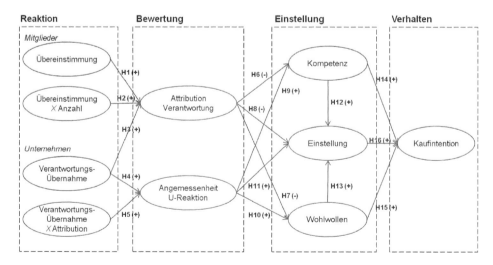

Abb. 1 Theoretisches Rahmenmodell

Unternehmensreaktion (Grad an Verantwortungsübernahme: Rechtfertigung, Entschuldigung) auf einen negativen Posts auf der Marken-Fanpage berücksichtigt. Zusätzlich wird ein Moderationseffekt der Anzahl der Mitgliederreaktionen (eins bis vier) hinsichtlich der Wirkung der Mitgliederreaktion auf die Attribution der Verantwortung und ein Moderationseffekt der Attribution der Verantwortung hinsichtlich der Wirkung der Unternehmensreaktion auf die wahrgenommene Angemessenheit integriert. Der zweite Block beinhaltet mit der Attribution der Verantwortung und der wahrgenommenen Angemessenheit der Unternehmensreaktion eine Bewertung der Mitglieder- und Unternehmensreaktion durch beobachtende Teilnehmer. Darauf basieren im dritten Block das Markenvertrauen (Kompetenz, Wohlwollen) sowie die Markeneinstellung dieser Teilnehmer. Im letzten Block wird die Kaufintention bzgl. eines Produkts der kritisierten Marke (neg. Post) als finale Zielgröße betrachtet.

Hinsichtlich der **Wirkung der Mitgliederreaktion** auf den negativen Post argumentieren Ajzen und Fishbein (1980), dass sich Kunden von der Meinung von Referenzgruppen (z. B. Mitglieder einer Marken-Fanpage) beeinflussen lassen. Nach Orvis, Cunningham und Kelley (1975) ist dabei ein entscheidendes Kriterium für die Attribution (Kelley und Michela 1980) der Verantwortung für ein wahrgenommenes Problem eine Übereinstimmung (Folkes 1988; Hilton und Jaspers 1987) zwischen verschiedenen Informationsquellen. Ein Widerspruch (geringe Übereinstimmung) anderer Mitglieder zu dem negativen Post sollte nach der Excuse-Theorie (Snyder et al. 1983) daher zu einer geringeren Attribution der Verantwortung auf das Unternehmen führen. Im Gegensatz dazu ist zu erwarten, dass sich eine Zustimmung (hohe Übereinstimmung) anderer Mitglieder zu dem negativen Posts positiv auf die Attribution der Verantwortung auf das Unternehmen auswirkt (Richins 1984), da Kunden das Urteil anderer in ihre Urteilsbildung mit einfließen lassen (Lapinski und Rimal 2005). Ein solcher Einfluss wird vor allem für negative Informationen angenommen (Conway und DiFazio 1990). Daher wird folgender Zusammenhang postuliert:

H1: Eine Zustimmung (hohe Übereinstimmung) anderer Mitglieder zu dem negativen Post führt zu einer stärkeren Attribution der Verantwortung auf das Unternehmen als ein Widerspruch (geringe Übereinstimmung).

Die Vermutung einer moderierenden Wirkung der **Anzahl der Mitgliederreaktionen** basiert auf der Herding-Theorie (Banerjee 1992). Diese nimmt ein Herdenverhalten von Anlegern bei zunehmender Anzahl an Anlegern, die in die gleiche Anlage investieren, an. Überträgt man diese Theorie aus der Ökonomie zum Anlageverhalten auf den Kontext von Mitgliederreaktionen auf einen negativen Post auf einer Marken-Fanpage, so kann vermutet werden, dass mit einer zunehmenden Anzahl an konsistenten Mitgliederreaktionen die Glaubwürdigkeit dieser steigt und der dominanten Meinung gefolgt wird (Herzenstein et al. 2011). Daher wird folgender Zusammenhang postuliert:

H2: Je größer die Anzahl der (konsistenten) Mitgliederreaktionen, desto stärker ist die
Wirkung der Übereinstimmung zwischen dem negativen Post und der Mitgliederre-
aktion (Widerspruch, Zustimmung) auf die Attribution der Verantwortung auf das
Unternehmen.

Die **Wirkung der Unternehmensreaktion** kann aus folgenden Überlegungen abgeleitet werden. Die Image-Restoration Theorie (Benoit 1995) wertet Unternehmenskommunikation in einer Krisensituation (z. B. negatives Kunden-Engagement auf einer Marken-
Fanpage) als zielgerichtete Aktivität, die der Aufrechterhaltung einer positiven Reputation dient. Dabei wird postuliert, dass die Wortwahl, die ein Unternehmen als Reaktion
wählt, sich auf Kognitionen, Gefühle und das Verhalten des beobachtenden Publikums
auswirkt (Coombs 2007). Je nach Unternehmensreaktion (Grad an Verantwortungsübernahme: Rechtfertigung, Entschuldigung) werden nun verschiedene Wirkungszusammen-
hänge vermutet, die einerseits auf der Attribution der Verantwortung (Laczniak et al. 2001;
Weiner 1986) für das geäußerte Problem und andererseits auf der wahrgenommenen Angemessenheit der Unternehmensreaktion (Bies et al. 1988; Folger und Cropanzano 1998;
Shapiro et al. 1994) beruhen.

Hinsichtlich der Attribution der Verantwortung kann angenommen werden, dass Mitglieder einer Marken-Fanpage, wenn sie negative Äußerungen bzw. Beschwerden von
Kunden auf der Marken-Fanpage entdecken, Überlegungen anstellen, wer verantwortlich für das geäußerte Problem sein könnte (Lee und Song 2010): der Beschwerdeführer
selbst (z. B. mangelnde Fähigkeiten) oder das Unternehmen. Nach der Attributionstheorie
(Kelley und Michela 1980) versuchen Kunden, das wahrgenommene Problem entsprechend auf eine unternehmensinterne oder unternehmensexterne Ursache zurückzuführen.
Coombs (2007) postuliert dabei, dass die Unternehmensreaktion auf den Grad an tatsäch-
licher Verantwortung des Unternehmens schließen lässt. Eine Rechtfertigung (geringe
Verantwortungsübernahme) sollte entsprechend nach der Excuse-Theorie (Snyder et al.
1983) zu einer geringeren Attribution der Verantwortung auf das Unternehmen führen.
Snyder, et al. (1983) argumentieren damit übereinstimmend, dass glaubhafte Rechtfertigungen dazu geeignet sind, die Verantwortungszuschreibung auf eine externe Ursache
(z. B. Fähigkeiten des Beschwerdeführers) zu lenken. Eine Entschuldigung (hohe Verantwortungsübernahme) dagegen wirkt womöglich wie ein Schuldeingeständnis. Daher ist
zu vermuten, dass eine Entschuldigung von Unternehmensseite als Reaktion auf ein geäußertes Problem dazu führt, dass das Unternehmen von unbeteiligten Dritten stärker für
das Problem verantwortlich gemacht wird. Entsprechend wird folgender Zusammenhang
postuliert:

H3: Eine Entschuldigung (hohe Verantwortungsübernahme) des Unternehmens führt zu
einer stärkeren Attribution der Verantwortung auf das Unternehmen als eine Recht-
fertigung (geringe Verantwortungsübernahme).

Dennoch wird Unternehmen eine Entschuldigung (hohe Verantwortungsübernahme) oftmals als überlegene Strategie empfohlen (Boshoff und Leong 1998; Bradford und Garrett 1995; Conlon und Murray 1996; Munzel 2012; Weiner 2000). Dafür könnte nach der Fairnesstheorie (Folger und Cropanzano 1998) die wahrgenommene Angemessenheit der Unternehmensreaktion eine entscheidende Rolle spielen. Jorgensen (1996) vergleicht die Wirkung von Entschuldigungen mit der eines zweischneidigen Schwerts. Zwar führt eine Entschuldigung in der Regel zu einer Verantwortungszuschreibung (Attribution), die sich negativ auf die vermutete Kompetenz und das vermutete Wohlwollen des Unternehmens auswirkt (Lee 2005), gleichzeitig kann eine Entschuldigung aus Fairnessgründen aber auch als angemessener wahrgenommen werden (Munzel 2012). Entsprechend wird folgender Zusammenhang postuliert:

H4: Eine Entschuldigung (hohe Verantwortungsübernahme) des Unternehmens wird als angemessener bewertet als eine Rechtfertigung (geringe Verantwortungsübernahme).

Neben den diskutierten Haupteffekten der Mitglieder- und Unternehmensreaktion ist ein möglicher **Interaktionseffekt** interessant, der sich aus dem vermuteten Einfluss der Mitgliederreaktion auf die Attribution der Verantwortung ergibt, von der ein moderierender Effekt auf die Wirkung der Unternehmensreaktion (Grad an Verantwortungsübernahme) auf die wahrgenommene Angemessenheit angenommen wird. In Übereinstimmung mit der Fairnesstheorie (Folger und Cropanzano 1998) wird vermutet, dass eine Rechtfertigung (geringe Verantwortungsübernahme) zumindest als fairer und angemessener erscheint, wenn das Problem auch nicht auf das Unternehmen attribuiert wird und die geäußerte Kritik daher in den Augen des Beobachters unbegründet ist. Die Situational-Crisis-Communication Theorie (Coombs 1998, 2007; Coombs und Holladay 2002) nimmt damit übereinstimmend an, dass die Angemessenheit der Unternehmensreaktion vom Grad der Attribution der Verantwortung (Kelley und Michela 1980) beeinflusst wird. Ein Unternehmen sollte sich entsprechend umso mehr entschuldigen (hohe Verantwortungsübernahme), je mehr Verantwortung ihm zugeschrieben wird. Daher wird folgender Zusammenhang postuliert:

H5: Eine Entschuldigung (hohe Verantwortungsübernahme) wird im Vergleich zu einer Rechtfertigung (geringe Verantwortungsübernahme) als umso angemessener bewertet, je stärker die Verantwortung für das geäußerte Problem auf das Unternehmen attribuiert wird.

Wie im Rahmenmodell dargestellt, wird im Anschluss eine Wirkung der Attribution der Verantwortung (auf das Unternehmen) auf die vermutete Kompetenz, das vermutete Wohlwollen und die Markeneinstellung angenommen. Einstellung ist als Gesamtbeurteilung eine der zentralen Determinanten der Kaufentscheidung (Park et al. 2010). Die vermutete Kompetenz und das vermutete Wohlwollen als Vertrauenskomponenten spielen gerade im Online-Umfeld eine sehr wichtige Rolle, da die Qualität von dort angebotenen

Leistungen nicht direkt beobachtbar bzw. eindeutig bewertbar ist. Vertrauen ist dabei eine wichtige Voraussetzung für eine nachhaltige Kunden-Markenbeziehung und bestimmt das Kundenverhalten (Rousseau et al. 1998).

Die Unterscheidung zwischen der vermuteten Kompetenz und dem vermuteten Wohlwollen als Vertrauenskomponenten erfolgt nach Vázquez-Casielles et al. (2010, S. 491). Danach wird die Kompetenzkomponente definiert als *„the extent to which the customer judges the firm to have the right level of capacity or expertise to carry out the tasks [. . .]"*. Das vermutete Wohlwollen wird definiert als *„the extent to which the customer perceives the firm to have positive intentions [. . .]"*. Kompetenz beschreibt also die Fähigkeit, eine Leistung zu erbringen, Wohlwollen dagegen den guten Willen, sich um das Wohl des Kunden zu bemühen. Eine vergleichbare Unterteilung findet sich auch bei Mayer et al. (1995), Mayer und Gavin (2005), Colquitt et al. (2007), Kantsperger und Kunz (2010) sowie Munzel (2012).

Attributionale Theorien (Weiner 2000) postulieren eine negative affektive (Vertrauen) und kognitive (Einstellung) Wirkung der Attribution der Verantwortung (Folkes 1984; Lee 2005; Lee und Song 2010). Dabei kann wie folgt argumentiert werden: Wird die Verantwortung für das geäußerte Problem von einem Beobachter auf das Unternehmen attribuiert, so schließt er vermutlich auf zwei mögliche Ursachen: entweder dem Unternehmen fehlt die Kompetenz, eine fehlerfreie Leistung zu erbringen, oder das Wohlwollen, sich um das Wohl des Kunden zu bemühen. Da dem Kunden in der Regel das Wissen fehlt, um eine eindeutige Beurteilung vorzunehmen, warum das Problem aufgetreten ist, wird von einem negativen Effekt auf beide Größen (Kompetenz und Wohlwollen) ausgegangen, der je nach individueller Beurteilung variiert. Zudem wird eine direkte Wirkung auf die Markeneinstellung angenommen. Ein Unternehmen (bzw. Marke), auf das die Verantwortung für Probleme attribuiert wird, wird vermutlich unabhängig von Kompetenz und Wohlwollen schlechter bewertet (Weiner 2000). Entsprechend werden folgende Zusammenhänge postuliert:

H6: Je stärker die Attribution der Verantwortung für das geäußerte Problem auf das Unternehmen, desto geringer ist die vermutete Kompetenz.

H7: Je stärker die Attribution der Verantwortung für das geäußerte Problem auf das Unternehmen, desto geringer ist das vermutete Wohlwollen.

H8: Je stärker die Attribution der Verantwortung für das geäußerte Problem auf das Unternehmen, desto negativer ist die Markeneinstellung.

Empirische Ergebnisse legen nahe, dass die Wirkung der Unternehmensreaktion auf das Markenvertrauen (Kompetenz, Wohlwollen) auch durch die wahrgenommene Angemessenheit der Unternehmensreaktion mediiert wird (Bies et al. 1988; Munzel 2012; Shapiro et al. 1994). Eine als angemessen bewertete Entschuldigung (hohe Verantwortungsübernahme) zeigt, dass der Anbieter sehr wohl die Kompetenz hat, um eine korrekte Leistung zu erbringen und weiß, was dazu notwendig ist. Die Entschuldigung könnte entsprechend im Sinne der Signaling-Theorie (Spence 1973) als Signal der Kompetenz interpretiert werden. Der Fehler wird dann möglicherweise als Ausnahme interpretiert und dem Anbieter grundsätzlich Kompetenz zugesprochen. Auch Folger und Cropanzano (1998) betonen die Bedeutung der Angemessenheit einer Unternehmensreaktion. Darauf basierend wird folgender Zusammenhang postuliert:

H9: Für je angemessener die Unternehmensreaktion auf den negativen Post bewertet wird, desto höher ist die vermutete Kompetenz des Unternehmens.

Zudem kann über die Fairnesstheorie (Folger und Cropanzano 1998) eine Wirkung auf das vermutete Wohlwollen argumentiert werden. Eine angemessene Reaktion signalisiert (Spence 1973) Fairness gegenüber den Kunden. Das führt zu Vertrauen hinsichtlich des vermuteten Wohlwollens des Anbieters auch in der Zukunft. Die faire Reaktion zeigt, dass das Unternehmen das Wohl des Kunden im Blick hat und nicht die eigene Profitmaximierung auf Kosten des Kunden anstrebt. Entsprechend wird folgender Zusammenhang postuliert:

H10: Für je angemessener die Unternehmensreaktion auf den negativen Post bewertet wird, desto höher ist das vermutete Wohlwollen des Unternehmens.

Unabhängig von Kompetenz und Wohlwollen ist davon auszugehen, dass sich eine angemessene Reaktion auch direkt auf die Markeneinstellung auswirkt, da eine angemessene Reaktion höchstwahrscheinlich positiv bewertet wird (Folger und Cropanzano 1998). Entsprechend wird folgender Zusammenhang postuliert:

H11: Für je angemessener die Unternehmensreaktion auf den negativen Post bewertet wird, desto positiver ist die Markeneinstellung.

Neben der direkten Wirkung wird zusätzlich von einer indirekten Wirkung über das Markenvertrauen ausgegangen. Vertrauen ist notwendig, um das gerade auf Internet-Plattformen wahrgenommene Risiko zu minimieren (Vázquez-Casielles et al. 2010). Nach der Systemtheorie (Luhmann 1968) stellt Vertrauen eine Möglichkeit zur Reduktion von Komplexität und sich daraus ergebender Unsicherheit dar. Je höher das Vertrauen eines Kunden in den Anbieter ausfällt, desto weniger Aufwand muss er betreiben, um seine Unsicherheit hinsichtlich dessen Kompetenz und Wohlwollen abzubauen. Es wird angenommen, dass eine solche Unsicherheitsreduktion und in der Folge auch die Marke positiv bewertet wird. Entsprechend wird folgender Zusammenhang postuliert:

H12: Je höher die vermutete Kompetenz des Unternehmens, desto positiver ist die Markeneinstellung.
H13: Je höher das vermutete Wohlwollen des Unternehmens, desto positiver ist die Markeneinstellung.

Abschließend wird im Modell eine Wirkung der vermuteten Kompetenz, des vermuteten Wohlwollens und der Markeneinstellung auf die Kaufintention angenommen. Zahlreiche Studien haben bereits die Relevanz von Vertrauen gerade im Internet gezeigt (Hung et al. 2011; Munzel 2012; Vázquez-Casielles et al. 2010). Die vermutete Kompetenz und das vermutete Wohlwollen determinieren maßgeblich die Qualitätsvermutung hinsichtlich einer angebotenen Leistung und in der Folge das Kaufurteil. Vertrauen ist eines der wichtigsten Kriterien bei der Entscheidung für oder gegen einen Online-Kauf (Lee und Turban 2001; Munzel 2012). Die Einstellung kann als kognitives Gesamturteil angesehen werden, das die rationale Kaufentscheidung maßgeblich prägt. Entsprechend werden folgende Zusammenhänge postuliert:

H14: Je höher die vermutete Kompetenz des Unternehmens, desto höher ist die Kaufintention hinsichtlich eines Produkts der kritisierten Marke.

H15: Je höher das vermutete Wohlwollen des Unternehmen, desto höher ist die Kaufintention hinsichtlich eines Produkts der kritisierten Marke.

H16: Je positiver die Markeneinstellung, desto höher ist die Kaufintention hinsichtlich eines Produkts der kritisierten Marke.

4   Methodik empirische Studie

Um das entwickelte Modell zu testen, wurde ein Laborexperiment mit einem 2 (Grad an Übereinstimmung der Mitgliederreaktion: Widerspruch, Zustimmung) × 4 (Anzahl der Mitgliederreaktionen: Eins bis vier) × 2 (Grad an Verantwortungsübernahme der Unternehmensreaktion: Rechtfertigung, Entschuldigung) Untersuchungs-Design durchgeführt (siehe Abb. 2). Jeder Teilnehmer wurde einer der 16 Experiment-Zellen ausgesetzt (Between-Subject Design).

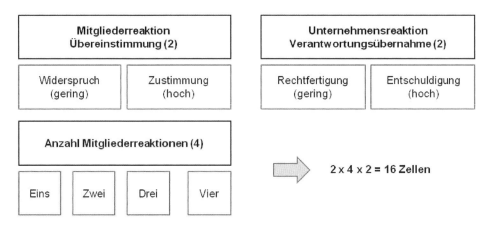

Abb. 2 Experimentaldesign

Als Kontext für die Studie wurde eine *Facebook* Marken-Fanpage gewählt. Als Stimuli wurden ein negativer Post eines Mitglieds der Marken-Fanpage zu einer fiktiven Marke (Kamera) und gleichzeitig ein bis vier (Anzahl) konsistente Mitgliederreaktionen (Grad an Übereinstimmung: Widerspruch, Zustimmung) sowie eine Unternehmensreaktion (Grad an Verantwortungsübernahme: Rechtfertigung, Entschuldigung) auf der Pinnwand der Marken-Fanpage gezeigt. Eine fiktive Marke wurde gewählt, um Störeffekte einer über einen längeren Zeitraum gewachsenen und bei den Teilnehmern unterschiedlich ausgeprägten Markenbeziehung auszuschließen.

Eine Kamera als Produkt wurde gewählt, da sie ein geschlechtsneutrales Diskussionsobjekt darstellt. Die Stimuli wurden gleichzeitig dargeboten, weil in der Realität die Kommunikation auf Marken-Fanpages auch selten „live" verfolgt wird und die Mitglieder bei Aufruf der Marken-Fanpage die ganze Kommunikations-Abfolge direkt einsehen können. Die Teilnehmer der Online-Studie wurden über einen Email-Verteiler der Ludwig-Maximilians-Universität (LMU) sowie direkt auf der SNS *Facebook* eingeladen. Folglich entsprach die Experimental-Situation einer realen Nutzungs-Situation einer Marken-Fanpage vor dem Computer.

Zunächst wurde dabei den Teilnehmern der Stimulus dargeboten, im Anschluss mussten sie einen Online-Fragebogen ausfüllen. Als abhängige Variablen des Modells wurden die Attribution der Verantwortung, die wahrgenommene Angemessenheit der Unternehmensreaktion, die vermutete Kompetenz und das vermutete Wohlwollen des Unternehmens sowie die Markeneinstellung und die Kaufintention der Teilnehmer gemessen. In der Haupterhebung konnte eine über alle Zellen gleichmäßig verteilte (alle 16 Zellen enthalten mindestens 30 Teilnehmer und keine Zelle mehr als 34 Teilnehmer) Stichprobe von 508 Teilnehmern erreicht werden. Die Geschlechterverteilung ist frauenlastig (57,1 % Frauen, 42,9 % Männer). Das Alter der Teilnehmer folgt annähernd einer Normalverteilung. Das Durchschnittsalter beträgt 24,5 Jahre. Alle Teilnehmer sind regelmäßige Nutzer von *Facebook* (83,4 % nutzen *Facebook* täglich). Die überwiegende Mehrheit (85 %) ist Mitglied auf mindestens einer Marken-Fanpage.

Die Messung aller abhängigen Variablen erfolgte mittels 7-Punkt Likert-Skalen (mit den Extrempunkten 1: „Ich stimme überhaupt nicht zu" vs. 7: „Ich stimme voll und ganz zu"). Alle Operationalisierungen basieren auf validierten Multi-Item-Skalen aus der Literatur. Die Attribution der Verantwortung auf das Unternehmen wurde in Anlehnung an Griffin et al. (1996) gemessen. Die Messung der Angemessenheit der Unternehmensreaktion beruht auf einer Skala von Sparks and Fredline (2007). Die Messung des Vertrauens, unterteilt in die vermutete Kompetenz und das vermutete Wohlwollen, basiert auf einer Skala von Vázquez-Casielles et al. (2010). Die Operationalisierung der Markeneinstellung geht zurück auf eine Skala von Escalas und Stern (2003). Die Kaufintention wurde in Anlehnung an eine Skala von Dodds et al. (1991) gemessen. Die Stimuli und Skalen wurden vor der Haupterhebung in einem Online-Pretest mit 86 Studenten getestet.

Die Übereinstimmung der Mitgliederreaktion (1 = Widerspruch, 2 = Zustimmung) und die Verantwortungsübernahme als Unternehmensreaktion (1 = Rechtfertigung, 2 = Entschuldigung) wurden für die folgenden Auswertungen als ordinal skalierte Variablen

(1 = gering, 2 = hoch) verwendet. Für den Manipulation-Check der Stimuli wurde die Übereinstimmung der Mitgliederreaktion mit dem Item *„Zwischen der Meinung von Julian und der Meinung der restlichen Mitglieder herrscht geringe/hohe Übereinstimmung"* und die Verantwortungsübernahme als Unternehmensreaktion mit dem Item *„Für die geäußerten Probleme übernimmt Pictolino ein geringes/hohes Maß an Verantwortung"* auf einer siebenstufigen bipolaren Skala von −3 (gering) bis +3 (hoch) gemessen.

5 Ergebnisse

Zunächst wurde mittels zwei ANOVAs (Analysis of Variance) ein Manipulation-Check durchgeführt, um sicher zu stellen, dass die Manipulation der Übereinstimmung als Mitgliederreaktion mittels der Szenarien „Widerspruch" (geringe Übereinstimmung) und „Zustimmung" (hohe Übereinstimmung) und die Manipulation der Verantwortungsübernahme als Unternehmensreaktion mittels der Szenarien „Rechtfertigung" (geringe Verantwortungsübernahme) und „Entschuldigung" (hohe Verantwortungsübernahme) erfolgreich waren. Die Ergebnisse zeigten eine erfolgreiche Manipulation.

Vor der Pfadanalyse wurde die Güte des Messmodells überprüft (Hair et al. 2012; Henseler et al. 2009). Dazu wurde die Software *Smart PLS 2.0* (Ringle et al. 2005) verwendet. Alle Gütekriterien erfüllen die in der Literatur geforderten Richtwerte. Im Anschluss wurde das aufgestellte Modell mittels eines PLS-Strukturgleichungsmodells (Ringle et al. 2005) geschätzt. Die in der Literatur geforderten Gütekriterien für das Pfadmodell (Hair et al. 2012; Henseler et al. 2009) werden ebenso allesamt erfüllt. Alle Hypothesen (H1–H16) konnten bestätigt werden (siehe Abb. 3).

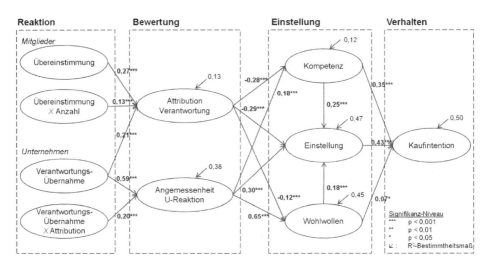

Abb. 3 Ergebnisse Pfadanalyse

Das Strukturgleichungsmodell zeigt eine Wirkung der Übereinstimmung (Widerspruch, Zustimmung) der Mitgliederreaktion (0,27; $p < 0,001$) und der Verantwortungsübernahme (Rechtfertigung, Entschuldigung) der Unternehmensreaktion (0,21; $p < 0,001$) auf die Attribution der Verantwortung. Die Anzahl der Mitgliederreaktionen (eins bis vier) moderiert zudem den Effekt der Übereinstimmung der Mitgliederreaktion auf die Attribution der Verantwortung (0,13; $p < 0,001$). Weiter zeigt das Modell einen Effekt der Verantwortungsübernahme (Rechtfertigung, Entschuldigung) der Unternehmensreaktion auf die wahrgenommene Angemessenheit der Unternehmensreaktion (0,59; $p < 0,001$). Dieser Effekt wird zusätzlich moderiert durch die Attribution der Verantwortung (0,20; $p < 0,001$). Die Attribution der Verantwortung auf das Unternehmen wirkt sich negativ auf die vermutete Kompetenz ($-0,28$; $p < 0,001$), das vermutete Wohlwollen ($-0,12$; $p < 0,001$) und die Markeneinstellung ($-0,29$; $p < 0,001$) aus. Die Angemessenheit der Unternehmensreaktion dagegen hat einen positiven Effekt auf die vermutete Kompetenz (0,18; $p < 0,001$), das vermutete Wohlwollen (0,65; $p < 0,001$) und die Markeneinstellung (0,30; $p < 0,001$). Die vermutete Kompetenz (0,25; $p < 0,001$) und das vermutete Wohlwollen (0,18; $p < 0,001$) haben einen positiven Einfluss auf die Markeneinstellung. Die vermutete Kompetenz (0,35; $p < 0,001$) und die Markeneinstellung (0,43; $p < 0,001$) wirken sich stark positiv auf die Kaufintention aus. Der positive Effekt des vermuteten Wohlwollens auf die Kaufintention dagegen ist sehr klein (0,07; $p < 0,05$). Dieses Ergebnis zeigt, dass das vermutete Wohlwollen als weiche Vertrauenskomponente für die Kaufentscheidung offensichtlich eine nur untergeordnete Rolle spielt. Zusätzlich zu den aufgestellten Hypothesen wurde im Rahmen der Analyse ein Zusammenhang zwischen der Attribution der Verantwortung und der Angemessenheit der Unternehmensreaktion ($-0,21$; $p < 0,001$) identifiziert. Dieses Ergebnis deutet darauf hin, dass bei einer Attribution der Verantwortung auf das Unternehmen jede Unternehmensreaktion als weniger angemessen empfunden wird, was erneut die Relevanz der Mitgliederreaktion zeigt, die durch eine Verteidigung des Unternehmens die Attribution der Verantwortung auf das Unternehmen abmildern kann.

6 Diskussion

Im vorliegenden Artikel wurde die Wirkung der Mitgliederreaktion (Grad an Übereinstimmung: Widerspruch, Zustimmung) und der Unternehmensreaktion (Grad an Verantwortungsübernahme: Rechtfertigung, Entschuldigung) auf ein negatives Kunden-Engagement (eWOM) auf Marken-Fanpages auf unbeteiligte Dritte analysiert und eine mögliche Interaktion untersucht. Zudem wurde die Anzahl der Mitgliederreaktionen mit in die Analyse einbezogen. Basierend auf den Ergebnissen lassen sich zahlreiche Implikationen ableiten.

Erstens zeigen die Ergebnisse, dass eine aktive Fan-Community, die sich bei kritischen Äußerungen auf der Marken-Fanpage für die Marke einsetzt und der Kritik widerspricht (geringe Übereinstimmung), die Attribution der Verantwortung für das geäußerte Problem auf das Unternehmen abschwächen kann, was sich positiv auf die vermutete Kompetenz, das vermutete Wohlwollen und die Markeneinstellung auswirkt. Die Fan-Community hat in dieser Hinsicht eine Art Schutzschild-Funktion. Unternehmen sollten deshalb darauf achten, dass die Fanpage-Community homogen um den Kern ihrer tatsächlichen Marken-Fans mit einer starken Markenbeziehung wächst. Von einem schnellen Mitglieder-Wachstum auf Marken-Fanpages z. B. über Gewinnspiele ist abzuraten. Mittels einer homogen gewachsenen Community kann sichergestellt werden, dass unter den Mitgliedern der Marken-Fanpage die tatsächlichen Marken-Fans in der Mehrzahl sind und bei aufkommender Kritik das Unternehmen verteidigen können. Eine solche Verteidigung von Mitgliedern ohne echte Eigeninteressen wirkt dabei viel glaubwürdiger als eine Selbstverteidigung durch das Unternehmen, dessen Subjektivität unstrittig ist. Der Schutz durch die eigenen Marken-Fans besteht zudem im Gegensatz zu einem „Monitoring" durch das Unternehmen selbst rund um die Uhr, da stets einige Mitglieder online sind, die das Unternehmen verteidigen und geäußerter Kritik widersprechen können.

Zweitens legen die Ergebnisse offen, dass der Effekt der Mitgliederreaktion auf die Attribution der Verantwortung auf das Unternehmen mit steigender Anzahl konsistenter Mitgliederreaktionen zunimmt. Entsprechend sollten sich Unternehmen um eine Fan-Basis kümmern, die groß genug ist, um ein ausreichende Anzahl an verteidigenden Kommentaren zu sichern. Die tatsächlichen Marken-Fans werden eine Art Selbstkontrolle hinsichtlich negativer Posts auf der Marken-Fanpage vornehmen, die das Unternehmen entlastet. Je größer dieser Kern an Marken-Fans ist, desto besser wird die Selbstkontrolle funktionieren und desto schneller wird das Unternehmen verteidigt werden.

Drittens belegen die Ergebnisse, dass eine Selbstverteidigung mittels einer Rechtfertigung (geringe Verantwortungsübernahme), mit der Unternehmen oftmals aus Angst vor negativen viralen Effekten auf Kritik reagieren, kontraproduktiv ist. Denn eine solche Selbstverteidigung verringert zwar leicht die Attribution der Verantwortung auf das Unternehmen, wird aber auch von unbeteiligten Beobachtern als unangemessen empfunden. Unternehmen sollten daher konsequent und im Einklang mit bisherigen Ergebnissen aus der Beschwerde- und der Krisenkommunikationsforschung dem Beschwerdeführer entgegenkommen und sich entschuldigen (hohe Verantwortungsübernahme). Dies gilt umso mehr, je stärker die Verantwortung für das wahrgenommene Problem von unbeteiligten Dritten auf das Unternehmen attribuiert wird. Viertens kann aus den Ergebnissen abgeleitet werden, dass eine Entschuldigung (hohe Verantwortungsübernahme) selbst dann die bessere Reaktion ist, wenn die Mitglieder der Marken-Fanpage durchwegs das Unternehmen verteidigen und so die Attribution der Verantwortung auf das Unternehmen abgeschwächt ist. Dieses Ergebnis ändert sich auch nicht durch eine größere Anzahl an verteidigenden Kommentaren.

Die Ergebnisse zeigen, dass auch in einem solchen Fall eine Entschuldigung (hohe Verantwortungsübernahme) von beobachtenden Dritten als positiver wahrgenommen wird und der negative Effekt einer höheren Attribution der Verantwortung durch die positive Wirkung der höheren Angemessenheit einer Entschuldigung (hohe Verantwortungsübernahme) überkompensiert wird. Entsprechend sollten sich Unternehmen bei Kritik stets entschuldigen (hohe Verantwortungsübernahme) und die Verteidigung (Widerspruch) den

Mitgliedern überlassen. Eine loyale Fan-Community wird dafür sorgen, dass die Reputation hinsichtlich der vermuteten Kompetenz erhalten bleibt. Gleichzeitig kann das Unternehmen durch eine Entschuldigung (hohe Verantwortungsübernahme) das in es gesetzte Vertrauen bestätigen, dass es ihm vor allem auf das Wohl der Kunden (Wohlwollen) ankommt.

Der Autor

Dr. Benedikt Jahn arbeitete in den Jahren 2007 bis 2012 als wissenschaftlicher Mitarbeiter am Institut für Marketing an der Ludwig-Maximilians-Universität München, wo er im Jahr 2013 mit der Arbeit „Kunden-Engagement auf Marken-Fanpages – Chancen, Erfolgsfaktoren und Herausforderungen für das Kundenbeziehungsmanagement" promoviert wurde. Im Anschluss arbeitete Herr Jahn an einer Studie zur Digital Readiness deutscher Unternehmen mit. Nach Abschluss dieses Projekts ist er seit Juli 2013 als Referent Marketing bei einem deutschen Premium-Automobilhersteller tätig.

Literatur

Ajzen, I., & Fishbein, M. (1980). *Understanding Attitudes and Predicting Social Behavior*. Englewood Cliffs: Prentice-Hall.

Banerjee, A. V. (1992). A Simple Model of Herd Behavior. *Quarterly Journal of Economics, 107*(3), 797–817.

Benoit, W. L. (1995). *Accounts, Excuses, and Apologies: A Theory of Image Restoration Strategies*. Albany: State University of New York Press.

Bies, R. J. (1987). The Predicament of Injustice: The Management of Moral Outrage. In L. L. Cummings, & B. M. Staw (Hrsg.), *Research in Organizational Behavior: An Annual Series of Analytical Essays and Critical Reviews* (Bd. 9, S. 289–319). Greenwich: Jai Press.

Bies, R. J., Shapiro, D. L., & Cummings, L. L. (1988). Causal Accounts and Managing Organizational Conflict: Is It Enough to Say It's Not My Fault? *Communication Research, 15*(4), 381–399.

Bobocel, D. R., & Zdaniuk, A. (2005). How Can Explanations Be Used to Foster Organizational Justice. In J. Greenberg, & J. A. Colquitt (Hrsg.), *Handbook of Organizational Justice* (S. 469–498). Mahwah: Lawrence Erlbaum.

Bonfrer, A. (2010). The Effects of Negative Word-of-Mouth in Social Networks. In S. Wuyts, M. G. Dekimpe, E. Gijsbrechts, & R. Pieters (Hrsg.), *The Connected Customer* (S. 307–336). New York: Taylor & Francis.

Boshoff, C., & Leong, J. (1998). Empowerment, Attribution and Apologising as Dimensions of Service Recovery. *International Journal of Service Industry Management, 9*(1), 24–47.

Bradford, J. L., & Garrett, D. E. (1995). The Effectiveness of Corporate Communicative Responses to Accusations of Unethical Behavior. *Journal of Business Ethics, 14*(11), 875–892.

Brady, M. K., Voorhees, C. M., Cronin, J. J., & Bourdeau, B. L. (2006). The Good Guys Don't Always Win: The Effect of Valence on Service Perceptions and Consequences. *Journal of Services Marketing, 20*(2), 83–91.

Brodie, R. J., Hollebeek, L. D., Juric, B., & Illic, A. (2011). Customer Engagement: Conceptual Domain, Fundamental Propositions, and Implications for Research. *Journal of Service Research, 14*(3), 252–271.

Brodie, R. J., Hollebeek, L. D., Juric, B., & Illic, A. (2013). Consumer Engagement in a Virtual Brand Community: An Exploratory Analysis. *Journal of Business Research, 66*(1), 105–114

Cásarez, N. B. (2002). Dealing with Cyber Smear: How to Protect Your Organization from Online Defamation. *Public Relations Quarterly, 47*(2), 40–45.

Clark, A. (2001). They Are Talking about You: Some Thoughts about Managing Online Commentary Affecting Corporate Reputation. *Journal of Communication Management, 5*(3), 262–276.

Colquitt, J. A., Scott, B. A., & LePine, J. A. (2007). Trust, Trustworthiness, and Trust Propensity: A Meta-Analytic Test of Their Unique Relationships with Risk Taking and Job Performance. *Journal of Applied Psychology, 92*(4), 909–927.

Conlon, D. E., & Murray, N. M. (1996). Customer Perceptions of Corporate Responses to Product Complaints: The Role of Explanations. *Academy of Management Journal, 39*(4), 1040–1056.

Conway, M., & DiFazio, R. (1990). Consensus and Causal Attributions for Negative Effect. *Journal of Social Psychology, 130*(3), 375–384.

Coombs, W. T. (1998). An Analytic Framework for Crisis Situations: Better Responses From a Better Understanding of the Situation. *Journal of Public Relations Research, 10*(3), 177–191.

Coombs, W. T. (2007). Protecting Organization Reputations During a Crisis: The Development and Application of Situational Crisis Communication Theory. *Corporate Reputation Review, 10*(3), 163–176.

Coombs, W. T., & Holladay, S. J. (2002). Helping Crisis Managers Protect Reputational Assets: Initial Test of the Situational Crisis Communication Theory. *Management Communication Quarterly, 16*(2), 165–186.

Davidow, M. (2003). Organizational Responses to Customer Complaints: What Works and What Doesn't. *Journal of Service Research, 5*(3), 225–250.

Dodds, W. B., Monroe, K. B., & Grewal, D. (1991). Effects of Price, Brand, and Store Information on Buyer's Product Evaluations. *Journal of Marketing Research, 28*(3), 307–319.

Escalas, J. E., & Stern, B. B. (2003). Sympathy and Empathy: Emotional Responses to Advertising Dramas. *Journal of Consumer Research, 29*(4), 566–578.

Facebook (2012). Retrieved 20.01.2012, 2012, from http://www.facebook.com

Folger, R., & Cropanzano, R. (1998). *Organizational Justice and Human Resource Management.* Thousand Oaks: SAGE.

Folkes, V. S. (1984). Consumer Reactions to Product Failure: An Attributional Approach. *Journal of Consumer Research, 10*(4), 398–409.

Folkes, V. S. (1988). Recent Attribution Research in Consumer Behavior: A Review and New Directions. *Journal of Consumer Research, 14*(4), 548–565.

Garbarino, E., & Johnson, M. S. (1999). The Different Roles of Satisfaction, Trust, and Commitment in Customer Relationships. *Journal of Marketing, 63*(2), 70–87.

Giulianotti, R. (2002). Supporters, Followers, Fans, and Flaneurs. A Taxonomy of Spectator Indentities in Football. *Journal of Sport & Social Issues, 28*(1), 25–46.

Göbel, F. (2012). Markenführung im Web 2.0: Empirische Erkenntnisse am Beispiel des Videoportals Youtube. Unpublished Dissertation. LMU München.

Grabs, A., & Bannour, K.-P. (2012). *Follow me! Erfolgreiches Social Media Marketing mit Facebook, Twitter und Co.* (2. Aufl.). Bonn: Galileo Press.

Griffin, M., Babin, B. J., & Attaway, J. S. (1996). Anticipation of Injurious Consumption Outcomes and its Impact on Consumer Attributions of Blame. *Journal of the Academy of Maketing Science, 24*(4), 314–327.

Hair, J. F., Sarstedt, M., Ringle, C. M., & Mena, J. A. (2012). An Assessment of the Use of Partial Least Squares Structural Equation Modeling in Marketing Research. *Journal of the Academy of Maketing Science, 40*(3), 414–433.

Hennig-Thurau, T., Gwinner, K., Walsh, G., & Gremler, D. (2004). Electronic Word-of-Mouth via Consumer-Opinion Platforms: What Motivates Consumers to Articulate Themselves on the Internet? *Journal of Interactive Marketing, 18*(1), 38–52.

Hennig-Thurau, T., Malthouse, E. C., Friege, C., Gensler, S., Lobschat, L., Rangaswamy, A., et al. (2010). The Impact of New Media on Customer Relationships. *Journal of Service Research, 13*(3), 311–330.

Hennig-Thurau, T., & Walsh, G. (2003). Electronic Word-of-Mouth: Motives for and Consequences of Reading Customer Articulations on the Internet. *International Journal of Electronic Commerce, 8*(2), 51–74.

Henseler, J., Ringle, C. M., & Sinkovics, R. R. (2009). The Use of Partial Least Squares Path Modeling in International Marketing. *Advances in International Marketing, 20*(1), 277–319.

Herzenstein, M., Dholakia, U. M., & Andrews, R. L. (2011). Strategic Herding Behavior in Peer-to-Peer Loan Auctions. *Journal of Interactive Marketing, 25*(1), 27–36.

Hilton, D. J., & Jaspers, J. M. F. (1987). The Explanation of Occurrences and Nonoccurrences: A Test of the Inductive Logic Model of Causal Attribution. *British Journal of Social Psychological Society, 26*(3), 189–201.

Hollenbeck, C. R., & Zinkhan, G. M. (2006). Consumer Activism on the Internet: The Role of Anti-Brand Communities. *Advances in Consumer Research, 33*(1), 479–485.

Homburg, C., & Fürst, A. (2007). See no Evil, Hear no Evil, Speak no Evil: A Study of Defensive Organizational Behaviour towards Customer Complaints. *Journal of the Academy of Marketing Science, 35*(4), 523–536.

Hung, K., Li, S. Y., & Tse, D. K. (2011). Interpersonal Trust and Platform Credibility in a Chinese Multibrand Online Community. *Journal of Advertising, 40*(3), 99–112.

Jahn, B. (2014). *Kunden-Engagement auf Marken-Fanpages – Chancen, Erfolgsfaktoren und Herausforderungen für das Kundenbeziehungsmanagement.* Schriftenreihe Schwerpunkt Marketing, Bd. 81. München: FGM Verlag, Verlag der Fördergesellschaft Marketing e. V.

Jorgensen, B. K. (1996). Components of Consumer Reaction to Company-Related Mishaps: A Structural Equation Model Approach. *Advances in Consumer Research, 23*(1), 346–351.

Kantsperger, R., & Kunz, W. H. (2010). Consumer Trust in Service Companies: A Multiple Mediating Analysis. *Managing Service Quality, 20*(1), 4–25.

Kelley, H. H., & Michela, J. L. (1980). Attribution Theory and Research. *Annual Review of Psychology, 31*(1), 457–501.

Köhler, T. (2008). Gefahrenzone Internet. Die Rolle der Online-Kommunikation bei der Krisenbewältigung. In T. Nolting, & A. Thießen et al. (Hrsg.), *Krisenmanagement in der Mediengesell-*

schaft. Potenziale und Perspektiven der Krisenkommunikation (S. 233–252). Wiesbaden: VS Verlag für Sozialwissenschaften.

Laczniak, R. N., DeCarlo, T. E., & Ramaswami, S. N. (2001). Consumers' Responses to Negative Word-of-Mouth Communication: An Attribution Theory Perspective. *Journal of Consumer Psychology, 11*(1), 57–73.

Lapinski, M. K., & Rimal, R. N. (2005). An Explication of Social Norms. *Communication Theory, 15*(2), 127–147.

Lee, B. K. (2005). Hong Kong Consumers' Evaluation in an Airline Crash – a Path Model Analysis. *Journal of Public Relations Research, 17*(4), 363–391.

Lee, M. K. O., & Turban, E. (2001). A Trust Model for Consumer Internet Shopping. *International Journal of Electronic Commerce, 6*(1), 75–91.

Lee, Y. L., & Song, S. (2010). An Empirical Investigation of Electronic Word-of-Mouth: Informational Motive and Corporate Response Strategy. *Computers in Human Behavior, 26*(5), 1073–1080.

Leistner, A. (2010). Fans und Gewalt. In J. Roose, M. S. Schäfer, & T. Schmidt-Lux (Hrsg.), *Fans: Soziologische Perspektiven* (S. 249–279). Wiesbaden: Springer.

Lewis, L. A. (1992). *The Adoring Audience: Fan Culture and Popular Media*. London, New York: Routledge.

Luhmann, N. (1968). *Vertrauen: Mechanismus der Reduktion Sozialer Komplexität*. Stuttgart: Lucius & Lucius.

Mattila, A. S. (2006). The Power of Explanations in Mitigating the Ill-Effects of Service Failures. *Journal of Services Marketing, 20*(6/7), 422–428.

Mayer, R. C., & Gavin, M. B. (2005). Trust in Management and Performance: Who Minds the Shop while the Employees Watch the Boss? *The Academy of Management Journal, 48*(5), 874–888.

Mayer, R. C., Davis, J. H., & Schoorman, F. D. (1995). An Integrative Model of Organizational Trust. *The Academy of Management Review, 20*(3), 709–734.

Munzel, A. (2012). Essay on Determinants and Consequences of Electronic Word of Mouth via Consumer Online Reviews. Unpublished Dissertation. LMU München.

Orvis, B. R., Cunningham, J. D., & Kelley, H. H. (1975). A Closer Examination of Causal Inference: The Roles of Consensus, Distinctiveness, and Consistency Information. *Journal of Personality and Social Psychology, 32*(4), 605–616.

Park, W. C., MacInnis, D. J., Priester, J., Eisingerich, A. B., & Iacobucci, D. (2010). Brand Attachment and Brand Attitude Strength: Conceptual and Empirical Differentiation of Two Critical Brand Equity Drivers. *Journal of Marketing, 74*(6), 1–17.

Pham, M. T., & Avnet, T. (2009). Rethinking Regulatory Engagement Theory. *Journal of Consumer Psychology, 19*(2), 115–123.

Richins, M. L. (1984). Word of Mouth Communication as Negative Information. *Advances in Consumer Research, 11*(1), 687–702.

Ringle, C. M., Wende, S., & Will, S. (2005). *SmartPLS 2.0 (M3) Beta*. http://www.smartpls.de

Rousseau, D. M., Sitkin, S. B., Burt, R. S., & Camerer, C. (1998). Not so Different after all: A Cross-Discipline View of Trust. *Academy of Management Review, 23*(3), 393–404.

Sandvoss, C. (2005). *Fans. The Mirror of Consumption*. Cambridge: Polity Press.

Shapiro, D. L., Buttner, E. H., & Barry, B. (1994). Explanations: What Factors Enhance Their Perceived Adequacy? *Organizational Behavior & Human Decission Processes, 58*(3), 346–368.

Singh, S., & Sonnenburg, S. (2012). Brand Performances in Social Media. *Journal of Interactive Marketing*, *26*(4), 189–197.

Sirdeshmukh, D., Singh, J., & Sabol, B. (2002). Consumer Trust, Value, and Loyalty in Relational Exchanges. *Journal of Marketing*, *66*(1), 15–37.

Snyder, C. R., Higgins, R. L., & Stucky, R. J. (1983). *Excuses: Masquerades in Search of Grace*. New York: Wiley.

Sparks, B., & Fredline, L. (2007). Providing an Explanation for Service Failure: Context, Content, and Customer Responses. *Journal of Hospitality & Tourism Research*, *31*(2), 241–260.

Spence, M. (1973). Job Market Signalling. *The Quarterly Journal of Economics*, *87*(3), 355–374.

van Doorn, J., Lemon, K. N., Mittal, V., Nass, S., Pick, D., Pirner, P., et al. (2010). Customer Engagement Behavior: Theoretical Foundations and Research Directions. *Journal of Service Research*, *13*(3), 253–266.

van Laer, T., & de Ruyter, K. (2010). In Stories We Trust: How Narrative Apologies Provide Cover for Competitive Vulnerability after Integrity-Violating Blog Posts. *International Journal of Research in Marketing*, *27*(2), 164–174.

Vázquez-Casielles, R., Suárez, Á. L., & Díaz, M. A. M. (2010). Perceived Justice of Service Recovery Strategies: Impact on Customer Satisfaction and Quality Relationship. *Psychology & Marketing*, *27*(5), 487–509.

Verhoef, P. C., Reinartz, W. J., & Krafft, M. (2010). Customer Engagement as a New Perspective in Customer Management. *Journal of Service Research*, *13*(3), 247–252.

Vivek, S. D., Beatty, S. E., & Morgan, R. M. (2012). Customer Engagement: Exploring Customer Relationships Beyond Purchase. *Journal of Marketing Theory and Practice*, *20*(2), 127–145.

Ward, J. C., & Ostrom, A. L. (2006). Complaining to the Masses. The Role of Protest Framing in Customer-Created Complaint Web Sites. *Journal of Consumer Research*, *33*(2), 220–230.

Weiner, B. (1986). *An Attributional Theory of Motivation and Emotion*. Berlin: Springer.

Weiner, B. (2000). Attributional Thoughts about Consumer Behavior. *Journal of Consumer Research*, *27*(3), 382–387.

Du bist, was Du misst

Kennzahlenbasierte Erfolgsmessung und erweiterte qualitative Erkenntnisgenerierung durch Social Media-Marktforschung

Rochus Landgraf und Martin Feldkircher

Zusammenfassung

In Zeiten, in denen kolportiert wird, dass „alles problemlos messbar ist", verschwindet häufig der Blick für die tatsächliche Realität in Form des Aufwandes, der dafür nötig ist. Sei es Vorbereitung von Messungen, Entwicklung von Instrumentarien, Technik und Technologie oder reine Arbeitskraft. Dazu kommt, dass die Messung von „Allem" per se nicht sinnvoll ist, sondern die Wahl dessen entscheidend, was letztlich Sinn stiftet und so zum Unternehmenserfolg beiträgt.

Im ersten Teil des vorliegenden Artikels wird auf die strukturierte und geplante kennzahlenbasierte Erfolgsmessung von Marketingmaßnahmen eingegangen. Dies umfasst die zielgerichtete Auswahl und Entwicklung von Kennzahlen sowie deren primär quantitative Messung. Im zweiten Teil verschiebt sich der Fokus auf primär qualitative Analysen und Analyseformen im Social Media-Feld, die durch geeignete Beispiele und Erfahrungen illustriert werden.

Gesamt gesehen, werden zwei stark unterschiedliche Welten miteinander verzahnt, die im Sinne eines wirkungsvollen Marketingcontrollings sowie der Optimierung von Markenkommunikation und -entwicklung idealerweise zusammen realisiert werden sollten.

1 Kennzahlenbasierte Erfolgsmessung

Das Zitat *„You can't manage what you don't measure"* wird einer Reihe von Autoren zugeschrieben – Edwards Demming, Peter Drucker, Robert Kaplan & David Norton, ja sogar Lord Kelvin. Von unzähligen Management-Leitfäden und Beratern zu Eigen gemacht, hat sich das Zitat inzwischen verselbständigt. Es gibt kaum eine Publikation zum Thema Controlling, die auf dieses Mantra verzichtet. Erfolgsmessung ist daher kein optionaler, sondern immer ein integraler Bestandteil von Marketingmaßnahmen (Broadbent

Rochus Landgraf ✉ · Martin Feldkircher
Frankfurt, Deutschland
e-mail: rochus.landgraf@ogilvy.com, martin.feldkircher@ogilvy.com

© Springer Fachmedien Wiesbaden 2016
S. Regier et al. (Hrsg.), *Marken und Medien*, DOI 10.1007/978-3-658-06934-6_22

2012, S. 16). Ohne Evaluation der Effektivität sind wir nicht in der Lage, den jeweiligen Mitteleinsatz zu rechtfertigen. Es werden weder Belege für den Erfolg von Kampagnen an sich generiert, noch werden Erkenntnisse aufgebaut, die es ermöglichen, die aktuelle Kampagne sowie zukünftige Marketingmaßnahmen zu optimieren. Kampagnen-Controlling ist daher in der Planung immer sowohl zeitlich als auch budgetär entsprechend zu berücksichtigen.

In den letzten Jahren hat sich jedoch der Schwerpunkt der Diskussion fundamental verschoben. Heute ist es aufgrund der Vielzahl an verfügbaren Datenquellen weniger die Frage, ob überhaupt gemessen wird, sondern vielmehr was sinnvoll ist. Nur weil etwas messbar ist, bedeutet das nicht, dass es auch gemessen werden sollte (Schachter 2013). In unserer digitalen Welt, in der Konsumenten – gewollt oder ungewollt – an vielen verschiedenen Berührungspunkten mit der Marke Spuren hinterlassen, ist der Marketingverantwortliche aufgrund der Unmenge relativ leicht verfügbarer Kennzahlen häufig überfordert. Daher gilt heute mehr denn je: „Measure what matters" (Maex 2012, S. 159). Die zentrale Herausforderung für die Erfolgsmessung besteht in der Tat genau diejenigen Kennzahlen zu identifizieren, die am besten geeignet sind, die Wirksamkeit der durchgeführten Marketingmaßnahmen abzubilden. Mit der Definition von Kennzahlen geht daher im Rahmen der Erfolgsmessung von Marketingmaßnahmen immer auch eine Priorisierung einher. Diese sollte zielorientiert und nachvollziehbar strukturiert sein. Kennzahlen sind ohne Einordnung in Kampagnenziele lediglich reines Zahlenwerk.

Im Folgenden stellen wir ein Modell zur kennzahlenbasierten Erfolgsmessung dar, mit dem wir bei Ogilvy & Mather das Controlling von Marketingmaßnahmen planen. Der Ansatz strukturiert die Auswahl und Priorisierung von sinnvollen Kennzahlen für eine Marketingkampagne, da er einen relevanten Kennzahlenkontext schafft. Alle Maßnahmen können dadurch konsequent im Hinblick auf priorisierte Business- und Kommunikationsziele bewertet werden.

Durch das Aufsetzen eines solchen Measurement Frameworks wird die Erfolgsmessung selbst nicht zwangsläufig komplexer. Der Aufwand für die frühzeitige Entwicklung eines Planes zur Erfolgsmessung deutlich vor Start der Kampagne lohnt sich aus unserer Sicht immer – selbst bei einer minimalen Ausführung.

Dabei differenzieren wir grundsätzlich zwischen drei Arten von Kennzahlen, die im Rahmen der Erfolgsmessung von Marketingmaßnahmen zu definieren sind:

1. Geschäftskennzahlen,
2. Reaktionskennzahlen,
3. Kanalkennzahlen.

1.1 Geschäftskennzahlen

Trotz aller übrigen kommunikativen Ziele müssen Marketingmaßnahmen letztlich für Unternehmen immer auch wertsteigernd wirken. Die Geschäftskennzahlen (oder auch „Business Metrics") stellen daher die Messung des Einflusses von Kommunikationsmaßnahmen

Return on Investment	Kapitalrendite gemessen am Gewinn im Verhältnis zum eingesetzten Kapital
Umsatzwachstum	Steigerung des Umsatzes, der durch eine Kampagne erzielt wird
Gewinn	Umsatz abzüglich Kosten
Brand Equity Value	Markenwert
Customer Lifetime Value	Deckungsbeitrag realisiert über gesamtes „Kundenleben", diskontiert auf den Betrachtungszeitpunkt
Share of Wallet	% Ausgaben für Marke, bezogen auf alle Ausgaben, die der Konsument innerhalb der (Produkt-)Kategorie tätigt
Anzahl Neukunden	Anzahl durch die Kampagne generierte Erstkäufer der Marke
Anzahl qualifizierter Leads	Anzahl neuer Interessenten, die definierte Kriterien erfüllen
Cost per Acquisition	Durchschnittliche Kosten pro generiertem Kunden/Kauf
Retention Rate	% Kunden, die nach Kampagnenende noch Kunde bzw. Wiederkäufer sind

Abb. 1 Beispiele für Geschäftskennzahlen

auf die übergeordneten Geschäftsziele in den Mittelpunkt. Diese Kennzahlen sind die ultimativen Indikatoren, an denen Erfolg oder Misserfolg einer Maßnahme festgemacht werden. Damit beziehen sich die Geschäftskennzahlen immer direkt auf das strategische Ziel einer Kampagne.

Zentrale Voraussetzung für die Definition der Geschäftskennzahlen ist es, zuvor das wirkliche Anliegen und Problem zu identifizieren, das durch Marketingmaßnahmen gelöst werden soll – und zwar explizit aus der Business-Perspektive. Wenn klar ist, dass es ein Geschäftsziel gibt, auf das die zu messenden Maßnahmen einzahlen sollen, dann muss auch oberste Priorität der Erfolgsmessung sein, das Erreichen dieses Ziels nachzuhalten.

Wie das übergeordnete Geschäftsziel der Marketingmaßnahme sollte der Fokus der Geschäftskennzahl immer auf einen konkreten für das Unternehmen wertbildenden Aspekt abzielen. Typische Geschäftskennzahlen sind daher Kennzahlen wie in Abb. 1 dargestellt.

Hilfreich ist die Konzentration auf lediglich eine einzige Kennzahl. Prinzipiell können natürlich mehrere Geschäftskennzahlen zur Erfolgsmessung definiert werden – allerdings erschwert dies eine spätere eindeutige Bewertung der Effektivität von Kampagnen, sollten nicht alle Kennzahlen die angestrebten Ziele erreichen.[1]

Die Auswahl einer angemessenen Geschäftskennzahl hängt immer direkt von der Zielformulierung ab. Umso genauer das übergeordnete Geschäftsziel einer Kampagne formuliert ist, desto leichter gelingt in der Regel auch die Definition der Kennzahl. Ein Ziel muss sich von einer reinen Absichtsbekundung abheben, es muss mehr sein als eine grob umrissene Mission oder Bestrebung. Die Zielformulierung sollte daher bestimmte Kriterien erfüllen. Die inzwischen am weitesten verbreitete stammt in ihrer ursprünglichen Form von Doran (1981). Ziele sollen demnach spezifisch (specific), messbar (measureable), zuordenbar (assignable), realistisch (realistic) und terminiert (time related) – kurz: SMART – sein. Auch wenn die Akronymauflösung inzwischen etliche Variationen erfahren hat, geblieben ist die Anforderung an klar definierte überprüfbare Ziele. Überprüfbar wird das Ziel dabei nur, wenn mit dem Ziel auch ein Bezugswert oder „Benchmark" verknüpft ist.

Wie können Benchmarks erstellt werden?[2]

Das Ziel „Erhöhung der Anteile im Premiumsegment bis Ende 2014 um 6 % im Vergleich zum Vorjahr durch Einführung des neuen Produkts X und Konvertierung bisheriger Nutzer von Produkt Y des Wettbewerbers" enthält beispielsweise alle wesentlichen Bestandteile einer Zielformulierung. Eine entsprechende Kennzahl lässt sich leicht ableiten, da diese bereits implizit im Ziel enthalten ist: „Marktanteil in der Produktkategorie Z".

Ist jedoch das zu erfüllende Geschäftsziel nicht eindeutig spezifiziert, besteht Interpretationsspielraum für die Operationalisierung der Kennzahl. Ein Ziel wie „Erhöhung Privatkredite" etwa ist suboptimal formuliert, da wesentliche Zielelemente unklar sind. Soll beispielsweise das Kreditvolumen oder die Anzahl Kreditnehmer gesteigert werden? Sollen die Privatkredite bei bestehenden Kunden erhöht werden oder vorwiegend durch Neukundenakquisition? Bei welcher Menge an Privatkrediten ist das Ziel erreicht?

In der Praxis ist häufig die Definition einer geeigneten Geschäftskennzahl bereits der „Test" auf Messbarkeit – und damit die Herausforderung, gegebenenfalls die Zielformulierung zu schärfen. Grundsätzlich gilt dies für alle Ziele, die einer Erfolgsmessung zugrunde

---

[1] Wir empfehlen in Fällen, in der verschiedene Dimensionen des Erfolgs durch unterschiedliche Geschäftskennzahlen abgebildet werden sollen, deren Einzelwerte zu einem Score zu verdichten. Dieser Score repräsentiert die zentrale Geschäftskennzahl für die Marketingmaßnahme.

[2] Es bestehen grundsätzlich zwei Wege, um Benchmarks zu erhalten – aus externen Quellen oder auf Basis eigener Daten (Maex 2012, S. 163). Naheliegend ist natürlich der Vergleich zur eigenen Performance über die Zeit. Liegen keine Vergleichswerte vor, kann dies bedeuten, dass vor dem Start der Kampagne eine sogenannte „Nullmessung" durchgeführt werden muss. Diese Messung repräsentiert dann den Ausgangspunkt der Messung – und damit den „Referenz"-Zustand vor dem Start einer Kampagne, deren Einfluss auf die Konsumenten zu einem späteren Zeitpunkt durch die eigentliche Messung abgebildet werden soll. Externe Datenquellen können vielfältig sein – sowohl was Beschaffung als auch was die Kosten angeht, z. B. von frei verfügbaren Best Practices bzw. Whitepapers über kostenpflichtige Benchmarkstudien bis hin zur Durchführung von Marktforschung.

liegen. So auch für die Ziele, die mit den Reaktionskennzahlen verknüpft und im Folgenden beschrieben sind.

1.2 Reaktionskennzahlen

Reaktionskennzahlen (oder auch „Response Metrics") messen den Einfluss von Marketingmaßnahmen auf das Verhalten bzw. die Einstellungen der Konsumenten. Bevor Maßnahmen wertsteigernd sein können, müssen entlang der Customer Journey Barrieren überwunden bzw. Treiber verstärkt werden. Zunächst komplett medienunabhängig.

Auch wenn es idealerweise angestrebt werden sollte, ist es bei den Geschäftskennzahlen in der Regel schwierig, die Kausalität zwischen Kampagnen- und Geschäftsergebnissen festzuhalten. Aus diesem Grund ist es sinnvoll, die übergeordneten Kampagnenziele in einzelne Ziele zu untergliedern, die direkt durch die Kampagne ausgelöste Einstellungs- oder Verhaltensänderungen auf Seiten des Konsumenten fokussieren. Durch Erreichen dieser Konsumentenziele wird erst das übergeordnete strategische Ziel der Kampagne erreicht.

Reaktionskennzahlen beziehen sich direkt auf konsumentenbezogene Ziele und messen, ob sich durch die Maßnahmen das Verhalten bzw. die Einstellungen beim Konsumenten tatsächlich wie geplant verändern. Wir bezeichnen diese Ziele als „Desired Responses", wobei es hilfreich ist, diese immer aus Konsumentensicht zu formulieren. Idealerweise wird auch hier auf jeweils eine einzige Kennzahl pro Ziel fokussiert.

Es ist förderlich, wenn sich diese konsumentenbezogenen Kampagnenziele an einer Customer Journey mit zeitlich aufeinander folgenden Phasen orientieren. In der einfachsten Form kann beispielsweise ein Werbewirkungs-Prinzip wie das AIDA-Modell als Basis für die untergeordneten Kampagnenziele herangezogen werden: Attention (Aufmerksamkeit), Interest (Interesse), Desire (Verlangen) und Action (Handlung). Zentraler Gedanke bei diesen Kampagnenzielen ist, dass alle Maßnahmen der Kampagne den Konsumenten in den Mittelpunkt stellen und damit konsumentenzentriert sind.

Allerdings müssen diese Ziele nicht zwingend sequenziell sein, also im Rahmen der Customer Journey ausnahmslos zeitlich aufeinander folgend erreicht werden. Eine solche lineare Customer Journey ist idealtypisch, allerdings aus Perspektive der Modellierung meist hinreichend pragmatisch. Bei Ogilvy & Mather nutzen wir eine Strukturierung der „Desired Responses", die diesem Umstand Rechnung trägt:

1. Awareness: Wie kann man emotionale Motivlagen so ansteuern, dass eine möglichst hohe psychologische Belohnung entsteht?
2. Argumentation: Wie kann man die der Belohnung gegenüber stehenden Strafen oder Hürden beantworten?
3. Auslösung: Wie kann man den konkreten Kaufakt auslösen, welche konkreten Impulse braucht es, welche Hürden müssen beseitigt werden etc.?
4. Akzeptanz: Wie kann man die soziale Verkehrsfähigkeit sicherstellen?

	Brand Awareness	% gestützte / ungestütze Bekanntheit einer Marke
ATTENTION	Brand Attributes	% Konsumenten, die einer Marke bestimmte Eigenschaften wie Glaubwürdigkeit, Vertrauen etc. zuschreiben
	Brand Biometrics	Metriken, die unterbewusste Reaktionen auf eine Marke messen (Eye tracking, Hautfeuchtigkeit etc.)
INTEREST	Search Volume	Anzahl Suchanfragen mit markenbezogenen Keywords auf Google
	Brand Consideration	% Konsumenten, für die Kauf von Marke in Frage kommt
	Website Visits	Anzahl Besucher der Website der Marke
	Facebook Fans	Anzahl Personen, die Markenseite auf Faceboook „liken"
DESIRE	Content Consumption	% Besucher Website mit Download eines White Papers
	Kundenberatung	Anzahl Beratungsgespräche am PoS
	Conversion Basket Case	% Besucher der Website, die Produkte in den Warenkorb legen
	Registration	Anzahl Konsumenten, die den Newsletter der Marke abonnieren
ACTION	Conversion Rate	% Besucher die Website, die einen Kauf durchführen
	Coupon Redemption	Anzahl eingelöster Coupons
	Lead Generation	Anzahl neuer Leads
	Basket Size	Durchschnittliche Bonhöhe pro Einkaufsakt

Abb. 2 Beispiele fürReaktionskennzahlen

Beispiele für typische Reaktionskennzahlen sind Kennzahlen wie in Abb. 2 dargestellt.

Ein ganz konkretes Beispiel für die Ableitung von Reaktionskennzahlen entlang der Customer Journey könnte, wie in Abb. 3, gezeigt aussehen (Körperpflegeprodukt für Zielgruppe 50+).

Reaktionskennzahlen bilden zusammen mit den Geschäftskennzahlen die strategische Erfolgsmessung der Marketingmaßnahme. Das hieraus generierte Kennzahlenset stellt diejenigen Key Performance Indicators (kurz: KPIs) dar, auf die sich Entscheider bei der Bewertung primär fokussieren sollten.

1.3 Kanalkennzahlen

Im Vergleich zu den Geschäfts- und Reaktionskennzahlen haben die Kanalkennzahlen (oder auch „Channel Metrics") einen stärker operativen Charakter. Mit diesem dritten Kennzahlentyp wird gemessen, wie gut die konkrete Umsetzung innerhalb der einzelnen Kommunikationskanäle bzw. eingesetzten Medien funktioniert. Die Erfolgsmessung ist daher eher taktisch zur Diagnose und Optimierung der Marketingmaßnahmen ausgerichtet.

„DESIRED RESPONSE"	REAKTIONSKENNZAHL & ERHEBUNGSMETHODE	4A
„Ich kann auch noch mit 50 großartig aussehen."	% Zustimmung zur Aussage: „Echte Schönheit ist unabhängig vom Alter." Befragung Zielgruppe	**EMOTION** — **Awareness** Wie kann man emotionale Motivlagen so ansteuern, dass eine möglichst hohe psychologische Belohnung entsteht?
„Wow! Das neue Produkt der Marke behandelt älterere Haut tatsächlich ganz anders."	Anzahl positiver Produktnennungen in den 20 wichtigsten nationalen Mediatiteln Eigener Research	**RATIONALISM** — **Argumentation** Wie kann man die der Belohnung gegenüber stehenden Strafen oder Hürden beantworten?
„Die Marke scheint toll zu sein. Ich werde sie mal ausprobieren."	% Produktkäufe durch Neukunden Haushaltspanel	**ACTIVATION** — **Auslösung** Wie kann man den konkreten Kaufakt auslösen, welche konkreten Impulse braucht es, welche Hürden müssen beseitigt werden etc.?
„Die Marke hat mich überzeugt - das teile ich auch gerne mit meinen Freunden."	Total positive voice volume Social Listening	**CONNECTIVITY** — **Akzeptanz** Wie kann man die soziale Verkehrsfähigkeit sicherstellen?

(Linke Achse: CUSTOMER JOURNEY)

Abb. 3 Beispiel Customer Journey

Für die Festlegung von Kanalkennzahlen ist es zwingend notwendig zu wissen, welche Kanäle oder Medien im Marketing-Mix der Kampagne eingesetzt werden. Die Auswahl der Kanäle sollte ausschließlich davon getrieben sein, ob sie geeignet sind, die intendierte Einstellungs- oder Verhaltensänderungen auf Seiten des Konsumenten zu erreichen – und damit auch das übergeordnete Geschäftsziel. Unerheblich ist in diesem Zusammenhang, ob die Kanäle schon immer im Marketing-Mix eingesetzt wurden oder ob es als zeitgemäß betrachtet wird, sie einzusetzen (Broadbent 2012, S. 14). Die Entscheidung, welches die relevantesten und geeignetsten Kanäle sind, ist im Vorfeld zu planen. Wir nennen dies bei Ogilvy & Mather „Communication Blueprint". Dies ist kein finaler Media-Plan, sondern die Antwort auf die Frage, welche Aufgabe die einzelnen Kampagnenkanäle im Rahmen der Kampagne besitzen. Sprich: Auf welche Ziele jeder Kanal einzahlt. Dadurch wird die Entscheidung für oder gegen Kanäle gleichzeitig transparent und nachvollziehbar.

Kanalkennzahlen sind für jeden der eingesetzten Kanäle zu bestimmen. Trotz der Konvergenz der Medien – also dem Verschwimmen der Grenzen zwischen den einzelnen im Rahmen der Kampagne eingesetzten Kanälen – ist die kanalspezifische Messung notwendig. Nur so können konkrete Optimierungspotenziale identifiziert werden.

In Abb. 4 sind Beispiele für Kanalkennzahlen hinsichtlich ausgewählter Kanäle dargestellt.

TV / PRINT	Gross Rating Points (GRP)	Netto-Reichweite innerhalb der Zielgruppe in % x durchschnittliche Kontaktfrequenz x 100
	Advertising Awareness Rate	% gestützte / ungestützte Werbeerinnerung
	Message Recall Rate	% Konsumenten mit korrekt erinnerten Hauptaussagen der Werbeinhalte
	Call-to-Action Rate	% Konsumenten, die aufgrund der Kampagne eine der intendierten Aktivitäten durchgeführt haben
	Change Perception Rate	% Konsumenten, bei denen eine intendierte Einstellungsänderung stattgefunden hat
EVENT	Un- / Prompted Recall of Events	% Kenntnis bzw. Erinnerung an Event innerhalb der Zielgruppe
	Number of Event Attendees	Anzahl Personen, die an einem Marken-Event teilnehmen
	Lead Conversion	% Event-Teilnehmer mit konkretem Produktinteresse
	Event Satisfaction	ø Zufriedenheit der Teilnehmer über verschiedene Dimensionen (Qualität Vorträge, Veranstaltungsort, Organisation etc.)
POS / POP	Zufriedenheit mit Beratung durch Mitarbeiter	% sehr mit Beratung zufriedene Kunden auf Basis von Befragung am POS / POP (In-Store Perception Studies)
	Pro-aktive Beratung durch Mitarbeiter	Ergebnisse Mystery Shopping / In-Store Observation
	Offline Purchase Rate	% aller angeschriebenen Kunden, die einen Kauf am POS mit Coupon getätigt haben
FORUMS / BLOGS	Conversation Volume	Anzahl Beiträge in Foren, Blogs etc., in denen eine Marke / Produkt erwähnt wird
	Share of Conversation	% Beiträge, in denen Marke / Produkt erwähnt wird – bezogen auf alle Beiträge innerhalb der Produktkategorie (also inklusive der Beiträge, in denen auch die Wettbewerber erwähnt werden)
	Brand Sentiment	% positive (neutrale / negative / gemischte) Marken- / Produkt-Nennungen
	Share of positive Conversation	% positive Marken-Beiträge – bezogen auf alle positiven Beiträge in der Kategorie
	Share of Voice	% Beiträge nach Quellen (Twitter, Facebook, Blogs, Foren etc.)
FACEBOOK	Site Likes	Anzahl an „Fans" der Facebook-Seite
	Total Reach	Anzahl der Personen, die mit Inhalten der Facebook-Seite konfroniert wurden (neben Posts, Likes, Kommentaren z.B. auch mit Facebook Ads, welche auf die Facebook-Seite verweisen)
	Engagement Rate	% Personen, die mit einem Post interagieren (Comment / Like / Share / Link Click etc.) bezogen auf die Reichweite des Posts
SEARCH	Pages Indexed	% aller Webseiten, die durch eine Suchmaschine indiziert wurden
	Abdeckung Keywords in Suchergebnissen	% Targeted Keywords auf Seite 1 der Suchergebnisse – bezogen auf alle Targeted Keywords
	Click Rate	% Klicks bezogen auf Targeted Keywords
	Branded Keyword Searches	# Google-Suchen mit Markenbezug
WEBSITES	Visits / Unique Visitors / Returning Visitors	Anzahl Besuche / Besucher / wiederkehrende Besucher auf der Website (Landing Page, Mobile Site etc.)
	Time Spent	ø Länge des Besuchs auf der Website
	Bounce Rate	% Besuche mit nur einem einzigen Seitenaufruf
	Conversion Rate	% Besuche mit PDF Download / Coupon Download / Registrierung / Shop-Besuch / Kauf ...
	Video Views	Anzahl Videos angeschaut (Start / <50% / komplett angeschaut)
	Social Sharing	Anzahl Shares / Likes auf Website
DIRECT MARKETING	Delivery Rate	% E-Mail-Empfänger
	Bounce Rate	% Mails, die nicht zugestellt werden konnten
	Open Rate	% E-Mail-Empfänger, die Newsletter nicht öffnen
	Click-Through Rate	% E-Mail-Empfänger, die auf Kampagnenseite durchklicken
	Click-to-Open Rate	% E-Mail-Öffner, die auf Kampagnenseite durchklicken
	Response Rate	% angeschriebene Personen, die auf Call-to-Action reagieren
	Mailing Trash Rate	% angeschriebene Personen, die Mailing ungelesen wegwerfen

Abb. 4 Beispiele für Kanalkennzahlen

Während bei Geschäfts- und Reaktionskennzahlen pro Ziel lediglich eine zentrale Kennzahl zur Erfolgsmessung fokussiert werden sollte, macht es bei den Kanalkennzahlen hochgradig Sinn, mehrere Metriken pro Kanal zu überwachen. Da nicht Erfolgsbewertung, sondern Kanalperformance und deren Diagnose im Mittelpunkt stehen, ist hier keine extreme Einschränkung notwendig. Aber auch hier gilt: Weniger ist mehr! Zur grundsätzlichen Erhebung kommen zusätzliche Kanalspezifika, die die Verfügbarkeit von Kennzahlen stark einschränken bzw. erst ermöglichen. Ein Beispiel etwa ist Facebook, das über seine Insights mittlerweile eine Vielzahl hilfreiche Kennzahlen bereitstellt.

Details zum Vorgehen bei einer Detailpriorisierung der Kanalkennzahlen

▶ Es bietet sich an, innerhalb den Kanalkennzahlen eine weitere Priorisierung einzuführen – zwischen Key Performance Indicators (KPI) und rein diagnostischen Metriken (auch: Action Learning Indicators). Das Management-Reporting und die damit verknüpfte Erfolgsstory fokussiert dabei immer die KPIs. Die diagnostischen Metriken helfen, ein besseres Verständnis darüber zu ermöglichen, warum die KPIs so verlaufen, wie sie es tun (Maex 2012, S. 163 f). Diagnostische Metriken können dabei Differenzierungen von KPIs sein (z. B. nach Produkten, Zielgruppen, geographischen Einheiten), aber auch völlig neue Kennzahlen. Bei der Aufstellung von Kennzahlensystemen flankieren wir KPIs immer mit diesen diagnostischen Metriken. Im Rahmen des Kennzahlen-Monitoring werden diese herangezogen, um die Interpretation der KPIs fachlich zu unterfüttern.

1.4   Measurement Framework und Measurement Plan

Das Measurement Framework für Marketingmaßnahmen untergliedert in Geschäfts-, Reaktions- und Kanalkennzahlen kann grundsätzlich in einen strategischen sowie operativen Teil unterteilt werden. Die Zuordnung von Kennzahlen zu Zielen steht dabei im Mittelpunkt. Die Frage nach den konkreten Zielen der Marketingkampagne ist dabei keineswegs trivial, denn deren Spezifizierung und Priorisierung sind erfolgskritisch.

Komplett sieht ein Measurement Framework wie in Abb. 5 gezeigt aus.

Diese Kennzahlenstruktur ist jedoch nicht bereits das vollständige Messkonzept. Das Framework fokussiert zwar, was gemessen wird, aber nicht wie die Kennzahlen konkret erhoben und berichtet werden sollen. Sie stellt allerdings den perfekten Ausgangspunkt dar, um den konkreten Messplan auszuarbeiten. Spätestens in dieser Phase des Prozesses ist es hilfreich, sich von Experten aus Marketing Insights, Data Analytics, Media etc. unterstützen zu lassen.

Der Messplan sollte zusätzlich für jede Kennzahl folgende Informationen beinhalten:

• Konkrete Datenquellen bzw. Messinstrumente, die die Daten für die Messung der Kennzahl liefern,

Abb. 5 Measurement Framework

- Person oder Bereich, verantwortlich für die Umsetzung und Bereitstellung der Kennzahl,
- Frequenz der Erhebung der Kennzahl,
- Ziel- bzw. Referenzwerte („Benchmarks") gegenüber denen die Performance der Kennzahl bewertet wird und
- Differenzierung der zu liefernden Kennzahlen (z. B. nach Zeiteinheiten, Zielgruppen, Produkten).

Daneben sind die konkreten Reportinganforderungen festzulegen (Empfängerkreis, Reportingfrequenz, Reportingplattform/Reportingmedium, Visualisierung der Ergebnisse).

Die Implementierung des Messplans kann einige Zeit in Anspruch nehmen. Deshalb ist es auch so wichtig, dass mit dem Framework ebenfalls bereits in einer frühen Phase der Kampagnenplanung begonnen wird. Je konkreter es mit der Umsetzung eines Kennzahlenkonzepts wird, desto eher kann es sein, dass sich einige Kennzahlen als schwer messbar herauskristallisieren – zu aufwändig, zu teuer, zu wenig Zeit, um eine adäquate Messung durchzuführen. Wenn zum Beispiel hohe Infrastrukturkosten mit der Messung einhergehen, wird man gezwungen sein, bestimmte Kennzahlen fallen zu lassen, obwohl diese perfekt zur Messung der Zielerreichung geeignet wären. Die erwähnten Experten werden dabei helfen können, kosteneffiziente alternative Kennzahlen zu identifizieren.

2   Social Media-Marktforschung

2.1   Einführung Social Media-Marktforschung

Das Kennzahlensystem ist darauf ausgerichtet, Aussagen zum Erfolg der Kampagne entlang ihrer Ziele zu ermöglichen. Am Ende der Kampagne werden die systematisch erfassten Kennzahlen im Rahmen des Kampagnenreports aufbereitet, berichtet und interpretiert, um den Erfolg der Kampagne zu belegen. Das Kennzahlensystem bildet jedoch auch die Basis für die Beobachtung und Überwachung – sprich: das Monitoring der Marketingmaßnahmen während des Kampagnenverlaufs und darüber hinaus. Erst durch die wiederholte Erfassung der Kennzahlen werden Erkenntnisse generiert, um steuernd in die Kampagne einzugreifen, sofern diese nicht den gewünschten Verlauf nimmt bzw. bestimmte Schwellenwerte unter- bzw. überschritten werden.

Erkenntnisse über Optimierungspotenziale von Marketingmaßnahmen laufen immer entlang der Grenzen der definierten Kennzahlen. Zusätzliche Erkenntnisse – zum Beispiel über Konsumentenverhalten und -einstellungen – können zusätzlich durch gezielte tiefergehende Analysen innerhalb der Kanäle generiert werden. Für jeden Kanal lassen sich durch Analyse-Tools weitere wertvolle Kampagnenauswertungen durchführen – je nach Kanal stärker quantitativ oder qualitativ ausgerichtet.

Im zweiten Teil des Beitrags wollen wir daher näher auf Analysemöglichkeiten in „neuen" Medien eingehen, die über ein rein kennzahlbasiertes Monitoring hinausgehen und dieses vor allem um qualitative Aspekte erweitert. Unter Social Media Marktforschung (SMMa) lassen sich eine Reihe neuer Auswertungsmethoden subsummieren, die es erlauben die Rezeption der Marke als auch der Kampagne durch den Konsumenten besser zu verstehen. Während die Erfolgsmessung primär über konkreter technischen Messinstrumentarien erfolgt und an eine stark quantitative Form der Marktforschung angelehnt ist, bewegen wir uns hier in einem Rahmen, dem komplett andere Voraussetzungen und Optionen der Erkenntnisgewinnung zugrunde liegen. Kurz gesagt, bewegen wir uns auf dem Gebiet der Linguistik, Semantik und Semiotik. Praktisch gesagt beschäftigen wir uns mit User Generated Content (UGC) jeder Art – von Text-, über Bild- bis hin zu Videoinhalten. Mit diesen Inhalten ändert sich die Messperspektive weg von rein reaktivem Verhalten von Konsumenten. Der Blickwinkel richtet sich nun auf Aktivitäten von Usern in Social Media, die nur teilweise konkret spezifischen Marketingmaßnahmen attribuiert werden können und in der Regel hohen Interpretationsbedarf haben – schließlich hängt die Beurteilung von UGC unmittelbar vom geschriebenen Inhalt ab.

Im Rahmen der folgenden Ausführungen kann das komplexe Feld der SMMa keinesfalls vollständig erschlossen werden. Dennoch soll über erfahrungsgemäß erfolgversprechende Prozesse, grundlegende KPIs, derzeitige Restriktionen und deren Beschreibung durch Beispiele vorangegangener Projekte eine grundsätzliche Befähigung hergestellt werden, zu verwertbaren Erkenntnissen zu gelangen.

Grundsätzlich kann SMMa folgendermaßen definiert werden (Sheldrake 2008, S. 25):

... the application of search, indexing, semantic analysis and business intelligence technologies to the task of identifying, tracking, listening to and participating in the distributed conversations about a particular brand, product or issue, with emphasis on quantifying the trend in each conversation's sentiment and influence.

Dabei werden unabhängig von einer spezifischen Definition von Social Media, folgende Quellen als Analysegegenstände in Betracht gezogen (Sheldrake 2008, S. 26):

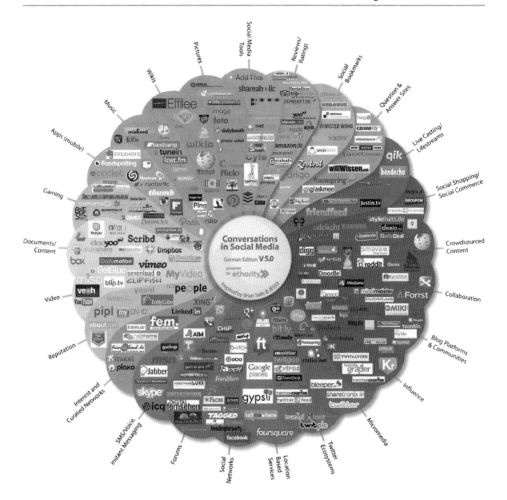

Abb. 6 Social Media Prism V5.0. (ethority.de/social-media-prisma/)

The sources can include all and any kind of website: review sites, forums, chat rooms, social networks, blogs, micro-blogs, wikis, company websites, retail sites with customer feedback, etc. Sources can also include services … which provide access to so called traditional media material.

Einen anschaulichen – wenn auch nicht erschöpfenden – Überblick (Abb. 6) über die hoch volatile Social Media-Landschaft liefert Ethority in regelmäßigen Abständen im Social Media Prism.

Ebenso wie die oben angeführte Definition von SMMa, gelten folgende Statements trotz ihres aus Internetsichtweise „uralten" Veröffentlichungsdatums immer noch – für beide im Folgenden besprochenen Methoden: Social Media-Analyse (SMA) und Social Media-Monitoring (SMM) (Beeline Labs 2009, S. 12 ff.):

1. SMMa-Projekte sind in der Regel einmalig. Sowohl hinsichtlich der Forschungsziel-setzung, des Projektsetups, als auch hinsichtlich der auszuwählenden Messvariablen und auch der Ergebnisse, die sich an dem orientieren, was User von sich geben.

No one has figured out an ideal way to measure the value of monitoring and engagement. … The best approach may be to ask, "What measures are meaningful to my program – or business objectives?"

2. Der höchste Erkenntnisgrad wird dabei nur über eine kontextuelle Betrachtung er-reicht, die primär über SMA hergestellt werden muss.

… looking at social media in isolation. These conversations need to be looked at within the overall context of what is going on in …

3. Abseits strategischer und taktischer Einsatzfähigkeit, eignet sich primär SMM für ope-rative und near-real-time Einsätze. Dies gilt insbesondere für Twitter, da die Informati-onsgeschwindigkeit dieses Social Media-Kanals oft höher ist als diejenige klassischer Nachrichtenmedien.

Yet social media has become one of the most accurate early warning systems.

Um dem Social Media-User auf die Spur zu kommen, kann sowohl eine SMA oder ein SMM eingesetzt werden. Idealerweise und im Sinne einer langfristigen Erkenntnisge-winnung von SMMa-Maßnahmen, werden beide Methoden – die sich schlüssig ergänzen – miteinander verzahnt. Abbildung 7 zeigt eine potentielle Kombination der Methoden.

2.2 Herausforderungen und Hürden der SMMa

Obwohl in Pressemeldungen und Studien zum Thema konsequent die Wichtigkeit von SMMa vermittelt wird, setzen nur wenige Unternehmen die Methode konsequent und „korrekt" ein (Bohlsen und Köster 2013). Befeuert wird das Thema SMMa insbesonde-re durch die Berichterstattung rund um das Thema „Big Data" – zu dem in Zeiten von ungebremstem User Engagement gerade Text-Mining enorme Verbreitung findet.

Nichtsdestotrotz bestehen gegenüber SMMa starke Vorbehalte. Einerseits aufgrund der stark qualitativen Natur der Methode, andererseits aus einer möglicherweise grundsätzli-chen Verweigerungshaltung gegenüber neuen Methoden. Oder einer starken Überschät-zung der Möglichkeiten gepaart mit faktischer Unkenntnis – speziell vor dem Hintergrund hoher Aufwände, die letztlich auf beide methodischen Optionen zutreffen.

Folgende Herausforderungen und Hürden bzw. folgende Kritikpunkte haben sich im Laufe einer Reihe von Projekten als zentral herausgestellt:

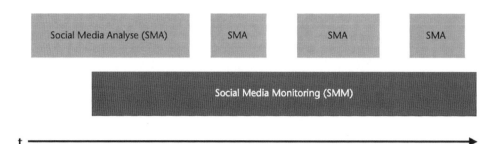

SOCIAL MEDIA RESEARCH

Social Media Analyse (SMA)   SMA   SMA   SMA

Social Media Monitoring (SMM)

t

Im Idealfall startet das Monitoring mit den ersten Erkenntnissen einer Analyse und wird zwischenzeitlich immer wieder überprüft und via Analysen verfeinert.

Abb. 7 Kombination Social Media Analyse und Social Media Monitoring

1. Fehlende Gütekriterien
   Es gibt im Rahmen von SMMa-Maßnahmen keine Gütekriterien, die konkreten zahlenbasierten Aufschluss über den Wert der Maßnahme geben können. Auch wenn Anbieter von SMM in seltenen Fällen eine Modellgüte für Sentiment schätzen, spiegelt eine derartige Kennzahl nur einen Ausschnitt der Maßnahme wider.
2. Kaum Erkenntnisse, die über bestehendes Wissen hinausgehen
   Insofern wir primär UGC im Hinblick auf Marken und Produkte und deren spezifische Verwendung betrachten, so bleibt ein Blick auf ebendiese oftmals ohne besondere Neuheiten bzw. banal. Dies zeigt sich insbesondere bei Betrachtungen von FMCG wie Nahrungs- und Genussmitteln, zu denen selten eine besonders emotionale Beziehung, ein besonderes Nutzungsverhalten oder ein besonders innovativer Umgang damit berichtet wird. In solchen Fällen kann es sinnvoll sein, stark generische Inhalte zu analysieren, um Dispositionen gegenüber (Produkt-)Kategorien zu entdecken, die Interessensfeldern der User entspringen.
3. Über jedes Thema wird (nicht) gesprochen
   Auch wenn es Social Media-Destinationen gibt, auf denen über die verrücktesten Dinge gesprochen wird – die Annahme, dass zu jeder Marke vielfältiger und analysefähiger UGC existiert, ist schlichtweg falsch. Die Erwartungshaltungen dem gegenüber sind häufig entsprechend überzogen. In der Regel lässt sich sowohl im Rahmen von SMM und SMA nach kürzester Zeit sagen, ob eine Analyse oder ein Monitoring Sinn macht – entsprechende Abbruchkriterien sollten berücksichtigt werden, um gegebenenfalls auf eine generischere Betrachtungsebene auszuweichen.

4. Eindeutige vs. uneindeutige Marken-/Produktnamen

Eine Marke wie „Tschitschereengreen" lässt sich – wie der Name vermuten lässt – besonders einfach im Social Web entdecken und analysieren. Vorausgesetzt User unterhalten sich darüber (und schreiben sie korrekt). Am anderen Ende des Spektrums stehen jedoch Marken wie Download (eine Submarke von C&A), die im Rahmen von SMM nur mit extremen Aufwänden zu analysieren wären, da beispielsweise die Keyword-Kombination „C&A" UND „Download" mehr Links zu PDF-Downloads als forschungsrelevante Suchtreffer generieren würde als tatsächlich markenrelevante Inhalte. Auch die Ergänzung um ein detaillierendes Keyword wie „Mode" stellt keine ernsthafte Eingrenzung dar – befinden wir uns doch bereits über „C&A" im Bekleidungs-Kontext.

5. Mehrdeutige Marken-/Produktnamen

Viele Marken-/Produktnamen, die in der Vergangenheit entstanden sind, eignen sich nur mäßig zur Anwendung von SMMa, da die Namensentwicklung nicht auf Einzigartigkeit ausgerichtet war. Dies resultiert in der Herausforderung, Mehrdeutigkeit auflösen zu müssen, ohne die Quantität der Suchtreffer zu stark zu limitieren – bei gleichzeitiger Maximierung der Qualität der Suchtreffer. Ein Spagat, der bspw. bei einer Marke wie TDS (http://www.tds.fujitsu.com/tds-home/) nur mit hohem Aufwand gelingen kann. So steht TDS etwa für Begriffe wie Todesstern, Tag des Lesens, Turmdeckelschnecke, Touchdowns, Typenbezeichnungen von BMW, Tod durch Schaufel, Theologisch-diakonisches Seminar, eine Panzerkategorie in Computerspielen oder Tour de Suisse – um nur einige zu nennen. Eine saubere Anwendung von SMM oder SMA gelingt nur über adäquate Filterung dieser Alternativen. Manuell gesehen zunächst nur eine zeitliche und damit kostenintensive Herausforderung, zur adäquaten Bedienung eines automatisierten Algorithmus eine teilweise wiederkehrende Beschäftigung, da viele alternative Bedeutungen im Zeitverlauf stark veränderlich sind. So kann etwa die Tour de Suisse nur über Fahrernamen, Strecken oder Teams Jahr für Jahr neu gefiltert werden, da sich die Filterung via „TDS" verbietet.

6. Userseitige Wortschöpfungen

Während TDS eine unternehmensseitige Namensschöpfung darstellt, die stark querverwendet wird, kommen User häufig auf ganz eigene Wortschöpfungen, die für SMMa relevant, dem Unternehmen selbst aber zunächst unbekannt sind. Die Entdeckung dieser Wortschöpfungen via SMM ohne Durchführung einer SMA im Vorfeld ist nahezu ausgeschlossen. So könnte es sein, dass ein Keyword wie FOH – eingesetzt als substitutiver Begriff für Werkstätten und Service des Freundlichen Opel-Händlers auf der größten deutschsprachigen Automobil-Community bzw. einer der größten deutschsprachigen Communities überhaupt (www.motor-talk.de) – komplett aus der Betrachtung herausfallen würde.

7. Anekdotische Evidenz

Neben den häufig banalen bzw. vorhersehbaren Erkenntnissen stellen wertvolle Einzelaussagen – unter „Anekdotischer Evidenz" als Fachbegriff verstanden – von Usern eine wichtige Erkenntnisebene dar. So können dahinter hoch innovative Gedanken, Ideen, unbekannte Probleme etc. verborgen sein. Jedoch sind diese eher phänomenologischer Natur und deren Relevanz häufig schwer zu vermitteln.

8. Clipping-Sammlungen und Tag-/Wordclouds als Beleg für Interpretationen
   Häufige Darstellungsformen von Endergebnissen der SMMa sind Tagclouds, die mit den Suchbegriffen gleichzeitig auftauchende Begriffe anhand deren Häufigkeit darstellen. Aus unserer Sicht sind Tagclouds jedoch häufig nur bedingt aussagefähig und entsprechend vorsichtig zu beurteilen – nicht zuletzt wegen fehlender Kontextbetrachtungen. Das gleiche gilt für Abschlusspräsentationen, die primär Clippings von UGC enthalten, da diese oft entstehen, wenn die Abbildung von tatsächlichen Insights – verstanden als Aggregate häufig auftretenden UGCs – nicht möglich ist.

Zusammengefasst weisen viele der Hürden von SMMa darauf hin, dass die Entwicklung von projektspezifischen Keywordsets inklusive ausschließender Begriffe sowie eine eigenständige Kodierung von Inhalten und Sentiment notwendig sind. Dies wird an folgendem Beispiel nochmals hervorgehoben. Der englische Begriff „well" klingt auf den ersten Blick nach einer leicht positiven kontext-unabhängigen Konnotation. Im Rahmen einer Betrachtung für die Mineralölindustrie käme diesem Wort – verstanden als potentiell ausbeutbare Ölquelle – allerdings eine völlig neue Bedeutung zu.

Es gilt, dass andere, neue, besondere oder multiple Begriffsbedeutungen ebenso von zentraler Bedeutung sind wie userseitige breit eingesetzte Akronyme, die erwartete Bedeutungen von Begriffen in den Hintergrund drängen können.

2.3 Quantifizierbare Analyseergebnisse

Auch wenn beide angesprochenen SMMa-Methoden primär von deren qualitativer Betrachtungsweise leben, existieren insbesondere für SMM eine Reihe von Kennzahlen, die strategische Ansätze initiieren können. In der Literatur hierzu sind nicht immer einheitliche Angaben zu finden, die folgenden Ausführungen zu ausgewählten „Kennzahlen" stellen insofern die Definition der Autoren dar:

1. Anzahl Treffer im Zeitverlauf
   Beobachtung der Treffer zum Untersuchungsgegenstand (Keywords/Searchqueries) über einen definierten Zeitraum zur Ermittlung von Peaks und Durchschnittsaufkommen.
2. Share of Voice
   Der Share of Voice steht für die Anzahl der Nennungen zum Untersuchungsgegenstand verteilt auf Social Media Kanal-Typen – Social Networks wie Facebook, Microblogs wie Twitter, Foren und Communities, Bewertungsseiten, Blogs, Video- und Fotoportale, Question-&-Answer-Seiten sowie Newsseiten, die über das Vorhandensein von Kommentarfunktionen Social Media-Relevanz erfahren. Eine der unklarsten Kennzah-

len aufgrund toolseitiger Schwierigkeiten bei der Zuordnungen von einzelnen Kanälen zu entsprechenden Typen.

3. Share of Conversation

Der Share of Conversation stellt eine der spannendsten Kennzahlen dar. Über sie wird eine Betrachtung inklusive Wettbewerbern durchgeführt, was ein Benchmarking ermöglicht. Den größten Erkenntniswert gewinnt man in der Regel allerdings über die Modellierung eines Marktes und die anschließende Anteilsermittlung für eine konkrete Marke/ein konkretes Produkt – im Sinne einer Relevanzermittlung. So kann etwa die Modellierung von Searchqueries rund um eine medizinische Indikation und der Abgleich mit konkreten Nennungen einer Marke/eines Produktes, die/das der Diagnose, Therapie oder Prophylaxe dient zu wertvollen Erkenntnissen führen.

4. Direkte Quellen für UGC (Sources)

Keine echte Kennzahl, kann allerdings über die quantitative Auszählung von Treffern zum Untersuchungsgegenstand bezogen auf einzelne Quellen zu einer Einschätzung führen, die beispielsweise Kooperationsmöglichkeiten offenlegt.

5. Influencer

Analog zu 4. keine echte Kennzahl, auch wenn zur Ermittlung von einzelnen Personen diverse Algorithmen im Einsatz sind, die deren je spezifischen „Wert" ermitteln sollen. Ermittelte Influencer sind in der Regel einer menschlichen Betrachtung zu unterziehen, da in der Regel die Erkenntnis fehlt, ob sie einer Marke, einem Produkt oder einem Thema gegenüber positiv, neutral, gemischt oder negativ eingestellt sind.

6. Sentiment

Wie bereits im Verlauf des Beitrags ausgeführt, beschreibt das Sentiment die Konnotation einzelner Beiträge als positiv, neutral oder negativ – je nach Auswahl eines Tools auch als gemischt.

▶ Für alle Aspekte ist die Betrachtung im Zeitverlauf relevant. Wir empfehlen hier – insbesondere zur Ermittlung einer Ausgangs- und Vergleichsbasis (Nullmessung) – die rückwirkende Betrachtung der vergangenen zwölf Monate, um beispielsweise saisonale Aspekte erkennen zu können.

Erste Erkenntnisse einer rückwirkenden Betrachtung dienen gleichzeitig der Entwicklung geeigneter Social Media-Strategien, während eine kontinuierliche Betrachtung in „quasi real time" vielmehr für taktisches bzw. operatives Verhalten zweckmäßig ist. So ist bspw. die Erkenntnis, dass eine Marke primär auf Twitter thematisiert wird für die Entscheidung relevant, ob ein Unternehmen in der Lage ist, ein Team bereit zu stellen, dass der besonders schnelllebigen Charakteristik von Twitter Herr werden und gleichzeitig relevanter Content zum „Weiterlesen" entwickeln kann, da Twitter ein stark weiterverlinkendes Medium ist. Im Gegensatz dazu würde ein Schwerpunkt in Foren, Communities oder Blogs eine stärker kooperative Strategie nahelegen, die auf eine Zusammenarbeit mit 3rd-Party-Webseiten abzielt.

Tab. 1 Basisinformationen Social Media-Analyse und Social Media-Monitoring im Vergleich

Vergleichsdimension	SMA	SMM
Bearbeitungsfokus	Primär manuell	Primär toolgestützt
Frequenz	Einmalig je Forschungsvorhaben	Dauerhaft
Primärziel	Ermittlung Status Quo	Betrachtung von Online-Quellen zur Entdeckung von „ad-hoc" Optimierungsoptionen
Forschungsrichtung (zeitlich)	Immer retrospektiv (Datenanalyse folgt auf Datensammlung)	Gegenwartsbezogen (Datensammlung und -analyse in near-real-time)
Forschungsdimension	Oft mikroperspektivisch (Betrachtung einzelner Posts)	Big Data-Perspektive
Aussagegehalt/ Anwendungsszenarien	Grundlage für Strategieentwicklung/strategisches Handeln; Entdeckung/Entwicklung von Chancen und Risiken	Grundlage für taktisches/operatives Handeln; Messung und Erfolgskontrolle; Risikoabwehr und Krisenmanagement
SMMa Nutzungsmöglichkeit	Teil-Grundlage für adäquates SMM	Automatisierte Quellensammlung für SMA
Aufwand	Aufgrund manueller Analysen personal- und damit kostenintensiv	Zu Beginn (Optimierungsphase) aufwändig, mit degressivem Kostenverlauf
In einem Satz	Qualitative empathische nichtteilnehmende Beobachtung und Analyse von Konsumentendialogen – in der Regel als explorative Methode eingesetzt	Primär toolbasierte Beobachtung zum Zwecke der schnellen Entscheidungsfindung und Ermittlung von Handlungsempfehlungen – primär auf massivem Text-Mining basierend

2.4 Social Media-Analyse und Social Media-Monitoring im Vergleich

Zum Einstieg zeigt Tab. 1 die wesentlichen Unterschiede zwischen SMA und SMM.

Im Rahmen der Messung bietet sich grundsätzlich kein (relativ) fixer Rahmen zur Orientierung – in der Regel muss dieser je spezifisch entwickelt werden. Im Rahmen von SMM wird die Messung etwa durch individuelle Keyword-Terms bestimmt, während eine SMA – die manuell durchgeführt wird – zwar durch die Verwendung gleichartiger Codebücher in ein Korsett gezwängt werden kann, dies aus Sicht von Ogilvy & Mather aber nicht sollte.

Beide Formen sind grundsätzlich einer qualitativen Marktforschung zuzuordnen, die bis dato ohne statistische Gütekriterien auskommen muss. Davon betroffen sind selbst so basale Kriterien wie Repräsentativität, die sich zwar über künstlich aufgebaute Forschungs-Communities herstellen ließe, allerdings eine für Probanden beeinflussende Forschungssituation herstellen kann. Die im Folgenden besprochenen Punkte unterstellen eine nicht-teilnehmenden Beobachtungen, die derartige Verzerrungen ausschließt.

In Abhängigkeit vom durchführenden Personal im Rahmen von SMMa ist mit einem hohen Forscher-Bias zu rechnen, der nur durch den Einsatz von einer größeren Anzahl Personen (teilweise) aufgelöst werden kann: Zum einen, weil hier in der Regel eine qualitative Betrachtung von User-Aussagen vorliegt, die nicht durch Rückfragen näher erörtert werden können – die Basis der Erkenntnisgewinnung abseits von „stating the obvious" ist somit rein interpretatorisch. Zum anderen, weil bei der Dekodierung von Textinhalten nicht jeder Betrachter zwingend zur gleichen Einschätzung kommt. Um dieses Dilemma aufzulösen, müssen Konsens-/Mehrheitsentscheidungen herbeigeführt werden.

Diese Besonderheiten bedeuten jedoch keineswegs, dass die oben beschriebenen Vorgehen, Frameworks und Zielattribuierungen außer Acht gelassen werden sollten. Vielmehr heißt dies, dass die Nutzbarmachung besondere Herausforderungen an Analysten stellt, um die Sinnhaftigkeit von Messungen her- und die Attribuierung auf die Positionen der ausgewiesenen Zielhierarchie (übergeordnete Geschäftsziele, Einfluss auf Verhalten/Einstellung der Konsumenten, Erfolgsdimensionen von Maßnahmen in Medien/Kanälen) sicherzustellen.

Beiden Ansätzen ist die initiale Forschungsrichtung gemein: Vom Speziellen zum Allgemeinen. Übersetzt in die Welt der SMMa heißt dies, dass von einem konkreten Forschungsgegenstand wie einer Marke bis hin zu generischen Begriffen, die Aspekte der Marke betreffen können, gesucht wird, um die Anzahl der Treffer zu erhöhen. Gleichzeitig erhöht sich der Aufwand der Suche und die konkrete Passung der Treffer bezüglich Marke/Produkt als Forschungsobjekt wird reduziert.

Ein einfaches Beispiel illustriert dies. So liefert etwa die Suche nach Orangensaft mit Fruchtfleisch einer Marke kaum Treffer in Social Media. Über das Streichen des Markennamens wird die Trefferzahl erhöht, allerdings wird der besondere Kontext verlassen. Sobald festgestellt wird, dass Fruchtfleisch auch kaum Gegenstand von Beiträgen ist, wird auch dieser Suchbestandteil eliminiert. Damit wird die Erkenntnis um einen wesentlichen Produktbestandteil reduziert. Im weiteren Verlauf kann nun noch Orange außer Acht gelassen werden, so dass sich nur mit Saft auseinandergesetzt wird, während die letzte Stufe der Betrachtung sich „nur" noch mit Getränken per se auseinandersetzt. Abbildung 8 liefert generische Herangehensweisen zur Keyword-Generierung gemäß dem grundsätzlichen Prozess.

Entlang fünf W-Fragen können SMA und SMM grundsätzlich miteinander verglichen werden. Sowohl SMA als auch SMM beantworten folgende Fragen in der Regel mittlerweile sehr gut:

- Wo wird über den Untersuchungsgegenstand gesprochen?
- Was wird über den Untersuchungsgegenstand gesprochen?
- Wer spricht über den Untersuchungsgegenstand?

Herausfordernd wird es bei der Beantwortung folgender Fragen, die über die meisten SMM-Tools auf absehbare Zeit nur mäßig bzw. nicht oder nur über die Auswahl einiger

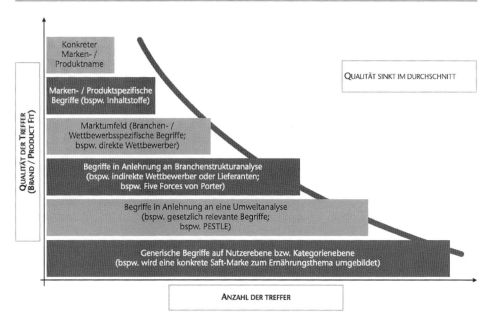

Abb. 8 Abgestufte Keywordentwicklung und Effekte auf Qualität und Quantität generierter Resultate

weniger und teurer Tools zu beantworten sind. Eine SMA beantwortet aufgrund der stark manuellen Analyse sehr gut:

- Wie wird über den Untersuchungsgegenstand gesprochen?
- Warum wird das Besprochene so besprochen?

Das „Wie", also das Sentiment von Userbeiträgen, wird heute von gängigen Monitoring-Tools ausgewiesen. Die in der Kommunikation von vielen Tool-Anbietern in Aussicht gestellten 60–80 % korrekter automatischer Zuordnungen hinsichtlich negativer, neutraler oder positiver Charakteristik des UGC entspricht allerdings kaum der Realität, und gerade statisch bewertende Tools erweisen sich als sehr fehlerbehaftet. Unabhängig davon, ob es sich hierbei um ein teures kostenpflichtiges oder frei verfügbares Tool handelt (Tarran 2010).

Wie angedeutet ist dieser Aspekt, der deutlich macht, wie häufig stark fehlerbehaftetes Sentiment ist, relativ gut über moderne Monitoring-Tools behebbar. So können Unternehmen über den Einsatz von Tools, die auf moderne Technologien wie Natural Language Processing und Machine Based Learning setzen, zu realistischeren Informationen kommen (bspw. Erkenntnisse zur Akzeptanz von Produkten oder der Markenwahrnehmung liefern), da diese Tools nach manueller Vorcodierung und dem Einsatz von lernenden Algorithmen bis zu 90 % korrekter Zuordnungen des Sentiments erreichen können – vollständige Richtigkeit wird bis dato nicht erreicht.

Diese Herangehensweise für Text-Mining von UGC wird insbesondere notwendig, da:

- Teilweise viele Sprachen berücksichtigt werden müssen,
- thematische und sprachliche Schnelllebigkeit zu betrachtender Forschungsgegenstände Agilität erfordern,
- Sprache als Umgangssprache, Humor oder kodierte Sprache mehr bedeutet als der reine Wortlaut.

Was ein statisches Tool von einem agilen Tool unterscheidet, kann an einem banalen Beispiel illustriert werden: „Geiler Scheiß": Ein statisches Tool zerlegt das Beispiel in beide Bestandteile. Je nach Hinterlegung in einer Datenbank wäre „geil" positiv hinterlegt, „Scheiß" negativ – ggf. wären beide Begriffe noch gewichtet. Bei einem 1:1-Verhältnis beider Begriffe würde das Tool diesen Beitrag als neutral betrachten. Wäre „Scheiß" als sehr negativ hinterlegt und somit stärker gewichtet, wäre eine negative Beurteilung das Resultat. Der Einsatz eines agilen Tools, das auf die Besonderheiten der Sprache trainiert wäre, würde den Beitrag korrekt positiv ausweisen.

Die Unterscheidung des Sentiments muss zudem nicht bei dem üblichen Spektrum aus positiv, neutral oder negativ aufhören. Gerade die Betrachtung von „gemischtem" Sentiment macht insofern Sinn, als dass die Erkenntnis, ob sich einzelne User kontrovers mit einem Thema auseinandersetzen, wertvolle Erkenntnisse liefert:

- Bei langfristig ausgerichteten Monitoring-Maßnahmen werden Funktionsweisen von Botschaften deutlicher bzw. schneller deutlich.
- Im Rahmen von Krisen gilt gemischtes Sentiment als wichtiger Indikator für Verschiebungen in möglicherweise zunächst stark negativen Argumentationen und markiert geeignete Einsprungpunkte, an denen die Steuerung/Einflussnahme in eine positive Richtung erfolgversprechend erscheint.

Allerdings entzieht sich die Frage nach dem „Warum?" – also der Frage nach (Entstehungs-)Kontexten und Metaebenen von User Generated Content (UGC) – einer nutzenstiftenden automatisierten Analyse durch Algorithmen. Das heißt, eine kontextuelle Betrachtung muss über SMA abgebildet werden, um beispielsweise folgende Fragen zu beantworten:

- Wie kommt der User zu seiner Äußerung?
- Wurde seine Meinungsbildung im Rahmen einer Forumsdiskussion bereits durch andere Nutzer beeinflusst?
- Ändert der Nutzer seine Meinung im Verlauf einer Diskussion?
- Wie wurde seine Meinung verändert?
- Welche Argumente tragen besonders zu Meinungsänderungen bei?
- Etc.

Die bisherigen Ausführungen beziehen sich grundsätzlich auf die Analyse von Texten. Der Umgang mit Inhalten, die nicht textlicher Natur sind, stellt eine weitere Herausforderung dar, der sich heute nicht mehr entzogen werden kann. Die automatisierte schlüssige Betrachtung und Bewertung von Bild- oder Videomaterial bleibt gemäß aktueller Schätzungen bis mindestens 2020 Zukunftsmusik. Dies stellt insbesondere vor der starken und stark wachsenden Verbreitung dieser Medien besondere Ansprüche an SMMa. Während gesprochene Videoinhalte bereits in Text übersetzt und damit gängigen textanalytisch arbeitenden Monitoring-Tools zugeführt werden können, bleiben Bilder – bewegt oder nicht – automatischen Erkennungs- und Interpretationsmöglichkeiten entzogen. Solange Bilder und Videos als Verstärker oder Eyecatcher eingesetzt werden, um anvisierte Aussagen einfacher zu verbreiten, schneller erfassbar zu machen, leichter zu verarbeiten sind und in Social Media Kanälen für deutlich bessere Userresonanz sorgen, werden diese Digitalen Assets über SMA analysiert oder im Rahmen von SMMa etwa aus Kostengründen unbeachtet bleiben müssen.

2.5 Zum Prozess von Social Media-Analyse und Social Media-Monitoring

Abschließend werden die jeweiligen Prozesse von SMA und SMM in Abb. 9 gegenüber gestellt und unterschieden.[3]

3 Ausblick und Einschätzung

Der Beitrag zeigt, dass sowohl eine stark an Kennzahlen orientierte Erfolgsmessung einerseits als auch eine auf qualitativen Analysen aufbauende Social Media-Marktforschung andererseits jeweils wichtige Erkenntnisse im Rahmen des Marketing-Controlling beisteuern. Umso erstaunlicher ist, dass eine solche Betrachtung nur von sehr wenigen Unternehmen umgesetzt wird – vielfach ist es eher so, dass tatsächlich nicht einmal die grundlegenden Mess- und Analysemöglichkeit realisiert werden.

Dabei sind der Erkenntnisgewinn und die Qualität von Handlungsempfehlungen bzw. Entscheidungen dann am höchsten, wenn beide Ansätze sinnvoll miteinander verknüpft werden. Dies erscheint umso logischer und konsequenter, wenn man sich die Herausforderungen rund um das Thema Big Data vor Augen führt. Für IBM etwa ist Big Data mehr als eine Frage der Größe. Es ist die Chance, Erkenntnisse innerhalb neuer als auch neu entstehender Arten von Daten und Inhalten zu finden – um Unternehmen agiler zu machen und Fragen zu beantworten, die bisher als nicht beantwortbar galten (Ebbers et al. 2013,

---

[3] Als weiterführende Literatur zum Thema Social Media Analyse wird Kozinets (2010) empfohlen. Auch wenn sich der von ihm eingeführte Begriff „Netnography" nicht nachhaltig durchsetzen konnte, sind zentrale Standards von ihm entwickelt.

	Social Media Analyse		Social Media Monitoring	
	Prozessinhalte	**Inputfaktoren**	**Prozessinhalte**	**Inputfaktoren**
ZIELDEFINITION	- Formulierung Forschungsfragen - Auswahl Forschungsgegenstand - Festlegen Betrachtungsdimensionen	- Forschungsabsicht, Marken- / Produktstrategie, -positionierung - Aktuelle Mafo-Erkenntnisse - Branchen-, Kunden-, Zulieferer-, Wettbewerbsdaten (aktuell & potentiell) - Substitutive Produkte - Bestehende & geplante Aktivitäten in Social Media - Bekannte Kanäle	- Formulierung Monitoringziel(e) - Auswahl der geeigneten Monitoringmaßnahme - Festlegen Betrachtungsdimensionen	- Monitoringabsichten - Bearbeitete Branchen - Zielgruppen- & Kundenstruktur - Marken- / Produktinfo - Unternehmensphilosophie, -strategie & -ziele - Betrachtungszeitraum - Bestehende & geplante Aktivitäten in Social Media - Bekannte SM-Kanäle
DEFINITION KEYWORDSSETS	Sammlung von Keywords, die Themen der Marke / Produkte erschöpfend erschließen und relevante übergreifende Themen berücksichtigen	- Begriffe zu Marke / Produkt - Suchbegriffe zum Unternehmen (Suchfragen) - SEM-relevante Begriffe - Thesaurus & Orthografie - Ausschluss-Keywords (KW) - Spezielle & universelle KW	Sammlung von Keywords, die Themen der Marke / Produkte erschöpfend erschließen und relevante übergreifende Themen berücksichtigen	- Begriffe zu Marke / Produkt - Suchbegriffe zum Unternehmen (Suchfragen) - SEM-relevante Begriffe - Thesaurus & Orthografie - Ausschluss-Keywords (KW) - Spezielle & universelle KW
TOOL-EINSPIELUNG	Treffer zu definierten Keywords & Kombinationen Initial: Nullmessung	Marktforschungserkenntnisse des aktuellen / vorhergehenden Jahres	Treffer zu definierten Keywords & Kombinationen Initial: Nullmessung	Bereitstellung & Verknüpfung mit Performance-Marketing-Daten
QUELLEN-EXPLORATION	Einmalige toolbasierte Entdeckung und Selektion relevanter Online-Quellen Ggf. manuelle Nacherhebung und Erweiterung	Kriterien Quellenprüfung: - # Topics, Posts, Members - Antwort- & Betrachtungsraten von Beiträgen - Inhaltlicher Fit - Inhaltliche Qualität - Toolbasierte Kennzahlen - Kanal-Kennzahlen	Kontinuierliche toolbasierte Entdeckung und Selektion relevanter Online-Quellen Ggf. manuelle Nacherhebung und Erweiterung	Kriterien Quellenprüfung: - # Topics, Posts, Members - Antwort- & Betrachtungsraten von Beiträgen - Inhaltlicher Fit - Inhaltliche Qualität - Toolbasierte Kennzahlen - Kanal-Kennzahlen
ANALYSE	- Einmalig semantische (Diskurs-)Analyse & Beantwortung Forschungsfragen - Entdeckung von „Need" & „Solution Information"	- Freiheitsgrade hinsichtlich Orientierung an allgemeinen generischen Inhalten - Zulässige Lesarten von Inhalten	- Kontinuierlich, toolbasiert - Bei Tools mit Machine Based Learnig / Natural Language Processing nach Training des Algorithmus	Grundsätzlich keine weiteren Inputfaktoren nötig
OPTIMIERUNG	Keine laufende Optimierung	Grundsätzlich keine weiteren Inputfaktoren nötig	Feinjustierung Tool (3-6 Monate) mit Zielsetzung: - Zahl fehlerhafter / irrelevanter Treffer <10% - Realitätsnahes Reporting - Stark reduzierte manuelle Pflege	- Konkrete Fragestellungen zur weiteren Überprüfung - Relevante Veränderungen im Unternehmen / Branche - Feedbackschleifen mit definierten Abteilungen zu Erkenntnissen /Optimierung
REPORTING	Abschlussberichte gemäß Forschungszweck mit: - Sammlung & Verdichtung von User-Aussagen & Einzelaussagen - SWOT-Analyse - Positionierung - Kommunikationskonzept - Innovationen / Produktverbesserungen - Empfehlungen für Mafo / Strategie / Konsumentenintegration	Grundsätzlich keine weiteren Inputfaktoren nötig	- Laufend gemäß definierter Zeitintervalle & selektierter KPIs - Beantwortung konkreter Fragen - Ermittlung hochwertiger Quellen und Usern - Entdeckung von Trends - Entdeckung potentiell krisenrelevanter Themen	Grundsätzlich keine weiteren Inputfaktoren nötig
ANWENDUNG	- Überführung in Projekte (abhängig von Zielsetzung) - Weiterverwertung in Form von Keyword-Terms im Rahmen eines Monitorings	Grundsätzlich keine weiteren Inputfaktoren nötig	- Optimierung Monitoring - Ausrichtung Maßnahmen an erkannten Trends, wiederkehrenden Themen und Ad hoc-Erkenntnissen	Zu diesem Zeitpunkt keine Inputfaktoren nötig; Änderungen der beschriebenen „Fundamentaldaten" fließen in Prozess ein

Abb. 9 Prozessvergleich Social Media Analyse und Social Media Monitoring

S. 5). Es ist aber auch eine Herausforderung, denn neben dem nach wie vor steigenden Umfang an Daten, nimmt auch die Geschwindigkeit zu, in denen sich Daten wandeln – damit also auch deren Inkonsistenz und Ambiguität.

Der Bedarf an Fokussierung auf zentrale Kerninformationen im Rahmen von Marketing-Controlling wird daher zunehmen. Das, was datenseitig strukturiert werden kann, wird zunehmend im Rahmen von Informationssystemen quantitativ destilliert. Aber auch der Wunsch, aus dem unstrukturierten Datendschungel die Stimme des Konsumenten zu verstehen, wird weiter wachsen. Text-Mining-Technologien werden weiter verfeinert, um in nicht allzu ferner Zukunft ein vollautomatisches Verstehen von Nutzern zu ermöglichen.

Das Thema Big Data ist heute nicht zu ignorieren und wird morgen noch weniger zu ignorieren sein, auch wenn „Programme" wie PRISM oder TEMPORA vielleicht für mehr Sensibilität der User im Umgang mit den eigenen Daten sorgen. Die Schaffung einer soliden Basis für eine sinnvolle Informationsökonomie in Deutschland und letztlich weltweit, wird nicht über Verharrung oder Beharrung gelöst, sondern durch zu beschleunigende Transfers von Theorie in praktikable Anwendungen, Aufklärung über Grenzen und Möglichkeiten der beschriebenen Ansätze und Methoden und den zielgerichteten Umgang mit Daten – nicht zuletzt zur Erfüllung unternehmerischer Zielsetzungen.

Die Autoren

Rochus Landgraf ist Head of Social Web der OgilvyOne GmbH in Frankfurt/Main und in dieser Funktion verantwortlich für die Ogilvy-Standorte Frankfurt, Düsseldorf, Berlin und Stuttgart. Seine Schwerpunkte liegen auf Social Media Research, Social Media Strategie und OpenInnovation/Crowdsourcing. Er ist außerdem Lehrbeauftragter an verschiedenen Hochschulen und unterrichtet zu Social Media, Web2.0 in Unternehmen sowie Trendforschung.

Martin Feldkircher ist Head of Analytics der OgilvyOne GmbH in Frankfurt/Main und in dieser Funktion verantwortlich für die Ogilvy-Standorte Frankfurt, Düsseldorf, Berlin und Stuttgart. Er ist ein ausgewiesener Experte in allen Bereichen der Marketing-Datenanalyse und unterstützt mit seinem Team das effiziente Targeting von Zielgruppen. Neben der kontinuierlichen Erfolgskontrolle von Kommunikationsmaßnahmen zur Identifikation von Optimierungspotentialen liegt sein besonderer Schwerpunkt auf der Entwicklung von Strategien zur Erfolgsmessung und Datengewinnung.

Literatur

Beelinelabs (2009). *Social Media Monitoring, Engagement & Measurement, Emerging Best Practices. Whitepaper.* http://www.beelinelabs.com/downloads/wp-content/uploads/papers/ SMMEM.pdf. Zugegriffen: 30. Juni 2014

Broadbent, T. (2012). *The Ogilvy & Mather guide to effectiveness.* Whitepaper. http://www. ogilvydo.com/wp-content/uploads/2012/10/The-Ogilvy-Mather-guide-to-effectiveness.pdf. Zugegriffen: 30. Juni 2014

Bohlsen, M., & Köster, A. (2013). Social-Media-Daten intelligent gewinnen und analysieren. http://www.absatzwirtschaft.de/social-media-daten-intelligent-gewinne-und-analysieren-15613/. Zugegriffen: 28. Juni 2014

Doran, G. T. (1981). There's a S.M.A.R.T. way to write management's goals and objectives. *Management Review, 70*(11), 35–36. (AMA FORUM).

Ebbers, M., Abdel-Gayed, A., Bhadran Budhi, V., Dolot, F., Kamat, V., Picone, R., & Trevelin, J. (2013). *Adressing Data Volume, Velocity, and Variety with IBM InfoSphere Streams V3.0.* IBM Redbooks. http://www.redbooks.ibm.com/redbooks/pdfs/sg248108.pdf

Kozinets, R. (2010). *Netnography. Doing Ethnographic Research Online.* London: SAGE Publications Ltd.

Maex, D. (2012). *Sexy Little Numbers. How to Grow Your Business Using the Data You Already Have.* New York: Crown Business.

Mitchell, C., und Richards, B. (2010). *Fusion. Delivering Cross-Discipline Strategy. A User's Guide.* Internal Whitepaper.

Schachter, H. (2013). *Don't measure it just because you can.* http://www.theglobeandmail. com/report-on-business/careers/management/dont-measure-it-just-because-you-can/ article12890935/. Zugegriffen: 30. Juni 2014

Sheldrake, P. (2008). *The Social Web Analytics eBook 2008.* Creative Commons Attribution-Noncommercial-Share Alike 2.0. UK: England & Wales License.

Tarran, B. (2010). *Automated sentiment analysis gives poor showing in accuracy test.* http:// www.research-live.com/news/analytics/automated-sentiment-analysis-gives-poor-showing-in-accuracy-test/4002844.article. Zugegriffen: 30. Juni 2014

Social Media – was tust Du?

Essays zu möglichen Entwicklungen, Auswirkungen, Tendenzen zu (un-)möglichen Zukünften von Social Media

Rochus Landgraf, Arno Selhorst, Daniela Schmidt, Sebastian Wolf, Rob Urquhart und Ariane Sketcher

Zusammenfassung

Natürlich möchte jeder die Zukunft kennen, ob zwecks Lottogewinn, Aktienkursmanipulation oder einfach nur, um zu wissen, wie die Welt in 100 Jahren aussieht. Die Bestimmung der Zukunft von Social Media verhält sich mindestens so komplex wie die vorher genannten Beispiele. Wer könnte die Veränderungen der nächsten Woche in der schnelllebigsten Welt einer schnelllebigen Welt vorher deuten?

Sechs aktuelle und ehemalige Mitarbeiter von Ogilvy & Mather versuchen aus Trends, mit denen sie arbeiten, die sie kennen, erleben und vielleicht ein Stück weit mitgestalten, Optionen für die Zukunft von Social Media herauszuarbeiten. Entweder aus soziologischer, technischer, technologischer oder geschäftlicher Perspektive – wo nötig auch im Mix. Das Ergebnis: Zukunftsforschung und Ratgeber für potenzielle Zukünfte, die sich zu verfolgen oder zu verhindern lohnen und dabei mehr Inspiration als Routenplan für 2014+.

1 Warum Essays?

Der Anfrage nach einem Beitrag zur Zukunft von Social Media kann man sich natürlich nicht entziehen. Dennoch haben wir uns entschieden, keinen einzelnen Beitrag zu verfassen, der die Zukunft eines so volatilen „Mediums" ganzheitlich bedienen könnte. Da Social Media aus unserer Perspektive ganzheitlich nur fragmentiert, sprich disziplinenübergreifend, betrachtet und realisiert werden kann und in der täglichen beruflichen Auseinandersetzung und Entwicklung genau so behandelt wird, fiel unsere Entscheidung

Rochus Landgraf ✉ · Daniela Schmidt · Sebastian Wolf · Ariane Sketcher
Frankfurt, Deutschland
e-mail: rochus.landgraf@ogilvy.com

Arno Selhorst
Köln, Deutschland

Rob Urquhart
London, Großbritannien

© Springer Fachmedien Wiesbaden 2016
S. Regier et al. (Hrsg.), *Marken und Medien*, DOI 10.1007/978-3-658-06934-6_23

auf ein analoges Vorgehen, um sich die Zukunft bzw. Aspekte der Zukunft besser zu erschließen.

In den folgenden Essays kommen Personen aus verschiedenen Bereichen, mit verschiedenen Hintergründen und Ausbildungen, Meinungen und Ansichten zu Wort. Ob aus individueller Rückschau zum Zwecke einer Vorschau, technologisch orientierter Zukunftsmodellierung, strategischer Planung, vom manifestierten über den aufkeimenden Trend zum obligatorischen Gegentrend oder bis hin zu eher metaphysisch angehauchter Science Fiction; die einzelnen Beiträge sind aus der Perspektive von Zukunfts- oder Trendforschung zu lesen und damit aus Sicht einer „Forschungsdisziplin", die ihre Rechtfertigung auch aus der Historie des Orakels von Delphi bezieht. Also Projektionen dessen, was wir jetzt wissen und vermuten, für die es heute praktische Belege und theoretische Modelle gibt und für die diverse Eintritts- und Entwicklungswahrscheinlichkeiten existieren. In diesem Sinne auch Agenda Setting, Beiträge zur Self-fulfilling Prophecy oder zur gewollten Vermeidung potenzieller Zukünfte von Social Media.

Zum besseren Verständnis und eigener Beurteilung – einer Lesart – der folgenden Beiträge vorneweg noch eine Definition davon, wie Ogilvy & Mather Social Media versteht und ideal erfüllt sieht. Im Übrigen ein Begriff, den man in seiner Übersetzung trefflich diskutieren könnte. Allerdings ist diese Diskussion eines Synonyms für Facebook und Konsorten nicht Gegenstand des Beitrags und darüber muss und soll die Zukunft weder hergestellt, verändert noch verhindert werden. Social Media heißt für uns:

> The degree to what both partners are willing to unveil themselves. And where an equilibrium is the vantage point to develop strong bonds. The mindset, energy and willingness to improve relationships on a two-way level of commitment. Driven by state-of-the-art tools, data-based decision-making and Cherished Engagement. Thus creating bonds no party easily breaks.

2 Sozio-technologische Perspektiven

2.1 Computerliebe

Sie ist so faszinierend wie der Traum vom Fliegen: die Suche nach künstlicher Intelligenz. Selten hat ein Thema die Fantasie von Regisseuren, Schriftstellern und Drehbuchautoren mehr befeuert als die Vision vom wirklich intelligenten Computer. Stanley Kubricks Entwurf vom Super-Computer HAL in "A Space Odyssey" gilt da wohl als berühmtestes Beispiel: an Bord des Raumschiffes ist er der einzige, der um die Details der Jupiter-Mission weiß. HAL 9000 war intelligent und entwickelte im Laufe der Reise sogar so etwas wie Emotionen. 45 Jahre später schuf Spike Jonze mit dem Film „Her" so etwas wie HALs noch viel intelligentere Tochter: Samantha. Das Betriebssystem mit dem wohlklingenden (und von ihm sich selbst gegebenen) Namen, das sich in der sozialen Interaktion mit seinem Nutzer kontinuierlich weiterentwickelt, gebärdet sich nicht nur wie ein Mensch, sondern baut über die Dauer vieler intensiver Gespräche sogar eine innige Beziehung zu seinem Benutzer auf.

She's not just a computer (Theodore Twombly über Samantha, in: „Her", Spike Jonze 2013).

Die Liebe zwischen Mensch und Maschine: reine Science Fiction oder schon bald Realität? Müssen wir über das, was wir heute unter Social Media verstehen, schon bald ganz neu nachdenken? Etwa, weil sich das soziale Moment, die Verbindung und der Austausch zwischen Menschen über mediale Apparaturen, fortwährend entpersonalisiert. Und weil gleichzeitig das Medium selbst automatischer, intelligenter und damit auch sozialer mit uns Menschen interagiert. Bereits heute gibt es Anzeichen dafür, dass Kubrick und Jonze mit ihrer Version der Zukunft nicht ganz falsch lagen.

Gemeinsam einsam?

Welche Veränderungen bringt ein Internet mit sich, das wir jederzeit und allerorts in der Hosentasche mit uns herumtragen können? Die amerikanische Psychoanalytikerin und Soziologie-Professorin Sherry Turkle hat sich diese Frage gestellt. Seit über 30 Jahren erforscht sie die Auswirkungen moderner technischer Entwicklungen auf unser Leben. Und in ihrem 2012 erschienenen Buch „Alone Together" konstatiert sie: Wer der Versuchung nicht widerstehen könne, komplizierte zwischenmenschliche Beziehungen durch pflegeleichte Online-Beziehungen zu ersetzen, der laufe Gefahr, immer einsamer zu werden. Denn das Internet, insbesondere in seiner mobilen Version für Hand- und Hosentasche, bietet jederzeit die Möglichkeit, den komplexen zwischenmenschlichen Beziehungen der Realität zu entfliehen (Turkle 2012).

Nun wird neue Technik generell gerne für den Untergang des Abendlandes verantwortlich gemacht – ähnlich wie das Internet wurde beispielsweise auch schon das Radio in den Zwanzigerjahren von Kulturpessimisten verdächtigt, die Menschen in die Vereinsamung zu treiben. Und doch würden wir es uns zu einfach machen, die Warnungen vor dem Vereinsamer Internet zu ignorieren. Denn seit Jahren ist eine Entwicklung zu beobachten, bei der sich die Form unserer (auch medial unterstützten) Kommunikation kontinuierlich wandelt: vom persönlichen Gespräch (am Telefon) oder dem handgeschriebenem Brief hin zu einem verschriftlichten Informationsaustausch, bei dem wir uns die von der jeweiligen Benutzeroberfläche angebotenen Ausdrucksmittel zu eigen machen; und überdies hin zu einer Kommunikation, die sich auf das Klicken von Schaltflächen reduziert, deren Output die vom Computer übersetzte Visualisierung der von uns intendierten Nachricht ist. Hübsch gestaltete Emoticons, Like-Benachrichtigungen und standardisierte Freundschaftseinladungen treten so immer öfter an die Stelle wichtiger zwischenmenschlicher Informationen und Gefühlsregungen. Oder schlimmer noch: Sie ersetzen, weil wir selbst zu faul zum Schreiben sind, die eigentlich beabsichtigte Kommunikation. Und genau hier verliert Social Media sein soziales Element.

Gehen wir diesen Weg weiter, wird sich der Mensch in Zukunft daran gewöhnt haben, mehr mit den intelligenten Ausdrucksformen seines Computers, seines Smartphones oder seiner „sozialen Medien" zu interagieren als mit seinem (dann immer weiter von ihm entfernten) sozialen Umfeld. Die Belohnungen, die darüber hinaus vom Computer ausgehen und die gerade durch die aktuelle Popularität spieltypischer Elemente im Online- und Social Media-Umfeld noch an Intensität zunehmen werden, befeuern diesen Trend weitcr. Es scheint daher nicht besonders verwunderlich, dass sich schon heute immer mehr Menschen durch das Internet vereinsamt fühlen. Nach einer von der BAT-Stiftung für Zukunftsfragen vorgestellten Studie waren bereits 2010 59 % der Deutschen der Meinung, das Netz habe negative Auswirkungen auf die Zahl und die Qualität ihrer Sozialkontakte (Opaschowski 2010). Zwar sind Mailen, Chatten und Surfen zum digitalen Volkssport geworden (und das nicht nur für die junge Generation), gerade viele junge Leute warten aber vergebens auf Beständigkeit. So vermissten schon damals über die Hälfte der 14- bis 34-Jährigen „beständige Beziehungen".

Stehen wir also tatsächlich vor einer von den technologischen Veränderungen begünstigten „Epidemie der Einsamkeit", wie sie die Londoner Ärztin Ishani Kar-Purkayastha jüngst in der Fachzeitschrift „The Lancet" vorhersagte? In einer Gesellschaft, in der 40 % der Haushalte aus nur einer Person bestehen, in der nicht einmal jeder dritte Haushalt Nachwuchs hat und in der 35 % aller Menschen über 45 chronisch einsam sind, scheinen zumindest die Voraussetzungen dafür gegeben (Welding 2012).

Virtuelle Reize:

Welche Rolle werden nun die sozialen Medien bei all dem einnehmen? Zweifellos ist Social Media ein hervorragendes Mittel, um seinen bereits bestehenden Bekannten- und Freundeskreis zu pflegen. Die Online-Kommunikation ermöglicht es aber auch, diese gleichzeitig mehr auf Distanz zu halten, als das früher (in Zeiten, in denen fast nichts an einem persönlichen Gespräch am Telefon vorbei führte) möglich gewesen wäre. Und es gibt Gründe genug zu glauben, dass wir damit nicht ganz unglücklich sind. „Wir sind einsam, weil wir einsam sein wollen" heißt es in dem 2012 im amerikanischen Magazin „The Atlantic" veröffentlichten Essay „Is Facebook making us lonely?" des Schriftstellers Stephen Marche (2012). Und wenn Einsamkeit etwas ist, in das man sich zumindest in Teilen freiwillig begibt, dann ist eine Technik, die das Alleinsein und die Beschäftigung mit der Technik selbst lohnenswert macht, ein Lockvogel in die Einsamkeit.

Wie sehr Menschen tatsächlich schon heute beim Umgang mit den Funktionalitäten von Social Media so etwas wie Glück empfinden, zeigt sich beim Blick auf die Forschungsergebnisse der Freien Universität Berlin: Demnach konnte in einer Studie aus dem Jahr 2013 nachgewiesen werden, dass die Freude über den Erhalt eines Likes auf Facebook dasselbe Belohnungssystem im Gehirn aktiviert wie dies auch Essen, Geld oder Sex tun (Meshi et al. 2013). Zwar dient in diesem Falle die „Gefällt mir"-Funktion dem Menschen vordergründig als Messlatte für seine Reputation im realen Leben (schließlich steckt hinter jedem Like auch eine reale Person) – und vermag auch deshalb eben jene Reaktionen in ihm hervorrufen. Die technischen Entwicklungen werden es aber sehr wahrscheinlich machen, dass das menschliche Belohnungssystem auch ohne Mitwirken eines anderen von immer intelligenter werdenden (sozialen) Medien und Systemen stimuliert und zur Interaktion bewegt wird.

Wie sehr wir dieser Entwicklung durch Implementierung interaktiver Technologien folgen, entscheiden wir Menschen am Ende selbst. Es schadet jedoch nicht, sich der Funktion, die wir ursprünglich einmal den sozialen Medien zugeschrieben haben, bewusst zu werden. „Sozial" darf am Ende nicht nur die intelligenter mit uns kommunizierenden Medien meinen. „Sozial" muss auch weiterhin bedeuten, dass es Menschen erleichtert wird, *miteinander* in Austausch zu treten – allen Versuchungen Samanthas zum Trotz.

2.2 Pandora reloaded

Als Pandora auf Weisung von Zeus den Menschen eine von ihm geschenkte Büchse bringen sollte, erlag sie ihrer Neugierde und öffnete die Büchse, bevor sie ihr Ziel erreichen konnte. Aus dem Gefäß entwichen Elend, Krieg und Tod. Als die Büchse schnell wieder geschlossen wurde, blieb die Hoffnung als einzige darin gefangen. Pandora aber öffnete die Büchse erneut und entließ so auch die Hoffnung, die den Menschen von da an Trost und Zuversicht in eine bessere Zukunft brachte. Und alles war gut.

Manche behaupten, Hoffnung sei das schlimmste Übel der Menschheit. Aber das sagen sie ja auch über das Internet.

Im Internet glichen soziale Netzwerke in ihren Urzuständen der Zeit vor dem Öffnen der berüchtigten Büchse. Wer im IRC (Internet Relay Chat) auf einen anderen Chatter traf, konnte recht schnell merken, ob es sich um einen Menschen oder eine Software handelte. Die Teilnehmer der ersten Usenet-Diskussionen wirkten und waren authentisch, hatten Charakter, Visionen ein Leben. Jeder war einzigartig. Alles war gut. Ab einem gewissen Punkt landete das soziale Web im Mainstream.

Plötzlich ging es nicht einfach nur um Meinungen. Es war nicht nur ein Ort an dem Katzenfotos ausgetauscht und Wochenenden geplant wurden. Über soziale Netzwerke entstanden digitale Mehrheiten zu allen möglichen Themen. Ein Webuser = eine Stimme. Und man merkte, dass Mehrheiten profitabel sein konnten – strategisch, ökonomisch, ideologisch und politisch. Im Schutz der digitalen Mehrheit ließ sich eine Agenda deutlich einfacher durchsetzen.

Die ersten Artikel, die das Öffnen der Büchse der Pandora 2011 meldeten, schrieben von einer ominösen Stellenanzeige der US Air Force. Darin warb man für die Stelle eines „Online Persona Management Service Operators" (Sherman 2011):

> The Software will allow 10 personas per user, replete with background, history, supporting details, and cyber presences that are technically, culturally and geographacilly consistent. Individual applications will enable an operator to exercise a number of different online persons from the same workstation and without fear of being discovered by sophisticated adversaries. Personas must be able to appear to originate in nearly any part of the world and can interact through conventional online services and social media platforms. The service includes a user friendly application environment to maximize the user's situational awareness by displaying realtime local information.

Seit Bekanntwerden dieser „Persona Management"-Systeme ist das Unheil also aus der Büchse: Menschliche Akteure verwenden hochkomplexe Softwareprogramme, um dem Rest der Netzgemeinde die Existenz ganzer Armeen realexistierender Individuen quer durch alle gängigen Sozialen Netzwerke weis zu machen. Diese künstlichen Persönlichkeiten wurden schnell als „Sock Puppets" bekannt. Dabei ist jede einzelne digitale Puppe so perfekt konstruiert, dass ein durchschnittlicher Webuser sie nicht von einem wirklich existierenden Menschen aus Fleisch und Blut unterscheiden kann. Ob Sie vielleicht selbst schon einmal mit einer „Sock Puppet" gechattet oder, Gott bewahre, intimen E-Mail-Verkehr hatten, das werden Sie wahrscheinlich so schnell nicht herausfinden.

Dass das Militär hier scheinbar den ersten Schritt gewagt hat, sollte mit Blick auf den Ursprung des Internet niemanden verwundern. Und das Militär ist heute, einige wenige Jahre später, mit Sicherheit nicht die einzige Organisation, die sich der „Sock Puppets" bedient. Was für Propagandazwecke der US Air Force nützlich erscheint, könnte ja auch vielleicht einen unliebsamen Wettbewerber in die Knie zwingen, die eigene Agenda nach vorne bringen oder dafür sorgen, dass ein Unternehmen im nächsten Monat mehr Limonade verkauft. Denn mit Armeen aus Sock Puppets könnten ganze Foren mit einer eigenen Agenda überschwemmt, Kommentarbereiche namhafter Zeitungen gepflastert, „Shitstorms" heraufbeschworen und bei Produktbesprechungen ein Wettbewerber mit negativen Reviews schlecht gemacht werden. Wer die Meinungsmacht Hunderter oder gar Tausender Sock Puppets zu seiner Verfügung hat, kann in unseren Zeiten über soziale Netzwerke Stimmungen nicht nur beeinflussen, sondern direkt lenken. Mindermeinungen gehen entweder unter oder passen sich analog der Schweigespirale einfach an (Noelle-Neumann 1980). Konformität bis hin zur Gedankenkontrolle sind zwei der neuzeitlichen Übel einer digitalen Büchse der Pandora.

Und wo bleibt die Hoffnung?

Spielen wir doch das Szenario einfach einmal weiter: Um ihre eigene Position zu stärken, verwenden wirtschaftliche, politische und militärische Akteure ihre digitalen Sock Puppets immer häufiger und aggressiver. Schon bald könnte so die Zahl der Sock Puppets die der realexistierenden Nutzer sozialer Netzwerke übersteigen. Wer spricht dann eigentlich noch mit wem? Nehmen wir außerdem an, dass die Entwicklung intelligenter Algorithmen (Kremp 2014) in den kommenden Jahren ebenfalls einen Quantensprung auf dem Gebiet sozialer Interaktion machen wird. Um Kosten zu sparen, könnte man anfangen, AI und Sock Puppets miteinander zu verbinden. Künstliche Akteure würden dann häufiger mit anderen künstlichen Akteuren als mit echten Menschen kommunizieren. Eine Kakophonie lebensechter Artifizialität, ein Reigen sich gegenseitig immer weiter treibender AI, ein Wettrüsten der Meinungsmache in dem wir Menschen schon lange nicht mehr mithalten können.

Was wird uns dann noch bleiben? Wir öffnen also die Büchse der Pandora ein letztes Mal und entlassen die Hoffnung. Eine Hoffnung auf die Renaissance des Authentischen. Eine Abkehr vom Simulacrum. Eine Rückkehr in die Wüste der Wirklichkeit (Baudrillard 1994).

Manche sagen, dass dies das schlimmste Übel sei. Aber ist das tatsächlich der einzige Weg?

3 Sozio-ökonomische Perspektiven

3.1 Social Commerce – Die Macht von Pins, Tweets und Likes

Bei Social Commerce – die Verbindung von sozialen Netzwerken und eCommerce – ist die Gesellschaft geteilter Meinung.

Momentane Schätzungen verweisen darauf, dass Social Commerce nur ein Prozent zu allen eCommerce-Ausgaben beiträgt. Gleichzeitig spielt Social Media bzw. spielen Social Media-Mechaniken eine kritische Rolle im Erfolg von eCommerce-Giganten wie Amazon: Userratings und Kommentare sind zum essentiellen Bestandteil des (Online-) Kaufverhaltens und von Kauferlebnissen per se geworden – gerade auch in Zeiten des ROPO-Effekts, über den der stationäre Handel zum Showroom „verkommt" (Beresford Research 2014). Es ist kein Geheimnis, dass Konsumenten den Meinungen von Fremden mehr glauben als den Aussagen der Marken selbst; ob werblich oder nicht. Jedoch überschattet die Anzahl der missglückten Social Commerce-Initiativen immer noch die der Erfolgsbeispiele. Ist Social Commerce doch nur flüchtiger Trend oder eine tatsächlich ernstzunehmende profitable Verkaufsstrategie?

Shopping ist seit jeher eine sozial geprägte Aktivität. Vom Schaufensterbummel mit Freunden bis hin zum kleinen Plausch mit dem Ladeninhaber – Menschen haben schon immer von Menschen gekauft. In vielen weiteren sozialen Kontexten hat Digital diese Interaktionen verstärkt. Physikalische und geografische Barrieren wurden überwunden und haben damit die Breite und Tiefe von zusätzlichen Interaktionen auf ein nahezu grenzenloses Niveau explodieren lassen. Ein Umfang, der im Kontext von Commerce noch nicht nachvollziehbar ist. Hier stehen wir gerade erst am Anfang der Realisierung des wahren Potenzials von Social Commerce.

Um dieses Potenzial besser auszuschöpfen, wird man sich vom Gedanken Social Commerce als Verkaufskanal entfernen müssen. Vielmehr sollte das Einkaufserlebnis sozialer gestaltet werden, der soziale Aspekt an jedem Touchpoint entlang des Kaufprozesses, davor und danach, greifbar werden. Um Wettbewerbern einen Schritt voraus zu sein, müssen alle verfügbaren Social-Werbemittel abruf-, teil- und weiterleitbar sein und einen Wert haben. Unternehmen müssen ihre Netzwerke auf sozialen Plattformen ernsthaft und ernstmeinend ausbauen, um über wertige Interaktionen mit Fans und Followern mit echten Markenfürsprechern Beziehungen zu leben und „Verbreitungschancen" zu kapitalisieren. Denn: Je höher die Zahl der Interaktionen, desto größer ist die Wahrscheinlichkeit, dass potenzielle Neukunden sich für die Marke entscheiden (LoyaltyOne 2012, S. 2).

Es geht nicht nur um die bloße Existenz oder Präsenz in digitalen Welten. Stattdessen muss dem Trend der „Verpassten Chancen" ein Gegentrend entgegengesetzt werden. So verwenden nur 6 % der Top 500 im US-amerikanischen Versandhandel Social Logins (Sociable Labs 2012, S. 2) – obwohl 87 % der Konsumenten mit dem Prozess vertraut sind und 40 % diese sogar bevorzugen (Monetate 2012). Eine Option, die Zugang zu Daten schafft. Per Login oder Like könnte man Zugang zu Informationen von Konsumenten erhalten, die primär nicht vorliegen oder nur schwer erhebbar sind: Alter, Ort, Interessen, im Fall der Fälle der Benchmark vs. die Konkurrenz oder Likes von allem und jedem. Tiefe Einblicke in die Psyche des Users, wenn man sie denn richtig interpretiert. Anstelle von Empfehlungen auf Basis dessen, was wann, wie und wo geklickt wird und der Hoffnung auf den Klick, werden so Produkte und Services auf Basis von Interessen möglich. Via Social Login kann man weitere Informationen wie E-Mail-Adressen, Geburtsdatum, Größe des Netzwerks sowie den Influence Score sammeln und diese Daten zur weiteren Segmentierung von Kunden bezogen auf jeden Social Referrer einsetzen. So werden Konsumenten nicht nur in einen Prozess geleitet, der mit einer hohen Wahrscheinlichkeit zum Kauf führt, sondern sie erhalten etwa weitere Vorschläge von Alternativen bei ausverkauften oder alten Produkten – Enttäuschungen sind damit nicht mehr vorprogrammiert, positive Überraschungen programmiert.

Selbst das einfache Hinzufügen von Share- und Like-Buttons auf der Webseite oder die Option, Bilder zu pinnen, kann zu profitablen Resultaten führen. So generiert jeder Eventbrite Link, der auf Facebook weitergeleitet wird, $2,52 in Ticketverkäufen (Schonfeld 2010). Jedes Ticketmaster Event, das von Kunden auf Facebook geposted wird, resultiert in $5,30 (Helft 2011). Per Like-Button hat Levi's seinen Referral Traffic um das 40-fache gesteigert (Sullivan 2011). American Eagle-Kunden gaben 57 % mehr auf Facebook aus, und die Kinderkleidungsmarke Tea Collection erreichte darüber eine Verzehnfachung des täglichen Umsatzes (Sullivan 2011).

Sharing erlaubt es einer Marke, in der Phase präsenter zu sein, in der der Kunde ein Produkt in Erwägung zieht – potenzielle Kunden können schon vor dem Kaufakt sehen, was von Interesse ist und sind damit den Marken einen Schritt voraus. eBay macht sich diesen Trend mit dem Help Me Shop zunutze, der es Social Media-Nutzern ermöglicht, die Meinung von Freunden vor dem Kauf in die Kaufentscheidungsfindung einzubeziehen.

Marken müssen Kunden gleichzeitig die Möglichkeit geben, Produkte zu bewerten. Dies würde nicht nur regulären Content kreieren, der bessere Platzierungen in den Suchmaschinen unterstützt, sondern zu einer Umsatzsteigerung von durchschnittlich 18 % führen. Über 50 Bewertungen auf ein Produkt können eine Erhöhung von 4,6 % von Conversion Rates bedeuten (Charlton 2012). Dazu kommt, dass Marken über diese Form der Öffnung transparenter und damit einhergehend Produkte und Dienstleistungen besser werden – schließlich führen negative User-Urteile, ob als Sterne-Ranking oder Textbeitrag, umgekehrt zum Nichtkauf.

Pinterest zählt mittlerweile weltweit 53 Millionen User und wurde schnell Teil des Kaufprozesses. 70 % der Nutzer nutzen Pinterest, um nach Produkten zu recherchieren. Pinterest ist zudem mit einem Durchschnitt von $80,54 pro Einkauf einer der wertsteigerndsten Umsatzträger geworden (Monetate 2013).

Für Sony, das in 2012 auf Pinterest aktiv geworden ist, hat das Engagement deutlich positive Folgen:

- 800 % Traffic-Steigerung von Pinterest zur Sony Store-Webseite,
- 2,5 Mal höhere Traffic Leads von Twitter (mit 80.000 Sony Followern) zur Webseite,
- 10 Mal mehr Klicks des Pin-it-Buttons als die Tweet-This-Version (Taylor 2012).

Wir sprechen nicht von einem flüchtigen Trend: Die Verbindung zwischen Social und Commerce wird sich weiterhin festigen. Solange analytische und messbare Möglichkeiten weiter ausgearbeitet werden, werden wir umso mehr in der Lage sein, die volle Wirkung von Social auf Sales zu erfassen und optimieren zu können. Mit simplen Anpassungen können mehr Marken die Vorteile des Netzes und der Netzwerke ausschöpfen und Kunden an jedem Punkt des Kaufprozesses erreichen. Gleichwohl ist mit dem aktuellen Instrumentarium an technisch Machbarem sowie verwertbaren Mechaniken vermutlich erst ein Grundstein gelegt, um die „uralten" Verkaufsformen zu digitalisieren und zukunftsträchtig zu ergänzen.

3.2 Der Nonsense-Overkill

Steht uns der Social Media-Nonsense-Overkill bevor? Gedanken zwischen Roland Emmerich-Filmen und dem RTL-Mittagsprogramm schießen durch den Kopf. Ein flüchtiger Blick auf den eigenen Facebook-Newsfeed genügt, um weitere Tiefenbohrungen zu diesem Thema zu rechtfertigen. Es wirkt verschreckend, doch die Quelle für peinliche Urlaubsfotos, 08/15-Nachrichten und Foodporn scheint unerschöpflich und das Ausmaß unkontrollierbar. Dabei haben wir die Hydra selbst geschaffen. Eine Infrastruktur, die die steigende Digitalisierung von sozialen Interaktionen in einem System kanalisiert. Diese sozialen Interaktionen sind schneller, spontaner, reaktionärer – vielleicht auch inhaltsloser – als jemals zuvor. Doch mit welchen Folgen? Was sind die analogen Konsequenzen, wenn das digitale Ich mit Hochdruck mit Informationen gefüttert wird, die sich zwischen substanzloser Oberflächlichkeit und vollkommener Trivialität bewegen?

Viele Experten sehen im Social Web die Gefahr für die geistige Degenerierung der Gesellschaft. Digital-Therapeutin Anitra Eggler stellt fest: „Facebook macht blöd, blind und erfolglos". Sie sagt, vermeintlich intelligente Leute verspürten auf Facebook den unwiderstehlichen Drang, blöde und peinliche Posts zu veröffentlichen – Fotos von Mittagessen und Urlaub im Minutentakt. Die Anzahl der Likes auf diese Fotos sind das Schulterklopfen von heute. Doch geht es wirklich um eine emotionale Rückmeldung? US-Forscher des „Brain and Creativity Institute" der University of Southern California (USC) haben herausgefunden: Mit Twitter kann unser Hirn emotional nicht mithalten. Die Geschwindigkeit, mit der Nachrichten auf sozialen Nachrichten auf uns einprasseln seien „zu schnell für den moralischen Kompass des Gehirns". Nachrichten – ob gut oder schlecht – können nicht mehr emotional verarbeitet werden. Die Folge: Nutzer stumpfen ab, emotionale Inhalte wie menschliches Leid sind ihnen gleichgültig (Hope 2009). Werden wir durch die Digitalisierung zu emotionslosen Maschinen? Der englische Dramatiker John Osborne ist überzeugt: „Der Computer ist die logische Weiterentwicklung des Menschen: Intelligenz ohne Moral."

Muss man also den Menschen vor sich selbst schützen? Braucht es eine Nonsense-Polizei? Die Redakteure mancher Medienhäuser waren einst menschliche Firewall zwischen Quelle und Öffentlichkeit und filterten relevante von irrelevanten Nachrichten. Heute machen sie den Nonsense teilweise erst zum Mainstream. Sie bedienen sich dem Social Web als kostenfreie Quelle für Inhalte – auch für Nonsense-Inhalte. Ihr medialer Multiplikator-Effekt ist der zündende Funke für die Verbreitung – das Nonsense-Gaspedal sozusagen (Falk und Koch 2014). Zwar eine legitime Methode, um die Nutzerzahlen der eigenen Seite und somit das Potenzial für Anzeigeverkäufe zu steigern, impliziert aber die Anforderung, immer tabuloser – also mit mehr Nonsense – auf den Nutzer zuzugehen, um seine Aufmerksamkeit zu erlangen.

Aber auch systemische Gründe können als Triebfeder des bevorstehenden Overkills angeführt werden. Konzerne wie Facebook oder Google nutzen Computer-Algorithmen, um Inhalte an Endkonsumenten auszusteuern. Der Nutzer bekommt also nur jene Nachrichten, die ihn persönlich interessieren bzw. interessieren müssten (Krüger 2014). Die Algorithmen agieren dabei durchaus sozial. Sie nutzen nämlich das Single-Börsen-Prinzip: Gleich und gleich gesellt sich gern. Sie kategorisieren Nutzungsmuster anhand der angegebenen Daten, Interessen sowie Historie des Nutzerverhaltens und erstellen daraufhin Nutzertypen. Inhalte spielen bei der Aussteuerung aber nur eine kleine Rolle. Es geht um korrelierende Daten. Berechnungsgrundlage sind Parameter wie Klickraten, Zugriffe oder Suchbegriffe. Da diese Werte bei Nonsense-Content hoch sind, werden sie als sehr relevant eingestuft. Eine firewallartige Vorselektion pro Nonsense.

Viele Ältere argumentieren: Einfach abschalten und das Problem ist gelöst! Doch das Social Web kann man nicht einfach abschalten, auch wenn der Ausschalter nicht weit entfernt ist. Der soziale Druck, Angstphänomene wie „Fear of missing out" (Nauert 2013) – kurz: FOMO – und die mögliche soziale Isolation machen dies fast unmöglich, besonders bei jener jungen Generationen, die mit dem Social Web sozialisiert ist und wird.

Vielleicht müssen wir das Social Web auch gar nicht abschalten. Ja, es gibt Tendenzen in Richtung Overkill und anschließender Apokalypse. Die gab es aber auch 2012 mit dem Ende des Maya-Kalenders. Wahrscheinlich ist die evolutionär überlieferte Angst vor Neuem die eigentliche Ursache für den Glauben an solche Szenarien. Eine Angst, die uns wohl einst vor dem Tod durch Säbelzahntiger schützte. Jene Angst, die uns lähmt, auch wenn die Gefahr nur in unserem Kopf ist. Es ist die gleiche Angst, die 1835 folgendes Gutachten des bayerischen Obermedizinalkollegiums zur Eröffnung der ersten deutschen Eisenbahnstrecke von Nürnberg nach Fürth hervorbrachte (Joerges 1996, S. 252 ff.):

> Die schnelle Bewegung muss bei den Reisenden unfehlbar eine Gehirnkrankheit, eine besondere Art des Delirium furiosum erzeugen. Wollen aber dennoch Reisende dieser grässlichen Gefahr trotzen, so muss der Staat wenigstens die Zuschauer schützen, denn sonst verfallen diese beim Anblick des schnell dahinfahrenden Dampfwagens genau derselben Gehirnkrankheit. Es ist daher notwendig, die Bahnstrecke auf beiden Seiten mit einem hohen, dichten Bretterzaun einzufassen.

Die Reisegeschwindigkeit betrug etwa 24 bis 28 km/h.

4   Soziale Perspektiven

4.1   Social Media macht die Welt sozialer

Tante Emma-Läden erleben eine Renaissance. In den letzten Jahren sind gerade im ländlichen Raum immer mehr Geschäfte entstanden, die dem traditionellen Vorbild folgen und oft mehr bieten als nur eine Einkaufsmöglichkeit. „Sie sind auch Café, Post und Apotheke, Treffpunkt und Vereinsheim – sie sind eine neue Mitte.", beschreibt Kristin Pezzei ihre deutschlandweite Feldstudie (2012).

Ist das ein Gegentrend zu der „anonymisierten", „individualisierten", „egoistischen" Social-Media-Welt, in der User wie akay375 zu allem etwas zu sagen haben, Marken hinterherlaufen, um sie im nächsten Moment zu verdammen? In der Trends und Memes kommen und gehen und sich täglich neu erfinden?

Eigentlich nicht. Denn wenn man sich „dieses Internet" einmal genauer anschaut, stellt man fest, dass sich die gesellschaftliche Entwicklung, die Trendforscher schon seit einigen Jahren formulieren, sehr deutlich auch in sozialen Medien abzeichnet: Die (postmoderne) Entwicklung zur „Individualität" und zum Egoismus kehrt sich um. Statt vom „Ich" wird wieder vermehrt im „Wir" gedacht (Carbonaro und Votava 2008), Menschen mit gleichem Werteverständnis schließen sich zusammen, Konsumenten tauschen sich als Mitglieder einer Markengemeinschaft aus. (Rösger et al. 2008, S. 102) Heißt in den virtuellen Raum übersetzt: Auf Facebook, Twitter, Instagram, Pinterest, What's App wird geliked, kommentiert und geshared (bzw. geretweeted). „People in virtual communities do just about everything people do in real life." schrieb Howard Rheingold schon 1993. (Rheingold 1993) Leute tun ganz offen und häufig ohne Hemmungen ihre Meinung kund, quatschen miteinander und – sie teilen. Und zwar Inhalte, aber eben auch Standpunkte. Indem sie das tun, grenzen sie sich von einigen ab – und gleichzeitig begeben sie sich in die Gemeinschaft all derer, die ihre Meinung teilen. Ob sie sie persönlich kennen oder nicht.

Genau das erfährt seine Fortführung wiederum im realen Leben. Menschen teilen Autos, Wohnungen (hier denken wir nicht an die klassischen WGs, sondern Phänomene wie Airbnb, in denen die eigene Wohnung während des Urlaubes wildfremden Menschen überlassen wird), Musik, sogar Gärten. „Rund zwei Drittel der Konsumenten weltweit sind offen für Sharing. Das heißt, sie würden Güter, die sie selbst besitzen, mit anderen teilen." (Absatzwirtschaft 2014) Und das Ganze über Internet-Plattformen. Social Media-Mechaniken übernehmen den Qualitätsgarant.

So gesehen unterstützt Social Media das (neue) Miteinander der Menschen. Und zwar weit über das hinaus, was früher in Familien-, Freundes- und Bekanntenkreisen möglich war: Jenseits von Landesgrenzen und persönlichem Kennenlernen. Social Media rückt die Welt ein ganzes Stück näher zusammen.

Ich teile die vielerorts beschworenen Angst-Szenarien wie den zunehmenden Verlust „echter" sozialer Kontakte nicht. Ja, man kann sich heute prima hinter das Smartphone zurückziehen und die Scheuklappen aufsetzen. Das ging früher aber auch schon ganz gut – hier war es nicht das Smartphone, sondern es waren die eigenen vier Wände, der Fernseher oder das Buch. Jüngste Studien der türkisch-amerikanischen Wissenschaftlerin Zeynep Tufekci gehen davon aus, dass Social Media nicht der Grund sind für eine zunehmende Vereinsamung der Gesellschaft. Es sind eher andere Veränderungen wie komplexe Arbeitsbedingungen oder lange Pendlerwege. (Wampfler 2014) Social Media eröffnet dann eher die Chance, Kontakte weiterhin zu pflegen. Tobias Arns, Social-Media-Experte des BITKOM, spricht davon, dass soziale Netzwerke Menschen zusammenbringen und ihnen helfen können, die unerschöpfliche Menge an Informationen im Internet zu kanalisieren. 73 % der deutschen Nutzer pflegen den Kontakt zu Freunden über soziale Netzwerke. 35 % organisieren ihre Freizeitaktivitäten mit ihrer Hilfe. (Hilker 2014)

Dass die Nutzung von Social Media zur Zeit (noch) einen „sozialen" Druck aufbaut, ist sicherlich richtig. Wer nicht on ist, ist out. Der gesunde kritische Blick darauf wird immer populärer, zeigen „Anti-Kampagnen" wie der Social Media Guard von Coke (Coca-Cola 2014) auf amüsante und mahnende Weise. Aber die neuen Kommunikationswege – digital, mobile, social – werden bleiben. Sie verändern das Kommunikations-Verhalten unserer Gesellschaft. Damit wird man sich abfinden. Für mich ist das ein Fortschritt, kein Rückschritt.

Technik ist immer nur das, was wir daraus machen. Sie ist ein Vehikel, um Menschen das Leben zu erleichtern. Das sollten sich Marken zunutze machen und gleichzeitig ihren Beitrag leisten. Lokalisierung von Angeboten mit und über Social Media ist z. B. ein Weg. Das bewusste Einbringen und Fordern von User-Bewertungen ein weiterer. Der Verzicht auf das blanke Postulieren von Werbebotschaften sollte mittlerweile Pflicht sein – er ist es aber bei weitem noch nicht. Der direkte Dialog zwischen Marke und Konsument(en) ist möglich und unabdingbar in Zeiten von Social Media.

Hier lässt sich diskutieren, mit wem bzw. wie vielen Menschen eine Marke in den verschiedenen Situationen spricht. One-to-One ist der Weg in der Kundenbindung wie im Service. Aber wenn wir es mit Werte-, Interessen- und Markengemeinschaften zu tun haben, muss eine Marke sich in die laufenden Diskussionen einschalten. „Werbenetzwerke sollten versuchen, die Verbindungen zwischen Menschen, die sich noch nicht kennen, aber potenziell auf der Suche nacheinander sind, zu fördern." (Rushkoff 2011) Hieße also, Markenerlebnisse zu schaffen und Markengemeinschaften zu initiieren. Oder eben einfach: Mitreden, wo sowieso schon über die Marke gesprochen wird.

Dazu kommt die Königsdisziplin: Zuhören. Ganz nach Tante Emma-Manier „Na, was macht der Rücken heute? Was? Das Kind hat Schnupfen? Dann nehmen Se doch gleich mal ein Hühnchen mit für eine ordentliche Brühe." Dann besteht auch die Chance, Produkte zu kreieren, die durch eine Social-Funktion genau so werden, wie Menschen sie wirklich brauchen. Wie z. B. die Schlaganfalls-Weste mit leitendem Garn, die das Design Research Lab von Gesche Jost entwickelt hat (Design Research Lab). Aber das ist ein weites Feld. Und ein neues Thema. Oder einfach nur: die Zukunft von Social Media.

Übrigens: Auch Tante Emma ordert heutzutage ihren Warenbestand online.

4.2   „A rose is a rose is a rose is a rose" – vom Tod der Wirklichkeit im digitalen Zeitalter

Wir sollten trauern. Trauern um die Wirklichkeit. Denn so, wie wir sie bis heute zu kennen glaubten, werden wir sie nie wieder sehen. Warum? Weil wir in ein Zeitalter beliebiger Replikation übergegangen sind. Ein Zeitalter in dem durch die Digitalisierung sämtlicher Lebensbereiche beinahe alles beliebig häufig und exakt gleich hergestellt werden kann. Und dann sind da noch Fortschritte in der Gentechnik, immer raffiniertere 3D Drucker und immer wieder bahnbrechende Erkenntnisse der Quantenforschung, die den Schluss nahe legen, dass die Welt um uns herum vielleicht gar nicht so einzigartig ist, wie wir bisher dachten.

Das gilt für die rein digitalen Welten umso mehr. Je tiefer unsere Einblicke in soziale Netzwerke gehen, desto klarer kristallisiert sich heraus: gerade das Digitale ist nicht nur beliebig reproduzierbar, es ist vor allem beliebig manipulierbar. So replizieren wir im Social Web vor allem unsere tatsächlichen Lebensumstände als behutsam kuratierte Selektion. Scheibchen für Scheibchen gehen wir sicher, dass unser digitales Selbstbild dem entspricht, wie wir uns gerne sähen und nicht wie wir wirklich sind (Groll 2009). Damit entsprechen heute die durchschnittlichen Online Communities und sozialen Netzwerke ungefähr so sehr der tatsächlichen Lebensumwelt ihrer Protagonisten wie die Welt der Truman-Show dem tatsächlichen Leben seiner Zuschauer.

Und genau hier gelangen wir zu einem ganz entscheidenden Punkt: Wirklichkeit wird heute online spielerisch inszeniert und von den Teilnehmern im sozialen Netz ebenso spielerisch gedeutet. Durch diese spielerische Dialektik im Umgang mit Wirklichkeit entsteht letzten Endes ein hyperreales (Wikipedia 2013) Abbild unserer Wirklichkeit im sozialen Netz. Diese replizierte, übersteigerte Wirklichkeit hat den Charakter eines kunstvoll zusammengesetzten Mosaiks. Und je schillernder die einzelnen Komponenten, desto auffälliger und begehrenswerter erscheinen die Lebensumstände der betreffenden Protagonisten. Wirklichkeit ist damit nicht „zuletzt ein Effekt vieldeutiger Repräsentationen" (Sielke 2002, S. 259). Interpretieren wir unsere Umwelt im Rahmen sozialer Netzwerke so akzeptieren wir unsere Wirklichkeit nicht etwa als unveränderbaren Canvas auf den wir unser Leben projizieren. Wirklichkeit wird vielmehr zu einem Effekt, vielleicht sogar einem „Special Effect", der dem Gezeigten Authentizität und dadurch Glaubwürdigkeit verleihen soll.

Blick in die Kristallkugel: Was passiert also mit unserer Alltagswirklichkeit, wenn sie tagtäglich mit den glitzernden, verlockenden Hyperrealitäten ihrer Replikate im sozialen Netz konkurrieren muss? Wo beginnt die Fiktionalisierung unserer Persönlichkeit? Verwandeln soziale Netzwerke unser Leben in ein banales „Storytelling" – in eine Art Selbstvermarktung des Privaten?

Vielleicht liegt die Antwort in Gertrude Steins Gedicht mit der berühmten Zeile „A Rose is a rose is a rose is a rose" (Stein 1922, S. 187): „Für Stein drückte der Satz aus, dass der Name einer Sache deren Bild und die damit verbundenen Gefühle verkörpert." (Wikipedia 2014). Verwenden wir Wirklichkeit in sozialen Netzwerken spielerisch als Spezialeffekt, so versetzt uns dies in die Lage, mehr als reine Tatsachenberichte zu kommunizieren – wir finden darüber hinaus einen Weg unsere wirklichen Gefühle mitzuteilen.

Müssen wir also wirklich um die Wirklichkeit trauern? Vielleicht sollten wir stattdessen eine neue Form der digitalen Kommunikation feiern. Eine Form, in der Wirklichkeit von allen spielerisch inszeniert und interpretiert wird. Eine Wirklichkeit, die durch ihren spielerischen Charakter viel mehr einem Effekt gleicht, als einer nachprüfbaren Realität. Ein Spezialeffekt, der uns allen aber letzten Endes dabei hilft, sich gegenseitig in einer global immer stärker vernetzten Welt emotional einander besser zu verstehen.

5 Methodologische Perspektiven

5.1 Maschinenmenschen

Mehr als 200 Millionen aktive Twitter-User versenden pro Tag 400 Millionen Tweets. Konservativ gerechnet entspricht das einem Datenvolumen von etwa 80 GB pro Tag (eigene Berechnung). Im Vergleich dazu erzeugt eine Gas-Turbine in Irsching – die SGT5-8000 h – im von 2838 Sensoren beobachteten Testbetrieb mit 90 GB pro Stunde (2160 GB pro Tag) mehr als das 20-fache an Daten (Bartos 2009). Auf den ersten Blick nicht wirklich relevant für Social Media; nimmt man allerdings die Perspektive „Before Twitter" ein, könnte man sagen, dass hier 0,0 GB Daten von Usern produziert und nicht gleichzeitig Unmengen von persönlichen Informationen preisgegeben wurden. Dazu kommt, dass man offensichtlich davon ausgehen kann, dass Produktion und Produktionsfaktoren heutzutage optimiert oder optimierbar sind – bis in kleinste Details. Schließlich können virtuelle digitale Fabriken schon Produktionsprozesse abbilden und optimieren, bevor auch nur über den Kauf eines Grundstücks für den Bau der Fabrikhalle, in der die Maschine stehen wird, mit der am Ende Produkte erzeugt werden nachgedacht wurde.

Allein das ermöglicht schon die Erkenntnis, dass das Leben vieler von Schleichfahrt auf Vollgas umgestellt wurde bzw. selbstselektive Nutzung zu einer Unterwerfung unter deutlich veränderte Bedingungen geführt hat. Dass das Ganze auch in einen völlig neuen Überbau passt, wird vielleicht nicht immer gesehen, führt aber zu der These, dass die Optimierung von sachlichem Produktivvermögen an Grenzen kratzt, während sich durch Social Media neue Optionen einer Humankapitaloptimierung inklusive der dazugehörigen Arbeitskräfte eröffnet haben.

Alles wird schneller – nun gut. Überlastung soll nicht Gegenstand dieses Beitrags sein, vielmehr stehen mittlerweile etablierte Methoden im Blickpunkt, die diverse Kapazitäten von Menschen „ausbeuten", indem eigentlich originäre Unternehmens- und Managementaufgaben out- sprich gecrowdsourced werden. Beim Crowdsourcing oder aufgrund der Anwendungsvielfalt mit gleichartiger hintergründiger Philosophie „Crowd-Whatever" können derzeit vier Ansätze oder Kräfte unterschieden werden:

- Crowd-Arbeitskraft, wie sie etwa der Mechanical Turk (Amazon 2014) anzapft,
- Crowd-Finanzkraft, wie von Finanzierungs- oder Spendenplattformen wie Kickstarter (Kickstarter 2014) angesprochen,
- Crowd-Geisteskraft, als Existenz- und Entwicklungsgrundlagen von bspw. Quora (Quora) oder
- Crowd-Ideenkraft, wie My Starbucks Idea (Starbucks 2013) oder Tchibo Ideas (Tchibo Ideas).

Allen Formen ist ein Aspekt gemein: Ohne die offenbar noch ungebrochene Bereitschaft von Menschen sich einzubringen, wäre nicht eine davon verfügbar. Dabei wird auf unterschiedliche Methoden zurückgegriffen, Menschen dazu zu bewegen, Zeit oder Geld für die „Gemeinschaft" zu opfern, ohne einen faktischen Gegenwert zu erhalten. Das soll nicht heißen, dass es hier notwendigerweise unfair zugeht, viele Beispiele sprechen gegen eine solch einseitige Betrachtung (Tchibo Ideas), (Bombardier 2009). Ob allerdings Countdowns, wettbewerblich orientierte Formate, Auktionssysteme, potentielle geldwerte bzw. prestigebezogene Vergütungen, Informationen über Teilnehmer (bestenfalls teilnehmende Freunde) etc. eingesetzt werden – ohne Karotte, kommt es nicht zur Crowdaktivität.

Ein weiterer augenfälliger Aspekt von Crowd-Whatever ist eine durchgängig relativ geringe Teilnehmerzahl bezogen auf den verfügbaren Markt. Dies soll nicht als Indiz für mangelnden Erfolg, sondern vielmehr für eine Qualitätsorientierung aufgrund von projektspezifischen Selbstselektionseffekten gelten. Wer nimmt schon an einem Crowd-Ideenkraft-Wettbewerb zur Zukunft des Interior Designs von Zügen (Bombardier 2009) teil, ohne einen Funken Verständnis von Design zu haben?

Ob solche Maßnahmen von Unternehmen gut gemacht, durchdacht oder einfach mal gemacht sind, spielt für eine weitere Erkenntnis zum „neuen" Userverhalten keine Rolle, kann aber unter den Situationen, die „Crowd-Slapping" verursacht über Erfolg oder Misserfolg entscheiden. Allzu häufig nehmen User ein Thema auf amüsante Art und Weise auf's Korn. Prominentestes Beispiel der letzten Zeit für Deutschland war sicher das Pril mit Hühnchengeschmack (Breithut 2011), bei dem ein Spaßbeitrag, ohne jede Aussicht auf Realisation den Contest gewonnen hätte (hätte, da Pril zwischenzeitlich die Bedingungen der Aktion geändert hat). Es gilt mittlerweile als „ungeschriebenes Gesetzt", dass der skurrilste, unmöglichste, lächerlichste … Userbeitrag bei solchen Aktionen gewinnt. Da dieser Aspekt nun bekannt ist, können Unternehmen sich darauf einstellen, ohne die Crowd zu verärgern.

Genauso bekannt ist, dass es nicht primär Geld bedarf, um für Teilnahme zu sorgen und letztlich – gerade im Kontext von Ideengenerierung – weniger Teilnehmer für positivere Effekte sorgen. Wer etwa soll Tausende Ideen bewerten, wenn zehn sehr gute Einreichungen genügen würden?

Eine entscheidende Unbekannte bleibt jedoch: Der Mensch, der keine der oben genannten „Kräfte" in quasi-automatisierte Organisationsformen einspeisen und zum Zwecke unternehmerischer Ertragssteigerungen investieren möchte. Oder nicht mehr, nicht länger. Oder nicht ohne adäquate Vergütung.

Schon zur Zeit der ersten Crowd-Whatever-Maßnahmen, – unter die auch mittlerweile etablierte Phänomene wie der Self Service bei Starbucks fallen, den man konsequenterweise auch noch teurer bezahlt, als im Oma-Café bedient und verwöhnt zu werden (ohne dass der eigene Name verunglimpft wird) – wurde der Wandel vom Kunden als König, zum Kunden als Knecht verteufelt (Rohwetter 2006). Verändert hat sich dadurch nichts, vielmehr wurden die Optionen zur Extraktion von Crowd-Potentialen deutlich ausgebaut und treten mittlerweile vielfach in Konkurrenz zu etablierten Geschäftsmodellen. Spätestens jedoch wenn Ansätze darauf abzielen, den schnellen Job zu machen, den sonst keiner haben möchte und die vermutlich Menschen anziehen, die sich bereits in prekären Situationen befinden, ohne wesentlich mehr als die Busfahrt zur Jobgelegenheit erlösen, wird das Ganze bedenklich und Social Media (Mechaniken) zu einem Instrument, das anerkannte gesellschaftliche Probleme verschärft statt löst.

Und genau hier darf Reaktanz erwartet werden.

5.2   Der Vertrauens-Verwundbarkeits-Nexus

Dass eine Marke für Konsumenten eine Vertrauensfunktion erfüllt ist Usus. Dass diese Funktion in Zeiten von Whistleblowern, Klowänden des Internets (Dambeck 2006), Shitstorms und massenhaft diversen Meinungen von potentiell Gleichgesinnten usw. leidet und in die Richtungslosigkeit abdriftet, ist augenfällig.

Dass User dennoch beachtliches Vertrauen an den Tag legen, zeigen Statistiken zur Wirkung von Urteilen (Forrester 2013), trotz gleichzeitig „nachgewiesener" Vielzahl an Fake-Urteilen (Stern 2014a, 2014b).

Dass das Thema Vertrauen wichtig ist, wird auch klar, wenn man sieht, wer sich dem Thema annimmt (Vivaldi 2012; Botsman 2012), auch wenn auf der Soll-Seite zu viele Marktteilnehmer stehen, die sich dem Thema nicht annehmen. Was seit geraumer Zeit auch ersichtlich wird ist, dass althergebrachte Marketing-/Marken-Modelle und -theorien eine Renaissance erfahren bzw. im digital-relevanten Gewand daher kommen. Eine davon ist die GAP-Analyse zur Schließung einer Lücke zwischen Soll- und Ist-Kommunikation via Monitoring Tools oder die Übertragung des Balanced Scorecard-Konzepts (Fiege 2012) auf Social Media.

Der Plan für die Zukunft ist eine Renaissance durch eine Renaissance. Also die Nutzung zumindest in Vergangenheit erfolgreicher Modelle und Theorien, um die Markenfunktion Vertrauen auf ein Niveau zu heben, mit dem Unternehmen Markenpositionen erarbeiten und verändern können, um Konsumenten die positive Bestätigung eines „Digitalen Gespürs" für potentielle Vertrauenswürdigkeit zu geben: Die Umdeutung der Ansoff-Matrix in den Vertrauens-Verwundbarkeits-Nexus gemäß Abb. 1. Abgetragen auf zwei Achsen: Verwundbarkeit aus der Konsumentenperspektive, Vertrauen als Vertrauen in Branche, Marke, Produktkategorie oder dem Produkt selbst. Geleistet durch ein branchen-, marken-/produkt(kategorie)spezifisches Monitoring von Useraussagen.

Abb. 1 Vertrauens-Verwundbarkeits-Nexus_Inhalte

Die Annahmen:

- Konsumenten haben mindestens zwei Verwundbarkeits-Stati: Nicht bzw. kaum verwundbar sowie leicht bzw. ernsthaft verwundbar. Etwa hinsichtlich Knappheit finanzieller Mittel, lebensnotwendiger Produktrelevanz oder dringend notwendiger Selbstdarstellung und vice versa.
- Konsumenten haben mindestens zwei Vertrauens-Stati: Kein und hohes Vertrauen. Ausgedrückt als positive, neutrale oder negative Marken-/Produkterfahrung entlang affektive oder kognitiver Beurteilungen mit konativen Effekten.
- Konsumenten tauschen sich öffentlichkeitswirksam bewertend und beeinflussend aus, indem sie Urteile und Verhalten an gedanklich/faktisch nacherlebbaren, allgemein anerkannten oder (sehr) extremen Beispiel fest machen.
- Die Erkenntnis zur Wirkung von Marken- und Produktbewertungen erlaubt es Unternehmen, eine Positionierung in diesen „Social Media" bzw. auf digitalen Plattformen mit Social Media-Mechaniken zu beeinflussen (der CIA gelingt das offenbar auch (Fielding und Cobain 2011)). Dass Produkte oder Dienstleistungen entsprechend gut sein müssen, um positiv besprochen zu sein oder zu werden, sei nur der Form halber erwähnt.

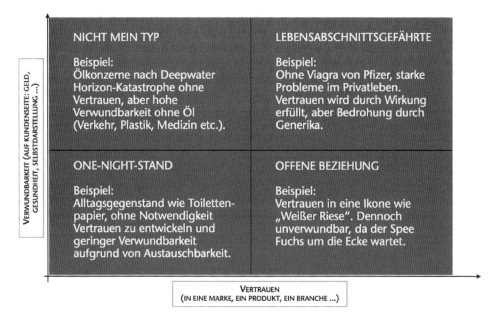

Abb. 2 Vertrauens-Verwundbarkeits-Nexus_Beispiele

Die Interpretationsmöglichkeiten:

- Dort, wo Konsumenten quasi unverwundbar sind, wird Vertrauen nur eine bedingte Rolle spielen. Hier muss die Konkurrenz-Situation besonders beachtet werden, denn hier kann Vertrauen trotz allem ein geeignetes Differenzierungsmerkmal sein – vor allem, wenn sich keine Lücke auf Seiten der Konsumenten (beispielsweise über Angst) auftut, die zu einer Umgewichtung der Vertrauensdimension führen kann.
- Bei hoher Verwundbarkeit der Konsumenten, kann sich eine Marke einen Mangel an Vertrauen nicht leisten und noch so gute PR wird in Krisenzeiten kein Problem lösen. Dazu sind digitale Stammtische und Weltverschwörungs-Zusammenkünfte deutlich zu groß und der Zugang dazu viel zu einfach.

Beispiele zum einfacheren Verständnis sind in Abb. 2 skizziert.
Die Anwendungsmöglichkeiten:
Aus einem Monitoring kommend, mit dem Ziel eine Marke adäquat mit der propagierten Social Media-Währung auszustatten, kommt man an den Kernpflichten einer ernstgemeinten Nutzung von Social nicht vorbei:

- Der Pflicht zu Transparenz,
- der Pflicht zu Authentizität,
- der Pflicht zu kooperativem/kollaborativem Voranschreiten in Richtung Zukunft und
- der Pflicht Dialog zu suchen und so individuell wie möglich zu gestalten.

Pflichten, mit deren Erfüllung Vertrauen entsteht, deren Bedarf und Ausmaß aus dem Verwundbarkeits-Vertrauens-Nexus ablesbar sein kann und die – adäquat beobachtet – auch als Gradmesser von Vertrauen gelten können. Vertrauen, das nicht hinter verschlossenen Eintrittstüren oder durch Interpretation als „Dialogoption" entsteht.

Wenn Vertrauen tatsächlich die relevanteste Währung heutiger Zeit sein soll, wird sich dem Thema anzunehmen sein. Ob im Rahmen eines Vertrauens-Verwundbarkeits-Nexus oder alternativen Ansätzen – über Vertrauen als reine Idee, die hier und dort vorgetragen werden kann, werden Konsumenten zu selten aus einem guten Gefühl über Marken sprechen.

6   Ausblick zum Ausblick

„Die nächste Gesellschaft" beschwörte der Soziologe Dirk Baeker (2007) schon 2007 herauf und beeinflusste damit wohl Christoph Kucklick (2011), der 2011 auf die beschriebene „Computergesellschaft" eingeht und nach Baeker den Systemtheoretiker Niklas Luhmann zitiert, dem zufolge alle bisherigen Medienkatastrophen eine Gemeinsamkeit hatten: „Sie waren grandiose Überforderungen für die jeweiligen Gesellschaften, weil sie weit mehr kommunikative Möglichkeiten anboten, als die Menschen bis dato zu bewältigen gewohnt waren." Er postuliert: „Die Gesellschaft: ein Produkt ihrer medialen Sinnkrisen". Und vergleicht den Computer mit den „drei historischen Revolutionären" Sprache, Schrift und Buchdruck

Wenn schon der Computer allein diese Revolution auslöste – welche Geschwindigkeit nimmt sie dann heute durch Social Media auf? Kucklick schließt seinen Artikel mit dem Satz „Denn eine Gesellschaft, die sich aus prinzipiell unabschliessbaren (sic) Netzwerken formt, benötigt eine ganz andere Theorie als die Moderne mit ihren geschlossenen Systemen. Auch hier also: Die Arbeit hat gerade erst begonnen. Man muss sich die nächste Gesellschaft als eine anstrengende vorstellen." (Kucklick 2011, S. 51).

Wir nehmen diese Aussage als Bestätigung dafür, hier keine abschließende Betrachtung des (andauernden) Phänomens „Social Media" versucht zu haben. Die Möglichkeiten verändern sich rasend schnell. Die Reaktionen (der User) darauf auch. Und damit die Gesellschaft und ihre Form(en) der Kommunikation. Wir haben uns als Teil dieser Gesellschaft darauf einzustellen. Und als Kommunikationstreibende im Dienste von Unternehmen und Marken darauf einzugehen. Bisherige Denkmuster in Marketing-Traditionen und Entscheidungs-Matrixen müssen aufgebrochen, mindestens aber neu gedacht werden.

Stattdessen sind Manager, so wie alle anderen auch, gehetzt von singulären Überraschungen, von denen sie nicht glauben können, dass sie sich so wiederholen, weil in der Zwischenzeit so viel passiert, dass hinterher alles anders ist (Kucklick 2011, S. 51).

Kontrolle und „vorausschauende Planung " war gestern. Wer in diesem Sinne das Risiko umarmt, dem legen wir ein How To dazu ans Herz (Ogilvy 2013).

Die Autoren

Rochus Landgraf ist Head of Social Web der OgilvyOne GmbH in Frankfurt/Main und in dieser Funktion verantwortlich für die Ogilvy-Standorte Frankfurt, Düsseldorf, Berlin und Stuttgart. Seine Schwerpunkte liegen auf Social Media Research, Social Media Strategie und OpenInnovation/Crowdsourcing. Er ist außerdem Lehrbeauftragter an verschiedenen Hochschulen und unterrichtet zu Social Media, Web2.0 in Unternehmen sowie Trendforschung.

Stephan Friedrich ist Strategischer Planer bei der Agentur thjnk in Hamburg und berät dort Marken wie IKEA und Douglas zu Fragen digitaler wie klassischer Markenführung und Kommunikationsplanung. Der studierte Medienwissenschaftler beschäftigte sich bereits während seines Studiums intensiv mit den Auswirkungen technischer Innovationen auf unser Leben und das Mediennutzungsverhalten.

Daniela Schmidt ist Director Creative Content bei der OgilvyOne GmbH in Frankfurt/Main und verantwortlich für Content und langfristigen Kundendialog der betreuten Marken in Social Media. In dieser Funktion hat sie die Auftritte für Marken wie Media Markt, IKEA, NESCAFÉ, mezzo mix und Fanta aufgebaut. Aus ihrem Soziologie-Studium ist ihr besonders die Betrachtung der gesellschaftlichen Aspekte sich verändernder Kommunikationsformen in lebhafter Erinnerung.

Arno Selhorst ist Senior Konzepter Digital der Ogilvy & Mather Advertising GmbH in Düsseldorf. Schwerpunkte seiner Arbeit liegen in den Bereichen User Interfaces, Usability und der kreativen Nutzung neuer Technologien on- und offline.

Ariane Sketcher ist Account Executive bei der Ogilvy & Mather Werbeagentur in Frankfurt und betreut Marken wie Arrow, Adler und Deutsche Bahn. Vor Ogilvy studierte sie in Maastricht und Singapur mit dem Schwerpunkt Kommunikation und Sozialwissenschaften. Auf der University of St Andrews absolvierte sie ihren Master in „Managing in the Creative Industries" und schrieb bereits hier über die Interaktionen von Retail Marken auf Social Media Plattformen.

Rob Urquhart ist Director of Commerce für Europa, Afrika und den Mittleren Osten (EAME) bei Ogilvy und in dieser Funktion als Strategie-Berater verantwortlich für Projekte im eCommerce, der Kundenakquise und im Vertrieb. Rob ist spezialisiert auf die Integration digitaler Aspekte zur Verbesserung der Konsumentenerlebnisse für Kunden wie British Airways, Nestlé und Kimberley-Clark. Gemeinsam mit seinem disziplinenübergreifenden Team aus Strategie, Kreation, User Experience, Design, Analyse und Support, verantwortet er das Angebot von Ogilvy in EAME.

Sebastian Wolf studierte Politikwissenschaften und Soziologie an der Goethe-Universität in Frankfurt am Main. Seine Fachgebiete sind digitale Strategien, Consumer Behaviour und Social-Media-Marketing. Als Kreativer bei OgilvyOne baute er bis 2014 den gesamten Social-Media-Etat des Elektronikriesen Media Markt mit auf. Seit 2015 arbeitet er als digitaler Stratege und Kreativ-Konzepter bei Razorfish und betreut dort Automobil-Kunden im Bereich Business-Innovation.

Literatur

Absatzwirtschaft (2014). *Neuer Konsumtrend „Sharing" weltweit akzeptiert. Aus: absatzwirtschaft.de vom 23.06.2014.* http://www.absatzwirtschaft.de/content/marketingstrategie/news/neuer-konsumtrend-sharing-weltweit-akzeptiert;82359. Zugegriffen: 28. Juni 2014

Amazon (2014). *amazonmechanicalturk.* https://www.mturk.com/mturk/welcome. Zugegriffen: 30. Juni 2014

Baeker, D. (2007). *Studien zur nächsten Gesellschaft.* Berlin: Suhrkamp.

Bartos, F. J. (2009). *Largest gas turbine: 2,838 sensors, 90 GB data per hour of testing.* ttp://www.controleng.com/search/search-single-display/largest-gas-turbine-2838-sensors-90-gb-data-per-hour-of-testing/69b13fcd711991f5ae87b97e03af5937.html. Zugegriffen: 14. Juni 2014

Baudrillard, J. (1994). *Simulacres et Simulation.* Paris: Éditions Galilée. 1981, engl.: Simulacra & Simulation, Michigan: University of Michigan Press.

Beresford Research (2014). *THE RETURN ON A SHARE. Quantifying the Monetary Value of Social Sharing.* http://sharethismoment.com/wp-content/uploads/2014/04/Return-on-a-Share_Infographic_430.pdf. Zugegriffen: 29. Juni 2014

Bombardier (2009). *Bombardier. YouRail.* http://yourail-design.bombardier.com/. Zugegriffen: 30. Juni 2014

Botsman, R. (2012). *The currency of the new economy is trust.* https://www.ted.com/talks/rachel_botsman_the_currency_of_the_new_economy_is_trust. Zugegriffen: 30. April 2014

Breithut, J. (2011). *Virale Werbefallen. Pril schmeckt nach Hähnchen.* http://www.spiegel.de/netzwelt/web/virale-werbefallen-pril-schmeckt-nach-haehnchen-a-756532.html. Zugegriffen: 22. Juni 2014

Carbonaro, S., & Votava, S. (2008). Konsum. Sehnsucht nach Authentizität. *GDI Impuls Nummer, 3,* 89.

Charlton, G. (2012). *Ecommerce consumer reviews: why you need them and how to use them.* https://econsultancy.com/blog/9366-ecommerce-consumer-reviews-why-you-need-them-and-how-to-use-them#i.142t4xz114zfhh. Zugegriffen: 29. Juni 2014

Coca-Cola (2014). *Coca-Cola. Social Media Guard.* http://www.youtube.com/watch?v=_u3BRY2RF5I. Zugegriffen: 15. März 2014

Dambeck, H. (2006). *Weblogs: „Von Matt entschuldigt sich bei den ,Klowänden des Internets'".* http://www.spiegel.de/netzwelt/web/weblogs-von-matt-entschuldigt-sich-bei-den-klowaenden-des-internets-a-397397.html. Zugegriffen: 04. Mai 2014

Design Research Lab: Knit Alarm. http://www.design-research-lab.org/?projects=knit-alarm. Zugegriffen: 30. Juni 2014

Falk, J., & Koch, O. (2014). *Pofalla geht zur Bahn – Wie die Satire-Seite Postillon das Netz verwirrte. Ruhr Nachrichten.* http://www.ruhrnachrichten.de/blogs/startseite/Pofalla-geht-zur-Bahn-Wie-die-Satire-Seite-Postillon-das-Netz-verwirrte;art145862,2236156. Zugegriffen: 26. Juni 2014

Fiege, R. (2012). *Social Media Balanced Scorecard. Erfolgreiche Social Media-Strategien in der Praxis.* Mannheim: Springer Vieweg.

Fielding, N., & Cobain, I. (2011). *Revealed: US spy operation that manipulates social media. Military's ,sock puppet' software creates fake online identities to spread pro-American propaganda.* http://www.theguardian.com/technology/2011/mar/17/us-spy-operation-social-networks. Zugegriffen: 07. Mai 2014

Forrester (2013). *How Branded Content Will Unlock the Key to Consumer Trust.* http://www.
forrester.com/How+Branded+Content+Will+Unlock+The+Key+To+Consumer+Trust/-/E-
PRE4784. Zugegriffen: 05. Juni 2014

Groll, T. (2009). *„Jeder Mensch versucht, ein kontrolliertes Bild von sich zu kreieren.".* http://www.
zeit.de/karriere/beruf/2009-11/selbstmarketing-strategien. Zugegriffen: 03. Juni 2014

Helft, M. (2011). *Facebook Promotes Social E-Commerce.* http://bits.blogs.nytimes.com/2011/04/
06/facebook-touts-social-e-commerce/?_php=true&_type=blogs&_php=true&_type=blogs&_
r=1. Zugegriffen: 29. Juni 2014

Hilker, C. (2014). *Facebook feiert zehnjährigen Geburtstag.* http://socialmedia-fuer-unternehmer.
de/facebook-wird-10-jahre-alt/. Zugegriffen: 09. Juni 2014

Hope, J. (2009). *Twitter can make you immoral, claim scientists.* http://www.dailymail.co.uk/news/
article-1169788/Twitter-make-immoral-claim-scientists.html. Zugegriffen: 22. Juni 2014

Joerges, B. (1996). *Ein früher Fall von Technology Assessment oder die verlorene Expertise, in:
Technik – Körper der Gesellschaft, Frankfurt: Suhrkamp.* http://www2000.wzb.eu/alt/met/pdf/
verlorene_expertise.pdf. Zugegriffen: 28. Juni.2014

Kickstarter (2014). *Kickstarter.* https://www.kickstarter.com/. Zugegriffen: 30. Juni 2014

Kremp, M. (2014). *Durchbruch bei Künstlicher Intelligenz: Der unheimliche menschliche Eugene
Goostmann.* http://www.spiegel.de/netzwelt/gadgets/
eugenegoostmancomputerbestehterstmalsturingtesta974131. Zugegriffen: 14. Juni 2014

Krüger, A. (2014). *Kritik an Algorithmus – Facebook: Wenn Freunde aus dem Newsfeed fallen. ZDF heute.* http://www.heute.de/facebook-newsfeed-algorithmus-statusmeldungen-von-
freunden-werden-nicht-mehr-angezeigt-31685642.html. Zugegriffen: 30. Juni 2014

Kucklick, C. (2011). Die nächste Gesellschaft. *GDI Impuls Nummer, 4,* 50.

LoyaltyOne (2012). *THE SOCIAL MEDIA PAYOFF. Establishing the Missing Link Between Social
Media and ROI.* http://www.lriti.org/The_Social_Media_Payoff_from_LoyaltyOne.pdf. Zugegriffen: 29. Juni 2014

Marche, S. (2012). *Is Facebook making us lonely?* http://www.theglobeandmail.com/report-
on-business/careers/management/dont-measure-it-just-because-you-can/article12890935/. Zugegriffen: 15. Juni 2014

Meshi, D., Morawetz, C., & Heekeren, H. R. (2013). Nucleus accumbens response to gains in reputation for the self relative to gains for others predicts social media use. *Frontiers in Human
Neurosience, 7,* 439.

Monetate (2012). *How Do Social Login & Sharing Affect Ecommerce.* http://www.monetate.com/
infographic/how-do-social-login-sharing-affect-ecommerce/. Zugegriffen: 29. Juni 2014

Monetate (2013). *Ecommerce Quarterly. EQ1 2013.* http://assets.monetate.com/eq/EQ1_2013_
final.pdf. Zugegriffen: 29. Juni 2014

Nauert, R. (2013). *Fear of Missing Out Drives Use of Social Media.* http://psychcentral.com/news/
2013/04/30/fear-of-missing-out-drives-use-of-social-media/54307.html. Zugegriffen: 30. Juni 2014

Noelle-Neumann, E. (1980). *Die Schweigespirale. Öffentliche Meinung – unsere soziale Haut.* München: Langen-Müller.

Ogilvy (2013). *HowTo 3. Risiko.* http://www.ogilvy.de/Ogilvy-Deutschland/Ogilvy-Mather-
Germany/Work/HowTo3/HowTo-No.-3#/Ogilvy-Deutschland/Ogilvy-Mather-Germany/Work/
HowTo3/HowTo-No.-3. Zugegriffen: 28. Juni 2014

Opaschowski, H. (2010). *Wir! Warum Ichlinge keine Zukunft mehr haben.* Hamburg: Stiftung für Zukunftsfragen.

Pezzei, K. (2012). *Verkaufen können wir selber! Wie sich Landmenschen ihren Laden zurück ins Dorf holen. Nach: Dorfladen-Netzwerk.* http://dorfladen-netzwerk.de/2012/12/verkaufen-konnen-wir-selber-wie-sich-landmenschen-ihren-laden-ins-dorf-holen/. Zugegriffen: 23. Juni 2014

Quora: Quora. http://www.quora.com/. Zugegriffen: 30. Juni 2014

Rheingold, H. (1993). *The Virtual Community. Introduction.* http://www.rheingold.com/vc/book/intro.html. Zugegriffen: 20. Juni 2014

Rohwetter, M. (2006). *Vom König zum Knecht.* http://www.zeit.de/2006/39/Do-it-yourself. Zugegriffen: 17. Mai 2014

Rösger, J., Herrmann, A., & Heitmann, M. (2008). Der Markenareal-Ansatz zur Steuerung von Brand Communities. In H. H. Bauer, D. Große-Leege, & J. Rösger (Hrsg.), *Interactive Marketing im Web 2.0* 2. Aufl. Mannheim, HH, Berlin: Vahlen.

Rushkoff, D. (2011). Verkaufe deine Freunde nicht. *GDI Impuls, 1*, 32–37.

Schonfeld, E. (2010). *For Eventbrite, Each Facebook Share Is Worth $2.52.* http://techcrunch.com/2010/10/14/eventbrite-facebook-share/. Zugegriffen: 29. Juni 2014

Sherman, E. (2011). *So, Why Does the Air Force Want Hundreds of Fake Online Identities on Social Media?* http://www.cbsnews.com/news/sowhydoestheairforcewanthundredsoffakeonlineidentitiesonsocialmediaupdate/. Zugegriffen: 10. Juni. 2014

Sielke, S. (2002). „Das Ende der Ironie? Zum Verhältnis von Realem und Repräsentation zu Beginn des 21. Jahrhunderts.". In S. Sielke (Hrsg.), *Der 11. September 2001: Folgen, Fragen, Hintergründe.* Frankfurt: Lang.

Sociable Labs (2012). *Log In With Facebook and the 2012 Internet Retailer Top 500.* http://cdn2.hubspot.net/hub/152867/file-18042014-pdf/docs/sociable_labs_log_in_with_facebook_and_ir500_study.pdf. Zugegriffen: 29. Juni 2014

SpotOn, & Focus Online (2013). *Warum Facebook blöd und erfolglos macht.* http://www.focus.de/kultur/vermischtes/facebook-warum-facebook-bloed-und-erfolglos-macht_aid_1034250.html. Zugegriffen: 26. Juni 2014

Starbucks (2013). *My Starbucks Idea.* http://mystarbucksidea.force.com/. Zugegriffen: 30. Juni 2014

Stein, G. (1922). *Geography and Plays. Sacred Emily.* Madison: University of Wisconsin Press.

Stern (2014a). *Kundenbewertungen in Online-Shops. Das steckt hinter den Empfehlungen.* http://www.stern.de/tv/sterntv/kundenbewertungen-in-online-shops-das-steckt-hinter-den-empfehlungen-2105472.html. Zugegriffen: 15. Juni 2014

Stern (2014b). *Gefälschte Kundenbewertungen. Das steckt hinter den Empfehlungen.* http://www.stern.de/tv/sterntv/gefaelschte-kundenbewertungen-das-steckt-hinter-den-empfehlungen-2105065.html. Zugegriffen: 15. Juni 2014

Sullivan, D. (2011). *By The Numbers: How Facebook Says Likes & Social Plugins Help Websites.* http://searchengineland.com/by-the-numbers-how-facebook-says-likes-social-plugins-help-websites-76061. Zugegriffen: 29. Juni 2014

Taylor, H. (2012). *How Sony uses Pinterest to drive traffic.* https://econsultancy.com/blog/10080-how-sony-uses-pinterest-to-drive-traffic#i.142t4xz114zfhh. Zugegriffen: 29. Juni 2014

Tchibo: Tchibo Ideas. https://www.tchibo-ideas.de/. Zugegriffen: 30 Juni 2014

Turkle, S. (2011). *Alone Together: Why We Expect More from Technology and Less from Each Other*. Boston: Perseus Books Group.

Vivaldi (2012). http://vivaldipartners.com/vpsocialcurrency/sc2012. Zugegriffen: 11. Mai 2014

Wampfler, P. (2014). *Social Media machen doch nicht einsam – Isolation hat andere Gründe*. http://www.aargauerzeitung.ch/leben/digital/social-media-machen-doch-nicht-einsam-isolation-hat-andere-gruende-127625411. Zugegriffen: Juni 08. 2014

Welding, M. (2012). *Gemeinsam allein im Internet*. http://www.berliner-zeitung.de/magazin/leben-in-zeiten-von-facebook-gemeinsam-allein-im-internet,10809156,15221430.html. Zugegriffen: 23. Juni 2014

Wikipedia (2013). *Hyperrealität*. http://de.wikipedia.org/wiki/Hyperrealit%C3%A4t. Zugegriffen: 23. Juni 2014

Wikipedia (2014). *Gertrude Stein*. http://de.wikipedia.org/wiki/Gertrude_Stein. Zugegriffen: 27. Juni 2014

Teil V
Juristische Positionen zu und rechtliche Aspekte von Marken und Medien

Rechtlicher Schutz von Medientiteln

Schutzstrategien für Bezeichnungen von Medienprodukten

Christian Rauda

Zusammenfassung

Während die Marke als Schutzinstrument relativ bekannt ist, fristet das Werktitelrecht zu Unrecht ein Schattendasein. Ohne Eintragung erlangt ein Titelrecht, wer den Titel aktiv auf dem Markt benutzt. Die als Titel genutzte Bezeichnung muss eine gewisse Unterscheidungskraft haben, um schutzfähig zu sein. Der Titel darf den Inhalt nicht unmittelbar beschreiben. Die Rechtsprechung ist allerdings mit der Zuerkennung des Werktitelschutzes recht großzügig. Der Titelschutz entsteht durch Benutzung des Titels im Markt. Er kann durch eine sogenannte Titelschutzanzeige vorverlegt werden. Inhaber des Werktitelrechts ist der Urheber des Werkes, das Titelrecht hängt am Nutzungsrecht des zugrunde liegenden Werkes. Der Inhaber des Titelrechts kann sich gegen die Nutzung identischer oder ähnlicher Titel für die identische oder ähnliche Werkart wehren. Der Beitrag zeigt Beispielfälle auf, in denen der Titelinhaber die Nutzung solcher anderer Titel untersagen konnte. Das Werktitelrecht erlischt, sobald der Inhaber die Nutzung aufgegeben hat.

1 Einleitung

Tagesschau, DER SPIEGEL oder Grand Theft Auto – Medienprodukte leben in besonderer Weise von ihrem Ruf. Das fertige Produkt wird von den Konsumenten am Titel erkannt. Bei Büchern und Filmen handelt es sich hierbei in der Regel um einen Einzeltitel (es sei denn, dass das Buch Teil einer Reihe ist). Periodisch erscheinende Fernsehsendungen und Zeitschriften werden ebenso über ihren Titel wiedererkannt. Der bekannte Titel schafft ein gewisses Vertrauen in Bezug auf die Qualität des Medienprodukts. Der Zuschauer orientiert sich an der Marke und setzt bestimmte Erwartungen in die Sendung. Die Entwicklung von Medienprodukten ist mit erheblichen finanziellen Aufwendungen verbunden. Aufgrund dieser hohen wirtschaftlichen Relevanz einer aussagekräftigen Be-

Dr. Christian Rauda ✉
Hamburg, Deutschland
e-mail: rauda@graef.eu

© Springer Fachmedien Wiesbaden 2016
S. Regier et al. (Hrsg.), *Marken und Medien*, DOI 10.1007/978-3-658-06934-6_24

zeichnung für ihren Erfolg besteht ein besonderes Bedürfnis, die eigene Bezeichnung zu monopolisieren und gegen die Benutzung durch Dritte zu schützen. Ein Schutz wirkt hierbei in zwei Richtungen, nämlich einerseits defensiv und andererseits offensiv: eine defensive Wirkung hat der Schutz, weil er verhindert, dass andere Personen die Bezeichnung für sich schützen und dann mit entsprechenden Rechten ausgestattet Unterlassungsansprüche gegen denjenigen geltend machen, der die Bezeichnung verwenden will. Ein Schutz wirkt zudem offensiv, indem ein Recht an der Bezeichnung die Möglichkeit eröffnet, andere an der Nutzung dieser Bezeichnung zu hindern, also Unterlassungsansprüche geltend zu machen.

Ausdrückliche Regelungen, die für den Schutz der Medienprodukte relevant sind, enthält das Markengesetz. Zwei Komponenten spielen dabei eine wichtige Rolle: der Titel und die Marke. Nur wer auch die spezifischen Besonderheiten des relativ unbekannten Titelrechts verstanden hat, wird sein Medienprodukt optimal rechtlich absichern können.

2 Abgrenzung von Markenschutz und Titelschutz

Markenschutz entsteht in der Regel durch Anmeldung und Eintragung einer Marke. Neben den nationalen Markenregistern (z. B. Deutschland) gibt es auch die Möglichkeit mit einer einzigen Markenanmeldung Markenschutz in dem gesamten Territorium der Europäischen Union zu erlangen. Im Gegensatz zur Marke muss der Titel nicht angemeldet werden. Beide Schutzrechte ergänzen sich und haben unterschiedliche Schutzrichtungen (Jacobs 1996, S. 605). Während der Titel den Inhalt des Werkes beschreibt (z. B. „Ziemlich beste Freunde") hat die Marke die Funktion, Waren und Dienstleistungen eines Unternehmens von denen eines anderen Unternehmens zu unterscheiden (z. B. „Warner Bros."). Der Vorteil einer eingetragenen Marke besteht darin, dass es sich bei ihr um ein Registerrecht handelt. Dies hat zur Folge, dass Unternehmen vor Nutzung einer Bezeichnung im Markenregister recherchieren können, um zu ermitteln, ob identische oder ähnliche Bezeichnungen bereits geschützt sind. Dies ist bei Werktiteln nicht möglich, da es kein amtliches Titelregister gibt. Durch eine eingetragene Marke schreckt man potentielle Wettbewerber schon im Vorhinein ab, eine identische oder ähnliche Bezeichnung für ihr Medienprodukt zu verwenden. Mit der Anmeldung einer Marke kann man sich im Übrigen auch einen frühen Prioritätszeitpunkt sichern, weil die Anmeldung keine Benutzung voraussetzt. Weder das deutsche noch das europäische Markenamt verlangen Nachweise der Benutzung während der Schutzdauer der Marke. Eine unbenutzte Marke kann lediglich durch einen Löschungsantrag wegen Nichtbenutzung angegriffen werden. Der Markenanmelder muss im Fall eines solchen Angriffs nach § 26 Abs. 1 MarkenG nachweisen, dass er die Marke ernsthaft für die Waren und Dienstleistungen genutzt hat, für die sie eingetragen ist. In den ersten fünf Jahren nach der Anmeldung ist eine Marke aber gegen solche Angriffe immun, sie ist dann in der so genannten Benutzungsschonfrist.

3 Titelschutz

§ 5 MarkenG regelt, dass Werktitel als geschäftliche Bezeichnungen geschützt sind. Der Werktitelschutz ist der allgemeine Namensschutz für bezeichnungsfähige geistige Produkte (BGH NJW 1997, 3315). Werktitel sind nach § 5 Abs. 3 MarkenG die Namen oder besonderen Bezeichnungen von Druckschriften, Filmwerken, Tonwerken, Bühnenwerken oder sonstigen vergleichbaren Werken. Zu den vergleichbaren Werken zählen Computerprogramme (BGH GRUR 1998, 1010, 1012 – WINCAD; GRUR 1998, 155, 156 – PowerPoint, GRUR 1997, 902, 903 – FTOS), Multimedia-Werke, Computerspiele (LG Hamburg MMR 1998, 485 – Emergency) und Apps (LG Hamburg, Urteil vom 8. Oktober 2013, Az. 327 O 104/13).

3.1 Wann sind Titel von Medienprodukten geschützt?

Nicht alle Bezeichnungen von Medienprodukten erlangen automatisch Titelschutz. Die als Titel gewählte Bezeichnung muss nämlich geeignet sein, das Werk von anderen Werken zu unterscheiden.

Unterscheidungskraft von Titeln

Diese Unterscheidungskraft fehlt, wenn der relevante Verkehr, dem der Titel entgegentritt, diesen als eine Gattungsbezeichnung wahrnimmt und nicht als Bezeichnung eines bestimmten Werkes. So sind zum Beispiel die Angaben: „Kochbuch", „Krimi", „Geschicklichkeitsspiel", „Western" nicht im Rahmen von § 5 MarkenG schutzfähig.

Die Anforderungen der Rechtsprechung an die Unterscheidungskraft eines Werktitels sind allerdings relativ gering (BGH GRUR 2002, 176 – Auto Magazin; BGH GRUR 2000, 70, 72 – SZENE). Es reicht, wenn der Titel nicht rein beschreibend ist. Ein gewisser deskriptiver Anklang ist dagegen unschädlich. Titel beschreiben nämlich regelmäßig den Inhalt eines Werkes (z. B. „Die unendliche Geschichte", „Das erstaunliche Leben des Walter Mitty", „Über den Dächern von Nizza"). Diese Tatsache spiegelt sich im Konsumentenverhalten wider. Die Konsumenten sind aufgrund vieler stark beschreibender Titel daran gewöhnt, genau auf die Unterschiede zu achten (OLG HH MMR, 2002, 825 – Motorradmarkt). Dies gilt insbesondere bei Zeitschriften und Sachbüchern.

Beispiele von Titeln, die von der Rechtsprechung als schutzfähig angesehen worden sind

Buchtitel:
„Sorge dich nicht, lebe!" (LG München I GRUR 2000, 516), „Pizza & Pasta" (BGH GRUR 1991, 153), „Das authentische Reiki" (KG BeckRS 2002, 30298264), „Blitzgerichte für jeden Tag" (OLG Köln GRUR 2000, 1073).

Zeitschriftentitel:
„Logistik heute" (OLG München AfP 1986, 250), „Wheels Magazine" (BGH GRUR 1999, 236, 237), „SZENE Hamburg" (BGH GRUR 2000, 70), „Automagazin" (BGH GRUR 2002, 176), „Karriere" (LG Köln NJWE-WettbR 1998, 18).

Computerspiele:
„Mein Pferdehof" (LG Frankfurt am Main, Urteil vom 24. August 2005, Az. 2-06 O 367/05), „Landwirtschafts-Simulator" (LG Frankenthal, Urteil vom 5. Januar 2012, Az. 2 HK O 164/11), „Pizza Connection" (Hanseatisches OLG ZUM-RD 2002, 349, 250), „Emergency" (Hanseatisches OLG MMR 1999, 159, 160), „America" (KG NJOZ 2003, 2773, 2774), „Sumpfhuhn" (Hanseatisches OLG ZUM 2001, 514, 516), „Die Rache der Sumpfhühner" (Hanseatisches OLG ZUM 2001, 514, 516).

Beispiele von Titeln, die von der Rechtsprechung als nicht schutzfähig angesehen worden sind

Zeitschriftentitel:
„Das Auto" (OLG Stuttgart GRUR 1951, 38)

Buchtitel:
„Geschichte der arabischen Völker" (LG Hamburg AfP 1993, 775), „Wellness" (LG München I GRUR 1991, 931), „Internetrecht" (LG Berlin MMR 2008, 842), „Verschenktexte" (BGH GRUR 1993, 488), „Who's who" (KG GRUR 1988, 158).

Apps:
Wetter.de (LG Hamburg, Urteil vom 8. Oktober 2013, Az. 327 O 104/13)

Titelschutz trotz fehlender Unterscheidungskraft
Ausnahmsweise kann auch ein Werktitel Schutz erlangen, der von Hause aus nicht unterscheidungskräftig ist. Erforderlich ist dann aber, dass er bei den Konsumenten, an die sich das Medienprodukt richtet, so bekannt ist, dass er so genannte Verkehrsgeltung erlangt hat. Wann eine überragende Bekanntheit in Form der Verkehrsgeltung vorliegt, ist im Gesetz nicht normiert. Die Rechtsprechung geht davon aus, dass ein Drittel bis die Hälfte der beteiligten Verkehrskreise die Bezeichnung als Titel und nicht nur als Gattungsbezeichnung verstehen muss.

4   Wann der Titelschutz entsteht und wann er wieder erlischt

4.1   Titelschutz entsteht mit Benutzung des Titels

Der Titelschutz nach § 5 MarkenG entsteht durch Benutzung des Titels (BGH GRUR 1989, 760, 761 – Titelschutzanzeige; OLG HH GRUR-RR 2002, 393 – motorradmarkt.de). Vorbereitungshandlungen reichen hier nicht aus. Entscheidend ist, dass das Medienprodukt tatsächlich auf dem Markt angeboten wird.

4.2 Vorverlegung des Titelschutzes

Es gibt die Möglichkeit, eine so genannte Titelschutzanzeige zu schalten[1]. In einer solchen Anzeige bringt man zum Ausdruck, dass man Titelschutz für einen bestimmten Titel für sich beansprucht und in naher Zukunft ein Medienprodukt mit dem entsprechenden Titel auf den Markt bringen möchte. Die Titelschutzanzeige selbst führt allerdings noch nicht zum Titelschutz. Der Zeitpunkt des Titelschutzes kann allerdings durch eine Titelschutzanzeige vorverlagert werden. Die Vorverlagerung findet jedoch erst dann statt, wenn das Produkt tatsächlich auf dem Markt ist. Aufgrund der Rückwirkung des Schutzes wird so getan, als sei das Produkt schon in dem Zeitpunkt auf den Markt getreten, in dem die Titelschutzanzeige veröffentlicht wurde. Die Titelschutzanzeige bewirkt also die Vorverlegung des Benutzungszeitpunkts auf den Tag der Anzeigenveröffentlichung. Die Vorverlagerungswirkung tritt allerdings nur ein, wenn zwischen der Titelschutzanzeige und dem Erscheinen des Werkes kein zu langer Zeitraum liegt. Welche Zeitspanne noch akzeptabel ist, richtet sich nach der Mediengattung. Man orientiert sich daran, wie lange üblicherweise durchschnittlich bei der betreffenden Werkgattung die Entwicklungszeit beträgt. Bei Büchern geht man von etwa sechs Monaten aus, bei einer Zeitschrift oder bei Filmen von etwa einem Jahr.

4.3 Titelschutz erlischt mit Benutzungsaufgabe

Der Titelschutz erlischt mit Aufgabe der Benutzung des Titels. Wann das der Fall ist, muss nach den Umständen des Einzelfalls beurteilt werden (Ingerl und Rohnke 2010, § 5 Rdnr. 104). Solange eine realistische Wahrscheinlichkeit besteht, dass das Werk in der Zukunft wieder erhältlich sein wird, bleibt der Titelschutz bestehen.

Während man bei Zeitschriften jedenfalls bei einer Unterbrechung von vier Jahren davon ausgehen muss, dass das Titelrecht erlischt (OLG Köln GRUR 1997, 63 – PC-Welt), sind bei Büchern größere Abstände zwischen einzelnen Auflagen keine Seltenheit (BGH GRUR 1960, 346 – Naher Osten; KG BeckRS 2002 30298264 – Das authentische Reiki). Bei Computerspielen wird man daher davon ausgehen, dass mindestens fünf Jahre seit Einstellung des Vertriebs vergangen sein müssen, bevor das Titelrecht erlischt. Bei Brettspielen wurde eine Nichtverwendung von fünf Jahren für das Erlöschen des Titelschutzes als ausreichend angesehen (Hanseatisches OLG GRUR-RR 2012, 154, 156 f. – Luxor).

---

[1] Etwa im „Titelschutzanzeiger", „DER SOFTWARE TITEL" oder „rundy Titelschutzjournal".

5   Wer das Titelrecht innehat

Inhaber des Werktitelrechts ist der Werkurheber (BGH GRUR 2005, 264, 265 – Telefon-Sparbuch; BGH GRUR 1990, 218, 220 – Verschenktexte I; OLG Nürnberg WRP 2000, 1168, 1169 – Winnetou). Dies bedeutet, dass bei Büchern dem Autor das Titelrecht zusteht. Dies ist selbst dann der Fall, wenn der Verlag den Titel festlegt oder erfunden hat (BGH GRUR 1990, 218, 220 – Verschenktexte I). Bei einer Software steht dem Programmierer das Titelrecht zu (Fezer 2009, Rdnr. 304). Eine Besonderheit gilt bei Werktiteln von Zeitschriften oder Fernsehsendungen. Diese enthalten in der Regel nämlich Beiträge von unterschiedlichen Urhebern. Daher ist für Fernsehsendungen entschieden worden, dass das Titelrecht der Produktionsfirma zustehen kann (KG GRUR 2000, 906 – Gute Zeiten, schlechte Zeiten). Bei Auftragsproduktionen entstehen Titelrechte dagegen direkt beim Fernsehsender.

Auch wenn die Titelrechte originär beim Werkurheber entstehen, so werden die Titelrechte regelmäßig an den Verwerter des Medienprodukts übertragen, also etwa den Verlag, den Fernsehsender oder den Games-Publisher[2]. Die Titelrechte gehen nämlich mit der Übertragung der urheberrechtlichen Nutzungsrechte am Werk über, sie sind akzessorisch (BGH GRUR 1989, 760, 761 – Titelschutzanzeige; BGH GRUR 1990, 218, 220 – Verschenktexte I; BGH GRUR 1997, 902, 903 – FTOS). Urheberrechtliche Nutzungsrechte können vertraglich entweder einfach oder ausschließlich eingeräumt werden (§§ 31 ff. UrhG). Das einfache Nutzungsrecht berechtigt den Inhaber, das Werk auf die ihm erlaubte Art und Weise neben dem Urheber und anderen Berechtigten zu nutzen (§ 31 Abs. 2 UrhG). Das ausschließliche Nutzungsrecht ermächtigt dessen Inhaber, das Werk auf die ihm erlaubte Art unter Ausschluss aller anderen Personen, so auch des Urhebers, zu nutzen (§ 31 Abs. 3 UrhG). Wenn ein Autor also beispielsweise die exklusive Nutzungsrechte an einen Verlag übertragen hat, liegen auch die exklusiven Rechte zur Nutzung des Titels bei diesem Verlag.

6   Ansprüche gegen Nutzer identischer oder ähnlicher Titel

Inhaber von Werktitelrechten haben Unterlassungsansprüche gegen Personen, die einen identischen oder ähnlichen Titel für eine identische oder ähnliche Werkart verwenden. Die Nutzung kann dann im Wege einer Klage oder einer einstweiligen Verfügung untersagt werden. Basis der Ansprüche aus Titelrecht sind §§ 15 ff. MarkenG. Neben dem Unterlassungsanspruch stehen dem Inhaber der Titelrechte auch Schadensersatzansprüche und Auskunftsansprüche zu. Voraussetzung dafür ist jeweils eine Verwechslungsgefahr zwischen den Titeln (§ 15 Abs. 2 MarkenG)[3]. Zu unterscheiden sind die unmittelbare Verwechslungsgefahr und die mittelbare Verwechslungsgefahr.

---

[2] Zum Verhältnis Autor und Verlag siehe BGH GRUR 1990, 218, 220 – Verschenktexte I.

[3] Handelt es sich um einen im Inland bekannten Titel, so bestehen Unterlassungs- und Schadensersatzansprüche auch ohne Verwechslungsgefahr, sofern die Wertschätzung oder Unterscheidungskraft des Titels unlauter ausgenutzt oder beeinträchtigt wird (§ 15 Abs. 3 MarkenG).

6.1 Unmittelbare Verwechslungsgefahr

Der Inhaber des Titelrechts kann sich gegen Dritte wehren, wenn der relevante Verkehr, also der angesprochene Kunde, einen Titel für den anderen hält und beide Titel somit verwechselt. Der Kunde macht sich in diesem Fall keine Gedanken über die Herkunft des Medienprodukts, also über den Hersteller. Im Fall der unmittelbaren Verwechslungsgefahr besteht die Wahrscheinlichkeit, dass der Kunde denkt, es liege dasselbe Medienprodukt vor, obwohl tatsächlich zwei unterschiedliche Medienprodukte mit unterschiedlichem Inhalt existieren, die lediglich eine ähnliche Bezeichnung tragen. Titel sind mit wenigen Ausnahmen nur gegen eine unmittelbare Verwechslungsgefahr im engeren Sinne geschützt (vgl. BGH GRUR 2000, 504, 505). Für eine unmittelbare Verwechslungsgefahr ist nicht erforderlich, dass jeder automatisch einem Irrtum unterliegt und die Werke verwechselt. Es reicht aus, dass sich ein nicht nur unerheblicher Teil der angesprochenen Kundenkreise irrt.

6.2 Mittelbare Verwechslungsgefahr

Die mittelbare Verwechslungsgefahr ist die Ausnahme. Sie liegt vor, wenn man mit einem Werktitel nicht nur den Inhalt des Werkes identifiziert, sondern gleichzeitig auch die Vorstellung einer bestimmten betrieblichen Herkunft verbindet[4]. Ein Beispiel hierfür sind bekannte Zeitschriftentitel (BGH GRUR 2003, 342, 343 – Winnetou; BGH GRUR 2000, 504, 505 – FACTS; BGH GRUR 2000, 71, 72 – SZENE; BGH GRUR 1970, 141 – Europharma; Hanseatisches OLG GRUR-RR 2004, 104, 105 – ELTERN; Hanseatisches OLG GRUR-RR 2003, 269, 273 – SNOMED) oder Fernsehserien (BGH GRUR 1993, 692, 693 – Guldenburg; Hanseatisches OLG ZUM-RD 1999, 96, 97 – Aber Hallo; BGH GRUR 1994, 908, 910 – WIR IM SÜDWESTEN; BGH GRUR 2001, 1050, 1052 – Tagesschau; BGH GRUR 2001, 1054, 1056 – Tagesreport; OLG München GRUR-RR 2009, 307, 309 – Der Seewolf). Der Inhalt dieser Medien wechselt ständig, z. B. bei der „Tagesschau" oder „Der Spiegel". Daher wird der Kunde mit dem Titel das hinter dem Medienprodukt stehende Medienunternehmen identifizieren. Damit liegt in der Nutzung des Titels ein Hinweis auf die betriebliche Herkunft des Medienprodukts. Wenn also eine solche Verkehrsauffassung vorliegt, kann sich der Inhaber des Titelrechts auch dann gegen eine Verwendung eines identischen oder ähnlichen Titels wehren, wenn man zwar nicht den einen Titel für den anderen hält, aber glaubt, dass beide Titel von demselben Medienunternehmen herausgebracht werden.

6.3 Beispielsfälle

Der Schutzbereich eines Werktitels hängt entscheidend von seiner Kennzeichnungskraft ab. Ein Phantasietitel wie „Die Sims" kann damit einen größeren Schutz beanspruchen als

---

[4] Kritisch hierzu: Ingerl und Rohnke (2010, § 15 Rdnr. 107).

das Spiel „Flight Simulator". Titel mit geringer Kennzeichnungskraft sind nach § 15 MarkenG faktisch nur gegen identische Übernahme geschützt, während Inhaber von eigentümlichen Titeln auch erfolgreich gegen Verwendungen vorgehen können, die Abweichungen aufweisen. Voraussetzung für einen Anspruch aus Titelschutz ist die Verwendung eines identischen oder ähnlichen Titels für die identische oder eine ähnliche Werkkategorie. Eine Ähnlichkeit kann sich auch daraus ergeben, dass ein Titel für die Bearbeitung oder Fortsetzung desselben Werks verwendet wird (BGH GRUR 1958, 354, 357 – Sherlock Holmes: Verfilmung der Bücher).

Verwechslungsgefahr lag in folgenden Fällen vor

Bücher
Das große Buch der Blitzrezepte ./. Leichte Blitzrezepte (OLG Köln NJWE-WettbR 2000, 214)
Blitzgerichte FÜR JEDEN TAG ./. Blitzgerichte (OLG Köln GRUR 2000, 1073)
Pizza & Pasta ./. Pasta & Pizza (BGH GRUR 1991, 153, 155 – Pizza & Pasta)
Tiger und Tom ./. Gut gemacht, Tigertom (Hanseatisches OLG GRUR-RR 2002, 231 – Tigertom)
Zeitschriften und Zeitungen
Echo ./. Welt-Echo (RGZ 101, 108, 109 – Welt-Echo)
Neue Berliner Illustrierte ./. Berliner Illustrierte Zeitung (BGH GRUR 1956, 376)
Freies Volk – Spiegel der Woche ./. Der Spiegel (BGH GRUR 1958, 141 – Spiegel der Woche)
Elektro-Technik ./. Deutsche Elektrotechnik (BGH GRUR 1959, 360)
Neuro Nachrichten ./. Neurologische Nachrichten (OLG Köln NJWE-WettbR 1999, 87 – Neuro)
Tonbandaufnahmen unser Hobby ./. hobby – das Magazin der Technik (BGH GRUR 1961, 232 – Hobby)
Wheels Magazine ./. Wheels Nationals (BGH GRUR 1999, 235 – Wheels Magazine)
Szene Hamburg ./. Szene (Hanseatisches OLG NJW-RR 1997, 357 – SZENE)
Pop ./. poster (LG München I GRUR 1974, 228 – pop)
FAMILY ./. for family (OLG Köln GRUR 1997, 663 – FAMILY)
EXPRESS ./. SPORT EXPRESS (OLG München GRUR 1987, 925 – EXPRESS)
die geschäftsidee ./. impulse-Geschäftsidee (OLG Köln GRUR 1994, 386 – Die Geschäftsidee)
Screen ./. Screen basics (Hanseatisches OLG GRUR-RR 2001, 31 – Screen)
Computerspiele
America ./. america2 (KG NJOZ 2003, 2773, 2774)[5]

---

[5] Die Beklagte wurde verurteilt, in die Löschung der Domain america2.de einzuwilligen.

Veranstaltungen

Die Nacht der Musicals ./. Galanacht des Musicals (OLG Köln GRUR 2008, 82 – Nacht der Musicals)

Verwechslungsgefahr wurde in folgenden Fällen abgelehnt

Kolumnenbezeichnung in Wochenzeitung und auf Internetportal

Stimmt's? (DIE ZEIT) ./. Stimmt's? (web.de) (BGH GRUR 2012, 1265 – Stimmt's?)

Musikmesse und Musikgaststätte

Country Music Messe und Kürzel CMM (Musikmesse) ./. www.country-music-messe.de (für eine Veranstaltung mit dem Namen „Country Music Meeting") (BGH GRUR-RR 2011, 137 – Country Music Messe)

Preise und Druckerzeugnisse bzw. Dienstleistungen

Balthasar-Neumann-Preis (Preis für Bauleistungen) ./. Balthasar-Neumann-Preis (für Druckerzeugnisse und Dienstleistungen) (OLG Stuttgart BeckRS 2011, 26669 – Balthasar-Neumann-Preis)

Computerspiele und Internetseiten

Pizza Connection ./.www.pizzaconnection.de (für den Betrieb eines Pizzaservice) (Hanseatisches OLG ZUM-RD 2002, 349)

Emergency ./. emergency.de (Portal für medizinische Informationen) (Hanseatisches OLG MMR 1999, 159, 160)

America (Computerspiel) ./. america2.de (für die Bewerbung eines Computerspiels) (KG AfP 2003, 445)

Computerspiele und Fernsehshow

aber Hallo! (CD-ROM mit Sammlung von Computerspielen) ./. Aber Hallo (Hanseatisches OLG NJWE-WettbR 1999, 282, 283 f.)

Computerspiel und Künstlername

Bully – Scholarship Edition ./. Bully (LG München I ZUM 2009, 168, 169)

Bully – Die Ehrenrunde ./. Bully (LG München I ZUM 2009, 168, 169)

Der Autor

Dr. Christian Rauda ist Fachanwalt für Urheber- und Medienrecht, Fachanwalt für gewerblichen Rechtsschutz und Justiziar des Deutschen Internet Verbands. Er ist Partner in der Medienrechtssozietät GRAEF Rechtsanwälte (Hamburg/Berlin) und Autor zahlreicher medienrechtlicher Publikationen, u. a. des Buches „Recht der Computerspiele". Dr. Rauda ist Dozent an der Johannes Gutenberg-Universität Mainz, der Bucerius Law School, der Hamburg Media School und der Hochschule für Technik und Wirtschaft Berlin.

Literatur

Fezer, K.-H. (2009). *Markenrecht* (4. Aufl.). München: C. H. Beck. § 15

Ingerl, R., & Rohnke, C. (2010). *Markengesetz* (3. Aufl.). München: C. H. Beck.

Jacobs, R. (1996). Werktitelschutz für Computerspiele und Computerprogramme. *GRUR*, 601.

Rechtliche Ansätze zur Steuerung von Markenkommunikation in neuen Medien in Zeiten von Medienkonvergenz und Big Data

Stefanie Hellmich

Zusammenfassung

In Zeiten von Big Data und zunehmender Konvergenz der verschiedenen Medien ist die Steuerung der Markenkommunikation von zentraler Bedeutung. Information, Unterhaltung, Interaktion und Transaktionen wachsen zusammen und mediale Inhalte werden über verschiedene, in hohem Maße integrierte Medien vermarktet. Dabei sollen sie idealerweise einen einheitlichen Markenauftritt gewährleisten. Im Folgenden wird veranschaulicht, welche rechtlichen Ansätze bestehen, um diesen einheitlichen Markenauftritt zu unterstützen und zu schützen. Ausgehend von der Kommunikation im Internet ergeben sich weitere Besonderheiten für die mobile Kommunikation. Kennzeichnend für beide ist auch in rechtlicher Hinsicht die Interaktion mit dem Nutzer, die bei den klassischen Print- oder Fernsehmedien weniger stark ausgeprägt ist. Die Interaktion mit dem Nutzer verbunden mit einer durch Filter-, Aggregations- sowie Personalisierungsalgorithmen gesteuerten Informationsfülle ist es, die auch aus rechtlicher Sicht die Steuerung der Markenkommunikation besonders herausfordernd gestaltet. Intermediäre wie Google und Facebook steuern durch technische Auswahlregeln den Zugang zu Informationen. Auswahlprozesse werden durch Suchmaschinen, soziale Netzwerke und Empfehlungssysteme mit Hilfe aggregierter Nutzungsdaten automatisiert. Die Vielzahl der Akteure und Intermediäre erschwert auch die Durchsetzung markenrechtlicher Ansprüche. Akteure sind häufig nicht ohne weiteres zu ermitteln und bei den Intermediären – den Netzbetreibern, Access Providern oder Host Providern – werden Reichweite und Grenzen der Haftung durch die Gerichte ständig aktualisiert.

1 Domains

Im Zuge der technischen Medienkonvergenz werden verschiedene Medien und Funktionalitäten auf einem Ausgabegerät verfügbar gemacht. Ausgangspunkt für die Bereitstellung von Produkt- und Informationsangeboten im Internet ist der Domainname. Idealerwei-

Dr. Stefanie Hellmich ✉
Frankfurt, Deutschland
e-mail: stefanie.hellmich@luther-lawfirm.com

© Springer Fachmedien Wiesbaden 2016
S. Regier et al. (Hrsg.), *Marken und Medien*, DOI 10.1007/978-3-658-06934-6_25

se bilden (Second Level-)Domains einen Namen, ein Unternehmenskennzeichen oder auch eine Marke ab, so dass die entsprechende Kennzeichenfunktion ins Internet übertragen wird. Bei der Domainnamenvergabe gilt im Grundsatz das Prinzip „first-come-first served", d. h. wenn Personen oder Unternehmen mit gleichem Namen oder gleichen Rechten um einen (Second Level-)Domainnamen konkurrieren, darf derjenige ihn verwenden, der ihn zuerst bei der zuständigen Vergabestelle registriert. Daran hat sich auch durch die Einführung neuer Top-Level Domains, d. h. die Registrierungsmöglichkeiten für eine Vielzahl neuer grundsätzlich frei wählbarer Endungen – wie z. B. Allgemeinbegriffen bzw. beschreibenden Begriffen, Marken und geographische Namen (New gTLD Programm der ICANN vom 20. 6. 2011) –, nichts geändert. Während Marken für unterschiedliche Waren- und Dienstleistungsverzeichnisse eingetragen werden und damit koexistieren können, kann eine bestimmte Domain nur einmal vergeben werden. Spezielle Top-Level-Domains für Internetauftritte, die für mobile Endgeräte optimiert sind (z. B. „.mobi" des Registrars Afilias Limited) oder die eine Erreichbarkeit der verschiedenen Telefonnummern, E-Mail-Adressen, Instant-Messaging-Daten etc. von Unternehmen unter der Domain „.tel" (des Registrars Telnic Limited) über jedes internetfähige Kommunikationsmittel gewährleisten, haben bislang keine den bekannten Top-Level-Domains vergleichbare Bedeutung erlangen können.

Verfügt der Domaininhaber über keine entsprechenden Kennzeichenrechte, können Ansprüche gegen die Verwendung einer Domain ggf. von den Inhabern einer Marke (§ 14 Markengesetz) und dem bürgerlich-rechtlichen Namen (§ 12 BGB), aus geschäftlichen Bezeichnungen (§ 15 Markengesetz), geographischen Herkunftsangaben (§ 127 Markengesetz), der handelsrechtlichen Firma (§ 37 Abs. 2 HGB) oder aus wettbewerbsrechtlichen Vorschriften hergeleitet werden. (Viefhues 2013, Rdnr. 56 ff.) Kennzeichenrechte können zum Beispiel in Form von (1) Unternehmenskennzeichen wie die Firma eines Unternehmens oder einer Unternehmenseinheit, in Form von (2) Produktkennzeichen wie Marken für Waren und Dienstleistungen oder Titelschutz für Werktitel aus Druckschriften, Film-, Ton- und Bühnen- oder vergleichbaren Werken oder in Form des (3) bürgerlich-rechtlichen Namens bestehen.

Ausdruck der zunehmenden Konvergenz von Print- und Online Medien ist die Interaktion zwischen beiden Medienformen. So können mit Hilfe des sog. Mobile-Tagging zum Beispiel kodierte Abbildungen einer Domain (sog. QR oder Quick Response Codes) in Printmedien oder auch auf Produkten eingesetzt und über die eingebauten Kameras und die Software von Mobiltelefonen und PDAs ausgelesen werden. Das Eingeben von Webadressen entfällt, und der Nutzer kann unmittelbar online auf die relevanten Inhalte gelenkt werden. Bei dieser Form der Kommunikation tritt die Zuordnungsfunktion der Domain zwar zunächst in den Hintergrund. Für eine einheitliche Kommunikation sollte aber auch beim Aufruf der Website die Domain dem Unternehmen eindeutig zuzuordnen sein. Es empfiehlt sich daher vorab zu klären, welche Domains der Anbieter unbedingt benötigt, inwieweit diese verfügbar sind und der Anmelder sich auf ein eigenes Kennzeichen stützen kann. Ist letzteres nicht der Fall, ist sorgfältig zu prüfen, ob Kennzeichenrechte Dritter einer Nutzung entgegenstehen und eine Nutzung in Zukunft ggf. untersagen könnten.

2   Keyword Advertising/Metatags

Der Zugang zu den Informationen im Internet wird durch Auswahlregeln gesteuert. „Keyword-Advertising" ermöglicht es Unternehmen und Werbetreibenden, kostenpflichtig auf der Website eines Suchmaschinenbetreibers kurze Anzeigetexte zu schalten, die basierend auf Schlüsselwörtern (AdWords) passend zu einem vom Nutzer eingegebenen Suchbegriff im Rahmen des Suchergebnisses angezeigt werden. Nach Eingabe des jeweiligen Suchbegriffs wird den Nutzern Werbung für die Produkt- und Dienstleistungsangebote mit den entsprechenden AdWords angezeigt. Vom Grundsatz her dürfen beim sog. Keyword-Advertising auch geschützte Marken von Wettbewerbern als AdWords verwendet werden, um die Internetnutzer auf eigene Produkte oder Leistungen hinzuweisen (BGH vom 27.06.2013 – Fleurop; BGH vom 20.02.2013 – Beate Uhse; BGH vom 13.12.2012 – MOST-Pralinen). Da die Anzeige von der Trefferliste deutlich abgegrenzt ist, wird die eigentliche Herkunftsfunktion des Kennzeichens nicht beeinträchtigt. Entscheidend ist daher, dass die konkrete Werbeanzeige an sich keinen Hinweis auf die fremde Marke enthält und die im Rahmen der Anzeige angegebene Website auf eine andere betriebliche Herkunft der Produkte und Dienstleistungen hinweist. Im Ausnahmefall kann in der Buchung eines fremden Markennamens als AdWord allerdings die Verletzung eines geschützten Kennzeichens liegen, wenn für den normalen Internetnutzer nicht oder nur schwer zu erkennen ist, ob die in der Anzeige beworbenen Produkte oder Leistungen von dem Inhaber der Marke oder von einem Dritten stammen. (EuGH vom 22.09.2011 – Interflora). Das ist insbesondere der Fall, wenn unzutreffend der Eindruck erweckt wird, das werbende Unternehmen gehöre zum Vertriebsnetz des Kennzeicheninhabers (BGH vom 27.06.2013 – Fleurop).

Vor diesem Hintergrund sollten Werbetreibende bei der Nutzung von fremden Marken als AdWord darauf achten, dass durch die Gestaltung der Anzeige nicht der Eindruck erweckt wird, dass diese vom Markeninhaber oder einem mit ihm verbundenen Unternehmen stammt. Insbesondere sollte im Rahmen der Werbeanzeige auf eine schlagwortartige Verwendung des als Marke geschützten fremden Kennzeichens sowie auf Hinweise auf den eigentlichen Markeninhaber verzichtet werden.

Im Unterschied zum Keyword Advertising wird durch Verwendung eines Metatags die Ergebnisliste der Internet-Recherche beeinflusst. Der Link zur Website erscheint nicht wie beim Keyword Advertising bei den Anzeigen oberhalb oder neben der Ergebnisliste. Während beim Keyword Advertising der Suchmaschinenbetreiber diesen Vorgang steuert, fügt der jeweilige Anbieter den Metatag in den Quellcode seiner Website selbst ein. Durch die ständige Änderung der Suchalgorithmen seitens der Suchmaschinenbetreiber hat diese Form der Steuerung allerdings erheblich an Bedeutung verloren. In der Nutzung eines mit einer Marke identischen Metatag für identische Waren oder Dienstleistungen kann jedoch eine Markenverletzung begründet liegen (EuGH vom 11.07.2013; Boemke 2013, Rdnr. 84). Insoweit ist der Gestaltungsspielraum für AdWords größer als bei der Verwendung von Metatags. Entsprechende Grundsätze gelten, wenn interne Suchmaschinen in eine Website integriert werden. Ggf. ist die markenrechtlich geschützte Zeichenfolge rein

beschreibend zu verwenden mit dem Hinweis, dass die Suche keine direkten Treffer ergeben hat, aber ähnliche Ergebnisse vorliegen.

3 Links

Wesentlich für die Informationsstruktur des Internet aber auch für die Konvergenz von
online und mobilen Medien ist die Technik der Verlinkung, d. h. das Verweisen innerhalb
der eigenen Website auf Websites bzw. Inhalte von Websites anderer Anbieter. Gegen das
Setzen von Links auf die eigene Website kann ein Anbieter sich rechtlich nur bedingt
schützen. Wegen der offenen Informationsstruktur des Internet geht man davon aus, dass
jeder Website-Betreiber mit dieser Form der Verweisung auf Inhalte und Informationen
einverstanden ist und daher das Setzen von Links weder Schutzrechte des Inhabers der
Ziel-Website verletzt, noch wettbewerbsrechtlich angreifbar ist (BGH vom 17.07.2003 –
Paperboy). Das gilt auch für sog. Deep-Links. Deep-Links verweisen unmittelbar in die
tieferliegende Website-Struktur, so dass der Nutzer nicht über die Startseite einer Website, sondern direkt zu der verlinkten Website geführt wird. Durch das Setzen von Deep-
Links als solches verstößt ein Website-Betreiber nach Auffassung des Bundesgerichtshofs
weder gegen urheber- noch gegen wettbewerbsrechtliche Vorschriften (vgl. BGH vom
17.07.2003 – Paperboy). Wenn für Nutzer erkennbar ist, dass es sich um die Website eines
Dritten handelt, und mit der Verlinkung keine Herkunftstäuschung oder Rufausbeutung
verbunden ist, kann sich der Anbieter der verlinkten Website nicht gegen die Verlinkung
wehren. Unerheblich ist in diesem Zusammenhang insbesondere, ob die Verlinkung auf
einzelne Teile des Angebotes den werblichen Interessen des Anbieters der verlinkten Website widerspricht.

Erweckt der Anbieter allerdings zu Unrecht den Eindruck, auf der gleichen Handels-
stufe wie derjenige Anbieter zu stehen, auf welchen er verlinkt, kann hierin eine unlautere
Rufausbeutung gem. § 4 Nr. 9 des Gesetzes gegen den unlauteren Wettbewerb (UWG)
zu sehen sein. Ein wettbewerbsrechtlich unlauteres Verhalten kann im Einzelfall auch
gegeben sein, wenn ein Hersteller von Billig-Produkten Links zu den Websites von Mar-
kenartikel-Herstellern setzt oder in sonstiger Form wahrheitswidrig den Anschein einer
Zusammenarbeit oder wirtschaftlichen Kooperation erweckt (Krüger und Biehler 2010,
Rdnr. 143–144). Wettbewerbsrechtlich angreifbar kann sich auch derjenige machen, der
den Internetauftritt finanzierende Werbung des Kennzeicheninhabers der verlinkte Website umgeht, der die verlinkten Inhalte als Vorspann für das eigene Angebot nutzt oder der
das Kennzeichen der verlinkten Website ausbeutet oder verwässert (Fezer 2009, Rdnr. 82).

Unabhängig davon, ob der Link selbst zulässig ist, kann sich durch das Setzen des
Links eine Haftung für fremde rechtswidrige Inhalte ergeben, wenn der Link-Setzende
sich Inhalte der verlinkten Website zu eigen macht. Links auf Websites Dritter, deren Inhalte offensichtlich rechtswidrig sind, sollten daher vermieden werden. Macht man sich
auf diese Weise Inhalte Dritter zu eigen, empfiehlt es sich, die Inhalte der verlinkten Website regelmäßig zu überprüfen und den Link ggf. zu entfernen. Es hängt vom Einzelfall

ab, ob der Link-Setzende eine zumutbare Prüfpflicht verletzt und damit für die verlinkten Inhalte ebenfalls haftet. Die Prüfpflicht erschöpft sich auch nicht mit einer einmaligen Überprüfung der verlinkten Website, sondern besteht so lange fort, wie der Link existiert.

Auch beim Framing, d. h. der Anzeige der fremden Website im „Rahmen" („Frame") der Ausgangs- Website, ist nicht zwingend eine Kennzeichenrechtsverletzung gegeben. Hier kommt es für eine rechtliche Angreifbarkeit darauf an, ob es sich um eine wettbewerbsrechtlich unzulässige unmittelbare Leistungsübernahme, eine Rufausbeutung oder eine Irreführung handelt, weil für den Nutzer die Herkunft der Inhalte nicht erkennbar ist (Krüger und Biehler 2010, Rdnr. 146). Da die angezeigten Informationen der Website, die über das Framing eingebunden wird, erheblich reduziert werden, sind insoweit strengere Maßstäbe anzulegen als bei der Verlinkung. Framing erfüllt nicht den Tatbestand des öffentlichen Zugänglichmachens, das als urheberrechtlich unzulässige Handlung vom Inhaber der fremden Website untersagt werden könnte, weil die Inhalte nicht einem neuen Publikum zugänglich gemacht werden. Anders zu beurteilen ist dies, wenn eine vom Inhaber der fremden Website eingerichtete Schutzvorrichtung umgangen wird (BGH, 29.04.2010 – Session ID).

Für Suchmaschinenbetreiber kann sich die Unzulässigkeit von Links allerdings aus datenschutzrechtlichen Vorgaben ergeben. Der Europäische Gerichtshof hat jüngst entschieden, dass Suchmaschinenbetreiber Links zu Websites mit Informationen zu einer Person entfernen müssen unabhängig davon, ob diese Informationen auf den Websites vorher oder gleichzeitig gelöscht werden (EuGH vom 13.05.2014 – Recht auf Vergessen – Google). Der Suchmaschinenbetreiber wird als für die Datenverarbeitung verantwortliche Stelle angesehen, der aufgrund der eigenen Verarbeitung einem selbständigen datenschutzrechtlichen Löschungsanspruch unterliegt. Hierzu ist eine Einzelfallprüfung vorzunehmen, ob das Recht der Person, eine Information nicht mehr öffentlich zugänglich zu machen, überwiegt.

4 Cookies, Tracking und Social Plugins

In datenschutzrechtlicher Hinsicht ist eine Folge der technischen Medienkonvergenz, dass sich die Internetübertragung zum Standard in allen Netzen entwickelt und die IP-Adresse – anders als bei den klassischen Übertragungswegen Satellit, Kabel und Antenne – eine personalisierte Zuordnung der übermittelten Inhalte ermöglicht. Die Standortdaten des Mobilfunkgeräts werden davon unabhängig vom Mobilfunkbetreiber ununterbrochen aufgezeichnet. Beim neuen Internetprotokoll IPv6 ist der Informationsgehalt der IP-Adressen höher als bei dem bisherigen Internetprotokoll IPv4, so dass zusätzliche Maßnahmen seitens der Hersteller und Provider erforderlich sind, um die Rückführbarkeit auf bestimmte Endgeräte oder Personen zu erschweren. Geotagging etwa bei der Nutzung von Twitter lässt weitere personenbezogene Rückschlüsse auf die Kommunikation der betreffenden Nutzer zu. In diesen Zeiten von Big Data sind daher Tools, die das Nutzerverhalten analysieren, zentral für die Steuerung der Kommunikation. Zu diesen Tools gehören Cookies

und sog. Tracking Software wie z. B. Google Analytics. Cookies sind kleine Datensät-
ze, die der Anbieter einer Website auf dem Computer des Nutzers ablegen und beim
erneuten Aufruf der Website wieder abrufen kann. Cookies erleichtern die Navigation
im Internet, indem sie bestimmte Nutzereinstellungen etwa zu Sprache oder zu den letzten durchgeführten Transaktionen speichern. Mit Hilfe von Cookies kann der Anbieter
jedoch auch ein Profil des Nutzerverhaltens erstellen. Dies gilt auch für Tracking Tools,
die das Nutzerverhalten auf einer bestimmten Website oder Website übergreifend analysieren. Nach deutscher Rechtslage erfordert das Erheben, Verarbeiten sowie Verwenden
von pseudonymisierten Daten in Form von Cookies oder mit Hilfe von Tracking Tools,
dass der Website Betreiber den Nutzer über Art, Umfang und Zweck der Erhebung der
gespeicherten Daten informiert und ihm die Möglichkeit des Widerspruchs einräumt. Um
pseudonymisierte Daten handelt es sich nur dann, wenn das Profil so angelegt ist, dass es
keiner bekannten oder bestimmbaren Person zuordenbar ist. Die erforderliche Information
muss zu Beginn des Nutzungsvorgangs bereitgestellt werden und jederzeit abrufbar sein.
Typischerweise werden diese Informationen derzeit in Form von Datenschutzhinweisen
oder Pop-Up-Fenstern erteilt. Im Falle von Google Analytics wird die Widerspruchsmög-
lichkeit in der Praxis über ein sog. Deaktivierungs-Add-on umgesetzt, auf das der Website-
Anbieter hinzuweisen hat. Dieses Add-on verhindert, dass Google Analytics beim Surfen
im Internet ausgeführt wird. Daneben ermöglicht Google zudem das Setzen eines Opt-
Out-Cookies. Durch das Setzen des Cookies wird das Tracking innerhalb des Browsers
(auch auf mobilen Endgeräten) verhindert. Pop-Up Fenster mit Datenschutzhinweisen
werden häufig auf internationalen Websites zur Umsetzung der sog. EU Cookie Richtlinie (2009/136/EG) eingesetzt. Diese ist in Deutschland trotz Ablaufs der Umsetzungsfrist
bislang nicht umgesetzt, verlangt aber grundsätzlich die Einwilligung seitens der Nutzer
in die Verwendung von Cookies, die nicht zur Erbringung des Dienstes erforderlich sind.
Diese Regel ist bei Cookies, die zur Reichweitenanalyse eingesetzt werden, anwendbar.
Werden derartige Cookies oder Tracking Tools bei registrierten Nutzern eingesetzt und
handelt es sich bei den erhobenen Daten daher nicht mehr nur um pseudonymisierte Daten,
muss der Nutzer in jedem Fall den Auswertungen zustimmen. Auch bei Lokalisierungsda-
ten mobiler Endgeräte gelten entsprechende Grundsätze. Werden standortbezogene Daten
an einen Anbieter – wie etwa ein soziales Netzwerk – übertragen, muss der Nutzer der
Übertragung zustimmen. Ein Verstoß gegen die datenschutzrechtlichen Vorgaben kann
von Betroffenen, Datenschutzaufsichtsbehörden sowie von Wettbewerbern als unlautere
Wettbewerbshandlung (§ 4 Nr. 11 UWG) geahndet werden (Boemke 2013, Rdnr. 100).

Neben den Suchmaschinen werden Selektionsprozesse auch durch soziale Netzwerke
sowie Empfehlungssysteme und ihre aggregierten Nutzungsdaten automatisiert. Mithilfe
von Social Media Plugins kann der Besucher einer Website, der gleichzeitig Nutzer eines
bestimmten sozialen Netzwerks (wie z. B. Twitter, Facebook, Google+ etc.) ist, durch einem Klick auf einen hierfür vorgesehenen Button automatisch eine Mitteilung in seinem
sozialen Netzwerk dahingehend hinterlassen, dass er die verlinkten Inhalte des Website-
Betreibers für sinnvoll, relevant oder empfehlenswert hält und so mit seinen Kontakten
innerhalb des sozialen Netzwerks teilen. Im Falle der Einbindung des entsprechenden Pro-

grammcodes und des Anklickens eines Social Media Plugins durch einen Website Nutzer wird eine technische Verbindung zwischen der Website, die das Plugin enthält, und dem Server des Social Media Betreibers hergestellt und es werden personenbezogene Daten an den Betreiber des sozialen Netzwerks übertragen. Die Plugins übermitteln schon beim Aufrufen der Website – also ganz ohne Zutun des Nutzers – Daten an die Betreiber der sozialen Netzwerke. Diese enthalten neben der URL der aktuellen Seite unter anderem eine Kennung, die zumindest bei angemeldeten Nutzern direkt mit einer bestimmbaren Person verknüpft ist. Die sozialen Netzwerke können also umfassende Profile ihrer Nutzer erstellen. Mit Blick auf Facebook wird sogar vermutet, dass auch dann personenbezogene Daten eines Website-Besuchers an Facebook übertragen werden, wenn dieser über keinen Facebook-Account verfügt bzw. im Zeitpunkt des Website Besuchs nicht angemeldet ist.

Konsequenz dieser Datenübertragung an das soziale Netzwerk ist in datenschutzrechtlicher Hinsicht, dass für die Erhebung und Übertragung dieser Daten entweder eine gesetzliche Erlaubnis vorliegen oder der Website-Besucher ausdrücklich in die Datenübertragung einwilligen muss. Dies hat der Website Betreiber sicherzustellen. Überwiegend wird angenommen, dass eine gesetzliche Erlaubnis für die Datenerhebung bzw. -übertragung nicht existiert und daher eine Einwilligung des Website-Besuchers erforderlich ist. In diesem Fall müssten die Nutzer also etwa über eine Checkbox bestätigen, dass sie mit der Datenerhebung bzw. -übertragung einverstanden sind. In der Praxis sind zahlreiche Website Betreiber im deutschsprachigen Raum daher zu einer sog. „Zwei-Klick-Lösung" übergegangen, wonach die Social Media Plugins zunächst durch die Website Besucher selbst aktiviert werden und diese erst nach der Aktivierung Daten an die sozialen Netzwerke übermitteln. Hierzu werden die Plugins zunächst deaktiviert in die Website eingebunden. Die Funktionen eines Plugins werden erst gestartet, wenn der Nutzer dieses durch Anklicken aktiviert. Erst danach hat er mit einem zweiten Klick die Möglichkeit, einen bestimmten Inhalt der Website zu empfehlen. Die automatische Datenübertragung an das soziale Netzwerk erfolgt daher erst nach einem aktiven Handeln des Website Besuchers. Ein Beispiel für eine solche Zwei-Klick-Lösung wird u. a. von heise (Schmidt 2011) bereitgestellt. Diese Lösung sieht zudem vor, dass die Besucher bereits unmittelbar in räumlicher Nähe zum Plugin durch eine Infobox über die Funktionen der Zwei-Klick-Lösung und die Folgen einer Aktivierung des Plugins aufgeklärt werden. Entsprechende Hinweise sollten sich zudem in der Datenschutzerklärung der Website finden.

5 Inhalte und user generated content

Hinsichtlich der abrufbaren Inhalte ist sicherzustellen, dass dem Anbieter auch die erforderlichen Rechte an den Inhalten zustehen, um diese in den verschiedenen Medien und Diensten zu veröffentlichen. Dies betrifft sowohl vom Anbieter selbst eingestellte Inhalte wie die aufgrund der Kommunikation und Interaktion mit Nutzern eingestellten Inhalte wie z. B. Forenbeiträge, sonstige Texte, Musik, Bilder/Fotos oder Videos, sog. user generated content. Auch für die vom Anbieter selbst eingestellten Inhalte ist nicht selbstverständlich, dass für die Darstellung auf der eigenen Website eingeräumte Rechte auch die Verbreitung über Social Media-Präsenzen und andere Plattformen abdecken. Wird Material auf Social Media-Präsenzen hochgeladen, sehen die Social Media-Anbieter regelmäßig vor, dass ihnen an diesem vom Anbieter eingestellten Material Nutzungsrechte eingeräumt werden. Stammt dieses Material von einer Bildagentur, die eine Unterlizenzierung oder Veröffentlichung auf Social Media-Präsenzen untersagt, kann das Material nicht einfach von der Unternehmens-Website in die Social Media-Präsenz übernommen werden. Für Presseerzeugnisse wurde zum 1. August 2013 ein neues Leistungsschutzrecht eingeführt. Presseverleger haben danach das ausschließliche Recht, das Presseerzeugnis oder Teile hiervon zu gewerblichen Zwecken öffentlich zugänglich zu machen. Zahlreiche Verlage haben in diesem Zusammenhang Google eine kostenfreie Lizenz an ihren Verlagsinhalten eingeräumt, damit diese nach wie vor unter Google News dargestellt werden. Wie weit die eingeräumten Nutzungsrechte reichen und ob dem Anbieter die geforderte Veröffentlichungs- oder Unterlizenzierungsbefugnis zusteht, ist im Einzelfall zu überprüfen.

Die Markenkommunikation innerhalb des user generated content zu steuern, erfordert aus rechtlicher Sicht klare Umgangsregeln. Diese Umgangsregeln oder Nutzungsregeln sind vom Nutzer in der Regel im Rahmen einer Registrierung zu akzeptieren, bevor er Beiträge einstellen kann. Entsprechende Erklärungen auch für mobile Medien aufzubereiten, d. h. in verständlicher Form abrufbar zu machen, stellt eine besondere Herausforderung dar. Aber nur wenn der Nutzer über den Umfang der Einwilligung und die Tatsache, dass er eine solche abgibt, vernünftig aufgeklärt wird, kann er eine solche Einwilligung wirksam abgeben. Innerhalb der akzeptierten Nutzungsregeln kann der Anbieter sich ausdrücklich vorbehalten, rechts- oder sittenwidrige Inhalte zu sperren oder zu löschen.

6 Durchsetzung von markenrechtlichen Ansprüchen

Verletzen bestimmte Inhalte die Rechte eines Markeninhabers, kommt es zunächst darauf an, über welche Medien die Markenverletzung realisiert wird und gegen wen markenrechtliche Ansprüche mit hinreichender Aussicht auf Erfolg durchgesetzt werden können. Trotz zunehmender Medienkonvergenz wird für die jeweils anwendbaren Vorschriften rechtlich zwischen der Telekommunikation als technischer Übertragungsleistung, Rundfunkdiensten als Verbreitung von Angeboten gemäß eines Sendeplans zum zeitgleichen Empfang sowie individuell abrufbaren Telemediendiensten unterschieden (Oster 2014, Rdnr. 24 ff.). Die rechtlichen Vorschriften – etwa betreffend Haftung oder Datenschutz – für die verschiedenen Medien sind vergleichbar, aber nicht identisch. Teilweise unterfallen bestimmte Dienste sowohl den Regelungen für Telekommunikation wie auch den Regelungen für Telemediendienste. Infolge des Zusammenwachsens von technischer Übertragung, Information, Unterhaltung, Interaktion und Transaktion wird es zunehmend schwieriger, diese rechtliche Unterscheidung beizubehalten.

Markenrechtliche Ansprüche können sich innerhalb der verschiedenen Medien gegen verschiedene Akteure und Intermediäre richten. Auch insoweit unterscheiden sich die Voraussetzungen für eine Durchsetzung von rechtlichen Ansprüchen. Im Online-Recht ist vor allem die sog. Störerhaftung von Bedeutung. Diese ermöglicht dem von einer Rechtsverletzung Betroffenen gegen den Betreiber einer Website oder einer Plattform vorzugehen, wenn der eigentliche Verletzer, d. h. derjenige der die Inhalte eingestellt hat, nicht ohne weiteres zu ermitteln ist. Es handelt sich um eine spezielle Form der Haftung Dritter, die selbst nicht die Verletzung vornehmen, aber an der Herbeiführung oder Aufrechterhaltung eines rechtswidrigen Zustands mitwirken (Hoeren 2014, Rdnr. 18). Diese Störerhaftung löst Unterlassungs- und Beseitigungsansprüche (nicht jedoch Schadensersatzansprüche) aus. Der Störer wie auch die eigentlichen Verursacher können insbesondere nach marken-, urheber- und wettbewerbsrechtlichen Vorschriften in die Haftung genommen werden. Für individuell abrufbare Online-Dienste sieht das Telemediengesetz den Besonderheiten der Online-Dienste Rechnung tragende Haftungseingrenzungen vor. Ergibt sich nach den allgemeinen Vorschriften des Markenrechts z. B. eine Haftung als Störer, ist anhand der Sondervorschriften im Telemediengesetz zu überprüfen, ob bestimmte Haftungsprivilegierungen bestehen.

Content **Provider** wie z. B. Website Anbieter als Anbieter von eigenen Informationen, Produkten und/oder Leistungen haften nach den allgemeinen Gesetzen (vgl. § 7 Abs. 1 TMG). Insoweit sind keine besonderen Haftungsbegrenzungen oder -privilegierungen vorgesehen. Auf dieser Basis können z. B. gegen den im Impressum benannten Verantwortlichen einer geschäftlich genutzten Website Ansprüche auf Unterlassung wegen kennzeichenverletzender Benutzung (§ 14 Abs. 5, 15 Abs. 4 MarkenG) geltend gemacht werden. Geht der Verantwortliche aus der Website nicht hervor, kann dieser ggf. über den Whois-Eintrag des Domain Registrars ermittelt werden.

Nach der Wertung des Telemediengesetzes soll hingegen derjenige, der die Infrastruktur bereitstellt, zunächst nicht für die vermittelten Inhalte haften. So sind **Anbieter fremder Inhalte** ohne konkrete Hinweise auf eine Rechtsverletzung nicht verpflichtet, alle Informationen zu überprüfen, die rechtsverletzend sein könnten (§ 7 Abs. 2 TMG). Unter bestimmten Umständen hat der Bundesgerichtshof jedoch eine anlassbezogene Überwachungspflicht eines File-Hosters angenommen. Zumutbar und erforderlich sei nicht nur, eine überschaubare Anzahl einschlägiger Link-Sammlungen auf bestimmte Inhalte zu überprüfen, sondern auch bei einer großen Zahl von mehreren tausend Musikwerken könne dem Host-Provider eine regelmäßige Kontrolle der Linksammlungen zugemutet werden (BGH vom 15.08.2013 – Rapidshare III) Insoweit könne die Verwendung eines Wortfilters verlangt werden. Um fremde Inhalte handelt es sich auch dann nicht mehr, wenn die Inhalte den Interessen des Plattformbetreibers dienen und dieser die Inhalte vor Freischaltung auf Vollständigkeit und Richtigkeit überprüft (BGH vom 12.11.2009 – marions-kochbuch.de).

Weitergehend privilegiert sind Telekommunikationsanbieter, Kabelnetzbetreiber sowie Mobilfunkbetreiber als Betreiber der Netze, über die die Kommunikation abläuft. Sie vermitteln lediglich den **technischen Zugang** zu Inhalten. Sie sind für fremde Inhalte nicht verantwortlich, wenn sie die Übermittlung nicht veranlasst, den Adressaten der Übermittlung nicht ausgewählt und die übermittelten Informationen nicht ausgewählt oder verändert haben (§ 10 Abs. 1 TMG).

Diensteanbieter, die **fremde Inhalte** für einen Nutzer **speichern**, sind nicht verantwortlich, sofern sie keine Kenntnis von der rechtswidrigen Handlung oder der Information haben oder sie nach entsprechender Kenntnis unverzüglich tätig geworden sind, um die Information zu entfernen oder den Zugang zu ihr zu sperren (§ 10 TMG). Neben dem sog. Hostprovider, der Speicherplatz zum Einstellen von Websites bereitstellt, sind von dieser Regelung Betreiber von kollaborativen Internetplattformen, wie z. B. Social Bookmarking-Systeme, Soziale Netzwerke, Blogs oder Meinungsforen, erfasst. So ist ein Anbieter verpflichtet, im Falle eines hinreichend konkreten Hinweises auf einen rechtlichen Verstoß Vorsorge dafür zu treffen, dass es nicht zu weiteren derartigen Markenverletzungen kommt, wenn es dem Anbieter möglich und zumutbar ist, derartige Markenverletzungen für die Zukunft zu unterbinden – eine generelle Prüfungspflicht für Internethandelsplattformen hält der Bundesgerichtshof hingegen für unzumutbar (BGH vom 22.07.2010 – Kinderhochstühle im Internet). Weitergehende Prüfpflichten hat der Bundesgerichtshof angenommen, wenn der Plattformbetreiber durch Schaltung von Anzeigen, die unmittelbar zu schutzrechtsverletzenden Angeboten führen, eine aktive Rolle einnimmt (BGH vom 16.05.2013 – Kinderhochstühle im Internet II). Umfang und Inhalt dieser vorsorglichen Prüfpflichten sind es, die in der Praxis nach wie vor für Unsicherheit bei Anbietern sorgen. So hat der Bundesgerichtshof in einer Entscheidung Google als Suchmaschinenbetreiber in Bezug auf die sog. Autocomplete Funktion als Diensteanbieter qualifiziert, der eigene Informationen zur Nutzung bereithält und deshalb gem. § 7 Abs. 1 TMG nach den allgemeinen Gesetzen haftet (BGH vom 14.05.2013 – autocomplete). Es handelt sich um die Vervollständigungen von Suchbegriffen, die Google beim Eintippen eines Suchbegriffs vorgibt. So soll der Suchmaschinenbetreiber zwar nicht verpflichtet sein, die Suchergänzungsvorschläge generell vorab auf etwaige Rechtsverletzungen zu überprüfen. Weist ein Betroffener jedoch auf eine rechtswidrige Verletzung seines Persönlichkeitsrechts hin, soll der Suchmaschinenbetreiber zukünftig derartige Verletzungen verhindern. Die Begründung, dass es sich um eigene und nicht um die bloße Wiedergabe fremder Inhalte handele, wurde vielfach kritisiert. Für die Einordnung als eigene Inhalte spricht aber, dass Google die Suchergänzungsvorschläge filtert und gewichtet und nicht nur automatisiert präsentiert (Meyer 2014, S. 305). Auch aus datenschutzrechtlicher Sicht wird der Suchmaschinenbetreiber als verantwortliche Stelle für die Datenverarbeitung angesehen und für natürliche Personen ein eigenständiger Anspruch auf Löschung von Inhalten gegen den Suchmaschinenbetreiber anerkannt (EuGH vom 13.05.2014 – Recht auf Vergessen – Google). Rechtswidrige Inhalte können ggf. auf dem vom Anbieter – wie z. B. einem sozialen Netzwerk – eingerichteten Beschwerdeweg auf der Grundlage der vereinbarten Teilnahmeregeln entfernt werden. Die Durchsetzung marken- oder urheberrechtlicher Unterlassungsansprüche gegen einen Verletzer gestaltet sich jedoch schwierig, wenn dieser nicht unter seinem Klarnamen auftritt. Zur Verbesserung der Durchsetzung von Rechten des geistigen Eigentums wurde zur Umsetzung der Richtlinie 2004/48/EG im Jahre 2008 ein Auskunftsanspruch wegen Urheberrechtsverletzungen in das Urhebergesetz eingeführt. Ein entsprechender

Auskunftsanspruch bei Markenrechtsverletzungen existiert nicht. Der urheberrechtliche Auskunftsanspruch kann sich gegen Access-Provider richten und durch entsprechenden gerichtlichen Beschluss die Verwendung von Verkehrsdaten gestatten, d. h. das den Zugang zum Internet vermittelnde Unternehmen hat Auskunft über Name und Anschrift derjenigen Kunden zu erteilen, denen eine bestimmte IP-Adresse zu einem bestimmten Zeitpunkt zugewiesen war (§ 101 Abs. 2 Nr. 3, Abs. 9 UrhG). Während die IP-Adresse häufig auf anderem Wege ermittelt werden kann, ist dies in Bezug auf die Identität des Anschlussinhabers schwieriger. Voraussetzung für die Durchsetzung des Auskunftsanspruchs ist, dass bei offensichtlichen Rechtsverletzungen ein Handeln in gewerblichem Ausmaß vorliegt. Dabei reicht es nach der vom Bundesgerichtshof zugrunde gelegten Auffassung aus, dass der Access Provider seine für die rechtsverletzenden Tätigkeiten genutzten Dienstleistungen in gewerblichem Ausmaß erbringt (BGH Beschluss vom 19.04.2012). Es kommt nicht darauf an, dass die Rechtsverletzung an sich in gewerblichem Ausmaß erfolgt. Auch wenn die Einordnung von IP-Adressen als Verkehrsdaten umstritten ist, ist nach mehrheitlicher Auffassung die Ermittlung des Anschlussinhabers unter Abgleich der Verbindungsdaten eine Verwendung von Verkehrsdaten und erfordert damit einen richterlichen Beschluss. Der Access Provider kann diese also nicht einfach herausgeben. Nachdem der von einer Rechtsverletzung Betroffene auf diese Art und Weise Name und Anschrift der Anschlussinhaber ermittelt hat, kann er in einem zweiten Schritt gegen die so identifizierten Nutzer Unterlassungs- oder Schadensersatzansprüche geltend machen.

Die Autorin

Dr. Stefanie Hellmich ist Rechtsanwältin im Bereich IP/IT in Frankfurt und spezialisiert auf Rechtsfragen der IT- und Online-Branche. Ihre Beratungsschwerpunkte umfassen das Urheber-, Marken-, Wettbewerbs- und Datenschutzrecht sowie die IT-Vertragsgestaltung. Sie berät insbesondere Online-Anbieter, Media Agenturen und Service Provider in Bezug auf die Ausgestaltung von Geschäftsmodellen. Stefanie Hellmich hat an den Universitäten Bielefeld und Carlos III (Madrid) studiert und gehört der Luther Rechtsanwaltsgesellschaft bzw. ihren Vorgängergesellschaften seit 1998 an. Sie ist Autorin zahlreicher Publikationen im Bereich IT und Datenschutz.

Literatur

Boemke, C. (2013). Werberecht im Internet. In T. Hoeren, U. Sieber, & B. Holznagel (Hrsg.), *Multimedia-Recht (Kap. 11). 36. Ergänzungslieferung*. München: Verlag C. H. Beck.

Fezer, K.-H. (2009). *Markenrecht* (4. Aufl.). München: Verlag C. H. Beck. Abschn. G

Hoeren, T. (2014). Zivilrechtliche Haftung im Online-Bereich. In T. Hoeren, U. Sieber, & B. Holznagel (Hrsg.), *Multimedia-Recht (Kap. 18.2), 37. Ergänzungslieferung*. München: Verlag C. H. Beck.

Krüger, S., & Biehler, M. (2010). In M. Martinek, F.-J. Semler, S. Habermeier, & E. Flohr (Hrsg.), *Vertriebsrecht (§ 33)* 3. Aufl. München: Verlag C. H. Beck.

Meyer, S. (2014). Aktuelle Rechtsentwicklungen bei Suchmaschinen im Jahre 2013. *Kommunikation & Recht, 17*(5), 300.

Oster, J. (2014). Telekommunikationsrechtliche Vorfragen. In T. Hoeren, U. Sieber, & B. Holznagel (Hrsg.), *Multimedia-Recht (Kap. 4). 37. Ergänzungslieferung.* München: Verlag C. H. Beck.

Schmidt, J. (2011). 2 Klicks für mehr Datenschutz. *c't – Magazin für Computertechnik.* http://www. heise.de/ct/artikel/2-Klicks-fuer-mehr-Datenschutz-1333879.html. Zugegriffen: 30. Juni 2014

Viefhues, M. (2013). Domainrecht. In T. Hoeren, U. Sieber, & B. Holznagel (Hrsg.), *Multimedia-Recht (Kap. 6.1). 36. Ergänzungslieferung.* München: Verlag C. H. Beck.

Markenschutz und Markenführung in Social Media

Handlungsempfehlungen für Unternehmen zur Wahrnehmung und Verteidigung der Marke bei Twitter, Facebook & Co.

Carsten Ulbricht

Zusammenfassung

Plattformen wie Facebook, YouTube & Co wachsen – wie auch die Kommunikation über diese Sozialen Medien – in einem enormen Ausmaß. Unternehmen müssen erkennen, dass diese Kommunikationsform Auswirkungen auf jede Facette der eigenen Unternehmens- und/oder Produktmarken haben kann.

Marketingkampagnen in Social Media werden interaktiver und erfordern deutlich kürzere Reaktionszeiten. Darüber hinaus haben Kunden, Mitarbeiter und Wettbewerber über unterschiedlichste Social Media-Plattformen zahlreiche Möglichkeiten, über die Marken und Produkte eines Unternehmens – positiv wie auch negativ – zu „sprechen".

Vor dem Hintergrund dieser rasanten Entwicklung ist es für Marketing- und Markenverantwortliche bzw. die entsprechenden Zuständigen in den Rechtsabteilungen von erheblicher, zukünftig weiter wachsender Bedeutung, die genannten Entwicklungen in die Strategie zur Entwicklung aber auch Verteidigung der eigenen Marken miteinzubeziehen.

1 Grundlagen

Aus der mehrjährigen Beratung zahlreicher Unternehmen zu den Auswirkungen in den Sozialen Medien lassen sich folgende zentrale Hinweise zusammenfassen:

1. Zu beachten sind nicht nur – aber auch – Markenverletzungen im Sinne des Markengesetzes

Die Wahrnehmung der Marke hängt von einer Vielzahl von Faktoren ab. Dabei haben verschiedene Abteilungen, wie Marketing, PR aber auch der Support mit ihren höchsteigenen Beiträgen für ein positives Markenimage zu sorgen.

Aber auch der juristische Part spielt in diesem Zusammenhang eine wichtige Rolle. Angefangen von einem Vorgehen gegen Produktfälschungen, gegen ein unzulässiges

Dr. Carsten Ulbricht ✉
Stuttgart, Deutschland
e-mail: cu@bartsch-rechtsanwaelte.de

© Springer Fachmedien Wiesbaden 2016   467
S. Regier et al. (Hrsg.), *Marken und Medien*, DOI 10.1007/978-3-658-06934-6_26

Ausnutzen des Rufs einer Marke bis hin zu rechtswidrigen Aussagen über die jeweils geschützten Waren und Dienstleistungen.

Markenmanagement (auch als Brand Management bezeichnet) ist – gerade in den Sozialen Internetmedien – von erheblicher Bedeutung, um den Wert einer Marken und damit ein zentrales Abgrenzungskriterium zu anderen Wettbewerbsprodukten zu bewahren und zu schützen.

Neben kommunikativen Aspekten der Darstellung der Marke ist auch aus der rechtlichen Perspektive ein sinnvoller und situationsangemessener Markenschutz elementar. Als Grundvoraussetzung sind zunächst einmal natürlich wichtige Namen und Logos für die zu schützenden Waren und Dienstleistungen als Marken anzumelden.

Abhängig davon, in welchem Territorium Markenschutz erreicht werden soll, ist zu entscheiden, ob eine nationale Markenanmeldung genügt (z. B. beim Deutschen Patent- und Markenamt (DPMA)) oder auch in anderen Ländern oder etwa in der gesamten Europäischen Union Schutz der eigenen Marke erreicht werden soll (z. B. bei der World Intellectual Property Organization (WIPO) oder beim Harmonisierungsamt für den Binnenmarkt (OAMI)). Die Eintragung einer Marke für relevante Märkte stellt sich auch im Hinblick auf Social Media als wichtige – teilweise auch unerlässliche – Grundlage dar, um sinnvollen Markenschutz zu erreichen. Unternehmen sollten in diesem Zusammenhang auch prüfen, ob im Hinblick auf Social Media vielleicht eine Erweiterung der aktuell geschützten Waren- und Dienstleistungsklassen angezeigt ist.

2. Umgang mit markenverletzenden „Account Namen" bei Twitter, Facebook & Co
Vor einigen Jahren hatten sich zahlreiche Unternehmen mit dem Phänomen des **Domaingrabbing** auseinanderzusetzen, bei dem Dritte vorrangig bekannte Unternehmens-, Marken- oder Produktnamen verschiedenster Unternehmen als Domains registriert hatten. Die Registrierung diente allein dem Zweck, den Unternehmen die jeweiligen Domains später gegen Zahlung eines „Lösegeldes" zum Verkauf anzubieten.

Diese teilweise auch als Cybersquatting bezeichnete Entwicklung vollzieht sich derzeit mit den Namen von Benutzerkonten (nachfolgend auch Accounts) bei den bekannten Social Media-Plattformen nach, die in der Regel den „Namen" des jeweiligen Accounts darstellen und sich auch in der entsprechenden Domain wiederfinden.

Unternehmen, die eigene Aktivitäten in den Sozialen Medien planen oder auch nur verhindern wollen, dass Dritte unter dem Unternehmensnamen im Internet erscheinen, stellen bei der Recherche fest, dass der Unternehmensname bei Twitter, Facebook oder auch YouTube bereits vergeben ist. Dabei kommt dem Account- oder Benutzername bei vielen Social Media-Plattformen durchaus eine namensähnliche und damit kennzeichnende Funktion zu (siehe etwa www.facebook.com/porsche oder www.twitter.com/adidas), unter dem Besucher regelmäßig die jeweilige Marke oder das entsprechende Unternehmen erwarten.

▶ Um sich einen ersten Überblick über die Vergabe von Accounts mit dem eigenen Namen oder der eigenen Marke auf diversen Social Media-Plattformen zu verschaffen, ist eine Prüfung mit Werkzeugen wie etwa **www.namechk.com** oder **www.namecheck.com** zu empfehlen. Bei Eingabe der jeweiligen Bezeichnung in das Suchfeld werden zahlreiche wichtige, aber auch unbedeutendere Plattformen abgeprüft. Accounts die frei sind und mittelfristig interessant sein könnten, sollten – ob einer in der Regel kostenlosen Registrierung – durch eine entsprechende Anmeldung entsprechend gesichert werden. Dadurch kann späteres Ungemach von vorne herein vermieden werden.

Im Nachgang ist auf Plattformen, die als relevant identifiziert werden, zu prüfen, wer und mit welcher inhaltlichen Gestaltung dieser verwendet wird. Wird der Account markenmäßig oder in irreführender Art und Weise verwendet, empfehlen sich weitergehende Maßnahmen. Sofern nicht offensichtlich missbräuchliche Zwecke verfolgt werden, sollte zunächst Kontakt mit dem Accountinhaber aufgenommen werden, um eine einverständliche Lösung zu diskutieren.

Bei bösgläubigem **Accountgrabbing** oder einem Scheitern der Einigung, können namens- und markenrechtliche Ansprüche geprüft und – nach Abwägung der Umstände des Einzelfalles – weitergehende Maßnahmen gegenüber dem Accountinhaber und/oder über die jeweilige Social Media Plattform eingeleitet werden. Führen außergerichtliche Maßnahmen, d. h. Anschreiben/Abmahnung gegenüber dem Accountinhaber bzw. die Beschwerdeprozesse/anwaltliche Schreiben gegenüber dem Plattformbetreiber nicht zum Erfolg, sind als letzte Eskalationsstufe auch gerichtliche Maßnahmen denkbar. Auch insofern sollte nicht nur an ein Vorgehen gegen den Accountinhaber, sondern auch gegen den Plattformbetreiber erwogen werden. Wenn dieser nach Kenntnisnahme einer Markenverletzung nicht tätig geworden ist, bestehen auch insoweit markenrechtliche Ansprüche, die bei der Verletzung einer deutschen Marke in der Regel auch vor deutschen Gerichten geltend gemacht werden können.

In Fällen, in denen eine Namens- oder Markenrechtsverletzung eindeutig vorliegt oder sich zumindest argumentieren lässt, können Social Media Accounts ohne eine so weitreichende Eskalation „zurückgeholt" werden. Führen eigene Maßnahmen des Unternehmens nicht zum Erfolg, hat in einigen Fällen sowohl gegenüber dem Accountinhaber als auch gegenüber verschiedenen Social Media-Plattformen schon anwaltlicher Nachdruck geholfen.

3. Monitoring – Filtern und Bewerten der Aussagen im Internet und Social Media

Unternehmen müssen erkennen, dass die gesamte Kommunikation in und über Social Media Auswirkungen auf ihre Marke und deren Wahrnehmung haben kann.

Dass z. B. die ersten Ergebnisse bei Google zu eigenen Marken von erheblicher Bedeutung sind, ist vielerorts angekommen. Dabei werden allerdings viele „Gespräche über die eigenen Marken" übersehen. Immer mehr Unternehmen führen deshalb Social Media Monitoring ein, um sich einen Überblick zu verschaffen, was über die das Unternehmen und die Produkte im Internet geschrieben wird.

Suchmaschinen wie Google bzw. ein sinnvolles Monitoring helfen, Äußerungen über die eigene Marke und deren Wahrnehmung insgesamt zu identifizieren.

Extreme Beispiele wie das von Dominos Pizza, bei dem Mitarbeiter einen ekelerregenden Umgang bei der Zubereitung der Pizzen gefilmt und auf YouTube veröffentlicht haben, zeigen welchen massiven Schaden eine Marke über Social Media nehmen kann. Dies gilt erst recht, wenn entsprechende Veröffentlichungen lange unbemerkt im Netz stehen bleiben.

4. Sondierung und Bewertung der Wahrnehmung und Aussagen im Internet

Unternehmen sollten identifizierte Internetbeiträge entsprechend bewerten. In vielen Fällen werden sich Unternehmen auch negative Äußerungen und Kritik gefallen lassen müssen. Zum einen weil die Kommunikation in den Sozialen Medien eine gewisse Kritikfähigkeit bei den Unternehmen erfordert, zum anderen aber weil Löschungsbemühungen gerade bei Facebook & Co oft als „Zensur" wahrgenommen werden.

Ganz im Sinne des sogenannten **„Streisand-Effektes"** hat der Versuch, negative Einträge z. B. auf der eigenen Facebook Präsenz selbst zu löschen oder unter Hinweis auf (marken-)rechtliche Ansprüche löschen zu lassen, immer wieder auch zu dem gegenteiligen Ergebnis geführt. Oft solidarisieren sich andere Internetnutzer mit demjenigen, dessen Eintrag gelöscht worden ist, was nachfolgend für eine noch weitreichendere Verbreitung des als schädigend eingeschätzten Beitrags führt.

Bei jedweder Maßnahme sollten also stets die kommunikativen Folgen abzuwägen. In einigen Fällen ist bei entsprechender Kenntnis der Dynamiken des Social Web von Maßnahmen also eher abzuraten. Viele Fälle lassen sich bei entsprechender Dialogfähigkeit der Verantwortlichen tatschlich auf kommunikativer Ebene deutlich besser lösen.

Es gibt aber auch zahlreiche Fälle, bei denen – gerade unter rechtlichen Gesichtspunkten – schädigende Beiträge in Social Media nicht einfach hingenommen werden sollten. Immer dann wenn zu weitgehend in legitime Interessen des Unternehmens eingegriffen wird oder die Marke in rechtswidriger Art und Weise geschädigt wird, sollten weitergehende Maßnahmen erwogen werden bzw. können aus rechtlicher Sicht sogar erforderlich sein (z. B. um einer „Verwässerung" der Marke entgegenzuwirken).

Aber auch wenn sich ein Unternehmen für weitergehende Maßnahmen entscheidet, sollten in Zeiten von Social Media unbedingt die möglichen kommunikativen Folgen abgewogen und bewusst Schritte eingeleitet werden. Gerade wenn man als Jurist Erfahrung im Internet gesammelt hat, sollten verschiedene „Pfeile im Köcher" sein, von denen dann auch die situationsangemessene Maßnahme ausgewählt werden sollten. Es muss nicht immer gleich die kostenpflichtige Abmahnung sein ...

In vielen Fällen konnte die Löschung klar rechtsverletzender und schädigender Beiträge in Facebook & Co erreicht werden, ohne dass es irgendwelche negativen PR-Effekte gegeben hat.

Zu negativer „Bekanntheit" sind nur einige wenige Fälle gekommen, bei denen sich die Betroffenen aus kommunikativer bzw. rechtlicher Sicht nicht ganz optimal verhalten haben. Auch in diesen Fällen stellt sich am Ende jedoch die Frage, inwieweit die jeweilige Unternehmensmarke durch den nachfolgenden sogenannten „Shitstorm" – der zwar oft schnell und gewaltig kommt, aber dann auch genauso schnell wieder weg geht – tatsächlich (wirtschaftlich) messbaren Schaden genommen hat.

Damit bleibt festzuhalten: Unternehmen sollten bei etwaigen Maßnahmen wegen ruf-schädigender oder **markenverletzender Handlungen** gerade im Hinblick auf die Wahr-nehmung im Social Web kommunikative Folgen zwar stets abwägen. Bei entsprechend schwerwiegenden Eingriffen in Unternehmensinteressen bzw. nachhaltigem Schaden für Unternehmenswerte (z. B. die Marke) sollten die situationsangemessenen Maßnahmen eingeleitet werden.

Wird ein etwaiges rechtliches Vorgehen kommunikativ vorbereitet bzw. begleitet, las-sen sich auch auf „Shitstorms" angemessene Reaktionen finden, die ernsthafte Schäden für die Unternehmensmarke vermeiden lassen.

5. Über Marken wird in den Sozialen Medien gesprochen – unabhängig davon, ob das Unternehmen dort selbst aktiv ist oder nicht

Ohne Frage sollten die Mitarbeiter, die die Social Media-Kanäle eines Unternehmens be-dienen, das notwendige fachliche Know-how besitzen, um die Marke entsprechend der Strategie zu entwickeln bzw. Schäden von der Marke möglichst fernzuhalten. Dazu gehö-ren kommunikative, aber auch – zumindest rudimentäre – (medien-)rechtliche Kenntnisse.

Es sind aber – wie gesagt – nicht nur die eigenen Kanäle die die Markenwahrnehmung beeinflussen, sondern eben auch das was Dritte (immer mehr) über das Unternehmen und dessen Produkte, Dienstleistungen aber auch dessen Mitarbeiter berichten.

Relevant sind insofern natürlich die Sozialen Netzwerke (wie Facebook, XING), Blogs und Microblogs (wie Twitter) und die Videoplattformen (wie Youtube). Immer wichtiger werden allerdings auch die diversen Bewertungsportale, die auch weiterhin „wie Pilze aus dem Boden schießen".

Alles was über dort über die Marke gesprochen wird, kann – positiv oder negativ – auf die Marke „einzahlen". Bei der Bewertung der jeweiligen Relevanz spielt nicht nur der Inhalt, sondern vor allem die Reichweite der Aussage eine bedeutende Rolle. So sind z. B. Aussagen von Twitternutzern mit großer Followerzahl relevanter, als das was in ir-gendeinem unbekannten Nischen-Forum geschrieben wir d. Ein großes Thema haben die Unternehmen immer wieder auch mit einzelnen (vor allem negativen) Aussagen, wenn diese bei Suchmaschinen wie Google bei Eingabe eines relevanten Suchbegriffs (z. B. dem Unternehmens- oder Produktnamen) hoch gelistet sind.

Die Botschaft an dieser Stelle ist natürlich nicht, dass man bei allen negativen Aussa-gen (rechtlich) aktiv werden soll, sondern zunächst nur, dass man zur Kenntnis nimmt, was über die Marke im Internet „gesprochen" wird (Social Media Monitoring) und eine Bewertung der Relevanz stattfindet.

6. Markenrisiken drohen nicht nur von außen, sondern auch über die eigenen Mitarbeiter

Auch die Mitarbeiter sprechen in Social Media über ihre Arbeit, sprich eigene Erfah-rungen, die Produkte oder das Unternehmen. Viele Mitarbeiter sind über entsprechende

Angaben etwa bei XING oder auch Facebook auch als Mitarbeiter eines Unternehmens identifizierbar. Immer wieder wird uns von Fällen berichtet, in dem sich Mitarbeiter (teilweise ohne jeden Bezug zum Unternehmen) negativ darstellen, weshalb die Unternehmen – teilweise berechtigt – ungünstige Auswirkungen für die Unternehmen befürchten.

Klar ist, dass Aktivitäten mehr als jemals zuvor im Internet sichtbar sind, was im Falle der Zuordnung zu einem Unternehmen dazu führen kann, dass der Mitarbeiter – positiv wie negativ – auch ein Stück weit als Markenbotschafter wahrgenommen werden kann.

Unternehmen, die ihren Mitarbeiter (z. B. mit **Social Media Guidelines** und/oder entsprechenden Schulungen) die notwendige **Medienkompetenz** vermitteln, können von dieser Entwicklung vielleicht sogar profitieren. Andernfalls ist es stark dem Zufall überlassen, ob und wie die Mitarbeiter in Bezug auf das Unternehmen wahrgenommen werden.

Ganz problematisch und möglicherweise sogar wettbewerbsrechtlich relevant kann es werden, wenn Mitarbeiter (teilweise mit den besten Absichten) anfangen im Netz über die Wettbewerber oder deren Produkte zu schreiben. Teilweise gibt es erste Erfahrungen, bei denen Mitarbeiter auf der Facebookseite des unmittelbaren Wettbewerbers Einträge hinterlassen haben, um die eigenen Produkte anzupreisen oder unmittelbar mit den Produkten des Wettbewerbers zu vergleichen. Sind Mitarbeiter einem bestimmten Unternehmen zuzuordnen, kann in vielen Fällen das Gesetz gegen den unlauteren Wettbewerb (UWG) relevant werden, welches Unternehmen im Bereich der Werbung relativ strikte Grenzen setzt. Der Fall der ARAG Rechtsschutzversicherung zeigt, was aus gutgemeinten Aktivitäten der Mitarbeiter im Social Web resultieren kann. Ein Mitarbeiter der Versicherung hatte negative Aussagen unter Verschleierung seiner Identität mit lobenden Worten für die Qualität und Zuverlässigkeit der Versicherung kommentiert. Über die Anschlusskennung des Rechners (IP-Adresse), von dem kommentiert worden war, konnte der unter einem Pseudonym abgegebene Kommentar in den ARAG Konzern zurückverfolgt werden. Im weiteren Verlauf erging gegen die ARAG Rechtsschutzversicherung eine einstweilige Verfügung des Landgericht Hamburg (Az. 312 O 715/11), in dem das Unternehmen wegen der verschleierten Werbung des Mitarbeiters gemäß § 4 Abs. 3 UWG zur Unterlassung verurteilt wurde.

Die Einführung von Social Media-Richtlinien ist damit eine wichtige Maßnahme, um Sorge dafür zu tragen, dass die eigenen Mitarbeiter nicht mangels der notwendigen Medienkompetenz der Marke schaden oder (teils ohne entsprechendes Problembewusstsein) entsprechende Rechtsverletzungen begehen, die dann dem Unternehmen kommunikativ und/oder rechtlich zugerechnet werden.

7. Die Kenntnis und der erfahrene Umgang mit den Melde- und Löschverfahren (sog. Takedown-Procedures) der unterschiedlichen Social Media-Plattformen unterstützen ein schnelles und effektives Handeln
Social Media-Plattformen können für Rechtsverletzungen ihrer Nutzer haftbar gemacht werden, wenn der jeweilige Betreiber nach Kenntnisnahme von einem Rechtsverstoß, diesen nicht von der jeweiligen Plattform entfernt (sog. Notice-and-Takedown-Grundsatz). Zur eigenen rechtlichen Absicherung haben die meisten Social Media-Plattformen eige-

ne Melde- und Löschverfahren (= Takedown-Procedures), nach denen bei entsprechender Glaubhaftmachung eines Rechtsverstoßes teilweise sehr schnell Rechtsverletzungen auf der Plattform löschen. Über diesen Faktor konnten für zahlreiche Mandanten diverse Rechtsverstöße (z. B. Marken-, Urheber- oder Persönlichkeitsrechtsverletzungen) effektiv aus dem Internet entfernt werden. Immer wieder berichten Mandanten, dass Facebook & Co rechtsverletzende Einträge bei einer einfachen Meldung über die entsprechenden Formulare nicht gelöscht haben bzw. teilweise nicht einmal reagiert haben.

Nach unserer Erfahrung ist es diesbezüglich elementar, dass die jeweilige Rechtsverletzung im Rahmen der Meldung hinreichend begründet wird. In diesem Zusammenhang hilft es außerdem immens, wenn die „Takedown-Notice" sich an die richtige Stelle richtet und einige wichtige „Keywords" fallen. Darüber hinaus hat in einigen Fällen – auch wenn es ein wenig anachronistisch anmutet – ein Fax an die jeweilige Internetplattform geholfen.

8. Die für Unternehmen relevanten Belange entwickeln sich in Social Media sehr schnell

Die Themen, die Unternehmen im Hinblick auf Social Media im Blick behalten sollten, entwickeln sich rapide. Von der Notwendigkeit von Social Media-Richtlinien, über ständige Aufmerksamkeit bei datenschutzrechtlichem und datensicherheitstechnischen Aspekten, bis hin zu Account-Grabbing bei Facebook, Twitter & Co sollten Unternehmen ihre aktuellen Rahmenbedingungen zur Internet und Social Media Compliance im Auge behalten und bei wichtigen Veränderungen auch fortentwickeln.

2 Handlungsempfehlungen für Unternehmen

Über die neuen Kommunikationsmöglichkeiten der Sozialen Medien verlieren die Unternehmen mehr als jemals zuvor die Kontrolle über ihre Unternehmens- und Produktmarken.

Dieses Phänomen ist aber – wie oben dargestellt – eigentlich unausweichlich. Es muss für Unternehmen also darum gehe, sich die Kontrolle so gut wie möglich zu bewahren. Dieses Phänomen nenne ich gerne einen „kontrollierten Kontrollverlust".

Die notwendigen Maßnahmen folgen weitestgehend aus den oben stehenden Feststellungen:

1. Unternehmen sollten Monitoring betreiben, wie wichtige Eigenmarken (z. B. der Firmenname) im Internet und den Sozialen Medien wahrgenommen wird.
2. Bei negativen oder schädigenden Aussagen sollten – abhängig von der jeweiligen Relevanz und Reichweite – Maßnahmen geprüft und ggfls. eingeleitet werden, um die z. B. im Google Index zu verdrängen oder bei etwaigen Rechtsverletzungen möglicherweise auch über rechtlichen Ansprüchen zu entfernen bzw. entfernen zu lassen.

3. Unternehmen sollten versuchen, missbräuchlichen oder irreführenden Verwendungen der eigenen Marken in den Sozialen Medien (z. B. durch Account-Grabbing) entgegenzuwirken.
4. Die Melde- und Löschverfahren (sog. Takedown Procedures) der unterschiedlichen Social Media-Plattformen, die sich häufig als schnellstes „Gegenmittel" gegen Markenverletzungen oder rufschädigende Äußerungen darstellen, sollten bekannt sein. Erfahrung mit den jeweilige Prozeduren und Kenntnis der jeweiligen Mechanismen unterstützen dabei ein effektives Vorgehen.
5. Social Media-Richtlinien sollten eingeführt werden, um den Mitarbeitern die notwendige Medienkompetenz aber auch die rechtlichen Implikationen zu vermitteln, um entsprechende Fehler zu vermeiden.
6. Mitarbeiter, die die Social Media-Präsenzen der Unternehmen „bedienen", haben eine besondere Verantwortung für die Unternehmensmarken. Mit diesen Mitarbeitern sollte deshalb eine intensive Schulung durchgeführt und eine besondere (Zusatz-)Vereinbarung zum Arbeitsvertrag über spezifische Problemfelder geschlossen werden.
7. Social Media bietet neue Möglichkeiten Kunden zu betreuen (sog. Social Customer Relationship Management) und so möglicherweise über positive Erfahrungen mit den Produkten oder der Marke als „Markenbotschafter" gewonnen werden.

3 Zusammenfassung

Bei sinnvoller kommunikativer und rechtlicher Begleitung sind Unternehmen und ihre Marken auch in Social Media nicht „schutzlos" ausgeliefert. Im Gegenteil bieten die Werkzeuge der Sozialen Medien neue Möglichkeiten des Austausches, aber auch der Krisenreaktion.

Dabei hilft es, wenn nicht nur die Kommunikationsverantwortlichen, sondern auch die jeweiligen Juristen die Werkzeuge und Dynamiken des Social Web kennen, um sinnvoll damit umgehen zu können. Auch wenn es nicht sein kann, dass rechtliche Ansprüche möglichen „Shitstorms" regelmäßig weichen, sollten gerade im Social Web auch Juristen, etwaige kommunikative Folgen der jeweiligen Maßnahme abwägen, um so stets situationsangemessen zu reagieren.

Ein erster wichtiger Schritt ist die Sensibilisierung der Mitarbeiter durch Einführung einer Richtlinie für den Umgang mit den Sozialen Medien. Des Weiteren sollten Unternehmen eine Strategie bzw. Leitlinien entwickeln, wie mit welchen Markenverletzungen in und über die Sozialen Medien umgegangen wird. Zahlreiche Kommentare bzw. Nennungen der Marke sollte man „hinnehmen" bzw. vielleicht kommentieren, bei Erwähnungen/Verwendungen der Marke, bei der diese entsprechend schwerwiegenden Schaden nehmen kann, sollten die jeweils sachangemessenen Maßnahmen eingesetzt werden. Diesbezüglich sollten Unternehmen eine klare Linie finden und definieren.

Der Autor

Dr. Carsten Ulbricht ist auf Internet und Social Media spezialisierter Rechtsanwalt bei der Kanzlei Bartsch Rechtsanwälte (Standorte Stuttgart und Karlsruhe) mit den Schwerpunkten IT-Recht, Marken, Urheber- und Wettbewerbsrecht sowie Datenschutz. Im Rahmen seiner anwaltlichen Tätigkeit berät Dr. Ulbricht nationale und internationale Mandanten in allen Rechtsfragen des E- und Mobile Commerce, sowie zu allen Themen im Bereich Social Web. Seine Schwerpunkte liegen dabei auf der rechtlichen Prüfung internetbasierter Geschäftsmodelle und Vermeidung etwaiger Risiken bei Aktivitäten in und über die Sozialen Medien, datenschutzrechtlichen Themen aber auch dem Umgang mit nutzergenerierten Inhalten. Neben seiner Referententätigkeit berichtet er seit dem Jahr 2007 regelmäßig in seinem Weblog zum Thema „Internet, Social Media & Recht" unter www.rechtzweinull.de nicht nur über neueste Entwicklungen in Rechtsprechung, Diskussionen in der Literatur und über eigene Erfahrungen, sondern analysiert auch Internet Geschäftsmodelle und -projekte auf ihre rechtlichen Erfolgs- und Risikofaktoren.

Marken im Internet

Der rechtliche Rahmen für die Nutzung von Domains, Metatags und AdWords

Stephan Dittl

Zusammenfassung

Marken können im Internet ein sinnvolles Instrument sein, um Kunden auf die eigenen Angebote aufmerksam zu machen. Andererseits besteht die Gefahr, dass Dritte den Ruf einer Marke ausnutzen, um die Kunden zu einer konkurrierenden Internetseite zu führen. Geschieht dies durch die Verwendung einer Marke als Domainnamen, stellt das Kennzeichenrecht dem Markeninhaber Mittel und Wege zur Verfügung, um die Markenrechte durchzusetzen. Setzt der Dritte eine fremde Marke dagegen ein, um eine bessere Position seiner Internetseite in der Ergebnisliste von Suchmaschinen zu erreichen, so ist zu differenzieren: Während die Verwendung einer Marke als „Metatag" rechtswidrig ist und vom Markeninhaber verfolgt werden kann, ist die Schaltung einer Anzeige mit der fremden Marke als „AdWord" bei einer Suchmaschine regelmäßig dann erlaubt, wenn aufgrund der Gestaltung der Anzeige erkennbar ist, dass diese nicht vom Markeninhaber stammt.

1 Einleitung

Marken dienen in erster Linie dem Zweck, die (potentiellen) Kunden auf die Herkunft von Waren oder Dienstleistungen hinzuweisen; als weitere Funktionen werden die Qualitätsgewährleistung, die Kommunikations-, die Innovations- und die Werbefunktionen von Marken rechtlich anerkannt (EuGH GRUR 2009, 756, 761 – L'Oreal/Bellure; GRUR 2010, 445, 448 – Google und Google France; GRUR 2011, 1124, 1127 – Interflora).

Dies macht deutlich, dass Marken im Internet generell, insbesondere aber auch für Medienanbieter eine enorme Bedeutung haben: Schließlich ist dieses Medium nur dann sinnvoll nutzbar, wenn die angebotenen Inhalte von den Konsumenten gefunden werden. Marken können und sollen im Internet demnach dabei behilflich sein, dass die auf der Internetseite des Markeninhabers oder eines Vertriebspartners enthaltenen Angebote von den Internetnutzern gefunden werden. Um sicherzustellen, dass die Nutzer nicht stattdes-

Dr. Stephan Dittl ✉
Frankfurt, Deutschland
e-mail: dittl@salger.com

© Springer Fachmedien Wiesbaden 2016
S. Regier et al. (Hrsg.), *Marken und Medien*, DOI 10.1007/978-3-658-06934-6_27

sen die Seiten von Konkurrenten aufrufen, sollte sich jeder Markeninhaber Gedanken über die sinnvolle Verwendung und den Schutz seiner Marken im Internet machen.

Die zwei bevorzugten Wege für Internetnutzer, nach bestimmten Inhalten zu suchen, bestehen zum einen in der Eingabe von Domainnamen (wie z. B. konkret mit „www.fluch-der-karibik.de" oder allgemeiner mit „www.buch.de") und zum anderen in der Eingabe des gesuchten Begriffs in eine Suchmaschine (in Deutschland insbesondere bei Google). Es kann daher nicht verwundern, dass in den letzten Jahren vor den Gerichten zahlreiche „Kämpfe" um die Inhaberschaft von Domains ausgefochten wurden.

Markeninhaber müssen sich aber auch immer wieder mit Dritten auseinandersetzen, die versuchen, die Auffindbarkeit ihrer Internetseite in den Ergebnissen von Suchmaschinen durch die Verwendung fremder Marken zu verbessern. Häufig wird hierfür eine Anzeige geschaltet, die im Falle der Suche nach dem Markennamen neben den Suchergebnissen eingeblendet wird; bei Google nennt sich diese Funktion „AdWord".

Ein anderer Weg besteht darin, den Markennamen unsichtbar (als sogenannten „Metatag") in die Internetseite einzubinden, so dass die Suchmaschine die Internetseite bei Eingabe der Marke für besonders relevant hält – auch wenn dort möglicherweise völlig andere Inhalte angeboten werden.

Der nachfolgende Beitrag soll daher vor allem den aktuellen Stand der Rechtsprechung und der Verfahrensmöglichkeiten zu den vorstehend genannten Aspekten nachzeichnen, um Markeninhabern die Entscheidung für die passende Markenstrategie im Internet zu erleichtern.

2   Domains

Um eine Internet-Adresse aufzurufen, müsste jeder Nutzer eigentlich die für die jeweilige Seite technisch vorgegebene Zahlenkombination eingeben: die sogenannte IP-Adresse, welche die Kommunikation zwischen den Computern ermöglicht. Um die Handhabbarkeit zu vereinfachen, wurde allerdings ein System entwickelt, wonach den IP-Adressen Namen – die Domains – zugeordnet werden.

Naturgemäß können diese Domainnamen mit Marken kollidieren, aus Domains können sich aber auch eigene Kennzeichen entwickeln. Zu rechtlichen Auseinandersetzungen kann dies schon bei der Registrierung, aber auch später bei der eigentlichen Nutzung führen.

2.1   Die Registrierung von Domains

Internet-Domains bestehen aus mehreren Bestandteilen; sie enden jeweils auf die sogenannte Top Level Domain, die eine generelle Zuordnung nach Länderkennungen („.de") oder nach generischen Themengebieten („.com" oder „.org") ermöglicht. Markenrechtliche Konflikte drehen sich dann in der Regel um die sogenannte Second Level Domain, die der Endung vorangestellt ist und üblicherweise den Inhalt der jeweiligen Internetseite beschreibt. So vermuten Internetnutzer in der Regel, dass der Inhaber einer deutschen Marke „xy" auch Inhaber der Seite „xy.de" ist (vgl. BGH, GRUR 2002, 622, 624 – shell. de; EuGH, MMR 2013, 781, 783 – bestlasersorter.com).

Die **Registrierung** einer deutschen Domain mit „.de"-Endung ist bei der privaten Non-Profit-Organisation DENIC eG möglich. Die auf EU-Ebene eingeführten „.eu"-Domains werden von einer gemeinnützigen belgischen Organisation namens EURid verwaltet. Für die generischen Top Level Domains ist international die private Non-Profit-Organisation ICANN mit Sitz in den USA zuständig.

Letztere hat vor kurzem gesponserte **Top Level Domains** eingeführt, für die jeder denkbare Begriff erlaubt ist. Unternehmen und Organisationen konnten sich um die Inhaberschaft an einer solchen Domain gegen Entrichtung einer Gebühr von 185.000 US-$ bewerben. Dies führte dazu, dass auch auf dieser Ebene bereits markenrechtliche Kollisionen möglich sind: So möchte sich der Süßwarenhersteller Ferrero als Inhaber der Schokoladen-Marke „kinder" die Endung „.kinder" schützen lassen – die der Kinderschutzbund als freihaltebedürftig ansieht, um die Monopolisierung dieses Begriffs zu verhindern.

Im Rahmen der Registrierung stellt sich die Frage, ob die hierfür zuständige Organisation auf die Verletzung von Markenrechten achten muss. Dies hätte zur Folge, dass das nach dem Prioritätsprinzip automatisierte Verfahren durch eine vorgeschaltete markenrechtliche Prüfung wesentlich verkompliziert würde. Solche Prüfungspflichten hält der BGH für die DENIC eG aber insbesondere aufgrund der Vielzahl von Registrierungen für unzumutbar; nur in Ausnahmefällen wie beispielsweise bei Marken mit überragender Verkehrsgeltung, die also im Registrierungsverfahren unweigerlich auffallen und deren Verletzung leicht überprüft werden kann, ist eine Haftung der DENIC eG denkbar (BGH, GRUR 2001, 1038, 1041 – ambiente.de).

Der Markeninhaber kann demnach die Registrierung einer bestimmten Domian durch einen Dritten in der Regel nicht verhindern, sondern muss sich gegebenenfalls anschließend mit dem Dritten auseinandersetzen, der schneller war und die Domain „besetzt" hat. Hierauf hat das OLG Frankfurt am Main auch den Saarländischen Rundfunk und den Hessischen Rundfunk verwiesen, nachdem die DENIC eG zweibuchstabige Second Level Domains eingeführt hatte und Dritte bereits kurz vor den Sendern Registrierungsanträge für die Domains „sr.de" und „hr.de" gestellt hatten (OLG Frankfurt, BeckRS 2011, 01267 und 01268).

Bei der Einführung der neuen gesponserten Top Level Domains hat die ICANN demgegenüber eine Einspruchsfrist vorgesehen, die eine Prüfung von Einsprüchen von Markeninhabern ermöglicht. Darüber hinaus hatten Markeninhaber auch die Möglichkeit, ihre Marke für eine Verwendung als Second Level Domain in Zusammenhang mit der Endung „.xxx" sperren zu lassen, die vor allem von der Erotik-Industrie genutzt wird (Kazemi, R. (2011). Neue Erotik-Top-Level-Domain „.xxx" verspricht Ärger für Markeninhaber. *MMR-Aktuell, 13/2011*, 320145). Dies zeigt, dass im Rahmen von Domain-Streitigkeiten nicht immer das eigene Interesse an der Nutzung einer Domain im Vordergrund stehen muss, sondern es auch darum gehen kann, dass eine Marke nicht erwähnt wird.

2.2 Domains als Kennzeichen

Üblicherweise werden Marken als Domains eingesetzt, um den Kunden das Auffinden den entsprechenden Waren oder Dienstleistungsangebote zu erleichtern. Kennzeichen können sich aber auch durch die Verwendung einer Domain entwickeln, insbesondere wenn Unternehmen unter ihren im Markt durchgesetzten Domains bekannt werden, wie beispielsweise im Falle von „Google" oder aber auch bei einer so allgemeinen Domain wie „buch.de". Auf dieser Grundlage können sogar Marken entstehen, die in Deutschland nicht nur kraft Eintragung im Markenregister, sondern auch kraft Verkehrsgeltung erworben werden können, wenn sie innerhalb der beteiligten Verkehrskreise eine gewisse Bekanntheit erreichen.

Häufig wird man geschäftlich genutzte Domains zumindest als Unternehmenskennzeichen ansehen können, für die ein Schutz bereits dann besteht, wenn eine unterscheidungskräftige Bezeichnung zur Kennzeichnung des Geschäftsbetriebs verwendet wird. Dies setzt voraus, dass die Kunden den Domainnamen als Herkunftshinweis für die auf der Internetseite enthaltenen Angebote verstehen (BGH, GRUR 2005, 262, 263 – soco.de; GRUR 2009, 685, 687 – ahd.de).

Denkbar ist auch die Annahme eines Werktitelschutzes des Domainnamens für den auf einer Internetseite abrufbaren Inhalt. Das LG Hamburg hat dies aber für die Domains „dildoparty-infos.de" und „dildopartie.de" abgelehnt, weil dort jeweils lediglich ein Button enthalten war, welcher der Weiterleitung auf eine andere Internetseite diente (LG Hamburg, BeckRS 2010, 18030). Für die Verbreitung einer Internetzeitung unter der Domain „eifel-zeitung.de" hat der BGH demgegenüber die Möglichkeit des Titelschutzes bejaht (BGH, GRUR 2010, 156, 157 – EIFEL-ZEITUNG).

Schließlich kann einer Domain auch namensrechtlicher Schutz zukommen, wie beispielsweise das LG Frankfurt am Main für die vom Land Hessen betriebene Domain „hessentag.de" entschieden hat (LG Frankfurt, MMR 2005, 782).

2.3 Kennzeichenrechtliche Ansprüche

Wenn eine Internet-Domain – ob nun Top Level Domain, Second Level Domain oder aber Third Level Domain (die Adresse der Unterseite einer Homepage) (vgl. LG Duisburg, MMR 2000, 168, zu einem Städtenamen als Third Level Domain) – eine Marke enthält, ihr entspricht oder zumindest ähnelt, so kann eine kennzeichenmäßige Benutzung und demnach eine Markenrechtsverletzung vorliegen. Gleiches gilt in Bezug auf die Verwendung von Unternehmenskennzeichen, Werktitel oder Namen als Domains, wodurch die Positionen der jeweiligen Rechteinhaber verletzt werden können. Es kann damit zu verschiedenartigen Kollisionen zwischen Kennzeichen kommen. Dies gilt vor allem deshalb, weil jede Domain nur einmal verfügbar ist und die Benutzung durch die Registrierung monopolisiert wird. Insofern wird ein Rechteinhaber häufig darauf aus sein, den Inhaber der Domain aus dessen Position zu verdrängen.

2.3.1 Anwendbarkeit deutschen Rechts

Da die nachfolgenden Ausführungen deutsches Recht behandeln, stellt sich zunächst die Frage, ob dieses im Hinblick auf die weltweite Abrufbarkeit von Internetseiten bei grenz-überschreitenden Konflikten überhaupt anwendbar ist.

Für das Markenrecht gilt hierbei, dass das Recht desjenigen Staates anzuwenden, für das Schutz beansprucht wird – mit anderen Worten: Wenn Rechte aus einer deutschen Marke hergeleitet werden, so muss diese in Deutschland verletzt werden. Hierfür genügt jedoch nicht in jedem Falle die – ohnehin immer gegebene – Abrufbarkeit einer Seite in Deutschland, sondern das Angebot muss einen relevanten wirtschaftlichen Inlandsbezug aufweisen (BGH, GRUR 2005, 431). Es überrascht, dass das OLG München diese Voraus-setzung auf einer Internetseite nicht als erfüllt angesehen hat, die Bestellmöglichkeiten für in Deutschland ansässige Kunden vorsah; offenbar war es der Meinung, dass diese Mög-lichkeit für Blumenbestellungen durch ein Unternehmen mit Sitz in den USA nicht ernst gemeint war (OLG München, MMR 2005, 608, 609 – 800-FLOWERS).

Dieser Grundsatz findet auch beim Namensrecht Anwendung, wo es auf die bestim-mungsgemäße Abrufbarkeit der Internetseite ankommt. Die Verwendung der internatio-nalen Top Level Domain „.com" hat das OLG Karlsruhe nicht dazu bewogen, dieses Merkmal zu verneinen, da die Inhalte auch für deutsche Nutzer interessant waren (OLG Karlsruhe, MMR 1999, 604, 605 – bad-wildbad.com).

Die Anwendung deutschen Rechts kann allerdings dadurch ausgeschlossen werden, dass sich auf der Internetseite ein Disclaimer befindet, wonach sich die Seite nicht an deutsche Internetnutzer richtet. Wenn dieser Hinweis aber nicht ernst gemeint ist, sondern der Betreiber der Seite auch Bestellungen aus Deutschland ausführt, nutzt ein solcher Hinweis nichts (BGH, GRUR 2006, 513, 517).

2.3.2 Rechtsverletzung

Die Verwendung eines Kennzeichens – also einer Marke, eines Unternehmenskennzei-chens, eines Werktitels oder eines Namens – als Domain oder als deren Bestandteil stellt häufig eine Rechtsverletzung dar, wenn der Domaininhaber kein Recht an diesem Kenn-zeichen hat.

Es ist allerdings stets zu prüfen, ob der in Frage stehende Begriff kennzeichenmäßig benutzt wird. Wird der Begriff nur genannt, ohne dass für den Internetnutzer der Ein-druck entsteht, dass der Marken- oder Namensinhaber Inhaber der Domain ist, so wird das Kennzeichen nicht verletzt. Daher sind beispielsweise unternehmenskritische Seiten unter Verwendung des Firmennamens als Bestandteil einer Domain zulässig, wie das OLG Hamburg in Bezug auf die Domain „awd-aussteiger.de" entschieden hat (OLG Hamburg, MMR 2004, 415 – awd-aussteiger.de).

Erlaubt ist weiterhin die Verwendung beschreibender Bezeichnungen, welche die In-ternetnutzer nicht als Herkunftshinweis auf eine bestimmte Marke, sondern als Gattungs-begriff auffassen. Das OLG Düsseldorf hat daher Ansprüche des Inhabers der Marke „Professional Nails" gegen den Inhaber der Domain „professional-nails.de" abgelehnt (OLG Düsseldorf, BeckRS 2007, 01660).

Für markenrechtliche Ansprüche kommt das Erfordernis der Verwendung im geschäftlichen Verkehr hinzu. Dieses Merkmal ist jedoch weit auszulegen und erfasst auch Verkaufstätigkeiten von Privatpersonen, die eine gewisse Schwelle überschreiten. Das OLG Frankfurt hat hierfür 50 Verkäufe bei Ebay in einem Monat als ausreichend angesehen (OLG Frankfurt, GRUR 2004, 1042). Ob die Erzielung von Werbeeinnahmen durch auf der Internetseite befindliche Anzeigen für die Annahme einer geschäftlichen Tätigkeit genügt, selbst wenn der wesentliche Inhalt privater Natur ist, wird von den Gerichten unterschiedlich beurteilt: Während das LG Hamburg dies in Bezug auf die Internetseite „luckystrike.de" bejaht hat (LG Hamburg, MMR 2000, 436 – luckystrike.de), lehnt das LG München I dies jedenfalls dann ab, wenn die Anzeigen lediglich der Ersparnis von Ausgaben dienen (LG München I, MMR 2001, 545, 546 – saeugling.de; BeckRS 2008, 05728 – studi.de). Die bloße Registrierung einer Domain (auch durch kaufmännische Unternehmen) stellt allerdings noch kein Handeln im geschäftlichen Verkehr dar, wenn – gerade bei beschreibenden Begriffen – eine private Nutzung denkbar ist (BGH, GRUR 2005, 687, 689 – weltonline.de; GRUR 2008, 912, 913 – Metrosex). Private Nutzungen können aber unter Umständen eine Verletzung des Namensrechts darstellen (BGH, GRUR 2003, 897 – maxem.de).

Dass die Verwendung eines Kennzeichens als Domain durch einen Nichtberechtigten rechtswidrig ist, lässt sich insbesondere damit begründen, dass der Berechtigte hierdurch blockiert wird: Weil eine aus dem Kennzeichen bestehende Second Level Domain unter jeder Top Level Domain nur einmal vergeben werden kann, wird ein Markeninhaber oder ein Namensträger massiv behindert, wenn die entsprechende Domain bereits von einem Dritten registriert wurde (BGH, GRUR 2002, 622, 624 – shell.de). Wenn Identität zwischen Domain und Kennzeichen besteht, muss der Domaininhaber demnach einen sachlichen Grund anführen können, der ihn zur Verwendung berechtigt (OLG München, MMR 1998, 668, 669 – freundin.de).

Eine besondere Konstellation besteht, wenn mehrere Parteien ein Recht an dem Kennzeichen haben, das der Domain zugrunde liegt. In einem solchen Fall spricht zunächst nichts gegen das regelmäßig angewendete Prioritätsprinzip: Der Domaininhaber kann in einem solchen Fall durch sein schnelleres Handeln einen sachlichen Grund für die Blockade des anderen Rechteinhabers vorweisen.

Gleichwohl hält der BGH in einem solchen Fall eine Abwägung der Interessen der Parteien für geboten. So hat er in der Verwendung der Domain „shell.de" durch einen Herrn mit dem Nachnamen „Shell" trotz dessen unzweifelhaft bestehendem Namensrecht eine Verletzung der Marke „SHELL" erblickt. Dies wurde damit begründet, dass Internetnutzer unter der Domain „shell.de" aufgrund der überragenden Bekanntheit der Marken Informationen über das Unternehmen und deren Produkte vermuten, eine Privatperson dagegen leicht – beispielsweise durch Verknüpfung mit dem Vornamen – auf eine abweichende Adresse ausweichen könne und daher auf die Interessen des Unternehmens Rücksicht nehmen müsse (BGH, GRUR 2002, 622, 625 – shell.de). Zum gleichen Ergebnis kam das OLG Hamm in Bezug auf die Domain „krupp.de" (OLG Hamm, NJW-RR 1998, 909, 910 – krupp.de).

Dass eine solche Interessenabwägung aber auch zu abweichenden Ergebnissen führen kann, zeigt die Auseinandersetzung der gleichnamigen Modeunternehmen „Peek & Cloppenburg", die auf einer Aufspaltung des früheren Unternehmens beruhte. In diesem Zusammenhang hatten die beiden Folgeunternehmen vereinbart, dass die eine Partei lediglich in Norddeutschland Filialen betreibt, während sich die andere Partei auf das übrige Bundesgebiet konzentriert. In Bezug auf die für ganz Deutschland relevanten Internet-Domains „peekundcloppenburg.de", „peekundcloppenburg.com", „peek-cloppenburg.de" sowie „pundc.de" und „p-und-c.com" führte diese Abrede fast zwangsläufig zu einem Konflikt. Der BGH kam bei dieser Gleichgewichtslage zu dem salomonischen Urteil, dass der Domaininhaber die angesprochenen Kunden zur Vermeidung von Verwechslungen auf der Internetseite darauf aufmerksam machen müsse, dass es zwei getrennte Unternehmen gibt, die jeweils nur in einem regional abgegrenzten Teil des Bundesgebiets tätig sind (BGH, GRUR 2010, 738, 742).

Die Verwechslungsgefahr kann auch dann eine **Markenrechtsverletzung** begründen, wenn das geschützte Kennzeichen nicht identisch, sondern nur ähnlich verwendet wird. Die Blockade der Domain für den Rechteinhaber ist in diesem Fall zwar kein Argument für die Rechtswidrigkeit. Wenn die Internetnutzer jedoch den Eindruck haben können, dass die Internetseite vom Markeninhaber stammt oder zumindest mit diesem in Verbindung steht, werden dessen Rechte ebenfalls verletzt. Ob eine Verwechslungsgefahr im rechtlichen Sinne vorliegt, ist in Abhängigkeit vom Grad der Ähnlichkeit zwischen Domain und Marke, der Ähnlichkeit zwischen den auf der Internetseite angeboten und den von der Marke geschützten Waren und Dienstleistungen sowie Kennzeichnungskraft der Marke zu beurteilen. So hat das LG Düsseldorf eine Verletzung der Marke „ARD-Wahltipp" durch die Domain „wahltipp.de" mangels Verwechslungsgefahr abgelehnt (LG Düsseldorf, MMR 2006, 412 – wahltipp.de).

Gleiches gilt, wenn zwar keine Verwechslungsgefahr vorliegt, aber der Ruf einer Marke ausgebeutet wird (OLG Karlsruhe, MMR 1999, 171, 172 – zwilling.de). Einen Sonderfall der Rufausbeutung stellen „Tippfehler-Domains" dar, bei denen ein Dritter eine Domain zur eigenen Nutzung registriert, die an eine bekannte Domain angelehnt ist, jedoch einen Tippfehler enthält. Hiermit wird bezweckt, diejenigen Nutzer abzufangen, die eine bekannte Internetseite aufrufen möchten, sich hierbei aber vertippen. Ein solches Verhalten kann vor allem wettbewerbsrechtlich als unlautere Behinderung geahndet werden, wenn der Dritte dieselben Internetnutzer anspricht wie der Inhaber der eigentlich gesuchten Internetseite. Dies hat der BGH erst kürzlich in Bezug auf die Domain „wetteronlin.de" bejaht, deren Nutzer vermutlich beim Aufruf ein „e" am Ende vergessen, auf der angewählten Seite dann aber keine Informationen über das Wetter, sondern über Versicherungen erhielten (BGH, GRUR 2014, 393, 396 – wetteronline.de). Als ebenso wettbewerbswidrig hat das OLG Jena die Domain „deutsche-anwalthotline.de" angesehen, die an die Domain „deutsche-anwaltshotline.de" angelehnt war (OLG Jena, MMR 2005, 776, 777).

2.3.3 Anspruchsziele

Sofern nach Maßgabe der obigen Ausführungen eine Rechtsverletzung vorliegt, so besteht zunächst ein **Unterlassungsanspruch**. Das bedeutet, dass der Domaininhaber im Wege einer strafbewährten Unterlassungserklärung verbindlich zusagen muss, dass er die Domain zukünftig nicht mehr in der verletzenden Form nutzen wird – andernfalls kann der Rechteinhaber eine einstweilige Verfügung beantragen und/oder eine Unterlassungsklage erheben.

Auf diese Weise kann der Rechteinhaber zunächst einmal erreichen, dass seine Rechte nicht weiter verletzt werden. Häufig besteht sein eigentliches Interesse aber nicht in der bloßen Untersagung, sondern vor allem darin, die Domain selbst nutzen zu können. Ein Anspruch auf Übertragung der Domain besteht allerdings nur dann, wenn keine erlaubte Nutzung der Domain denkbar ist (BGH, MMR 2007, 702 – Euro Telekom), also wenn bereits die Registrierung der Domain eine Rechtsverletzung darstellt, wie beispielsweise in den oben angesprochenen Blockadefällen.

Darüber hinaus kann auch ein **Schadensersatzanspruch** gegen den Rechtsverletzer bestehen. Auch auf dieser Grundlage kann allerdings nicht die Übertragung der Domain als Wiedergutmachung des Schadens gefordert werden; sofern bereits in der Registrierung der Domain eine Rechtsverletzung liegt (wie ebenfalls in den Blockadefällen), kann aber die Löschung der Domain im Wege einer Verzichtserklärung verlangt werden (BGH, GRUR 2002, 622, 626 – shell.de).

Bei deutschen Domains sollte der Rechteinhaber in einem solchen Fall parallel einen sogenannten Dispute-Antrag bei der DENIC eG stellen: Dieser verhindert, dass die Domain während des Rechtsstreits auf Dritte übertragen wird, und sorgt für die Möglichkeit der Übernahme der Domain nach Abgabe der Verzichtserklärung durch den bisherigen Domaininhaber.

Falls eine solche Möglichkeit nicht besteht, verbleibt dem Rechteinhaber die Hoffnung, dass der Domaininhaber das Interesse an der Nutzung der Domain verloren hat, weil die bisherige Nutzung verboten und erlaubte Nutzungsmöglichkeiten für ihn nicht relevant sind. Dann bietet es sich an, im Wege eines Vergleichs die Übertragung der Domain gegen den Verzicht auf Schadensersatzansprüche zu vereinbaren – was allerdings voraussetzt, dass der bisherige Domaininhaber mit einer solchen Lösung einverstanden ist.

2.4 Internationale Schieds- und Schlichtungsverfahren

Ergänzend zur vorstehenden Darstellung der Rechtslage für den Fall eines Rechtsstreits in Deutschland sei auf die Möglichkeiten alternativer Streitbeilegung bei internationalen Domains hingewiesen.

2.4.1 Das Streitbeilegungsverfahren der EU

Für „eu"-Domains sieht die diesbezügliche Verordnung der EU ausdrücklich vor, dass Domains entweder aufgrund eines gerichtlichen oder aber eines außergerichtlichen Verfahrens widerrufen werden können. Für dieses Verfahren ist ein tschechisches Schiedsgericht europaweit zuständig, das mit Schiedsrichtern aus den EU-Mitgliedstaten besetzt ist und online verhandelt.

Dieses Schiedsgericht entscheidet jedoch ausschließlich darüber, ob die betroffene Domain, die mit einem in der EU geschützten Kennzeichen identisch sein oder diesem „verwirrend" ähneln muss, in „böser Absicht" registriert wurde oder ob der Inhaber kein Recht oder ein berechtigtes Interesse hat. Dem Rechteinhaber verbleibt aber immer noch die Möglichkeit, statt oder – bei ungünstigem Ausgang – nach diesem außergerichtlichen Verfahren den Rechtsweg zu beschreiten.

2.4.2 Die Streitschlichtung nach der UDRP der ICANN

Die für die internationalen Domains zuständige ICANN hat ebenfalls ein außergerichtliches Verfahren zur Streitschlichtung vorgesehen. Dieses Verfahren beruht auf der „Uniform Dispute Resolution Policy", mit der sich Domaininhaber bei der Registrierung einer Domain einverstanden erklären (müssen). Auch hierbei steht es dem Rechteinhaber allerdings frei, ob er das Schlichtungsverfahren anstrengt oder ein Gericht anruft – möglicherweise auch noch nach Abschluss des Schlichtungsverfahrens.

Eine Besonderheit besteht darin, dass die Wahl zwischen mehreren Schlichtungsorganisationen besteht, darunter die Schiedsstelle der World Intellectual Property Organization (WIPO) und auch hier das tschechische Schiedsgericht.

Da die Konflikte um ICANN-Domains häufig internationaler Art sind, kann es nicht verwundern, dass die Schlichtungsstellen kein nationales Recht anwenden, sondern – ähnlich wie im Rahmen des EU-Schlichtungsverfahrens – ausschließlich besondere Arten der Rechtsverletzungen prüfen. Auch hier geht es zunächst um die Identität oder Verwechslungsfähigkeit der Domain mit einem Kennzeichen, wobei es – auch wieder aufgrund der Internationalität dieses Verfahrens – nicht auf die Eintragung einer Marke in einem bestimmten Land ankommt. Die Beschwerde des Rechteinhabers hat nur dann Erfolg, wenn der Domaininhaber kein berechtigtes Interesse in Bezug auf den Domainnamen hat und außerdem die Domain missbräuchlich registriert hat und verwendet.

Damit sind die Voraussetzungen für eine erfolgreiche Beschwerde recht hoch angesiedelt, so dass sich häufig die Frage stellen wird, ob der Rechteinhaber nicht doch besser gerichtliche Hilfe in Anspruch nehmen sollte.

3 Metatags

Internetnutzer, die ein bestimmtes Produkt suchen, ohne die entsprechende Domain zu kennen, suchen das gewünschte Angebot zumeist über Suchmaschinen. Daher ist es für die Anbieter äußerst wichtig, in der Ergebnisliste weit oben auf der erste Seite platziert zu sein – die hinteren Ergebnissen werden von den Nutzern häufig gar nicht mehr beachtet. Die Marke stellt hierbei ein wichtiges Instrument für den Markeninhaber dar, weil deren Erwähnung auf der Internetseite zu einer vorderen Platzierung führen (sollten). Diese wird aber gefährdet, wenn die Marke ebenso von Dritten genutzt wird. Ein beliebtes Mittel hierfür war lange Zeit die Verwendung der Marken im Quelltext der Internetseite als sogenannte „**Metatags**", ohne dass das Kennzeichen auf der Internetseite sichtbar war.

Der BGH hat diese Praxis allerdings mittlerweile untersagt, weil auch die unsichtbare Verwendung eines Kennzeichens oder eines verwechslungsfähigen Bestandteils eine Markenrechtsverletzung darstellen kann. Entscheidend ist demnach nicht, dass das Kennzeichen auf der Internetseite des Dritten nicht wahrnehmbar ist, sondern vielmehr die Beeinflussung der Suchmaschine durch den Quelltext, die zu einer Verwechslungsgefahr für den Internetnutzer führe (BGH, MMR 2006, 812, 813/814 – Impuls III).

Diese Rechtsprechung hat der BGH in der Entscheidung „AIDOL" fortgeführt und auch auf die Verwendung einer Marke in der Hintergrundfarbe der Internetseite – weiß auf weiß, also für den Nutzer ebenfalls unsichtbar – angewendet. Er hat jedoch einschränkend darauf hingewiesen, dass markenrechtlich erlaubte Nutzungshandlungen von diesem Verbot nicht umfasst sind, wie beispielsweise die Verwendung einer Marke durch einen Vertriebspartner des Markeninhabers als Werbung für das markenrechtlich geschützte Produkt. In dem zu entscheidenden Fall handelte es sich tatsächlich um einen solchen Vertriebspartner – der aber die Marke für als Werbung für andere Produkte verwendete, was nicht erlaubt ist (BGH, MMR 2007, 648, 649 – AIDOL).

Der EuGH hat diese – für Markeninhaber günstige – Rechtsprechung des BGH zwischenzeitlich bestätigt (EuGH, MMR 2013, 781, 783 – bestlasersorter.com).

4   Adwords

Suchmaschinen bieten zumeist auch die Möglichkeit an, dass neben den eigentlichen Suchergebnissen Anzeigen erscheinen, die ausdrücklich als solche gekennzeichnet werden. Dies wird häufig dadurch ausgenutzt, dass auch Dritte Anzeigen schalten, die bei Eingabe eines Begriffs (des bei Google sogenannten „**AdWords**") erscheinen, das einem bestimmten Kennzeichen entspricht oder ähnelt. Ob es sich hierbei – ähnlich wie bei den Metatags – auch um eine Verletzung des Kennzeichens handelt, war lange Zeit umstritten, wurde aber in den letzten Jahren vom BGH und vom EuGH geklärt. Nach den einschlägigen Urteilen ist folgendermaßen zu differenzieren:

- Manchmal bestehen Marken zumindest teilweise aus Begriffen, die das von der Marke geschützte Produkt bezeichnen oder eine Produkteigenschaft beschreiben. So verhielt es sich auch in dem Sachverhalt, welcher der Entscheidung „pcb" zugrundelag: Dort wurde die Abkürzung „pcb" als Abkürzung für „printed circuit board" (englisch für Leiterplatte) verwendet, war aber auch Bestandteil der Marke „pcb-pool". Der Beklagte schaltete nun zwecks Bewerbung seiner Angebote eine Anzeige, die bei der Suche nach „pcb" oder „weitgehend passenden" Begriffen erscheinen sollte – und damit auch bei der Suche nach „pcb-pool". Der BGH sah dies jedoch als erlaubt an, weil der Dritte lediglich den beschreibenden Begriff verwendete, so dass die Marke nicht verletzt wurde (BGH, GRUR 2009, 331 – pcb).

- Etwas anders lag der Fall in Sachen „Beta Layout", als nämlich ein Konkurrent der „Beta Layout GmbH" eine Anzeige bei Eingabe dieses Unternehmenskennzeichens schaltete. Der BGH erlaubte aber auch dies, weil er annahm, dass es nicht zu Verwechslungen kommen könne: Internetnutzer könnten nämlich aufgrund der räumlichen Aufteilung und der klaren Abgrenzung der Anzeigen von den Suchergebnissen erkennen, dass es sich bei der Anzeige um eine solche handele. Ausschlaggebend für diese Beurteilung war insbesondere auch die Gestaltung der Anzeige, die keine Verbindung zum Kennzeicheninhaber aufwies (BGH, MMR 2009, 329 – Beta Layout).

- Ähnlich verhielt es sich in Sachen „Bananabay", in dem es allerdings nicht um einen Unternehmensnamen, sondern um die gleichnamige Marke für Erotikartikel ging, bei dessen Eingabe auch die Anzeige eines Konkurrenten des Markeninhabers erschien. Aufgrund der Harmonisierung des Markenrechts in der EU konnte der BGH die Frage, ob dies eine Verletzung der Marke darstellt, nicht alleine entscheiden, sondern musste sie dem EuGH zur Vorabentscheidung vorlegen (BGH, MMR 2009, 326 – Bananabay). Der EuGH beantwortete diese Frage ähnlich, wie der BGH in Sachen „Beta Layout" entscheiden hatte, nämlich dass eine Markenrechtsverletzung nur dann vorliege, wenn der Internetnutzer aufgrund der Gestaltung der Anzeige nicht oder nur schwer erkennen könne, ob das beworbene Angebot vom Markeninhaber oder von einem Dritten stamme (EuGH, MMR 2010, 609 – Bananabay). Die Ausführungen des EuGH sprachen allerdings dafür, dass es im Zweifel dem Dritten obliege, für die erforderliche Abgrenzung vom Markeninhaber im Rahmen der Anzeige Sorge zu tragen. Diese Voraussetzung sah der BGH in der Folgeentscheidung aber als erfüllt an, da im Falle der Abtrennung der Anzeigen von den Suchergebnissen keine Benutzung der Marke vorliege, wenn die Anzeige selbst weder die Marke noch einen sonstigen Hinweis auf den Markeninhaber oder dessen Angebote enthält und die in der Anzeige angegebene Domain auf eine andere betriebliche Herkunft hinweist (BGH, MMR 2011, 590 – Bananabay II).

Damit bleibt festzuhalten, dass Adwords-Werbung durch Dritte demnach grundsätzlich zulässig ist – auch wenn man bei der Gestaltung der Anzeige Vorsicht walten lassen muss. Dass kein völliger Freiraum besteht, zeigt die Entscheidung des Hight Court of England and Wales in Sachen „Interflora", einer Marke für Blumenlieferungen durch ein Netzwerk von Blumenhändlern: Der AdWords-Anzeige des Kaufhauses „Marks & Spencer", das ebenfalls Blumen ausliefert, ließ sich nicht mit hinreichender Sicherheit entnehmen, ob dieses Unternehmen dem Interflora-Händlernetzwerk angehört oder nicht, so dass das Gericht eine Verwechslungsgefahr und somit eine Markenrechtsverletzung bejahte (High Court of England and Wales, GRUR-Prax, 2013, 359 – Interflora). Der EuGH hat zudem im diesbezüglichen Vorabentscheidungsverfahren darauf hingewiesen, dass auch der Ruf der Marke durch die Anzeige nicht beeinträchtigt werden darf (EuGH, GRUR 2011, 1124 – Interflora).

Der Autor

Dr. Stephan Dittl ist Fachanwalt für Urheber- und Medienrecht und Partner der Sozietät SALGER Rechtsanwälte in Frankfurt/Main. Er berät Unternehmen insbesondere auf den Gebieten des Marken-, Urheber-, Wettbewerbs-, Sport-, Medien- und Vertriebsrechts

Teil VI
Fallstudien

Differenzierung im Retail – Der Store als begehbares Medium

Der Wandel eines Retail-Unternehmens zur Marke am Beispiel der Gebr. Heinemann

Gabriela Rieck und Marco Velten

Zusammenfassung

Der Handel in Deutschland unterliegt den Herausforderungen der globalisierten Wirtschaft, der demographischen Entwicklungen, der Zielgruppen-Verluste, des hybriden Einkaufsverhaltens, der gestiegenen Erwartungshaltungen, der öffentlichen Präsenz und Aufmerksamkeit, der Digitalisierung etc. wie andere Wirtschafts- und Gesellschaftsbereiche.

Wo an immer mehr Orten das Gleiche angeboten wird, wo der Aufenthaltsort von Menschen nicht mehr festzulegen und das Verhalten volatil geworden ist, da ist der Wettbewerb um das Interesse, um Sympathie, um aktive Zuwendung ein Wettbewerb um die Sinn und Nutzen stiftende Differenzierung geworden.

Der Gradmesser für Erfolg ist immer weniger der Preis, der bis zur *Geiz-Version* und damit an die Schmerzgrenze ausgereizt wurde. Auch das Sortiment ist in gesättigten Märkten immer seltener Grund für die Wahl eines Einkaufsortes. Wichtiger dagegen wird das Einkaufserlebnis, der Vorteil, den Shopper aus dem Besuch eines Ortes und dessen Aufenthaltsqualität gewinnen.

Konsumenten wollen den persönlichen Nutzen erkennen, wenn sie sich für etwas entscheiden, wollen bestätigt werden in ihrem Verhalten. Entsprechend kritisch prüfen sie ihre Wahl.

Dieser Prüfung muss sich der Handel in immer schnelleren Zyklen unterziehen.

Weil alles in der Öffentlichkeit stattfindet und diskutiert wird und weil die Auswahl möglicher Konsumstätten und Konsumartikel unvermindert wächst, muss der Handel sich seine Möglichkeiten suchen, diesen Konsumenten entgegenzukommen, ihre Erwartungen zu erfüllen.

Prof. Dr. Gabriela Rieck ⊠
Hamburg, Deutschland

Marco Velten
Hamburg, Deutschland
e-mail: marco-velten@gmx.de

© Springer Fachmedien Wiesbaden 2016
S. Regier et al. (Hrsg.), *Marken und Medien*, DOI 10.1007/978-3-658-06934-6_28

Dabei wandelt sich der Retailer zum Medium und zur Marke. Als Vertriebskanal hat er ausgedient, als Begegnungsort erfindet er sich seit einiger Zeit neu. Und geht dabei die unterschiedlichsten Wege.

Die Thesen:

1. Marken sind nicht digital, sondern real.
2. Marken müssen zugänglich sein.
3. Marken kommunizieren über Erlebbarkeit.

Die Thesen werden am Beispiel des Handelsunternehmens Gebr. Heinemann in diesem Beitrag überprüft.

1 Retail – vom Händler zum Markenbotschafter

„Handel ist Wandel" – ein branchenüblicher Satz, der schon immer den erfolgreichen Einzelhandel charakterisierte. Das gilt grundsätzlich für das gesamte Metier – unabhängig von der Form, dem Inhalt, der Durchführung oder dem Kanal des Handels. Und das gilt besonders für das Handelsgeschehen im Verkaufsraum. Dort nämlich, in dem begehbaren Umfeld von Waren, sind die größte Nähe zum Kunden und das direkteste Miteinander erreichbar. Und das macht diesen Bereich auch mit dem zunehmenden Warenvertrieb über das Internet und immer neue Methoden des Verkaufens und Kaufens über digitale Wege unverzichtbar.

Durch die mediale Vielfalt und die einfache Anwendung von digitalen Angeboten via Hard- und Software haben sich Seh- und Einkaufsgewohnheiten in der Konsumgesellschaft geändert. Vieles wird dem Anspruch nach Convenience, nach Einfachheit, Schnelligkeit, Komplexitätsreduzierung untergeordnet. Doch viele Bedürfnisse der Menschen, die über diesen Convenience-Gedanken hinausgehen, bestehen weiter. Die Wünsche nach Orientierung, nach Vertrauenswürdigkeit, nach Zugänglichkeit, nach persönlicher Ausrichtung, nach Wertschätzung sind nicht verschwunden.

Das, was in sich widersprüchlich mal als Selbst-Bedienung, als Self-Service begann, hat heute ein Ausmaß erreicht, in dem jeder immer mehr zum eigenen Allrounder werden muss, wenn sie oder er Produkte, Dienstleitungen oder andere Waren erwerben will. Jeder muss sich „selbst bedienen" und Unterstützung muss man sich selber suchen.

Die auch damit beförderte Anonymität des Einkaufens entspricht nicht dem menschlichen Suchen nach gemeinschaftlichem Erleben, nach sozialem Miteinander und nach Einkäufen, die Erlebnissen gleich kommen.

„Stellen Sie sich vor: Eines Morgens kommen Sie in Ihr Geschäft und schalten die Beleuchtung ein. Sie trauen Ihren Augen nicht! Über Nacht ist aus Ihrem Konfektionsgeschäft, das sich bisher nicht von denen der Konkurrenz unterschieden hat, ein Märchenparadies geworden. Sie gehen von Abteilung zu Abteilung und staunen über die wunderschönen Einzelstücke, präsentiert im richtigen Rahmen. Sie denken an Urlaub und

Sonne, an das nächste Wochenende im Freizeitdress und welch gute Figur Sie in der Abendgarderobe beim nächsten Theaterabend machen werden. Fast vergessen Sie beim Schlendern und Träumen die Zeit." (Grundmann und Wiedemann 2001, S. 20)

Das, was hier in einem Designratgeber für die Gestaltung von Verkaufsräumen so blumig beschrieben wird, trifft den Anspruch recht genau.

Die Suche nach Differenzierung und nach Authentizität in gesättigten Märkten ist groß und wird in Zeiten fehlender Sicherheiten immer größer. Der Handel muss seinen Kunden wieder mehr bieten als „Self-Service" und ihn führen bzw. ihm Orientierung bieten: „Wer (...) dramaturgisch vorgeht, reicht dem Konsumenten seine hilfreiche Hand." (Mikunda 2005, S. 35)

In der Folge tritt der Handel immer mehr aus dem Schattendasein eines reinen Vertriebskanals hinaus und Einzelhändler wenden immer professioneller Strategien und Konzepte der **Markenführung** an. Ob im Elektronikfachhandel, im Fashionretail oder im Lebensmitteleinzelhandel – jedes Unternehmen versucht sich abzugrenzen, im Umfeld eine eigene Position zu besetzen und für die verschiedenen Anspruchsgruppen Bedeutung zu gewinnen. Das ist nur folgerichtig, denn es „gibt wohl keine Branche und keinen Wirtschaftszweig, der unmittelbarer mit dem Verbraucher und dessen Wünschen, aber auch dessen Kaufkraft zu tun hätte als der Einzelhandel." (Riekhoff 2004, S. 9)

Um Herausforderung und Notwendigkeit der Positionierung des Handels als Marke in Gänze zu verstehen, ist ein Blick in die Zusammenhänge zwischen Handel, Branding und Konsum sowie die Entwicklung dieses Dreiklangs notwendig.

Der stationäre Einzelhandel nahm Jahrzehnte hinweg die Rolle eines Vermittlers von Waren ein, der die Angebote der Hersteller an die Kunden weiterreichte, ohne dabei eigenständig aufzutreten. Im Fokus standen die Marken der Konsumgüterindustrie, die um die Aufmerksamkeit der Konsumenten kämpften. Der stationäre Einzelhandel fungierte im weitesten Sinne als Kommunikations- und Interaktions-Vermittler zwischen Herstellern und Konsumenten, führte Angebot und Nachfrage zusammen und sorgte für den eigentlichen Abverkauf.

Mit der Auffächerung der Handelssysteme wurde die Differenzierung der stationären Einkaufsstätten immer komplexer. Die Austauschbarkeit der Produkte wuchs rapide während gleichzeitig die persönliche Bindung zwischen Händler und Kunden – über das individuelle Kauferlebnis – den Rationalisierungsbestrebungen und den Standardisierungsanforderungen zum Opfer fielen. Mit immer weiter abnehmenden wahrnehmbaren Unterscheidungsmerkmalen zwischen den einzelnen Geschäften wurde die **Einkaufsstättenwahl** zunehmend über rationale Determinanten wie den Preis entschieden (Ahlert und Kenning 2005, S. 1189 ff.).

Kongruent zu diesen Entwicklungen in Richtung immer einheitlicherer Konsumumfelder veränderten sich auch die Ansprüche und Erwartungen der Kunden. Heute suchen diese wieder aktiv nach erlebnisorientierter Stimulation beim Konsum (Esch 2010, S. 35), und auch der Wunsch nach Geselligkeit und menschlichem Kontakt beim Einkauf nimmt weiter zu (Nitt-Drießelmann 2013, S. 43). Ein Trend, der im Angesicht zunehmender Internet-Einkäufe sowie der fortschreitenden generellen Digitalisierung des Alltags immer mehr an Bedeutung gewinnen dürfte.

In diesem Zusammenhang erkennt der stationäre Einzelhandel vor allem wieder „seine Verkaufsstellen als die [eigentlichen] ‚Produkte' des Handels" (Zentes und Morschett 2005, S. 1141) und inszeniert diese konsequent als zentralen Bestandteil eines differenzierenden Einkaufserlebnisses.

Derzeit wird eine Rückbesinnung des stationären Handels auf seine ursprünglichen und nicht-imitierbaren Unterscheidungsmerkmale – die begehbaren Verkaufsstätte sowie das reale Shopping-Erlebnis – erkennbar. Herbrand spricht von einem „Vorwärtsdrängen" in den unmittelbaren Kundenkontakt und sieht einen Wandel von einer grundsoliden Verkaufsstelle hin zu „Points of Experience" (Herbrand 2008, S. 63).

Auch Zentes und Morschett erkennen die Verkaufsstätte, also den physischen Point of Sale (POS), als Element im Markenaufbau in einer hervorragenden Ausgangslage, da hier „Raum- und weitere Umfeldgestaltungen, akustische Einflüsse, olfaktorische Reize und taktile Stimuli (. . .) [vom Kunden] zu einem umfassenden Markenerlebnis verknüpft werden können." (Zentes und Morschett 2005, S. 1146)

Folglich lassen sich nicht nur Produkte als Markengüter verstehen, sondern im weitesten Sinne auch Verkaufsstätten (vgl. ebenda, S. 1143). Dabei verfolgen sogenannte Store Brands ähnliche Ziele wie herkömmliche Marken, nämlich Markenbekanntheit aufzubauen, ein einzigartiges Markenimage in den Köpfen der Konsumenten zu etablieren sowie den Aufbau von Vertrauen und langfristiger Kundenbindung zu fördern (Esch 2010, S. 539).

Diese Marktdynamiken erkannte auch das Unternehmen Gebr. Heinemann. Es versteht sich selber als ein „modernes hanseatisches Handelshaus, das dem internationalen Reisemarkt professionelle Lösungen anbietet" (Gebr. Heinemann 2014) und sieht seine Kernkompetenzen neben Distribution (Großhandel) und Logistik (Lagerhaltung und Lieferung) im am Konsumenten ausgerichteten Einzelhandel.

Mit seinen Retail-Stores „Heinemann Duty Free" ist der Handelskonzern längst im Markenkontext angekommen. Mit Shops an diversen Flughäfen empfängt der Einzelhändler internationale Reisende und lädt ein, seine Geschäfte zwischen Anreise, Abreise sowie im Transitverkehr zu entdecken und dort für einen Moment zu verweilen.

Der Ansatz des Unternehmens ist es, die Shops unter Heinemann als Marke zu profilieren und über diesen Weg aus dem hanseatischen und traditionsreichen Unternehmen heraus ein modernes, zukunftsgerichtetes, aufmerksamkeitsstarkes und überzeugendes **Handelskonzept** zu entwickeln, das bei anspruchsvollen Konsumenten wie bei Erlebnissuchenden im Reiseumfeld ankommt und im Sinne eines Aushängeschildes Orientierung gibt sowie eine klare Position vermittelt.

Auch wenn Heinemann Duty Free Stores auf dem ersten Blick einer herkömmlichen Retail Marke in nichts nachstehen, wird bei genauerer Betrachtung schnell deutlich, dass das Unternehmen Gebr. Heinemann mit seinen Shops eine Sondersituation im Einzelhandel einnimmt. Diese ergibt sich im Wesentlichen aus dem sehr speziellen Umfeld des Reisesektors. Rechtlich wie organisatorisch befindet sich Heinemann stets in einer Zone, die besonderen steuerlichen Vorgaben, Möglichkeiten und Grenzen unterliegt, welche im herkömmlichen Handel keine Gültigkeit haben.

Insbesondere an Flughäfen, die im Folgenden die Grundlage der Betrachtung bilden, werden besondere Herausforderungen an das Konzept „Retail-Marke" ersichtlich.

Wie der Zusatz Duty Free bereits vermuten lässt, befinden sich die Verkaufsflächen Heinemanns nicht im frei zugänglichen Areal eines Flughafens, sondern immer im Bereich hinter den Sicherheitskontrollen, also in einem abgeschlossenen Raum, in dem gesonderte steuerliche Bestimmungen herrschen. Innerhalb dieses Bereichs können innereuropäische Reisende unter Travel Value[1], Non-EU-Reisende wiederum unter klassischen Duty Free Bedingungen Waren zu meist deutlich niedrigeren Preisen als im freien Markt erwerben.

Um zu diesem Areal Zutritt zu erhalten und damit in einem Heinemann Store einkaufen zu können, muss ein Kunde also immer über ein valides Flugticket verfügen und zunächst erfolgreich die Sicherheitskontrollen passiert haben. Ein freies, selbstgesteuertes Frequentieren der Verkaufsstätte wie im innerstädtischen Umfeld ist für einen Kunden nicht möglich.

Zusätzlich wird der Kunde in seinem Konsumverhalten durch diverse Einschränkung im Duty-Free- bzw. Travel-Value-Bereich stark beeinflusst. Länderspezifische Mitnahmebzw. Einfuhrbegrenzungen sowie internationale Zollunterschiede etc. limitieren ein gänzlich uneingeschränktes Einkaufserlebnis.

Während der „richtige Standort" für herkömmliche Einzelhändler – Präsenz in konsumfreudigen Umfeldern – immer mehr an Bedeutung gewinnt, gelten für Heinemann andere Vorgaben. Die Standorte mit „Hub-Charakter" müssen hier in ihrer Besonderheit – mit Einschränkungen aber eben auch Vorteilen – genutzt werden. Profitieren können Heinemann Duty Free Shops in diesem Zusammenhang vor allem von ihrer meist sehr taktischen Position in den Flughäfen: In unmittelbarer Nähe der von allen Reisenden zu passierenden Sicherheitsbereichen, strömen die Reisenden quasi automatisch in oder zumindest vor einen Heinemann Store.

Entsprechend ist diese Personengruppe als eine definierbare Zielgruppe im üblichen Sinne nicht fassbar. Hier findet man vom routinierten Business-Reisenden über Senioren, Kurzzeit-Ausflüglern, Familien mit Kindern bis hin zu Touristen und Kulturinteressierten eine schier unendliche Vielfalt aus Splitterzielgruppen. Sie sind nicht demographisch, nicht nach Nationalität, nicht in ihrem wirtschaftlichen Status, nicht über Bildung oder Interessen noch über Stimmungen, Erwartungen oder Erfahrungen eindeutig zu definieren.

Für einen Heinemann Store wird es zur zentralen Herausforderung, dem Strom Reisender quasi im Vorbeigehen Anreize zu bieten, das Geschäft auch zu betreten. Das wiederum muss unter der Schwierigkeit gelingen, dass Reisende weniger das Ziel verfolgen, Waren

---

[1] Travel Value: Seit dem Jahr 1999 darf bei Reisen innerhalb der EU nicht mehr steuerfrei eingekauft werden. Als Reaktion entwickelte das Unternehmen Gebr. Heinemann das „Travel Value" Konzept, das es innereuropäisch Reisenden auch weiterhin ermöglicht, vergünstigt einzukaufen. Die anfallende Steuerlast bei Käufen von EU-Reisenden wird von Gebr. Heinemann getragen.

einzukaufen, sondern im Zusammenhang mit ihrem Reisevorhaben primär zügig an ein mehr oder weniger fernes Ziel gebracht werden möchten.

In diesem Umfeld findet Shopping unter besonderen Voraussetzungen statt:

- Begrenzte Zeit (ein Reisezeitfenster zwischen Bewältigung der Sicherheitskontrolle und abschließendem Boarding),
- Begrenzter Ort (keine Ausweichmöglichkeit außerhalb des definierten Abflugbereichs, weitgehend funktional gestaltetes Umfeld),
- Keine Auswahlmöglichkeiten (pro Flughafen meist nur ein Duty Free-Anbieter),
- Limitierte Transportbedingungen durch Zoll-, Handgepäck- und Sicherheitsbestimmungen (z. B. Flüssigkeiten im Handgepäck),
- Emotionale Ausnahmesituation (Reisefieber, Vorfreude, Reise-Hektik, Wartezeiten, Verunsicherungen, Auszeit vom Alltag etc.).

Weiterhin ist festzuhalten, dass der wirtschaftliche Erfolg von Heinemann Stores immer auch direkt vom Erfolg der jeweiligen Flughafenbetreiber abhängig ist: Je mehr Fluggäste den Airport frequentieren und je höher der Strom Reisender durch den Sicherheitsbereich ist, desto mehr potentiell shoppende Besucher sind für Heinemann zu erwarten.

Trotz diesem auf den ersten Blick für Einkaufssituationen herausfordernden Umständen, verspricht das Handelsgeschäft an Reise-Drehkreuzen auch weiter überproportional erfolgreich zu sein: „Der Duty-free- und Reise-Einzelhandel hat sich weltweit zu einem signifikanten Umsatzmotor für Flughäfen und Fluggesellschaften entwickelt. Nach Angaben der Tax Free World Association (TFWA) setzt die Branche jährlich rund 46 Milliarden US-Dollar (rund 37,4 Milliarden Euro) um – Tendenz steigend." (Metro 2012)

Weiter hat sich in den vergangenen Jahren im Zusammenhang mit veränderten Reisebedingungen viel verändert: Reisen als Massenphänomen, individualisiertes Reise-Verhalten, neue architektonische Notwendigkeiten an den Flughäfen, zusätzliche technische und international angepasste rechtliche Vorgaben kennzeichnen die Entwicklung und Kilian stellt fest:

> Der Strukturwandel setzt sich auf deutschen Flughäfen fort. Aktuell entwickeln sich alle Flughäfen weg vom reinen Fluggeschäft, hin zu „Shopping-Centern mit Landebahnanschluss". (Kilian 2008, S. 60)

Doch der tatsächliche Wandel, der das Unternehmens Gebr. Heinemann dazu bewogen hat, seine Shops konzeptionell als Marke zu positionieren, ist viel drastischer als dass es um eine reine Verlängerung des Einkaufsangebots für Reisende bis hin zum Abflug ginge. Einkaufen an Flughäfen war lange Jahre eine Sondersituation, die ihren Sinn vor allem in der Beschaffung von ansonsten steuerbelasteten Luxus- oder Sondergütern hatte (Spirituosen, Tabakwaren, Parfums, Kosmetika etc.), die hier zu zollfreien Bedingungen erworben werden konnten.

Das Geschäftsumfeld, die räumliche Ausstattung, die Service-Mentalität, andere Ausstattungsmerkmale oder die Positionierung des Händlers als Marke spielten im "Duty Free-Geschäfts" kaum eine Rolle. Entscheidend war der Einkaufsbon für Waren, die anderen Orts qua steuerlicher Belastung deutlich teurer waren.

2 Einkaufskanäle – Entwicklung von Offline und Online

In einer Retail-Welt, in der die Grenzen zwischen digitaler und realer Einkaufsoption zunehmend verschwimmen und Konsumenten mit sehr viel anspruchsvolleren Erwartungshaltungen gegenüber Marken auftreten, stehen stationäre Einzelhändler neben der Positionierung als Marke vor der Herausforderung, die Ausschöpfung von Kundengewinnungsmöglichkeiten neu auszuloten.

In der Vergangenheit vereinzelt geäußerte Prognosen, der stationäre Einzelhandel sei im digitalisierten Wettbewerbsumfeld nur noch eine Abholstation für online geordnete Waren (PWC 2011, S. 17) oder die Vermutung, Verkaufsstätten würden zum Showroom des Onlinehandels verkommen, in welchem Käufer lediglich Serviceleistungen in Anspruch nehmen und Produkte begutachten würden, um sie im Anschluss mit Preisvorteil online oder in einem anderen Geschäft zu erwerben, greifen jedoch deutlich zu kurz.

Im Gegenteil: Es zeichnet sich der Trend ab, dass dem physischen Verkaufsraum auch mit zunehmender Bedeutung des Onlinehandels eine zentrale Rolle beigemessen wird. So sieht Rittinger in der realen Verkaufsstätte den „mit Abstand wichtigsten Einflussfaktor für den Markenwert von Multi-Channel Retailern." (Rittinger 2013, S. 287)

Rigby fordert in diesem Zusammenhang geradezu, Stores gezielt als den zentralen Werttreiber des Einzelhandels zu begreifen und sich durch eine reale Shopping-Erfahrung nachhaltig zu differenzieren: „If traditional retailers hope to survive, they have to turn the one big feature that internet retailers lack – stores – from a liability into an asset." (Rigby 2011, S. 6)

Die Herausforderung ist damit definiert: Während die traditionelle Retail-Logik darauf abzielte, den Kunden in seiner Kaufentscheidung zu manipulieren und zum Kaufabschluss zu führen, gilt es heute, den Kunden nachhaltig zu begeistern und zu binden. Die Formel lautet: „(...) Moving from driving transaction to encouraging inspiration and discovery." (Cho und Trincia 2012, S. 48)

Im Zuge der parallel zunehmenden Bedeutung des Onlinehandels (Wachstumsraten von über 20 % p. a. in 2012; vgl. HDE und PWC 2013, S. 5), aber auch durch sich verändernde Erwartungshaltungen der Kunden, kommt der stationäre Handel trotz aller Vorteile aber nicht umhin, neben den physischen Verkaufsflächen zusätzlich auch **digitale Kanäle** in das Gesamtverkaufserlebnis mit einzubeziehen.

In der Vergangenheit sind bereits diverse Einzelhandelsunternehmen dazu übergegangen, sich mit zusätzlich zum stationären Vertrieb eingeführten Online-Shops als Mehrkanal-Händler zu positionieren. Avery erkennt in diesem Zusammenhang eine regelrechte „explosion of multichannel retailing in practice" (Avery et al. 2012, S. 96).

Allerdings entsprechen isoliert voneinander verlaufende Vertriebskanäle mittlerweile nicht mehr den Anforderungen, die Konsumenten heute an den Einzelhandel stellen. Der Schlüssel zum Erfolg liegt in der intelligenten Verzahnung von Vertriebs- und Kommunikations-Kanälen. Die technisch wie organisatorisch isoliert gewachsenen Systeme müssen nun zu einem kundenorientierten, einzigartigen Shopping-Erlebnis verknüpft werden, ohne dass das bisher etablierte stationäre Markenimage irritiert wird.

Für bestehende stationäre Retail Brands stellt diese Erweiterung um digitale Kanäle eine nicht zu unterschätzende Herausforderung dar, da der Stammkunde mit einer gewissen Erwartungshaltung neuen aber eben auch den etablierten Kanälen gegenübertritt.

Erst wenn die Shopping-Erfahrung im **Multi-Kanal-Umfeld** mindestens auf einem vergleichbaren Niveau der gewohnten Markenerfahrung ist, es also aus Konsumentensicht zu einer subjektiv wahrgenommenen Übereinstimmung zwischen der bekannten Retail Brand und dem erweiterten (Online-)Auftritt kommt, und der Kunde ein einheitliches Leistungsversprechen wahrnimmt, wird das ganzheitliche Einkaufs- und Markenerlebnis positiv unterstützt, ohne dass das Markenimage zu verwässern droht (Rittinger 2013, S. 53 f.).

Für die Gebr. Heinemann ist die Multi-Channel-Integration eine Herausforderung, der man derzeit mit verschiedenen Ansätzen begegnet. Während Reisende Heinemann lange erst dann wahrnehmen konnten, wenn sie am Flughafen die Sicherheitskontrollen passiert hatten, so sind heute mit der Integration eines Webshops sowie einer mobilen Shop-Version zwei zusätzliche Touch-Points geschaffen worden, die es potentiellen Kunden schon vor dem eigentlichen Reisetag ermöglichen, sich unabhängig von stationären Verkaufsstellen mit Sortiment und Marke vertraut zu machen.

Neben den sich daraus ableitenden neuen kommunikativen Ansatzpunkten, eröffnet sich durch die Integration zusätzlicher digitaler Kanäle die Möglichkeit kanalübergreifender Verkaufserlebnisse, die sich individueller an den Bedürfnissen der Kunden ausrichten und damit im Idealfall typische Kaufbarrieren in Reisesituationen verringern.

Insgesamt lassen sich hier drei Szenarien erkennen, die den stationären Verkaufskanal durch digitale Komponenten erweitern bzw. eine rein digitale Ausrichtung aufweisen.

1. Mit der Pre-Order Funktion – in Kombination mit der Möglichkeit eines In-Store-Pickup – hat der Kunde die Möglichkeit, die gewünschten Produkte vor seinem Aufenthalt am Flughafen, also vor Abflug oder Ankunft, im jeweiligen Shop online vorzubestellen und später abzuholen.
2. Für EU-Reisende besteht die Möglichkeit, sich im stationären Shop ausgesuchte Produkte durch einen Home-Delivery-Service (Heinemann-Motto „Shoppen ohne Schleppen") direkt nach Hause bringen zu lassen. In diesem Fall wird das zunächst rein stationäre Verkaufserlebnis um den für den Onlinehandel prägenden Service Lieferung (Versandleistung) erweitert.
3. Im vollends digital integrierten Verkaufsszenario ist kein POS-Kontakt nötig – Produkte werden im Online-Shop bestellt und an eine Lieferadresse versandt.

Zu beachten ist, dass die Produktsortimente aller Flughäfen generell auch für Nicht-Reisende online einsehbar sind. Um eine Bestellung bzw. Vor-Bestellung aufgeben und tatsächlich in den Kaufprozess einsteigen zu können, ist die Eingabe valider Ticketinformationen jedoch unumgänglich. Somit bleibt in digitalen wie in stationären Einkaufssituationen das Flugticket eine zwingend notwendige Voraussetzung, um einen Produktkauf tätigen zu können.

Die Pre-Order sowie die Pick-up-Funktion sind generell für alle Reisende mit validem Ticket nutzbar, allerdings bleibt die Möglichkeit, sich seinen Einkauf nach Hause liefern zu lassen, aktuell Reisenden innerhalb der EU und mit einem festem Wohnsitz in Deutschland vorbehalten. Entsprechend muss das Gros der Vorbestellungen nach wie vor in einem Heinemann Shop am Abflug- oder Ankunftsort abgeholt werden. Den gesamten Kaufprozess digital abzuwickeln – also Produkt finden, Bestellung aufgeben, Bezahlung tätigen und Lieferung erhalten – ist durch den Status von Heinemann als Einzelhändler im zollfreien Raum somit nicht möglich.

Grundsätzlich sind zwar diverse Szenarien erkennbar, mithilfe derer eine Verzahnung von digitalen und analogen Kanälen für bestimmte Kunden durchaus ein zusätzlicher Mehrwert erreicht werden könnte (z. B. bessere Planbarkeit des Handgepäcks, Vermeidung von Einfuhrproblematiken am Zielflughafen, Einkaufsmöglichkeit trotz Zeitknappheit), allerdings wird insgesamt deutlich, dass Heinemann im Multi-Channel-Kontext das volle Potential aus rechtlichen und infrastrukturellen Gründen nicht voll entfalten kann.

Bedingt durch die massiven Regularien als Retailer in einer zollrechtlichen Sonderposition ist die Pre-Order-Funktion zwar theoretisch für alle Kunden nutzbar, der Lieferservice – und damit das vollständig digitale Einkaufserlebnis – ist aktuell allerdings nur für einen Bruchteil der Kunden vollumfänglich nutzbar.

3 Store-Besucher – Shopper und Kunden

Während im klassischen Einzelhandel der Trend also in Richtung durchgängig vernetzter Verkaufskanäle geht, bleibt für Heinemann weiterhin die stationäre Verkaufsstelle am Flughafen von zentraler Bedeutung. Die Entscheidung des Unternehmens ist also konsequent, Heinemann Stores in Art einer „begehbaren Marke" zu inszenieren und die Geschäfte als direkte Begegnungsräume zu begreifen, die Reisenden über den Duty-Free-Einkauf mit seinen typischen Warengruppen hinaus ein inspirierendes Kauferlebnis offerieren und zum Verweilen einladen.

Beim Versuch den Heinemann-Kunden zu erfassen, wird schnell deutlich, dass die Ableitung von übergeordneten Käufergruppen hinsichtlich kaufrelevanter Merkmale schier unmöglich ist. Jeder Heinemann Store sieht sich einer im Minutentakt verändernden unendlichen Vielfalt aus multikulturellen Splitterzielgruppen gegenüber, die sich den klassischen Einschätzungen entzieht.

Entsprechend dieser diffusen Erwartungshaltung ihrer Kunden haben Heinemann Stores immer etwas im Sortiment, das über das breite Angebot klassischer Duty-Free-Warengruppen hinausgeht. Durch abwechselnde Themen, regionale, standortbezogene Produktspezialitäten, Food-Tasting-Stationen sowie speziell gestaltete POS-Elemente sorgen Heinemanns Stores immer wieder für Überraschung und neue Inspirationen, die das Warten auf den Abflug in Anlehnung an die Sicht von Wöhler unterhaltsam überbrücken sollen.

> Die Konsumenten stellen sich selbst in den Mittelpunkt und ergreifen von da aus alle sich
> bietenden Möglichkeiten, d. h., sie sind bzw. halten sich selbst kontingent: Nicht festlegen
> und sich für Möglichkeiten offen halten ist das Lebens- und Kaufverhaltensprinzip. (Wöhler
> 2008, S. 9)

Es bleibt weiterhin festzustellen, dass Heinemann-Stores durch Standort und Reisesituationen keine typischen Umfelder für geplante Konsumhandlungen sind, denn in der Regel gibt es keinen sachlichen Grund, am Flughafen etwas zu kaufen. Außer einer möglicherweise vergessenen Zahnbürste, einer Zeitschrift, eines Buchs oder eines anderen Alltagsbedarfs besteht selten eine Notwendigkeit für einen Produktkauf.

Wir befinden uns also in einem Konsumbereich „des Zusätzlichen oder gar des Überflüssigen" (vgl. Wöhler 2008, S. 8), was für heutige Konsumgesellschaften mittlerweile in fast allen Bereichen und übergreifend Geltung hat, für das Shoppen an **Nicht-Shopping-Orten** – wie es Flughäfen beispielsweise sind – jedoch besonders.

Folglich ist davon auszugehen, dass Heinemann Stores deutlich weniger von klassischen Konsumenten mit festem Kaufvorsatz besucht werden, sondern vielmehr auf „Shopper" trifft, die in ihrer Kaufentscheidung unvoreingenommen sind und sich erst am POS zu einem Kauf inspirieren lassen.

Insbesondere für diese sehr volatilen Kunden spielen die in das Einkaufserlebnis integrierten **Kaufzusatz-Attribute** – Entertainment, Vergnügen, Amüsement, Überraschung, Drama oder Spaß – eine nicht unmaßgebliche Rolle.

Sucht man bei den Kunden mit einer solchen „Shopper Mentalität" nach den übergreifenden Beweggründen, einen Heinemann Store zu betreten, so zeichnet sich zwar ab, dass nach wie vor die günstigeren Preise sowie die charakteristischen Warengruppen im Duty-Free-Bereich übergeordnete Besuchsgründe sind. Als subjektive Shopping-Motive lassen darüber hinaus aus gemäß der Auffassung der Gebr. Heinemann jedoch Aspekte wie „Selbstbelohnung", „ein Mitbringsel kaufen" sowie das Überbrücken der Wartezeit bis zum Abflug festhalten.

Zu berücksichtigen ist auch hier das Reise-Verhalten der potentiellen Heinemann Kunden: Während der Durchschnittsflieger nur einmal pro Jahr eine Flugreise antritt, so rückt als wichtiges Kundensegment der Vielreisende bzw. der Geschäftsreisende in den Mittelpunkt des Interesses für Heinemann Stores. Dieser begegnet Heinemann nämlich regelmäßig, kann aber gleichzeitig vom Standard-Sortiment schnell gelangweilt werden und fordert somit die Stores heraus, durch gewisse Überraschungsmomente im Sortiment fortlaufend neue Anreize für den erneuten Shop Besuch zu setzen.

Bei aller Offenheit und aller Volatilität und Flexibilität, mit der Shopper wie Konsumenten heute agieren, ist für jede Strategie und jedes Konzept generell zu beachten, dass

Menschen neben Neuigkeitserwartungen und der ständigen Reizsuche eben auch von Gewohnheiten geleitet werden.

Das erfordert also eine Balance zwischen Innovation und der Erfüllung vorhandener Erwartungen auf der Basis von gelernten Schemata. Van Tongeren macht diesen Spagat deutlich: „All that retailers can do is to create a strong brand personality in an inspiring environment for both people on the run and those who shop for fun."(Tongeren 2003, S. 135)

Ein Kunde am Flughafen muss also in all seinen Bedürfnissen, Stimmungen und Erwartungen angeregt werden, egal wie schnell oder entspannt diese Person das Shopping erledigt oder zelebriert. Diese Stimmung heraus zu finden und dieser in einer massentauglichen Form zu entsprechen, ist die eigentliche Herausforderung einer Retail-Marke wie Heinemann.

Den unterschiedlichen Erwartungen Reisender kann begegnet werden, indem sich Heinemann an einzelnen Standorten auf Reise-Ströme aus bestimmten Ländern oder Kulturen einstellt. Ein übergeordnetes, inhaltlich wie visuell standardisiertes Markenkonzept mit einem einheitlich durchgängigen Auftritt und Portfolio jedoch kann Heinemann über alle Standorte hinweg kaum konsequent durchsetzen. Generell sind und bleiben Duty Free-Kunden im Allgemeinen und somit auch Heinemann-Kunden schwer zu definieren und erfordern entsprechend eine flexible Ausrichtung des Stores.

Zusätzlich lässt sich erkennen, dass das typische Duty-Free-Erlebnis, geprägt durch charakteristische Warengruppen sowie spezielle Angebote mit besonderem Preisvorteil und Duty-Free-Klassikern, trotz marken- und erlebnisorientierter Ausrichtung von Heinemann Stores nach wie vor einen weitaus bedeutenderen Stellenwert in der Kundenerwartung einnimmt als dies ursprünglich vermutet worden war.

4 Heinemann – eine Marke lädt ein

Mehr als alle anderen muss eine Retail-Marke also eine Bühne sein, auf der sich Angebot und Nachfrager begegnen und auf der Shopper und Kunden die Rolle eines Gastes haben. Neumann formuliert genau diesen Ansatz als Vorgabe für die Gestaltung von Konsum-Räumen:

> Die Einkaufsstätte bietet vielleicht die größten Möglichkeiten, eine Erlebnisstrategie für den Konsumenten oder besser für den „Gast" sichtbar umzusetzen (Neumann 2008, S. 27).

Das Geschäft, der Raum, die Umgebung, die Atmosphäre – all das muss auf den Kunden wirken und ihm das Gefühl vermitteln, hier entspannt und ohne Belastungen frei herum stöbern zu können, sich anregen zu lassen und eine persönliche Wohlfühl-Entscheidung zu treffen.

The longer a shopper remains in a store, the more he or she will buy. And the amount of time a shopper spends in a store depends on how comfortable and enjoyable the experience is (Underhill, zit. nach Tongeren 2003, S. 79).

Genau aus diesem Grund werden Markenstrategien im Handel heute so viel Bedeutung beigemessen. Mehr als 130 Jahre hat Gebr. Heinemann als Unternehmen im Handel und für den Handel gewirtschaftet. Erst mit dem 21. Jahrhundert beginnt die Neuausrichtung zum Markenunternehmen, zum „Marken-Retailer". Auf diesem Weg muss Heinemann versuchen, aus einem Konzept, das vor allem mit der Begrifflichkeit Duty Free belegt ist, auszubrechen bzw. den eigenen Namen derart fest mit einer Kompetenz in diesen Bereichen zu belegen, dass eine klare Identifizierung als eigenständige Marke in den Köpfen der Kunden verankert werden kann. Derzeit ist dies noch nicht vollständig gelungen.

Viele Aspekte der Markenführung sind berücksichtigt: Von der Kennzeichnung über das Heinemann-Logo und die klare Herkunft, über die Identität des Unternehmens bzw. der Marke als hanseatisches Familienunternehmen bis hin zu dem neuen eindrücklichen und konsistenten Auftritt zeigen die Outlets ein markantes Profil.

Für die Adressaten – die Besucher, die Shopper, die Kunden – ist eine eindeutige Zuordnung zur Händler-Marke Heinemann jedoch noch nicht einfach. Wenn man Asacker zustimmt in seiner Einschätzung „A brand is not a promise, it's an expectation." (Asacker 2005, S. 32), dann wird es für Heinemann noch ein langer Weg zur eindeutig positionierten und bekannten Marke.

Denn die Erwartungen der meisten Reisenden an Shopping im Flughafen oder anderen Reiseumfeldern dürfte nach wie vor vornehmlich darauf projiziert sein, Marken-Produkte zum vergünstigten Preis zu erhalten. Sie suchen nach den bekannten Kategorien und Marken, die sie am Flughafen gewohnheitsgemäß kaufen können. Dass der Händler Heinemann heißt und dieses Warensortiment maßgeblich mitbestimmt und dass es ein Heinemann-Umfeld ist, das sie als Kunden betreten, dürfte den meisten Menschen nicht bewusst sein.

So wurde in einer Marktforschung für die Gebr. Heinemann 2013 ermittelt, dass die Bekanntheit des Begriffs „Duty Free" bei 96 %, die Bekanntheit für „Heinemann Duty Free" unter den Reisenden jedoch nur bei 31 % liegt. Die Bezeichnung „Travel Value", die von Heinemann zur Ablösung des Duty-Free-Begriffs maßgeblich entwickelt wurde, ist bei ca. 75 % der befragten Reisenden nicht bekannt.

Wo das Bewusstsein für Marke und für eine Kategorie nicht vorhanden ist, können auch keine Erwartungen aufgebaut werden. Und damit ist eine schwierige Hürde für eine solche Retail-Marke beschrieben.

Heinemann geht den Weg, sich als „begehbare" Marke aufzustellen und im direkten Kontakt mit den Kunden fortlaufend Kontakt-Punkte zu schaffen. Der dreidimensionale Auftritt über die Stores als Markenplattform an den Reisedrehkreuzen ist eine Strategie, um genau das zu ermöglichen (siehe Abb. 1 und 2).

Parallel werden weitere Möglichkeiten geschaffen, eine Beziehung zum Shopper aufzubauen. Verschiedene Formate werden laufend getestet, um nicht nur den Kunden stilge-

Abb. 1 Einblick in den Heinemann Store durch das „Markentor" in den Geschäftsraum hinein Standort Hamburg. (Eigene Aufnahmen 2014)

recht und im Markensinne einzuladen, sondern ihn in seinen Einkaufswünschen auch bis ans Gate zu begleiten, ihm mobile Lösungen anzubieten und alle Kanäle zu nutzen, über die Reisende zu erreichen sind. Markus Ettlin, Director Marketing bei Gebr. Heinemann beschreibt dies im Januar 2014 im in einem persönlichen Statement so: „Wir gehen mit Pionierleistungen voran" und stellt schon jetzt fest, dass Elemente des neuen Auftritts im Wettbewerbsumfeld kopiert werden.

Abb. 2 Blick auf die Heinemann-Außenfassade im Laufbereich zu den Gates Standort Hamburg. (Eigene Aufnahmen 2014)

Was jedoch nicht kopierbar ist, ist die Positionierung von Heinemann, die eine Mischung ist aus „geballte(r) Ladung hanseatischer Tradition, gepaart mit einem ausgeprägten Sinn für erfolgsorientierte Zukunftsfähigkeit" (Hertel 2008). Innovationsfähigkeit und der Wille, sich mit Kundenansprüchen auseinanderzusetzen, prägen das Unternehmen und eben die Marke, die über diese Haltung den Weg finden muss, die lange wirksamen Gewohnheiten bei Menschen aufzubrechen und „Top-of-Mind" bei ihrer Kundschaft werden zu können.

Um nicht nur als Unternehmen, sondern in Zukunft auch immer stärker als differenzierte und begehrte Marke auftreten zu können, wird es immer wichtiger sein, im Kontext des Shoppens, des Inspirierenlassens, der positiven Erlebnisse im Verlauf des Einkaufens usw. einen Eindruck zu hinterlassen, der dieses ganzheitliche Gefühl vermittelt.

> Your brand should be like a club that your audience aspires to join. (Asacker 2005, S. 89)

Für Gebr. Heinemann ist dieser Anspruch nicht einfach durchzusetzen. Die jüngste Vergangenheit hat gezeigt, dass in dem Reise-Umfeld, in dem Heinemann auftritt, besondere Erwartungen seitens der Reisenden vorherrschen, die sich mit einer starken Retail-Marke alleine kaum beantworten lassen. Es wird eine Herausforderung für den Duty-Free-Markt und die dort aktiven Unternehmen bleiben, unter den sich stark wandelnden Markt-Bedingungen im Handel eine eigenständige und erfolgreiche Strategie zu besetzen bzw. weiter zu entwickeln, mit der Kunden generiert, überzeugt und auch an die Retail-Marke gebunden werden können.

Die Autoren

Prof. Dr. Gabriela Rieck ist seit September 2015 als Professorin für Marketing an der AMD, dem Fachbereich Design in der Hochschule Fresenius, tätig. Zuvor lehrte und forschte sie als Hochschul-Professorin an der Macromedia Hochschule Hamburg im Studiengang Medienmanagement/Studienrichtung Markenkommunikation und Werbung. Darüber hinaus berät sie Unternehmen in der strategischen Markenführung und erarbeitet kreative Kommunikations-Konzepte. Ihr Schwerpunkt ist die Entwicklung von Marken in einem Übergang von der klassischen Konsum-Industrie hin zu einer multioptionalen Gesellschaft auf der Suche nach Orientierung in allen Märkten.

Marco Velten ist Bachelor-Absolvent der Macromedia Hochschule Hamburg im Studiengang Medienmanagement mit Schwerpunkt Markenkommunikation und Werbung. Seit Anfang 2015 leitet Marco Velten die Marketingabteilung von eGym, einem aufstrebenden Münchener Unternehmen der Fitnessbranche und forciert in einer dynamischen Wachstumsphase den Aufbau einer unterscheidungskräftigen Marke. Zuvor entwickelte er in selbstständigen Projekten Marken- und Kommunikationskonzepte, um Markenstrategien im Umfeld dynamischer Business-Umfelder zielgruppenorientiert weiterzuentwickeln.

Literatur

Ahlert, D., & Kenning, P. (2005). Das Handelsunternehmen als Marke. In F. R. Esch (Hrsg.), *Moderne Markenführung: Grundlagen. Innovative Ansätze. Praktische Umsetzungen* (4. Aufl. S. 1187–1208). Wiesbaden: Gabler Verlag.

Asacker, T. (2005). *A clear eye for branding. Straight Talk on Today's Most Powerful Business Concept*. New York: Paramount.

Avery, J., Steenburgh, T. J., Deighton, J., & Caravella, M. (2012). Adding Bricks to Clicks: Predicting the Patterns of Cross-Channel Elasticities Over Time. *Journal of Marketing, 76*(3), 96–111.

Cho, D., & Trinica, B. (2012). The Future of Retail: From Renvenue Generator to R&D Engine. *Rotman Magazine*, (Winter 2012), 47–51.

Esch, F.-R. (2010). *Strategie und Technik der Markenführung*. München: Vahlen.

Gebr . Heinemann (2014). *Unternehmen*. https://www.gebr-heinemann.de/de/company. Zugegriffen: 10. März 2014

Grundmann, K., & Wiedemann, D. (2001). *Design im Verkaufsraum. Strategie der Verkaufsraumplanung*. Frankfurt/Main: Deutscher Fachverlag.

HDE, & PWC (2013). *Entwicklung des Online-Handels in Deutschland. Analyse der Branchensektoren*. http://www.einzelhandel.de/images/E-Commerce/HDE-PwC_Studie_2013.pdf. Zugegriffen: 13. März 2014

Herbrand, N. O. (2008). *Schauplätze dreidimensionaler Markeninszenierung: Innovative Strategien und Erfolgsmodelle erlebnisorientierter Begegnungskommunikation*. Stuttgart: Edition Neues Fachwissen GmbH.

Hertel, M. (2008). Die Grenzgänger. Quartier 01, April–Mai 2008. *Magazin für HafenCity, Speicherstadt und Katharinenviertel*. http://quartier-magazin.com/quartier01/die-grenzganger. Zugegriffen: 14. März 2014

Kapferer, J.-N. (2013). *The New Strategic Brand Management. Advanced Insights & Strategic Thinking* (5. Aufl.). London: Kogan Page.

Kilian, K. (2008). Vom Erlebnismarketing zum Markenerlebnis. Wie und warum Erlebnisse und Marken einander bereichern können. In N. O. Herbrand (Hrsg.), *Schauplätze dreidimensionaler Markeninszenierung. Innovative Strategien und Erfolgsmodelle erlebnisorientierter Begegnungskommunikation* (S. 29–68). Stuttgart: Edition Neues Fachwissen.

Metro (2012). Handelskonzepte im Wandel. Vom Duty-free-Handel zum Airport Retailing. *Zum Handeln geschaffen. Das Magazin für Handelswissen*. Metro AG. http://www.zumhandelngeschaffen.de/internet/site/handelsportal/get/326928/12-09-07-duty-free-de.pdf. Zugegriffen: 12. März 2014

Mikunda, C. (2005). *Der verbotene Ort oder Die inszenierte Verführung. Unwiderstehliches Marketing durch strategische Dramaturgie*. Frankfurt/Main: Redline Wirtschaft.

Neumann, D. (2008). Die Marke auf dem Weg zum Erlebnis. Trend Erlebnisgesellschaft und Erlebnismarketing. In N. O. Herbrand (Hrsg.), *Schauplätze dreidimensionaler Markeninszenierung. Innovative Strategien und Erfolgsmodelle erlebnisorientierter Begegnungskommunikation* (S. 13–28). Stuttgart: Edition Neues Fachwissen.

Nitt-Drießelmann, D. (2013). *Einzelhandel im Wandel*. http://www.hwwi.org/fileadmin/hwwi/Publikationen/Partnerpublikationen/HSH/2013_05_23_HSH_HWWI_Einzelhandel.pdf. Zugegriffen: 20. März 2014

PWC (2011). *Customers Take Control: How the Multi-Channel Shopper is Changing the Global Retail Landscape, New York.* http://www.pwc.com/gx/en/retail-consumer/retail-consumer-publications/global-multi-channel-consumer-survey/assets/2011-multi-channel-survey.pdf. Zugegriffen: 20. März 2014

Riekhoff, H.-C. (2004). Strategische Herausforderungen für das Retail Business. In H.-C. Riekhoff (Hrsg.), *Retail Business in Deutschland. Perspektiven, Strategien, Erfolgsmuster* (S. 3–30). Wiesbaden: Gabler.

Rigby, D. (2011). *The Future of Shopping.* http://hbr.org/product/the-future-of-shopping/an/R1112C-PDF-ENG. Zugegriffen: 20. März 2014

Rittinger, S. (2013). *Cross-Channel Retail Branding. Eine verhaltenswissenschaftliche Untersuchung in Deutschland, Frankreich und Großbritannien.* Wiesbaden: Springer-Gabler.

van Tongeren, M. (2003). *Retail Branding. From Stopping Power to Shopping Power.* Amsterdam: BIS Publishers.

Wöhler, K. (2008). Erlebnisgesellschaft – Wertewandel, Konsumverhalten und -kultur. In N. O. Herbrand (Hrsg.), *Schauplätze dreidimensionaler Markeninszenierung. Innovative Strategien und Erfolgsmodelle erlebnisorientierter Begegnungskommunikation* (S. 3–12). Stuttgart: Edition Neues Fachwissen.

Zentes, J., & Morschett, D. (2005). Retail Branding als strategische Markenpolitik des Handels. In F. R. Esch (Hrsg.), *Moderne Markenführung: Grundlagen. Innovative Ansätze. Praktische Umsetzungen* (4. Aufl. S. 1139–1155). Wiesbaden: Gabler Verlag.

Online Employer Branding am Beispiel der Robert Bosch GmbH

Michael Langner

Zusammenfassung

Die Gewinnung und Bindung von qualifiziertem Nachwuchs ist ein entscheidender Faktor für den langfristigen Unternehmenserfolg. Dafür müssen Unternehmen die Aufmerksamkeit und das Interesse bei Vertretern der jüngeren Generation wecken, weshalb der Aufbau bzw. die Weiterentwicklung einer attraktiven Arbeitgebermarke von höchster Bedeutung ist (Klaffke und Parment 2011, S. 16). Wurde die Arbeitgebermarke früher hauptsächlich über Kommunikationskanäle wie Print-Medien (Stellenanzeigen, Imagekampagnen) und über persönliche Kontakte auf (Hochschul-)Messen aufgebaut, wird seit einigen Jahren aufgrund sich veränderter Mediennutzung die digitale Kommunikation immer wichtiger. Hierzu gehören die eigene Karriere-Homepage, Online Kooperationen mit Hochschulen und Karriere-Netzwerken, Unternehmensprofile und Social Media Communities. Gerade letztgenannte werden auf Grund der hohen Reichweite immer bedeutsamer. Dieses Potential sollten Unternehmen nutzen, um das eigene Image als Arbeitgeber positiv zu prägen. Ebenfalls kann durch die hohe Reichweite der sozialen Netzwerke die Bekanntheit der Unternehmens- bzw. Arbeitgebermarke deutlich erhöht werden. Um dies zu realisieren, sind aber auch erhöhte Ressourcen notwendig und jedes Unternehmen muss je nach Größe genau abwägen, welche Online Strategie und welche Ziele beim Employer Branding verfolgt werden. Dieser Beitrag gibt einen Einblick, wie Bosch die Karriere Homepage und ausgewählte Social Media Communities nutzt, um sich als attraktiver Arbeitgeber zu positionieren.

1 Einleitung

Wie nehmen aktuelle und potentielle Mitarbeiter einen Arbeitgeber wahr? Wie werden Studierende, Berufseinsteiger sowie Fach- und Führungskräfte auf ein Unternehmen aufmerksam? Und was führt letztlich zu der Entscheidung, sich bei einem bestimmten Arbeit-

Michael Langner ✉
Gerlingen-Schillerhöhe, Deutschland
e-mail: michael.langner@de.bosch.com

© Springer Fachmedien Wiesbaden 2016
S. Regier et al. (Hrsg.), *Marken und Medien*, DOI 10.1007/978-3-658-06934-6_29

geber zu bewerben? Die Unternehmens- bzw. Markenbekanntheit spielt hier eine große Rolle. Doch nur weil die Leistungen eines Unternehmens bekannt sind, bedeutet dies noch nicht automatisch, dass es dadurch als attraktiver Arbeitgeber wahrgenommen wird.

Vor dem Hintergrund des durch den demografischen Wandel bedingten Fachkräftemangels und größeren internationalen Wettbewerbs ist es für Unternehmen unabdingbar, die besten Talente zu finden und zu halten. Mit einer auf die Unternehmensstrategie abgestimmten Employer Branding Strategie[1] können Unternehmen ihr Ziel erreichen erste Wahl („Employer of Choice") zu werden. Wie Stotz und Wedel-Klein (2013, S. 8) beschreiben, ist Employer Branding „somit eine für jedes Unternehmen individuelle Aufgabe, die von unterschiedlichen Rahmenbedingungen geprägt ist."

Potenzielle Mitarbeiter sollen den Arbeitgeber spannend und perspektivisch reizvoll finden und somit unbedingt Teil des Unternehmens werden wollen. Für Unternehmen ist es dabei wichtig, ihre USP (Unique Selling Proposition) herauszuarbeiten und zu kommunizieren, da sie sich so von ihren Mitbewerbern differenzieren können (Schuhmacher und Geschwill 2014, S. 34). Für den nachhaltigen Aufbau und die Pflege einer Arbeitgebermarke ist zu beachten, dass nichts versprochen werden sollte, was im Unternehmen nicht eingehalten werden kann. Radermacher (2013, S. 14 ff.) beschreibt ausführlich die Risiken und Chancen des **Employer Branding**s und wie ein über lange Zeit aufgebautes positives Arbeitgeberimage innerhalb kürzester Zeit großen Schaden nehmen kann. Der Imageverlust als Arbeitgeber kann sich dabei nicht nur auf die Neueinstellungen auswirken, sondern auch zu einer Mitarbeiterabwanderung führen.

Für den Aufbau und die Umsetzung der Arbeitgebermarke setzen Unternehmen neben den klassischen Kommunikationskanälen verstärkt auf Online Communities. Das im Januar 2008 in Deutschland gestartete Social Media-Netzwerk Facebook hatte im Januar 2010 bereits 5,75 Mio. aktive Nutzer. Vier Jahre später hat sich die Anzahl aktiver deutscher Nutzer auf 27,38 Mio. fast verfünffacht (Statista 2014). Dadurch entsteht ein enormes Potential, um die gewünscht Zielgruppe zu erreichen und sich ein positives Image als Arbeitgeber aufzubauen. Über 80 Prozent der 53.000 Fans der Bosch Facebook Karriere Seite sind z. B. im Alter zwischen 18 und 34 Jahren (Stand: Juli 2015). Dabei sollte die Online Kommunikation aber auch mit den traditionellen Methoden des Employer Brandings abgestimmt sein, damit nach außen ein einheitliches Auftreten erkennbar ist und strategisch wichtige Botschaften eine höhere Reichweite bewirken. In einigen Bereichen wie z. B. dem Hochschulmarketing müssen zudem die traditionellen Themen (wie z. B. Präsenz auf Messen) mit den Online Maßnahmen (wie z. B. Hochschulnetzwerke) abgestimmt werden. Unternehmen sind dabei mit neuen Technologien, Kommunikationsformen und Social Media-Kanälen konfrontiert, auf welche sie sich schnell und flexibel einstellen müssen. Dabei sollte eine klare Strategie erkennbar sein, wie ein Unternehmen im digitalen Raum wahrgenommen werden will.

---

[1] Ein idealtypischer Aufbau des Employer Branding-Prozesses ist zu finden bei Stotz und Wedel-Klein (2013, S. 79 ff.).

Die **Unternehmensmarke** Bosch ist in Deutschland nachweislich sehr stark, was sich positiv auf den Markt für Nachwuchskräfte auswirkt. Die Bekanntheit von Bosch als Arbeitgeber liegt in Deutschland bei den für Bosch wichtigen Hochschulen bei nahezu 100 %. Von Beginn an wurde bei der Planung der Employer Branding-Strategie die Abteilung Corporate Marketing Communications in den Prozess mit eingebunden. Eine Marke darf dabei jedoch nicht als ein festes Gebilde gesehen werden, welches, einmal professionell aufgebaut, fortwährend Bestand hat. Vielmehr muss sich diese flexibel den Veränderungen im Unternehmen anpassen und somit regelmäßig überprüft und ggf. deren Ausrichtung geändert werden. Ein Beispiel, wie sich die Unternehmensmarke Bosch in den letzten Jahren verändert hat, ist die immer größer werdende Bedeutung der Suche nach Fachkräften im IT-Bereich. So ist z. B. vielen Studierenden nicht bewusst, dass bei Bosch mittlerweile ca. 1/3 aller Stellen im IT- und IT-nahen Umfeld ausgeschrieben sind und Bosch verstärkt in diesem Bereich gute Berufseinsteiger und Fach- und Führungskräfte sucht. Auch zeichnen sich tiefgreifende Veränderungen durch die zunehmende Vernetzung von Dingen und Dienstleistungen („Internet of Things") über das Internet ab. Deshalb treibt Bosch die Vernetzbarkeit seiner Produkte und Lösungen in allen Unternehmensbereichen konsequent voran. Da Bosch dabei vor allem im Business-to-business (B2B) Bereich tätig ist, ist dieser Wandel bei potentiellen Bewerbern zum Teil noch nicht bekannt. Dementsprechend muss die Employer Branding-Strategie angepasst und die Personalmarketingmaßnahmen verändert werden, um bei der Zielgruppe als attraktiver IT-Arbeitgeber wahrgenommen zu werden.

In den folgenden Kapiteln wird dazu erst das Unternehmen Bosch vorgestellt und eine Abgrenzung der Begriffe „Employer Branding" und „Personalmarketing" vorgenommen. In dem anschließenden Praxisbeispiel wird aufgezeigt, welche Online Communities im Personalmarketing bei Bosch genutzt werden und wie diese die Wahrnehmung als attraktiver Arbeitgeber verbessern. Dabei wird aufgrund der Komplexität nur auf den Online Bereich des Bosch Personalmarketings mit einem Schwerpunkt auf den Social Media-Kanälen eingegangen. Andere Bereiche wie z. B. der Print-Bereich, das Hochschulmarketing, die Betreuung der verschiedenen Einstiegsprogramme etc. werden an dieser Stelle nicht erläutert. Zum Schluss wird ein Ausblick über zukünftige Schwerpunktthemen im Bereich Online Employer Branding aufgezeigt.

2 Das Unternehmen Bosch

Die Bosch-Gruppe ist ein international führendes Technologie- und Dienstleistungsunternehmen mit weltweit rund 360.000 Mitarbeitern (Stand: 01.04.2015). Sie erwirtschaftete im Geschäftsjahr 2014 einen Umsatz von 49 Milliarden Euro[2].

---

[2] Im Umsatzausweis 2014 sind die zwischenzeitlich komplett übernommenen bisherigen Gemeinschaftsunternehmen BSH Bosch und Siemens Hausgeräte GmbH (heute: BSH Hausgeräte GmbH) und ZF Lenksysteme GmbH (heute: Robert Bosch Automotive Steering GmbH) nicht enthalten.

Die Aktivitäten gliedern sich in die vier Unternehmensbereiche Mobility Solutions, Industrial Technology, Consumer Goods sowie Energy and Building Technology (Abb. 1).

Die Bosch-Gruppe umfasst die Robert Bosch GmbH und ihre rund 440 Tochter- und Regionalgesellschaften in rund 60 Ländern. Inklusive Handels- und Dienstleistungspartnern ist Bosch in rund 150 Ländern vertreten. Dieser weltweite Entwicklungs-, Fertigungs- und Vertriebsverbund ist die Voraussetzung für weiteres Wachstum. Im Jahr 2014 meldete Bosch weltweit rund 4600 Patente an. Strategisches Ziel der Bosch-Gruppe sind Lösungen für das vernetzte Leben. Mit innovativen und begeisternden Produkten und Dienstleistungen verbessert Bosch weltweit die Lebensqualität der Menschen. Bosch bietet „Technik fürs Leben" (Bosch Corporate Homepage 2015).

Neben der Marke Bosch gehören noch eine Vielzahl weiterer Marken zum Konzern, z. B. BSH, Junkers, Buderus, Skil, Dremel, Rexroth, Beissbarth.

Das Unternehmen wurde 1886 als „Werkstätte für Feinmechanik und Elektrotechnik" von Robert Bosch (1861–1942) in Stuttgart gegründet. Die gesellschaftsrechtliche Struktur der Robert Bosch GmbH sichert die unternehmerische Selbstständigkeit der Bosch-Gruppe. Sie ermöglicht dem Unternehmen, langfristig zu planen und in bedeutende Vorleistungen für die Zukunft zu investieren. Die Kapitalanteile der Robert Bosch GmbH liegen zu 92 Prozent bei der gemeinnützigen Robert Bosch Stiftung GmbH. Die Stimmrechte hält mehrheitlich die Robert Bosch Industrietreuhand KG; sie übt die unternehmerische Gesellschafterfunktion aus. Die übrigen Anteile liegen bei der Familie Bosch und der Robert Bosch GmbH (Robert Bosch GmbH 2014, A.3).

3   Begriffsdefinition Employer Branding und Personalmarketing

Oft wird der Begriff „Employer Branding" („Arbeitgebermarkenbildung") zu Unrecht synonym für „Personalmarketing" verwendet. An dieser Stelle wird deshalb zu Beginn näher auf die jeweilige Definition und auf die Unterscheidung der beiden Begriffe eingegangen.

Die Deutsche Employer Branding Akademie (DEBA) hat für „Employer Branding" folgende Definition festgelegt:

> Employer Branding ist die identitätsbasierte, intern wie extern wirksame Entwicklung und Positionierung eines Unternehmens als glaubwürdiger und attraktiver Arbeitgeber (DEBA 2006).

Das Kompetenznetzwerk für innovatives Employer Branding QUEB (Quality Employer Branding), ein Zusammenschluss von 46 Unternehmen (Stand: Juli 2015), hat folgende Definition festgelegt:

> Employer Branding hat zum Ziel, in den Wahrnehmungen zu einem Arbeitgeber eine unterscheidbare, authentische, glaubwürdige, konsistente und attraktive Arbeitgebermarke auszubilden, die positiv auf die Unternehmensmarke einzahlt (QUEB 2014).

Mobility Solutions
(vormals Kraftfahrzeugtechnik)
Gasoline Systems
Diesel Systems
Chassis Systems Control
Electrical Drives
Starter Motors and Generators
Car Multimedia
Automotive Electronics
Automotive Aftermarket
Automotive Steering[1]

Industrial Technology
(vormals Industrietechnik)
Drive and Control Technology[2]
Packaging Technology

Consumer Goods
(vormals Gebrauchsgüter)
Household Appliances[3]
Power Tools

Energy and Building Technology
(vormals Energie- und Gebäudetechnik)
Thermotechnology
Security Systems

[1] Robert Bosch Automotive Steering GmbH (vormals ZF Lenksysteme GmbH bzw. Geschäftsbereich
Steering Systems; 2014 mittels Equity-Methode in den Abschluss einbezogen; Komplettübernahme
30.01.2015)
[2] Bosch Rexroth AG (100 % Bosch)
[3] BSH Hausgeräte GmbH (vormals BSH Bosch und Siemens Hausgeräte GmbH,
2014 mittels Equity-Methode in den Abschluss einbezogen; Komplettübernahme 05.01.2015)

Abb. 1 Unternehmensbereiche der Bosch-Gruppe

Bei der Definition von Queb lässt sich bereit erahnen, dass es einen starken Zusammenhang zwischen der Unternehmensmarke und der Arbeitgebermarke geben kann (aber nicht muss).

Demgegenüber wird bei QUEB unter Personalmarketing folgendes verstanden:

> Personalmarketing hat zum Ziel, die Bewerberzielgruppen zu finden, zu erreichen, für das Unternehmen zu interessieren, zu begeistern, zu binden und zu passenden Bewerbungen zu motivieren (QUEB 2014).

Demnach liegt der Schwerpunkt beim **Personalmarketing** vor allem in der operativen Gewinnung von neuen Mitarbeitern für ein Unternehmen. Je nach Definitionsauslegung gibt es auch eine interne Komponente: die erfolgreiche Bindung und Weiterentwicklung von Mitarbeitern. Beim **Employer Branding** steht die Ausrichtung als attraktiver Arbeitgeber über alle Kommunikations- und Marketingwege im Vordergrund, sodass hier ein ganzheitlicher Ansatz und eine langfristige Strategie über alle Unternehmensbereiche angestrebt werden[3].

4   Praxisbeispiel Online Employer Branding bei Bosch

> Von einem Haus wie dem unserigen erwartet man geschmacklich gute, vornehme Reklame und unter Wahrung dieser Eigenschaften muß sie auch einheitlich sein. Sie soll, ebenso wie unsere Ware, einen besonderen Charakter, einen guten Stil haben. [...] So wie der Name „Bosch" nur auf guter Ware stehen darf, darf er auch nur im Zusammenhang mit guten Werbeäußerungen erscheinen (Bosch 1919, S. 102).

In diesem Kapitel wird aufgezeigt, welche Online Maßnahmen seitens Bosch durchgeführt werden, um das Unternehmen als glaubwürdigen und attraktiven Arbeitgeber zu positionieren. Durch die Nutzung von **Social Media** soll dabei erreicht werden, dass Bosch eine hohe Reichweite mit für das Unternehmen strategisch wichtigen Themen erhält. Bosch bietet heute vielfältige Produkte und Dienstleistungen in den Bereichen Mobility Solutions, Industrial Technology, Consumer Goods sowie Energy and Building Technology an. Bosch ist somit weit mehr als nur der Akku-Schrauber, die Waschmaschine oder die Zündkerze. Gerade dieser Wandel ist nur bei einem Teil der Zielgruppe bekannt, weshalb Bosch alle Kommunikationskanäle nutzt, um diese Vielfalt zu zeigen und dadurch auch die Attraktivität als Arbeitgeber zu erhöhen. Mit fest definierten Arbeitgeberkernbotschaften[4] werden die Alleinstellungsmerkmale von Bosch weltweit einheitlich kommuniziert. Die Ausrichtung dieser Botschaften erfolgt u. a. durch eine zweijährige Umfrage unter Studierenden an für Bosch wichtigen Hochschulen. Daraus lassen sich zielgerichtete Personalmarketing-Maßnahmen ableiten, welche anhand des Personalwerbekonzepts

---

[3] Eine detaillierte Unterscheidung der beiden Begriffe findet sich im Blogbeitrag von Dominik Hahn (2011).
[4] „Warum zu Bosch?" (Bosch Karriere Homepage 2015)

umgesetzt werden. Langfristig wird so eine international tragfähige Arbeitgebermarke aufgebaut (Schrödl et al. 2013, S. 95 ff.).

> Diese starke Arbeitgebermarke soll nicht nur die Unternehmensbekanntheit erhöhen, sondern vor allem dazu führen, dass Bosch zum relevanten Arbeitgeber und, wenn möglich, sogar zur ersten Wahl wird (Kabst et al. 2009, S. 22 f.).

In dem folgenden Abschnitt wird der Aufbau des HR Online Teams und der Bosch HR Communities vorgestellt. Darauf folgend wird dargestellt, warum eine gute Zusammenarbeit mit der Unternehmenskommunikation, Corporate Marketing Communications und weiteren Abteilungen wichtig sind. Im Anschluss wird auf die einzelnen Social Media Kanäle eingegangen und aufgezeigt, wie diese für ein erfolgreiches Employer Branding genutzt werden können. Um die Social Media Communities zu bespielen, wird eine Content-Strategie benötigt, da die Inhalte entscheidend dafür sind, wie gut eine Community funktioniert („Content is King"). Anschließend wird auf die Krisenkommunikation eingegangen und wie dabei die Prozesse bei Bosch ablaufen. Zum Schluss werden die Ressourcen aufgezeigt, welche für die Nutzung von Online Kanälen benötigt werden und dargestellt, warum Mitarbeiter die besten Markenbotschafter sind.

4.1 Aufbau des HR Online Teams und der Bosch Social Media Communities

Im Jahr 2010 wurde bei Bosch im Bereich **Human Resources Management** – Personnel Marketing and Relationship Management mit der Planung für ein erweitertes Online Team begonnen, um so dem verstärkten Aufkommen von Social Media-Aktivitäten gerecht zu werden und um die neuen Communities professionell zu betreuen. Mit Unterstützung einer Agentur wurde anschließend die HR Social Media-Strategie festgelegt und die geplanten Social Media Communities eingerichtet.

Dabei mussten auch einige Hürden genommen werden. Beispielsweise musste gewährleistet werden, dass bei Kommentaren/Anfragen auf Facebook eine schnelle Antwort sichergestellt werden kann. Dafür muss auch geklärt sein, dass sich alle für diese Antwort benötigten Personen (Vorgesetzte, Unternehmenskommunikation etc.) schnell abstimmen (Abschn. 4.5 Krisenmanagement). Ebenfalls ist es wichtig, sämtliche Vorgesetzte über das Thema Social Media aufzuklären und alle Vor- und Nachteile offen darzulegen. Dazu werden bei Bosch seit 2012 Führungskräfte zum Thema Enterprise 2.0 u. a. mit einem Reverse Mentoring Programm geschult, bei welchem Social Media erfahrene, meist jüngere Mitarbeiter ihre Erfahrungen an weniger affine Führungskräfte weitergeben.

4.2 Zusammenarbeit zwischen Human Resources, Unternehmenskommunikation und Corporate Marketing Communications

Mit dem neuen HR Online Team wurde auch die Zusammenarbeit mit Abteilungen wie der Unternehmenskommunikation und Corporate Marketing Communications erhöht. Dafür findet ein wöchentlicher Austausch über aktuelle Themen wie z. B. Veränderungen auf den Social Media-Profilen, Abstimmung bzgl. Corporate Guidelines/Vorgaben etc. statt. Zum anderen werden redaktionelle Themen besprochen, welche kurzfristig pro Woche anfallen bzw. langfristig geplant werden.

Die Ziele der externen Kommunikation werden dabei mit HR abgestimmt, sodass nach außen hin eine einheitliche Markenwahrnehmung sichergestellt ist. Auf den Social Media-Kanälen der Unternehmensmarke wie z. B. die Facebook Seite von Bosch Global (2015) liegt der Schwerpunkt der Kommunikation auf dem Bereich „Innovation", während im Personalmarketing der Schwerpunkt auf der Jobvielfalt und der Vorstellung der an dem Projekt beteiligten Mitarbeitern liegt.

Ebenfalls werden Marketing Kampagnen miteinander abgestimmt, um Synergien optimal zu nutzen und extern einheitlich aufzutreten. So wurde z. B. die Kampagne „Bosch World Experience 2014"[5] von Corporate Marketing Communications geplant und gesteuert und in enger Zusammenarbeit mit der Unternehmenskommunikation und dem Personalmarketing weltweit ausgespielt.

Darüber hinaus gibt es einen regelmäßigen Austausch mit der Presse-Abteilung und zusammen mit der Unternehmenskommunikation regelmäßige Telefonkonferenzen mit den Geschäftsbereichen und Tochtergesellschaften der Robert Bosch GmbH.

4.3 Bosch HR Social Media-Kanäle

Mittlerweile gibt es eine große Auswahl an Social Media-Kanälen, welche Unternehmen für ihre Ziele nutzen können[6]. Jedes Unternehmen setzt dabei je nach Größe, vorhandener Ressourcen und Zielen andere Schwerpunkte. Die meisten Unternehmen decken im Bereich Personalmarketing zuerst die Social Media-Plattformen mit den größten Fanzahlen in Deutschland ab. Je nach Zielgruppe ist es aber auch sinnvoll, in Communities zu investieren, welche nur eine geringe Reichweite haben. Dabei muss zu Beginn genau geprüft werden, ob im Unternehmen die benötigten Kapazitäten und Budgets vorhanden sind, um eine oder mehrere Social Media Communities langfristig zu betreuen.

---

[5] Bei der Bosch World Experience 2014 konnten sich weltweit Interessierte für eine zweiwöchige Reise zu 6 verschiedenen Stationen auf 3 Kontinenten bewerben. An den Stationen konnten die Gewinner Projekte von Bosch live erleben und darüber berichten. Die Kampagne soll zeigen, an welchen spannenden Großprojekten Bosch arbeitet und wo überall Bosch Technik zu finden ist.
[6] Eine Übersicht gibt das Social Media-Prisma: Ethority (2014).

Bei Bosch wurden die Social Media-Kanäle in den letzten Jahren sukzessive um neue Communities erweitert bzw. einzelne Plattformen ausgebaut. Wichtigster Kanal ist dabei die Bosch-Karriere-Facebook-Seite. Aber auch die Business-Netzwerke **Xing** und **LinkedIn** werden durch steigende Nutzerzahlen immer wichtiger. Gerade vor dem Aspekt des aktiven Rekrutierens können Mitarbeiter, welche dem eigenen Unternehmensprofil eines Business-Netzwerks folgen, für die Verbreitung von Unternehmensneuigkeiten und Jobangeboten genutzt werden. Das Arbeitgeberbewertungsportal **kununu** verzeichnet ebenfalls in den letzten Jahren stetig steigende Besucherzahlen. Durch die immer stärkere Einbindung in Xing und die gute Auffindbarkeit in Suchmaschinen steigt somit der Einfluss dieser Plattform auf die Wahrnehmung als attraktiver Arbeitgeber. Das Video-Portal YouTube bietet sich sehr gut für die Darstellung sämtlicher HR-Videos an und von anderen Communities, wie z. B. Facebook oder Xing, darauf zu verlinken.

Den Kern aller Social Media-Aktivitäten stellt dabei die Bosch Karriere Webseite dar. Wie in Abb. 2 zu sehen ist, zielen die einzelnen Social Media-Kanäle darauf ab die Besucherzahlen auf der Bosch- Karriere-Webseite zu erhöhen. Auf dieser finden Bewerber alle Informationen rund um den Einstieg bei Bosch sowie alle offenen Stellenangebote der Bosch-Gruppe. Ebenfalls wird die Karriere-Seite zunehmend dafür genutzt die für die Marke wichtigen Themen (Abb. 3) u. a. auf der Startseiten-Bühne und im News-Bereich zu platzieren. In einem News-Beitrag kann dann wieder auf passende Beiträge in den Social Media Communities wie Facebook oder auf YouTube verlinkt werden.

Bei der Nutzung von Social Media-Plattformen sollte beachtet werden, dass die Auswahl an Social Media Communities eines Unternehmens austauschbar sein sollte und es viel mehr darauf ankommt, unternehmensintern fachliche Kompetenz und schlanke Prozesse aufzubauen. Die Social Media-Welt wird sich in den nächsten Jahren weiterhin rasant weiterentwickeln und Plattformen, welche heute aus dem Alltag nicht wegzudenken sind, können in einigen Jahren bereits wieder verschwunden sein. Mit dem richtigen internen Know-how und Budget können sich Unternehmen jedoch auch schnell neuen Bedingungen anpassen. Dabei ist ebenfalls zu beachten, dass der Content, welchen Bosch die letzten drei Jahre z. B. auf der Bosch-Karriere-Facebook-Seite erstellt hat, auf den Servern von Facebook liegt. Sollte Facebook (oder analog jegliche andere Social Media Community) seine Dienste abschalten, wären somit auch sämtlicher Content und damit auch sämtliche Kontakte verloren. Dies ist ein weiterer Grund dafür, warum trotz der immer wichtiger werdenden Social Media Communities weiterhin die eigene Karriere Webseite zentrale Anlaufstelle für alle Bewerber sein sollte. Dies muss jedem Unternehmen bewusst sein, welches Ressourcen in Social Media-Aktivitäten investiert.

Damit Bosch nach außen hin einheitlich wahrgenommen wird, müssen die Social Media-Profile, z. B. auf kununu, regelmäßig überprüft und zu einem Profil zusammengeführt werden. Da Bosch sehr dezentral aufgestellt ist, wird dadurch ein einheitliches und professionelles Auftreten aller Bosch Geschäftsbereiche und Tochtergesellschaften sichergestellt. Dies zahlt sich auf die konsistente Wahrnehmung der Marke Bosch ein.

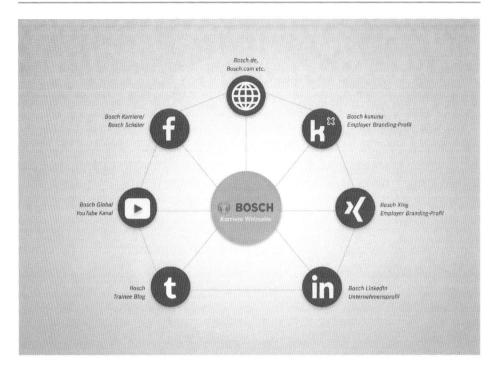

Abb. 2 Beispielhafte Vernetzung der Bosch Karriere Website und der Bosch Social Media Kanäle

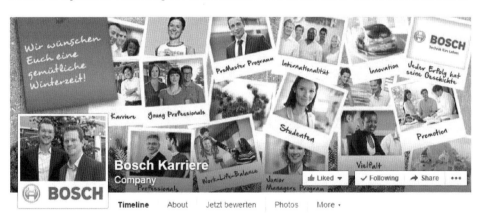

Abb. 3 Facebook Seite von Bosch Karriere. (Stand: Dezember 2014)

Um auf das HR Social Media-Angebot aufmerksam zu machen, gibt es auf der Bosch-Karriere-Webseite unter www.bosch-career.de/SocialMedia eine Übersicht aller betreuten Communities. Im Footer der Homepage sind diese noch einmal auf jeder Seite eingebunden.

4.3.1 Facebook

Die Facebook-Seiten „Bosch Karriere" und „Bosch Schüler" bieten die Möglichkeit, Bosch auf moderne Weise zu präsentieren und mit potenziellen Bewerbern in Kontakt zu treten. Die Facebook-Pinnwand ersetzt dadurch zunehmend anonyme E-Mail-Anfragen über die Bosch-Karriere-Webseite. Dabei spielt auch die zeitliche Komponente eine wichtige Rolle: Auf **Facebook** erfolgt die Antwort in wenigen Stunden, wenn nicht sogar Minuten, E-Mail-Anfragen dauern in der Regel länger. Mit über 53.000 Fans (Stand: Juli 2015) auf der Karriere-Facebook-Seite und 9000 Fans (Stand: Juli 2015) auf der Schüler Facebook-Seite bieten beide Seiten ein enormes Potential die Marke Bosch zu präsentieren.

Durch die klare Trennung zwischen der Karriere- und Schüler-Seite können ganz gezielt interessante und passende Inhalte ausgespielt werden. Dies ist insofern wichtig, da die meisten Facebook Nutzer mittlerweile eine extrem hohe Anzahl an Freunden haben und diese zudem noch weiteren Seiten (z. B. von anderen Unternehmen) folgen. Dadurch wird es für ein Unternehmen immer schwerer, organisch in den Newsfeed seiner Fans zu kommen. Deshalb ist es umso wichtiger, dass möglichst viele Inhalte der Unternehmens-Facebook-Seite auch mit den Interessen der Fans übereinstimmen. Auf der Karriere Seite werden deshalb alle Themen gespielt, welche für die Zielgruppen Studierende, Berufseinsteiger und Fach- und Führungskräfte spannend sind. Die Schüler-Seite beinhaltet für Schüler, Auszubildende und Studierende des Dualen Studiums die passenden Inhalte.

Auch wenn Facebook immer noch die mit Abstand größte Social Media Community in Deutschland ist, wird seitens Bosch dennoch regelmäßig geprüft, ob Facebook noch der richtige Kanal ist, um die gewünschte Zielgruppe zu erreichen. Bei den Studierenden, Berufseinsteigern und Fach- und Führungskräfte ist Facebook weiterhin noch sehr beliebt – bei den Schülern sieht es jedoch bereits anders aus und der Trend geht eher in Richtung Social Media-Kanäle wie WhatsApp. Hier kann vermutet werden, dass es eine Veränderung der Kommunikationsnutzung gibt – weg von „öffentlichen" Facebook-Beiträgen und mehr in Richtung personalisierter und direkter Kommunikation wie sie WhatsApp bietet.

In den drei Jahren seit dem Bestehen der Bosch-Karriere-Facebook-Seite hat sich auch die Zielsetzung deutlich geändert. Im ersten Jahr lag der Fokus darauf, möglichst viele Fans zu gewinnen. Im zweiten Jahr sollten die bestehenden Fans möglichst viel mit der Seite interagieren. Mit über 53.000 Fans (Stand: Juli 2015) liegt der Fokus mittlerweile darauf, möglichst viele Fans mit den geposteten Beiträgen zu erreichen. Je mehr Fans eine Seite hat und je höher die Interaktionsrate ist, desto mehr organische Beiträge werden auch an die Fans im Newsfeed ausgeliefert. Um dies zu fördern, wird das Budget verstärkt für die Bewerbung von einzelnen Beiträgen eingesetzt, anstatt durch Werbung neue Fans zu gewinnen. Durch spannende und abwechslungsreiche Inhalte wird darüber hinaus die Interaktivität erhöht. Da die Erstellung eines Facebook-Beitrags teils mehrere Stunden dauert, ist es unzureichend, dass nur ein kleiner Teil der Fans diesen wahrnimmt. Deshalb ist eine Erhöhung der Anzahl an Facebook-Fans nur bedingt sinnvoll, da viel mehr versucht werden muss, die bereits bestehenden Fans mit den geposteten Beiträgen zu erreichen. Anstatt 1000 € in die Gewinnung von beispielsweise 500 Fans zu investieren, können 20 redaktionelle Beiträge á 50 € beworben werden. Dadurch kann die Reichweite eines einzelnen Beitrags um bis zu 30.000 Personen auf Facebook erhöht werden (Stand: Oktober 2014).

Facebook eignet sich darüber hinaus sehr gut für eine zielgruppengerechte Ansprache. So können Beiträge der Bosch-Karriere-Facebook-Seite nicht nur bei den eigenen Fans ausgespielt werden, sondern es besteht auch die Möglichkeit, diese durch die Targeting-Optionen des Facebook-Werbemanagers bei einer bestimmten Zielgruppe wie z. B. Studenten/technikaffin/Alter zwischen 20 und 25 Jahre/etc. anzeigen zu lassen. Dadurch besteht eine weitere Chance, durch die Facebook-Karriere-Seite auf Bosch als attraktiven Arbeitgeber aufmerksam zu machen.

4.3.2 YouTube

Videos eigenen sich hervorragend dazu, die eigene Marke aufzuwerten und Botschaften bei der Zielgruppe zu platzieren. Im Employer Branding können Videos zu den folgenden Themen gedreht werden: Einstiegsprogramme, Job-Profile, Interviews von Mitarbeitern, Veranstaltungen, Messen, „Lehrfilme", Vorstellung von Projektteams & Projekten etc. Durch Videos können dabei Botschaften wesentlich emotionaler transportiert werden, als über Bilderstrecken. Dabei stehen im HR Bereich von Bosch der Mitarbeiter zusammen mit dem jeweiligen Projekt/Produkt immer im Vordergrund.

Im Oktober 2014 wurden beispielsweise drei Videos für das Personalmarketing gedreht, welche mit den Vorurteilen spielen, die damit in Verbindung stehen, bei Bosch zu arbeiten (Robert Bosch GmbH 2015a). Die Videos stellen jeweils den ersten Arbeitstag eines neuen Mitarbeiters da und sollen auf humorvolle und charmante Weise zeigen, dass Bosch mehr/anders ist, als man ggf. denkt. Als Schauspieler kamen dabei ausschließlich Mitarbeiter zum Einsatz, welche durch ein Casting zusammen mit der Agentur ausgewählt wurden. Zusätzlich zu diesen Videos wurde ein Making-Of erstellt, um Hintergrundinformationen darzustellen und die beteiligen Mitarbeiter zu Wort kommen zu lassen (Robert Bosch GmbH 2015b).

Bei der Produktion von Videos müssen jedoch immer die erhöhten Kosten gegenüber z. B. einer Fotostrecke berücksichtigt werden, da die Filme nicht nur gedreht, sondern auch geschnitten und beworben werden müssen. Gerade bei der Bewerbung ist es sehr wichtig, dass nicht 100 % des Budgets in die Erstellung der Videos investiert wird, da ohne eine erfolgreiche Bewerbung nur in Ausnahmefällen die Videos auch erfolgreich ausgespielt werden. Virale Videos können die Marke dabei sowohl positiv wie auch negativ beeinflussen[7].

4.3.3 Xing/LinkedIn

Business-Netzwerke wie z. B. LinkedIn und Xing eignen sich sehr gut dafür, die Marke zu präsentieren. Dies geschieht durch passive Unternehmensprofile oder durch die aktive Nutzung von Unternehmensneuigkeiten. Vor allem Letztere bieten den Followern eines

---

[7] Beispiele für gute und weniger gute Arbeitgeberkommunikation: Employerbrandingkampagnen. wordpress.com (2013).

Unternehmensprofils die Möglichkeit, Neuigkeiten des Unternehmens zu teilen und somit seinen eigenen Kontakten zu empfehlen. Im Gegensatz zu Facebook werden dabei alle Unternehmensneuigkeiten bei den Followern im News-Bereich angezeigt, sodass Budget für die Verbreitung über die Follower-Basis hinaus eingesetzt werden kann, aber nicht muss.

Das Unternehmensprofil kann dabei durch den richtigen Einsatz von Bildern und Videos sehr gut genutzt werden, um die strategisch wichtigen Themen für die Profilbesucher visuell darzustellen.

4.3.4 kununu

Kununu ist eine Arbeitgeberbewertungsplattform, auf welcher Nutzer seit 2007 einen Arbeitgeber in den Kategorien Mitarbeiter, Bewerber und Azubis bewerten können. Ähnlich wie in der Reisebranche werden auch Arbeitgeberbewertungsplattformen immer populärer. Viele Bewerber erkundigen sich vor ihrer Bewerbung online über ein Unternehmen, wodurch die Bewertung eines Arbeitgebers auf solch einer Plattform auch erheblichen Einfluss auf das Arbeitgeberimage bekommen kann. Auch wenn dabei alle Bewertungen anonym abgegeben werden, können Unternehmen durchaus Einfluss auf die Wahrnehmung der Bewertung nehmen. So kann sowohl für positive als auch für negative Bewertungen eine Stellungnahme abgegeben werden. Dies zeigt den Besuchern von kununu, dass sich ein Unternehmen offen mit der Bewertung auseinandersetzt und das Feedback ernst nimmt. Da Personen mit negativer Erfahrung tendenziell eher eine Bewertung abgeben, können Unternehmen auch intern Mitarbeiter dazu aufrufen, Bewertungen abzugeben. Dabei sollte aber keinerlei Einfluss auf die Beurteilung genommen werden und es muss gewährleistet sein, dass die Bewertungen auch anonym abgegeben werden. Durch die Nutzung eines (kostenpflichtigen) Employer Branding-Unternehmensprofils besteht darüber hinaus eine gute Möglichkeit, sich als attraktiver Arbeitgeber zu präsentieren und Bewerber darin zu bestärken, sich bei einem Unternehmen zu bewerben.

Um ein einheitliches Arbeitgeberbild nach außen darzustellen, gibt es auf kununu nur ein einziges Bosch Employer Branding-Profil, welches alle Standorte, Geschäftsbereiche und Tochtergesellschaften in Deutschland beinhaltet (Abb. 4).

Die in den letzten Jahren gemachten Erfahrungen mit kununu waren sehr positiv. Bosch wurde mit über 900 Bewertungen von allen deutschen Unternehmen am viert häufigsten bewertet (Kununu 2014) und mit einem Bewertungsdurchschnitt von 3,90 bei den Mitarbeitern, 3,10 bei den Bewerbern und 4,24 bei den Azubis gehört Bosch auch zu den bestbewerteten Großunternehmen in Deutschland (Stand: Juli 2015). Da das Bosch Employer Branding-Profil auch eins der Profile ist, welches täglich am meisten aufgerufen wird, ergibt sich dadurch für Bosch eine exzellente Möglichkeit auf sich als Unternehmen aufmerksam zu machen und sich positiv zu positionieren. Seit 2012 werden auch zu ausgewählten positiven sowie negativen Bewertungen Stellungnahmen abgegeben. Beispielsweise wird bei einer sehr ausführlichen Beurteilung dem Verfasser gedankt (Kununu 2013a), oder es wird Feedback zu einer Beurteilung gegeben, bei welcher der kununu Nutzer negative Erfahrungen mit Bosch gemacht hat (Kununu 2013b).

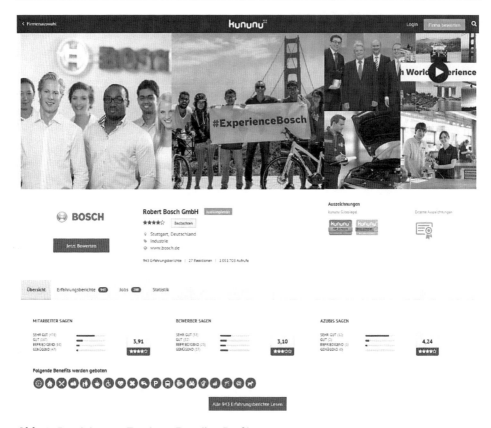

Abb. 4 Bosch kununu Employer Branding-Profil

4.4 Erstellung von Content

Die gezielte und strategische Auswahl von redaktionellen Inhalten hat einen zentralen Einfluss auf die externe Wahrnehmung. Für Unternehmen liegt hier die Chance, wichtige Themen über die einzelnen Social Media-Kanäle zu verbreiten. Dabei muss ein Unternehmen aber auch immer authentisch und nachweislich berichten. Ebenfalls können die Themen auf einzelnen Kanälen gespielt und anschließend untereinander verknüpft werden, wodurch die Stärken jedes einzelnen Kanals optimal genutzt werden können. Zu Beginn muss geprüft werden, welche Themen relevant sind und wie diese kreativ umgesetzt werden können. Anhand der „Gefällt mir"-Angaben und der Anzahl an Fans, welche den Beitrag teilen, kann sehr schnell festgestellt werden, dass es äußerst relevant ist sich vorab Gedanken über die Themenauswahl und die Umsetzung zu machen. Für das Employer Branding können Unternehmen durch die gezielte Auswahl von Schwerpunktthemen die Wahrnehmung der eigenen Marke nachhaltig verändern. Bei Bosch zahlen u. a. die in Abb. 5 dargestellten Themen auf die Marke ein.

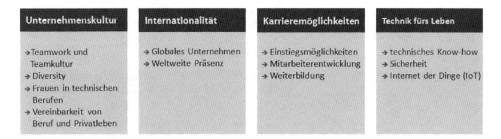

Unternehmenskultur	Internationalität	Karrieremöglichkeiten	Technik fürs Leben
→ Teamwork und Teamkultur → Diversity → Frauen in technischen Berufen → Vereinbarkeit von Beruf und Privatleben	→ Globales Unternehmen → Weltweite Präsenz	→ Einstiegsmöglichkeiten → Mitarbeiterentwicklung → Weiterbildung	→ technisches Know-how → Sicherheit → Internet der Dinge (IoT)

Abb. 5 Beispielhafte Themen, auf welche die Marke Bosch einzahlt

Bei der Erstellung der Beiträge sollte darauf geachtet werden, die festgelegten Kernthemen nicht abstrakt zu beschreiben, sondern diese in Form von anschaulichen Geschichten zu erzählen. Anstatt z. B. in einem Facebook Beitrag alle Gründe aufzulisten, welche vielen Vorteile Bosch für Frauen in technischen Berufen zu bieten hat, ist es anschaulicher, wenn eine Mitarbeiterin in einem technischen Beruf aus ihrem Alltag und den gemachten Erfahrungen berichtet. Dies wirkt wesentlich authentischer und Jobsuchende erinnern sich eher an solche Geschichten, als an eine reine Aufzählung von Fakten.

Bei vielen redaktionellen Beiträgen werden in den Bosch Social Media Communities sogenannte **Storyloops** eingesetzt. Dabei wird ein Thema aufgegriffen, in diesem Fall mit einem HR-Bezug versehen und am Ende des Beitrags auf einen weiteren Kanal oder eine Webseite verwiesen. Auf diesem Kanal/dieser Webseite sollte die interessierte Person ebenfalls weiterführende Informationen finden und im Anschluss an weitere Bosch-Kanäle/Webseiten weitergeleitet werden, sodass sie immer in der „Bosch Welt" bleibt. Die Abb. 6 veranschaulicht diesen Vorgang anhand des Themas „Vernetzte Mobilität".

Eine sehr gute Möglichkeit, um die Erwartungen der Fans mit denen des Unternehmens abzugleichen, besteht in der Durchführung einer Umfrage. Anfang 2014 wurde auf der Bosch-Karriere-Facebook-Seite in einer Umfrage u. a. das Interesse und die Zufriedenheit der Fans abgefragt. Die Auswertung der Ergebnisse hat gezeigt, dass ein Großteil der Fans mit den gespielten Themen erreicht wird und diese zufrieden mit der Themenauswahl und mit der Häufigkeit der ausgespielten Beiträge sind. Darüber hinaus wurden u. a. mehr konkrete Stellenangebote und häufiger Bewerbungstipps gewünscht.

Sowohl für die Erstellung, als auch für das Einstellen von Facebook Beiträgen kann externe Unterstützung sehr hilfreich sein. So kann beispielsweise eine Agentur Inhalte erstellen, diese auf Facebook einstellen und Anfragen beantworten. Dieses Vorgehen muss jedoch wohl überlegt sein, da für die Erstellung von Beiträgen und die Beantwortung von Kommentaren ein hohes unternehmensinternes Wissen benötigt wird, welches nur sehr schwer extern vermittelt werden kann. Im Bosch Personalmarketing werden alle Inhalte und alle Anfragen vom Bosch HR Online Team eingestellt bzw. beantwortet. Auch wenn dies zu einem höheren internen Aufwand führt, sind somit die Aktualität und die Qualität der Beiträge und der Antworten zu jeder Zeit gewährleistet. Für die Erstellung wird das HR Online Team von einer externen Agentur unterstützt. Diese führt beispielsweise In-

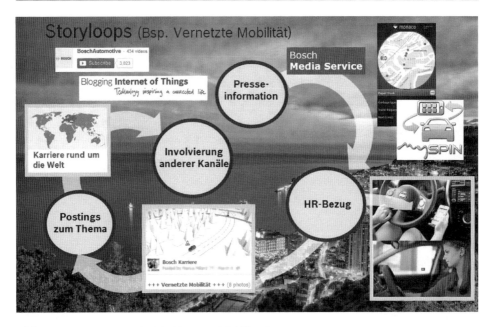

Abb. 6 Storyloops am Beispiel „Vernetzte Mobilität"

terviews durch, erstellt aus gegebenen Informationen einen Beitrag oder schlägt kreative Ideen für die Umsetzung vor. In einer wöchentlichen Redaktionskonferenz werden dabei die einzelnen Themen besprochen. Vorgeschlagene Beiträge werden dabei immer vom HR Online Team überprüft, ggf. angepasst und anschließend gepostet.

4.5 Krisenmanagement

Wer eine Social Media-Seite wie z. B. auf Facebook betreibt, muss auch mit negativem Feedback rechnen. Gelegentlich wird auf den Bosch Karriere/Schüler-Facebook-Seiten ein negativer Kommentar gepostet. Diese Kommentare werden bei Bosch sehr ernst genommen und mit Nachdruck und nachweislich auf Facebook aufgeklärt. Aus Datenschutzgründen wird dazu in den meisten Fällen direkt mit dem Verfasser Kontakt aufgenommen und das Thema über eine separate E-Mailadresse geklärt. Allgemeine Kommentare werden aber auch direkt auf Facebook beantwortet. Sehr positiv waren bisher auch die Reaktionen der Fans der Bosch Karriere/Schüler Facebook Seiten, welche eigenständig bei solchen Beiträgen unterstützen, wenn sie andere Erfahrungen gemacht haben.

Gerade für die Marke kann in negativen Beiträgen auch eine große Gefahr liegen – vor allem, wenn man nicht professionell mit negativen Kommentaren und ggf. folgenden Krisen umgeht. Bei Bosch gab es seit Beginn der Nutzung von Social Media im HR Bereich noch keine schwerwiegenden Vorkommnisse. Beispiele, wie das **Krisen-**

Abb. 7 Beispiel einer guten
Zusammenarbeit zwischen
BSH und Bosch Karriere

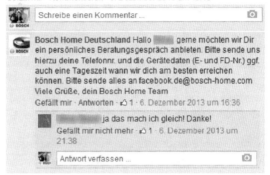

management auch Einfluss auf die Arbeitgebermarke haben können, sind z. B. Amazon (Mozart 2013) oder Zalando (Janotta 2013), bei welchen zumindest kurzfristig die soge-nannten „Shitstorms" auch Einfluss auf die Bewerbungen eines Unternehmens haben und die Arbeitgebermarke somit nachhaltig schädigen können. Interessant wäre hier jedoch zu wissen, wie sich das nach der Aufarbeitung der Fälle mittel- und langfristig auswirkt.

Auch eine gute Zusammenarbeit innerhalb des Unternehmens ist an dieser Stelle sehr wichtig, da nicht immer alle Anfragen innerhalb der eigenen Abteilung beantwortet wer-den können. So werden z. B. auf der Bosch Facebook Karriere Seite immer mal wieder Anfragen gepostet, welche an den Kundenservice der Bosch Siemens Hausgeräte GmbH (BSH) gerichtet sind (Abb. 7). Die Beantwortung dieser Anfragen übernehmen die Kol-legen von BSH dabei in kürzester Zeit. Bei einer Nichtbeachtung der Anfragen könnte dies schnell von anderen Nutzern aufgegriffen werden und somit immer mehr Beachtung finden, sodass sich dies negativ auf das Arbeitgeberimage auswirken würde.

Da das HR Social Media Team nicht rund um die Uhr die Social Media Communities betreuen kann, werden diese außerhalb der Geschäftszeiten von Bosch Service Solutions[8] überwacht. Dies ist vor dem Hintergrund wichtig, dass z. B. freitagabends erste negative Kommentare in einer Community gepostet werden können, welche sich über das Wo-chenende fortsetzen. Im schlechtesten Fall erfährt der Community Manager so erst am nächsten Werktag davon.

---

[8] Bosch Service Solutions ist ein internationaler Dienstleister im Bereich Business Process Outsour-cing (Bosch Service Solutions 2015).

Ebenfalls ist der Einsatz eines **Social Media Monitoring** Tools zu empfehlen. Durch die Verwendung eines Monitoring Tools können Unternehmen genaue Informationen erhalten, wo im Internet über bestimmte Themen gesprochen wird. Deshalb eignen sich diese Tools sehr gut dafür, Wissenswertes außerhalb der eigenen Communities zu erfahren. Bei Bosch ist seit 2013 das Social Media Monitoring Tool „Brandwatch" im Einsatz. Im HR Bereich werden mit diesem Tool verschiedene Themenfelder betrachtet. Nach einer anfänglichen Einrichtung erhält so der jeweils für ein Thema zuständige Mitarbeiter (wie z. B. für Hochschulmarketing, für das Doktoranden-Programm oder das PreMaster-Programm) je nach Einstellung sofort/täglich/wöchentlich eine Mail, wenn nach bestimmten Suchkriterien ein oder mehrere Suchtreffer gefunden wurden. Somit weiß dieser Mitarbeiter Bescheid, falls außerhalb der eigenen Social Media Communities über für den Mitarbeiter relevante Themen (egal ob positiv, neutral oder negativ) gesprochen wird.

4.6   Welche Ressourcen werden benötigt?

Wie bereits zuvor erwähnt, hängen die benötigten Ressourcen sehr stark von den Zielen des Employer Brandings ab. Die höchsten Kosten liegen in den meisten Fällen im Aufbau von Mitarbeitern, welche die festgelegten Maßnahmen umsetzen und die Website, die Online Communities und die Unternehmensprofile betreuen. Bei der Website wird vor allem Budget für das Content Management System (CMS), die Hardware und für die Erstellung bzw. Pflege der Inhalte benötigt. Auch regelmäßige Relaunches der Website, neue Funktionen/Features und die Optimierung für mobile Endgeräte müssen berücksichtigt werden.

Im Social Media Bereich entstehen Kosten durch die Bewerbung von Beiträgen (wie z. B. Sponsored Posts bei Facebook), um neue Fans zu gewinnen (wie z. B. Werbung auf YouTube für den eigenen Kanal), Nutzung von Unternehmensprofilen (wie z. B. Xing/kununu) und durch die Pflege/Anpassung von Community-Layouts.

An sich erzeugt die Erstellung und Nutzung einer Unternehmensseite auf Facebook keine Kosten. Für die Nutzung von Facebook als Employer Branding Kanal sollte jedoch für folgende Punkte Budget eingeplant werden: So muss zu Beginn das Layout gestaltet werden (und dieses bei jeder Layout-Änderung seitens Facebook auch angepasst werden) und die regelmäßigen redaktionellen Beiträge müssen erstellt werden. Da mittlerweile nur ein kleiner Teil der Facebook-Beiträge eines Unternehmens bei den Fans der eigenen Seite im Newsfeed erscheinen, müssen diese Beiträge auch durchgehend beworben werden, sodass hier je nach Anzahl der zu erreichenden Fans teils hohe Kosten eingeplant werden müssen. Ebenfalls muss die Programmierung einzelner Tabs/Views berücksichtigt werden.

Darüber hinaus sollte, wie in Abschn. 4.5 Krisenmanagement beschrieben, Budget für externe Software wie z. B. für ein Social Media Monitoring Tool eingeplant werden.

4.7 Nutzung von Mitarbeitern als Markenbotschafter

Die Mitarbeiter von Bosch sind die wichtigsten Botschafter und damit ein elementarer Teil der Social Media Community. Deshalb eignen sie sich hervorragend dazu, die Botschaften der Marke weiterzugeben. So wurde auf den Bosch Social Media Communities festgestellt, dass die Grundgesamtheit der Facebook-Likes/Shares von Bosch-Mitarbeitern stammen, welchen die Facebook-Beiträge gefallen und welche diese an ihre Freunde kommunizieren. Deshalb ist es vor allem beim Start einer neuen Social Media Community wichtig, auch die eigenen Mitarbeiter über diesen Kanal zu informieren und diese zu motivieren Beiträge zu verbreiten. Selbstverständlich muss dies immer auf freiwilliger Basis und unter Berücksichtigung der **Social Media Guidelines** eines Unternehmens erfolgen.

5 Ausblick

Für die Zukunft wird es immer wichtiger, flexibel auf neue Trends zu reagieren und sich neuen Gegebenheiten anzupassen. Vor allem im Online-Bereich wird es auch in den nächsten Jahren zu vielen Veränderungen kommen, auf welche Unternehmen sich schnell einstellen müssen.

Diesbezüglich muss genau beobachtet werden, wie die Entwicklung bei Facebook weitergeht. Immer mehr Unternehmen nutzen Facebook für Kampagnen, um ihre Botschaften bei der Zielgruppe zu platzieren, was zu einem immensen Anstieg der Preise für Facebook Werbemittel geführt hat.

Auch der Bewegtbildbereich wird dabei immer wichtiger. Durch Kampagnen mit einer viralen Verbreitung haben Unternehmen große Möglichkeiten, sich als attraktiven Arbeitgeber zu präsentieren und auf sich aufmerksam zu machen. Sehr gut hat dies u. a. Edeka mit der Kampagne „Supergeil" gezeigt. Die Kampagne wurde von der Edeka Marketingabteilung gesteuert, aber gleichzeitig wirkt sich diese auf das Arbeitgeberbild von Edeka aus und beeinflusst dieses positiv (Rentz 2014). Die Kampagne zeigt auch, dass Unternehmen heutzutage Mut zeigen müssen, wenn sie sich aus der Masse an Arbeitgebern hervorheben möchten. Bestenfalls wird dabei bei der Zielgruppe das Gefühl erzeugt, dass man unbedingt für dieses Unternehmen arbeiten möchte, da man sich ebenfalls mit den gezeigten Werten identifiziert. Daher ist es von großer Wichtigkeit, dass Kampagnen authentisch sind und den Bewerbern nichts versprechen, was später nicht gehalten werden kann. Ein Ansatz für Recruiting-Videos ist die Nutzung der Video-Plattform Vine[9]. Die Frage, ob man ein gutes Recruiting-Video in 6 Sekunden erstellen kann, ist dabei sicherlich dieselbe, wie die ob 140 Zeichen von Twitter für das Recruiting ausreichen. Je nachdem, wie sich Vine in Deutschland durchsetzt, ist es aber zumindest eine Möglichkeit, um als Arbeitgeber auf sich aufmerksam zu machen (Saatkorn 2014). Eben-

---

[9] Vine ist ein videobasiertes Netzwerk von Twitter, auf welchem 6 Sekunden Videos in einer Schleife (Loop) abgespielt werden.

falls wird es immer beliebter konkrete Jobprofile als Video darzustellen. So können die Arbeitsumgebung, die Aufgaben etc. in diesem Video sehr gut dargestellt werden.

Ein Schwerpunkt der nächsten Jahre wird die Unterstützung von mobilen Endgeräten sein, da damit die Zielgruppe immer und überall erreicht werden kann. Bereits heute greifen ein großer Teil der Nutzer mobil auf die Bosch Karriere Homepage oder die Bosch-Facebook-Seite zu – dies muss bei allen zukünftigen Aktivitäten berücksichtigt werden.

Besonders vor dem Hintergrund, dass täglich neue Inhalte erstellt werden, dürfen die strategischen Vorgaben für die Ausrichtung der eigenen Marke nicht übersehen werden. Hierzu muss regelmäßig die Ausrichtung überprüft und ggf. angepasst werden. Für eine erfolgreiche Kommunikation ist es dafür elementar, klare Ziele festzulegen und aus der großen Vielfalt an Möglichkeiten die richtigen Entscheidungen zu treffen. Eine Kommunikationsstrategie sollte sich deshalb nicht an einzelnen digitalen Kanälen orientieren. Zentrale Herausforderung im Online Employer Branding ist dabei die Abstimmung innerhalb des Unternehmens, die einheitliche Kommunikation über alle Kanäle und die flexible Nutzung von Online Communities. Die digitale Kommunikation im Personalmarketing sollte mutig und innovativ sein, um sich dadurch von Mitbewerbern abzusetzen und um bei Jobsuchenden den Wunsch zu wecken, unbedingt Teil des Unternehmens zu werden.

6 Links

Karriere Homepage: www.bosch-career.de

Übersicht der HR Social Media Kanäle: www.bosch-career.de/SocialMedia

Karriere-Facebook-Seite: www.facebook.com/BoschKarriere

Schüler-Facebook-Seite: www.facebook.com/BoschSchueler

YouTube-Kanal: www.youtube.com/user/BoschGlobal

LinkedIn Unternehmensprofil: www.linkedin.com/company/bosch

Xing Employer Branding-Profil: www.xing.com/companies/robertboschgmbh

Kununu Employer Branding-Profil: www.kununu.com/bosch

Tumblr Bosch Trainee Blog: www.bosch-trainee-blog.de

Der Autor

Michael Langner, Diplom-Kaufmann, hat in Jena und Tübingen Betriebswirtschaftslehre studiert. Nach Stationen bei der Werbeagentur Interone GmbH und als Referent E-Commerce bei der Aldiana GmbH ist er seit 2011 im Personalmarketing von Bosch für den HR Online Bereich mitverantwortlich. Darunter fällt bis Ende 2014 unter anderem die Steuerung und Koordination des Online Redaktionsteams, die Betreuung der Bosch HR Social Media Communities wie z. B. Facebook und die Weiterentwicklung der Bosch HR

Corporate Website. Ab 2015 verantwortet Michael Langner die Weiterentwicklung und Implementierung der Employer Branding Strategie weltweit.

Literatur

Andratschke, N., Regier, S., & Huber, F. (2009). *Employer Branding als Erfolgsfaktor: Eine conjoint-analytische Untersuchung.* Lohmar, Köln: Josef Eul.

Bosch Corporate Homepage (2015). Robert Bosch GmbH. http://www.bosch.com/de/com/bosch_group/business_sectors_divisions/business_sectors_divisions_2.php. Zugegriffen: 26. Juli 2015

Bosch Karriere Homepage (2015). Robert Bosch GmbH. http://your.bosch-career.com/de/web/de/de/einsteigen_bosch/why_bosch/why_bosch. Zugegriffen: 26. Juli 2015

Bosch Global Facebook Seite (2015). Robert Bosch GmbH. https://www.facebook.com/BoschGlobal. Zugegriffen: 26. Juli 2015

Bosch Service Solutions (2015a). *Robert Bosch GmbH.* http://www.boschservicesolutions.com/. Zugegriffen: 12. Januar 2015

Bosch Service Solutions (2015b). *Bosch Global.* http://www.facebook.com/BoschGlobal/. Zugegriffen: 16. April 2014

DEBA (2006). *Definition Employer Branding. Deutsche Employer Branding Akademie.* http://www.employerbranding.org/employerbranding.php. Zugegriffen: 13. Mai 2014

Employerbrandingkampagnen. wordpress. com (2013). *Gute Arbeitgeberkommunikation, weniger gute Arbeitgeberkommunikation.* http://employerbrandingkampagnen.wordpress.com/. Zugegriffen: 13. Mai 2014

Ethority (2014). *Social Media Prisma. ethority GmbH & Co. KG.* http://www.ethority.de/weblog/social-media-prisma/. Zugegriffen: 16. April 2014

Hahn, D. (2011). *Employer Branding ist kein Personalmarketing.* http://sozialesbrandmarken.wordpress.com/2011/03/15/employer-branding-ist-kein-personalmarketing/. Zugegriffen: 12. April 2014

Janotta, A. (2013). *Zalando-Mitarbeiter klagen über schlechte Arbeitsbedingungen. Verlag Werben & Verkaufen GmbH.* http://www.wuv.de/digital/zalando_mitarbeiter_klagen_ueber_schlechte_arbeitsbedingungen. Zugegriffen: 16. April 2014

Kabst, R., Salow, S., & Baum, M. (2009). International Fachkräfte gewinnen. *Personal, 04*, 21–23.

Klaffke, M., & Parment, A. (2011). Herausforderungen und Handlungsansätze für das Personalmanagement von Millennials. In M. Klaffke (Hrsg.), *Personalmanagement von Millennials: Konzepte, Instrumente und Best-Practice-Ansätze* (S. 3–21). Wiesbaden: Gabler.

Kununu (2013a). *Robert Bosch GmbH. Arbeitgeber-Bewertungen.* http://www.kununu.com/bosch/a/S0JrUVJy. Zugegriffen: 11. Mai 2014

Kununu (2013b). *Robert Bosch GmbH. Bewerbungs-Bewertungen.* http://www.kununu.com/bosch/b/S0BgUlw. Zugegriffen: 11. Mai 2014

Kununu (2015). *Arbeitgeber mit den meisten Bewertungen aus Deutschland.* http://www.kununu.com/de/. Zugegriffen: 26. Juli 2015

Künzel, H. (2013). *Erfolgsfaktor Employer Branding.* Berlin Heidelberg: Springer Gabler.

Mozart, F. (2013). *Shitstorm über Amazon: ARD zeigt Online-Händler als Ausbeuter. Verlag Werben & Verkaufen GmbH.* http://www.wuv.de/digital/shitstorm_ueber_amazon_ard_zeigt_online_haendler_als_ausbeuter. Zugegriffen: 16. April 2014

QUEB (2014). *Employer Branding Definition.* http://www.queb.org/activity-lounge/definitionen-employer-branding/. Zugegriffen: 27. April 2014

Radermacher, S. (2013). Die Herausforderungen des Employer Brandings. In H. Künzel (Hrsg.), *Erfolgsfaktor Employer Branding – Mitarbeiter binden und die Gen Y gewinnen* (S. 1–16). Berlin Heidelberg: Springer Gabler.

Rentz, I. (2014). *„Positive Stimmung verbreiten": JvM-Kreativer Jens Pfau über die „Supergeil"- Kampagne. HORIZONT.NET.* http://www.horizont.net/aktuell/agenturen/pages/protected/Positive-Stimmung-verbreiten-JvM-Kreativer-Jens-Pfau-ueber-die-Supergeil-Kampagne_119410.html. Zugegriffen: 16. April 2014

Robert Bosch (1919). *Bosch-Zünder* 1919 (1).

Robert Bosch GmbH (2014). *Geschäftsbericht 2013.* http://www.bosch.com/content2/publication_forms/de/downloads/Bosch_Geschaeftsbericht_2013.pdf. Zugegriffen: 11. Mai 2014

Robert Bosch GmbH (2015a). *Videos Personalmarketing. Der erste Arbeitstag – In der Kantine* Der erste Arbeitstag – Die Dienstreise mit der Chefin: http://youtu.be/Ll8Jka0Zv80; Der erste Arbeitstag – Das neue Team: http://youtu.be/ayNhVbaESWI. http://youtu.be/a17Q7Gw-FTU. Zugegriffen: 16. Januar 2015

Robert Bosch GmbH (2015b). *Videos Personalmarketing. Making-Of-Video.* http://youtu.be/3HjKP48Z_iA. Zugegriffen: 16. Januar 2015

Saatkorn (2014). *Die Stellenanzeige als Vine-Personalmarketingkanal – VOITH macht es vor: Interview mit ROBINDRO ULLAH.* www.saatkorn.com/2014/05/04/die-stellenanzeige-als-vine-personalmarketingkanal-voith-macht-es-vor-interview-mit-robindro-ullah. Zugegriffen: 16. April 2014

Schrödl, K.-H., Baumgartner, A., & Baum, M. (2013). Positionierung einer internationalen Arbeitgebermarke am Beispiel der Robert Bosch GmbH. In R. Stock-Homburg (Hrsg.), *Handbuch Strategisches Personalmanagement* (2. Aufl. S. 91–106). Wiesbaden: Springer Gabler.

Schuhmacher, F., & Geschwill, R. (2014). *Employer Branding – Human Resources Management für die Unternehmensführung* (2. Aufl.). Wiesbaden: Springer Gabler.

Statista (2014). *Anzahl der aktiven Nutzer von Facebook in Deutschland von Januar 2010 bis Januar 2014 (in Millionen).* http://de.statista.com/statistik/daten/studie/70189/umfrage/nutzer-von-facebook-in-deutschland-seit-2009/. Zugegriffen: 22. April 2014

Stotz, W., & Wedel-Klein, A. (2013). *Employer Branding. Mit Strategie zum bevorzugtem Arbeitgeber* (2. Aufl.). München: Oldenbourg.

Steuerung einer akustischen Marke

Eine Fallstudie aus dem Hörfunk: DIE NEUE 107.7, Stuttgart

Dirk Ullmann, Bert Helbig und Tobias Hena

Zusammenfassung

Vom kleinen Privatsender mit geringer Reichweite in den 90er Jahren zum meistgehörten Lokalsender in Baden-Württemberg. Anhand dieses Falls des Stuttgarter Senders DIE NEUE 107.7 wird der Weg vieler Sender mit steigender Professionalisierung beschrieben. Insbesondere die strategische Ausrichtung der Programminhalte und Marketingaktivitäten sowie der konsequente Einsatz jeglicher Form von moderner Markt- und Produktforschung sind die Basis der täglichen Arbeit. Wo die Moderatoren in den 80er Jahren quasi noch ihre eigene Lieblingsmusik „on Air" brachten, entscheiden nun vielmehr die (potentiellen) Hörer, was gespielt wird. Die strategische Grundausrichtung stetig den, sich durch die rasanten technologischen und gesellschaftlichen Entwicklungen, verändernden Hörerbedürfnissen anzupassen, ist die große Herausforderung der Programmmacher von heute.

1 Exposition: Marke vs. Produkt im Hörfunk

Das duale System in Deutschland, an dem sich auch die öffentlich-rechtlichen Radioprogramme mit reichweitenstarken Produkten am Wettbewerb um Marktanteile beteiligen, hat eine Hörfunklandschaft hervorgebracht, die in Bezug auf den notwendigen Professionalisierungsrad der einzelnen Player im internationalen Vergleich, nach den USA, Australien und Großbritannien, das Spiel um gehörte Minuten und geschenktes Vertrauen wohl

Dirk Ullmann · Bert Helbig · Tobias Hena ✉
Stuttgart, Deutschland
e-mail: t.hena@dieneue1077.de

© Springer Fachmedien Wiesbaden 2016   529
S. Regier et al. (Hrsg.), *Marken und Medien*, DOI 10.1007/978-3-658-06934-6_30

im deutlich oberen Bereich mitspielt. Radio ist eine Industrie, die in Deutschland in den letzten zwanzig Jahren eine intensive Entwicklung hinter sich gebracht hat. Waren die Anfänge des Privatradios wirkungslose Versuche die großen ARD-Flaggschiffe anzugreifen, begann Mitte/Ende der 90er Jahre eine grundlegende Neuorientierung der Produkte, die sich nun erst als solche verstanden und den, bis dahin eher kulturell und journalistisch interpretierten Auftrag, durch eine marktwirtschaftliche Herangehensweise an die Gestaltung der Inhalte, erfolgreich umsetze. Das war die „Stunde der **Marktforschung**", die entscheidend dazu beitrug die Radioprodukte den Nachfragen der jeweiligen Märkte anzupassen. Die Dekade nach der Jahrtausendwende war geprägt von einer weiteren neuen Entwicklung. Nachdem die Produktwelt so sehr professionalisiert war, das hier keine weiterer Wettbewerbsvorteile mehr zu erreichen waren, konzentrierten sich die Radiostrategen mehr und mehr auf das Markenerlebnis des Radios. Ein perfektes Produkt muss in einer Marke eingebettet sein, die eine eigene glaubhafte Geschichte erzählt.

Der Herstellungsprozess eines Radioprodukts findet demnach auf drei Ebenen statt. Die journalistische Ebene, die Inhalte gemäß den Rahmenparametern der Produkt- und Markenpolitik eines Senders generiert. Diese Ebene soll explizit nicht Gegenstand der folgenden Erörterung werden, wohl aber die Produktebene, die vornehmlich die Fragestellung „Was kommt aus dem Radiogerät?" zum Inhalt hat, sowie die Markeneben, die sich um die Frage kümmert, warum man sich die immer leichter verfügbaren Inhalte, die ein Radioprogramm bietet, nicht komplett über andere Kanäle oder bei einem konkurrierenden Radioprogramm beschafft.

2   Steuerung einer akustischen Marke

Ein **Radioprogramm** ist ein Produkt, welches seinen eigenen Werbeträger zur Verfügung stehen hat, das ihm unbegrenzt (zumindest theoretisch) zur Eigenwerbung zur Verfügung steht. Teilweise ist diese Eigenwerbung sogar Bestandteil des Produkts, welcher von einer großen Zahl von Hörern explizit und belegbar nachgefragt wird. Beispiele sind große Promotions von Radiosendern, die sowohl unterhaltsames Programm als auch eine Maßnahme zur Eigenwerbung des Senders darstellen. Exemplarisch sei „Wir zahlen Ihre Rechnung" von Deutschlands größtem und erfolgreichstem Privatsender ANTENNE BAYERN genannt. Diese Verzahnung bedeutet auch, dass Markensteuerung im Radio eine sehr große Schnittmenge mit der Produktsteuerung und dem Produktdesign hat.

Bevor ein Radiosender entsteht, sucht er sich eine Marke mit Eigenschaften, die noch von keinem anderen Produkt erfüllt werden. Die musikalische Nische muss sowohl eine angemessene Nachfrage, als auch ein bisher nicht zufriedenstellendes Angebot für eine relevante Anzahl von potentiellen Hörern darstellen. Hier bewegen wir uns also zu Beginn einer Radiomarken-Entstehung bereits auf der Produktebene. Im Beispiel des Programms DIE NEUE 107.7, was der zentrale Gegenstand dieses Fallbeispiels ist, war die Erkenntnis, dass es im Jahr 2001, ein Jahr vor dem Launch des Programms, eine große Anzahl von Fans des Music-Clusters 70er/80er-Rock, Classic Rock und Rock gab, die mangels einer besser passenden Alternative zwischen SWR1 und SWR3 hin und her wechseln. Diese musikalische Zielgruppe konnte durch ein neues Produkt, welches ihre Präferenzen besser in einem Programm umsetzt, erreicht werden.

Um dieses musikalische Produkt aus der Sterilität eines Musik-Abspiel-Systems zu führen, was notwendig ist um Hörerbindung und einen Mehrwert gegenüber Online-Musikdiensten und ihren mittlerweile sehr intelligenten Algorithmen zu bieten, ist es im zweiten Schritt notwendig eine Markenwelt aufzubauen, in der sich das musikalische Produkt entfalten kann. Im Falle von DIE NEUE 107.7 war dies eine ehrliche, eher männlich-orientierte, bodenständig bis derbe Markenwelt, die sich im gesamten Corporate Image, dem Corporate Design mit unverwechselbarem Logo und dessen Farben Schwarz und Rot, aber auch der Auswahl von akustischen Elementen (Station-Voice, Jingle, Moderatoren-Stimmen) sowie der Persönlichkeiten („On-Air-Personalities"), die dem Programm eine Gesicht geben, widerspiegelt. Diese Markenwelt bestimmt die weiteren Details des Produkt-Designs: Sendungs-Formate, Einzelne Titel, Slogans, Aktionen, etc. Deren Wirkungsweisen werden ebenfalls wieder durch Marktforschungsmaßnahmen sichergestellt.

Dieses Spannungsfeld zwischen Marke („Welches Gefühl transportiert ein Radioprodukt") und Produkt („Welchen Nutzwert gibt mir das Programm") spiegelt auch die Vielfältigkeit der verwendeten Claims und Positionierungsphraseologien im Radio wieder. Beispiele für Slogans aus der Produktwelt sind: „Die Megahits der 90er, 2000er und von heute" (Radio Hamburg), „Bester Rock und Pop" (DIE NEUE 107.7, Stuttgart) oder „Hit Music Only" (alle Energy-Stationen). Beispiele für Slogans aus der Markenwelt sind: „Und das Leben beginnt" (NDR 2), „Hier für Euch" (antenne 1) oder „endlich unter uns" (egoFM). Mischformen sind beispielsweise „Wir lieben Bayern. Wir lieben die Hits" (ANTENNE Bayern) oder „Mehr Hits. Mehr Kicks" (SWR 3).

3   Forschung

3.1   Notwendigkeit

Jeder Sender, der seine Daseinsberechtigung aus dem Erreichen einer großen bis maximalen Anzahl von Hörern zieht, arbeitet mittlerweile mit Marktforschung, wenn es budgetär leistbar ist. Dieser Trend ist mittlerweile auch bei sehr kleinen Lokalsendern angekommen, die nur dadurch eine professionelle und lebenswichtige Produktdifferenzierung zu weit potenteren Mitbewerbern gewährleisten können. Betrachtet man den ROI in Anbetracht der nationalen Werbevergütung, die in unmittelbarer und verhältnismäßiger Abhängigkeit der Reichweiten steht, wäre jede Entscheidung gegen zielführende Marktforschungsmaßnahmen unternehmerisch nicht sinnvoll oder sogar gefährlich.

3.2   4 Säulen des Research am Beispiel von DIE NEUE 107.7

DIE NEUE 107.7 ist der erfolgreichste Lokalsender in Baden-Württemberg. Seine Erfolgsgeschichte begann im Jahre 2002, als er aus dem damaligen Programm „Stadtradio 107.7" in Stuttgart hervorging. Seine Reichweiten lagen damals unter 10.000 Hörer
in der durchschnittlichen Stunde. Im Zeitraum von 2003 bis 2013 konnte der Sender diese Kennzahl auf zeitweise bis über 100.000 Hörer, also das zehnfache steigern und sich
solide auf einem Wert zwischen 70.000 und 90.000 Hörern etablieren (siehe Abb. 1). Diese Kennzahlen werden jährlich durch die unabhängig durchgeführte Media-Analyse der
agma (ma-Radio) in zwei Wellen mittels CATI Telefonumfragen ermittelt (Computer As-
sisted Telephone Interviewing).

Die Marktforschungsmaßnahmen von DIE NEUE 107.7 basieren auf vier Säulen, die
im Folgenden erläutert werden.

3.2.1   Imagestudien

Die erste und grundlegende Säule der Marktforschung sind die sogenannten **Imagestudi-
en**. Zwei bis vier Mal im Jahr lässt der Sender eine Studie mit 800 bis 1000 Fällen mittels
Telefonbefragung in seinem Sendegebiet durchführen. Diese Studie ist repräsentativ und
sehr umfangreich: Neben quantitativen Werten wie Reichweite, Hördauer, demografische
Strukturen der Hörer, Hörerbewegungen, Wechselhörer, Stammhörer, Reichweiten der
einzelnen Tagesteile und Sendungen werden auch Images abgefragt. Die Radiomacher
sehen also, wie sehr die Menschen, die sie hören oder hören sollen der Marke bestimmte
Eigenschaften zuschreiben: Wer ist der beste Sender, wenn es um lokale Informationen
geht? Welcher Sender hat die beste Morgensendung? Welcher Sender bietet den besten
Verkehrsdienst für Pendler in der Region? Diese Fragen lassen sich mit Anforderungen
und Wünschen an ein Radioprogramm vergleichen. Diese Angebots- und Nachfrageanaly-
se zeigt, durch welche programmlichen Maßnahmen Hörerwachstum durch bessere Markenbindung, bzw. mehr Vertrauen in die Marke erreicht werden kann. Die Image- oder
Basisstudie ist somit die Landkarte, die dem Sender zeigt, in welche Richtung sich das
Produkt und die Marke bewegen müssen.

Um dies zu illustrieren sei ein Beispiel aus dem Sommer 2012 angeführt: Man konnte
mit Hilfe der Studie sehen, dass DIE NEUE 107.7 einen großen Anteil von sehr loyalen
Wechselhörern hat. Menschen, die das Programm grundsätzlich sehr gut und empfehlenswert finden, dennoch Stammhörer von SWR3 sind. Eine Analyse bei genau diesen
Menschen, die für DIE NEUE 107.7 als potentielle neue Stammhörer identifiziert werden konnten, hat gezeigt, womit der Sender genau diese Hörer an sein Programm binden
könnte: Die Lösung war eine Intensivierung der lokalen Berichterstattung, die SWR3 auf
Grund der Größe des Sendegebiets nicht anbieten kann und die hochgradig kompatibel mit
unserer musikalischen Zielgruppe war. Der letzte Punkt, die Kompatibilität von lokalem
Content und einer spezifischen Music-Fan-Group war eine neue Entwicklung im Markt,
die nur durch regelmäßige, wiederkehrende Beobachtung des Marktes entdeckt werden
konnte.

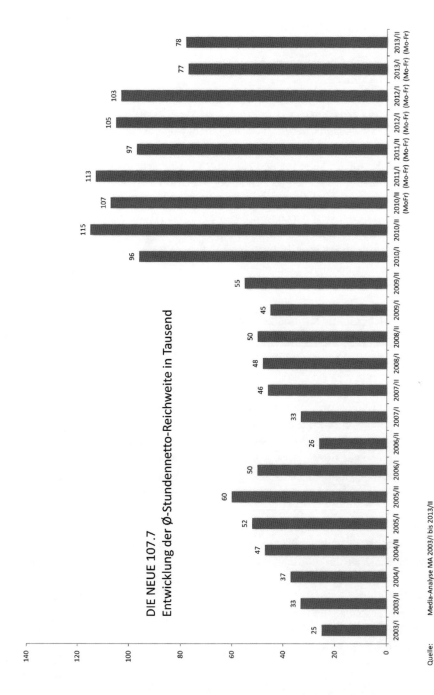

Abb. 1 Entwicklung der Hörerzahlen von DIE NEUE 107.7

Die Anforderung an das Kompetenz-Portfolio des Senders wurde durch Maßnahmen auf der Produktebene umgesetzt: Das hörbare Ergebnis dieser Studie war unter anderem die Morgensendung nicht über die Faktoren Comedy oder Musik zu bewerben (wie die meisten Mitbewerber, z. B. durch „Die lustigste Morgensendung in Region XY" oder „Der Morgen mit der meisten Musik"), sondern über den Faktor Lokalität zu positionieren („Die Morgensendung für Stuttgart und die Region"). Dies – zusammen mit einem inhaltlichen Erfüllen des Positionierungsversprechens - hat ein Reichweitenwachstum für die darauffolgende MA generiert.

3.2.2 Wöchentliches Tracking

Die zweite Säule der Forschung ist vergleichbar mit einem Kompass oder einem Navigationsgerät, das ständig und nahezu in Echtzeit angibt, ob ein Sender den richtigen Weg zum Ziel, welches er mit der Imagestudie (Säule 1) identifiziert hat auch nicht verlässt. Radioexperten bezeichnen dieses Tool als „wöchentliches **Tracking**". Dies bedeutet konkret: Einmal pro Woche senden Radioberatungen und/oder Marktforschungsinstitute, die sich auf Medienforschung spezialisiert haben, wie z. B. BP&R aus Australien und dem Vereinigten Königreich, Media Communication aus Berlin, BRAND-SUPPORT aus Schwaig bei Nürnberg oder CMR aus Mannheim, den Radiomachern in Deutschland Daten für eine Spezialsoftware oder den Zugang zu einem speziellen Online-Tool, das die wöchentlich generierten Reichweiten abbildet.

Um dieses Ergebnis stets repräsentativ zu halten, wird es automatisch mit einem Fünf- und Achtwochenspeicher kumuliert und zeigt uns Trends in der quantitativen Entwicklung. Wir sehen beispielsweise, ob wir mehr im Stuttgarter Stadt- oder Landbereich gehört werden, können das mit den aktuellen programmlichen Maßnahmen vergleichen und entsprechende Rückschlüsse ziehen: Welchen Marktanteil hat welcher Sender im Markt? Gibt es aktuelle Hörerbewegungen? Zu welchen Tagesteilen wird stärker Radio gehört und welcher Sender profitiert hiervon? Welcher Sender wurde außerhalb seines Produkts wahrgenommen (Außenwerbung)? Welcher Sender ist ein bevorzugter Stammsender und welcher eher ein „Me-too" Produkt? Wichtig bei der Interpretation solcher Daten ist, nicht auf kurzfristige Sprünge, die oft durch die geringen Fallzahlen (n = 100 − 200/Woche) etwas überdeutlich ausfallen können, zu überreagieren, sondern Trends über drei und mehr Wochen zu identifizieren und entsprechend zielführend zu interpretieren.

3.2.3 Musiktest

Die dritte Säule ist ein Tool, welches den musikalischen strategischen Unterbau, der in der Beschreibung der Säule eins bereits angesprochen worden ist, auf der operativen Ebene ergänzt. Alle zwei Wochen führt DIE NEUE 107.7 einen **Musiktest** mit Probanden aus der Region durch. Hierbei lässt sich herausfinden, welche Titel bei aktuellen und potentiellen Hörern gerade besonders beliebt sind. Das Besondere bei dieser Art von Musiktests ist, dass die Institute, die Menschen nicht nach Titel und Interpret fragen, sondern ihnen den Titel kurz anspielen. Man weiß dann von jedem Titel, wie viele Prozent der Probanden ihn als Lieblingstitel bezeichnen („Passion"), ihn mögen, ablehnen oder sogar das

Radio abschalten würden. Außerdem sehen wir, wann der sogenannte „Burn" eines Titels erreicht ist, also der Zeitpunkt, an dem er zu häufig im Radio gespielt wird. Diese Tests und deren Ergebnisse bestimmen die Kategorisierung und das Regelwerk auf dem die Musikplanung basiert. DIE NEUE 107.7 ist sich also jederzeit sicher, dass sie genau die Art von Musik spielt, die ihre Hörer zum aktuellen Zeitpunkt hören möchten. Und dies gilt für jeden einzelnen Titel.

Neben diesen wöchentlich durchgeführten Musiktests, bei dem pro Telefon-Welle ca. 40 Titel getestet werden, gibt es große Auditoriums-Tests, bei dem 100 bis 150 Probanden bis zu 700 Musiktitel durch Personen vor Ort (Hotel, Veranstaltungsraum) getestet werden. Die Wirkungsweise und Validität ist vergleichbar.

3.2.4 Fokusgruppen

Marktforschung muss aber nicht nur gleichbedeutend mit Zahlen und Tabellen sein. Es gibt auch die Art von Marktforschung, die eine intensivere qualitativere Auseinandersetzung mit dem Produkt erlaubt. Bei dieser vierten Säule handelt es sich um Fokusgruppen und sogenannten Stammhörerbefragungen (Fachbegriff: P1-Advisory-Boards). Beides führen die meisten Sender und auch DIE NEUE 107.7 immer wieder durch. Hier werden Probanden per Telefon rekrutiert, die entweder auf Einladung unseres Senders oder nicht wissend für welchen Sender sie an einer Befragung teilnehmen, zu einer **Gruppendiskussion** eingeladen. Das Thema dieser Gruppendiskussion ist immer klar definiert: So hat DIE NEUE 107.7 beispielsweise Akzeptanz bzw. Ablehnung möglicher Plakatmotive über eine solche Fokusgruppe vorab getestet.

Auch Reaktionen auf Elemente der Morgensendung oder zum Beispiel auf die Neugestaltung des Verkehrsdienstes, speziell abgestimmt auf die Bedürfnisse der Berufspendler, hat DIE NEUE 107.7 mit Hilfe von Stammhörerbefragungen genauestens erforschen können. Die Beobachtung (entweder live hinter dem einseitigen Spiegel oder später in der Videoaufnahme) hilft den Programmmachern die Hörer besser zu verstehen. Man tritt in direkten Kontakt mit den Hörern, die jederzeit in einem geschützten Raum sagen, was sie vom Programm halten. Ausschnitte dieser Videoaufnahmen werden auch allen Mitarbeitern zugänglich gemacht, damit diese die Lebenswirklichkeit und die Bedürfnisse der Hörer besser verstehen. Auch bei der Interpretation dieser qualitativen Forschungs-Tools ist es wichtig zwischen Anforderungen an das Produkt und/oder seine Bestandteile oder die Marke und ihre grundlegende Wirkung zu unterscheiden. Oft werden Aspekte aus solchen Fokusgruppen im Anschluss daran in quantitativen Studien verifiziert.

DIE NEUE 107.7 ist sich sicher, der große Erfolg des Programms liegt daran, dass man den Hörer in den Mittelpunkt der Bemühungen stellt.

Aber auch hier gilt das Gebot ständiger Innovationen: Auf Fachtagungen und Kongressen werden immer wieder neue Marktforschungsmethoden und Analysetools vorgestellt, die es zu prüfen und bei einem positiven Ergebnis natürlich auch zu implementieren gilt. Beispiele sind Messungen des realen und nicht nur der erinnerten Hörverhaltens mittels spezieller Apps auf den Smartphones eines entsprechenden Referenzpanels, bei dem sogar das „Laut- und Leise machen" des Radioprogramms ermittelt werden kann.

3.3 Grenzen der Forschung

„Hätte Gottlieb Daimler Marktforschung betrieben, dann hätte er eine verbesserte Pferdekutsche erfunden". Dieses geflügelte Wort zeigt die Grenzen dieser Tools auf, die sich mit einem Wort zusammenfassen lassen: Innovation. Neue Dinge müssen getan werden – mit Mut und ohne Test. Ihre Wirkung für die Produkt- und Markenwahrnehmung lässt sich anschließend natürlich testen – nicht jedoch im Vorfeld.

Diese Regel gilt bei jedem einzelnen neuen Musiktitel, aber auch bei neuen Sendungen, Moderatoren oder Programmteilen. Dies ist der Grund, warum viele Sender so vorsichtig mit neuer Musik umgehen, meistens beginnt ein Radiosender neue Musik am Abend „warmzuspielen", bis er eine entsprechende Bekanntheit hat, der einen Test möglich macht.

4 Tools

Die Erkenntnisse darüber, was getan werden muss, um spezielle Zielgruppen zu erreichen oder die Wahrnehmung der Marke innerhalb dieser in eine zielführende Richtung zu beeinflussen, ist nur die eine Seite der Medaille. Ihr gegenüber steht die Handlungsebene, also die programmlich strategischen und taktischen Tools, die Radiomacher zur Verfügung haben, um die oben genannten Anforderungen erreichen zu können.

4.1 Produktbasierte Tools

Unter **produktbasierten Tools** versteht man programmlich strategische oder taktische Maßnahmen, die der Sender in seinem Programm umsetzt. Hier unterscheidet sich das Medium Hörfunk stark von anderen Produkten, da die Grenze zwischen Eigenwerbung und nachgefragtem Programmcontent, wie oben erwähnt, fließend ist. Es gibt zwei übergeordnete Gruppen solch produktbasierter Tools: Auf der einen Seite sprechen Radiomacher von sogenannten „Promotions", auf der anderen Seite bedienen sie sich positionierender Elemente, die oft unter dem Begriff „Imaging" zusammengefasst werden. Das Segment der Promotions, wiederum unterteilt sich in drei Sub-Genres.

4.1.1 Major Promotion

Die Major-Promotion ist eine Aktions- bzw. Programmkampagne, die programmdominierend den gesamten Sender und all seine Sendungen umschließt. Wurden zu Beginn der 2000er Jahre diese Promotions sehr intensiv, teilweise bis zu sechs Mal pro Stunde, 12 h pro Tag und insgesamt mehrere Wochen in die Programme integriert, ging der Trend in den letzten Jahren zu einer weniger heftigen, aber dennoch wahrnehmbaren Dosierung solcher Promotions. Diese Promotions finden meistens zu den Feldzeiten der Mediaanalyse statt, die von September bis Dezember und von Januar bis April stattfinden. Flankiert werden solche Aktionen auch mit klassischen Tools der Marketingkommunikation, die weiter unten in diesem Artikel beschrieben werden, begleitet. Eine Major-Promotion hat immer ein spezielles programmstrategisches oder taktisches Ziel, das durch die oben beschriebenen Marktforschungsmaßnahmen sehr klar definiert werden kann. Beispielhaft seien hier die Verlängerungen von Hördauer genannt. Der Fachbegriff hierfür lautet TSL, was der Fachtermini für Time Spent Listening, also die mit dem Radiohören verbrachte Zeit des Konsumenten umschreibt. Das diametral entgegengesetzte programmliche Ziel wäre das sogenannte „forced Listening", wobei eine bestimmte Sendezeit in den Mittelpunkt der Aktion gestellt wird, die es speziell zu bewerben gilt. Viele Radiosender haben jahrelang die wichtigsten Aktionen täglich mit einem dramaturgischen Höhepunkt um 7:05 Uhr, dem besten Sendeplatz zur Prime Time, versehen.

4.1.2 Secondary Promotion

Das zweite Genre sind sogenannte Secondary Promotions, die ebenfalls über mehrere Tage und Wochen im Programm stattfinden, jedoch nicht programmdominierend, sondern programmbegleitend gefahren werden. DIE NEUE 107.7 hatte beispielsweise im März 2014 unter dem Titel „Finde das iPad" eine Promotion gestartet, bei dem Hörer pro Woche mehrere iPad gewinnen konnten. Die Dosierung hierbei überstieg niemals eine einzige Kommunikation pro Stunde, wobei immer wieder kommunikationsfreie Stunden eingeführt worden sind.

4.1.3 Sales Promotions

Eine dritte Kategorie sind die sogenannten „Sales Promotions". Hier liegt der Trigger für die Aktion nicht in programmlich strategischen oder taktischen Notwendigkeiten, sondern in Anforderungen von Werbekunden, die gerne als Partner eine Programmaktion begleiten möchten. Der Umsatzgedanke steht hier eindeutig im Vordergrund, die Mechanik und Inhalte richten sich nach den Wünschen des Kunden und sollen in erster Linie nicht programmschädigend wirken.

4.1.4 Stunts

Das kleinste und spitzeste Tool ist der sogenannte „Stunt", der in einer spitzen ein- bis zweitägigen Aktion, die nur innerhalb einer bestimmten Sendung stattfindet, vor allen Dingen eingesetzt wird, um Unterhaltungswert zu generieren, oder eine attraktive Programmalternative zum tagesaktuellen Programm der Mitbewerber zu platzieren. Hier befinden wir uns bereits im Bereich der sehr taktischen Programmplanung.

4.1.5 Imaging

Im Bereich der Positionierungen, sobald diese audiotechnisch umgesetzt werden, spricht man von „Imaging". Wir unterscheiden zwischen den Positionierungen einzelner Sendungen und der Positionierung einzelner Programmbestandteile. Bei Sendungen wird meist die Morgensendung am Intensivsten positioniert. Ein Fallbeispiel von DIE NEUE 107.7 wurde weiter oben bereits beschrieben. Oft werden auch Nachrichtensendungen speziell positioniert, um einen Produktvorteil der speziellen Nachrichten eines speziellen Senders herauszustellen. Der Produktvorteil der Nachrichten von DIE NEUE 107.7 ist neben dem lokalen Aspekt, der sogenannte „As it Happens"-Effekt. DIE NEUE 107.7 verspricht ihren Hörern, nicht nur zu den üblichen Nachrichtenzeiten, sondern immer dann, wenn etwas passiert zu informieren. Dieses Bedürfnis in der Hörerschaft ist erst seit einigen Jahren relevant. Dies konnte in den Imagestudien ermittelt werden. Man vermutet, dass die Habitualisierung von Push News auf Smartphones und Tablets zu diesem mittlerweile ganz selbstverständlichen und eindeutig messbaren Hörerbedürfnis geführt hat.

Der wichtigste Programmbestandteil, welches es zu positionieren gilt, ist die Musik. Neben einem primären Musikclaim, der die Grundmusikfarbe eines Programmes beschreibt, werden oft taktische Positionierungen eingefügt, die eine spezielle Musikfarbe oder eine spezielle musikalische Qualität (zum Beispiel Classic Rock oder die generelle Quantität der Musik) in den Vordergrund stellt. Hier agiert DIE NEUE 107.7, wie die meisten Radiosender sehr taktisch, teilweise auch basierend auf Trackingergebnisse, um auch mit kurzfristigen Maßnahmen ein Optimum an Hörerbindung und Reichweiten Attraktivität zu generieren.

4.2 Tools der Marketingkommunikation

4.2.1 Wirkung durch Alleinstellung

Natürlich bedient sich DIE NEUE 107.7, wie die meisten Radiosender nicht nur ihres eigenen Werbeträgers, sondern auch klassischer- oder „below the line"- Werbemaßnahmen. Hier hat ein Lokalsender wie DIE NEUE 107.7 deutlich andere Budgets zur Verfügung als große landesweite oder gar öffentlich-rechtliche Sender. Ein Sender in der Größe eines Lokalsenders kann diesen Werbedruck nicht aufbringen. Fehlende finanzielle Mittel kompensieren kleine Sender und auch DIE NEUE 107.7 durch besonders kreative Ansätze. Das zeigt sich in ungewöhnlichen Plakatmotiven und auch in ungewöhnlichen Werbeträgern. Als Beispiel sei die Werbung per Flugzeugbanner von DIE NEUE 107.7 genannt, die bisher ein Alleinstellungsmerkmal des Radiosenders in der Metropolregion Stuttgart ist.

Neben einem unmittelbaren Einschaltimpuls zahlt diese Art der Werbung auf das Image des „ungewöhnlichen Radiosenders" ein, der seine eigene Art hat Dinge zu kommunizieren. Dies ist ein wichtiger Bestandteil der Markenwelt von DIE NEUE 107.7. Mit den beiden Flugzeugen und unserer Bannerwerbung unterstützen wir diesen Teil unserer Markenbotschaft. Dass wir dies tun müssen, unterstützt die DIE NEUE 107.7 Markenbotschaft nicht. An diesem Beispiel lässt sich die oben genannte These belegen: Die Notwendigkeit der Kommunikation dieses Teils der Markenbotschaft war aus Studien zu schließen; ebenso konnte die Wirkungsweise des Flugzeugs überprüft werden. Im Vorfeld zu überprüfen, ob das Flugzeug die richtige Maßnahme zur entsprechenden Markensteuerung ist, das ist bisher für einen Radiosender nicht 100%ig möglich. Neben den vielen hochprofessionellen Tools zur Markensteuerung ist und bleibt hier das Herzblut, die Leidenschaft und das Urteilsvermögen von Radiomachern gefragt.

4.2.2 Wirkung durch „Abweichung vom Gewohnten"

Während den Abfragezeiträumen der **Media-Analyse** versuchen die Sender deutschlandweit durch Marketingmaßnahmen den sogenannten WHK, den weitesten Hörerkreis, zu stimulieren. Hierbei handelt es sich um die Personen, welche angeben, ein Programm in den vergangenen zwei Wochen wenigstens einmal gehört zu haben.

Um den Markt maximal auszuschöpfen war es stets wichtig, gerade trotz einer „etwas älteren" Musikausrichtung, nach außen ein frisches, unkonventionelles Image zu transportieren um Menschen am Rande der Kernzielgruppe zu begeistern. Dieser Punkt, sowie die Tatsache, dass es durch klassische Marketingmaßnahmen immer schwieriger wurde mit seiner Massage zur Zielgruppe durchzudringen, führten dazu, dass der Grundstil der Marketingkommunikation stets ungewöhnlich und überraschend sein sollte. Zwei Beispiele sollen diese Ausrichtung verdeutlichen:

Im Jahr 2004 hingen in Stuttgart über 200 Aufsehen erregende City Light Plakate mit dem nackten Po einer Frau und dem Slogan „Den Rock haben wir!". Die Wellen der öffentlichen Empörung schlugen hoch und führten soweit, dass die Stadt Stuttgart veranlasste die Plakate noch während des Flights durch einen „Zensiert"-Balken zu entschärfen.

Weitaus weniger provokant, aber weiterhin auffällig, ging es in den kommenden Jahren weiter. Der Sender lies beispielsweise seine Großflächenplakaten in der Region Stuttgart über mehrere Dekaden einfach über Kopf aufhängen.

Durch eine Abweichung von der gewohnten Norm konnte die Wahrnehmung der Sen-
derplakate im „Werbedschungel" auf den Straßen der Region deutlich gesteigert werden.
Der Erfolg dieser Kampagnen konnte jeweils schon innerhalb der Plakatierungszeiträu-
me leicht zeitversetzt durch quantitative Marktforschung beschrieben werden. Gesteigerte
Wahrnehmung führte zu steigendem Bekanntheitsgrad, dieser wiederum zu einem höheren WHK und dies letztendlich zu steigenden Marktanteilen und Reichweiten.

4.2.3 Wirkung durch Identifikation

Da das reine „Auffallen" im Markt jedoch nicht in jedem Fall auch zu Einschaltimpulsen
führt, setze DIE NEUE 107.7 in der vergangenen Kampagne auf die Verwendung von Testimonials. Die Funktion der unbekannten Models war die **Identifikation** der Zielgruppe
mit dem Sender zu stärken. Grundvorrausetzung bei der Auswahl der abgebildeten Testimonials war eine hohe Akzeptanz in der Zielgruppe. Um im Vorfeld möglichst objektiv
beurteilen zu können, welche Gesichter besonders sympathisch auf die 40 bis 50 jähri-
gen Menschen in der Region Stuttgart wirken, führte der Sender im Vorfeld eine Online
Test mit 200 Teilnehmern durch. Die Teilnehmer sollten die Wirkung von 10 Frauen und
10 Männern beurteilen, was dazu führte, dass die folgenden vier Personen ausgewählt
wurden.

5 Konvergenz als existenzieller Faktor der Zukunftssicherung

Wie eingangs erwähnt, hat Radio eine bewegte Vergangenheit. Die Zukunft des Hörfunks wird weiterhin große Veränderungen hervorbringen. Die Exklusivität des Übertragungswegs UKW ist bereits Vergangenheit. So ist DIE NEUE 107.7 ab Dezember 2014 auch im Digitalradio auf DAB+ in ganz Baden-Württemberg zu empfangen. Radio hören über Webstreams und Smartphone Apps hat noch keine Dominanz, ist aber ein nicht zu vernachlässigender Faktor der Nutzung. Gerade jüngere Produkte messen ihm eine höhere Bedeutung bei als den tradierten Weg der UKW-Verbreitung. Die Maßnahmen, die Radiosender für ihre Marke und für ihr Produkt zur Verfügung haben, werden durch die neuen Verbreitungswege deutlich größer. Als Beispiel sei hier die mittlerweile ganz selbstverständliche Idee eines Rückkanal in das Medium Radio genannt: der die Meinung der Hörer zu Programminhalten und -themen sofort ins Programm bringen kann. Die Wirkungsweise von Radio kann sich verändern: Radio ist teilweise nicht mehr Point to Multipoint, sondern Point to Point to Point to Point …

Die Vielfalt der technischen Möglichkeiten und der Verbreitungswege macht es notwendig sich ganz grundsätzlich mit der Konvergenz der verschiedenen Maßnahmen zu beschäftigen. Die Fachtagungen in Radiokreisen drehen sich verstärkt um dieses Thema. Der goldene Weg ist noch nicht gefunden. Vielleicht gibt es auch nicht den einen perfekten, sondern die vielen genau passenden Wege. Wenn die gefunden werden, ist die Zukunft des Radios gesichert, denn eine Nachfrage nach identitätsstiftenden Audiocontent, der in einem Lean Back Medium konsumiert werden kann, bleibt unabhängig von der Wahl des Übertragungsweges ungebrochen. Die Radiosender, die heute in ihre Marke investieren, werden auch die Gewinner in dieser „neuen Welt" sein. Als Beleg dafür sei abschließend angeführt, dass die häufig genutzten Programme in WLAN-Radios, die alle Sender der ganzen Welt empfangen können, jeweils die Produkte sind, die eine regionale erfolgreiche und verwurzelte Hörfunkmarke etabliert haben.

Die Autoren

Dirk Ullmann ist Privatradiomacher der ersten Stunde. Nachdem er beim Stadtradio Heilbronn die Stationen als Praktikant, als Volontär, als Jungredakteur und als Redaktionsleiter durchlaufen hatte, war er dann als Programmchef in den vier Stadtradiostationen Stuttgart, Heilbronn, Karlsruhe und Reutlingen/Tübingen tätig. Seit 14 Jahren ist er nun Geschäftsführer und davon seit 12 Jahren bei DIE NEUE 107.7. Von sich selbst sagt er: „Radio ist mein Leben und im Übrigen kann ich auch nichts anderes."

Bert Helbig war von 2008 bis 2015 Programmchef bei DIE NEUE 107.7. Vorher war er bei antenne 1 in Stuttgart für den Bereich On-Air Promotion verantwortlich, wo er die Markenkommunikation des Senders gestaltete. Seit Juli 2015 berät er mit seiner eigenen Firma Radiosender und Medienunternehmen in den Bereichen Strategie und Kommunikation.

Tobias Hena leitet die Marketing Abteilung des Senders DIE NEUE 107.7. Der Stuttgarter arbeitet im zehnten Jahr im Unternehmen und koordiniert in seiner Funktion sämtliche Maßnahmen der Marketingkommunikation.

Customer Relationship Management und Markenpflege

Welche Möglichkeiten bietet CRM zur Markenpflege und wo sind evtl. die Grenzen?

Georg Blum

Zusammenfassung

In den letzten Jahren hat sich – und dafür muss man keine Studie heranziehen – die Kommunikationswelt extrem verändert. Und sie verändert sich weiter. Die Katalysatoren dieser Veränderungen sind unterschiedliche Faktoren, wie die Globalisierung, Handelskonzentration, steigende Zahl an Produktarten. Mit Internet, E-Mail, Mobility und Social-Media entwickelte sich neben den klassischen Medien eine unglaubliche Vielfalt und Komplexität. Sie bieten dem Kommunikationsfachmann völlig neue Möglichkeiten der direkten Kommunikation. Eine datenschutzrechtliche Regulierung durch die EU (DSGVO) ist abzusehen.

Sicher muss man die AIDA-Formel oder den Markendreiklang auf die aktuelle Situation anwenden, aber diese Grundregeln gelten nach wie vor.

Alles in allem veränderten sich die Kommunikation und der Dialog zwischen Unternehmen, Marken und deren Zielgruppen durch die neuen Medien. Der Autor möchte hier bewusst nicht von der oft zitierten Macht des Verbrauchers sprechen. Denn Macht bedeutet, dass einer dem anderen sagt, was er zu tun hat.

Vielmehr rückt der Dialog zwischen Unternehmen bzw. Marken sowie Fans, Interessenten und Kunden immer mehr in den Vordergrund. Und hier setzt das Customer Relationship Management (CRM) mit seinen Möglichkeiten zur Markenpflege an.

1 Themeneingrenzung

Da das Thema CRM in diesem Beitrag nicht allumfassend behandelt werden kann, grenzt der Autor das Thema in folgender Weise ein:

Es wird zum Ersten nicht jedes Mal klar unterschieden, ob es sich um eine Einzelmarke, Marken-Familie oder Dachmarke, Unternehmensmarke, Dienstleistungsmarke bzw. Produktmarke handelt.

Georg Blum ✉
Ebersbach, Deutschland
e-mail: info@georgblum.de

© Springer Fachmedien Wiesbaden 2016
S. Regier et al. (Hrsg.), *Marken und Medien*, DOI 10.1007/978-3-658-06934-6_31

Zum Zweiten betrachtet der Autor nur das Beziehungsgeflecht zwischen Marke und CRM. Viele andere relevante Themen in Bezug auf Marke oder CRM werden nicht berücksichtigt.

2 Einführung in das Thema

In der FAZ vom 26.04. schreibt Alfons Kaiser (2014) über die Auflösung der Modefirma „Firma". Unter anderem resümiert er „Viele junge Marken haben den stürmischen Aufbruch des vergangenen Jahrzehnts nicht überlebt." Hier zeigt sich ein oft missbräuchlich verwendeter Begriff von Marke. Gründer glauben, sie sind von Anfang an eine Marke. Aber weit gefehlt: Man wird erst mit der Zeit, mit zunehmender Bekanntheit, Sympathie – wenn man Marktgeltung erreicht hat – zur Marke. „Schwarz/Weiß" gedacht: Man ist eine Marke oder keine. Deshalb ist der Weg zur Marke meist steinig und er dauert Jahre.

Wie lange es dauert, bis eine Marke bzw. die neue Positionierung im Kopf der breiten Mehrheit der Zielgruppe verankert ist, zeigt das Beispiel von Beck's Bier[1]: Es dauerte zehn oder mehr Jahre, bis über 70 % der Zielgruppe bei „grünem Schiff" und „Sail away" Beck's Bier assoziierten.

Marken wie Nivea, WMF, Bosch oder Siemens haben heute eine Bekanntheit von über 95 %. Das sind Ausnahmewerte. Diese Marken sind alle schon über 100 Jahre alt, und gut gepflegt. Wie schwer es ist, eine Marke zu werden, spüren langjährige Marktteilnehmer, wenn sie sich trotz großer Anstrengungen in der Branchen-Liga erst auf den Plätzen fünf oder schlechter befinden.

Aus Sicht des CRM spielen der Dialog, die Interaktion, Aktion und Reaktion wichtige Rollen. Lange Zeit wurden alle Zielgruppen mit klassischer Werbung beworben. Irgendwann stellten die werbetreibenden Firmen fest: Ihre Werbung wirkt immer weniger. Branchen, wie der Versandhandel, machten es vor. Direktwerbung, Dialog und Interaktion zeigten eine bessere Budgeteffizienz. So wurde von vielen CRM entdeckt und in seinen heutigen Facetten erbaut.

Wie wird man zu einer Marke? Kann CRM dabei helfen? Ist CRM dabei dringend notwendig? CRM und Marke, wie hängen diese beiden Themen zusammen? Sind das zwei Geschwister, die ohne einander nicht können oder sind es zwei Seiten einer Medaille? Ist CRM ein Mittel zum Zweck? Kann CRM eine Marke machen oder kann ein Produkt ohne CRM zur Marke werden? Wer war zuerst da, die Marke (Ei) oder das CRM (Huhn)?

In dem folgenden Kapitel möchte der Autor einige Aspekte und Thesen bearbeiten, die im Zusammenhang mit Marke, dem Markenaufbau, der Markenpflege und der notwendigen Voraussetzung, Unterstützung, Ergänzung sowie Abhängigkeit durch CRM stehen.

---

[1] Vortrag Marc Sasserath, auf der „Refill" der Hochschule Pforzheim 2005. Bis in der Zielgruppe „grün", „Schiff", „Sail away" verankert war, dauerte es von 1990 bis 2000. Die gestützte Bekanntheit hatte dann einen Wert von ca. 74 % erreicht. 1993 wollte man das Konzept „grünes Schiff" schon wieder komplett ändern.

Es sollen genauso einige gegenseitige Ergänzungen bzw. Synergien und wichtige Unterschiede herausgearbeitet werden.

3 Definition Customer Relationship Management (CRM)

▶ CRM ist ein ganzheitlicher Ansatz zur strategischen und operativen Unternehmensführung. Auf Basis einer CRM-Strategie steuert, integriert und optimiert ein Unternehmen abteilungsübergreifend alle interessenten- und kundenbezogenen Prozesse in Marketing, Vertrieb, Service, Kundendienst, Produktmanagement/Einkauf sowie Forschung und Entwicklung.

Dies geschieht auf der Grundlage einer Zielgruppen- und Kundenwertanalyse. Es werden Zielgruppen und Kundensegmente definiert, an denen sich die gesamte Organisation ausrichtet. Sie ist danach nicht mehr funktional (traditionelle Organisationsform), sondern nach Kundengruppen ausgerichtet.

Die Pflege der Beziehungen wird auf der Grundlage einer zum Unternehmen passenden Datenbank beziehungsweise einer entsprechenden Software unterstützt. Zielsetzung von CRM ist dabei im Rahmen von Geschäftsbeziehungen, die Schaffung von Mehrwerten auf Kunden- und Unternehmensseite.

Zusammengefasst wird mit CRM nur ein Ziel verfolgt: Die Steigerung der Dauer einer Kundenbeziehung und deren Rentabilität.

4 Vergleich der Ziele und Wirkungsmechanismen von klassischer Markenwerbung und CRM

Alte Zöpfe abschneiden oder neu flechten? Man kennt die Begriffe „AIDA" und „Markendreiklang". Nur: Diese ursprünglichen Definitionen haben sich überlebt. Sie müssen weiterentwickelt werden. Das I für „Interest" steht inzwischen auch für „Involvement".

Das Involvement, welches stark auf die emotionale Bindung abzielt, bekam vor allem im Internet und im Speziellen im Social-Media-Zeitalter eine neue, wichtige Bedeutung. Es kräftigt die Beziehung zur Marke. Das Involvement entsteht z. B. über Gamification (Spiele bzw. Spielerisches rund um das Produkt) oder über Content-Marketing.

In der klassischen Markenpflege hat der Markendreiklang (Kilian o. J.) folgende Ausprägungen: Bekanntheit, Sympathie, Kaufbereitschaft. Doch es fehlen wichtige CRM-Elemente: Kauf, Folge- oder Nachkauf, Wiederkauf bzw. Loyalität, Vertrag oder Abonnement.

Früher mussten die klassischen Kanäle alle Aufgaben der AIDA-Formel erfüllen, auch das Verkaufen. Heute kann man getrost sagen: *Die klassische Werbung ist tot – es lebe die klassische Werbung.* Die Klassik konzentriert sich auf ihre Kernaufgaben „Aufmerksamkeit und Bekanntheit". Das Qualifizieren, die Verkaufsförderung und das Verkaufen werden dem Dialogmarketing bzw. CRM überlassen. Ein Budget-Shift von Klassik zu

Abb. 1 Vergleich von klassischem Marketing und Dialogmarketing. (Holland 2014, S. 8)

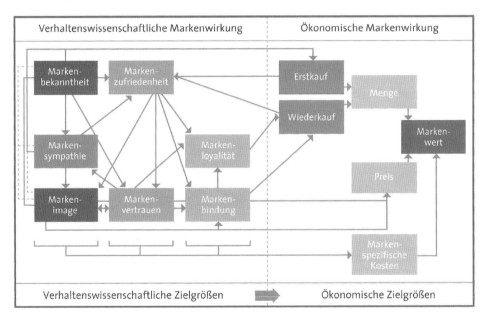

Abb. 2 Zielsystem zur Markennavigation. (Esch 2012, S. 73)

Direktvertrieb bzw. Dialogmarketing und CRM zeigt dies (Jährliche Werbeträgerstatistik ZAW 2014). Mit dem Einzug der Multi-Channel-Kommunikation werden alle Kanäle nach Sinn und Budget kombiniert. Die gerade beschriebenen Zusammenhänge und Unterschiede werden in Abb. 1, 2 und 3 dargestellt bzw. zusammengefasst. Abbildung 1 zeigt

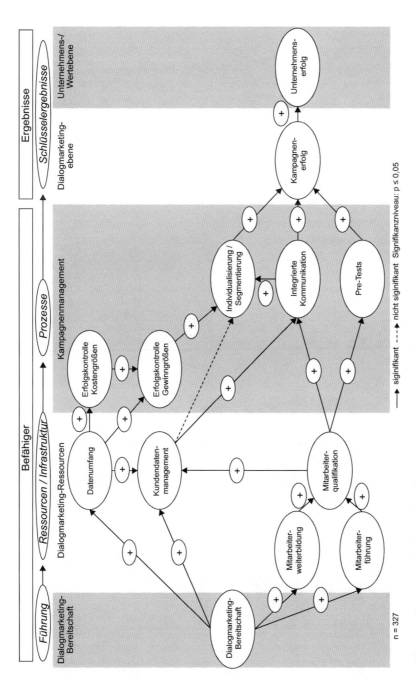

Abb. 3 Wirkungsmechanismen für erfolgreiches CRM. (Mann und Liese 2013, S. 101)

die unterschiedlichen Instrumente und deren Einsatzgebiete im Überblick. Abbildung 3 stellt den Nachweis dar, welche Zusammenhänge auf Loyalität und Unternehmenserfolg durch CRM-Maßnahmen wirken. Und Abb. 2 spiegelt hervorragend den zunehmende Abstimmungsbedarf zwischen Markenmanagement und CRM wieder. CRM darstellt.

Zwischenfazit

Im CRM ist per se die Bindung enthalten, deshalb kann man an dieser Stelle schon einmal zusammenfassen: Die große Klammer über diesen beiden Themen „Markenpflege und CRM" ist das Wort „Loyalität". Denn sowohl Markenpflege als auch CRM streben nach Loyalität. Diese Treue, insbesondere die Wiederholungskäufe, sorgt für stabile Umsätze und Margen.

---

5 Betrachtung von vier wichtigen Begriffspaaren

Um die Gemeinsamkeiten noch etwas genauer herauszuarbeiten, werden im Folgenden vier wichtige Begriffe aus der jeweiligen Lehre miteinander verglichen.

5.1 Produktlebenszyklus versus Kundenlebenszyklus

Sowohl das Marken- bzw. Produkt-Management (Abb. 4) als auch das CRM (Abb. 5) definieren einen Lebenszyklus. Anhand dieser Phasen werden strategische und operative Maßnahmen bzw. Controlling-Punkte zur Justierung abgeleitet.

5.2 Buying-Cycle und Lead-Management

„Der Buying-Cycle der Kunden ist marken- und bedürfnisspezifisch zu gestalten" (Esch 2012, S. 147). Esch schreibt von Vorkauf-, Kauf- und Nachkauf-Phase. Im CRM sind das die Lead- und Opportunity, der Erst- und Folgekauf sowie die After-Sales bzw. After-Service-Aufgaben. Je nach Ziel, Zielgruppe, Zeitpunkt, Produkt, Angebotsform und Marke muss die Kommunikation, ihre Inhalte, die Frequenz etc. auf die Zielpersonen individualisiert werden. Dieser sehr abstrakte „Satz von Esch" setzt aus Sicht einer Marke eine ausgeklügelte CRM-Strategie voraus (Abb. 6).

Je nach Art des Produkts oder Dienstleistung ist zu beachten, dass diese Ansprache und Individualisierung auf „die entscheidenden Personen" (Buying Center/Entscheider-Gremium) ausgerichtet sind. Beispiele hierfür sind im B-to-C der Haus- oder Autokauf bzw. im B-to-B die Anschaffung einer Maschine oder ganzer Anlagen. Das ist die Kunst einer guten CRM-Strategie.

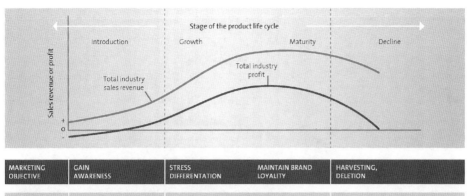

MARKETING OBJECTIVE	GAIN AWARENESS	STRESS DIFFERENTATION	MAINTAIN BRAND LOYALITY	HARVESTING, DELETION
Competition	Few	More	Many	Reduced
Product	One	More versions	Full product line	Best sellers
Price	Skimming or penetration	Gain market share, deal	Defend market share, profit	Stay profitable
Promotion	inform, educate	Stress competitive differences	Reminder oriented	Minimal promotion
Place (distribution)	Limited	More outlets	Maximum outlets	Fewer outlets

Abb. 4 Produktlebenszyklus. (Rohan 2011)

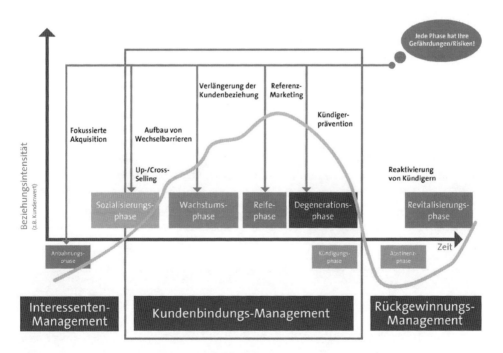

Abb. 5 Beispielhafter Kundenlebenszyklus. (Eigene Darstellung)

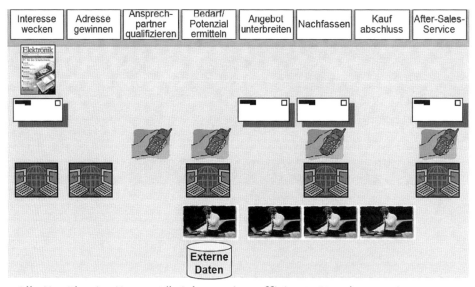

| Interesse wecken | Adresse gewinnen | Ansprech-partner qualifizieren | Bedarf/ Potenzial ermitteln | Angebot unterbreiten | Nachfassen | Kauf abschluss | After-Sales-Service |

Alle Kanäle „im Konzert" sichern eine effiziente Kundengewinnung

Abb. 6 Lead Management als Multi-Channel-Kontaktstrategie. (Eigene Darstellung)

5.3 Markenidentität und CRM leben

In diesem Begriffspaar stecken einige Gemeinsamkeiten. Esch schreibt: „Mitarbeiter werden zu Markenbotschaftern". Eine Studie von Terrin Powers aus 2007 zeigt ganz klar, dass Marken nur dann erfolgreich sind, wenn die Mitarbeiter zu Markenbotschaftern werden. Was alles dazugehört, sind nach Esch zusammengefasst: Information, Motivation und Vorleben.

Genau diese drei Kriterien sind Erfolgsgaranten für das CRM. Wenn man sich Abb. 3 mit der CRM-Excellence in Erinnerung ruft, sind auch hier die Befähigung sowie andere Faktoren wichtige Grundlagen für den Erfolg. Vor allem im personalintensiven Business sind die emotionalen Faktoren, die in der zwischenmenschlichen Beziehung aufgebaut werden, ein Loyalitätsfaktor. Zum Beispiel Ärzte, Versicherungsvertreter, Künstler, Unternehmensberater oder Key-Account-Manager können ein positives Lied davon singen.

► Zusammenfassend hat es Götz W. Werner (2014) so formuliert: „Die Mitarbeiter sind die wichtigsten Kunden". Der Autor ergänzt: Mitarbeiterbindung ist Kundenbindung.

5.4 Brand- und Customer- Experience Management

Nach Ansicht des Autors gibt es keinen Unterschied zwischen den Begriffen. Das Customer Experience Management (CEM) nimmt die Customer-Touchpoints und analysiert die Produkt-/Markenerfahrungen – welche Erlebnisse/Erfahrungen in welcher Situation stattfinden. Als Ergebnis folgen daraus Verbesserungen des Produkts, andere Kommunikations- und Angebotsformen, zusätzliche Cross- und Up-Selling-Ideen, aber genauso Produkt-Neuentwicklungen.

Beide Denkweisen gehen von speziellen Maßnahmen und Notwendigkeiten je nach Phase aus. Und in vielen Fällen ähneln sich diese Maßnahmen. Nur der Ausgangspunkt ist einmal das Produkt und einmal der Kunde. Das Ziel ist fast immer dasselbe.

Zwischenfazit

Schon an diesen wenigen Begriffspaaren wird deutlich, wie viele Synergien und Ähnlichkeiten die beiden Denkmuster Markenpflege und CRM besitzen.

6 Aktuelle Ausgangssituationen und Herausforderungen für Marken und CRM

6.1 Beurteilung der aktuellen Markt- bzw. wirtschaftlichen Gesamt-Situation

In aller Kürze sollen einige Thesen aufgestellt werden:

Seit den 80er Jahren findet eine deutliche Verschiebung von Nachfrage-Märkten hin zu Angebots-Märkten statt.

Die Bevölkerungsstrukturen und das Konsumverhalten verändern sich zum einen durch die Verschiebung in der Alterspyramide, zum anderen durch die zunehmende Vermischung der Kulturen, Gewohnheiten der Zuwanderer, Migranten sowie temporärer Angestellter mit weltweiter Herkunft.

Die Abhängigkeit der Herstellermarken durch die Konzentration im Handel nimmt weiter zu. Ebenso ist eine starke Zunahme von E-Commerce, Direktvertrieb und Dialogmarketing zu verzeichnen. Das zeigt sich z. B. daran, dass viele Hersteller(-Marken) am Handel vorbei kommunizieren und verkaufen.

Die Globalisierung führt zu mehr Marktteilnehmern und damit zu mehr Produkten und Dienstleistungen (Friedman 2006).

Die rechtlichen Rahmenbedingungen verändern sich durch EU-weite und nationale Bestrebungen, Stichworte sind hier: BDSG und EUDSGVO.[2]

6.2 Beurteilung der Kommunikation und deren Wirkung

Auch hier in aller Kürze ein paar Thesen:

„One Message all" gehört der Vergangenheit an. Zu vielfältig sind die Produkte- und Service-Portfolios bzw. deren Satelliten geworden. Kaum eine Marke (bestes Beispiel ist

---

[2] Tätigkeit des Autors als Mitglied des Vorstands im DDV seit 2004, BDSG Novelle 2009, lfd. EUDSGVO.

Nivea), die nicht komplementäre Produkte oder Services (Nischenstrategie) entwickelt hat. So entwickelte sich der Bedarf an deutlich differenzierteren Kommunikationsmaßnahmen je Zielgruppe.

Die Wirksamkeit der klassischen Maßnahmen kann oft nicht oder nur unzureichend nachgewiesen werden. Ergebnisse aus Mediaanalysen und Marktforschungen können trotz nachgewiesener Repräsentativität nicht auf die „große Masse" der Zielgruppe hochgerechnet werden. Zu oft gibt es zwischen den Analysen bzw. Messungen und der Grundgesamtheit gravierende Abweichungen. Die Folge: Hohe Kosten für die Analysen bei geringem Erkenntnisgewinn, teure Mediainvestitionen und trotzdem viele Streuverluste (Koch 2014).

Mit Internet und Social Media vervielfachten sich die Kanäle. Die generelle Wirksamkeit eines einzelnen Kanals nimmt durch die zunehmende Vielfalt an Kanälen ab. Der Konsument nutzt immer mehr „Informationskanäle" zur Vorbereitung seiner Kaufentscheidung. Die Folge: Der Konsument entwickelte mehr und mehr Präferenzen für sehr unterschiedliche Kanäle. Ein Unternehmen kann sich somit nicht mehr nur auf einen Kanal konzentrieren. Tests[3] ergaben, dass eine gezielte Kombination ausgewählter Kanäle zu mehr Response führte. Daraus entwickelte sich das Multi-Kanal-Kampagnen-Management.

Klassische Lesegewohnheiten verändern sich (Tablet bzw. Second Screen). Z. B. Publikumszeitschriften verlieren seit Jahren Auflagen und Abonnenten. Beispielsweise lesen unter 30-Jährige kaum noch TV-Zeitschriften.[4] Stattdessen werden Infos über Apps oder Webseiten geholt.

Nur wer mit seine Botschaften in das „Awareness Set" (Langzeitgedächtnis mit hohen Erinnerungswerten, vgl. Esch o. J.) seiner Zielgruppe kommt, wird gewinnen. So greift der Konsument, wenn eine Kaufentscheidung spontan emotional oder geplant ansteht, zu „Ihrer Marke" und nicht zur Konkurrenz.

> ▶ Das Awareness Set besteht meist aus ca. 4 bis 6 Marken, die in der engeren Wahl
>   bei der Entscheidung stehen. Die klassische Werbung, aber vor allem das CRM,
>   hat u. a. die wichtige Aufgabe, sich durch den regelmäßigen Dialog auf Platz 1
>   des Awareness Set zu gelangen und somit Erinnerung, Wiederkauf und Bindung
>   zu erhöhen. Das geht vor allem mit Spaß, Emotion und/oder Involvement.

Content-Marketing ist das neue Schlagwort. Dabei geht es letztendlich um Informationen zum und rund um Produkt bzw. Dienstleistung. Diese Informationen erhöhen das Involvement. Oder sie sollen nach dem Kauf die kognitive Dissonanz ausräumen.

Mehrstufige Kommunikation geht nur über die Koordination durch CRM.

Die klassische Werbung hat besonders bei den mehrstufigen Vertriebsformen (Abb. 7) zu große Streuverluste. Es sind zu viele unterschiedliche Zielgruppen/Ansprechpartner zu

---

[3] Analyse der DDP-Preisverleihung und deren Ergebnis-Bände 2010 bis 2013.
[4] Mediadatenanalyse der deutschen Programmzeitschriften des Autors in 2006.

Abb. 7 Mehrstufiger Vertrieb. (Eigene Darstellung)

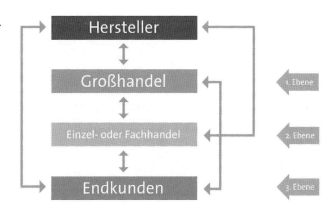

erreichen. Das funktioniert nicht mit einer einzigen Kampagne. Hier setzt das CRM mit seinen gezielten, individualisierten Maßnahmen an.

Ein Hersteller hat im obigen Beispiel die Herausforderung, über zwei Stufen für sich Werbung zu machen. Früher bestand nur die Verbindung zur nächsten Stufe. Heute nutzen die Hersteller das CRM, um alle Stufen individuell zu bearbeiten.

6.3 Beurteilung der aktuellen Marken-Steuerung und -Politik

In Abschn. 6.5 erläutert der Autor seine Beobachtungen zur organisatorischen Einbindung. Deshalb findet in diesem Abschnitt nur eine isolierte Funktionsbetrachtung statt. Eine Marke wird aus dem Markenmanagement, dem Produktmanagement und/oder Marketing heraus gesteuert. Marken werden mit kurz-, mittel- und langfristigen Zielen gesteuert.

Der hohe Druck auf Umsatz und Absatz verführt jedoch häufig zu kurzfristig wirkenden Maßnahmen. Eine Beachtung der mittel- und langfristigen Ziele fällt häufig unter den Tisch. Mal hier schnell den Preis gesenkt, mal dort einen weiteren Distributionskanal aufgemacht. Auf einmal kann der angestrebte Durchschnittspreis nicht mehr erzielt werden. Ganz schnell sind viele Marken in einem Strudel gefangen. Und damit weit entfernt von der angestrebten Positionierung.

Neben vielen anderen bekannten Einflussfaktoren möchte der Autor noch die Agentur-Problematik herausheben. Eine Marke ganzheitlich über alle Kommunikationskanäle, dem Packaging usw. zu steuern, ist zum einen eine organisatorische Herausforderung, zum anderen eine kreative Gesamtleistung. Ob nun alle Fäden über alle Agenturen im Haus oder durch eine Leadagentur gehalten werden, ist erst einmal egal. Denn das erste große Problem ist, dass jede Agentur bzw. jede Kommunikations-Disziplin für sich in Anspruch nimmt, den kreativen Gral gefunden zu haben. Das zweite Problem ist der häufige Wechsel von Agenturen. Jeder Wechsel birgt Reibungsverluste und Streit über den bisherigen und zukünftigen Weg. Und, wie beim Becks-Bier-Beispiel eingangs erwähnt, ist Kontinuität – also langfristiges Denken und Handeln – die oberste Maxime innerhalb der Markensteuerung. Wenn man alle zwei oder drei Jahre die Kommunikationsstrategie, eine ganze Agentur oder eine Mannschaft innerhalb einer Disziplin auswechselt, kann das nicht funktionieren.

Ein gutes Produkt alleine ist kein Erfolgsgarant. Wie im Fazit zu Abschn. 4 schon erwähnt, ist die Loyalität eines der wichtigsten Ziele innerhalb der Markenpolitik. Markentreue ist somit ein Erfolgsfaktor. Esch (2012, S. 43) schreibt über die Gründe, die zur Markentreue führen. Das „sind vor allem a) gute Erfahrungen mit der Marke, b) der Bekanntheitsgrad der Marke sowie mit zunehmender Bedeutung c) die Markenwerbung . . . ". Dazu kommt der Unterschied zwischen Markenbindung und Markentreue innerhalb der Markenloyalität („. . . sind zwei Paar Schuhe." (Esch 2012, S. 45)). Der Autor will anhand der Erläuterungen von Esch (2012, S. 74) den Unterschied noch einmal kurz herausarbeiten. Es gibt zwei Dimensionen der Markentreue: Markenloyalität und Markenbindung.

Die Markenloyalität ist der regelmäßige Wiederkauf, unabhängig von einer Einstellung und emotionalen Bindung. Die Markenbindung ist die emotionale Ebene zur Marke. Esch schreibt von dem Ferrari-Fahrer, der als Formel 1 Fan oder Liebhaber der tollen PKWs seine Leidenschaft für Ferrari entwickelt. Und dies, obwohl er sich in Leben keinen Ferrari leisten kann. In der heutigen Zeit sind das Fans, Empfehler und andere Multiplikatoren, welche eigene Kommunikationsmaßnahmen erhalten oder in CRM-Maßnahmen integriert werden. Die Treue – bestehend aus Loyalität und Bindung – wird stark durch Zufriedenheit, Vertrauen, Image und Sympathie beeinflusst (Esch 2012, S. 75).

„Marken können nicht mehr alleine auf gute Qualität bauen: Die Suche nach emotionalen Zusatznutzen entscheidet die Schlacht über die zukünftige Markenstärke" (Esch 2012, S. 41). Denn immer mehr Tests werden durchgeführt und zeigen, dass ein Markenprodukt nicht immer das bessere Produkt ist, welches den höheren Preis rechtfertigt (Esch 2012, S. 33).

6.4   Beurteilung des aktuellen CRM

Das Wissen über den Interessenten und Konsumenten steigt u. a. durch das akribische Sammeln von relevanten Daten. Das Unternehmen erhält somit eine eigene sehr fundierte Daten- und Informationsgrundlage. Auf dieser Basis bzw. mit dem **analytischen CRM** lassen sich viele Entscheidungen leichter treffen oder Kampagnen planen.

CRM nutzt die Interaktivität. Schlagworte wie Customer Experience und Customer-Touchpoint machten seit ein paar Jahren die Runde. Letztendlich ist alles ein Unterthema des CRM. Wie, wann und wo nutzt der Konsument „unser Produkt", mit welchen anderen Produkten zusammen, welche Schwierigkeiten hat er bei der Nutzung, welche emotionalen und rationalen Nutzen entstehen dabei? Wo bzw. wie kann die Kommunikation ihn erfolgreich erreichen? Wie einfach oder schwer wird dem Konsumenten die Reaktion gemacht? Wie viele Optionen (Multi-Optionalität) zur Reaktion hat er? Welche bestehenden Daten können genutzt werden, welche Daten entstehen durch den Dialog/Kontakt? Das alles kann das CRM gezielt steuern, aufnehmen und verarbeiten.

Die Diskussion um Wirksamkeit und Streuverluste erhöht die zunehmende Bedeutung von CRM. Das ist das Ende des Gießkannenprinzips, könnte man meinen. Dennoch haben viele Direktmarketing-Aktionen eine sehr geringe Response (ca. 1–2 % je nach Branche und Zielgruppe). Das Unternehmen hofft, dass der Rest die Markenwirkung unterstützt, was sicherlich teilweise der Fall ist. Dennoch ist dies pures Hoffen und nicht Wissen. Gutes CRM beginnt bei mindestens 10 %, besser noch mehr als 20 % Reaktionsquote auf bestehende Beziehungen.

► **Social Media** ermöglicht den Endverbraucher-Dialog auch bei Marken, die sich bisher keinen Dialog bzw. kein CRM leisten wollten oder konnten.

Zwischenfazit

Das CRM ist letztendlich entwickelt worden, weil die Markenstrategen in verschiedenen Studien festgestellt haben, dass bei vielen Marken a) generell die Treue nachgelassen hat, b) im Vergleich zur Konkurrenz nicht stabile Erträge und Folgekäufe ausgelöst werden und c) Produkte und Dienstleistung nicht zu einer Marke geworden sind.

6.5 Beurteilung der internen Organisation und Verantwortung von Marke und CRM

Lange galten Redakteure, Produktmanager und Markenverantwortliche als die Könige im Unternehmen. Mit zunehmender Markenvielfalt, Konkurrenz, Komplexität der Kanäle sowie Anforderung der Messbarkeit, veränderten sich deren Macht und Einfluss.

Ein weiteres Problem in der Praxis sind klassische Zielkonflikte. Die Markenverantwortlichen haben eher das Große und Ganze im Auge, die Schönheit, Bekanntheit, Sympathie und das Image der Marke. Vertrieb will – vereinfacht formuliert – verkaufen.

Diese unterschiedlichen Ziele, die meist von der Führung nicht klar koordiniert bzw. kohärent gesteuert werden, ergeben ein unklares Bild beim Konsumenten. Wer mehr Etat verwaltet, gilt mehr als der andere. Die Wirksamkeit der Maßnahmen sowie die rentable Layalität sollte hier das entscheidende Kriterium sein.

Es braucht Menschen, die als Generalisten mehrere dieser notwendigen Disziplinen beherrschen oder zumindest steuern können. Als erste Aufgabe muss der klassische Zielkonflikt durch neue abgestimmte Ziele und intelligente Führung aufgelöst werden. Ein zweiter Schritt ist dann die Organisation. Wie diese beispielhaft aussehen kann, zeigen die beiden Abbildungen, die das Kundenmanagement vor und nach der Neuausrichtung darstellen (Abb. 8 und 9).

Das Kundenmanagement hat zum Ziel, dass die Organisation sich nach Ziel- und Kundengruppen ausrichtet und die Teams Meta-Ziele bekommen, die nur auf Kundengruppen definiert sind. Alle anderen Abteilungen und Funktionen ordnen sich diesen Zielen unter.

Abb. 8 Kundenmanagement vor der Neuausrichtung. (Eigene Darstellung)

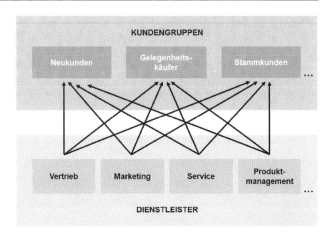

Abb. 9 Kundenmanagement nach der Neuausrichtung. (Eigene Darstellung)

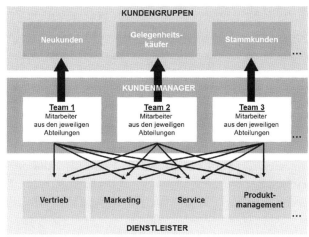

7 Beispiele von Markenaufbau und Markenpflege durch CRM-Methoden (Direkt- oder Dialogmarketing)

7.1 Welcher Methodenbaukasten steht einem guten CRM für die Markenpflege zur Verfügung?

Über allem steht eine CRM-Strategie mit Zieldefinition und Maßnahmenprogramm sowie Antworten auf die W-Fragen: Wer, was, wann, welcher Kanal, wie und wo findet die Reaktion statt? Schlussendlich geht es um eine zielgruppen-adäquate Kombination von direkten Ansprache-Kanälen und zwar individualisiert bzw. personalisiert. Als Basis und Steuerung dient eine CRM-Datenbank.

Zunächst ein kleiner Exkurs, bevor die CRM-Praxis anhand von Beispielen illustriert wird.

7.2   Wo liegen die Grenzen des CRM in diesem Spiel?

Im Jahr 2005 stellte sich für eine Firma die Frage, ob sie zur Verkaufsförderung und Direktwerbung CRM aufbauen und einsetzen sollen, was nach wenigen Überlegungen jedoch verworfen wurde. Social Media gab es damals praktisch noch nicht und der Aufwand, Adressen von Zahnpasta-Käufern zu sammeln, abzuspeichern, nachzuqualifizieren und für Direkt-Werbung bzw. Direkt-Kommunikation zu nutzen, war damals noch sehr hoch. Anders ausgedrückt: Die Marge bzw. der Deckungsbeitrag des Produkts war zu gering für den Marketing- und Vertriebshebel, den man zur Verfügung hatte. Heute sieht die Diskussion evtl. anders aus. Ein amerikanischer Hersteller hat eine Zungenbürste mit einem Verkaufspreis von 8 Dollar – im Zweierpack inkl. Reinigungsschaum in Summe für 18 Dollar – nur über YouTube, Affiliate- und Empfehlungswerbung verkauft. Bevor das Produkt auf dem Markt war, gab es 200.000 Vorbestellungen, was ca. 3,6 Mio. $ vorbestelltem Umsatz entspricht.

▶   Der Preis eines Produkts (einer Dienstleistung) oder eines Warenkorbs, der gekauft oder bestellt wird, muss einen gewissen Wert haben, sonst lohnen sich der Aufbau und der Einsatz von CRM nicht. Zum einen, weil z. B. Zahnbürsten, Joghurt, Schokoriegel (B-to-C) oder Schrauben, Batterien, Servietten (B-to-B) als Low-Interest-Produkt gelten und meist nur „so mitgenommen" werden. Zum anderen, weil der Produktpreis im Schnitt unter drei Euro liegt. Ein notwendiger bzw. sinnvoller Warenkorbwert liegt bei mindestens 20 Euro. Meist muss man dann noch Versandkosten bezahlen, weil sonst die Marge für den Händler negativ ist.

Der oben beschriebene Fall leitet sehr gut zu dem ersten Praxis-Beispiel im Bereich Direktvertrieb über. Im Direktvertrieb haben sich in den letzten Jahren und Monaten interessante Entwicklungen bei den Markenartiklern abgezeichnet.

7.3   Beispielgruppe 1

Derzeit eröffnen immer mehr Markenartikler Webshops. Ein markenübergreifender Webshop (www.pgestore.com) von Procter & Gamble (P&G) ging in den letzten Monaten online. Die Internetseite http://www.beinggirl.de von P&G ist sogar schon seit ein paar Jahren ein zielgruppen-spezifisches Online-Beispiel.

Bei Unternehmen wie P&G ist die Markenvielfalt so groß, dass einzelne Marken zu Sortimenten und Sortimentsgruppen bzw. Warenkörben zusammengefasst werden können. Aus Verbundanalysen weiß man beispielweise: Kunden, die Pringles gekauft haben, kaufen Clearasil. Oder Damen, die Kosmetik gekauft haben, kaufen Slipeinlagen. Viele weitere bzw. ähnliche Verbund-, Abstrahl- bzw. Cross-Selling-Effekte sind hier möglich.

Sowohl mit der Internetseite http://www.Beinggirl.de als Community-Portal für 12–18-jährige Mädchen als auch mit http://www.pgestore.com als Webshop bietet P&G Produkte, Dienstleistungen und Informationen rund um die P&G-Produkte sowie im Store die Möglichkeit eines Einkaufs an. Es werden – vor allem bei http://beinggirl.de – die Einzelmarken synergetisch verbunden. In einem Artikel der Horizont (Hebben 2014) wird P&G zitiert mit „ dass man schnell und direkt lernen wolle, wie sich Kunden im Netz verhalten. Eine Konkurrenzveranstaltung zum Handel sei das nicht". Dennoch wird, zwar nur ein kleiner, Prozentsatz am Handel vorbeifließen. Wie das ausgeht? Man wird sehen. Eines ist sicher, wer so handelt, der setzt auf CRM. Ob es die Analyse des Kaufverhaltens, von Verbundeffekten, das Testen von neuen oder limitierten Produkten, verschiedenen Packagings oder unterschiedlichen Preisen ist, alles sind Bestandteile einer CRM-Strategie.

Ein anderes Beispiel wäre in diesem Zusammenhang die Nivea-Häuser in Hamburg und Berlin. So entsteht eine Chance, Direktvertrieb aufzubauen, andere Produkte als im Handel zu testen und die Kunden mit Dienstleistungen (Kabinenbehandlung, Wellness) zu binden. Viele andere Hersteller (Sony, Apple, Boss u. v. m.) gehen mit ihren Flagshipstores ebenfalls diesen Weg. Oft ist ein Produkt-Konfigurator ein erster Schritt, der Shop folgt danach.

▶   Wichtig für erfolgreiches Marketing: Die Hersteller werden in der Regel den direkten Weg zum Konsumenten gehen müssen.

7.4   Beispielgruppe 2

Innerhalb der Adressgewinnung findet man verschiedene Beispiele. Meist sind die Aktionen mit einer Sammelmechanik oder Couponing verbunden. Hanuta druckte beispielsweise einen Code in die Packung, mit dem man sich online registrieren und etwas gewinnen konnte. Die Firma Lindt & Sprüngli ließ Barcodes auf der Schokolade sammeln und physisch einsenden. Mit 20 gegessenen Tafeln konnte man eine CD einlösen. Ehrmann ließ Joghurtbecher-Deckel sammeln und einsenden. Von einer hygienischen Katastrophe mal abgesehen, wurde Ehrmann von den Einsendungen geradezu überschwemmt. Was zur Folge hatte, dass man die ausgelobten WMF-Kinderlöffel in großen Mengen nachbestellen musste. Allerdings ist mit den Adressen hinterher nichts mehr passiert. Heute könnte man wenigstens die E-Mail-Adressen nutzen.

Coca Cola druckt seit längerer Zeit Codes in den Deckel oder Symbole auf die Flasche, die man online registrieren kann. Wer genügend Codes oder Symbole gesammelt hat, bekommt dafür einen mehr oder weniger adäquaten Gegenwert.

An dieser Stelle möchte der Autor auf ein klassisches Problem im Bereich der **Handelswerbung** hinweisen: Die Zeitverzögerung zwischen Packaging des Produkts, der Auslieferung in den Handel und dem Abverkauf an den Endkunden.

Am Beispiel von Coca Cola stellt sich das Problem wie folgt dar: Es beginnt die Fußball-WM 2014 in Brasilien. Auf der Webseite wirbt Coca-Cola für das Mega-Event. Dennoch haben die Händler bzw. die Konsumenten noch Flaschen bzw. Kästen mit Coca Cola Flaschen herumstehen, die noch auf die vorangegangene Aktion (hier die Polarbären-Aktion) hinweisen. Das bedeutet, dass beim Handel und Verbraucher oft zwei Aktionen parallel laufen, was problematisch ist, da es zur Verwirrung der Kunden führen kann.

Jedes Jahr führt Coca-Cola z. B. die Weihnachtstour als Event in verschiedenen Städten mit vielen Kunden und Fans durch. Früher gab es dazu immer ein Gewinnspiel. Waschkörbe voll Adressen wurden gewonnen. Nur anfänglich wurde, außer dass man den Gewinner gezogen hat, nichts mit den Adressen gemacht. Es wurde nichts gespeichert, sondern fein säuberlich vernichtet. Selbst zu Zeiten, als es schon Möglichkeiten einer automatisierten Erfassung (Scannen) gab, wurde diese Variante nicht in Erwägung gezogen. Warum? Weil diejenigen, die diese Aktion durchführten (klassische Werbung/PR), nichts von den Möglichkeiten der Abteilung CRM wussten oder wissen wollten. Folglich vergab man Chancen und Möglichkeiten den Dialog aufzubauen. Hätte man voneinander die Ziele und Kompetenzen gekannt, wäre Coca Cola heute sicher ein Adress-Weltmeister der Branche.

▶ Einschränkend muss man aber betonen: Gewinnspiel-Adressen sind meist nicht von hoher Qualität und langer Haltbarkeit. Der Aufwand, diese Adressen zu pflegen, kann schnell in die zehntausende Euro gehen.
Deshalb, wer Adressen gewinnt, muss sich Gedanken machen, was er damit anfangen möchte. Adress- und Datenqualität ist innerhalb des CRM die Basis und deshalb ein Wertschöpfungsfaktor, kein Kostenfaktor. Aber leider ist es allzu oft eine vernachlässigte Disziplin.

Aktuell mit den Möglichkeiten des Mobil-Marketings sind heute z. B. Bluetooth-Hotspot-Säulen (Sende- und Empfangsgeräte) im Einsatz. Die Verbraucher werden aufgefordert, ihr Handy vor den Bluetooth-Sender zu halten bzw. zu warten, bis der Kontakt hergestellt und die SMS übermittelt ist. Mit der SMS, Opt-in vorausgesetzt, ist dann der Aufbau des Dialogs und CRM möglich. Läuft man in der Stadt wieder an so einem Hotspot vorbei, signalisiert er einem eine Info, ein Angebot etc.

Auch hier ist, ähnlich dem Zahnpasta-Beispiel, unter Kosten-Nutzen-Aspekten abzuwägen, ob es sich lohnt oder nicht. Coca Cola hat mit den Codes die Brücke aus der Offline-Welt zur Online-Landeseite geschaffen, E-Mail-Adressen gesammelt, so sukzessive Sammelwut der Konsumenten und Adressen für Involvement, für mögliche Weiterempfehlung sowie Branding-Aktionen gewonnen und eingesetzt.

Doch auch hier ist aus Sicht des CRM im B-to-C eine Hürde. Die E-Mails werden nur im Schnitt zu 20 % geöffnet und zu 1–2 % klicken „through". Das ist nicht viel. Dazu kommt im B-to-C die kürzere Halbwertzeit der E-Mail-Adressen, weil ein Teil der Konsumenten immer wieder den Provider oder aus Spaß die E-Mail-Adresse ändert. Mit der stark zunehmenden Nutzung von Smartphones und Tablets verbessert sich jedoch die Öffnungsquote[5]. Dafür ist allerdings der Bildschirm kleiner und erfordert andere Darstellungsmöglichkeiten (Responsive Design).

---

[5] Quelle: Interview Georg Blum mit Acquisa im April 2014 – Veröffentlichung ist im Juni 2014.

7.5 Beispielgruppe 3

Ein hervorragendes Beispiel ist hierzu ein Elektrowerkzeugehersteller. Mit dem Händler-Verkäufer-Club werden die Mitarbeiter des Handels und mit dem Kunden-Club die Kunden an den Elektrowerkzeughersteller gebunden. Der Außendienst bearbeitet sowohl Händler als auch Endkunden. Durch die im Markt einzigartige Menge und Qualität an Handwerker-Kunden-Adressen organisiert der Elektrowerkzeughersteller mit dem Händler gemeinsame Direktmarketing-Aktionen. Der Handel bezahlt natürlich diese Aktionen beim Elektrowerkzeughersteller.

Ein Hersteller von Textilfasern hat diese mehrstufige Kommunikation perfektioniert. Aus der Faser werden in der der 1. Stufe dann Stoffe hergestellt, die Stoffe werden in der 2. Produktions-Stufe zugeschnitten und vernäht, in der 3. Stufe übernimmt der Großhandel das fertige Produkt und Stufe 4 ist der Einzelhandel. Mit Stufe 5, dem Endverbraucher, ist dann das Ende der Kette erreicht. Der Faserhersteller bewirbt mit CRM-Maßnahmen alle Stufen. Sogar der Endkunde muss wissen, ob sein Trikot aus diesem Stoff hergestellt ist oder nicht. (z. B. Trevira, Goretex). Ein anderes Beispiel hierfür ist Intel mit seiner Intel-Inside-Kampagne.

Diese beiden Beispiele zeigen, dass man gerade im B-to-B ohne diese mehrstufige Vorgehensweise nur noch bedingt erfolgreich sein kann. Die Social-Media-Kanäle fördern und fordern zudem diesen Denkansatz.

7.6 Beispielgruppe 4

Eine weltweit agierende Kosmetikmarke hatte lange Jahre mit seinen Läden keinen Gewinn gemacht. Durch die Visibilität der Läden profitierten jedoch die Marke und der Versandhandel. Nachdem man die Ladenkette von 160 auf 80 Läden zurückgebaut hatte, ging der Gesamtumsatz überdurchschnittlich – über alle Distributionskanäle betrachtet – vor allem in den Regionen der ehemaligen Läden zurück.

Das ist der Grund, warum heute so profilierte E-Commerce-Unternehmen wie Zalando oder Amazon einen „Brick & Mortar"-Shop bzw. ein Warenhaus oder MyMüsli stationäre Shops bzw. Shop-in-Shop-Geschäfte aufmachen. So bekommt die Marke mehr Sichtbarkeit und eine weitere Verkaufsmöglichkeit. Damit schöpft man alle Vertriebs- und Reaktionspotenziale aus.

▶ Multi-Channel: Das Ganze ist mehr als die Summe seiner Teile.

Unternehmen wie Globetrotter haben schon früh erkannt, dass man nur erfolgreich sein kann, wenn alle Kanäle und Einkaufsstätten zusammenarbeiten. Der Katalog ist für das Involvement, das Internet zur Vorabinformation bzw. dem einfachen Bestellen, der Laden zum Anprobieren und für Beratung komplexer Produkte. Selbst Impfberatung für Reisen in tropische Länder findet in den Shops als besonderer Service statt – und ist damit ein wichtiger Bestandteil der Marken Differenzierung. Für stetiges Wachstum und konsequentes Multi-Channeling bekam Globetrotter als Branchen-Vorbild in 2006 den Preis „Versender des Jahres".

Opel – Umparken im Kopf (Geißler 2014): Das ganze startete als viraler Ansatz. Man wusste nicht, dass Opel dahinter steckt. Plakate und TV verbunden mit einer Landeseite im Internet sorgten für Konversion von Off- zu Online. Online wurde der Verbraucher vor allem über Social-Media-Portale „beschäftigt", die Adresse generieren. Mit den nachfolgenden Maßnahmen wurde sukzessive aufgelöst, dass es sich um Opel handelt und mit der Ansprache per E-Mail und Brief auf Probefahrten hingewiesen bzw. entsprechende Anreize für Probefahrten gesetzt.

Die jüngste Veröffentlichung von Kaufhof kombiniert Kaufhaus und e-Commerce einmal anders herum. Das Einkaufen im Kaufhof-Geschäft – durch speziell im Laden ausgehändigte Tablets mit Online-Bestellmöglichkeiten unterstützt – soll zu einem Multi-Channel-Erlebnis werden. „Über die Tablets sollen die Mitarbeiter den Kunden sowohl den Zugang zum Sortiment des Galeria Kaufhof-Online-Shops als auch einen Zugriff auf Warenbestände von Lieferanten bieten: Ist am Kaufhof-Lager ein bestimmtes Produkt nicht vorrätig, der Lieferant hat aber noch Ware, kann der Kunde so trotzdem bedient werden." (buchreport 2014)

7.7 Beispielgruppe 5

Sehr oft wird in der klassischen Werbung für Marken zu pauschal geworben. Prada wirbt derzeit mit 20-jährigen „Mager-Models" für Zielgruppen, die wahrscheinlich doppelt so alt sind. Das Argument der Modemarke ist: Die Zielgruppe will sich so fühlen wie die Models in der Werbung. Eine Aussage, die aus CRM-Sicht völlig unverständlich ist. Schon vor 20 Jahren hat man z. B. bei Yves Rocher unterschiedliche Models in Zeitschriften-Beilagen getestet. Produkte für die reifere Haut wurden mit Modells jungen Mädchen bzw. mit älteren Damen beworben. Und siehe da: Das Angebot mit den älteren Damen hat mehr als deutlich – in Worten „fünf Mal so gut" – funktioniert.

Nivea stellte als einer der ersten „Marken-Klassiker", innerhalb bestimmter Produktlinien auf zielgruppen-adäquate Models um.

Die Postbank[6] hat dies innerhalb vieler Kampagnen durch Personalisierung durchgeführt. Je nach Alter des Angebotsempfängers wurden andere Models bezüglich Alter und Geschlecht gedruckt. Tests ergaben, dass dies weitaus erfolgreicher ist. Dies unterstreicht ein in den letzten Jahren zunehmender Trend: Die Best oder Silver Ager (Personen über 50 Jahre) werden immer stärker in den Fokus gestellt.

Kurz noch einmal zu Coca Cola. Eine sehr erfolgreiche Idee war die Etikettierung der Flaschen und Dosen mit dem eigenen Vornamen. Man konnte auf der Webseite seinen Namen eingeben und bekam dann eine Flasche mit dem eigenen Namen.

---

[6] Vortrag eines Mitarbeiters der Agentur OgilvyOne, der das Projekt durchgeführt hat. 2009.

Große Einzelhändler wie TESCO sind selbst eine Marke, wenn es um den präferierten Einkaufsort geht. TESCO nutzt aber auch andere Marken zur Anziehungskraft und für eine gesunde Sortimentssteuerung. Das CRM bzw. die Tesco-Kundenkarte dient der Frequenzsteuerung und differenzierten Angebotsformen je Zielgruppe bzw. je Konsument.

▶ Tesco hat eine Kundenkarte und darüber viele Millionen Adressen und dazugehörige Daten gesammelt. TESCO versendet bei großen Mailingaktionen eine Auflage von 10 Mio. Mailings. Davon sind durch CRM-Wissen ca. 8 Mio. Mailings mit unterschiedlichen Angeboten, Preisen und Darstellungen personalisiert bzw. individualisiert. TESCO gehörte lange zu den profitabelste Einzelhändler in Europa.

7.8 Beispielgruppe 6

Über flexiblere Produktions- und vor allem Beschriftungsverfahren ist es heute möglich, „jedem sein eigenes Produkt" herzustellen. Vom Fahrrad, welches auf das persönliche Gewicht und Körpergröße ausgerichtet ist, über Müsli- und Cocktail-Mix bis zur gravierten Werkzeugmaschine oder Sonderausstattungsvarianten bei Textilien oder Autos. Verlage können auf Basis der CRM-Daten individuelle Zeitungen/Zeitschriften erstellen.

Und was haben alle diesen Ideen einer Mass Customization gemeinsam: Die Kunden sind dafür bereit, überdurchschnittlich hohe Preise zu bezahlen.

7.9 Beispielgruppe 7

Nivea nutzt z. B. Daten von Payback, um bestimmte Zielgruppen anzusprechen, die man besonders pushen oder neu gewinnen will. Payback bietet schier unerschöpfliche Möglichkeiten zur feinen Zielgruppenselektion an. Aus den 20 Mio. aktiven Adressen (Happel 2014) lassen sich sehr genau Bedürfnis, Potenzial oder Lebensphase selektieren und auf diesen Gruppen Tests durchführen. Ein wichtiger Vorteil hierbei ist die Möglichkeit der Eingrenzung. Die Region, bestimmte Produkte oder Einkaufsstätten bzw. eine Kombination daraus können hier gezielt im Fokus stehen. Der wichtige Vorteil: Man muss nicht gleich mit der großen Werbe-Kanone schießen. In einer Ex-Post-Analyse auf einen Querschnitt sieht man sehr schnell, welche Zielgruppen Reaktionen zeigen und welche nicht. Aus diesem Wissen kann man größere Aussendungen vorbereiten und sukzessive das Potenzial ausschöpfen.

Neben Nivea nutzen viele Marken die Möglichkeiten, mit Payback oder anderen Daten, die über Kundenkarten gesammelt worden sind, Zielgruppen spezifisch anzusprechen. Zur Neuprodukteinführung bei bestehenden Kunden geschieht dies genauso wie bei der Gewinnung von Neukunden.

Eine spannende Diskussion erfolgt aus der Frage: Wer ist die Marke bei Kundenkarten? Ist es Payback, der Programm-Betreiber? Oder ist es der der Emittent (REWE, dm drogerie-markt, Kaufhof etc.)? Hierzu die folgende Empfehlung: Wer selbst eine starke Marke ist, sollte seine Kundenkarte selbst betreiben. Das zahlt sich in der Regel langfristig aus, weil man Eigentümer der Daten und Werkzeuge ist.

7.10 Beispielgruppe 8

An vorderster Stelle einer Verlags- oder Medienmarke stehen der attraktive Content und der Service. Je individueller und für den Leser notwendig der Content ist, umso höher ist die Bindung. Sicherheits- und Rechtsthemen haben in diesem Fall klar Vorteile gegenüber Themen, die nur temporär (z. B. Elternzeit, Hausbau) von besonderem Interesse sind. Gerade das Modewort „Aufbereitung" hilft, eine Marke zu positionieren und zur Bindung beizutragen.

Der Abschluss eines Vertrages führt zumindest für die Vertragslaufzeit von einem Jahr für sichere Erlöse. Für die Gewinnung und Bindung sieht der Maßnahmenbaukasten zur Markenpflege etwas anders aus als bei den bisherigen Beispielen.

7.10.1 Gewinnung

Für die Gewinnung werden Online Themenseiten als Anreiz bzw. für das Suchmaschinenmarketing als Köder gelegt. Der potenzielle Kunde sucht nicht nach Marken, sondern nach Themen und „landet" so auf den Themenseiten. Der Interessent wird über eine notwendige Registrierung in ein Schnupper-Abo überführt. Innerhalb des Schnupperabos locken die Verlage mit besonderem Content und Services, die es später im Abo nur exklusiv gibt. So soll der Schnupper-Abonnent die Schwelle zum Abo überspringen.

7.10.2 Bindung

Gerade die erste Vertragsperiode (bei Versicherungen und Abo sind das ein Jahr, in der Telco-Branche oft zwei Jahre) gilt es zu überstehen. Viele vergessen jedoch genau hier die besonderen Maßnahmen einzuleiten. Die Gewinnungskosten fressen inzwischen den Profit des ersten Jahres auf. Nach zwei Jahren wird ein Kunde meist erst rentabel. Deshalb muss der Kunde überzeugt werden, dass es sich lohnt, länger dabei zu bleiben. Willkommensgeschenke und Begrüßungsschreiben zur Vermeidung der kognitiven Dissonanz sind nur einige Beispiele. Apps mit weiteren Funktionen und Services, zusätzliche Mehrwerte oder Vorzugspreise bei Events wären weitere Ideen.

Die CRM-Maßnahmen müssen den USP der Zeitschrift herausarbeiten und eine frühzeitige Kündigung vermeiden. Auch sollte man nicht erst kurz vor der Kündigungsfrist aktiv werden. Das ganze Jahr über müssen Impulse (wie z. B. Gratis-Downloads oder Checklisten, kostenlose Serviceanrufe) gesetzt werden. Vor Ablauf der Kündigungsfrist bietet sich ein Ausblick auf die nächsten Themen an. So wird Begehrlichkeit geweckt, was der Leser verpasst, wenn er nun kündigt.

Mit jedem Jahr Vertrag/Abonnement sollte man sich beim Kunden mit einer jährlichen im Wert steigenden Aufmerksamkeit bedanken. Jubiläumsgaben mit Sammelcharakter bieten sich hier besonders an.

7.10.3 Kündigervermeidung

Ein Internet-Provider hat vor 6 Jahren ein Projekt durchgeführt: Fokus Kündigervermeidung und Rückgewinnung. Nach wenigen Projektmonaten und ersten Tests war klar: Man kann dem Kunden Geld oder sonstige Vergütungen anbieten, die Rückgewinnung wurde dadurch kaum verbessert. Später hat sich noch herausgestellt: Die Haltbarkeit, der mit hohen Prämien „gebundenen" Kunden, verlängerte sich nur um eine Periode. Dann ging das inzwischen zur Gewohnheit gewordene Spiel (Kündigen, Bonus gegen Rücknahme der Kündigung, Verlängerung) wieder von vorne los. Ein unrentables Spiel.

Ein viel stärkerer Hebel war ein anderer: Nach Analyse der fachlichen Fähigkeiten des Berater-Teams, welches auf Rückgewinnung spezialisiert war, und daraus folgend einer Umstellung des Teams, konnte nach einer intensiven Schulungsphase die Rückgewinnungsquote um 500 Index-Punkte gesteigert werden. Fazit: Es liegt am Mensch und dessen verkäuferischen Fähigkeiten, die Marke zu verkaufen. Diese Maßnahme erzeugte Haltbarkeit!

Exkurs: Digitales Mobile und Social CRM

Seit einigen Jahren drängt die digitale Kommunikation in den Marketing- und Vertriebs-Mix. Marken, die keine Facebook-, Twitter-, Foursquare-, etc. -Seite haben, gelten entweder als verstaubt oder deren Zielgruppe ist (noch) nicht Social-Media-affin.

Vorteile der Digitalisierung: Die Customer Experience wird zumindest teilweise sichtbar. Customer Experience ist nicht nur die Erfahrung an allen „Customer Touchpoints" innerhalb der digitalen Medien, sondern auch alle Touchpoints im Offline-Bereich.

Dies bietet die Möglichkeit mit entsprechenden CRM- bzw. Social-Media-Softwareprodukten die „Adressen" der Konsumenten, Fans etc. auszuwerten und zu speichern. Dennoch bleibt derzeit ein Problem ungelöst: Wie bekommt man sicher die E-Mail-, Facebook- oder Twitter-Adresse zum bestehenden Kunden-Account hinzu gespielt? Von einer rechtlich abgesicherten Opt-in mal ganz zu schweigen. Das ist ein sehr unsicheres und aufwendiges Prozedere. Payback hatte mit seiner Likes-Lounge diesen Weg getestet. Zum 31.03.2014 wurde der Betatest erst einmal beendet.

Unabhängig, ob man nun viele Social-Media-Adressen besitzt oder nicht, ist das virale Marketing für eine Marke immer eine Möglichkeit, einen Schub in die Bekanntheit, Sympathie und Kaufbereitschaft zu bekommen. Vor allem ist es jedoch die Interaktivität, der Dialog, der Zusatz-Service, die gefühlte Nähe zwischen Marke und Zielgruppe. Nur wie viele wollen diesen viralen Erfolg erzwingen und wie viele erreichen ihn tatsächlich? Auch hier kann das CRM helfen. Man muss nicht von der ganzen Zielgruppe die Adressen haben, man muss vor allem die Meinungsführer kennen. Und die, einmal angespitzt, sind natürlich aus eigener Reputation bemüht, den anderen mitzuteilen, was es Neues, Lustiges etc. gibt. Identifikation der Meinungsführer ist heute mit Social Media Tools im Speziellen und CRM im Allgemeinen viel einfacher als noch vor Jahren.

7.11 Beispielgruppe 9

Am Beispiel eines Online-Shops für junge Mode zeigt sich eine weitere wichtige, aber schwierige Aufgabe für Marke und CRM. Der E-Shop hat ca. 300.000 Kunden und 1,2 Mio. Fans auf Facebook. Wie kann nun diese Firma die Differenz von 900.000 (potenziellen) Konsumenten zu einem Kauf „verführen"? Oder ist ein Facebook-Fan trotz vielfältiger Meinung in der Social-Media-Branche doch kein potenzieller Kunde?

Der 2007 gegründete Online-Shop ist ohne CRM zu einer Marke in der Szene geworden. Jetzt an der Wachstumsgrenze gilt es CRM bzw. Social CRM einzusetzen und zu prüfen, was die 900.000 Personen zu einem Kauf bewegen kann. Oder sollte man prüfen, ob sich die Investition überhaupt lohnt. Das ist die spannende Frage der nächsten Monate.

7.12 Beispielgruppe 10

Wer kennt das Schlagwort Community nicht? Welche Formen von Community gibt es? Zum einen sind es Clubs wie die Harley-Owner-Group (HOG) oder von Krombacher, Steiff oder Märklin, die von einem Hersteller initiiert sind. Zum anderen existieren Communities, die keinen festen Rahmen haben (wie Fans außerhalb der Fan-Clubs). Es gibt auch temporäre Gruppen, die auf Chats oder Foren sich zu einem Thema austauschen und sich regelmäßig dafür interessieren.

Was macht jetzt eine Harley-Owner-Group (H.O.G. 2014) so besonders? Sie bildet den Rahmen für eine weltweit aktive Käuferschaft von Harleys. Die unlimitierte, lebenslange Mitgliedschaft erhält man nur, wenn man eine gekaufte Maschine registriert hat. Freunde oder Familienangehörige können eine „Associate Membership" beantragen. Harley-Käufer ticken sowieso anders. Wer sich eine solche Maschine kauft, gibt im Schnitt neben dem Kauf der Maschine weitere 20 % an Geld aus, alleine durch Zusatzkäufe für Accessoires. Und die Marke hat ein riesiges Potenzial für Weiterempfehlungen.

Über ein gutes Community-Management kann eine Zielgruppe gesteuert und durch sich selbst zu einem Marketing- und Vertriebsinstrument werden. Man initiiert und coacht die Community selbst oder begleitet/beobachtet zumindest diese Gruppe. Gut gemanagte

Communities genießen eine hohe Anziehungskraft. Das ist somit ein Hebel für die Neu-Kundengewinnung. Neue Mitglieder, mehr Umsatz, mehr Daten, mehr Möglichkeiten.

7.13 Beispielgruppe 11

Bis 2005 hatte Boss noch kein ausgefeiltes CRM. Mit Start der Strategie „eigene Shops" und der Einführung von CRM wurden die Adressen der Käufer, der Familienstand und das Kaufverhalten registriert. Ab diesem Zeitpunkt konnte man beispielsweise der Partnerin des Kunden für Herrenbekleidung gezielt Damenmode anbieten. Eine aufwendige Investition in klassische Werbung war nicht mehr notwendig.

Fast jeder kennt die Bild-Zeitung. Aus der Leseranalyse des Kernprodukts kam heraus, es gibt viele Leser innerhalb einer Familie. Hinzu kam ein gesteigertes Interesse an vertiefenden Themen, die in einer klassischen Bild-Zeitung nur angerissen wurden. Durch das Vertrauen in die Marke, dem Zielgruppen-Wissen und der konsequenten Umsetzung entstand nach und nach die Bild-Gruppe mit inzwischen weiteren fünf großen Marken-Familienmitgliedern: Bildwoche, Sport-Bild, Bild der Frau, Bild am Sonntag, Computer-Bild. Heute nutzt die Bild-Gruppe eine der größten Endkundenadress-Datenbanken und Kampagnenmanagement-Software-Produkte, um den Weg zum Leser, Abonnenten, vom Print-zum Online-Produkt vorzubereiten. Bild ist mit diesem enormen Kundenwissen auch der Vorreiter für erfolgreiche Bezahlmodelle.

7.14 Beispielgruppe 12

Gerade im B-to-B ist die persönliche Kommunikation wichtig und wirksamer als vieles andere. Die zunehmende Spezialisierung der Zielgruppen und die Möglichkeiten des CRM, immer feinere Selektionen vorzunehmen, führen zu einer enormen Reduktion der klassischen Werbung.

Zum einen gelingt dies durch das persönliche Gespräch vor Ort oder am Telefon. Es geht um die gefühlte Nähe. Im Telefongespräch kann man die Emotionen zumindest hören. Gerade diese Chance wird oft ungenutzt gelassen oder als zu teuer vermutet. Aber wie an anderer Stelle schon erwähnt: Gerade die Mitarbeiter sind Markenbotschafter Nr. 1. Im Service (Gastronomie, Reparatur, Werkstatt) sind sie die Erfolgsgaranten.

Selbst Rückruf-Aktionen oder Beschwerden lassen sich für Umsatz-Chancen nutzen. Ein Versender offeriert im Anschluss an ein Beschwerde-Telefonat ein Wiedergutmachungsangebot. Ca. 30 % der Personen, die mit einer Beschwerde „reingekommen sind, gehen mit Umsatz wieder raus und sind danach sogar noch loyaler".

Häufig wird gesagt, dass der Markenaufbau und die Markenpflege nur im Marketing stattfindet. Marketing mag der Wächter sein, aber sehr stark beeinflusst wird die Markenwahrnehmung beim Kunden durch den Vertrieb. Das persönliche Gespräch, die Produktvorführung etc. schaffen so stark emotionale und bleibende Markenerlebnisse wie keine noch so teure Marken-Kommunikation über Medien. Tupperware, Vorwerk, HSE24 oder QVC sind hier einige Beispiele.

Hier ist auch eine Chance durch Social Media. Je mehr Mitarbeiter zu Markenbotschaftern werden und sich draußen für die Marke/Firma einsetzen, umso höher der Branding- und der CRM-Effekt. Dell[7] hat 1600 seiner 100.000 Mitarbeiter über eine Social-Media-Akademie ausgebildet und zu Service-Mitarbeitern gemacht. Diese beantworten eingehende Anfragen genauso wie sie „Neues über Dell hinausposaunen".

7.15   Beispielgruppe 13

Wie unterscheidet man sich von der Konkurrenz, wenn die technischen USPs alle in kurzer Zeit kopiert oder nachgemacht werden können? Mit einem ausgeklügelten Service. Ein Beispiel hierfür ist der Kundenclub eines Elektrowerkzeugherstellers mit Garantiekarte und Services. Als 1999 noch kein Konkurrent im Markt sich traute eine längere Garantie zu geben, begann die Erfolgsgeschichte. Mit dem Ausfüllen der Garantiekarte sammelte man Adressen „en masse". Mit der Clubmitgliedschaft kamen später einzigartige Services hinzu: 4 Wochen Rückgaberecht, 48 h Reparaturservice und 24 h Ersatz bei Diebstahl sowie weitere Vorteile. Aber die drei genannten waren so attraktiv, dass der Handwerker kaum an den Produkten des Elektrowerkzeugherstellers vorbeikam.

Ein anderes Beispiel stammt von Schwarzkopf/Henkel: Kunden finden auf der Verpackung eine kostenlose Hotline-Nummer. Bei Fragen oder Reklamationen landen sie in einem Call-Center, in dem sechs geschulte Friseusen sitzen, beraten und mit Erfolg verkaufen.

Eine einfache Art von CRM-nahen Services sind die FAQ's auf einer Webseite sowie der YouTube-Channel als Demonstrations- und Instruktionskanal. Statt einem persönlichen Telefongespräch werden durch Chat-Fenster die Webseitenbesucher angesprochen „Haben Sie eine Frage oder kommen Sie mit dem Bestellvorgang nicht zurecht?". Statistische Verfahren ermitteln in Echtzeit aus den Logfile-Daten, wer könnte Warenkorb-Abbrecher sein. Und schon öffnet sich das Pop-Up-Fenster zum Chat, man ist in den Dialog verwickelt, der meist schnell zur Zufriedenheit verläuft. Der große Vorteil eines Chats gegenüber dem Telefonat: Statt nur einem Gespräch kann ein Service-Mitarbeiter bis zu 6 Chats gleichzeitig führen. Das ist Effizienz durch neue Technologien.

Die unglaublichste Form eines Services bietet die Community eines Online-Spiele-Anbieters an. Innerhalb der mehrere hundert Tausend großen Spielerschar sind ca. 5000 Spieler, die anderen Spielern Hilfe anbieten und bei Problemen weiterhelfen. Was will man als Unternehmen mehr als solche engagierten Kunden? Solche speziellen Kunden erhalten kleinere Dankeschön-Aktionen oder dürfen Spiele früher spielen oder testen als andere. Eine sinnvolle Pflege der Kunden. Win-Win-Situation für alle drei Parteien: Unternehmen, Key-Kunden, restliche Kunden.

---

[7] Vortrag von Nico Lumma am in Hamburg beim DDV Council CRM.

7.16 Beispielgruppe 14

In der Einführung wurde das Beispiel der Fusion und Umbenennung erwähnt. Nun ganz konkret: Was machen viele Firmen hierbei falsch? Oder wie könnte man dies besser machen? Der eine oder andere wird sagen, dass ist Aufgabe der Abteilung Investors Relations. Aber genau hier liegt die Kurzsichtigkeit. Denn sind nicht oft die Aktionäre oder Shareholder die sogenannten Stakeholder? CRM ist somit nicht mehr nur auf Interessenten und Kunden ausgerichtet, sondern auf alle Beziehungen zum Unternehmen. Das nennt sich dann XRM. Das X steht für irgendeine Beziehung, z. B. zu Investor, Lieferanten etc.

Zurück zur Umbenennung. Zeichnet sich eine solche Umbenennung ab, bereitet man Folgendes vor: Welche Zielgruppen, müssen als erstes, als zweites usw. informiert werden? Da fallen einem schnell die Mitarbeiter und Presse sowie die eigenen Kunden ein. Reicht ein einziges Schreiben aus? Subtile Frage. Sicher nein. Sieht man das eingangs erwähnte Beck's Bier Beispiel sind sicher mehrere Anstöße notwendig. Eine zwischenzeitliche Messung, ob die Message angekommen ist, sollte geplant sein. Eine große Plakatierung ist nicht notwendig. Denn müssen es alle wissen? Die Frage nach den Zielgruppen steht immer im Fokus.

8 Möglichkeit der Erfolgsmessung

Probleme bei der Messung haben die klassischen Produktmarken, die im LEH vertrieben werden. Alleine die Nielsen- und GfK-Panels geben eben nur ein Indiz und Richtung. Wer bei diesen Analysen oder Media-Daten in die Tiefe geht, bekommt leider sehr schnell Datenmaterial, was auf sehr tönernen Füßen steht. Der GfK-Testmarkt Haßloch reicht meist einfach nicht aus.

Die Media-Analysen wären ein weiterer Ansatz. Hier – ähnlich den Panel-Daten – zeigte sich bei einer Analyse Verknüpfung von 3–4 Variablen, dass die Basis-Menge der Befragten sehr klein wird. Eine valide Hochrechnung auf die Gesamt-Bevölkerung ist somit keine ausreichende Basis für eine sichere Entscheidung.

Die Diskussion, was ist sinnvoller Markenwert versus Kundenwert soll an dieser Stelle nicht geführt werden. Dazu sind die Philosophien – vor allem zum Markenwert – doch zu wenig griffig.

Der Interessenten- und Kundenwert, im CRM ein gängiger Begriff, kann auf einfache oder komplexe Weise ermittelt werden. In jedem Fall sind Interessenten- und Kundendaten die Basis. Der Autor empfiehlt Modelle, die Weiterempfehlungspotenziale und andere qualitative Faktoren einbeziehen außen vor zu lassen. Der Fokus auf harte Kriterien ist nach wie vor der beste.

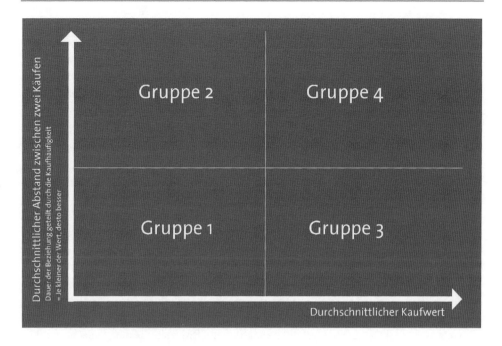

» Gruppen 1 und 3 sind die attraktiven Gruppen

Abb. 10 Klassische Kundenbewertung über RFMR-Methode. (Eigene Darstellung)

Eine einfache Formel ist die RFMR-Formel. Sie basiert auf den einfachen Kriterien

▶ Recency: Datum letzter Kauf
   Frequency: Kaufhäufigkeit
   Monetary Ratio: Durchschnittlicher Kaufwert

Aus diesen drei Kriterien lassen sich einfach 4 Gruppen bilden (Abb. 10).

Mit diesen einfachen Kriterien und der in Abb. 10 dargestellten Segmentierung steuert man ein ganzes Unternehmen. Wie verändern sich monatlich die Kriterien und die Segmente? Diese Zählungen und Veränderungen zeigen Zu- und Abgänge nach Kundenwert. Und wer seine Zahlen analysiert, erkennt schnell, ob es positiv oder negativ innerhalb bestimmter Kundengruppen läuft.

Beispiel

Bei einem Modehändler wurde diese Art der Segmentierung durchgeführt und 10 Segmente definiert. Bei tiefer gehenden Analysen zeigten sich große Unterschiede im Alter, Geschlecht und damit auch sehr unterschiedliche Sortimentsschwerpunkte. Sehr spezielle Kampagnen je Segment waren die logische Konsequenz.

Wer keine ausreichend große Zahl an registrierten Kunden hat, um diese Werte zu ermitteln, sollte zumindest mit repräsentativen „lebenden" Panels arbeiten. Nur so bekommt man Zu- oder Abwanderung und Kaufverhaltensänderungen zeitnah mit. Weitere Möglichkeiten sind: regelmäßiges Mystery Shopping, Fokusgruppen und Kundenbeiräte zu interviewen und daraus Ableitungen zu treffen. Weitere wichtige Kennzahlen sind: Anzahl Käufer, Wiederkäufer, Dauer der Kundenbeziehung, Meinungsführer. Diese Messungen kann über Social-Analytics zur Impact-Messung, Zufriedenheit über Produkte, Services und Dialog als ein Marken-Qualitäts-Kennzeichen ergänzt werden.

9   Ausblick und Schlussbemerkung

CRM ist sicher am besten geeignet, wenn es um kleinere, feinere Zielgruppen geht und nicht um die Kommunikation an 9 bis 99 Jahre alte Verbraucher. Ein weiteres Kriterium: Es handelt sich um Produkte und Dienstleistungen, die nicht im täglichen Verbrauch sind. Der Preis einer Verkaufseinheit sollte deutlich über 10 oder 20 Euro liegen. Oder der Warenkorb je nach Sortiment über 30 Euro. Auch sollte ein regelmäßiger Bedarf vorliegen.

Ein gutes Produkt kann ohne CRM zur Marke werden. Durch gutes CRM wird es das ganz sicher. Ein schlechtes Produkt kann durch CRM nicht besser gemacht werden. Sondern anhand des Feedbacks mit dem Kunden wird es optimiert und dann auf den notwendigen Qualitätsstandard gebracht.

Welche Wirkung die Kommunikation, insbesondere inzwischen das CRM erreichen kann, ist durch das hinlänglich bekannten Beispiele von der Blind-Verkostung zwischen Coca Cola und Pepsi-Cola bewiesen worden. Geschmack oder Qualität alleine sind noch kein Erfolgsfaktor für den Platz an der Sonne. CRM ist deshalb ein probates Mittel zur Schärfung, Differenzierung und Emotionalisierung der Positionierung einer Marke.

Multi-Channel-Mix inkl. Social Media bieten viele, neue Möglichkeiten für CRM. Insgesamt ist eine Budgetverschiebung jetzt schon sichtbar. Eine weitere Verschiebung von Klassik auf CRM ist klar abzusehen. Die durch CRM erst mögliche Individualisierung und Personalisierung der Kommunikation bzw. Produktkonfiguration wird weiter Raum einnehmen.

Mit CRM hat man die Mittel und Möglichkeiten, unter dem Radar der Öffentlichkeit, Konkurrenz oder Journalisten Ideen zu testen und Feedback einzufordern bzw. zu verarbeiten. Mit CRM erhält man viele Möglichkeiten, zu messen. Diese Messkriterien erlauben eine Steuerung der Marke und des ganzen Unternehmens.

Das Produkt-Management ist tot! Dieser Paradigmenwechsel ist eingeläutet und nicht mehr aufzuhalten. Nicht mehr das Produkt, sondern der Kunde stehen im Fokus.

Der Ausbau von Beziehungen durch CRM ist leichter als mit einer neuen Marke jedes Mal bei null anzufangen. Das zeigt die Intention von P&G. Der alte CRM-Leitspruch bewahrheitet sich immer wieder: Einen neuen Kunden zu gewinnen ist fünf Mal teurer als einen bestehenden zu halten. Das haben die Markenartikler erkannt.

Fazit

Die Markenpflege alleine durch klassische Werbung und PR ist schon lange vorbei. Eine erfolgreiche Marke wird durch die Kombination von Multi-Channel-Kommunikation, CRM, Produkt- und Service-Qualität sowie Vertrauen aufgebaut. Durch CRM wird die Kundenbeziehung ausgeschöpft!

Der Autor

Georg Blum ist Geschäftsführer der Unternehmensberatung 1A Relations GmbH. Seit 2003 ist er Vorsitzender des Councils CRM sowie Vorstandsmitglied im DDV e. V. und Lehrbeauftragter an drei Hochschulen. Er hat über 90 Firmen in mehr als 250 Projekten bei der Strategieentwicklung, Kundengewinnung und Kundenbindung (Cards and Clubs), Social CRM, CRM-Software-Auswahl, Prozesseffizienz und Kundenmanagement-Organisation bzw. kreativen Maßnahmenentwicklung beraten. Von 1990 bis 2002 war Blum in Geschäftsleitungs- bzw. führenden Positionen bei Yves Rocher AG, WEKA Media GmbH und dem Lifestyle-Kaufhaus Breuninger.

Literatur

Buchreport (2014). *Digital das Regal verlängern. Harenberg Kommunikation Verlags- und Medien-GmbH & Co. KG.* http://www.buchreport.de/nachrichten/handel/handel_nachricht/datum/2014/04/11/digital-das-regal-verlaengern.htm. Zugegriffen: 20. Juni 2014

Esch, F.-R. (2012). *Strategie und Technik der Markenführung* (7. Aufl.). München: Verlag Vahlen.

Esch, F.-R. (o. J.). Awareness Set. *Gabler Wirtschaftslexikon.* http://wirtschaftslexikon.gabler.de/Definition/awareness-set.html. Zugegriffen: 12. Mai 2014

Friedman, T. L. (2006). *Die Welt ist flach.* Frankfurt am Main: Suhrkamp Verlag.

Geißler, H. (2014). *Was brachte die Opel-Kampagne „Umparken im Kopf"?. WirtschaftsWoche Online.* http://www.wiwo.de/unternehmen/auto/brandindex-was-brachte-die-opel-kampagne-umparken-im-kopf/9971036.html. Zugegriffen: 20. Juni 2014

Götz, W. W. (2014). *Die wichtigsten Kunden sind die Mitarbeiter. Brand Eins Ausgabe 5/2014.* http://www.brandeins.de/archiv/2014/im-interesse-des-kunden/die-wichtigsten-kunden-sind-die-mitarbeiter.html. Zugegriffen: 12. Juni 2014

Grunewald, T., & Spannagel, R. (2007). *BBE-Handelsszenario 2015. BBE Unternehmensberatung.* http://www.stadtentwicklung.berlin.de/planen/stadtentwicklungsplanung/de/zentren/download/handelsszenario_2015.pdf. Zugegriffen: 16. Juni 2014

Happel, S. (2014). *Rewe will mit Payback-Karte Kunden binden. WirtschaftsWoche Online.* http://www.wiwo.de/unternehmen/handel/rabatte-rewe-will-mit-payback-karte-kunden-binden/9596770.html. Zugegriffen: 10. März 2014

Hebben, M. (2014). Wir wollen doch nur lernen. *Horizont, 17,* 14.

H. O. G. (2014). *H.O.G. Mitgliedschaft. Harley-Davidson Germany GmbH.* http://www.hog.de/benefits/vorteile_mitgliedschaft.html. Zugegriffen: 07. Juni 2014

Holland, H. (2014). Dialogmarkcting – Offline und Online. In H. Holland (Hrsg.), *Digitales Dialog-marketing* (S. 3–28). Wiesbaden: Springer Gabler.

Kaiser, A. (2014). *„Firma" wird geschlossen. FAZ.NET*. http://www.faz.net/aktuell/lebensstil/mode-design/berliner-modeszene-firma-wird-geschlossen-12910396.html.   Zugegriffen: 25. April 2014

Kilian, K. (o. J.). Markendreiklang. *absatzwirtschaft.de*. http://www.absatzwirtschaft.de/content/_p=1004199,mlid=1398. Zugegriffen: 14. Mai 2014

Koch, T. (2014). *Ein Wunder, dass die Werbekunden nicht schreiend davon laufen. Verlag Werben & Verkaufen GmbH*. http://www.wuv.de/blogs/mrmedia/ein_wunder_dass_die_werbekunden_nicht_schreiend_davonlaufen. Zugegriffen: 20. Juni 2014

Mann, A., & Liese, A. (2013). Dialogmarketing-Excellence: Erfolgsfaktoren der direkten Kundenansprache. In Deutscher Dialogmarketing Verband e (Hrsg.), *Dialogmarketing Perspektiven 2012/2013* (S. 89–113). Wiesbaden: Springer Gabler.

ROHAN (2011). *Chapter 11: Managing Products And Brands. ROHAN Academic Computing.* http://www-rohan.sdsu.edu/~renglish/370/notes/chapt11/. Zugegriffen: 20. Juni 2014

ZAW (2014). *Nettowerbeeinnahmen erfassbarer Werbeträger in Deutschland 2010 bis 2013. Zentralverband der deutschen Werbewirtschaft e.V.* http://www.zaw.de/bilder/hp/1_Nettowerbeeinnahmen_erfassbarer_Werbetraeger_in_Deutschland_2010_bis_2013.jpg. Zugegriffen: 17. Juni 2014

Sachverzeichnis

© Springer Fachmedien Wiesbaden 2016
S. Regier et al. (Hrsg.), *Marken und Medien*, DOI 10.1007/978-3-658-06934-6

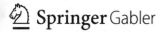